भारतीय इतिहास में मध्यकाल

वाणी इतिहास श्रृंखला

भारतीय इतिहास में मध्यकाल

इरफ़ान हबीब

सम्पादन एवं अनुवाद

रमेश रावत

वाणी प्रकाशन

वाणी प्रकाशन

4695, 21-ए, दरियागंज, नयी दिल्ली 110 002

फ़ोन : +91 11 23273167 फ़ैक्स : +91 11 23275710

शाखाएँ

अशोक राजपथ, पटना 800 004, बिहार

कॉफ़ी हाउस कैम्पस, महात्मा गांधी मार्ग, इलाहाबाद 211 001, उत्तर प्रदेश

महात्मा गांधी अन्तरराष्ट्रीय हिन्दी विश्वविद्यालय, वर्धा 442 001, महाराष्ट्र

www.vaniprakashan.com
marketing@vaniprakashan.in
sales@vaniprakashan.in

Bharatiya Itihas Mein Madhyakaal
by Irfan Habib
Edited & Translated by Ramesh Rawat

ISBN : 978-93-5518-190-9
History

प्रथम संस्करण : 2022

मूल्य : ₹ 799

आर. टेक ऑफ़सेट प्रिंटर्स, दिल्ली-110 032 में मुद्रित

वाणी प्रकाशन का लोगो मक़बूल फ़िदा हुसेन की कूची से

अनुक्रम

अध्याय एक

साम्प्रदायिक समस्या और मध्यकालीन भारत का इतिहास-लेखन

यह कहना शायद निरापद हो कि हमारे देश में साम्प्रदायिक विचारधारा को मध्यकाल के अध्ययन से जितनी खुराक मिली है, उतनी भारतीय इतिहास के किसी और काल के अध्ययन से नहीं। अनेक विद्वानों की दृष्टि में इसलाम के आगमन से देश जैसे दो परस्पर संघर्षरत शिविरों में स्थायी रूप से विभाजित हो गया।

अध्ययन की इस प्रक्रिया में सबसे पहले हमें साम्राज्यवादी ब्रिटिश इतिहासकारों की उस परम्परा के दर्शन होते हैं जिसका ब्रिटिश-विजय से पूर्व के इतिहास के प्रति घोषित लक्ष्य यह दिखाना था कि अंग्रेज़ों से पहले की सभी सरकारें निरंकुश, असहिष्णु तथा दानवी रूप से क्रूर थीं; और विदेशी आक्रान्ताओं के हाथों भारतीय जनता (जो हमेशा आपस में बँटी रही) का 'विजित' होना उसकी नियति थी। उसे इसके लिए कृतज्ञ होना चाहिए कि उसके अन्तिम विजेता बहुत ही न्यायप्रिय तथा दयालु रहे हैं। यह दृष्टिकोण मध्यकालीन भारतीय इतिहास की एक विशेष व्याख्या के अनुकूल था। वस्तुतः यह मान लिया गया कि मुसलमान भी भारत के उसी अर्थ में विजेता और शासक थे जिस अर्थ में अंग्रेज़। जेम्स मिल (*हिस्ट्री ऑफ़ ब्रिटिश इंडिया,* 1817, द्वितीय संस्करण, 1820, पृ. 700) ने यह निर्णय दिया कि 'हिन्दू सत्ता' से 'मुसलिम सत्ता' के रूप में होने वाले परिवर्तन से मानव प्रकृति को लाभ हुआ और बहुत लाभ हुआ। वी.ए. स्मिथ की मूल रुचि हमेशा प्राचीन भारतीय इतिहास में ही रही। उसने यह माना कि शायद अंग्रेज़ों के समान मुसलमान भी बहरहाल 'ठण्डी जलवायु से आये थे' (*वी.ए. स्मिथ, ऑक्सफोर्ड हिस्ट्री ऑफ़ इंडिया,* 1918, पृ. 259)। यदि इस प्रकार के वक्तव्यों से मुसलमान प्रसन्न हो सकते थे और हिन्दुओं की भावनाओं को चोट लग सकती थी तो तसवीर का दूसरा रुख़ भी था।

अंग्रेज़ों से भिन्न, अपनी विजय के दौरान और बाद में मुसलमानों ने (क्योंकि उनमें दयालुता का ईसाइयों जैसा गुण नहीं था) हारे हुए हिन्दुओं के साथ भयानक रूप से दुर्व्यवहार किया। ब्रिटिश इतिहासकारों में एच.एम. इलियट मध्यकालीन भारतीय इतिहास का सबसे बड़ा विद्वान था। अपनी पुस्तक *हिस्ट्री ऑफ़ इंडिया एज टोल्ड बाय इट्स ओन हिस्टोरियंस* की मूल भूमिका में 'मुसलमानों के साथ विवाद करने पर हिन्दुओं के क़त्ल किये जाने, जुलूसों, पूजा-अर्चना आदि के विरुद्ध प्रतिबन्ध लगाने तथा अन्य असहिष्णुतापूर्ण उपायों का इस्तेमाल करने, मूर्तिभंजन, मन्दिरों को गिराये जाने, बलात धर्मपरिवर्तन तथा विवाह करने, प्रतिबन्ध लगाने तथा सम्पत्ति हड़पने, हत्याएँ तथा नरसंहार करने तथा इन सारी बातों को लागू करवाने वाले अधिकारियों की विषयासक्ति तथा मद्यपता की उसने एक झलक प्रस्तुत की है। इस सन्दर्भ में उसने मध्यकालीन इतिवृत्तिकारों के कार्य से पर्याप्त रूप से लाभ उठाया है क्योंकि उन्होंने इस पर खेद व्यक्त किया है कि इलियट ने यह तसवीर उन साधारण घटनाओं के आधार पर खड़ी की है जिन्हें उन लेखकों ने दर्ज किया जो न तो गुणों के प्रति कोई सहानुभूति रखते थे और न दुर्गुणों के प्रति घृणा।' जैसा कि उसने स्पष्ट रूप से स्वीकार किया कि उसका उद्देश्य ब्रिटिश शासन के भारी लाभों के प्रति देशी प्रजाजनों में जागृति उत्पन्न करना था तथा 'बड़बड़ाने वाले बाबुओं' को इसके लिए मजबूर करना था कि वे अपनी देशभक्ति के विषय में चीख़ना बन्द करें और शान्ति बनाये रखें। वस्तुतः उसका उद्देश्य 'बाँटो और राज करो' की पुरानी कहावत को चरितार्थ करना था।

ब्रिटिश इतिहासकारों की साम्राज्यवादी धारा द्वारा प्रस्तुत मध्यकालीन भारतीय इतिहास की व्याख्या ने अपरिहार्य रूप से हिन्दू और मुसलिम साम्प्रदायिक मतवादों को जन्म दिया। दोनों ही मतवाद ब्रिटिश इतिहासकारों के विरुद्ध क्षमायाचकों के रूप में उभरकर सामने आये किन्तु ऐसे क्षमायाचक जिन्होंने ब्रिटिश मत की बुनियादी अवधारणाओं को स्वीकार किया। उनका तर्क केवल यह रहा कि जो भी ग़लत कार्य किये गये, उनकी ज़िम्मेदारी उनके समुदाय की नहीं थी। उन्होंने सारा दोष दूसरे समुदाय के मत्थे मढ़ दिया। अब दोनों ही मत पूर्ण परिपक्वावस्था को प्राप्त कर चुके हैं और उनका अब एक ऐसा स्थिर ढाँचा बन चुका है जिसके निर्माण में अनेक विद्वानों ने अपना योगदान दिया है।

इस संक्षिप्त आलेख में मैं सारे प्रासंगिक लेखन का उल्लेख तो नहीं कर सकता किन्तु क्षमायाचनापूर्वक यह सूचित करना अवश्य चाहूँगा कि अपने इस विभाजित देश के प्रत्येक हिस्से से दो प्रमुख प्रकाशनों में दोनों ही मतों की प्रामाणिक रूपरेखा आपको मिलेगी।

प्रो. इश्तियाक़ हुसैन क़ुरैशी की पुस्तक *हिस्ट्री ऑफ़ दि फ्रीडम मूवमेंट,* प्रथम भाग, 1957, की भूमिका में मुसलिम व्याख्या के सन्दर्भ में पूर्ण वक्तव्य है। प्रतिपक्षी व्याख्या के सन्दर्भ में अपेक्षाकृत अधिक लम्बा किन्तु अपूर्ण (चूँकि शृंखला अभी जारी है) वक्तव्य *हिस्ट्री एंड कल्चर ऑफ़ दि इंडियन पीपुल,* भारतीय विद्याभवन, भाग-5, और ख़ासतौर से 6 तथा 7 के सम्पादकीय हिस्सों में मिलता है (जिन्हें श्री के.एम. मुंशी की देखरेख में तैयार किया गया है तथा जिनका सम्पादन प्रो. आर. सी. मजुमदार ने किया है)। छठे भाग के प्रकाशन के लिए भारत सरकार द्वारा 1,50,000 रु. की उदारतापूर्ण सहायता दी गयी थी। इन विद्वानों की अकादमिक प्रतिष्ठा असन्दिग्ध है। इनकी क़लम से लिखे गये इन दोनों कार्यों को पढ़ते हुए दो बिन्दु एक साथ उभरते हैं। पहले तो यह कि वे ब्रिटिश इतिहासकारों द्वारा प्रस्तुत बुनियादी अवधारणा का ही विस्तार हैं। दूसरे, एक-दूसरे के प्रति प्रत्यक्ष विरोधभाव के बावजूद, दोनों ही मतों की व्याख्याएँ प्रायः सभी अनिवार्य बिन्दुओं पर एक हो जाती हैं।

अस्तु, आर.सी. मजुमदार श्री क़ुरैशी के साथ मिलकर यह घोषणा करते हैं कि 'जिन मुसलमानों के जनतान्त्रिक विचारों के आधार पर सहधर्मियों के बीच समानता की भावना का अद्भुत ढंग से विकास हुआ, उसने हिन्दुओं की जातिव्यवस्था तथा छुआछूत के सन्दर्भ में एक विचित्र ढंग का प्रतिपक्ष प्रस्तुत किया' (एच.सी.आई.पी., भाग-6, पृ. 624, द्रष्टव्य : एच.एफ.एम., I, 14)। मुसलिम समुदाय के प्रति व्यक्त की गयी इस प्रशस्ति का एक सूक्ष्म पक्ष भी है। चूँकि जब तक यह न मान लिया जाये कि मुसलमान एक ऐसे समुदाय का निर्माण करते हैं जो समानता पर आधारित है तो हम यह अगला तर्क नहीं दे सकते कि सभी मुसलमान शासक थे जिनकी सत्ता में समान रूप से भागीदारी थी और हिन्दू उनकी प्रजा। क़ुरैशी दिल्ली सल्तनत को 'मुसलिम साम्राज्य' कहते हैं : एक ऐसा राज्य जिसे मुसलिम समुदाय अपना राज्य समझता था (एच.एफ.एम., भाग I, 12, 21)। मजुमदार इस अवधारणा को बकवास कहकर ख़ारिज करते हैं कि 'हिन्दू जन मुसलिम शासन में पराधीन जाति न थी' (एच.सी.आई.पी., भाग-6, XXIX)। कोई भी ऐसा सुझाव प्रत्यक्ष रूप से अक्षम्य अपराध होगा जिसमें कहा गया हो कि हिन्दू तथा मुसलमानों का विशाल जनसमुदाय पराधीन जाति थी और मुसलमान तथा हिन्दुओं का एक अत्यन्त अल्पसंख्यक समूह शासक वर्ग था। दोनों इस बिन्दु पर सहमत हैं कि भारतीय इतिहास की मुख्य धारा इसके बाद यह हो गयी कि हिन्दू हमेशा ही चुनौतीपूर्ण विद्रोह की मुद्रा में रहते थे तथा मुसलमान विनाश के ख़तरे के प्रति सशस्त्र रूप से सन्नद्ध। मजुमदार निम्नलिखित ढंग से इसका वर्णन करते हैं जैसा कि सहज रूप से चित्रित किया जा सकता है :

हिन्दू दृष्टिकोण मुसलमानों के प्रति खीझ भरी कटुता का था। वे मुसलमानों की भारत विजय से अप्रसन्न थे और बड़ी आशा भरी दृष्टि से उस दिन की प्रतीक्षा में थे जब आर्यावर्त नाम (आर्यों की यह भूमि, जो उनके देश का विशेषण था) एक बार पुनः म्लेच्छों के विनाश द्वारा औचित्य प्राप्त कर सकेगा (एच.सी. आई.पी., भाग-6, पृ. 622-23)।

भारत में इसलाम के सांस्कृतिक प्रभाव के सन्दर्भ में भी दोनों मतों की सहमति दिखलायी पड़ती है। वे इस बात से इनकार करते हैं कि हिन्दू और मुसलमानों के बीच कोई सामान्य भूमि थी या उसकी कोई सम्भावना थी। मजुमदार और क़ुरैशी दोनों ही हिन्दू और मुसलमानों के बीच अलगाव पर ज़ोर देते रहे हैं। यहाँ तक कि क़ुरैशी तो यह भी घोषित करते हैं कि "ऐसा कोई संकेत नहीं था कि इन दोनों धर्मों में कभी भी समागम, सामंजस्य या समन्वय होगा" (एच.सी. आई.पी., VI, 617, 636; एच.एफ.एम., I, 13 एफएफ)। इसलिए, यही कारण है और यह आकस्मिक और अनायास नहीं है कि भक्ति आन्दोलन के सन्दर्भ में भी इन दोनों विद्वानों में मतैक्य दिखता है। प्रो. क़ुरैशी इसे हिन्दूवाद के द्वारा विकसित हुआ रेखांकित करते हैं (अचेतन मन के विचारों की अभिव्यक्ति) और इसे इसलाम का 'मुकम्मल जवाब' मानते हैं और इसलिए धर्मान्तरण का भी (एच.एफ.एम., I,17,22)। भक्ति आन्दोलन के अन्य उपलब्ध एवं सम्भव स्रोतों की जाँच-पड़ताल के बाद प्रो. मजुमदार भी अन्ततः इसी निष्कर्ष पर पहुँचते हैं कि धर्मान्तरण को पुष्ट एवं प्रोत्साहित करने वाले इसलाम जैसे धर्म की सशक्त उपस्थिति ने हिन्दूवाद के समक्ष एक गम्भीर चुनौती उपस्थित की जिसने भारत के धार्मिक व्यक्तियों को भी इसके लिए प्रेरित किया कि वह अपने धर्म के सत्य एवं उसके सत्व को और अधिक उत्साह एवं बल से और अधिक की खोज करें, और अधिक धर्मान्वेषण करें।

सोलहवीं शताब्दी के आन्दोलन के प्रति यह प्रवृत्ति या रवैया दोनों विद्वानों को इस आन्दोलन के उस पहलू को कुछ विद्वेष या यों कहें कि शत्रुतापूर्ण दृष्टिकोण के साथ देखने के लिए प्रेरित करता है जिसका रूढ़िगत या परम्परागत हिन्दूवाद के साथ कोई साम्य नहीं है और जिसका प्रतिनिधित्व उल्लेखनीय रूप से कबीर और उनके जैसे अन्य उदारवादी छींकों ने किया। प्रो. क़ुरैशी की राय में भक्ति आन्दोलन की इस शाखा का 'इसलामी सिद्धान्तों को स्वीकार करना, लेकिन इसकी सत्ता को ख़ारिज करना' इसलाम के लिए 'हमेशा ही ख़तरनाक था'— यह बुनियादी और मौलिक रूप से प्राकृतिक या स्वाभाविक, रहस्यपूर्ण एवं गहरा है

लेकिन यह अपने परिणामों में वैसा ही प्रभावोत्पादक है जैसे कि प्राचीन वट-वृक्ष की शाखाएँ जितनी फैली हुई दिखाई देती है, उसकी जड़ें चुपचाप उतनी ही गहरी होती जाती हैं (एच.एफ.एम., I, 17,22)। अगर प्रो. मजुमदार इस सन्दर्भ में एक पक्ष के रूप में दिखाई नहीं देते हैं, तो भी वह पर्याप्त रूप से विचारोत्तेजक हैं। जब वह तर्क देते हैं कि मुसलिम सम्प्रभुओं या सत्ताधीशों के नियन्त्रण वाले प्रदेशों में हिन्दू आन्दोलनों का उद्भव नहीं हो सकता, तो उन्हें चैतन्य तो याद रहते हैं लेकिन वे कबीर, तुलसीदास, नानक और अन्यों को एक साथ ही भूल जाते हैं (एच.सी.आई.पी., VI, पृ. XXXII)। वास्तव में देखा जाये तो आख़िरकार इसे यों समझा जा सकता है कि डॉ. मजुमदार हिन्दूवाद को ब्राह्मणवाद के साथ चिह्नित करते हैं और यह निष्कर्ष निकालते हैं कि इसके (हिन्दूवाद) प्राथमिक स्रोत मन्दिर और मठ एवं ब्राह्मण हैं (एच.सी.आई.पी., VI, XXXI)– और कबीर जैसे 'नीच' बुनकर को उनकी हिन्दू धर्म की योजना में क्या स्थान सुनिश्चित हो सकता था? जब कबीर की मृत्यु हुई, तो कहा जाता है कि उनके शरीर पर हिन्दुओं और मुसलमानों दोनों ने अपना दावा पेश किया था। अब, ज़ाहिरा तौर पर, उन्हें दोनों द्वारा ख़ारिज कर दिया जाना है।

मुग़ल साम्राज्य में एक ऐसा अन्य विषय और अन्तर्निहित है जिस पर दोनों वैचारिक धड़ों में बुनियादी रूप से तादात्म्य और साम्य है। डॉ. क़ुरैशी का मत है कि मुग़ल साम्राज्य का पूरा सियासी इतिहास परम्परागत और ग़ैर-परम्परागत इसलाम (हिन्दुओं के साथ समन्वय) के बीच का संघर्ष है जिसका उद्देश्य साम्राज्य को अपने-अपने मतों से व्यापक तौर पर विशेषित करना था और उसका प्राबल्य स्थापित करना था; संघर्ष की चरम परिणति औरंगज़ेब में हुई, "जो परम्परानिष्ठ अथवा रूढ़िवादियों की जीत का प्रतीक था" (एच.एफ.एम., I, 20-27, 33-34)। इस सन्दर्भ में प्रो. मजुमदार के मत उपलब्ध नहीं हैं जो कि हमारे लिए निश्चित रूप से 'लाभ से वंचित रहने की' जैसी बात है, बहरहाल, चलिए इस विषय पर हम ए. एल. श्रीवास्तव को सुनते हैं : "हालाँकि हमारा इतिहास का पूर्वमध्यकाल सल्तनतकाल के नाम से जाना जाता था जो विदेशियों के वर्चस्व का काल रहा है, अकबर के काल से मुग़लकाल भारतीय राष्ट्रवाद और देश में इसलाम वर्चस्व को स्थापित करने के प्रतिक्रियावादी प्रयासों के बीच का संघर्ष है...यह अनुमानित करना निरर्थक होगा कि भारतीय इतिहास की दशा-दिशा क्या होते, अगर इस परिदृश्य पर औरंगज़ेब उपस्थित या अवतरित नहीं होता...।"

अगर एक बार औरंगज़ेब महान मुसलिम धर्म की पुनर्स्थापना का प्रणेता घोषित किया जाता है, तो यह स्वाभाविक है कि उसके विरुद्ध हुए सभी विद्रोहों को हिन्दुओं के विद्रोहों के रूप में परिभाषित किया जायेगा। जदुनाथ सरकार ने इन विद्रोहों को हिन्दू प्रतिक्रिया का हिस्सा माना है और साम्प्रदायिक विचारधारा के दोनों धड़े इस बात से सहमत होने में जल्दबाज़ी दिखाते हुए दिखते हैं : डॉ. क़ुरैशी इसे हिन्दू विद्रोही मानते हैं जिनका नेतृत्व राजपूतों और मराठों के हाथ में था (एच.एफ.एम., I, 22) और प्रो. श्रीवास्तव इसका अनुसरण करते हैं (341एफएफ)।

इस प्रकार, यह स्पष्ट है कि साम्प्रदायिक विचारधारा से अनुप्रमाणित और अभिप्रेरित दोनों धड़ों के इतिहासकारों की मध्यकालीन इतिहास की व्याख्या अनिवार्य रूप से एक समान है, वे एक ही भाषा बोलते हैं। दोनों की नौटंकी एक ही प्रकार की है। केवल चरित्र, जिनके साथ वे खुद का तादात्म्य स्थापित करते हैं अथवा जिनके माध्यम से अपनी साम्प्रदायिक विचारधारा को अभिप्रमाणित करने का प्रयास करते हैं, भिन्न हैं। शेष केवल यह बचता है कि एक धड़ा दूसरे अन्य समुदाय को सबसे 'काले' रूप में चित्रित करता है। एक तरफ़, हम हिन्दुओं के बीच फैली कुरीतियाँ, अन्धविश्वास, जाति, अस्पृश्यता पर ज़ोर पाते हैं (एच.टी.एम., I,13-14); तो दूसरी तरफ़ एक धड़ा जिसने इतिहास को तथ्यों का इतिहास कहा, वहाँ तथ्य केवल मुसलिमों द्वारा की गयी हत्यायों और डकैतियों को इस प्रकार प्रस्तुत करना है जो पूरी तरह से भड़काऊ है। (एच.सी.आई.पी., VI, 627-36)। प्रत्येक चीज़ में दूसरे अन्य समुदाय को खलनायक बनाने के अतिरिक्त, मुसलिमों के बीच कुछ चुनिन्दा नायकों की पूजा की गयी जैसे कि महमूद गजनी और औरंगज़ेब; और हिन्दुओं के बीच महाराणा प्रताप और शिवाजी। उन पर ढेर सारी की गयी स्तुतियाँ और प्रशस्तियाँ इस बात की कसौटी बन जाती हैं कि कोई विद्वान किसी विशेष साम्प्रदायिक विचारधारा के प्रति कितना वफ़ादार है। उनके किसी भी कार्य की ज़रा-सी भी आलोचना से कटु आक्रोश पैदा होता है; और दोनों वैचारिक धड़ों ने अपने 'खलनायकों' पर आरोप और अभियोग लगाये हैं एवं अपने 'नायकों' के लिए माफ़ीनामे की संस्तुतियाँ की हैं; और इस 'युद्ध' में उन्हें अपार सुख और आनन्द की प्राप्ति हुई। इसका परिणाम और प्रभाव यह होता है कि अज्ञात कार्य तथा घटनाएँ अचानक महत्त्वपूर्ण हो उठती हैं तथा बहस का मुद्दा सामान्यतः कोई है कि अज्ञात विवाद होता है। हाल ही में उठा बाबरी मसजिद के निर्माण के सम्बन्ध में अयोध्या-विवाद इसी तरह का है।

जनता के एक बड़े हिस्से पर इस प्रकार के लेखन के प्रभाव को लेकर देश में चिन्ता भी महसूस की जा रही है। स्कूलों से लेकर विश्वविद्यालयों की ऊँची कक्षाओं तक हमारे नौजवानों को अतीत में घटित होने वाले इसी प्रकार के ग़लत कार्यों की कहानियाँ सुनने को मिलती हैं जो चुपचाप प्रतिशोध के लिए ललकारती रहती हैं। यह आश्चर्यजनक नहीं होगा कि हमारे देश में अल्पसंख्यकों का पुनः नरसंहार हो। अतः यह स्वाभाविक है कि देश में वैमनस्य और विभेद उत्पन्न करने के लिए जिस तरह इतिहास का दुरुपयोग हो रहा है, उसके प्रति चिन्ता व्यक्त की जाये।

बहरहाल इस प्रकार की आपत्तियों का उत्तर भी कई बार बहुत ऊँचे अकादमिक स्तर से मिलता है। बताया जाता है कि एक इतिहासकार को राजनीतिक पेचीदगियों के सामने झुकना नहीं चाहिए। इतिहास व्यक्तियों अथवा समुदायों का कोई सम्मान नहीं करता तथा निकटवर्ती समुदाय की संवेदना को आहत होने का भय कोई ऐसा कारण नहीं है जिसके आधार पर इतिहास का पुनर्लेखन हो (एच.सी.आई.पी., पृ. XXIX-XXX)।

इन घोषणाओं को ध्यान में रखते हुए इस बात पर बहुत बल देने की आवश्यकता है कि साम्प्रदायिक इतिहास-लेखन के सन्दर्भ में मुख्य और वैध आपत्ति यह नहीं है कि यह अनुचित और असमयोचित है अपितु यह है कि वह ग़लत, अनैतिहासिक तथा झूठा है। लगभग पिछले पचास वर्षों में मूल स्रोतों के आधार पर पर्याप्त कार्य हुआ है, जिसके तहत उक्त दोनों मतों द्वारा स्थापित प्रत्येक महत्त्वपूर्ण विचार पद्धति को असंगत सिद्ध किया गया है। यह कार्य किसी एक मत अथवा विचारधारा के तहत नहीं किया गया बल्कि अलग-अलग सोच के इतिहासकारों और शोधकर्ताओं द्वारा सम्पन्न किया गया है। उन्होंने अपने मूल स्रोतों की छानबीन करके विभिन्न विषयों पर प्रकाश डाला है। अपने लेखों 'मोनोग्राफों' के माध्यम से उन्होंने इतिहास के नये-नये पक्षों को उद्घाटित किया है, तथा उन तथ्यों, प्रवृत्तियों और संस्थाओं की ओर ध्यान आकृष्ट किया है जिनका इतिहास की साम्प्रदायिक अवधारणा में कोई स्थान नहीं है। उन्होंने यह भी दिखाया है कि भारत में शासक और शासित वर्ग के बीच का भेद कथित हिन्दू और मुसलिम भेद के साथ मेल नहीं खाता। इनमें से कुछ इतिहासकारों ने राष्ट्रवादी प्रेरणा के तहत लेखन किया है और इसके लिए किसी को शर्मिन्दा होने की ज़रूरत भी नहीं है। कुछ लोगों का दृष्टिकोण उदार था और कुछ ऐसे लोग भी थे जिनका इतिहास-लेखन तथ्यों द्वारा अनुशासित था। वे किसी 'व्याख्या-पद्धति-विशेष' का दावा भी नहीं करते थे। इस सूची में कुछ विदेशी भी थे, जैसे

मोरलैंड। उसने अपने लेखन की शुरुआत तो ब्रिटिश साम्राज्य की वकालत से की किन्तु उसकी ईमानदारी ने उसे सामाजिक-आर्थिक इतिहास के उद्घाटन के सन्दर्भ में अग्रदूत बना दिया। अथवा ऐसा ही एक नाम डब्ल्यू.सी. स्मिथ का था जो अपने प्रारम्भिक दौर में एक कनेडियन पादरी था। यह स्वाभाविक है कि अनेक महत्त्वपूर्ण बिन्दुओं पर इतिहासकार एक-दूसरे से भिन्न मत रखते हैं और इन्होंने कोई ऐसी अपरिवर्तनीय रूपरेखा भी नहीं बनायी जिसके बाबत सभी सहमत हों। लेकिन उन्होंने भारत में वस्तुगत इतिहास-लेखन की नींव डाली है।

इन सभी विद्वानों के कार्यों को यहाँ सूचीबद्ध ढंग से प्रस्तुत नहीं किया जा सकता किन्तु, उन महत्त्वपूर्ण कार्यों का उल्लेख करना उपयोगी होगा जिन्होंने साम्प्रदायिक विद्वानों द्वारा पोषित अवधारणाओं पर प्रश्नचिह्न लगाया है। प्रो. मो. हबीब ने सन् 1925 में अपनी पुस्तक *सुलतान महमूद ऑफ़ गजनी* में इस अवधारणा का खण्डन किया कि सभी मुसलमानों की एक 'बिरादरी' थी और जीत के माल में सभी का बराबर का हिस्सा होता था। उक्त पुस्तक में उन्होंने महमूद को उसके ऐतिहासिक सन्दर्भों में प्रस्तुत किया। उन्होंने तर्क दिया कि परवर्ती पीढ़ियों के लिए वह कट्टर मुसलमान बन गया जबकि सचाई यह है कि वह ऐसा नहीं था और उसी रूप में वह आज भी ऐसे मुसलमानों द्वारा पूजा जाता है जिन्होंने भगवान कृष्ण के उपदेशों को, छोटे-छोटे देवताओं की भक्ति को अपनाकर, भुला दिया है। इसके बाद प्रो. हबीब ने अपने विभिन्न लेखों में तुर्क-विजयों का विश्लेषण प्रस्तुत किया है। लेखों की यह शृंखला *इलियट एंड डाउसन,* भाग 2, अलीगढ़ पुनः मुद्रित, 1953' की भूमिका के साथ समाप्त हुई। ए.बी.एम. हबीबुल्ला ने *फ़ाउंडेशन ऑफ़ टर्किश रूल इन इंडिया* में उसी प्रकार तेरहवीं सदी के हिन्द-तुर्क शासकों के वर्गीय आधार पर बल दिया। क्या ख़िलजी और तुग़लक सरकारों का चरित्र मुसलिम था और वे अपने प्रमुख क्रियाकलापों में धार्मिक उद्देश्यों से प्रेरित थीं इस प्रश्न का आर.पी. त्रिपाठी ने अपनी पुस्तक *सम ऐसपेक्ट्स ऑफ़ मुसलिम एडमिनिस्ट्रेशन* तथा डब्ल्यू.एच. मोरलैंड ने अपनी पुस्तक *एग्रेरियन सिस्टम ऑफ़ मुसलिम इंडिया* में छानबीन की है। दोनों ही इस निष्कर्ष पर पहुँचे हैं कि धार्मिक उत्साह के विपरीत अन्य अनेक पहलू कहीं अधिक प्रभावशाली थे। प्रशासनिक ढाँचे की विस्तृत छानबीन में त्रिपाठी जी सरकार के क्रियाकलाप में मुसलिम समुदाय की कोई भूमिका तलाश नहीं कर सके।

जिनका समग्र पीढ़ी पर भारी प्रभाव पड़ा, उनमें डॉ. ताराचंद की पुस्तक *इनफ्लुएंस ऑफ़ इसलाम ऑन इंडियन कल्चर* का उल्लेख विशेष रूप से किया जाना चाहिए। उक्त पुस्तक में उन्होंने यह दिखाया कि इस धारणा के ठीक विपरीत

कि दोनों (समुदाय) कभी नहीं मिलेंगे, दोनों का मिलन अपरिहार्य था और वह हुआ भी। भारतीय संस्कृति के विकास में उसका एक निश्चित चरण भी रहा। राजनीतिक दृष्टि से नयी सरकारों ने महज़ जनजातीय और ख़ानदानी निष्ठाओं को जन्म नहीं दिया। इसके विपरीत उसने व्यापकतर निष्ठा की अनुभूति को जन्म दिया। उनका प्रशासनिक ढाँचा केन्द्रीभूत था और इस प्रकार उन्होंने 'भारत की एकता' के लक्ष्य की ओर अग्रसारित किया (पृ. 114)। धार्मिक विचार के क्षेत्र में इसलाम के प्रभावस्वरूप अनेक नये आन्दोलन उठ खड़े हुए जिनकी परिणति 15वीं-16वीं शताब्दी के भक्ति आन्दोलन में हुई। उनके प्रवक्ता थे कबीर तथा नानक। इन लोगों ने इसलाम से हिन्दू धर्म की रक्षा की कोई इच्छा व्यक्त नहीं की क्योंकि उनकी दृष्टि में वे दोनों ही धर्म संकीर्ण थे और त्याज्य थे। उन्होंने दोनों धर्मों की उच्चतर परम्पराओं को एक करने का प्रयास किया। उन्होंने सार्वभौमिक मार्ग वाले एक ऐसे धर्म की परिकल्पना की थी जिस पर दोनों साथ-साथ चल सकें। डॉ. ताराचंद ने पूर्वोद्धृत पुस्तक के परवर्ती अध्यायों में यह दिखाया है कि किस प्रकार 'भारतीय कला' ने सौरसेनी और फ़ारसी प्रभावों को स्वीकार करके तथा उन्हें आत्मसात करके नये-नये रूप विकसित किये तथा उनमें परिष्कार किया। एक अन्य महत्त्वपूर्ण पुस्तक *लाइफ एंड कंडीशंस ऑफ़ दि पीपुल ऑफ़ हिन्दुस्तान* (1206-1556) में के.एम. अशरफ़ ने उस मार्ग की छानबीन की जिसमें दोनों धर्मों के साधारण जन एक-दूसरे के निकट आये तथा एक-दूसरे के जीवन तथा रीति-रिवाजों को प्रभावित किया।

मुग़ल काल के सन्दर्भ में जो कार्य हुआ है, वह अत्यन्त व्यापक है। प्रथमतः उसमें यह दिखाने का प्रयास किया गया है कि धार्मिक मुद्दों के बजाय अन्य पहलू उतने ही अथवा अधिक महत्त्वपूर्ण थे। मोरलैंड की पुस्तकों (*इंडिया एट दि डेथ ऑफ़ अकबर, अकबर टू औरंगज़ेब* तथा *दि एग्रेरियन सिस्टम ऑफ़ मुसलिम इंडिया*) का सम्बन्ध सामाजिक तथा आर्थिक इतिहास के महत्त्वपूर्ण पक्षों से था। इब्ने हसन ने अपनी पुस्तक *सेंट्रल स्ट्रक्चर ऑफ़ दि मुग़ल एम्पायर* तथा पी.सरन ने अपनी पुस्तक *प्रोविंसियल गवर्नमेंट ऑफ़ दि मुग़ल्स* में मुग़ल साम्राज्य के प्रशासनिक इतिहास का अध्ययन किया। इन दोनों विद्वानों को अपने अध्ययन के दौरान मुग़लकालीन प्रशासन में कोई धर्मतन्त्रीय तत्त्व नहीं मिला। अकबर तथा उसके युग का अभी भी सन्तोषजनक विश्लेषण होना शेष है, किन्तु बेनीप्रसाद द्वारा लिखित जहाँगीर की शानदार जीवनी में उन अनेक धर्मनिरपेक्ष तत्त्वों को उद्घाटित किया गया जो उस युग में मुग़लकालीन शाही नीति का आधार थे।

औरंगज़ेब के शासन के सन्दर्भ में दबदबा अभी भी सर जदुनाथ सरकार द्वारा पाँच भागों में लिखित *हिस्ट्री ऑफ़ औरंगज़ेब* का बना हुआ है। उनका यह कार्य बहुत लम्बे समय में सम्पन्न हुआ। यह सही है कि सर जदुनाथ सरकार कभी-कभी पूर्वग्रहग्रस्त हो जाते हैं लेकिन वे एक ऐसे लेखक हैं जो दोनों ओर चोट करते हैं। औरंगज़ेब या शिवाजी को अपना नायक मानने वालों में से कोई भी उनसे प्रसन्न नहीं रह सकता। हालाँकि सर जदुनाथ सरकार ने प्रायः अतिव्याप्तिपूर्ण सामान्यीकरणों का सहारा लिया है, लेकिन उन्होंने तय करके तथ्यों को नहीं दबाया। वे प्रायः ऐसी सूचना देते हैं जो उनकी अवधारणाओं के विरोध में जाती हैं। अतः डब्ल्यू.सी. स्मिथ ने जाटों और सतनामियों के विद्रोहों को सरकार द्वारा हिन्दू विद्रोहों के रूप में अभिहित किये जाने पर प्रश्नचिह्न लगाया। उसने अधिकांशतः सर यदुनाथ सरकार द्वारा दिये गये साक्ष्यों के आधार पर ही यह दिखाया कि वे विद्रोह निम्न वर्ग के विद्रोह थे (*इसलामिक कल्चर,* XX, I, 21-40)। एक अर्थ में प्रो. एस. अतहर अली ने अपनी पुस्तक *मुग़ल नोबिलिटी अंडर औरंगज़ेब* द्वारा सरकार के कार्य को पूरा भी किया है और उसे संशोधित भी किया है। उन्होंने औरंगज़ेब की धार्मिक नीति के वास्तविक सन्दर्भों को इस राजनीतिक तथा प्रशासनिक संकट में तलाश किया है जो 1660 ई. के उत्तरार्द्ध में साम्राज्य के ऊपर मँडराने लगा था। उन्होंने मुग़लकालीन अमीर वर्ग की संरचना के धार्मिक तथा नृजातीय स्वरूप का भी विश्लेषण किया है।

यह तो नहीं कहा जा सकता कि धार्मिक संवेगों तथा दोनों समुदायों के बीच के सम्बन्धों के स्वरूप से सम्बद्ध सभी महत्त्वपूर्ण प्रश्नों के सन्दर्भ में अन्तिम शब्द कहा जा चुका है। अभी भी जो रिक्त स्थान छूट गये हैं : वर्गचेतना का स्तर, धार्मिक तथा धर्मवैज्ञानिक विचारों के विकास जैसी बातों की सावधानीपूर्वक जाँच की जानी चाहिए। रिक्त स्थानों और त्रुटियों के बावजूद, गम्भीर इतिहासकारों के विशाल समुदाय के सम्मिलित प्रयास द्वारा काफ़ी कुछ प्रकाश में ला दिया गया है जिसके आधार पर साम्प्रदायिक मतों के उस दावे को ख़ारिज किया जा सकता है जो यह मानता है कि मध्य युग के विषय में जो कुछ सच है, वह उन्हीं के पास है।

मैंने उन थोड़े से इतिहासकारों के कार्य को आपके सम्मुख प्रस्तुत किया है जो साम्प्रदायिक दृष्टि के लांछन से दूर रहे हैं, क्योंकि मैं समझता हूँ कि कोई भी व्यक्ति जो लिखित प्रमाण और तर्कसंगत विश्लेषण के प्रति किंचित भी सम्मान रखता है, मध्यकालीन विकास प्रक्रिया के सम्बन्ध में, 'हिन्दुत्व', 'मिल्लत' अथवा 'खालसा' का पक्ष प्रस्तुत करने वाले उन प्रवक्ताओं की तुलना में उन्हें अधिक

सही पायेगा जो अपने मौजूदा नारों को अतीत की अपनी काल्पनिक संरचना में प्रक्षेपित करते हैं। आज आज़ादी की आधी सदी बाद भी ऐसा लगता है विचारों के युद्ध में 'बुद्धिवाद' की विजय नहीं हो सकी है जैसी कि आशा थी। इसके विपरीत अन्धविश्वास और धर्मान्धिता इस हद तक बढ़ गये हैं कि कुछ वर्ष पूर्व तक किसी ने यह सोचा भी नहीं था कि पाकिस्तान की आई.जे.आई. का हिन्दू प्रतिरूप भारत पर इस तरह अपना वर्चस्व स्थापित कर लेगा। इस भय से प्रेरित होकर हमें अपनी सांस्कृतिक विरासत तथा राष्ट्रीय आन्दोलन के सन्देश को स्पष्ट करने तथा उसकी व्याख्या करने का प्रयास करना चाहिए। मध्यकालीन भारत के इतिहास की प्रस्तुति को लेकर चलने वाली लड़ाई के सन्दर्भ में वे कार्य हमारे लिए जीवन्त प्रेरणा का स्रोत हो सकते हैं जो विशेष रूप से राष्ट्रवादी तथा बुद्धिवादी दृष्टि से किये गये हैं। यदि हमारे प्रयास को सफलता नहीं मिली है तो इसका दोष हमारी जनता का नहीं है, बल्कि हमारा अपना है जिनसे यह अपेक्षा की जाती है कि वे जनता को शिक्षित करेंगे, उसका मार्गदर्शन करेंगे, किन्तु उन्होंने जनता की उस अपेक्षा को पूरा न कर उसे निराश किया है।

अध्याय दो

मध्यकालीन लोकवादी एकेश्वरवाद का मानवीय स्वरूप और उसका ऐतिहासिक परिवेश

मानव सभ्यता के विकास की विभिन्न मंज़िलों में धर्म की एक निश्चित भूमिका रही है। वह समय अब बीत चुका है (यदि वह कभी था भी तो सिर्फ़ मार्क्सवाद के सरलीकृत रूप के अन्तर्गत ही था) जब इतिहास में धर्म को या तो अत्यन्त महत्त्वहीन कारक के रूप में देखा जाता था अथवा सामाजिक परिवेश के प्रतिबिम्ब के रूप में। सामाजिक परिवेश को भी कुछ मानक पद्धतियों के रूप में न्यूनीकृत करके देखा जाता था। समकालीन घटनाओं ने नये आवेग के साथ पुनः यह रेखांकित किया है कि विचार, पूर्वग्रह, अन्धविश्वास, अर्थात वह समग्र मनोग्रन्थि किसी निश्चित आर्थिक प्रक्रिया के तहत अनायास ही उत्पन्न नहीं होती जिससे धर्म का मानसिक पक्ष निर्मित होता है, अथवा वह उसके गायब होने के साथ ही ग़ायब भी नहीं हो जाती बल्कि उसका स्वयं का अपना एक जीवन और गति होती है जिसकी समूचे सामाजिक ढाँचे के साथ क्रिया-प्रतिक्रिया होती है। प्रस्तुत विषय के सन्दर्भ में न तो मार्क्स के बचाव का कोई औचित्य है, और न उनके अनेक वक्तव्यों के स्मरण की कोई प्रासंगिकता है। यह सही है कि पूँजीवाद से सम्बन्धित अपने सम्पूर्ण सैद्धान्तिक चिन्तन के सन्दर्भ में उन्होंने व्यवहार जगत के केन्द्र में विचारों को केन्द्रीय भूमिका प्रदान की थी। किन्तु दुर्भाग्यपूर्ण यह है कि सामाजिक विकास के सुविधाजनक रूप से मानकीकृत चरणों के सम्बन्ध में बहस करते हुए हम प्रायः इस महत्त्वपूर्ण तथ्य को भूल जाते थे कि ऐतिहासिक जटिलताएँ किसी भी सम्भावित एकरेखीय ढाँचे के दायरे में नहीं आतीं और चेतन अथवा अचेतन रूप से संचालित वर्ग संघर्षों का इतिहास अपनी सम्पन्नता और सार्थकता खो देता है अगर जबरन

उसे किसी विवेकशून्य और स्वचालित प्रक्रिया के बनावटी ढाँचे के अन्तर्गत फिट किया जाये।

धर्म ने केवल लोकप्रिय विद्रोहों को ही नहीं दबाया है इसके विपरीत विद्रोहियों को एकजुट करने में भी अपनी भूमिका निभायी है। अतः धर्म के इतिहास का गम्भीर अध्ययन आवश्यक है। किन्तु यह अध्ययन भी उन्हीं वैज्ञानिक मानकों के अन्तर्गत होना चाहिए जो इतिहास के अन्य पहलुओं के अध्ययन पर लागू होते हैं। यह माँग नितान्त तर्कहीन है कि किसी भी धर्म का विश्लेषण उसकी अपनी शर्तों पर हो, अर्थात पहले कुछ मूल स्थापनाओं को स्वीकार कर लिया जाये जो उस धर्म के अनुयायियों द्वारा निर्विवाद सत्य के रूप में घोषित की गयी हैं। कोई भी इतिहासकार किसी भी धर्म या धार्मिक विश्वास को तथ्यात्मक रूप से सत्य अथवा असत्य, या शुद्ध रूप से मौलिक अथवा ईश्वर प्रदत्त अर्थात जिसकी कोई पूर्व-भूमिका नहीं रही हो अथवा जिसका कोई पूर्वाधार न रहा हो अथवा जिस पर कोई प्रभाव न पड़ा हो अथवा जो परिवर्तन और विकास के नियम से स्वतन्त्र हो, नहीं मान सकता। ऐतिहासिक महत्त्व की दृष्टि से किसी धर्म या धार्मिक पद्धति को (उसके धर्म विज्ञान के विपरीत) समय-समय पर उसके अनुयायियों तथा उसके विभिन्न समूहों द्वारा जिस रूप में ग्रहण किया गया है, साथ ही उस धर्म को न मानने वालों का उसके प्रति क्या दृष्टिकोण रहा है, इसको ध्यान में रखकर उसका वर्णन किया जाना चाहिए। आज उस धर्म के अनुयायी उसे किस रूप में लेते हैं, यह केवल समकालीन इतिहास के लिए ही प्रासंगिक है, पूर्ववर्ती कालों के लिए नहीं।

जो प्रक्रियाएँ पन्द्रहवीं सदी के उत्तरार्द्ध तथा सोलहवीं सदी के पूर्वार्द्ध में एकेश्वरवादी आन्दोलनों की उत्पत्ति-विषयक व्याख्या के सन्दर्भ में प्रासंगिक है, उन प्रक्रियाओं को सन्दर्भित करते हुए इन सामान्य सिद्धान्तों की निदर्शना में पहले तो मैं उस सहज मान्यता का ज़िक्र करना चाहूँगा जिसके अन्तर्गत हिन्दू धर्म की छवि को एकल धर्म के रूप में अत्यन्त प्राचीन काल में देखा जा सकता है। भारतीय भाषाओं का हिन्दू शब्द मध्यकाल में अरबी और फ़ारसी भाषाओं से ग्रहण किया गया। सिन्धु के लिए प्राचीन फ़ारसी (अथवा ऐकीमीनियन) शब्द 'हिन्दू' (=सिन्धु) मिलता है। इसी से यूनानी शब्द इंडिया निकला है।

संस्कृत अथवा किसी अन्य भारतीय भाषा में कोई शब्द नहीं है जो उस व्यक्ति को परिभाषित कर सके जिसकी आस्थाएँ आधुनिक हिन्दू (अर्थात चौथी सदी के आसपास रहने वाले बौद्ध अथवा जैन से भिन्न) के सदृश थीं। इससे यह स्पष्ट होता है कि 'हिन्दू धर्म' या उसके उपासक हिन्दू की छवि

प्राचीन काल में नहीं देखी जा सकती। जब अशोक ने धार्मिक व्यक्तियों का सन्दर्भ दिया तो उसका संकेत 'श्रमणों' और ब्राह्मणों की ओर था। ब्राह्मणवाद, भारतीय धार्मिक इतिहास का एक आधारभूत तथ्य रहा है जो ब्राहाण-पुरोहितों और दार्शनिकों की विभिन्न शाखाओं के भिन्न-भिन्न विचारों का समुच्चय था। यह बौद्ध अथवा जैन अथवा पश्चिम के पारसी धर्म से भिन्न था। किन्तु 'धर्म' तथा 'आचार संहिता' का मूलाधार वह जातिव्यवस्था तथा सामाजिक रीति-रिवाज़ थे जिसकी पकड़ सभी ब्राभण, बौद्ध तथा जैन धर्म के उपासकों और अनुयायियों पर समान रूप से थी। इसमें से एक धर्म विशेष के रूप में हिन्दू धर्म के जन्म लेने की प्रक्रिया मध्यकाल में घटित हुई, हालाँकि एक अर्थ में उसकी चरम परिणति आधुनिक काल में दिखायी पड़ती है।

हिन्दू धर्म के अन्तर्गत कतिपय महत्त्वपूर्ण परिवर्तन स्पष्टतः मौजूदा सहस्राब्दी की प्रारम्भिक सदियों में घटित हुए। हालाँकि अलबरूनी (1030 ई.) ने ब्राह्मणों के माध्यम से संस्कृत साहित्य का प्रचुर अध्ययन किया था लेकिन ऐसा लगता है कि वेदान्त शब्द से उसका परिचय नहीं था। उसने शंकराचार्य का भी कोई उल्लेख नहीं किया है। 'भगवद्गीता' की अपनी जानकारी के आधार पर उसने अनुमान लगाया कि भारत में एकेश्वरवाद था।[1] उसी प्रकार, गीता के आधार पर उसने भारतीय चिन्तन में बहुदेववाद के अस्तित्त्व की पहचान की है। वह शंकराचार्य के व्यापक तन्त्र से नितान्त अनभिज्ञ है जिसने 'मायावाद' के अपने सिद्धान्त द्वारा बहुदेववाद का विभिन्न देवी-देवताओं तथा धार्मिक अनुष्ठानों में प्रकटतः विरोधी आस्थाओं के साथ तालमेल बिठाने की कोशिश की।[2] फिर भी सत्रहवीं सदी तक आते-आते एक विद्वान पर्यवेक्षक ने यह घोषित किया कि शंकराचार्य (परवर्ती मनीषियों और विद्वानों में जिनका श्रेष्ठ स्थान था) ने हिन्दू धर्म पर नहीं तो वेदान्त पर अपनी मुहर लगा दी है।[3] बहुत दिनों तक यह माना जाता रहा कि शंकराचार्य के विचार अपने जीवनकाल (आठवीं सदी के लगभग) में बड़ी तेज़ी से फैले। उनके मठ दूर-दूर तक फैले थे जो उनके विचारों के प्रसारण केन्द्र थे। यदि वे उत्तर भारत में ग्यारहवीं सदी तक पर्याप्त रूप से नहीं फैल सके थे तो कारण यह हो सकता है कि उनकी यात्रा अपेक्षाकृत धीमी रही हो। किन्तु सत्रहवीं सदी से पहले उन्हें व्यापकता मिल चुकी थी। निस्सन्देह उनके विचारों के प्रभाव को दरशाने वाले ग्रन्थों का निर्माण उत्तर मध्यकाल में प्रचुर मात्रा में होता है : द्रष्टव्य है सदानन्द का *वेदान्त सार* (1500 ई.)। यह ग्रन्थ इस रूप में और अधिक महत्त्व रखता है कि इसमें शंकर के वेदान्त तथा सांख्य दर्शन के सिद्धान्तों के समन्वय की कोशिश की गयी है।[4]

इस सन्दर्भ में पहले जो प्रश्न डॉ. ताराचन्द ने एक भिन्न रूप में उठाया था, वही आज पुनः प्रासंगिक लगता है।[5] यह तो निर्विवाद रूप से स्थापित हो चुका है कि शंकराचार्य के चिन्तन पर इसलाम का परोक्ष प्रभाव भी नहीं था, फिर भी इतना अवश्य कहा जा सकता है कि उनके महान समन्वयवाद का प्रचार-प्रसार अंशतः इसलाम द्वारा बहुदेववाद के प्रतिपक्ष में एकेश्वरवाद की प्रस्तुति की चुनौती से अवश्य प्रभावित था। ऐसी स्थिति में एक ऐसी पद्धति अत्यन्त प्रासंगिक हो गयी जो दोनों विचार पद्धतियों के सहअस्तित्व को औचित्य प्रदान करती हो। किन्तु यहाँ मैं अपने मुख्य विषय से हट रहा हूँ। मेरे मत से शांकर वेदान्त सत्रहवीं सदी से पूर्व सर्वत्र रूप से व्याप्त नहीं था। अपने इस सुझाव द्वारा मैं यह संकेत देना चाहता हूँ कि शांकर वेदान्त पन्द्रहवीं तथा सोलहवीं सदियों के लोकवादी एकेश्वरवाद का न तो स्रोत था और न ही उस पर उसके प्रभाव की कोई सम्भावना दिखायी पड़ती है।

इसलाम के सन्दर्भ में लम्बे अरसे तक इसके आधुनिक अनुयायियों के बीच यह विचार प्रचलित रहा कि आर्यों के इस देश में इसलाम समानता की ताज़ा हवा लेकर आया। आर.सी. मजुमदार तक ने यह कहा है कि जनतान्त्रिक विचारों पर आधारित मुसलमानों की आश्चर्यजनक पारस्परिक समानता ने हिन्दू धर्म की छुआछूत तथा जातिव्यवस्था की तुलना में एक विचित्र वैषम्य प्रस्तुत किया।[6] किन्तु, इस काल के धर्म वैज्ञानिकों तथा विद्वानों के लेखन में इस प्रकार की समानता के प्रति कोई निष्ठा नहीं मिलती। मिनहाज सिराज, जो कि स्वयं एक प्रख्यात धर्म वैज्ञानिक था, कुलीन तुर्कों अथवा श्रेष्ठ कुल के ताजिकों के आधार पर निर्मित शासक वर्ग के महत्त्व को रेखांकित करता है।[7]

सौ वर्ष बाद जिया बरनी ने कठोर श्रेणीबद्धता की मुखर तथा समझौताविहीन व्याख्या की।[8] वह अत्यधिक पुरातनपन्थी तथा इसलामी धर्म विज्ञान तथा इतिहास का भारी विद्वान था, जो खेद है कि कभी व्यवहार रूप में परिणत न हो सकी। अतः स्वाभाविक रूप से जहाँ एक ओर हिन्दुओं को काफ़िर, बहुदेववादी तथा मूर्तिपूजक घोषित कर दिया गया, वहीं दूसरी ओर समूचे मध्यकालीन इसलामी साहित्य में जातिव्यवस्था, छुआछूत के सिद्धान्त तथा अछूतों के अत्याचारों के विषय में आलोचना का कोई शब्द नहीं मिलता[9], जबकि यह मध्यकालीन हिन्दू धर्म की एक विशेष पहचान थी। सोलहवीं सदी में अब्दुल कादिर बदायूँनी धर्मविज्ञान सम्बन्धी अपनी एक पुस्तक में मुसलमानों की सामाजिक नैतिकता को दूसरों की तुलना में श्रेष्ठ घोषित नहीं करता अपितु यह स्वीकार करता है कि मुसलमानों में कुछ अतिरिक्त बुराइयाँ होती हैं जैसे, वे स्वतन्त्र लोगों को

दास बनाकर बेचते हैं। हालाँकि वह यह भी स्थापित करता है कि उसके अपने काल में यह प्रवृत्ति कुछ कम हुई है। वस्तुतः, इसलामी क़ानून के अन्तर्गत पूर्णदास प्रथा को दी जाने वाली स्वीकृति के आधार पर ऐतिहासिक इसलाम में समानता की अवधारणा को स्वीकार नहीं किया जा सकता।

बहरहाल, इसलामी क़ानून तथा लोकाचार द्वारा अनुमोदित असमानता तथा भारतीय जातिव्यवस्था के बीच एक अन्तर था। विशेष रूप से उल्लेखनीय यह है कि जहाँ एक ओर ऊर्ध्वमुखी गतिशीलता विभिन्न सीमाओं तक अवरुद्ध थी, जातिव्यवस्था ने क्षैतिजिक अथवा अन्तर-शिल्पी और अन्तर-व्यावसायिक गतिशीलता को भी अवरुद्ध किया। यह अवरोध इसलामी समाजों में नहीं था। इस प्रकार के सापेक्षिक लोच ने ख़लीफाओं के काल की अर्थव्यवस्थाओं तथा परवर्ती राजनीतिक व्यवस्थाओं को अधिक खुला बनाने में योग दिया होगा जिसके कारण इन व्यवस्थाओं में हस्तशिल्प के क्षेत्र में हुए परिवर्तन के प्रति ग्रहणशीलता दिखलायी पड़ती है। इसके अतिरिक्त इसलामी सीढ़ीनुमा व्यवस्था[10] दास प्रथा के सिवाय धन सम्पत्ति तथा राजनीतिक शक्ति पर आधारित थी; जन्म की भूमिका मुख्यतः उत्तराधिकार के आधार पर निर्धारित होती थी। 'खराज' तथा 'इक्ता' संस्थाओं अर्थात कर लगान तथा राजस्व की अस्थायी व्यवस्थाओं के कारण शासक की इच्छा पर निर्भरता बढ़ती चली गयी। यह स्थिति कदाचित परवर्ती प्राचीन काल के दौरान भारतीय सामन्ती ढाँचे के अन्तर्गत नहीं थी जिसमें सामन्त (राणा आदि) वस्तुतः वंशानुगत अधिपति होते थे।

अतः दिल्ली सल्तनत की स्थापना के साथ ही कतिपय सामाजिक तथा आर्थिक परिवर्तन हुए। चूँकि जातिव्यवस्था ने श्रमिक तथा कारीगरों के रूप में काम करने वाले निम्न तथा भृत्य जातियों के भरण-पोषण पर होने वाले व्यय तथा मज़दूरी को कम किया था, अतः इसके चलते अधिशेष में बढ़ोतरी हुई और अधिशेष राजस्व का स्रोत थी। अतः किसी भी शासक वर्ग की रुचि, चाहे उसकी धार्मिक आस्था जो भी रही हो, जातिव्यवस्था से टकराने में नहीं थी। सिन्ध की अरब सरकार ने ठीक मुहम्मद बिन कासिम के समय (713-14) से विशिष्ट ढंग से सिन्ध के घुमक्कड़ जाटों पर उन अयोग्यताओं और अपमानजनक शर्तों को लागू किया जो पहले ब्राह्मण शासकों द्वारा उन पर आयद थीं। मोहम्मद हबीब द्वारा स्थापित इस मत के बावजूद कि 'गौर विजय' एक प्रकार से निम्न जातियों के कारीगरों की मुक्ति थी[11], कोई ऐसा ठोस सबूत नहीं मिलता कि नये शासकों के दौरान जाति सम्बन्धी पूर्ववर्ती

नियम जानबूझकर बदल दिये गये हों। वस्तुतः अलाउद्दीन ख़िलजी का यह सन्दर्भ मिलता है कि उसने गाँव के एक टहलुआ बलाहार कोकर की उन छूटों को वापस ले लिया था, जो उसे अपनी टहल की एवज़ में मिले एक छोटे से ज़मीन के टुकड़े पर उपलब्ध थीं[12], इससे यह स्पष्ट होता है कि भृत्य जातियों को न केवल उनके स्थान पर ही रहने के लिए बाध्य किया जाता था बल्कि वे उस परम्परागत छूट की माँग भी नहीं कर सकते थे जो उनके भरण-पोषण के लिए आवश्यक थी। फिर भी, जातिव्यवस्था के संरक्षण और सुरक्षा के साथ ही मुसलिम समुदायों के विस्तार की प्रक्रिया भी जुड़ी हुई थी और उन समुदायों के लिए 'जाति' क़ानूनी तौर पर श्रेणीबद्धता का आधार नहीं हो सकती थी। प्रारम्भ में आप्रवासन द्वारा मुसलिम जनसंख्या में वृद्धि हुई। आप्रवासी न केवल मध्य एशिया से आये बल्कि सिन्ध और पंजाब से भी आए[13] (पंजाब से मुल्तानियों का धनी और महत्त्वपूर्ण हिन्दू समुदाय भी आया था)। इसलामी देशों से आने वाले अधिकांश आप्रवासियों का यक़ीनन कोई जातिगत आधार नहीं था।[14] उसके अतिरिक्त क़ैदियों की बड़ी संख्या थी जिन्हें ग़ुलाम बनाया गया तथा इस प्रक्रिया में निरन्तर वृद्धि होती रही होगी जो तेरहवीं तथा चौदहवीं शताब्दियों की विशेषता थी। ये ग़ुलाम अपनी मूल जातियों तथा स्थानों से उखड़े हुए थे तथा इन्हें श्रमिकों, कारीगरों और घरेलू नौकरों के रूप में काम करना पड़ता था।[15] ग़ुलाम बनाने के साथ उन्हें इसलाम भी अंगीकार कराया गया, फिर उन्हें आज़ाद कर दिया गया। इन दासों की निश्चित ही मुसलमानों के मध्य एक महत्त्वपूर्ण संख्या रही होगी। ग़ुलाम बनने की मूल प्रक्रिया के साथ ही जातिप्रथा से उनकी मुक्ति भी जुड़ी हुई थी। जैसा कि बदायूँनी ने सोलहवीं सदी के अन्त में नोट किया कि ग़ुलामों के व्यापार (और इसी कारण दास बनाए जाने की प्रक्रिया भी) का ह्रास हुआ। यह सम्भव है कि इस ह्रास तथा मुग़लकाल में दासप्रथा की अपेक्षाकृत महत्त्वहीन स्थिति के पीछे ग़ुलामों की उपयोगिता में आयी गिरावट रही हो, चूँकि उन हस्तशिल्पों और दस्तकारियों के लिए जो पहले बहुत व्यापक रूप में प्रचलित थी किन्तु अब जिनका प्रचलन नहीं था, स्वतन्त्र कारीगर भारी संख्या में उपलब्ध थे।[16]

आप्रवासकों तथा ग़ुलामों द्वारा निर्मित जातिप्रथा से मुक्त मुसलिम जनसंख्या के मुख्य भाग में स्वतन्त्र रूप से धर्म परिवर्तन करने वाले लोग भी जुड़ते चले गये। बहुत सम्भव है कि समूह के मुखिया द्वारा नयी धार्मिक आस्था को ग्रहण करने के साथ ही समूचे समूह ने धर्म परिवर्तन कर लिया हो। दुर्भाग्य से यह सारी प्रक्रिया अभी भी अस्पष्ट है। उल्लेखनीय है कि

किसी बड़े समूह अथवा कुल के धर्म परिवर्तन की परवर्ती परम्पराओं अथवा कल्पित सामूहिक स्थानान्तरण को हम अपनी इस मान्यता के समर्थन के लिए विश्वसनीय साक्ष्य नहीं मान सकते। यदि इस प्रकार के सामूहिक परिवर्तन हुए भी हों तो भी जातिगत परम्पराएँ तथा अवरोध उस समय तक जारी रहे होंगे जब तक कि समय के साथ शरीयत के बन्धनों के प्रसार द्वारा पूर्ववर्ती परम्पराओं के प्रभाव को कुछ कमज़ोर नहीं कर दिया गया हो। इसी सन्दर्भ में यह तर्क दिया जा सकता है कि पन्द्रहवीं शताब्दी के आसपास कबीर किसी ऐसे ही संक्रमणशील समुदाय के सदस्य रहे होंगे। वे जिस तरह मनमाने ढंग से अपने लिए कोरी और जुलाहा शब्द का प्रयोग करते हैं, उससे यह निष्कर्ष सहज रूप से निकाला जा सकता है।[17]

ये समूह अपने धर्म परिवर्तन को, गाय का मांस खाकर, ईद मनाकर तथा शेख़ों और पीरों के प्रति अन्धश्रद्धा व्यक्त करके (जैसा कि रैदास ने कबीर परिवार के विषय में कहा था) रेखांकित करते थे।[18] किन्तु इनके साथ ही दूसरे व्यावसायिक समूह भी थे जिन्होंने धर्म परिवर्तन तो नहीं किया लेकिन वे मुसलमानों के साथ रहते थे और काम करते थे। तेरहवीं-पन्द्रहवीं शताब्दियों में हिन्दू राजगीरों ने कुतुबमीनार तथा जौनपुर की मसज़िदों पर अपने अभिलेखीय चिह्न छोड़े हैं। निश्चित रूप से यह अत्यन्त महत्त्वपूर्ण है, चूँकि भवन-निर्माण के सन्दर्भ में तकनीक का बड़ा भारी आयात हुआ जिसके तहत शहतीर के स्थान पर मेहराब का प्रयोग होने लगा तथा पत्थर के स्थान पर ईंट और रोड़ा तथा सीमेंट-मसाले का इस्तेमाल होने लगा।[19]

यह बता पाना बहुत मुश्किल है कि ऐसा क्यों हुआ कि कारीगरों के कुछ समूहों ने तो इसलाम धर्म ग्रहण कर लिया जबकि दूसरों ने नहीं किया। लेकिन यह देखना महत्त्वपूर्ण है कि इस सन्दर्भ में नये परिवर्तनों की शृंखला द्वारा हस्तशिल्प और शहरी श्रम हेतु उत्पन्न माँग का जितना दबाव था उतना किसी अन्य देशी समतावादी धर्म द्वारा जानबूझकर दिये गये किसी प्रलोभन का नहीं। डी.डी. कोसम्बी (1950) ने इसलामी आक्रान्ताओं द्वारा नयी तकनीकों के ग्रहण तथा प्रसार के सन्दर्भ में संकीर्ण परम्पराओं को तोड़ने की बात कही[20] तो वस्तुतः उन्होंने एक दूरदर्शितापूर्ण सुझाव दिया था जो आगामी विस्तृत शोधकार्य के प्रकाश में सही पाया गया। भवन-निर्माण में तकनीकी परिवर्तन तथा काग़ज़ के निर्माण की तकनीक के बारे में हमें पहले से ही जानकारी थी, इनके आगमन के अलावा अब हम यह जानते हैं कि चरखा, करघे के पैडल, रहट में दाँतेदार चक्र का इस्तेमाल, कलई करना, मद्य के आसवन की

प्रक्रिया को अधिक दक्षतापूर्ण ढंग से सम्पन्न करना आदि कुछ ऐसी तकनीकें थीं जिन्हें सुलतानों की सेनाओं के माध्यम से ग्रहण किया गया तथा उनका प्रसार किया गया।

साथ ही देहात से राजस्व की वसूली के लिए अधिक सक्षम तथा प्रभावशाली (शायद अधिक शोषणमूलक) तन्त्र, अलाउद्दीन के काल तक भली भाँति स्थापित हो चुका था, उसके द्वारा दस्तकारी की वस्तुओं की शहरी माँग में विस्तार हुआ जिसके कारण व्यापार में उल्लेखनीय वृद्धि हुई। यह तथ्य सल्तनतकाल के दौरान सोने और चाँदी के सिक्कों की ढलाई में होने वाली वृद्धि से भी प्रमाणित होता है। इसके अतिरिक्त, पुरातात्त्विक अवशेषों की खुदाई से प्रमाणित होता है कि इस दौरान शहरों का पर्याप्त विस्तार हुआ था।

इससे यह निष्कर्ष निकाला जा सकता है कि प्रौद्योगिकीय उत्प्रेरण तथा नयी माँग के कारण न केवल नये व्यवसायों के लिए ज़मीन तैयार हुई बल्कि पुराने व्यवसायों को भी व्यापक स्तर पर अपनाया गया।[21] प्रारम्भ में इस माँग की पूर्ति, आंशिक रूप से, आप्रवासन तथा दासप्रथा के द्वारा हुई, उसके बाद धर्मन्तिरण द्वारा और अन्त में स्थापित (हिन्दुओं की) जातिव्यवस्था के साथ सामंजस्य बैठाकर। इस सन्दर्भ में यह तर्क दिया जा सकता है कि चूँकि मुसलिम समाज के अन्दर पाये जाने वाले उसी लोच ने, जो कि जाति-मुक्त श्रमजीवियों के अस्तित्व के कारण ही बना हुआ था, जातिव्यवस्था को मज़बूती ही प्रदान की। उसके कारण वह अपने अधिकार क्षेत्र में बिना किसी चुनौती के, अपनी सारी कट्टरता के साथ जारी रह सकी। बहरहाल, दासप्रथा, धर्मन्तिरण की प्रक्रिया और नये व्यवसायों ने एक प्रकार की अस्थिरता पैदा की जिसके कारण उन समूहों ने जो नये आर्थिक और सामाजिक दबावों से प्रभावित हुए थे, धर्म और जाति के पुराने बन्धनों पर प्रश्नचिह्न लगाये।

मुझे ऐसा लगता है कि इसी बिन्दु पर लोकोन्मुखी एकेश्वरवादी आन्दोलन के सर्वाधिक नाटकीय पक्ष अर्थात इसके निम्नजातीय, हस्तशिल्पी चरित्र की व्याख्या की सम्भावना तलाशी जा सकती है।[22] जहाँ एक ओर चैतन्य, मीराबाई, तुलसीदास, सूरदास जो कि सगुण भक्ति धारा के प्रतिनिधि हैं या तो पुरोहित वर्ग से सम्बन्धित हैं अथवा अभिजात वर्ग से, दूसरी ओर लोकोन्मुखी एकेश्वरवाद के नायकों का सम्बन्ध, जिनको धन्ना जाट ने अपने प्रसिद्ध दोहे [जिसे गुरु अर्जुन (1606 ई.) ने उसके नाम से रचा है] में सूचीबद्ध किया है, विपरीत सामाजिक परिदृश्य से है : नामदेव (छीपी, आध दाम को छीपरो), कबीर (निम्न जातीय बुनकर, 'नीचकुल जोलहा'), रैदास चमार (ढुवत्ता ढोर), सैन नाई (गाँव का टहलुआ, नाई बुतकरिया)।

गोविन्द (ईश्वर) तक उनकी पहुँच देखकर धन्ना जाट (किसान) में भी उस तक पहुँचने का साहस आया।[23] निश्चित रूप से यह सूची और भी बढ़ायी जा सकती है। गुरु नानक एक साधारण व्यापारी या लेखाकार (खत्री) था जिसके उत्तराधिकारियों ने जाट किसानों तथा पंजाब के निम्न वर्गों को बड़ा प्रभावित किया।[24] दादू, एक धुनिया (नद्दाफ) था तथा हरिदास (1645 ई.), जाट, एक दास था।[25] वे अपनी जड़ों के प्रति असावधान नहीं थे। कबीर अपने व्यवसाय का ज़िक्र बड़े फ़ख्र के साथ करते थे।[26] तुलसीदास (1575 ई.) भी शूद्रों के धार्मिक उपदेशकों के रूप में उभरने की प्रवृत्ति को घोर कलियुग का लक्षण मानते हैं।[27] वे शूद्रों द्वारा दी जाने वाली शिक्षा से और भी अधिक विक्षुब्ध रहे होंगे। वस्तुतः वे हिन्दू धर्म और इसलाम दोनों को पूरी तरह नकारते थे। उनका उपदेश ग़रीब जनता को सम्बोधित था। वे ईश्वर को तो स्वीकार करते थे लेकिन धर्म की औपचारिकता को स्वीकार नहीं करते थे। इस प्रकार के सम्पूर्ण नकार का 'आमूल परिवर्तनवाद' भारत के इतिहास में ही नहीं, मानवता के इतिहास में अभूतपूर्व था।

'मृत्यु के समय हिन्दू राम को पुकारता है और मुसलमान ख़ुदा को याद करता है।' कबीरदास कहते हैं कि जो इस द्वैत में नहीं फँसता, वही जीता है। काबा काशी हो जाती है, राम रहीम हो जाता है। मोटा अनाज (मोठ) महीन आटा हो जाता है और कबीर उसका आनन्द लेता है।[28]

सोलहवीं शताब्दी में कबीर को सूफ़ी या वैरागी या मुसलमान अथवा हिन्दू के रूप में मान्यता प्राप्त नहीं थी बल्कि उनकी ख्याति एकेश्वरवादी (मुवाहिद) के रूप में थी। यही उस बातचीत का अभिप्राय है जो अब्दुल हक की सूचना के अनुसार उसके पिता और दादा के बीच (1522 ई.) हुई।[29] अबुल फ़ज़ल (1595 ई.) ने भी कबीर का दो स्थानों पर महत्त्वपूर्ण ढंग से उल्लेख किया है। उनकी वाणी से निःसृत अनेक सचाइयाँ तथा उनके कार्यों की सूचनाएँ लोगों के बीच व्याप्त हैं। अपने मार्ग की विशालता तथा अपनी दृष्टि की उच्चता के कारण वे हिन्दू और मुसलमान दोनों के बीच बड़े स्नेह और सम्मान की दृष्टि से देखे जाते थे। जब उन्होंने इस भौतिक संसार को त्यागा तो हिन्दू (ब्राह्मण) उनके दाह-संस्कार के लिए और मुसलमान उनको दफ़नाने आये।

एक अन्य स्थान पर उनको इस प्रकार याद किया गया है : वे सिकन्दर लोदी के समकालीन (1489 से 1517 ई.) थे। उनके लिए आध्यात्मिक सत्य का दरवाज़ा किंचित खुला हुआ था। उन्होंने अपने युग की रूढ़ियों का त्याग किया था। उन्होंने अपने पीछे हिन्दी के बहुत से पद छोड़े हैं, जिनमें वे सत्य हैं जिनका वे उपदेश देते थे।[30]

उनकी शिक्षाओं का एक अन्य प्रारम्भिक संक्षिप्त संग्रह नाभादासकृत *भक्तमाल* (1600 ई.) में मिलता है। कबीर ने जातिव्यवस्था (वर्णाश्रम) तथा षड्दर्शनों को मान्यता नहीं दी। उनका मानना था कि बिना भक्ति धर्म भी अधर्म हो जायेगा। बिना भोजन के योग, व्रत तथा दान सब निरर्थक है। रमैनी, सबद तथा साखियों के द्वारा उन्होंने हिन्दू और मुसलमान दोनों को ही उपदेश दिया। उन्होंने किसी के प्रति कोई पक्षपात नहीं दिखाया। अपितु, सभी के हित में अपनी बात कही। उन्होंने जो कुछ कहा, निर्भीकतापूर्वक कहा, किसी को प्रसन्न करने के लिए नहीं।[31]

कबीर के उपदेशों को उनकी मृत्यु के सौ वर्षों के अन्तराल में उन लोगों ने उपर्युक्त दृष्टि से देखा, जो उनके संग्रहों तक पहुँच रखते थे। यहाँ यह आवश्यक नहीं है कि कबीर से उद्धरण देकर उन वस्तुगत व्याख्याओं को समर्थन दिया जाये जो लगभग समकालीन हैं। उक्त मूल्यांकनों में हमें कबीर के चिन्तन के स्रोत की कोई एक परम्परा नहीं मिलती। फिर भी शीघ्र ही कबीर की पूर्ववर्ती परम्परा भी तलाश ली गयी। उनके एक पूर्ववर्ती सुप्रसिद्ध नामदेव जी थे। वे महाराष्ट्र के छीपी या रंगरेज थे। इनके पद *गुरुग्रन्थ साहिब* में भी आये हैं। वे सत्रहवीं शताब्दी की परम्परा में कबीर द्वारा स्थापित नमूने के ही एकेश्वरवादी थे। अतः इस आधार पर कबीर तथा उनकी विचारधारा का उद्गम अनिवार्य रूप से केवल इसी परम्परा तक सीमित होगा। सत्रहवीं शताब्दी में पहली बार उन्हें रामानन्द का शिष्य बताया गया जिसके कारण *दबिस्ताने-मजाहिब*[32] के लेखक ने उन्हें वैष्णव वैरागियों की श्रेणी में रखा।[33] सम्भवतः कबीर द्वारा ईश्वर के लिए राम नाम शब्द का बार-बार प्रयोग किये जाने के कारण उन्हें वैष्णवों के साथ जोड़कर देखा जाता है। किन्तु राम के परिवार अथवा वैष्णव देवकुल का ज़िक्र उनके पदों में बिल्कुल नहीं मिलता। कबीर के राम का देवता राम से वही सम्बन्ध है जो मुसलमानों के अल्लाह का मक्का के मूर्तिपूजकों के मूर्तिगृह में मौजूद उसी नाम के देवता से है। हाल ही में एक प्रवृत्ति और पनपी है जिस पर हजारीप्रसाद द्विवेदी ने बहुत बल दिया है। वह है कबीर में शैव-नाथ योगियों की परम्परा की निरन्तरता अथवा पुनः स्थापना को तलाशना।[34] यहाँ कबीर द्वारा प्रयुक्त शब्दावली, जिससे वे स्वयं परिचित हैं तथा उनके श्रोताओं की शब्दावली जो उन्हें व्यापक रूप से प्रचारित योगियों की परम्परा से प्राप्त हुई, के फ़र्क़ को अवश्य रेखांकित किया जाना चाहिए। इसके अतिरिक्त उनके अपने विचारों की भी गहरी छानबीन करनी चाहिए। विचारों के क्षेत्र में योगियों और तान्त्रिकों से सम्बन्धित विचार तत्त्व तभी मिलता है जब वे ब्राह्मणवादी विचारधारा को निरस्त करते हैं,

इसके विपरीत, उन्होंने योगियों के बहुत से दावों को बड़ी हिकारत और नफ़रत से अस्वीकार किया है। इस प्रश्न पर यहाँ और बात करना आवश्यक नहीं है क्योंकि वॉडेवि ने इस पर विस्तार से प्रकाश डाला है। कबीर पर शांकर-वेदान्त के प्रभाव को भी हम स्वीकार नहीं करते क्योंकि हमारी अपनी छानबीन के आधार पर वह इस काल तक बहुत व्यापक रूप से प्रचारित-प्रसारित नहीं हो पाया था। कबीर के पदों पर भी उसका कोई प्रभाव दिखायी नहीं पड़ता क्योंकि वहाँ 'माया' सामान्यतः अपने पूर्ववर्ती रूप लालच के रूप में ही प्रस्तुत की गयी है, भ्रम के रूप में नहीं।

कबीर के ऊपर इसलाम के प्रभाव का बहुत गहराई के साथ अध्ययन नहीं किया गया है। भाषा वैज्ञानिक दृष्टि से यह भलीभाँति दरशाया जा सकता है कि मुसलिम धर्म-विज्ञान तथा उसकी शब्दावली का कबीर पर कोई प्रत्यक्ष प्रभाव नहीं है। आस्था और कर्मकाण्ड की दृष्टि से कबीर ने काबा और मसजिद दोनों को ठीक उसी तरह स्वीकार किया जैसे मूर्ति और मन्दिर को।[35] प्रायः माना जाता है कि उनके ऊपर सूफ़ी मत का प्रभाव था। हमें ध्यान रखना चाहिए कि सूफ़ी मत एक ऐसा सिद्धान्त है जिसमें अनिवार्य रूप से मनुष्य की ईश्वर के प्रति आज्ञाकारिता ईश्वर के प्रति उसके अपने प्रेम पर निर्भर करती है तथा जिसमें मनुष्य ईश्वर को अपनी प्रेमिका के रूप में देखता है। पीर-मुरीद सम्बन्ध की कठोरता इसी ग़ैर-मांसल प्रेम के गद्य मार्ग पर निर्भर करती है। तेरहवीं शताब्दी तक सूफ़ी मत तथा उसका ज्ञानानुशासन भलीभाँति विकसित हो चुका था। फिर भी, कबीर के पदों में मनुष्य और ईश्वर के बीच प्रेम सम्बन्धों का सारतत्त्व अत्यन्त कमज़ोर है। यह कमज़ोरी दादूपन्थियों की तुलना में *गुरुग्रन्थ साहिब* में संकलित पदों के पाठों में और भी स्पष्ट रूप से दिखलायी पड़ती है। हालाँकि कबीर के कुछ पदों में फना (ईश्वर के साथ पूर्ण तादात्म्य) की अवधारणा को न्यायसंगत रूप में देखा जा सकता है। इब्ने अल अरबी (1240 ई.) के सर्वेश्वरवाद का प्रभाव भी नहीं दिखायी पड़ता जो भारत में चौदहवीं शताब्दी तक आ चुका था तथा सूफ़ी मतावलम्बियों के बीच व्यापक रूप से फैल चुका था,[36] सर्वाधिक रूप से प्रमुख है न्यायाधीश के रूप में ईश्वर की उपस्थिति जो कदाचित ग़ैर-सूफ़ी इसलाम का केन्द्रीय तत्त्व है। इस सन्दर्भ में कबीर ईश्वर को साहूकार तथा व्यापारी के रूप में चित्रित कर उस प्रतीक विधान का प्रयोग करता है जो पुरातनपन्थी इसलाम के लिए अस्वीकार्य तथा अपरिचित है किन्तु उसकी केन्द्रीय अवधारणा से मेल खाता है।

कबीर कहते हैं, पूँजी तो साहूकार की है और तुम उसे नष्ट कर रहे हो। जब तुम से हिसाब माँगा जायेगा तो तुम्हें मुसीबत का सामना करना पड़ेगा।[37] मेरा साईं बनिया है। वह पूरी ईमानदारी से अपना व्यापार करता है। बिना बाट-तराजू के वह सारे ब्रह्माण्ड को तोलता है।[38]

क्या यह जानना समीचीन नहीं होगा कि मनुष्य के सोच और व्यवहार के सन्दर्भ में दैवी-न्याय का यह बोध क्या इसलाम की उस छवि से निःसृत है जो हमें जनसाधारण के यहाँ दिखायी पड़ती है, वह जनसाधारण जो कुरान द्वारा निर्धारित 'पुरस्कार और दण्ड' की अवधारणा के तहत ही दैवी आज्ञा का अनुपालन करता है।

वस्तुतः, कबीर एक ऐसे एकेश्ंवरवाद का विकास करते हैं, जिसमें ईश्वर के प्रति पूर्ण समर्पण है तथा जिसमें हर प्रकार के कर्मकाण्ड का अस्वीकार है। यह पुरातनपन्थी इसलाम से सर्वथा भिन्न है। कबीर के लिए ईश्वर की एकता मनुष्य की एकता का साधन बन जाती है। इसी अर्थ में वे जाति की शुद्धता और अपवित्रता की अवधारणा और व्यवहार को नकारते हैं। वे हर प्रकार के बाह्याडम्बर का विरोध करते हैं। कबीर के पद ही नहीं बल्कि कबीर से सम्बन्धित दंतकथाएँ भी धार्मिक मतभेदों और छुआछूत के प्रति घृणा की व्यापक अभिव्यक्ति के अजस्र स्रोत बन गये।[39] ईश्वर भक्त साधारणजन की दृष्टि में समझौताविहीन मानववाद का देवदूत बन गया।

कबीर के विभिन्न वैचारिक स्रोतों और सन्दर्भों की खोज अत्यन्त महत्त्वपूर्ण है। लेकिन उतना ही महत्त्वपूर्ण यह भी देखना है कि उनका कर्म अनिवार्य रूप से हमारी संस्कृति की असमानताओं का नकार है, विभिन्न तत्त्वों का समायोजन मात्र नहीं। मेरा यह साधारण प्रयास है जिसमें मैंने अभौतिक, सामाजिक तथा वैचारिक स्थितियों की छानबीन की है जिनके दबाव के तहत कबीर और उनके समानधर्मा लोगों ने अपनी प्रतिक्रिया व्यक्त की। किन्तु उनकी प्रतिक्रिया में व्यक्त 'आमूल परिवर्तनवाद' (रेडिकलिज़्म) उनका अपना निजी था। उसकी दृष्टि और निडरता हमारी मूल्यवान राष्ट्रीय विरासत है तथा हम सबके लिए प्रेरणास्रोत है।

सन्दर्भ और टिप्पणियाँ

1. एडवर्ड सी. सचान (अनुवाद), *अलबरूनीज इंडिया* (लन्दन, 1910), वॉल्यूम 1, पृ. 122-23
2. वही, पृ. 73-74, 76
3. मोबिद, *दबिस्ताने मजाहिब* (बम्बई, ए-एच/1292/1875), पृ. 131। शंकराचार्य द्वारा किये गये बहुत से कार्यों का सन्दर्भ देता है तथा उसके तन्त्र का विद्वत्तापूर्ण वर्णन भी किया है। मोबिद ने अपना कार्य सन् 1655 ई. के आसपास पूरा किया।

4. देखें, ए.बी. कीथ, *ए हिस्ट्री ऑफ़ संस्कृत लिटरेचर* (लन्दन, 1920), पृ. 478
5. देखें, *इनफ्लुएंस ऑफ़ इसलाम ऑन इंडियन कल्चर* (इलाहाबाद, 1963), पृ. 107
6. *हिस्ट्री एंड कल्चर ऑफ़ दि इंडियन पीपुल,* भारतीय विद्या भवन, वॉल्यूम, IV, पृ. 624
7. *तबकाते नासीरी,* सम्पादित, अब्दुल हई हबीबी (काबुल, 1343), II, पृ. 66
8. बरनी अपने इस विचार को अपनी भूमिका में व्याख्यायित करता है तथा अपने महान कार्य *तारीख़े फ़ीरोज़शाही* में दोहराता है। सम्पादित, सैयद अहमद ख़ान, बिब इंडि. (कलकत्ता, 1860-62), मेरा लेख, 'बरनीज थियरी ऑफ़ दि हिस्ट्री ऑफ़ दि देहली सल्तनत', *इंडियन हिस्टोरिकल रिव्यू,* नयी दिल्ली, VII, भाग 1-2, पृ. 99-115
9. *निजातुर रशीद,* सम्पादित एस. मोइनुलहक (लाहौर, 1972), पृ. 239-40
10. *चचनामा,* सम्पादित, उमर बिन मौहम्मद दाउदपोता (हैदराबाद, 1939), पृ. 47-48, 214-15, अलबरूनी, अनुवाद, मर्गोटन 'फ़ाउंडेशंस ऑफ़ दि इसलामिक स्टेट', II, पृ. 216-19, 23
11. इंट्रोडक्शन टू इलियट एंड डाउसन, *हिस्ट्री ऑफ़ इंडिया एज टोल्ड बाइ इट्स ऑन हिस्टोरियंस* (रीप्रिंट, अलीगढ़, 1952), पृ. 54
12. बरनी, पूर्वोद्धृत, पृ. 287
13. इन स्थानान्तरणों के सन्दर्भ में देखें, आई.एच. सिद्दीकी, *सोशल, मोबिलिटी इन देहली सल्तनत, मेडिएवल इंडिया-I* (नयी दिल्ली, 1992), पृ. 23
14. देखें, इरफ़ान हबीब 'मर्चेंट्स कम्युनिटीज इन प्रि-कॉलोनियल इंडिया', *दि राइज ऑफ़ मर्चेंट एम्पायर्स,* सम्पादित द्वारा जेम्स दी ट्रेसी (कैम्ब्रिज, 1990), पृ. 381-82
15. दिल्ली सल्तनत में दासों के सन्दर्भ में देखें। टी.राय. चौधरी तथा इरफ़ान हबीब, *कैम्ब्रिज इकोनॉमिक हिस्ट्री ऑफ़ इंडिया-1* (कैम्ब्रिज , 1982), पृ. 89-93, जिसमें पूरे सन्दर्भ दिये गये हैं। 'स्लेवरी इन दि डैली सल्तनत', थर्टींथ-फोर्टींथ सेंचुरीज, ऐवीडेंस फ्राम सूफिक लिटरेचर : *इंडियन हिस्टोरिकल रिव्यू,* XII, (1-2) पृ. 248-56 द्वारा इरफ़ान हबीब भी देखें।
16. देखें, इरफ़ान हबीब, 'इकोनॉमिक हिस्ट्री ऑफ़ दि डैली सल्तनत', *इंडियन हिस्टोरिकल रिव्यू* IV (2), पृ. 294
17. *देखें,* हजारीप्रसाद द्विवेदी, *कबीर* (बम्बई), पृ. 5-6, तथा वॉडेवि, *कबीर*-I (ऑक्सफोर्ड, 1974), पृ. 83-85, 87-89, उत्तर प्रदेश में सन् 1881 में 9,19,614 कोरी (हिन्दू बुनकर) थे जबकि जुलाहा (मुसलिम) 7,80,231 थे। क्रूट, *ट्राइब्स एंड कास्ट ऑफ़ नार्थ वेस्टर्न प्रोविंसिज,* III, पृ. 70-73, IV, पृ. 94-96
18. वॉडेवि द्वारा उद्धृत, पूर्वोक्त पृ. 29, गुरुग्रन्थ साहिब से, नागरी, सम्पादित (अमृतसर, 1952), पृ. 1293। मैंने भी उसी संस्करण का इस्तेमाल किया है।
19. पुष्पा प्रसाद, *संस्कृत इंसक्रिप्शंस ऑफ़ डैली सल्तनत* (दिल्ली, 1990), पृ. XXVIII-XXX.
20. डी.डी. कोसम्बी, *एन इंट्रोडक्शन टू दि स्टडी ऑफ़ इंडियन हिस्ट्री* (द्वितीय संस्करण, बम्बई, 1975), पृ. 370

21. आरम्भिक प्रयास के लिए देखें मेरा लेख 'टेक्नोलॉजी एंड सोसायटी, थर्टींथ एंड फोर्टींथ सेंचुरीज, प्रेसीडेंसियल एड्रेस, मेडिएवल इंडिया सेक्शन, इंडियन हिस्ट्री कांग्रेस, वाराणसी सेशन, प्रोसीडिंग्स, पृ. 130-61, आगे से लिए 'मेडिएवल टेक्नोलॉजी' एक्सचेंजिज बिटविन इंडिया एंड इसलामिक वर्ल्ड', अलीगढ़, *जर्नल ऑफ़ ओरिएंटल स्टडीज,* II, (1-2), पृ. 197-222
22. इरफ़ान हबीब 'इकोनॉमिक हिस्ट्री ऑफ़ डैली सल्तनत' : आई.एच.आर. IV (2), पृ. 289-97 से तुलनीय। पुरातात्त्विक साक्ष्यों को उन साक्ष्यों के साथ मिलाकर देखा जाये जिनका उल्लेख आर.एस. शर्मा ने सन् 1000 तक शहरों के पतन के सन्दर्भ में अपनी पुस्तक *अर्बन डिके इन इंडिया* (300-1000 ई.), नयी दिल्ली, 1987, में किया है।
23. *गुरुग्रन्थ साहिब,* नागरी टेक्स्ट, पृ. 487-88
24. इस पर 17वीं शताब्दी पर टिप्पणी के लिए देखें *दबिस्ताने मजाहिब*, पृ. 186
25. वही, पृ. 173-74
26. जैसा कि 'गज नव, गज दस, गज इक्कीस, पुड़िया एक तनाई' से शुरू होने वाले पदों से ज्ञात होता है। *गुरुग्रन्थ साहिब,* पृ. 335, *कबीर ग्रन्थावली,* सम्पादित, श्यामसुन्दर दास (काशी, वि.एस. 2008⁄ पृ. 1951, पृ. 281)।
27. रामचरितमानस, उत्तरकाण्ड (गीताप्रेस) सम्पादन गोरखपुर (विक्रमी संवत 2046), पृ. 20-22
28. *कबीर ग्रन्थावली,* पृ. 54, राजस्थानी पाठों में भी उपलब्ध, वॉडेवि, *कबीर,* पृ. 263
29. *अखबारूल अख्थार* (तकमीना) देवबन्द, 1332/1913-14
30. *आईने अकबरी,* नवल किशोर, सम्पादन (1893), II, पृ. 53-78
31. *श्री भक्तमाल,* सम्पादन, गणेशदास (प्रथम संस्करण, गोवर्धन, तिथि नहीं)
32. *दबिस्ताने मजाहिब,* पृ. 160-61
33. वही, पृ. 159। प्रियादास द्वारा रामानन्द के साथ सम्बन्ध जोड़ने की घटना लगभग 60 वर्ष बाद ही है (1712), देखें—वॉडेवि, पृ. 31; किन्तु रामानन्द की जो एकमात्र रचनाएँ *गुरुग्रन्थ साहिब* में मिलती हैं आगे उनकी छवि मात्र एक मूर्तिभंजक एकेश्वरवादी की है।
34. हजारीप्रसाद द्विवेदी, बम्बई, तिथि नहीं।
35. *कबीर,* पृ. 85-89, पृ. 120-148
36. देखें, एस. अतहर अब्बास रिज़वी, *मुसलिम रिवाइविलिस्ट मूवमेंट्स इन नॉर्थ इंडिया इन दि सिक्सटींथ एंड सेवेंटींथ सेंचुरीज* (आगरा, 1965), पृ. 43
37. *कबीर ग्रन्थावली,* पृ. 42, यह पद दादूपन्थी पाठ में मिलता है, किन्तु वॉडेवि (पृ. 269) द्वारा साह को 'नियति' के रूप में समझे जाने को मान्यता नहीं है। कबीर भाग्यवाद में विश्वास नहीं करते और इसलिए किसी हिसाब के भुगतान का भी कोई प्रश्न नहीं है।
38. *कबीर ग्रन्थावली।*
39. अबुल फ़ज़ल (1595) ने पहले ही कबीर के विषय में प्रचलित लोकप्रिय सूचनाओं का हवाला दिया था। सबसे पहला प्रकरण *दबिस्ताने मजाहिब* (1653), पृ. 159-60 में मिलता है। पता चलता है कि किस प्रकार ब्राह्मणों का उपहास करता है जब वे उसके

हाथ से गंगाजल ग्रहण करना अस्वीकार कर देते हैं क्योंकि वह नीच जाति का जुलाहा था।

एक अन्य प्रसंग से पता चलता है कि उन्होंने किस प्रकार मूर्तिपूजा का उपहास किया तथा एक और प्रसंग उनकी ग़रीबी से जुड़ा है अन्ततः लेखक उस प्रकरण का ज़िक्र करता है जिसमें हिन्दू और मुसलमान दोनों ने उनके मृत शरीर पर दावा पेश किया तथा किस प्रकार एक फ़कीर उनके पास आया और उन्हें बताया कि कबीर 'आरिफ' थे तथा वे दोनों ही धर्मों से स्वतन्त्र थे। लेखक अकबरी दरबार के फ़ारसी कवि उर्फी के उस प्रसिद्ध दोहे से अन्त करता है जो इस तरह है :

हे उर्फी! अच्छे और बुरे दोनों के साथ कुछ इस तरह रहो कि जब तुम मरो तो मुसलमान तुम्हारे शरीर को पवित्र जल से धोयें तथा हिन्दू उसका दाह-संस्कार करें।

अध्याय तीन

मध्यकालीन भारतीय इतिहास में स्त्री*

स्त्री जाति के इतिहास का सम्बन्ध महज़ स्त्रियों से नहीं है। उनसे तो है ही, उसका सम्बन्ध उस सम्पूर्ण समाज से भी है जिसमें वे पुरुषों के साथ जीवनयापन करती हैं। इस कहानी की शुरुआत इस तरह भी की जा सकती है जैसे 'सिमोन द बुआ' ने अपनी प्रसिद्ध पुस्तक *स्त्री उपेक्षिता*[1] *(दि सेकेंड सेक्स)* में की है। उक्त पुस्तक में उन्होंने प्रजातियों के जैविक इतिहास और उनके लैंगिक विभाजन की चर्चा की है। निस्सन्देह इस आधार पर भी मानव सभ्यता के भौतिक विकास में स्त्री की भूमिका को समझा जा सकता है। सुप्रसिद्ध पुरातत्ववेत्ता गोर्डन चाइल्ड का मानना है कि संसार में कृषिकर्म को आरम्भ करने का श्रेय स्त्रियों को है। उन्होंने ही 'उत्तरपाषाणकालीन क्रान्तियुग'[2] के बहुत से आविष्कार किये। किन्तु जब से लिखित इतिहास उपलब्ध होता है यानी जब वर्गीय शोषण पर आधारित सभ्यताओं का उदय होता है, वहाँ एक छोटा-सा प्रभुत्वशाली वर्ग अतिरिक्त उत्पादन को हड़पने लगता है। हम देखते हैं कि उस समय से स्त्रियों को सामाजिक क्रम में निम्न से निम्नतर भूमिका में धकेल दिया गया है।

इसकी वजह यह नहीं है कि पुरुषों के श्रम की तुलना में स्त्रियों द्वारा किया गया श्रम कम महत्त्वपूर्ण होता था। उनके गृहकार्य, जैसे खाना बनाना, बच्चे पालना, पुरुषों की हर तरह से मदद करना जैसे श्रम को कम महत्त्वपूर्ण नहीं माना जा सकता। मुग़लकाल में किसान की पत्नी खेतों में काम करने वाले अपने पति के लिए कलेवा ले जाती थी और आज भी वह यही करती है।[3] उसे अपने सिर पर रखकर घड़ों में नदी, तालाब या कुएँ से पानी लाना होता था और घर में चक्की से आटा पीसना होता था।[4] लेकिन स्त्रियों के काम का यह सिर्फ़ एक

---

* भारतीय इतिहास कांग्रेस कलकत्ता-2001 में पढ़ा गया पर्चा।

पहलू था। ग़रीब स्त्रियों को तो न केवल लकड़ियाँ, पत्तियाँ या उपले एकत्र करने बाहर जाना पड़ता था, बल्कि उन्हें अभिजात वर्ग के घरों तथा खेतों में मज़दूरी भी करनी पड़ती थी। इसके प्रमाण तो ईसा की दूसरी शताब्दी तक मिल जाते हैं।[5]

हम देखते हैं कि परम्परागत लिंगभेद के अनुसार श्रम विभाजन में कठिन परिश्रम करने वाले कार्य स्त्री के हिस्से में आते थे। लगभग सभी सभ्यताओं में कताई का काम स्त्रियों द्वारा ही किया जाता था। चरखे के आविष्कार से पूर्व हाथ-चरखी का उपयोग स्त्रियों की उँगलियों के लिए अत्यन्त श्रमसाध्य होता था। अमीर ख़ुसरो ने (1301-2 ई.) लिखा है कि सूई और तकली औरत के 'धनुष और बाण थे।'[6] चरखे के आविष्कार ने स्त्रियों के काम को आसान कर दिया और कताई को गति प्रदान की। इसामी (1350 ई.) ने उल्लेख किया है कि 'बौद्धिक रूप से अल्पविकसित होने के कारण चरखा औरत के लिए सर्वाधिक अनुकूल यन्त्र है।'[7] केवल कताई ही नहीं, बल्कि खेतों में कपास बीनना और उसको ओटना भी औरत के ही कार्य माने जाते थे। सोलहवीं शताब्दी में अजन्ता के भित्तिचित्रों में स्त्री को ऐसे ही काम करते हुए चित्रित किया गया है।[8] वस्तुतः कपड़ा उद्योग में स्त्री चरखा लगाने तथा ताना बनाने में ही पुरुष बुनकर की मदद नहीं करती थी, बल्कि कपड़े को रँगने, छापने तथा काढ़ने का काम भी करती थी। निश्चय ही पूर्व-उपनिवेश काल में भारत में कपड़ा उद्योग का अधिकांश कार्य स्त्री द्वारा सम्पन्न होता था।

स्त्री का श्रम केवल कुटीर उद्योग तक ही सीमित नहीं था। बल्कि भारत उन थोड़े से देशों में था, जहाँ भवन निर्माण में अधिकांश कठिन परिश्रम स्त्री को करना पड़ता था। सोलहवीं शताब्दी के मुग़लशैली के लघुचित्रों में स्त्री को पत्थर या ईंट तोड़ते हुए, चूना छानते हुए तथा निर्माण स्थल तक ईंट और गारा सिर पर ले जाते हुए दिखाया गया है, वह आज भी यही करती है।[9]

पूर्व-उपनिवेश काल में भारत में स्त्रीश्रम के बहुत से साक्ष्य शीरीं मूसवी ने अपने अध्ययन *मुग़लकालीन भारत में स्त्रीश्रम* में प्रस्तुत किये हैं।[10]

दुर्भाग्यवश, हमें स्त्रीश्रम के बदले मिलने वाले पारिश्रमिक के सम्बन्ध में बहुत कम आँकड़े उपलब्ध हैं। उसे या तो घरेलू कार्यों की तरह अपने श्रम का कोई पारिश्रमिक नहीं मिलता या घर से बाहर किये जाने वाले श्रम का बहुत कम पारिश्रमिक मिलता था। स्त्रीश्रम को सामान्यतः कम करके आँका जाता था। इस तथ्य की पुष्टि अलाउद्दीन ख़िलजी (1269-1316 ई.) के वेतन नियमों से भी होती है, जहाँ पुरुष दास को अपने श्रम के बदले 10 से 15 टंका तक मिलते थे जबकि दास स्त्री को 5 से 12 टंका मिलते थे।[11]

इसी बिन्दु पर हम स्त्री दमन के पहलू से जुड़ते हैं। जिस प्रकार जातिव्यवस्था ने समूचे शासक वर्ग को इस अर्थ में लाभ पहुँचाया कि उक्त व्यवस्था के अन्तर्गत उसे निम्न जाति के लोगों का श्रम, सेवाएँ तथा वस्तुएँ सस्ते रूप में उपलब्ध हुए[12], ठीक उसी प्रकार स्त्रियों के श्रम का पारिश्रमिक भी कम कर दिया गया। वस्तुतः उक्त व्यवस्था वर्ग-विभाजन को ही मज़बूत करती थी। इसके परिणामस्वरूप जहाँ एक ओर समाज में निम्न वर्ग के लोगों का शोषण होता था, वहीं दूसरी ओर स्त्रियों को दबाकर रखा जाता था। ये दोनों एक-दूसरे के पूरक थे। धर्म (जनता की अफ़ीम)[13] ने जिस प्रकार वर्ग-विभाजन को मान्यता दी, उसी प्रकार नारी शोषण को भी धार्मिक मान्यता की आवश्यकता थी। इसीलिए, सामाजिक संरचना में चाहे कोई पुरुष कितना ही निम्न स्तर का क्यों न हो, वह अपने को अपनी स्त्री से श्रेष्ठ समझता था और स्त्री को भी अपनी यह स्थिति स्वीकार करने के लिए भगवान की मर्ज़ी का वास्ता दिया जाता था।

इस प्रकार स्त्री दासता को हिन्दू धर्म तथा इसलाम दोनों में सामाजिक व्यवस्था के अंग के रूप में रेखांकित किया गया है। स्त्री के चरित्र पर सदैव सन्देह किया गया है। मनु (II, 213-14) के अनुसार पुरुष के चरित्र को बिगाड़ना और उसे पथभ्रष्ट करना स्त्री की प्रकृति का अंग है। जब उसकी रचना हुई तो उसकी प्रकृति में अपवित्र कामनाएँ, क्रोध, बेईमानी और दुश्चरित्रता रख दी गयी थी। उसमें सद्‌गुणों का उन्मेष पति के संसर्ग से आता है। इसलिए स्त्री की दोषपूर्ण अन्तःप्रकृति को पुरुष की पराधीनता स्वीकार करने के लिए बुनियादी आधार माना गया। दिन-रात स्त्री को उसके परिवार के पुरुषों के आधिपत्य में रखा जाना चाहिए।[14]

कुरान के कतिपय वक्तव्य भी स्त्री को परम्परागत रूप से एक हीन लिंग के रूप में स्थापित करते हैं। स्पष्टतः पुरुष को सम्बोधित करते हुए कुरान कहती है : 'स्त्री तुम्हारे लिए खेत की तरह है, तुम जैसे चाहो, उसे जोतो।' और II, 228 में यह भी घोषित किया गया है कि पद में पुरुष स्त्री से श्रेष्ठ है। ऐसे पवित्र और आसमानी शब्दों के आधार पर शेख़ अहमद सरहिन्दी जैसे सूफ़ी ने घोषणा की कि ख़ुदा ने मर्द पर मेहरबानी की है, इसलिए उसे चार शादियाँ करने का अधिकार प्राप्त है। वह तलाक़ द्वारा स्त्रियाँ बदल सकता है और कितनी ही रखैलें रख सकता है। ख़ुदा ने स्त्री को सौन्दर्य बख़्शा ही इसीलिए है कि पुरुष उसका उपभोग करे।[15] स्त्रियों के सम्बन्ध में भी उसी सूफ़ी ने यह कहा है कि स्त्री इतनी दुष्ट प्रकृति की होती है कि व्यभिचार के हर मामले में प्रमुख रूप से उसी को दोषी मानना चाहिए, क्योंकि ऐसा दुष्कृत्य उसकी स्वीकृति के बिना सम्भव नहीं हो सकता।[16]

स्त्री के सम्बन्ध में इसी तरह की भावना धर्मनिरपेक्ष जगत में भी व्यक्त होती रही। बादशाह जहाँगीर (1605-27 ई.) के नैतिक सलाहकारों ने उसे यह सलाह दी थी : 'बेटियों की मौत पर शोक मत करो। स्त्रियों की सलाह मत मानो। उनके छल-कपटपूर्ण आचरण के प्रति उदासीन मत रहो।'[17]

इस सबसे यह निष्कर्ष निकालना ग़लत न होगा कि यदि स्त्रियों को कमज़ोर और मूर्ख समझा जाता था तो यह उनकी प्रकृति या स्वभाव का परिणाम नहीं, बल्कि पुरुष के अपने दमनात्मक आचरण का परिणाम था। उदाहरण के लिए, यदि स्त्रियों को निरक्षर रखा जाता था तथा उनके लिए शिक्षा की कोई सुविधा उपलब्ध न थी तो उनसे यह अपेक्षा व्यर्थ थी कि वे ज्ञान तथा साहित्य के क्षेत्र में कोई ठोस योगदान दे सकेंगी। भारत में हालाँकि साक्षरता की दर यों ही बहुत कम थी, 1891 ई. में यह घटकर और कम हो गयी तथा जनगणना के अनुसार 23 साक्षर पुरुषों की तुलना में एक महिला साक्षर थी।

स्त्री की पराधीनता पुरुष के क्रियाकलाप का परिणाम थी। यह सचाई उस समय और अधिक स्पष्ट रूप से उजागर हुई जब वह पुरुष द्वारा आयद प्रतिबन्धों को तोड़कर बाहर आयी। कुछ ऐसी स्त्रियाँ भी थीं जिन्होंने किसी तरह शिक्षा प्राप्त की। दसवीं-ग्यारहवीं सदी में खजुराहो में एक ऐसी मूर्ति मिलती है जिसमें एक लिखती हुई स्त्री की तसवीर अंकित है।[18] सोलहवीं सदी के एक फ़ारसी शब्दकोश में, जिसे मिफ्ताउल फ़ज़ल ने 1468-69 में मालवा में संकलित किया था, शिक्षक द्वारा पढ़ाये जा रहे बच्चों के साथ काठ की तख्ती पर लिखती हुई लड़की का एक चित्र मिलता है।[19] बादशाह हुमायूँ (1530-36) की बहन मुग़ल शहज़ादी गुलबदन ने अपने संस्मरणों में लिखा है कि उसका शौहर ख़िज़्रखाँ अनपढ़ था, इसलिए वह उसके नाम लिखे हुए ख़तों को नहीं पढ़ पाता था।[20] इस प्रकार की शिक्षित स्त्रियाँ, जो हालाँकि संख्या में बहुत कम थीं, हीन लिंग की अवधारणा में नहीं अँटतीं।

जीवन के अन्य क्षेत्रों में भी कुछेक स्त्रियों ने अपनी पहचान स्थापित की। उदाहरण के लिए हम राजनीतिक दृष्टि से महत्त्वपूर्ण दो स्त्रियों के नाम ले सकते हैं। दो इतिहासकारों ने इनका मूल्यांकन प्रस्तुत किया है। अज्ञात कुलशील की जयमती नामक लड़की कश्मीर में हुई जिसे एक प्रसिद्ध नर्तकी ने पाला। वह पहले उच्चाला नामक राजकुमार की पत्नी बनी और बाद में धन के लालच में आनन्द नामक शासक को पति रूप में स्वीकार कर लिया। आनन्द की मृत्यु पर सारी लाज-शर्म त्यागकर वह उच्चाला के पास पुनः चली गयी तथा 1101-11 ई. में उसके राज्यकाल में उसकी पटरानी रही।[21] चार दशक बाद लिखते हुए

कल्हण को स्पष्टतः उस असहाय स्त्री के प्रति कोई सहानुभूति नहीं थी जिसे पुरुषों की दुनिया में फेंक दिया गया था और जहाँ उसने उपलब्ध हर अवसर का उपयोग अपने हित में किया। अतः उसे यह आश्चर्यजनक लगता है कि जयमती परोपकारी शासक के दायित्वनिर्वाह के लिए इतनी उपयुक्त है :

> जयमती ने राजा के असीम प्रेम के कारण राज्य का आधा भाग प्राप्त करने का गौरव प्राप्त किया तथा सामान्य कुल में जन्मी होने के बावजूद उसने रानी की गरिमा को कोई क्षति नहीं पहुँचाई, क्योंकि उसने दयालुता, शालीनता, उदारता, गुणीजनों के प्रति आदरभाव, बुद्धिमत्ता तथा अन्य सद्‌गुणों जैसे परदुखकातरता के कारण अपनी विशिष्ट पहचान बनायी।[22]

उसके लगभग पाँच सौ वर्ष बाद नूरजहाँ हुई। उसके पति बादशाह जहाँगीर की मृत्यु (1627 ई.) तथा शाहजहाँ के राजगद्दी पर बैठने के बाद, जबकि वह राजनीतिक निर्वासन में थी और उसकी प्रशंसा से कोई लाभ होने वाला नहीं था, समकालीन इतिहासकार मोतमदरवान उसे निम्नलिखित शब्दों में याद करता है :

> बादशाह जहाँगीर तो बार-बार कहता था कि मैंने तो राज्य पूरी तरह नूरजहाँ को सौंप दिया है। मुझे तो एक सेर कबाब और एक सेर शराब के अलावा कुछ नहीं चाहिए। उसके व्यक्तित्व की उदारता का मैं क्या वर्णन करूँ—जो भी असहाय व्यक्ति उसके पास मदद माँगने गया नूरजहाँ ने उसकी समस्या का समाधान किया और जो भी उसकी शरण में गया उसे उसने जुल्म और अत्याचार से बचाया। उसकी सच्चरिता ने उसके अन्दर की बुराई को ढँक लिया; निस्सन्देह, उसके अन्दर कोई बुराई नहीं थी।[23]

कुछेक स्त्रियों के विषय में दिये गये ऐसे वक्तव्यों से यही स्पष्ट होता है कि सचाई स्त्रियों के प्रति पूर्वग्रहों के सिर पर चढ़कर बोलती है। प्राक्-आधुनिक समाजों में जब-जब वास्तविक योग्यता और क्षमता अनेक प्रतिनिषेधों को तोड़कर बाहर आती थी, तब-तब स्त्रियों के प्रति पुरुषों के दृष्टिकोण में बदलाव आता था और स्वयं अपने बारे में भी स्त्री की चेतना बदलती थी। बावजूद इसके, यह सही है कि स्त्री के प्रति दृष्टिकोण के बारे में विभिन्न सांस्कृतिक परम्पराओं, घुमक्कड़ तथा स्थापित समाजों, आदिम तथा शहरी समाजों में काफ़ी अन्तर था। उदाहरण के लिए, इसमें सन्देह नहीं कि शरीयत स्त्री को अलग-थलग करने के प्रति कटिबद्ध दिखायी देती है, फिर भी उसमें धर्मशास्त्र की तुलना में स्त्री के लिए एक भिन्न क़ानूनी तथा न्यायिक व्यवस्था थी। उसमें औरतों के लिए वली के रूप में एक मर्द संरक्षक की व्यवस्था थी और उसका उन पर एक हद तक अधिकार भी था,

लेकिन उसमें औरत को एक क़ानूनी हैसियत भी प्रदान की गयी है जिसके तहत औरत को विरासत में अधिकार प्रदान किये गये; हालाँकि उसमें भाई के आधे हिस्से को अलग कर दिया जाता था। पति से मेहर की व्यवस्था थी, समझौते के तहत उल्लिखित अन्य लाभों का हक भी मिला था।[24]

इसलामी क़ानून के उक्त तत्त्वों के आधार पर ही स्त्रियों को हम सम्पत्ति के मालिक के रूप के स्थापित देखते हैं। 17वीं सदी में तो मुसलिम औरतों को भू-सम्पत्ति के अधिकार (ज़मींदारी/सतराही) भी प्राप्त थे, जो उन्हें आंशिक रूप से विरासत में तथा आंशिक रूप से मेहर के तहत प्राप्त थे।[25] उस काल में हिन्दू औरतें भी ज़मींदार होती थीं। एक जगह एक ज़मींदार स्त्री को अपना अधिकार अपने भाई से प्राप्त होता है तो एक अन्य स्थान पर दो पुत्र अपनी ज़मींदारी का हिस्सा बेचते हुए अपनी माँ का नाम देते हैं, जिससे पता चलता है कि वह उन्हें अपनी माँ से विरासत में प्राप्त हुआ था।[26] यह एक रोचक विचार है कि क्या मुसलिम क़ानून स्थानीय परम्पराओं को प्रभावित कर रहा था? हालाँकि, दुर्भाग्यवश, इस कारक को पूरी तरह से नज़रअंदाज़ नहीं किया जा सकता। मुग़ल सरकार से राजस्व प्राप्त करने वाली मुसलिम महिलाओं की अच्छी-खासी तादाद है[27] तथा 1690 ई. के औरंगज़ेब के एक आदेश के अनुसार उन्हें राजस्व अनुदान भी विरासत में प्राप्त हो गया था।[28]

यह एक दिलचस्प तथ्य है कि सोलहवीं सदी के उत्तरार्द्ध में अकबर तथा उसके समकालीनों में औरत के प्रति एक बदला हुआ दृष्टिकोण दिखायी पड़ता है। उल्लेखनीय है कि इस बदलाव का शरीयत की परम्परा से कोई सम्बन्ध नहीं है, अपितु वह उसके विरोध में दिखायी पड़ता है, विशेष रूप से उसका यह दृष्टिकोण सती प्रथा की आलोचना में दिखायी पड़ता है। अकबर का दृष्टिकोण उस परम्परागत मुसलिम दृष्टिकोण से भिन्न है, जिसमें सती प्रथा के प्रति एक प्रच्छन्न प्रशंसा भाव दिखायी पड़ता है। उदाहरण के लिए, अमीर ख़ुसरो के उन पदों को रेखाँकित किया जा सकता है जिनमें हिन्दू स्त्रियों की पति परायणता को महिमामण्डित किया गया है।[29] अकबर को उक्त दृष्टिकोण में बुनियादी त्रुटि दिखायी दी :

> भारत में यह एक प्राचीन प्रथा है कि अपने पति की मृत्यु के पश्चात स्त्री, चाहे उसे अपने पति के हाथों दुर्व्यवहार ही क्यों न सहना पड़ा हो, अपने आपको आग में झोंक देती है और पूरी बहादुरी के साथ अपने बहुमूल्य जीवन का बलिदान कर देती है और इस कार्य को वह अपने पति की मुक्ति का साधन समझती है।

पुरुषों का भी यह एक विचित्र आचरण है कि अपनी मुक्ति के लिए वे अपनी पत्नियों से इस प्रकार की सहायता की अपेक्षा रखते हैं।[30]

पत्नियों के साथ दुर्व्यवहार किया जाता था, इस वक्तव्य की तुलना कल्हण के उस वक्तव्य से करनी चाहिए जिसमें वह कहता है कि सती के माध्यम से स्त्रियाँ अपने पति के दुर्व्यवहार से मुक्ति पाती हैं।[31]

बलपूर्वक सती करने को रोकने के लिए अकबर का आदेश 1583 ई. अथवा उससे पहले आया था। एक राजपूत अधिकारी की मृत्यु के पश्चात उसने व्यक्तिगत स्तर पर उस आदेश के अनुपालन को सुनिश्चित किया।[32] उसके परिणाम निस्सन्देह दीर्घकालिक सिद्ध हुए। उल्लेखनीय है कि समूची सत्रहवीं सदी में मुग़ल अधिकारियों ने पूरी ईमानदारी से यह कोशिश की थी कि कोई भी स्त्री बलात सती न की जाये तथा सती होने वाली महिला को भी ऐसा करने से रोका। इसकी पुष्टि हमें तत्कालीन यूरोपियन पर्यवेक्षकों की टिप्पणियों से भी होती है जो हालाँकि, मुग़ल अधिकारियों में सती स्त्री के प्रति किसी प्रकार के दयाभाव को स्वीकार नहीं करते।[33]

1690 ई. के प्रारम्भ में ओविंगटन का विचार था कि अब सती की घटनाएँ यदाकदा ही सुनायी देती हैं। कभी-कभार कुछ राजाओं की पत्नियाँ ही सती होती हैं और वे भी यह स्वतन्त्रता तभी हासिल कर पाती हैं जब वे गवर्नरों को बहुमूल्य उपहार देती हैं तथा इसके लिए उत्कट प्रार्थना करती हैं।[34]

यह सही है कि उक्त टिप्पणी में मुग़ल शासकों के प्रति अतिरिक्त प्रशंसाभाव दिखायी पड़ता है, फिर भी इतना तो कहा ही जा सकता है कि उन्होंने सती की घटनाओं को बड़ी हद तक कम किया था।

स्त्रियों के प्रति अकबर की चिन्ता का दायरा सिर्फ़ यहीं तक सीमित नहीं था। वह महसूस करता था कि उन्हें अपनी विरासत में समुचित हिस्सा नहीं मिलता। उसकी राय में मुसलिम क़ानून के तहत भी वे अपना हक़ प्राप्त नहीं कर पातीं। अकबर का मत था कि कमज़ोर होने के नाते स्त्रियों को पुरुषों की तुलना में पैतृक सम्पत्ति का बड़ा भाग मिलना चाहिए। उसने यह भी न्यायसंगत नहीं माना कि यदि किसी परिवार में सिर्फ़ लड़कियाँ ही हों तो वहाँ अन्य पुरुष-सदस्य विरासत में दावेदार माने जायें।[35] अपने उक्त दृष्टिकोण के तहत ही उसने एक पत्नी प्रथा का अनुमोदन किया। हालाँकि, बदायूँनी ने तो यह भी लिखा है कि अकबर ने एक पत्नी-विवाह को लागू करने के लिए फरमान जारी किया था, लेकिन इसमें कोई सन्देह नहीं कि अकबर ने उक्त सन्दर्भ में दृढ़तापूर्वक अपनी राय व्यक्त की थी।

हालाँकि, बड़ी समझदारी के साथ राजपरिवार को इस प्रतिबन्ध से मुक्त रखा।[36] प्रत्यक्षतः तो इस क़दम का कोई परिणाम सामने नहीं आया। अकबर की चिन्ता यह थी कि कम उम्र की लड़कियों की शादी न हो, क्योंकि इससे उनके स्वास्थ्य पर प्रतिकूल प्रभाव पड़ता था। इसीलिए, उसने 14 वर्ष अथवा 12 वर्ष की कम उम्र वाली लड़कियों की शादी पर प्रतिबन्ध लगा दिया था।[37] यह प्रतिबन्ध हिन्दू विवाहों पर भी समान रूप से लागू था।

हालाँकि यह तय कर पाना मुश्किल है कि अकबर की भावनाओं और प्रतिबन्धों का समाज पर कोई स्थायी प्रभाव पड़ा या नहीं, लेकिन अकबर के प्रयासों से नैतिकता के मानदण्डों में बड़ा सारगर्भित विस्तार हुआ और उसने वैचारिक रूप से एक भिन्न परम्परा का सूत्रपात किया।

मुल्ला अब्दुल कादिर बदायूँनी यूँ तो इतिहासकार के रूप में अकबर के आदेशों और फरमानों का मज़ाक़ उड़ाता है, लेकिन मुसलिम क़ानून के तहत पति-पक्ष में तलाक़ के निहायत ही आसान प्रावधान के सम्बन्ध में विचित्र ढंग से चुप्पी साध लेता है। अपने अनुवर्ती, शेख़ अहमद सरहिन्दी के इस मत के विरुद्ध कि तलाक़ पुरुष के लिए ख़ुदा की नियामत है जिसके तहत वह पत्नियाँ बदल सकता है, बदायूंनी कहता है :

> तलाक़ एक घृणित कार्य है। यह पुरुष के स्वाभाविक आचरण के विरुद्ध है। हिन्दुस्तान के लोगों की यह शानदार परम्परा रही है कि उन्होंने इस प्रथा को ऐसे दुराचार की संज्ञा दी है कि यदि कोई उन्हें तलाक़ देने वाला कहे तो उसे मारने पर उतारू हो जाते हैं।[38]

उस काल में मुसलिम विवाह प्रथाओं के सम्बन्ध में कुछ ऐसे मानक अनुबन्धों का विकास भी हुआ जिनके तहत स्त्री को द्विपत्नी विवाह, रखैल तथा परित्यक्ता के विरुद्ध संरक्षण प्रदान किया गया। तत्कालीन मुग़ल प्रशासन की 1694-96 ई. की एक 'टैक्स्ट' में एक आदर्श विवाह अनुबन्ध की शर्तों का निम्नलिखित रूप में उल्लेख हुआ है :

1. यदि पति दूसरी शादी करता है तो मौजूदा पत्नी को शादी तोड़ने का अधिकार होगा।
2. पति कोई रखैल नहीं ला सकेगा, यदि वह ऐसा करता है तो पत्नी को मेहर की राशि लेने/बेचने का अधिकार होगा।
3. बिना किसी वैध कारण के पति पत्नी को पीट नहीं सकेगा। यदि वह ऐसा करता है तो पत्नी को तलाक़ लेने का हक होगा।

4. यदि पति तीन वर्ष तक पत्नी का भरण-पोषण नहीं करता तो पत्नी को उससे अलग होने का अधिकार होगा।[39]

विवाह के उक्त अनुबन्ध सूरत से एक संग्रह के रूप में उपलब्ध हुए हैं जिनका संकलन 1650 ई. के आसपास हुआ था। इस संग्रह में उक्त चारों शर्तों का विधिवत उल्लेख है; यहाँ तक कि निम्न वर्ग तथा मध्य वर्ग में द्विपत्नी-विवाह तथा रखैल के विरुद्ध प्रतिबन्ध सार्वभौमिक रूप से प्रचलन में थे। मेहर की राशि से यह संकेत मिलता है कि इन अनुबन्धों का अनुपालन सिर्फ़ निम्न वर्ग और मध्य वर्ग में ही होता था। कभी-कभार पत्नी के जीवनयापन की बुनियादी आवश्यकताएँ जैसे प्रतिदिन एक टंका तथा वर्ष भर में दो साड़ियों से भी यह पता चलता है कि ये शर्तें किन वर्गों में लागू थीं।[40]

हमें यह अहसास है कि स्त्री जाति के इतिहास के विषय में हमारे पास उपलब्ध जानकारी बहुत कम है, जो है वह भी बहुत अस्तव्यस्त और अव्यवस्थित है। इस सन्दर्भ में स्वयं स्त्रियों द्वारा दी गयी सूचना भी बहुत कम है। इसके बावजूद, एक-दो निष्कर्ष निकाले जा सकते हैं।

यह कि स्त्री-दमन का वह पूरा दौर ऐसा नहीं था जिसमें मुक्ति की कोई सम्भावना ही न हो। करुणा-दया की कुछ किरणें भी वहाँ थीं, अन्याय का अहसास भी था और उसमें सुधार की गुंजाइश भी थी। किन्तु हमारी सांस्कृतिक परम्पराओं में मूलभूत परिवर्तन की क्षमता हमेशा ही सीमित रही। हमें यहाँ आधुनिक यूरोप से प्राप्त होने वाले विचारों के महत्त्व को स्वीकार करना चाहिए। वहाँ सबसे महत्त्वपूर्ण और बुनियादी बात यह हुई कि स्वयं स्त्रियों ने अपने अधिकारों के लिए आवाज़ बुलन्द की।[41] 'नारीमुक्ति 1789 ई. की फ्रांसीसी क्रान्ति का एक अविभाज्य अंग था।' 1790 ई. में लड़के और लड़की को विरासत में समान अधिकार मिले। 1792 ई. में तलाक़ के प्रावधान में पत्नी को एक बड़ी सीमा तक संरक्षण प्रदान किया गया तथा 1793 और 1794 ई. में लड़के तथा लड़कियों के लिए अनिवार्य रूप से प्राथमिक शिक्षा की व्यवस्था की गयी। वस्तुतः मानवता के विकास के इतिहास में यह एक अभूतपूर्व प्रस्थान बिन्दु था। बंगाल के नवजागरण तथा उन्नीसवीं शताब्दी के सुधार आन्दोलनों में स्त्री के अधिकारों के प्रति वही चिन्ता दिखलायी पड़ती है और वह लड़ाई आज भी जारी है।

सन्दर्भ और टिप्पणियाँ

1. सिमॉन दि बुआ, दि *सेकेंड सेक्स,* अंग्रेज़ी अनुवाद, लन्दन, 1953
2. वी. गोर्डन चाइल्ड, *व्हाट हैपिंड इन हिस्ट्री*, हार्मोंड वर्थ, 1942, पृ. 52-53. हाल के वर्षों में पुरातत्त्व वेत्ताओं के बीच 'जेंडर एंड एग्रीकल्चर' के सन्दर्भ में हुए विचार-विमर्श

को पीटर बोगुकी ने अपनी पुस्तक *दि ओरिजिन्स ऑफ़ ह्यूमन सोसायटी* (ऑक्सफोर्ड, 1999, पृ. 198-200) में सार रूप में प्रस्तुत किया है. दुर्भाग्यवश, बोगुकी गोर्डन चाइल्ड की दिशा-निर्देशक स्थापना से अनभिज्ञ हैं।

3. शेख़ फ़रीद भक्करी की पुस्तक *जखीरातुल खवानीन* (जो सन् 1650 ई. में सम्पन्न हुई, सं. मुइनुलहक, कराची, 1961, 1970, 1974, II, पृ. 325) में दी गयी कहानी से उद्धृत।

4. अबुल फ़ज़ल ने औरतों द्वारा पानी ढोकर लाने के सन्दर्भ में अकबर की एक अत्यन्त मार्मिक टिप्पणी को रिकॉर्ड किया है—देखें *आइने अकबरी,* सं. एच. ब्लॉकमेन, *बिब्लॉथिका इंडिका, कलकत्ता,* 1877-87, II, पृ. 227; जॉन फ्रायर भी देखें—*ए न्यू अकाउंट ऑफ़ ईस्ट इंडिया एंड पर्सिया बीइंग नाइन इयर्स ट्रैवल्स,* 1672-81, सं.डब्ल्यू. क्रुक, तीन भाग, लन्दन, 1909, 1912, 1915, II, पृ. 118। हिन्दुस्तानी औरतें अपने पतियों का खाना पकाती हैं, पानी लाती हैं, हाथ की चक्की से आटा पीसती हैं और आटा पीसते हुए गाती हैं, बतियाती हैं तथा प्रसन्न रहती हैं।

5. मल्लनाग *वात्स्यायन कामसूत्र* (5 : 5 : 5 तथा 6) में कहता है कि निम्नलिखित परिस्थितियों में स्त्री तक अपनी पहुँच बनायी जा सकती है—जब वह बेगार (विस्टीकर्म) करने आती है; गोदाम में प्रवेश करती है; चीज़ों को अन्दर लाती है अथवा बाहर ले जाती है; जब वह कर्मचारी के घर की मरम्मत करती है या सफ़ाई करती है, खेत में काम करती है; कपास, ऊन, सन, तथा छाल को घर ले जाने के बाद उनकी रस्सी बटकर वापस लाती है। (उक्त पंक्तियों के अनुवाद के लिए मैं प्रोफ़ेसर आर. एस. शर्मा का आभारी हूँ)।

6. अमीर खुसरो, *हश्त-बिदिश्त,* सं. सुलेमान अशरक, अलीगढ़। 336/1918, पृ. 28

7. इसामी, *फुतुहुस्सलातीन,* सं. ए.एस. ऊषा, मद्रास, 1948, पृ. 134

8. डी. शिंलग लॉफ से उद्धृत, देखें : कॉटन मैन्यूफैक्चरर्स इन इंडिया, जर्नल *ऑफ़ इकोनॉमिक एंड सोशल हिस्ट्री ऑफ़ दि ओरिएंट,* X, VII. (1974) 89-90; साथ ही देखें, सं. अनिरुद्ध रे तथा ए. के. बागची, *टेक्नोलॉजी इन एंशिएंट एंड मेडिएवल इंडिया*', में इशरत आलम का लेख 'टैक्सटाइल टूल्स एज डिपिक्टिड इन अजन्ता एंड मुग़ल पेंटिंग्स' (दिल्ली, 1986, पृ. 130 तथा प्लेट 29)।

9. देखें, गीति सेन की पुस्तक *पेंटिंग्स फ़्रॉम दि अकबरनामा* (कलकत्ता, 1984, प्लेट्स 33 तथा 61) में विक्टोरिया तथा अल्बर्ट म्यूज़ियम में सुरक्षित अकबरनामा की पाण्डुलिपि से पुनःर्प्रस्तुति।

10. देखें, शीरी मूसवी, *सोशल-इकोनॉमिक कॉन्सीक्वेंसिंज ऑफ़ सेक्स रेशिओज इन हिस्टॉरिकल पर्सपेक्टिव,* 1500-1900, मिलान, 1994, पृ. 105-116 में संकलित लेख : 'वर्क एंड जेंडर इन प्रिकॉलोनियल इंडिया'।

11. जिया बरनी, *तारीख़े फ़ीरोज़शाही,* सं. सैयद अहमद ख़ान, डब्ल्यू. नसाउलीज तथा कबीर अलदीन, बिब, इंडि, 1862, पृ. 314

12. उक्त तर्क के सन्दर्भ में देखें, इरफ़ान हबीब, *ऐसेज इन इंडियन हिस्ट्री टूवर्ड्स ए मार्किस्ट परसेप्सन* (नयी दिल्ली, 1990) में संकलित लेख 'कास्ट इन इंडियन हिस्ट्री', पृ. 161-79

13. देखें, *कांट्रीब्यूशन टू दि क्रिटीक ऑफ़ हीगेल्स फिलॉसफ़ी राइट* (1844) की भूमिका में मार्क्स का यह वक्तव्य—'धर्म पीड़ित व्यक्ति की आह है। धर्म जनता की अफ़ीम है।'—*मार्क्स एंड एंगेल्स ऑन रिलीजन,* अंग्रेज़ी अनुवाद, मास्को, 1957, पृ. 42

14. मैंने यहाँ जी. ब्यूलर के अनुवाद का उपयोग किया है—'दि लॉज ऑफ़ मनु, ऑक्सफोर्ड, 1886। उक्त पुस्तक में सभी सन्दर्भों को देखने के लिए अध्याय और उनके श्लोक पर्याप्त में दिये गये है।'

15. शेख़ *अहमद सरहिन्दी, मक्तूबाते-इमाम ए रब्बानी, भाग-1, पत्र संख्या, 192* (नवल किशोर, सं. आदिनांकित, लखनऊ, 1, पृ. 190-91)।

16. शेख़ अहमद कहते हैं कि यही वजह है कि व्यभिचार के अपराध को धिक्कारते समय क़ुरान व्यभिचार करने वाली स्त्री को प्रथम और व्यभिचारी पुरुष को द्वितीय कोटि में रखती है। देखें वही, जिल्द III, पत्र संख्या 41 (नवल किशोर, सं., पृ. 70)। वे अपनी इस महत्त्वपूर्ण खोज को पत्र द्वारा एक अज्ञात धर्मपरायण स्त्री को बताते हैं।

17. पंदनामा-ए-जहाँगीरी-ख़्वाजा निमातुल्ला अलहरावी, *तारीख़े ख़ान ज़हानी,* II, ढाका, का परिशिष्ट, 1962, पृ. 703। यह सही है कि इस प्रकार के वक्तव्य और भावनाएँ जहाँगीर के अपने संस्मरणों में नहीं मिलतीं।

18. अब भारतीय संग्रहालय, कलकत्ता में सुरक्षित हैं तथा अनेक बार प्रकाशित हो चुके हैं, देखें, उदाहरणार्थ, ए.एल. बैशम, *दि वंडर दैट वाज इंडिया, न्यूयॉर्क,* 1959, दूसरी ओर *प्लेट,* पृ. 200

19. मौ. शादियावादी, *मिफ्ताहुल फुजाला,* 1468-69 में पूर्ण। ब्रिटिश पुस्तकालय, ओरिएंटल में सुरक्षित पाण्डुलिपि, 3299, पन्ना 278 ब।

20. गुलबदन, *हुमायूँनामा,* सं. ऐनेट, एस. बेवरिज, लन्दन, 1902। पृ. 80। उसी भाग में जिसमें पृ. 182 पर अभीष्ट अंश उद्धृत है, ए.एस. बेवरिज कृत *हिस्ट्री ऑफ़ हुमायूँ* का अनुवाद दिया गया है।

21. कल्हण, *राजतरंगिणी,* अनु. एम.ए. स्टाइन, लन्दन, 1900, 1, पृ. 381.

22. वही, II, पृ. 8।

23. मोतमद ख़ान, *जहाँगीरनामा* (*इकबालनामा ए-जहाँगीरी,* भाग III) नवल किशोर, लखनऊ, 1898। वे यह भी कहते हैं कि नूरजहाँ ने ख़ुद दहेज़ देकर पाँच सौ अनाथ तथा ग़रीब लड़कियों की शादी करवायी।

24. इसलामिक क़ानून और परम्परा में औरतों के अधिकारों को सार-संग्रह रूप में रूबिन लेवी ने अपनी पुस्तक *स्ट्रक्चर ऑफ़ इसलाम* (कैम्ब्रिज , 1957, पृ. 91) में प्रस्तुत किया है।

25. इरफ़ान हबीब, *एग्रेरियन सिस्टम ऑफ़ मुग़ल इंडिया, द्वितीय संस्करण,* नयी दिल्ली, 1999, पृ. 192

26. वही, पृ. 191 तथा पृ. 191-192

27. वही, पृ. 352-53 तथा 353

28. वही, पृ. 351-52। विरासत में प्राप्त अधिकार शरीयत से मेल नहीं खाते. विधवा को प्राप्त अनुदान उसके जीवनपर्यन्त रहता था तथा उसमें शादीशुदा लड़कियों का कोई अधिकार नहीं होता था।

29. अमीर खुसरो का प्रसिद्ध पद है (1325 ई.) 'हिन्दू औरत के मुक़ाबले दुनिया में कोई मर्दाना प्रेमी नहीं है। बुझी हुई शमा पर अपने को कोई जिन्दा पतंगा नहीं जला सकता।' अब्दुल कादिर बदायूँनी जैसा धर्मविज्ञानी भी अपने ग्रन्थ *निजातुर्राशिद* (1591 ई.) सं. मोइनुलमुल्क, लाहौर, 1922, पृ. 412 में वैसे ही एक दोहे को उद्धृत करते हुए उसी शैली में लिखता है 'प्रेम के मार्ग में कोई हिन्दू औरत से पीछे कैसे रह सकता है जो अपने आपको अपने मृत प्रेमी के लिए ज़िन्दा जला देती है।'

30. अबुल फ़ज़ल के *अकबरनामा* (सं. ब्लॉकमेन, कलकत्ता, 1866-77, II, पृ. 243) में संकलित अकबर की सूक्तियाँ.

31. हालाँकि, स्त्रियाँ सामान्यतः बेवफ़ा होती हैं और अपने पतियों की हत्या तक कर देती हैं, तथापि, उनकी मृत्यु पर वे आसानी से अपने आपको आग में झोंक देती हैं. किसी भी हालत में औरतों पर यक़ीन नहीं किया जा सकता. (*राजतरंगिणी*; अनु. एम.ए. स्टाइन, ए, पृ. 31)।

32. उक्त आदेश और घटना के सन्दर्भ में देखें, अबुल फ़ज़ल, *'अकबरनामा,* सं. आगा अहमद अली तथा अब्दुर्रहमान, बिब, इंडि, 1873-87, III, पृ. 402-3, आदेश के सिलसिले में देखें—अबुल फ़ज़ल, *आइने-अकबरी,* सं. एच. ब्लॉकमेन, 1, पृ. 284, अब्दुल कादिर बदायूँनी, मुंतखबुतवारीख़, सं. अहमद अली, लीज, बिब. इंडि, कलकत्ता, 1864-69, II, पृ. 376। यहाँ स्वेच्छा से सती होने की अनुमति का संशोधन दर्ज है। अकबर के उक्त आदेश के पीछे ईसाई धर्म का प्रभाव भी हो सकता है, अन्यथा ईसाई पादरियों ने सती स्थलों पर अकबर की व्यक्तिगत उपस्थिति पर आपत्ति की थी—ए. मॉन्सरेट, *कमेंटरी ऑन हिज जर्नी टू दि कोर्ट ऑफ़ अकबर,* अनु. जे.एस. हॉयलैंड तथा एस.एन.बनर्जी, कटक, 1922, पृ. 61-62; *लेटर्स फ्रॉम दि मुग़ल कोर्ट : दि फर्स्ट जेसुइट मिशन टू अकबर* (1580-83), अनु. जॉन कोरिया, ऐफोंसो, बम्बई आनन्द, 1980, पृ. 61 से तुलनीय।

33. देखें, विलियम फोस्टर (सं.), *अर्ली ट्रैवल्स इन इंडिया, 1583-1619* (लन्दन, 1927) में विलियम हॉकिंस का 'रिलेशंस' नामक लेख, पृ. 110; पीट्रो डेलावेल, *दि ट्रैवल्स ऑफ़ पोट्रो डेलावेल इन इंडिया,* अनु. एडवर्ड ग्रे, लन्दन, 1982, पृ. 85; फ्रांसिस्कों पेलसार्ट, *रिमॉन्स्ट्रेनाइट,* अनु. डब्ल्यू. एच. मोरलैंड तथा पी. गेल, *जहाँगीर्स इंडिया,* कैम्ब्रिज, 1925, पृ. 78-80; पीटर मुंडी, ट्रैवल्स, II, सं. आर.सी. टैंपिल, लन्दन, 1914, पृ. 34-35; मंडेल्सो, एस. कमिसारियट की पुस्तक, *मेंडेल्सोस ट्रैवल्स इन वेस्टर्न इंडिया* (ए.डी. 1638-39) में सार रूप में प्रस्तुत, लन्दन, 1931, पृ. 42-43; फ्रांसिस्को बर्नियर, *ट्रैविल्स इन दि मुग़ल एम्पायर,* 1656-68, अनु. इर्विन ब्रॉक तथा ए. कांस्टेबल, वी. ए. स्मिथ द्वारा संशोधित, लन्दन, 1916, पृ. 306-7; जीन द थेवनोट, अनु., ए.लॉवेल, सं. एस.एन. सेन, *दि इंडियन ट्रैवल्स ऑफ़ दि थेवनोट एंड करेरी,* नयी दिल्ली, 1949, पृ. 120, थॉमस बोरे, *ए जियॉग्राफीकल अकाउंट ऑफ़ दि कंट्रीज राउंड दि वे ऑफ़ बेंगॉल,* 1669 टू 1679' सं. आर.सी. टैंपिल, कैम्ब्रिज , 1905, पृ. 39

34. जे. ओविंगटन, *ए वॉयेज टू सूरत इन दि ईयर 1689,* सं. एच.जी. रॉलिंसन, लन्दन, 1929, पृ. 201।

35. अबुल फ़ज़ल की *आइने-अकबरी,* II (पृ. 235-40)।

36. बदायूँनी, *मुंतखबुत्तवारीख,* II, पृ. 356, अबुल फ़ज़ल, *अकबरनामा,* ब्रिटिश लायब्रेरी, पाण्डुलिपि (अतिरिक्त), 27247, पन्ना 296 अ, अकबरनामा, बिब. इंडि, III, पृ. 256-632, *आइने-अकबरी,* पृ. 243

37. अबुल फ़ज़ल, *आइने अकबरी,* II, पृ. 242, *अकबरनामा,* ब्रिटिश लायब्रेरी, पाण्डुलिपि (अतिरिक्त) 27247, पन्ना, 327 ब (*अकबरनामा,* बिब. इंडि, III, पृ. 380 पर इसका संक्षिप्त रूप है) बदायूँनी की *मुंतखबुत्तवारीख* भी देखें, पृ. 338. 391. स्त्रियों के प्रति अकबर के दृष्टिकोण के विस्तृत विवेचन के सन्दर्भ में देखें मेरा आलेख 'अकबर एंड सोशल इनइक्विटीज', प्रोसीडिंग्स ऑफ़ दि इंडियन हिस्ट्री कांग्रेस, 53वाँ सत्र, वारांगल (1992-93), दिल्ली, 1993, पृ. 303-06

38. अब्दुल कादिर बदायूँनी, *निजातुर्राशिद,* सं. एस. मोइनुलहक, लाहौर, 1972, पृ. 436-37, वही लेखक उसी टैक्स्ट में महिलाओं के अलगाव के बारे में इतना सख़्त है कि वह औरतों की घुड़सवारी की निन्दा करता है और निम्नलिखित कथन को सही समझता है, वही, पृ. 460। खुर्शीद ने अपने सलाहकार से कितनी शानदार बात कही कि औरत की जगह या तो पर्दे के पीछे होती है या क़ब्र में।

39. मुंशी नन्दराम कायस्थ, श्रीवास्तव, शियाक़नामा, लिथो, लखनऊ, 1879, पृ. 88-89.

40. देखें, बिब्लियोथेक नेशनल (पेरिस) पाण्डुलिपि, 482। पन्ना 200 अ, 206 ब, 207 अ, 208 अ-ब, 217 अ-ब, पन्ना 198 अ-ब पर उल्लिखित विवाह अनुबन्ध में चार शर्तों को निर्दिष्ट नहीं किया गया है, अपितु सामान्य रूप से यह घोषित किया गया है कि ये शर्तें धर्मवेत्ताओं के बीच सुपरिचित थीं और मान्यता प्राप्त थीं। ये वस्तुतः मानक शर्त थीं। पत्नी की पिटाई के सिलसिले में यह ज़रूरी था कि उसका निशान बना रह जाये, और दो अनुबन्धों के बीच का अन्तराल एक वर्ष दिया गया है। इन दस्तावेज़ों को सर्वप्रथम शीरीं मूसवी ने सार्वजनिक किया और उनका अध्ययन किया—देखें, 'टैवल्स ऑफ़ ए मर्कैंटाइल कम्यूनिटी', *प्रोसीडिंग्स ऑफ़ दि इंडियन हिस्ट्री कांग्रेस,* 52वाँ सत्र, नयी दिल्ली, 1991-92, दिल्ली, 1992, पृ. 400-09

41. इरफ़ान हबीब ने अपने लेख 'इकोनॉमिक एंड सोशल चेंजिज' में इस पहलू की चर्चा की है। देखें, *हिस्ट्री ऑफ़ ह्यूमेनिटी,* V, सं. पीटर बर्क तथा ख़लील इनालिक, यूनेस्को, पेरिस/लन्दन, 1999, पृ. 41

अध्याय चार

मुग़लकालीन भारत में वर्ग संघर्ष का स्वरूप

औपनिवेशिक देशों में आधुनिक मज़दूर वर्ग के मित्र और अगुवा जो एक अन्य दलित और पीड़ित वर्ग रहा है, वह विशेष रूप से किसान है। अतः मज़दूर वर्ग के क्रान्तिकारी उद्देश्य का पूर्व-इतिहास हमें पूर्ववर्ती समाजों में सभी शोषित वर्गों के संघर्षों में मिलता है। ये संघर्ष उन अन्तर्विरोधों से उत्पन्न हुए जो प्रत्येक समाज में मौजूद थे। इन संघर्षों ने जो रूप ग्रहण किये, वे सामान्यतः सामाजिक ढाँचे के उस रूपाकार से निर्धारित थे जिसके तनावों और दबावों के फलस्वरूप ये संघर्ष प्रस्फुटित हुए।

किसानों, कारीगरों तथा मुग़ल साम्राज्य (सोलहवीं तथा सत्रहवीं शताब्दी) के अन्य तत्त्वों के प्रतिरोध की प्रकृति के सन्दर्भ में हमारी जो बहस है, वह इस समाजव्यवस्था के प्रमुख अन्तर्विरोधों के विश्लेषण से प्रारम्भ होनी चाहिए। इस प्रकार के विश्लेषण का प्रयास करते हुए हमें बरबस स्वयं मार्क्स के साथ बहस करनी पड़ती है, चूँकि मार्क्स यह मानते थे कि न केवल मुग़ल साम्राज्य में, अपितु अंग्रेज़ों से पूर्व, भारतीय समाज में बुनियादी रूप से प्रतिरोधी अन्तर्विरोध मौजूद नहीं थे। उन्होंने कहा कि भारतीय समाज ग्राम समुदायों की बुनियादी इकाई से निर्मित था, जिनकी आन्तरिक संरचना (किसान, कारीगर, गाँव के नौकर) जातिव्यवस्था द्वारा नियोजित थी। जो 'कर' इन समुदायों से वसूल किया जाता था, उससे शासक वर्ग का भरण-पोषण होता था। इन ग्राम समुदायों के शीर्ष-बिन्दु पर पूरी तरह निरंकुश राजा होता था। अतः ये 'ग्रामीण समुदाय' 'पूर्वी निरंकुशतावाद' की बुनियाद थे। यह विचार फ्रांक्वा बर्नियर का है और इस मत को मार्क्स पूरी तरह स्वीकार करते थे कि भारत में भूमि में व्यक्तिगत सम्पत्ति का अधिकार नहीं होता था।[1]

समाजव्यवस्था का आर्थिक आधार गाँव के अन्दर खेती तथा हस्तशिल्प के बीच बुनियादी एकता थी। प्रभावशाली लोगों के प्रत्यक्ष उपभोग के लिए हस्तशिल्प का उत्पादन (अर्थात इस उत्पादन के पीछे बाज़ार की प्रेरणा नहीं थी) इस अर्थव्यवस्था का पूरक पक्ष था। अतः मार्क्स ने उस समाज को पूरी तरह से निष्क्रिय तथा परिवर्तनहीन रूप में देखा। ऐतिहासिक घटनाएँ केवल उस समय घटित हुईं जब बाह्य आक्रमणों के द्वारा शासक वर्ग के अधिकारी बदल गये अथवा कोई धार्मिक मत प्रचलित हुआ।[2] स्पष्ट रूप से रेखांकित करने योग्य वर्ग संघर्ष (जिसे 1848 ई. में मार्क्स और एंगेल्स ने इतिहास का सार तत्त्व घोषित किया था) के लिए प्रत्यक्ष रूप से या तो कोई गुंजाइश ही नहीं थी या बहुत कम थी। अतः मार्क्स के अनुसार भारत का अपना कोई इतिहास नहीं था।[3]

यहाँ यह अवकाश नहीं है कि एशियाई उत्पादन पद्धति की बहस में उलझा जाये, चाहे उस रूप में जिस रूप में उसे स्वयं मार्क्स ने प्रस्तुत किया था अथवा उस रूप में जिसमें उसे हाल ही में पुनर्जीवित किया गया है। यहाँ प्रासंगिक प्रश्न यह है कि प्राक्-औपनिवेशिक भारत का जो वर्णन मार्क्स ने प्रस्तुत किया है, क्या वह हमारी उस सूचना से मेल खाता है, जो हमारे पास मुग़लकालीन भारत के सन्दर्भ में है। जैसे ही हम वास्तविक साक्ष्य के पास पहुँचते हैं तो उनके निष्कर्ष स्पष्ट रूप से एकतरफा प्रतीत होते हैं जैसे उनकी यह मान्यता कि मालगुजारी का नक़दी के रूप में व्यापक रूप से भुगतान नहीं होता था, अथवा यह कि बाज़ार के लिए कारीगरी उत्पादन या तो होता ही नहीं था या बहुत कम होता था (यदि बर्नियर को ही उसका स्रोत माना जाये तो भी)।

मार्क्स द्वारा प्रस्तुत ग्राम समुदाय का चित्रण (जो उन्होंने कुछ सरकारी रिपोर्टों से प्राप्त किया), अत्यधिक आदर्शीकृत था। चूँकि उससे संकेत यह निकलता था कि प्रत्येक गाँव में किसान एक अवर्गीकृत समूह के रूप में रहता था। किन्तु मुग़लकालीन और ब्रिटिशकालीन साक्ष्य से यह स्पष्ट है कि ग्रामीण जनसंख्या (किसान वर्ग सहित) अत्यधिक वर्गीकृत थी, जहाँ एक ओर वह जातिव्यवस्था के आधार पर क्षैतिजिक रूप से विभक्त थी, तो दूसरी ओर भूराजस्व और उपभोक्ता वस्तुओं के उत्पादन की क्रियाशीलता द्वारा भी विभक्त थी।[4]

नीचे की सतह पर भूमिहीन सर्वहारा था जो मुग़लकाल में पूँजीवाद द्वारा उत्पन्न नहीं हुआ था, वह 'कृषक केन्द्रित खेती' के लाभार्थ युगों पुरानी जातिव्यवस्था की प्रक्रिया के तहत उत्पन्न हुआ था। हालाँकि अछूत जातियों का अनुपात क्षेत्र दर क्षेत्र भिन्न-भिन्न था, फिर भी इतना निश्चित है कि ग्रामीण जनसंख्या में उनका हिस्सा छठे भाग से लेकर पाँचवें भाग तक था।

उन्हें ज़मीन नहीं लेने दी जाती थी, अर्थात वे अपने आपको किसान के रूप में स्थापित नहीं कर सकते थे। वे हमेशा ही भुखमरी के कगार पर रहते थे तथा ऐसे आरक्षित समूह थे जो किसानों को उपलब्ध रहते थे, जब भी उन्हें बुवाई या कटाई के दिनों में उनकी आवश्यकता पड़ती थी। कदाचित ही संसार में ऐसे समानान्तर उदाहरण मिलें जहाँ उत्पीड़ित और उत्पीड़क, दोनों ने मिलकर एक अल्पसंख्यक समूह को ऐसी अपमानजनक स्थिति में रखा हो।[5]

भारतीय किसान एक स्वतन्त्र उत्पादक था। हल और बैल उसके अपने थे। रूसी कम्यून से भिन्न भारतीय गाँव में समय-समय पर भूमि आबंटन नहीं होता था। जो रिकार्ड हमारे पास है, उनसे समतावादी समुदाय का संकेत नहीं मिलता। निम्नलिखित तसवीर 1796 में पूर्वी राजस्थान क्षेत्र के एक गाँव में, रबी में होने वाली फ़सल की कटाई से सम्बद्ध रिकार्ड पर आधारित है। 38 किसानों में से 2 किसान पटेल (मुखिया) थे, जिनमें से प्रत्येक 10 छोटे नीचे वाले किसानों से अधिक ज़मीन जोतता था और अधिक उत्पादन करता था। इसके अतिरिक्त, उनमें से एक पटेल उसी मौसम में 6 से 7 फ़सल (कपास सहित) लेता था, जबकि उन दस किसानों में से प्रत्येक एक ही मोटी फ़सल उगा पाता था।[6] जो साक्ष्य उपलब्ध हैं, उनसे किसानों के बीच बहुत बड़े अन्तर का पता चलता है, जहाँ एक ओर कुलके ढंग के किसान हैं तो दूसरी ओर नितान्त दरिद्र ढंग के किसान। धनी किसानों के बारे में, जो खुद काश्त करते थे, कहा जाता था कि वे मज़दूरों को नौकरों के रूप में रखते हैं तथा उन्हें खेती के काम में लगाते हैं। उनसे हल चलवाते हैं, बोवाई कराते हैं और फ़सल कटवाते हैं तथा कुओं से पानी भरवाते हैं। वे उन्हें उनकी निश्चित मज़दूरी देते हैं, चाहे नक़द रूप में अथवा गल्ले के रूप में जबकि सारी फ़सल ख़ुद हड़प लेते हैं।[7] जहाँ तक दरिद्र किसानों (रेजा-रियाया) का सम्बन्ध है, बादशाह औरंगज़ेब के एक फरमान के अनुसार, उनमें से अनेक अपनी जीविका, बीज और पशुओं के लिए क़र्ज़ में डूबे रहते थे।[8]

तीव्र ढंग का यह वर्गीकरण उपभोक्ता वस्तुओं के उत्पादन के प्रचलन तथा अत्यधिक कठोर मुग़लकालीन भूमिकर के कारण उत्पन्न हुआ था।[9] उच्च जातियों को 'कर' में विशेष रूप से छूट प्राप्त थी तथा गाँव में कर आर्हताओं के रूप में उनकी प्रभावशाली स्थिति थी। वस्तुतः 'ग्राम समुदाय' प्रायः इन प्रमुख लोगों के समूह के रूप में ही कार्य करता था, जो सामूहिक रूप से 'कर' के भुगतान का दायित्व अपने ऊपर ले लेता था और उस बोझ को साधारण किसानों पर डाल देता था। अतः मुग़ल प्रशासन भी बार-बार इस चीज़ को देखता था कि किस प्रकार प्रभावशाली लोग अपनी कर-निर्धारण की शक्ति का इस्तेमाल कर छोटे किसानों (रेजा-रियाया) को दबाते हैं।[10]

ग्रामीण कृषक वर्ग से ऊपर वे लोग थे जिन्हें वंशानुगत रूप से अपने अधिकार प्राप्त थे तथा जिन्हें विभिन्न क्षेत्रों में विभिन्न नामों से पुकारा जाता था, किन्तु मुग़ल प्रशासन के लिपिकों ने उन्हें 'ज़मींदार' का नाम दिया। ज़मींदारी का अधिकार सम्भवतः आंशिक रूप से सुलतानों द्वारा पराभूत अधीनस्थ शासकों और सरदारों को परम्परागत वित्तीय तथा अन्य अधिकारों के रूप में प्राप्त हुआ होगा; अंशतः राजपूत आदि लड़ाकू जातियों के प्रमुख व्यक्तियों और सदस्यों को उन अधिकारों के रूप में प्राप्त हुआ होगा जो उन्हें साधारण किसानों के ऊपर प्राप्त हुए। और पुनः अंशतः मुखियाओं के अधिकारों के विस्तार के रूप में ज़मींदारी अधिकार का जन्म हुआ। ख़ैर, जो भी ऐतिहासिक प्रक्रिया रही हो तथा जो भी वैविध्य उन अधिकारों में रहा हो, ज़मींदार वर्ग की विशेषताएँ स्पष्ट थीं। उसके अधिकार वंशानुगत थे तथा विक्रेय थे तथा वे अधिकार भूस्वामी (लैंडलॉर्ड) के अधिकारों के समतुल्य नहीं थे। अर्थात लगान पर अधिकार तो था, किन्तु लगान अथवा अधिशेष के बहुत ही थोड़े हिस्से पर, जो औपचारिक रूप से भूराजस्व में से दिया जाने वाला भत्ता समझा जाता था, जिसके साथ कुछ और उपकर तथा लवाजमात भी होते थे तथा उनके पास घुड़सवारों तथा पैदल सिपाहियों के रूप में पर्याप्त होते थे, उनका अधिकार होता था। एक क्षेत्र विशेष के ज़मींदार उसी क्षेत्र की जातियों के होते थे तथा उनके पास घुड़सवारों तथा पैदल सिपाहियों के रूप में पर्याप्त सशस्त्र शक्ति होती थी। यहाँ तक कि उनके पास किले भी होते थे।[11]

यह देखा जा सकता है कि किसानों और ज़मींदारों के हित अधिशेष को लेकर परस्पर टकराते थे जिस पर ज़मींदारों का दावा होता था। तथापि, उल्लेखनीय रूप से ऐसा प्रतीत होता है कि किसान और ज़मींदारों के बीच का यह अन्तर्विरोध मुग़लकाल में पूर्णरूप से विकसित नहीं हुआ था। अपितु, सरकारी मत यह था कि ज़मींदार सामान्यतः किसानों को समझा-बुझाकर रखते थे।[12] शायद इस सन्दर्भ में दोनों के बीच के सम्बन्ध सूत्रों को मज़बूत करने में जाति की अपनी भूमिका रही हो क्योंकि ज़मींदार और बड़े किसान सामान्यतः एक ही जाति के होते थे। अठारहवीं शताब्दी के प्रारम्भ में लिखने वाले एक विधिवेत्ता ने यह दावा किया कि किसान ख़ुद को ज़मींदारों के खेतिहर किसानों और किसानों के रूप में समझते थे तथा वे ज़मींदारों के इस अधिकार को मानते थे कि वे उन्हें अपनी ज़मीन से बेदख़ल कर सकते हैं, हालाँकि उस विधिवेत्ता ने इसका विरोध किया कि ज़मींदारों को यह सब कोई अधिकार नहीं है।[13]

वस्तुतः ऐसा लगता है कि मुग़ल साम्राज्य में विभाजक रेखा 'भूमिकर' (लैंड टैक्स) थी, जो लगान (रेंट) का वास्तविक भारतीय प्रतिरूप ही था।

भूराजस्व अथवा भूमिकर (माल, खराज) के अन्तर्गत किसान के अधिशेष को भी मान लिया गया था। यह क्षेत्र और फ़सल को देखते हुए कुल उत्पादन का एक तिहाई से लेकर तीन-चौथाई तक होता था।[14] यह राजा के नाम पर उगाहा जाता था, अतः यह स्वाभाविक है कि यूरोपियन पर्यवेक्षक उसे लगान (रेंट) समझकर, राजा को ही भूमि का पूरी तरह से मालिक समझें।[15]

अन्य 'करों' के साथ भूमि-राजस्व मुग़ल बादशाह द्वारा किसी विशेष क्षेत्र के लिए निर्धारित किया जाता था, जो जागीर के रूप में (जिसका अधिकार अस्थायी और हस्तान्तरणीय होता था) अपने फ़ौजी कमांडरों और नौकरशाहों को उनके वेतन के रूप में दिया जाता था। ये फ़ौजी कमांडर तथा नौकरशाह मनसबदारों के एक ही सैन्य समूह से सम्बद्ध थे। उल्लेखनीय है कि मनसब अथवा संख्या पर आधारित पद के आधार पर पद-प्रतिष्ठा, वेतन तथा फ़ौजी टुकड़ी का आकार भी निर्धारित होता था।[16] मुग़ल बादशाह को मिलाकर यह समूह ही मुग़ल साम्राज्यकाल में शासक वर्ग था।

इस वर्ग के पास विशाल संसाधनों का संग्रह होता था। नक़द रूप में भूराजस्व की उगाही का सामान्यतः यह अभिप्राय होता था कि अनाज, कच्चा माल तथा देहात की अन्य पैदावारें गाँव से शहर की ओर व्यक्तिगत साधनों तथा बाज़ार के परिवेश के अन्तर्गत स्थानान्तरित होती थीं।[17] इस प्रकार, जो आपूर्ति नगरों की ओर होती थी, उससे कारीगरों की एक विशाल जनसंख्या का भरण-पोषण होता था तथा सेवा क्षेत्र (सर्विस सेक्टर) भी प्रत्यक्ष अथवा अप्रत्यक्ष रूप से शासक वर्ग (जिसके अपने बड़े-बड़े परिवार होते थे तथा नौकर-चाकरों, सेवकों तथा दासों का उनकी देखभाल करने के लिए एक विशाल समूह होता था) के व्यय पर निर्भर करता था।[18]

शहर के कारीगर सामान्यतः बाज़ार के लिए काम करते थे।[19] सिवाय अमीरों के कारख़ानों के प्रत्यक्ष उपभोग के लिए उत्पादन बहुत कम होता था जिनमें कारीगरों का बहुत छोटा हिस्सा ही रोज़गार पाता था। मुग़लों की कराधान प्रणाली से कारीगर भी मुक्त नहीं थे तथा अमीर बरबस कारीगरों से नीची दर पर अपने लिए काम करवाने की कोशिश करते थे।[20] अतः मुग़ल प्रशासन के विरुद्ध कारीगरों में असन्तोष और ग़ुस्सा होना स्वाभाविक था। दूसरी ओर, उपभोक्ता वस्तुओं के प्रति उसकी प्रतिबद्धता ने उसे व्यापारी और सूदखोरों पर निर्भर कर दिया। बहरहाल, यह आश्चर्यजनक है कि सूदखोरों के प्रति उनके मन में कटुता कम और भय अधिक है।[21]

मुग़ल साम्राज्य के साथ व्यापारियों तथा साहूकारों का सम्बन्ध जटिल है। मूल रूप से वाणिज्य तथा लेन-देन विशाल भूभाग में इसलिए फला-फूला क्योंकि भारी भूमि कर द्वारा कृषि उत्पादन गाँव से शहर की ओर प्रयाण हो रहा था। व्यापारियों और साहूकारों के लिए शासक वर्ग में प्रवेश पाने की कोई गुंजाइश ही नहीं थी।[22] हाँ, मुग़ल प्रशासन तथा उसके स्थानीय अधिकारियों के साथ टकराव की सम्भावना रहती थी। किन्तु, इस विश्वास के लिए कोई ठोस कारण उद्धृत करना मुश्किल है कि बाद में चलकर मुग़ल साम्राज्य तथा व्यापारी वर्ग के बीच अलगाव होता चला गया।[23]

II

मैंने मुग़ल साम्राज्य के अन्तर्गत मौजूद विभिन्न सामाजिक अन्तर्विरोधों की रूपरेखा प्रस्तुत करने की कोशिश की है। यह रूपरेखा वस्तुतः अर्थव्यवस्था तथा सामाजिक ढाँचे के विषय में हमारी जानकारी तथा समकालीनों के कुछ प्रत्यक्ष वक्तव्यों पर निर्भर है। अब हम इन अन्तर्विरोधों के तहत उत्पन्न प्रतिरोध के उन वास्तविक रूपों से सम्बन्धित साक्ष्य पर विचार करेंगे जिनमें निष्क्रिय प्रतिरोध से लेकर सशस्त्र प्रतिरोध सम्मिलित हैं।

मुग़लकालीन समाज में बुनियादी अन्तर्विरोध भूराजस्व के इर्द-गिर्द था, अतः इससे किसान वर्ग तथा राजस्व प्राप्त करने वाले शासक वर्ग के बीच व्यापक स्तर पर टकराव हुए। स्वाभाविक रूप से, शोषण की कोई भी पद्धति, एक बार स्थापित होने के बाद, अपने ही गति-नियमों से परिचालित होती है तथा किसी भी पद्धति को परम्परागत रूप में स्वीकार कर लेने के बाद, शोषित वर्ग में जड़ता की स्थिति उत्पन्न हो जाती है। उसी आधार पर भयंकर अभाव और कष्ट को भी सहन किया गया। पेलसार्ट (आगरा, 1626 ई.) को, जिसने साधारण आदमी की दीनता और ग़रीबी की चर्चा की है, यह देखकर आश्चर्य हुआ कि लोग सब कुछ धैर्यपूर्वक बर्दाश्त करते हैं, और यह मानते हैं कि वे बेहतर जीवन जीने लायक हैं ही नहीं।[24]

तथापि, उसी साधारणजन के सन्दर्भ में मुग़ल राजधानी आगरा के आसपास बादशाह अकबर के मन्त्री अबुल फ़ज़ल ने मुश्किल से 30 वर्ष पूर्व निम्नलिखित शब्दों में लिखा था : 'जलवायु (परिवेश) की अपनी विलक्षणता के कारण उस क्षेत्र के साधारण किसान (उमूम-ए-रियाया) अपनी हठवादिता, बहादुरी तथा वीरता के लिए सारे हिन्दुस्तान में कुख्यात हैं।'[25] स्पष्ट है कि स्थापित परिस्थितियों का स्वीकार सार्वभौमिक नहीं था।

यह सम्भव है कि किसान वर्ग जिसे सहज-सामान्य समझता था, चाहे जितना भी भारी बोझ वह हो, उसे वह साधारण रूप से स्वीकार कर लेता था। लेकिन जिसे वह 'ज़्यादती' अथवा 'नयेपन' के रूप में लेता था, उसके ख़िलाफ़ उसका विद्रोह भड़क उठता था।

जब 1633 ई. में बादशाह शाहजहाँ ने नील के व्यापार का एकाधिकार सारे साम्राज्य के लिए एक व्यापारी मनोहरदास डण्डा को दिया तो उससे आगरा क्षेत्र में नील की क़ीमतों में एक साथ मन्दी आ गयी। खेतिहर किसानों ने (जो सामान्यतः बड़े उतावले थे) अपनी नील की फ़सल बो दी।[26] उनकी यह कार्यवाही प्रत्यक्ष रूप से एकाधिकार के निरस्तीकरण का कारण बनी। यह ध्यान में रखा जाना चाहिए कि जो किसान दूर के व्यापार के लिए नील उगा सकते थे, वे उच्चवर्गीय किसान थे।

बहरहाल, किसानों के लिए सामान्यतः संकट का क्षण उस समय आ उपस्थित होता था, जब उन पर लगाया गया भूराजस्व असह्य रूप से भारी होता था। इस प्रकार के भूराजस्व की वृद्धि का सर्वाधिक प्रतिकूल प्रभाव छोटे किसानों (रेजा-रियाया) पर पड़ता था, जिनके ऊपर बड़े किसान भी अपना बोझ डाल देते थे।[27]

उक्त रूप में जो किसान प्रभावित होते थे, उनके पास सिवाय भागने के और कोई चारा नहीं होता था। बी.आर. ग्रोवर ने हमें सोलहवीं-सत्रहवीं शताब्दी के गुजरात से सम्बन्धित उन सरकारी दस्तावेज़ों से परिचित कराया है जिनमें व्यक्तिगत रूप से किसान विभिन्न क्षेत्रों में एक गाँव से दूसरे गाँव भागते तथा छोटे-छोटे भूखण्डों पर खेती करते दरशाये गये हैं। सरकारी रूप से प्रत्येक किसान के लिए यह अनिवार्य था कि वह लौटकर अपने मूल गाँव में ही बसे।[28] वस्तुतः भागना एक ग़ैरक़ानूनी कार्य था। पुनः एक डच पर्यवेक्षक ने गुजरात के ही किसानों के बारे में लिखा है कि उनमें तथा पोलैंड में पाये जाने वाले कृषि-भूदासों में कोई अन्तर नहीं है क्योंकि यहाँ भी किसानों को ही सारी बुवाई करनी पड़ती है।[29]

किन्तु, पलायन किसी एक किसान की व्यक्तिगत प्रतिक्रिया से लेकर सारे गाँव की, अथवा किसानों के विशाल समूहों की प्रतिक्रिया बन जाती थी। यह ऐसी स्थिति में विशेष रूप से घटित होता था जब किसानों के लिए, अंशतः स्वतन्त्र व्यक्तित्व रखने वाले प्रमुख व्यक्तियों अथवा विद्रोही ज़मींदारों के इलाक़े सहज रूप से उपलब्ध होते थे तथा जहाँ वे बेहतर शर्त तय करने की उम्मीद रखते थे। मुग़ल प्रशासन की एक नियमावली में इसे जीवन के एक स्पष्ट तथ्य के रूप में रेखांकित किया गया है अर्थात राजस्व की माँग के बढ़ते हुए दबाव

का अपरिहार्य परिणाम।[30] बर्नियर ने भी यह नोट किया कि किसान इस घोर नृशंसता से निराश होकर कभी-कभी किसी राजा के इलाक़े में पहुँच जाते हैं, चूँकि वहाँ उनका कम उत्पीड़न होता है तथा आराम भी रहता है।[31] मुग़ल अधिकारियों के लिए किसानों का सरदारों के इलाक़ों में पलायन करना उनके विरुद्ध फ़ौजी कार्यवाही करने के लिए पर्याप्त कारण होता था और इस प्रकार उन्हें ज़बर्दस्ती लाकर वहीं बसाया जाता था।[32]

जहाँ पलायन सम्भव नहीं था या बहुत उपयोगी नहीं था, वहाँ किसानों के पास सिवाय अपनी जगह पर बने रहने और 'कर' के भुगतान में देर करने अथवा 'कर' न देने के, और कोई विकल्प नहीं होता था। 'कर' का भुगतान करने से मना करने का अन्तिम दण्ड अत्यन्त कठोर होता था। चूँकि भूमि पर्याप्त रूप से उपलब्ध थी, अतः भूमि छीन लेना अथवा उससे बेदख़ल करना, जो बीसवीं शताब्दी के ज़मींदार के लिए अन्तिम उपाय होता था, मुग़ल प्रशासन के लिए आंशिक रूप से ही खुला हुआ था।[33] सर्वाधिक प्रभावशाली दण्ड के रूप में किसानों को, औरतों और बच्चों सहित क़त्ल कर दिया जाता था या उन्हें दास बना लिया जाता था।[34] यह एक ऐसा मानक दण्ड होता था जो बाकीदार किसानों को दिया जाता था, जिसके भय से वे प्रायः राजस्व के भुगतान के लिए अपनी महिलाओं और बच्चों को बेच देते थे।[35]

क़त्ल और बन्धक बनने की सम्भावना को सामने पाकर कुछ किसान अन्ततः सशस्त्र संघर्ष के लिए तैयार हो जाते थे। मनूची ने कहा है कि यह एक आम बात थी कि इलाहाबाद और आगरा के क्षेत्र में कुछ किसानों ने कम-से-कम एक बार के पलायन के बिना अपना राजस्व भुगतान नहीं किया।[36] गाँव वाले जंगलों और खन्दकों में चले जाते थे और अधिकारियों का विरोध करते थे। उन किसानों (परगने के लोगों) द्वारा, जो भू-राजस्व का भुगतान नहीं करते थे, अपनी रक्षा के लिए इस प्रकार के प्राकृतिक साधनों का प्रयोग बाबर की दृष्टि में एक सामान्य प्रवृत्ति थी।[37]

बादशाह जहाँगीर के निम्नलिखित विवरण में आगरा क्षेत्र (1622 ई.) में किसानों द्वारा व्यापक पैमाने पर किये जाने वाले प्रतिरोध की रूपरेखा मिलती है :

> इस समय मुझे सूचना मिली कि मथुरा के निकट जमुनापार के ग्रामीण (गँवारान) और किसान (मुज़ारियान) निरन्तर चोरी और राहजनी करते हैं और ऐसे घने जंगलों में भाग जाते हैं जहाँ पहुँचना मुश्किल है। प्रतिरोध और विद्रोह की स्थिति में अपने दिन गुज़ारते हैं तथा जागीरदारों को अधिकृत भूराजस्व नहीं देते।

> मैंने ख़ान-ए-जहान को आदेश दिया कि वह कुछ बड़े मनसबदार साथ ले और उन्हें सख़्त से सख़्त दण्ड दे, क़त्ल करे, दास बनाये, लूट करे तथा उनके क़िलों को ध्वस्त कर दे, तथा बदमाशी और दुष्टता को उस इलाक़े से साफ़ कर दे। सेना ने नदी पार की तथा अगले रोज़ कठोर तथा उचित सज़ा दी। चूँकि किसानों के पास भागने के लिए समय नहीं था, अतः उन्हें आमने-सामने की लड़ाई लड़ने की मूर्खता करनी पड़ी। उनमें से अधिकांश क़त्ल कर दिये गये, उनकी औरतों और बच्चों को दास बना लिया गया तथा विजेता सेना को लूट-पाट का माल मिला।[38]

बारह वर्ष बाद दिल्ली के आसपास के इलाक़े में विद्रोहियों के विरुद्ध लगभग इसी तरह की कार्यवाही का विवरण शाहजहाँ के शासन (1634 ई.) के इतिवृत्त में मिलता है। आरोप पुनः वही है कि विद्रोही यमुना नदी के दोनों ओर के मार्गों पर लूटपाट करते हैं। उनके विरुद्ध जो अभियान चलाये गये, उनमें अनेक लोग क़त्ल हुए तथा उनकी महिलाओं, बच्चों तथा पशुओं को असंख्य रूप में ज़ब्त कर लिया गया।[39]

यहाँ इस बात का ज़िक्र नहीं है कि ये ग्रामीण विद्रोही हथियारों से कितने सुसज्जित थे? ऐसा प्रतीत होता है कि सत्रहवीं शताब्दी तक कम-से-कम बड़े किसान तो बन्दूक़ रखते ही थे। भदौरियाओं (आगरा के निकट रहने वाली राजपूत जाति के लोग) के बारे में 1650 ई. में यह कहा गया :

> वे बहुसंख्यक रूप से परिश्रमी तथा बहादुर जाति हैं। उनका प्रत्येक गाँव एक क़िला था। वे हाकिमों (जागीरदारों) को कभी बिना लड़े राजस्व नहीं देते थे। जो किसान (रियाया) हल चलाते हैं, उनके कन्धे पर बन्दूक़ लटकी रहती है और बगल में पाउडर की थैली। वे हाकिम से जो तकावी लेते हैं, वह शीशे और बारूद के रूप में ही होती है।[40]

आगरा से इलाहाबाद के मार्ग में 1632 ई. में मुण्डी ने कुछ गाँवों में देखा कि हल चलाते समय भी मज़दूरों के बराबर में बन्दूक़ें, तलवार तथा ढाल लटकी हुई हैं।[41]

इस सन्दर्भ में किसानों की उन श्रेणियों की पहचान कराना मुश्किल है जिन्होंने या तो विद्रोह किया अथवा सशस्त्र प्रतिरोध। यह कल्पना की जा सकती है कि जिनके पास बन्दूक़ें थीं, शायद वे उच्च वर्ग के किसान थे। तलवार भी एक हद तक सम्पन्नता का ही प्रतीक थी अतः पावलोव का इस बात पर बल देना ठीक लगता है कि उच्च वर्ग ही अधिकांश रूप से सशस्त्र प्रतिरोध का नेतृत्व करता था।[42] किन्तु यह बहुत सम्भव है कि उच्च वर्ग के किसानों का अनुसरण

ही प्रायः साधारण किसान (रेजा-रियाया) भी करते हों, विशेष रूप से उस स्थिति में जबकि साधारण किसानों की जाति (या उनमें से अधिकांश की) भी वही हो।

दुर्भाग्यवश, उन घटनाओं की जानकारी जिनमें किसानों ने साधारण ढंग के सशस्त्र विद्रोह में भाग लिया या तो हमें विरोधी कर्मचारियों की क़लम से मिलती है या निरपेक्ष ढंग के पर्यवेक्षकों की क़लम से। विद्रोहियों के वैचारिक क्षितिजों तथा उनकी आकांक्षाओं की प्रवृत्ति से हम अवगत नहीं हो पाते; उसका केवल अनुमान लगा सकते हैं। हम यह भी नहीं जानते कि इस प्रक्रिया में क्या कभी वह बिन्दु भी आया जब विद्रोहियों ने अपने आपको किसी विशेष गाँव या जाति के पक्ष में ही लड़ते हुए नहीं देखा, बल्कि उत्पीड़ित किसान वर्ग के विशाल समुदाय के प्रतिनिधि के रूप में भी पाया।

III

एक विशेष प्रकार के धार्मिक प्रचार से भी व्यापक सहानुभूति का वातावरण तैयार हुआ। इस सन्दर्भ में सतनामी आन्दोलन, जो 1627 ई. में विद्रोह के रूप में फूटा, एक क्लासिकीय उदाहरण प्रस्तुत करता है। सतनामी शब्द (भगवान या 'सतनाम' के सच्चे पुजारी) विभिन्न सम्प्रदायों के सन्दर्भ में प्रयुक्त होता है, किन्तु हमारा सम्बन्ध जिस सम्प्रदाय से है, उसकी स्थापना नारनौल के एक निवासी द्वारा 1657 ई. में हुई थी, जो स्वयं को कबीर (जुलाहा) की एकेश्वरवादी परम्परा का अनुयायी घोषित करता था। जो सतनामी ग्रन्थ उपलब्ध हैं, उनमें बड़े कठोर नियमों का विधान है—जाति का परित्याग तथा सम्प्रदाय में आस्था रखने वाले लोगों से यह आग्रह है कि 'दान' पर निर्भर न करें ताकि वे अपनी जीविका स्वयं कमा सकें। किसी भी राजा (किसानों की दृष्टि में सरदार तथा बड़े ज़मींदार भी इसी वर्ग में आते हैं) से सम्बन्ध निन्दनीय समझा जाता है तथा पवित्रतावादी ढंग की आडम्बरहीनता पर बहुत बल है।[43]

सतनामियों में नारनौल तथा मेवात क्षेत्र के 4000-5000 परिवार सम्मिलित थे। कहा जाता है कि वे खेती करते थे तथा छोटी पूँजी लगाकर अन्न का व्यापार भी करते थे।[44] कतिपय शब्दों से यह संकेत मिलता है कि 'सतनामी सम्प्रदाय में किसान गाँव के छोटे व्यापारियों के साथ मिल जाते थे, जिससे पुनः यह सशक्त संकेत मिलता है कि समुदाय के कुछ सदस्य किसानों के उच्च वर्ग से सम्बद्ध थे जिन्होंने कुछ पूँजी जोड़ ली थी ताकि परम्परागत ग्रामीण व्यापारियों और सूदखोर बनिया जाति के प्रतिद्वन्द्वी के रूप में खड़ा हुआ जा सके।'

एक अन्य विवरण के अनुसार सतनामी किसानों का सम्बन्ध निकृष्टतम स्तर के कारीगरों तथा गाँव की टहल-सेवा करने वाली जातियों से थे। जब सतनामियों ने विद्रोह किया तो उनकी पाँतों में हत्यारे, विद्रोही, स्तरहीन खेतिहर किसानों, बढ़इयों, मेहतरों, चमारों तथा कारीगर जाति के अन्य कमीन तथा अकुलीन (आराजिल-अजलाफ) लोगों का समूह सम्मिलित था।[45] बढ़ई गाँव के कारीगरों की नीची जाति के लोग समझे जाते हैं। किन्तु मेहतर (भंगी) तथा चमार के रूप में उत्तर भारत में टहल सेवा करने वाले भूमिहीनों का विशाल समूह है। ऐसा लगता है कि सतनामियों ने किसानों के साथ-साथ अपने झण्डे के नीचे भूमिहीन, टहल-सेवा करने वाली जातियों के लोगों को भी इकट्ठा कर लिया था। स्पष्ट रूप से यही कारण है कि अछूतों के सम्पर्क में आने के कारण यह सम्प्रदाय रूढ़िवादी लोगों की दृष्टि में घृणास्पद बन गया था। मुग़ल सरकार के निष्ठावान हिन्दू अधिकारी ने तदनुसार सतनामियों का निम्नलिखित ढंग से वर्णन किया है :

> वह समुदाय अपनी अत्यधिक गन्दगी के कारण भ्रष्ट, गन्दा और अपवित्र हो गया है। इसीलिए अपने धर्म में हिन्दुओं तथा मुसलमानों के बीच फ़र्क़ नहीं करते हैं। वे सूअर का मांस तथा अन्य घृणित वस्तुएँ खाते हैं। यदि एक कुत्ता उनके पात्र से खा लेता है तो वे उससे खाने में भी न तो कोई परहेज करते हैं और न ही कोई नफ़रत प्रकट करते हैं।[46]

सूअर का मांस खाने (जो सामान्यतः टहलुआ जातियों द्वारा व्यापक स्तर पर खाया जाता है) तथा अपवित्र भोजन करने के सन्दर्भ (पुनः, जिसका उपभोग टहल करने वाली जातियों के लोग करते थे और वे कुत्ते द्वारा जूठा किया हुआ भोजन भी कर लेते थे) यह प्रकट करते हैं कि केवल भौतिक गन्दगी ही नहीं, बल्कि सतनामियों के बीच अपनी आदतों और तौर-तरीक़ों के साथ निम्न से निम्न तथा अपवित्र व्यक्तियों की उपस्थिति के कारण ही ईसरदास का क्रोध भड़का।

सतनामियों का चाहे जितना छोटा सम्प्रदाय रहा हो लेकिन वह इस दृष्टि से दिलचस्प है कि उसने भारत में ग्रामीण शोषित वर्ग के विभाजन की स्थिति को तोड़ा। यह विचारणीय है कि जिस प्रकार बनियाओं के वर्चस्व को किसानों के निम्न से भी निम्न तबके ने सशक्त धर्मान्तरकारी जातिविहीन सम्प्रदाय से जुड़कर चुनौती दी, ठीक उसी प्रकार टहल करने वाली भूमिहीन जातियों ने भी किसानों के वर्ग में प्रवेश पाने के लिए उन्हीं साधनों का उपयोग किया।

यह विख्यात है कि सतनामियों का विद्रोह जिस घटना से भड़का, उससे पुनः उसके अनिवार्य रूप से किसान चरित्र का पता चलता है।

एक सतनामी की, जो नारनौल क़सबे के आसपास खेती करता था, राजस्व आहर्ता के पैदल सिपाही (जो अनाज के एक ढेर की रखवाली कर रहा था) से आवेशपूर्ण शब्दों में कहा-सुनी हो गयी। उस पैदल सिपाही ने उस सतनामी का अपने डण्डे से सिर तोड़ दिया।[47] इस पर सतनामी इकट्ठे हुए तथा विद्रोह शुरू हो गया। वह शीघ्र ही एक बड़े इलाक़े में फैल गया।

'कुजात' लोगों के समूह का वह दृश्य (जिसमें करोड़ों गँवार,[48] एक सेना के रूप में मुग़ल साम्राज्य की शक्ति से टक्कर ले रहे थे) अर्ध-इतिहासकार साकी मुस्ताइद ख़ान को भी आश्चर्यजनक लगा। हालाँकि, मुग़ल सेना ने सतनामियों को हरा दिया, तथापि, भयानक मारकाट के बीच जिस दृढ़ता से वे गाँव के लोग लड़े, उससे उनके दुश्मनों ने भी वाह-वाह की।

युद्ध के संसाधनों के अभाव में भी, उन्होंने अपने साहस के द्वारा उन शौर्य गाथाओं को वास्तविकता में बदल दिया जो काफ़िरों (हिन्दुओं) की प्राचीन पुस्तकों में दर्ज है। इस भयानक युद्ध में वह दृश्य उपस्थित हो गया, जिसे भारत की जनता की भाषा में 'महाभारत' कहा जाता है, जिसका अभिप्राय होता है युद्ध क्षेत्र में हाथियों की हत्या, 'अर्थात भयानक मारकाट'।[49]

किसान प्रतिरोध तथा सतनामियों के विद्रोह के बीच एक समानान्तर सम्बन्ध है, जो शायद पंजाब के महान 'सिख धर्म' से कम स्पष्ट और नाटकीय नहीं है। 'सिख धर्म' का दृष्टिकोण भी समान ही था, एकेश्वरवादी, जातिविहीन तथा आडम्बरहीनता पर बल देने वाला। कबीर के लोकोन्मुखी एकेश्वरवादी आन्दोलन से इसके भी सम्बन्ध थे। अन्य चीज़ों के अतिरिक्त यह सम्बन्ध इस रूप में भी दिखायी पड़ता है कि *गुरुग्रन्थ साहिब* (उनका धर्मग्रन्थ) में उनके बहुत से पद संकलित हैं। सतनामियों की ही भाँति प्रारम्भकालीन सिख धर्म ने दोनों, कृषि तथा व्यापारी वर्ग के तत्त्वों को अपनी ओर आकृष्ट किया। गुरुओं (मुख्य उपदेशकों) का सम्बन्ध पंजाब की व्यापारिक जाति, खत्री जाति से था, जबकि उनके अनुयायियों का विशाल समुदाय जाटों से आया था।[50]

पंजाब की भाषा में, 'सत्रहवीं शताब्दी के सिख धर्म के महत्त्वपूर्ण विवरण के अनुसार, जट्ट का अभिप्राय ग्रामीण अथवा देहाती' है।[51] धीरे-धीरे सिख पन्थ अथवा समुदाय के संगठन में जाट अधिकाधिक महत्त्वपूर्ण होते चले गये। कहा जाता है कि सत्रहवीं शताब्दी के मध्य तक गुरुओं ने खत्रियों को, जो वैश्यों में सबसे नीची समझी जाने वाली जाति है, जाटों का ताबेदार बना दिया था। इस प्रकार अधिकांश 'मसनद' (अमीर लोग अथवा विभिन्न क्षेत्रों से गुरुओं के लिए उपहार जुटाने वाले गुरुओं के प्रतिनिधि) जाट थे।[52]

1606 ई. में गुरु अर्जन मल की मृत्यु के पश्चात अपने कुछ राजनीतिक कारणों से गुरु मुग़ल साम्राज्य के साथ टकराव में भी आये। गुरु हर गोविन्द (1645 ई.) ने पहली बार सशस्त्र सेवक रखने शुरू किये तथा मुग़लों के साथ सशस्त्र मुठभेड़ अन्तिम गुरु गोविन्दसिंह (1676 ई.-1708 ई.) के नेतृत्व में प्रत्यक्ष रूप से हुई। यह भली भाँति देखा जा सकता है कि मुग़लों के विरुद्ध सिख गुरुओं ने जिस असन्तोष को अभिव्यक्ति दी, वह धार्मिक और राजनीतिक असन्तोष ही था। गुरु गोविन्दसिंह ने औरंगज़ेब के विरुद्ध जो घोषणापत्र तैयार किया, उसमें कहीं भी किसानों के उत्पीड़न का ज़िक्र नहीं है।[53] अतः उसके नेतृत्व के किसान-चरित्र के बावजूद, किसी भी अर्थ और दृष्टि में ऐसा नहीं लगता कि सिख नेता किसान मुक्ति का लक्ष्य अपने सामने रखते हैं, या उनमें उस तरह की कोई चेतना है। सिख राज्यव्यवस्था के भावी विकास को समझने की दृष्टि से भी यह महत्त्वपूर्ण है।

किन्तु, चूँकि सिखों का मुग़ल साम्राज्य के साथ सीधे-सीधे सशस्त्र टकराव था, अतः, किसानों तथा अन्य लोगों को हथियार उठाने तथा खालसा (सिख समुदाय) की सदस्यता के द्वारा अपनी स्थिति में सुधार करने का एक अवसर प्रदान किया। अस्तु, यह कहा जा सकता है कि सिख विद्रोह प्रत्यक्ष रूप से किसान असन्तोष के आधार पर ही फला-फूला।

शायद, इसने और अधिक निम्न वर्गों के असन्तोष से भी शक्ति ग्रहण की। जबकि खाफी ख़ान केवल इतना कहकर सन्तोष कर लेता है कि हिन्दुओं के निम्न स्तर के जनसाधारण 1709 ई. के बाद सिख झण्डे के नीचे आ गये।[54] एक अन्य समकालीन इतिहासकार, वारिद ने सिख विद्रोह के निम्नवर्गीय चरित्र का निम्नलिखित शब्दों में सजीव चित्रण किया है :

> वजीरख़ान के क़त्ल के बाद, उसने (सिखों के सरदार बन्दा ने) यह नियम तय कर दिया कि हिन्दुओं और मुसलमानों में से जो भी सिख धर्म स्वीकार करेगा, वह साथ-साथ बैठकर भोजन करेगा। इस प्रकार छोटे और बड़े के बीच सभी मतभेदों को भुलाकर वे एक सूत्र में बँधे। नीच से नीच मेहतर तथा ऊँचे पद पर बैठा राजा भी साथ-साथ भोजन-पानी लेने के बाद आपस में एक-दूसरे के प्रति कोई द्वेषभाव नहीं रखते थे। और भी आश्चर्यजनक यह हुआ कि अल्लाह की मर्ज़ी से उन इलाक़ों के लोगों की हिम्मत और बहादुरी जाती रही। जब निम्नतम कोटि में परिगणित उस मेहतर और चमार (जिससे ज़्यादा गन्दी जाति हिन्दुस्तान में दूसरी नहीं है) ने उस

> घृणित बन्दा की चाकरी का दायित्व अपने ऊपर लेते हुए, उससे उसके ही अपने शहर में नियुक्ति प्राप्त की और अपना नियुक्ति-पत्र लेकर जब वह अपने इलाके या शहर या गाँव में पहुँचा तो उसी क्षण सभी सम्भ्रान्त और प्रमुख लोग उसकी अगवानी करने गये और जब वह घोड़े से उतरा तो सभी उसके सामने हाथ जोड़कर खड़े हो गये।[55]

सिख आन्दोलन के ऐतिहासिक परिणामों के तहत निम्न वर्ग का सामाजिक स्तर ऊँचा उठा चाहे वे जाट किसान रहे हों अथवा टहल करने वाली जातियाँ। उन्नीसवीं शताब्दी के प्रारम्भ में यह देखा गया कि सिखों के बड़े-बड़े सरदारों में से अधिकांश अकुलीन (रज़ील) रहे हैं : जैसे बढ़ई, जूता बनाने वाले तथा जाट।[56] कृषिप्रणाली के बुनियादी तत्त्व अपरिवर्तित ही रहे, किन्तु कतिपय निम्न श्रेणी के समूहों ने अपने सामाजिक स्तर में सुधार किया और उनमें से कुछ ने मुग़ल जागीरदारों का स्थान प्राप्त कर लिया तथा स्वयं ऐसे ज़मींदारों का रूप ग्रहण कर लिया जिनकी शान-ओ-शौक़त के विरुद्ध उन्होंने असफल प्रतिरोध किया था।[57] इस तथ्य के बावजूद कि यद्यपि सिख धर्म में किसान संघर्षों का प्रतिबिम्ब झलकता था, लगभग एक पूरी शताब्दी (सम्पूर्ण अठारहवीं शताब्दी) के बाद जो अन्तिम परिणाम सामने आया, वह था वर्ग सम्बन्धों की प्रणाली की निरन्तरता अथवा उसका पुनरोद्भव, ठीक अपने उसी रूप में जिसमें वह पहले अर्थात मुग़ल शासन के दौरान थी।[58]

IV

जहाँ धार्मिक हस्तक्षेप ने किसान विद्रोहों की सीमा का विस्तार किया, वहीं उसने उनकी वर्गीय प्रकृति को कमज़ोर भी किया। यही परिणाम ज़मींदार वर्ग के हस्तक्षेप के द्वारा भी सामने आया।

कदाचित दो प्रक्रियाओं के तहत ज़मींदार और किसान एक-दूसरे के निकट आये होंगे। पहली तो यह कि किसानों के अधिशेष में ज़मींदारों की स्थिति, सह-भागीदार की होने के बावजूद, मुग़ल राजस्व-आहर्ताओं (जागीरदारों) द्वारा भूराजस्व की दर बढ़ाते चले जाने के कारण उनके हित किसानों के हित के साथ जुड़ते चले गये। अठारहवीं शताब्दी की एक प्रशासनिक नियमावली (जिसकी चर्चा हम पहले कर चुके हैं) के अनुसार यदि किसानों से राजस्व की माँग अत्यधिक बढ़ी तो वे उन इलाक़ों में चले जाते थे जो विद्रोही (ज़ोर-तलब) ज़मींदारों के अधीन होते थे। इस प्रक्रिया में उक्त ढंग के ज़मींदार धनी हो गये, जबकि सीधे-सादे ढंग से राजस्व का भुगतान करने वाले ज़मींदार (ज़मींदाराने-रैयती) अपने किसानों को खोकर, ग़रीब होते गये तथा झूठी सूचनाएँ देने लगे। इससे ज़मींदारी के व्यवसाय

में भी विश्वसनीयता बहुत कम रह गयी।[59] ऐसे जिन ज़मींदारों (ज़मींदाराने-रैयती) पर उक्त प्रक्रिया के तहत आर्थिक दबाव बनता चला जाता था उनके पास अपनी पूरी तरह से होने वाली बरबादी से बचने के लिए जो विकल्प था, वह यह कि वे भी ज़ोर-तलब अर्थात विद्रोही ज़मींदारों से जा मिलें। इस प्रकार बढ़े हुए कर के दबाव के कारण न केवल किसान प्रतिरोध बढ़ा, अपितु उसके कारण बहुत से ज़मींदार भी विद्रोही हो गये।

दूसरे, कुछ किसानों की अपने ज़मींदारों के प्रति परम्परागत रूप से निष्ठा होती थी। यह याद रखा जाना चाहिए कि ज़मींदारों के अनुचरों की विस्तृत जनगणना में जो *आइने अकबरी* में दी हुई है, 0.38 लाख घुड़सवार तथा 4.28 लाख पैदल सेना थी जिनकी कुल संख्या लगभग 4.66 लाख थी।[60] 4.5 व्यक्ति प्रति परिवार के औसत से ज़मींदारों के अनुचरों तथा उनके आश्रितों की संख्या लगभग 21 लाख रही होगी। इस विशाल संख्या से यह पता चलता है कि बहुत से अनुचर (यदि अधिकांश नहीं भी तो) वस्तुतः सशस्त्र किसान ही थे। ये ज़मींदार की सेवा या तो 'कर' में छूट के लिए करते थे या जाति सम्बन्ध के आधार पर; और या दोनों दृष्टियों से (चूँकि जाति के आधार पर कर में छूट भी मिल ही जाती थी)। ऐसी स्थिति में जब ज़मींदार अपनी दुश्मनी या अपनी महत्त्वाकांक्षा को पूरा करने के लिए किसी संघर्ष में कूदता था तो किसान भी स्वाभाविक रूप से उसमें खिंच आते थे।

उपर्युक्त दो रूपों में से पहले में, जिसमें ज़मींदार और किसान एक साथ विद्रोह में आ जुड़ते थे, भूराजस्व के दबाव के कारण किसानों की तकलीफ़ या कष्ट ही किसानों द्वारा ज़मींदार को समर्थन देने के पीछे बुनियादी कारण होता था। दूसरे में, संघर्ष अनिवार्यतः ज़मींदारों का होता था, जिसमें किसान केवल अपनी परम्परागत निष्ठा के कारण जुड़ जाते थे। व्यावहारिक रूप से दोनों के बीच हमेशा ही फ़र्क़ कर पाना आसान नहीं है, विशेष रूप से ऐसी स्थिति में जबकि ज़मींदार के नेतृत्व में विद्रोह शुरू हो गया हो (चाहे वह राजस्व के बढ़ते दबाव की प्रतिक्रियास्वरूप ही शुरू क्यों न हुआ हो), ज़मींदार की अपनी महत्त्वाकांक्षा (दूसरे ज़मींदारों को लूटने तथा उन्हें अपदस्थ करने की) विद्रोह की मूल प्रकृति को ही बदल देती थी।

औरंगज़ेब के शासन (1659-1707 ई.) के दौरान ब्रजक्षेत्र (उत्तर प्रदेश के पश्चिमी तथा पूर्वी राजस्थान से लगा हिस्सा) के जाट विद्रोह का अध्ययन इस द्वैत को पर्याप्त स्पष्टता के साथ उद्घाटित करता है।

जाट इस क्षेत्र की एक श्रेष्ठ किसान जाति है।[61] अठारहवीं शताब्दी में शाह वली उल्लाह ने लिखा है कि दिल्ली और आगरा (अकबराबाद) के बीच के गाँवों के खेतिहर किसान जाट जाति के थे।[62] मानूची ने जाट विद्रोहियों के बारे में ज़िक्र करते हुए उन्हें 'ग्रामीण' कहा है।[63] उसने उनका ज़िक्र उन किसानों के रूप में किया है जिन्होंने विद्रोह किया तथा राजस्व का भुगतान करने से मना किया।[64]

तथापि, जब *आइने-अकबरी* की विशाल सांख्यिकीय सारणियाँ संकलित की जा रही थीं (लगभग 1599 ई.), तो उस समय जाट ज़मींदार मौजूद थे, हालाँकि विद्रोह के क्षेत्र में उनकी संख्या ज़्यादा नहीं थी। आगरा सरकार के 32 परगनों में से 6 जाट ज़मींदार थे, कोल में 21 में से 1, अलवर में 41 में से 1, किन्तु 'सहर' में 6 में से 5 ज़मींदार जाट थे।[65] यह संख्या दिल्ली सूबे में कुछ अधिक थी (जो हालाँकि विद्रोह के प्रभाव से अछूता रहा)। जाट-विद्रोह के क्रमागत रूप से आने वाले प्रमुख नेता निर्विवाद रूप से जाट ज़मींदार थे। प्रथम गोकुल जाट तिलपत का जाट था, जिसने जाटों के विशाल समूह तथा अन्य ग्रामीणों को इकट्ठा करके विद्रोह का झण्डा बुलन्द किया।[66] चूड़ामणि (1721 ई.) ग्यारह गाँवों के ज़मींदार मलिक का बेटा था जिसकी निर्धारित मालगुजारी रु. 8,000/- थी।[67] सूरजमल (1762 ई.), जिसके तहत जाट राज्य अपनी पराकाष्ठा पर पहुँचा, के बारे में कहा जाता है कि हालाँकि वह ब्रज बोलता था और ज़मींदार की वेशभूषा पहनता था, वह (सूरजमल) इतना बुद्धिमान था कि अपने बुद्धि बल के आधार पर वह अपने लोगों के बीच प्लेटो कहलाया।[68]

जातिगत आधार तथा ज़मींदार नेतृत्व ने विद्रोह पर अपनी गहरी छाप छोड़ी। गाँव की टहल करने वाली जातियों के लोग, सामाजिक परिधि के बाहर ही रहे। वे अपने साथ मनमाना व्यवहार किये जाने को अभिशप्त थे। चूड़ामणि ने कच्ची मिट्टी का एक क़िला बनवाया जिसके चारों ओर एक खाई थी। उसने इसका नाम भरतपुर रखा। उसने विभिन्न गाँवों से बहुत से चमारों को पकड़ा (जो हिन्दुओं के टहलुआ कहे जाते हैं) और उन्हें उस खाई के रख-रखाव का काम सौंप दिया।[69] यहाँ यह निहितार्थ स्पष्ट ही है कि चमार सेवा-टहल करने वाला एक ऐसा समुदाय था जिससे बलात कुछ भी करवाया जा सकता था।

जाट विद्रोह का एक स्पष्ट परिणाम जाट ज़मींदारी में महत्त्वपूर्ण विस्तार के साथ सामने आया। हमने देखा है कि सोलहवीं शताब्दी के अन्त में आगरा क्षेत्र में जाट ज़मींदारों का विस्तार बहुत सीमित क्षेत्रों तक था। अठारहवीं शताब्दी के मध्य के आसपास एक मुसलिम दार्शनिक ने इस विस्तार को प्रमाणित भी किया। जाटों ने जो भूमि अपने अधिकार में की है वह उनकी अपनी नहीं है,

अपितु दूसरों से छीनी है। उनके असली मालिकों को अभी भी खोजा जा सकता है।[70] *आइने-अकबरी* के रचनाकाल के आसपास तथा 1848 ई. में जिन जातियों के पास जमींदारियाँ थीं, जिनका एक नक़्शा हेनरी एम. एलियट (1595 ई.) ने बनाया है, उससे यह पता चलता है कि बीच के काल में मध्य-दोआब में जाट ज़मींदारों के अधीन बहुत महत्त्वपूर्ण ढंग से क्षेत्र का विस्तार हुआ।[71] इस प्रक्रिया में कदाचित बहुत से उच्चवर्गीय किसान ज़मींदार हो गये और जो छोटे ज़मींदार थे, उनके ज़मींदारी अधिकार व्यापक भूक्षेत्रों पर फैल गये।

कदाचित इसी बिन्दु पर हमें उस ऐतिहासिक प्रवृत्ति का व्यापक प्रत्यक्षीकरण होता है जो मुग़लकालीन भारत में किसान विद्रोह के सन्दर्भ में पाई जाती है। अर्थात वह प्रवृत्ति जहाँ शोषितों का विद्रोह दो शोषित वर्गों, ज़मींदार और मुग़ल शासन के राजस्व आहर्ताओं के संघर्ष के साथ दिखायी पड़ता है।[72]

किन्तु जाट विद्रोह किसी भी तरह किसान प्रतिरोध के इस प्रकार के रूपान्तरण का निदर्शन प्रस्तुत नहीं करता। यह श्रेय मराठों को जाता है जिन्होंने महान राजनीतिक तथा सैनिकशक्ति के रूप में मुग़ल साम्राज्य की शक्ति को जड़ों से हिला दिया था। मराठा शक्ति के उत्थान के सन्दर्भ में जो आधुनिक लेखन हो रहा है, उसमें बहुत पहले से मराठों के उत्थान के साथ राष्ट्रवाद का उत्थान देखे जाने की प्रवृत्ति मिलती है और चूँकि राष्ट्रवाद के हित को प्रायः आर्थिक कल्याण के साथ जोड़कर देखा गया, अस्तु शिवाजी को किसानों के रक्षक के रूप में प्रस्तुत किया गया, एक ऐसे व्यक्ति के रूप में उसकी छवि प्रस्तुत की गयी जिसने सामन्ती और धनी लोगों को दबाकर रखा।[73] अब इस दृष्टिकोण की आधारभूत ढंग से आलोचना की गयी है और यह दिखाया गया है कि मराठे सरदार ज़मींदारी परम्पराओं से अत्यधिक प्रेरित थे और यह कि उनकी महत्त्वाकांक्षाएँ भी वही थीं, जो सामान्यतः ज़मींदारों की होती हैं।[74]

किन्तु हमारी दृष्टि में जो दिलचस्प है, वह यह कि मराठों की सेनाएँ दक्खिनी सल्तनत की मुग़ल सेनाओं से भिन्न थीं। यह भिन्नता वर्गों में निहित थी। 'बर्गी' वस्त्रहीन, हथियारों के अभाव से ग्रस्त, लूट करने वाले सिपाही थे, जिनको केवल एक ही लाभ था कि वे संख्या में अधिक थे तथा उनमें बिखरे हुए युद्ध को लड़ने की क्षमता थी।

1575-76 ई. में फ्रायर ने बीजापुर सल्तनत की सैनिक टुकड़ियों तथा शिवाजी की सैनिक टुकड़ियों का तुलनात्मक विवरण दिया है। बीजापुर के सिपाही साजो-सामान, नौकरों और घोड़ों से सुसज्जित थे, जबकि शिवाजी के सिपाही सभी नंगे, भूखे, बदमाश थे। किन्तु वे हर सैनिक पराक्रम के लिए उपयुक्त थे।

वे कठोर परिश्रम करने वाले, तेज यात्रा करने वाले तथा ऐशो-आराम से दूर रहने वाली ज़िन्दगी के अभ्यस्त थे।[75] मानूची याद करता है कि प्रारम्भिक मराठा सैनिकों के पास केवल भाले तथा दो इंच चौड़े फल वाली लम्बी तलवारें होती थीं।[76] इस सामग्री के लिए बहुत अधिक साधनों की ज़रूरत नहीं थी। बर्गी अनिवार्यतः भाला चलाने वाले किसान थे जो देहाती टट्टुओं पर सवारी करते थे।

बादशाह औरंगज़ेब (1659-1707 ई.) को यह समझाने की कोशिश की गयी कि मराठों को साम्राज्यीय अधिकार-क्षेत्र में रहने वाले किसानों से सहयोग प्राप्त होता है। इस पर उसने यह आदेश दिया कि प्रत्येक गाँव में जो भी घोड़े और हथियार मिलें, उन्हें ज़ब्त कर लिया जाये। जब अनेक गाँवों में यही घटित हुआ तो जिन किसानों के पास घोड़े और हथियार थे, वे मराठों के साथ हो गये।[77]

1762-63 ई. में लिखते हुए एक अन्य इतिहासकार ने मराठों और मुग़लों की सेनाओं की संरचनाओं के वैषम्य को पर्याप्त रूप से स्पष्ट वर्ग-दृष्टि के साथ प्रस्तुत किया है :

> शत्रु (मराठों) की सेना अधिकांशतः किसान, गड़रिए, बढ़ई तथा मोची जैसे अधम कोटि के लोगों से बनी है जबकि मुसलिम सेना में अधिकांशतः, अमीर तथा सम्भ्रान्त लोग थे। शत्रु की सफलता इस कारण रही है कि शत्रु की सेना गुरिल्ला युद्ध (जान-ए-कज्जाकी) लड़ती है। उसमें थकान और श्रम को झेलने की क्षमता होती है। वह युद्ध के समय अपने शत्रुओं के अन्न तथा चारे की आपूर्ति को काट देती है और इस प्रकार उसे बिल्कुल शक्तिहीन कर देती है। हालाँकि यह निर्विवाद है कि अकुलीन लोगों में वैसा साहस और गरिमा हो ही नहीं सकती जैसा कि सम्भ्रान्त लोगों में होती है।[78]

अतः मराठों का नेतृत्व ज़मींदारों के हाथ में था तथा सेना में किसान थे। उनकी शक्ति उस परिस्थितिजन्य दबाव की मात्रा पर निर्भर करती थी (प्रारम्भ में वह परिस्थितिजन्य दबाव भूराजस्व था) जो किसानों को उनकी ढलुआ स्थिति से उकसाकर (स्थायी रूप से नहीं तो अस्थायी रूप से ही सही) सैनिक के रूप में काम करने के लिए बाध्य करती थी। उन्हें कोई वेतन नहीं मिलता था। उनके लिए मृत्यु का जोख़िम और लूट की सम्भावना थी।[79] अतः किसान प्रतिरोध मराठों के नेतृत्व में पूरी तरह डूब गया। एक सम्भावनापूर्ण किसान विद्रोही मराठा सेना का बर्गी सिपाही बन जाता है।

मराठों तथा मुग़लों के बीच युद्ध शुरू होने पर किसानों की अवस्था और बिगड़ती चली गयी। एक समकालीन पर्यवेक्षक (1675 ई.) ने मराठा क्षेत्र में मुग़लों की सेना के आचरण पर निम्नलिखित टिप्पणी की है :

> उनके मार्ग में जो कुछ पड़ता है, उसे नष्ट कर देते हैं : गाँव, चारा तथा अनाज आदि सभी कुछ। वे उनके पशुओं को अपने साथ हाँक ले जाते हैं; उनकी पत्नियों और बच्चों को दास बना लेते हैं। अतः, सिवाय उन लोगों के, जो या तो बहुत तेज़ दौड़ जाते हैं अथवा अपने आपको जंगलों में छुपा लेते हैं, कोई नहीं बच पाता। वे (मुग़ल) उन जंगलों को भी आग लगा देते हैं ताकि वे (मराठे) उन निर्जन स्थानों की सुरक्षा से भी वंचित हो जायें।[80]

मुग़लों के अधिकार में जो क्षेत्र थे, उनमें भी किसानों की स्थिति उतनी ही कष्टप्रद थी, क्योंकि मराठे मुग़लों की मालगुजारी के अलावा अपना भी कर लगाते थे। इसके अतिरिक्त, मराठों की सेनाएँ जो देश को लूटने के लिए आयी थीं, वे हर परगने से अपनी इच्छानुसार धन ऐंठती थीं। वे अपने घोड़ों को यों ही चरने छोड़ देते थे तथा फ़सलों को रौंद देते थे।[81]

शिवाजी किसानों का मुक्तिदाता नहीं था। उसका प्रशासन मुग़लों की तुलना में कम उत्पीड़क नहीं था। उसके राज्य के ठीक बीचों-बीच काश्तकार मुश्किल से ही जिन्दा रहने लायक स्थिति में रहता था।[82] हालाँकि यह सही है कि इन असह्य स्थितियों से उसे अपने राज्य के अन्तर्गत कदाचित ही कोई नुक़सान पहुँचा हो, क्योंकि उनसे तंग आकर बहुसंख्यक किसान बर्गी होकर उसकी सेवा करने लगे। अनिवार्यतः जैसे-जैसे दोनों ओर उत्पीड़न और लूट का घेरा बढ़ता जाता था, वैसे-वैसे ही मराठों को उनकी बढ़ती हुई संख्या से लाभ होता जाता था और मुग़लों के हितों का हमेशा-हमेशा के लिए नुक़सान होता जाता था। इस सबके बावजूद, जब भी कभी मुग़ल साम्राज्य ने प्रतिशोध लिया, तो उन्हें अपना कोई रक्षक दिखायी नहीं दिया।

जब हम ग्रामीण परिदृश्य से शहरी परिदृश्य की ओर मुड़ते हैं तो बड़े सामाजिक तनाव पीछे छूटते चले जाते हैं। ऐसा नहीं है कि नगरों में कोई कष्ट ही नहीं था। प्लेसार्ट ने 1616 ई. के आसपास आगरा के कामगारों के भोजन तथा जीवन-स्थितियों के सम्बन्ध में एक बड़ा ही उपयोगी विवरण दिया है।[83] यह विवरण इस सन्दर्भ में सन्देह की कोई गुंजाइश नहीं छोड़ता कि जनसाधारण में भयंकर ग़रीबी व्याप्त थी।

यदि क़सबे के कारीगरों तथा मज़दूरों का मुग़लों के शासक वर्ग के साथ कोई टकराव दिखायी नहीं पड़ता तो इस कारण की आंशिक व्याख्या तो यह है कि वे कराधान को यह नहीं मानते थे कि यह उनके उत्पादन का प्रत्यक्ष उपभोग है, जैसा कि किसान समझते थे। निस्सन्देह, राहदारी तथा अन्य शुल्क एक बोझ थे

और 'कबीर जुलाहा-सन्त कवि' राहदारी उगाहने वाले 'जागतियों' के उत्पीड़न को कोसता है।[84] किन्तु यह वसूली उस मात्रा में नहीं होती थी जिसमें भूमिकर होता था।

अतः मुग़ल प्रशासन के प्रति कारीगरों का असन्तोष अस्थायी ढंग का होता था। जब उन्हें कुछ इस तरह की कारगुज़ारियों से परेशानी उठानी पड़ती थी, जैसे इज़ारेदारी का थोपा जाना या कम मज़दूरी का दिया जाना या बेग़ार लेना या फिर नया कर लगाना आदि, तो किसानों की तरह उनका भी मुख्य हथियार पलायन ही होता था।

1622 ई. में कैंबे के राज्यपाल द्वारा दलाली पर लगा देने पर व्यापारियों तथा दलालों ने व्यापार करने से मना कर दिया। परिणाम यह हुआ कि 'ग़रीब जुलाहे काम नहीं कर सकते, क्योंकि वे जो कुछ बनाते हैं, उसे बेच नहीं सकते।' चार दिन तक उन्होंने गवर्नर से शिकायत करके न्याय पाने की उम्मीद की, किन्तु बजाय न्याय के (जो उसे देना चाहिए था) अन्यायपूर्ण ढंग से उन पर कोड़े बरसाये तथा कुछ को जेल में डाल दिया और शेष भाग गये।[85] खेद है कि हमें यह नहीं मालूम कि क्या जुलाहों ने स्वच्छन्दतापूर्ण ढंग से अर्जित मतैक्य के साथ कार्य किया, या उनके पास आदिम ढंग का जातिगत या समुदायगत संगठन था जिसने उस विशेष स्थिति में उनकी प्रतिक्रिया को नियन्त्रित किया।

इस प्रकार के कारीगरों के पास, जो अपनी वस्तुओं को दुकानों में रखकर बेचते थे, जैसे सुनार, चाँदी का काम करने वाले कारीगर, हड़ताल का परम्परागत तरीक़ा भी उपलब्ध था। वस्तुतः हिन्दी शब्द 'हटताल' अठारहवीं शताब्दी के शब्दकोष 'बहारे-आजम' में दिया गया है,[86] जो दुकानों को बन्द करने का प्रतीक है। जब 1616 ई. में सूरत के प्रसिद्ध बनिये के साथ दुर्व्यवहार किया गया, तो वहाँ भीड़ जमा हो गयी। उन्होंने अपनी दुकानें बन्द कर दीं और जैसा कि रिवाज़ था, गवर्नर को आम शिकायत करने के बाद उन्होंने नाटकीय ढंग से यह दिखाते हुए कि वे न्याय माँगने अदालत में जा रहे हैं शहर छोड़ दिया। किन्तु समझा-बुझाकर तथा आश्वासन देकर अब्राह्मचान गवर्नर उन्हें वापस ले आया।[87]

उसी शहर में, 1609 ई. में एक काजी (मुसलिम न्यायाधीश) के उत्पीड़नपरक आचरण के विरोध में उसी तरह दुकानें बन्द हुईं :

> सूरत में लोगों को बड़ा अभाव झेलना पड़ा, क्योंकि बिना अपने महाजन या जनरल काउंसिल के आदेश के बनियों ने कठोर दण्ड के प्रावधान के कारण कोई दुकानें नहीं खोलीं। अतः कोई सामान नहीं मिला। टकसाल और सीमा-शुल्क चौकी भी बन्द रही। कोई धन नहीं मिला।[88]

यहाँ महाजन का सन्दर्भ 'जातिगत काउंसिल' की मौजूदगी को स्थापित करता है जिसने बन्द की घोषणा की थी। प्रत्यक्ष रूप से 1672 ई. में यह एक स्थायी नियम था। हम देखते हैं कि बम्बई में यह बनियों के लिए बेहतर अधिकारों की माँग करता है।[89]

बनियों के लिए दुकानों का बन्द करना अत्यन्त प्रभावशाली हथियार था क्योंकि दुकानदारों की एक बहुत बड़ी तादाद थी। किन्तु वे कारीगर जो घर पर ही काम करते थे और मुख्य रूप से अपनी वस्तुएँ व्यापारियों को बेचते थे, वे आन्दोलन का उक्त मार्ग नहीं अपना सकते थे और न ही मज़दूर तथा दूसरी तरह के अन्य नौकर, जो नगर की जनसंख्या का एक बड़ा भाग थे, इस मार्ग को अपना सकते थे।

मुग़लकालीन समाज के वर्गीय तनावों पर दृष्टिपात के उपरान्त हम यह कह सकते हैं कि हिंसा पर आधारित संघर्ष के रूप वस्तुतः गाँवों तक ही सीमित थे। मुग़ल प्रशासन के सामान्य क्रियाकलाप के तहत राजस्व-वसूली की प्रत्येक कार्यवाही प्रकारान्तर से एक छोटा-मोटा सैनिक अभियान ही होता था। राजस्व की माँग के दबाव के बढ़ते ही किसी भी समय देहात में असन्तोष और विद्रोह भड़क उठता था। मैं पहले भी कह चुका हूँ कि यह दबाव समय के साथ-साथ बढ़ता चला गया। औरंगज़ेब के शासन के दौरान मुग़ल साम्राज्य में कृषि-संकट उत्पन्न हो गया।[90] चूँकि राजस्व के दबाव ने किसान प्रतिरोध को उग्र बनाया। अतः उस प्रकार के विद्रोह की आशा करना ग़लत नहीं होगा जिस प्रकार के विद्रोह को माओत्से तुंग ने चीन के सन्दर्भ में गर्व के साथ याद किया है;[91] या, जैसा विद्रोह 1381 ई. में इंगलैंड में हुआ तथा सोलहवीं शताब्दी में जर्मनी में किसान युद्ध हुआ।

वस्तुतः हमने जिन कृषि विद्रोहों का विश्लेषण किया है, वे दो अन्य सभ्यताओं के इन प्रसिद्ध विद्रोहों के प्रतिरूप हैं। किन्तु, तुलना करने पर भारतीय विद्रोहों की एक महत्त्वपूर्ण त्रुटि तुरन्त उभरकर सामने आती है। यह कि उनमें किसान वर्ग के रूप में अपनी वर्गीय चेतना का बोध अल्पविकसित है। भारत में ऐसा कुछ नहीं था जिसकी चीन में 'भूमि-कर' में कमी करने की बार-बार दोहरायी जाने वाली माँग या 1381 ई. में केंटिश किसानों की निम्नलिखित तुकबन्दियों से :

जब आदम ने भी खुदाई की
और
ईव ने कताई की
तो बड़ा आदमी कौन रहा?

या 1525 ई. के जर्मन किसानों की 'बारह माँगों' से तुलना की जा सके। यक़ीनन भारतीय कृषि विद्रोहों के दौरान किसानों में भ्रातृत्व भाव की अभिव्यक्ति बहुत स्पष्ट नहीं थी। इसके साथ ही, उन्होंने (कृषि विद्रोह) किसानों को वर्गीय आधार पर कोई ठोस लाभ भी नहीं पहुँचाया।

प्रत्यक्ष रूप से दिखायी पड़ने वाली इस सीमा की व्याख्या की जानी चाहिए। हो सकता है कि अनपढ़ किसानों द्वारा उठाये गये नारे पूरी तरह लुप्त हो गये हों, या शासक वर्ग के विरोधी मुंशियों द्वारा रिकार्ड ही न किये गये हों। शायद यह अधिक सम्भव है कि यह सीमा केवल दिखायी पड़ने वाली ही न हो, अपितु, वास्तविक हो। हम जिन नारों को पाने की आशा रखते हैं, वे उठाये ही न गये हों। ऐसा हो सकता है कि किसान वर्ग जातिगत आधार पर इतना विभक्त अथवा स्तरीभूत हो कि किसी भी स्तर पर बराबरी का विचार (जो वर्गीय चेतना के किसी भी बोधगम्य स्तर के लिए आवश्यक होता है) पनपा ही न हो। केवल सतनामियों तथा सिखों के धार्मिक समुदायों में हमें इसके उन्मेष की एक झलक दिखायी पड़ती है। 'किसान चेतना' उत्पन्न न होने देने वाला एक घटक ज़मीदार वर्ग था। चूँकि मुग़लशासक वर्ग के साथ उनके अपने अन्तर्विरोध किसानों के असन्तोष के साथ जुड़ जाते थे, अतः, उस स्थिति में ज़मींदारों की अपनी महत्त्वाकांक्षाओं और पूर्वग्रहों का ही वर्चस्व होता था। यहाँ तक कि वे उस उद्देश्य का भी अपने ढंग से मूल्यांकन करते थे जिसके लिए किसानों ने विद्रोह किया था।

आधुनिक काल से पूर्व होने वाले सभी निम्नवर्गीय विद्रोहों के इर्द-गिर्द एक त्रासदी का वातावरण घिरा रहता है। भारत भी इस सन्दर्भ में कोई अपवाद नहीं है। वे जिस उद्देश्य के लिए लड़ रहे थे, उसका बोध उनके हार जाने अथवा उनके साथ छल किये जाने के कारण, उनके अकिंचन और दरिद्र लोगों तक नहीं पहुँच पाया। इससे उनकी त्रासदी और अधिक बढ़ जाती है। तथापि, भारतीय जनता के वास्तविक इतिहास में उनका योगदान सदैव याद किया जायेगा।

सन्दर्भ और टिप्पणियाँ

1. बर्नियर सत्रहवीं शताब्दी में भारत आया था। बर्नियर के कार्य का मानक अनुवाद आर्चीबोल्ड कोंस्टेबुल (*ट्रैवल्स इन दि मुग़ल एम्पायर,* 1656-1668, वी.ए. स्मिथ द्वारा संशोधित द्वि.सं. 1916। बर्नियर का वास्तविक तर्क यह था कि राजा भूमि का मालिक होता था। देखें। पृ. 5, 204, 226, 238
2. मार्क्स के विचारों का यह सार-संक्षेप निम्नलिखित स्रोतों पर आधारित है :
   न्यूयार्क ट्रिब्यून (1953) में प्रकाशित उनके लेखों 'ब्रिटिश रूल इन इंडिया', 'दि फ्यूचर ऑफ़ ब्रिटिश रूल इन इंडिया : *कैपिटल,* भाग I, मूर तथा एवलिंग द्वारा अनूदित तथा

डोनाटोर (लन्दन) द्वारा सम्पादित (1938, पृ. 350-52, 610), *कार्ल मार्क्स एंड फ्रेड्रिक एंगेल्स कॉरिसपोंडेंस,* 1846-1895, ए सिलेक्शन विद कमेंट्री एंड नोट्स, डोनाटोर द्वारा सम्पादित, कलकत्ता, 1945, पृ. 57-60, (1853 के पत्र)।

3. *ट्रिब्यून* में प्रकाशित उनका लेख 'ब्रिटिश रूल इन इंडिया'। स्वयं मार्क्स के लेखन में विटफोगिल के इस व्यंग्य के लिए एक आधार है कि वर्ग संघर्ष समूची मानव जाति की सामान्य व्याधि नहीं अपितु बहु-केन्द्रीय तथा खुले समाजों (विशेष रूप से यूरोपीयन) की ऐय्याशी है, देखें *'ओरिएंटल डेस्पोटिज़्म', ए कॉम्पेरेटिव स्टडी इन टोटल पावर,* 1957, पृ. 71

4. इसके फ़ौरन बाद का विवेचन सामान्यतः मेरी अपनी पुस्तक *एग्रेरियन सिस्टम ऑफ़ मुग़ल इंडिया* (1556-1707)', बम्बई, 1963, पर आधारित है जहाँ अन्य अधिकारी विद्वानों को भी उद्धृत किया गया है।

5. वही, पृ. 119-22

6. जिस खसरे में यह विवरण है, उसका प्रस्तुतीकरण और विश्लेषण एस.पी.गुप्ता ने किया है : देखें– *'मेडिएवल इंडिया–ए मिसलेनी'*, IV, अलीगढ़/बम्बई, 1977, पृ. 168-78.

7. दीवान पसंद, ब्रिटिश म्यूज़ियम, पाण्डुलिपि : ओरिएंटल, एफ, 8अ। यह पुस्तक उन्नीसवीं शताब्दी के प्रथम दशक में लिखी गयी। इसमें ब्रिटिश साम्राज्य द्वारा दोआब क्षेत्र पर अपना आधिपत्य स्थापित करने से पूर्व की कृषि स्थितियों और राजस्ववसूली करने के तौर-तरीक़ों का वर्णन किया गया है।

8. यह फरमान 1679 ई. के बाद किसी समय जारी किया गया. इसका मूल पाठ मलिकजादा' में दिया गया है। *निगार नामा-ए-मुंशी,* लखनऊ, 1882 ई., पृ. 139

9. देखें, इरफ़ान हबीब, पोटेंशियलिटीज ऑफ़ कैपिटलिज़्म डवलपमेंट इन दि इंडियन इकॉनॉमी, इनक्वायरी, एन. एस. III, 3 (1971), पृ. 13-24, पृ. 180-232

10. *ऐग्रेरियन सिस्टम ऑफ़ मुग़ल इंडिया,* पृ. 128-129 तथा पाद टिप्पणी भी देखें। अब मैं यह महसूस करता हूँ कि उस समय मैं ग़लती पर था जब मैं यह सोचता था कि गाँव के बड़े लोगों का इस प्रकार का वर्चस्व 'गाँव समुदाय' को कमज़ोर करता था, चूँकि उसका निहितार्थ यह था कि गाँव समुदाय में सामान्यतः सभी किसानों का समावेश होता था। पावलोव उच्चवर्गीय किसानों के लिए समुदाय के सम्भ्रान्त लोग (कम्युनिटी इलीट) शब्द का प्रयोग करता है। देखें वी. आई. पावलोव, हिस्टॉरिकल प्रिमाइसिस फॉर *इंडियाज ट्रांजीशन टू कैपिटलिज़्म',* मास्को, 1978, पृ. 41

11. *ऐग्रेरियन सिस्टम ऑफ़ मुग़ल इंडिया,* पृ. 136-89। ज़मींदारों के सन्दर्भ में एस. नूरुल हसन का एक महत्त्वपूर्ण लेख, आर.ई. फ्राइकेनबर्ग द्वारा सम्पादित पुस्तक, *लैंड कंट्रोल एंड सोशल स्ट्रक्चर इन इंडियन हिस्ट्री* (मैडिसन, 1969, पृ. 17-31) में प्रकाशित हुआ।

12. मुहम्मद काजिम, *आलमगीर नामा,* सं. खादिम हुसैन तथा अब्दुल हुई, *बिब्लोथिका इंडिका, कलकत्ता,* 1865-73, पृ. 78

13. काज़ी मौ. आला, *रिसाला अंहकाम-ए-आराजी,* मौलाना आजाद लायब्रेरी, अलीगढ़, पाण्डुलिपि, सुभानुल्ला कॉल, 331/101, पन्ना, 44अ।

14. *ऐग्रेरियन सिस्टम ऑफ़ मुग़ल इंडिया,* पृ. 190-256। अकबर के शासन के सन्दर्भ में उपलब्ध साक्ष्य का शीरी मूसवी ने नये ढंग से अध्ययन किया है. देखें : *मेडिएवल इंडिया—ए मिसलेनी,* IV, अलीगढ़, 1977, पृ.91-107 तथा 'इंडियन हिस्टॉरिकल रिव्यू', IV, 2 (1978), पृ. 304-25
15. उदाहरण के लिए देखें, 'ट्रैवल्स' में बर्नियर के विचार.
16. *ऐग्रेरियन सिस्टम ऑफ़ मुग़ल इंडिया,* पृ. 257-97, एम. अतहर अली, *दि मुग़ल-नोबिलिटी अंडर औरंगज़ेब,* बम्बई, 1966, पृ. 74-94
17. *ऐग्रेरियन सिस्टम ऑफ़ मुग़ल इंडिया* (पृ. 236-42) में नक़द रूप में किये जाने वाले राजस्व के भुगतान की मात्रा की चर्चा की गयी है। बाज़ार के अनुकूल स्थितियों के प्रचलन के लिए देखें, सतीश चन्द्र का लेख : 'मनी इकॉनॉमी इन इंडिया ड्यूरिंग दि सेवेंटींथ सेंचुरी', *स्टडीज इन एशियन हिस्ट्री,* नयी दिल्ली, 1969, पृ. 368-77। इस सन्दर्भ में कतिपय आपत्तियों के लिए देखें, वी.आई. पावलोव, *हिस्टॉरिकल प्रिमाइसिस फॉर इंडियाज ट्रांजीशन टू कैपिटलिज़्म,* मास्को, 1978, पृ. 46, पन्ना।
18. अतहर अली, *मुग़ल नोबिलिटी,* पृ. 161-70.
19. पोटेंशियलिटीज ऑफ़ कैपिटलिस्टिक डवलपमेंट, इनक्वायरी, एन.एस., III, 3, पृ. 41-44
20. अतहर अली, *मुग़ल नोबिलिटी,* पृ. 157-59
21. मैंने अपने आलेख, 'यूजरी इन मेडिएवल इंडिया' (काम्पेरेटिव स्टडीज इन सोसायटी एंड हिस्ट्री) (सी.एस.एस.एच.), IV,4 (1964), पृ. 418-19, में सोलहवीं शताब्दी के लोकवादी धार्मिक उपदेशकों के पदों में ईश्वर की व्यापारी-साहूकार से तथा कारीगर की मनुष्य से बार-बार की जाने वाली तुलना की छानबीन की है।
22. देखें, ए.जे.कैसर, *रिक्रूटमेंट ऑफ़ मर्चेंट्स इन दि मुग़ल फ्यूडल ब्यूरोक्रेसी : इंडियन हिस्ट्री कांग्रेस,* जादवपुर, 1974 (साइक्लोस्टाइल्ड)।
23. करने लियोनार्ड ने सहयोग तथा विच्छिन्नता की आत्यन्तिक स्थिति के सन्दर्भ में तर्क दिया है, देखें उनका आलेख, 'दि ग्रेट फर्म थियरी ऑफ़ दि डिक्लाइन ऑफ़ दि मुग़ल एम्पायर', सी.एस.एस.एच, XXI, 2, 1979, पृ. 151-67
24. फ्रैंसिस्को पेल्सार्ट, *रिमोंस्ट्रेनाइट,* अनुवाद द्वारा डब्ल्यू.एच. मोरलैंड तथा पी.गेल., *जहाँगीर्स इंडिया,* कैम्ब्रिज , 1925, पृ. 60
25. अबुल फ़ज़ल, *अकबरनामा,* III, *बिब्लॉथिका इंडिका,* कलकत्ता 1873-87, पृ. 231.
26. *इंग्लिश फैक्ट्रीज इन इंडिया* (1630-33) में आगरा से रिपोर्ट सम्पादित द्वारा डब्ल्यू. फोस्टर, ऑक्सफोर्ड, 1906-27, पृ. 325
27. जैसा कि अकबर के मन्त्री टोडरमल ने अपनी अकुंठ भाषा में कहा कि (गाँव के) पाजी और ज़िद्दी लोग अपना हिस्सा रख लेते हैं और जो राजस्व उन्हें देना होता है, वे 'रेजा-रियाया' पर डाल देते हैं। *अकबरनामा,* प्रारम्भिक पाठ की पाण्डुलिपि, ब्रिटिश म्यूज़ियम, अतिरिक्त, 27, 247, पन्ना, 332ब।
28. *प्रोसीडिंग्स ऑफ़ दि इंडियन हिस्ट्री कांग्रेस,* दिल्ली सत्र,1961, कलकत्ता, 1963, पृ. 152, दुर्भाग्यवश, ग्रोवर उस मूल शब्द का उल्लेख नहीं करते जिसके लिए उन्होंने 'टेनेंट' शब्द का प्रयोग किया है।

29. बेलब्रांड गेलेंसन डि जोंग, 'वर्कलेरिंज एंड बिवाइंडिंग' इत्यादि डब्ल्यू.एच. मोरलैंड द्वारा अनूदित अंश, देखें : *जर्नल ऑफ़ इंडियन हिस्ट्री*, XVI , (1937), पृ. 78
30. हिदायतुल्ला बिहारी, *हिदायुत कवायिद,* 1710 ई. इंडिया ऑफ़िस, पाण्डुलिपि, आई. क्यू. 1286, पन्ना, 65अ।
31. *ट्रैवल्स,* पृ. 205
32. *ऐग्रेरियन सिस्टम ऑफ़ मुग़ल इंडिया,* पृ. 116
33. खाफी ख़ान द्वारा दी गयी सूचना के अनुसार न केवल भूमि के उनके साम्पत्तिक अधिकारों को छीन लिया जाता था, अपितु फल वाले पेड़ों को भी ज़ब्त कर लिया जाता था।
34. इस सन्दर्भ में पेल्सार्ट का वक्तव्य देखें : *जहाँगीर्स-इंडिया,* पृ. 47। फ्रे. सेबेस्सियन मेनरिक, *ट्रैवल्स,* 1629-43। II, अनु. द्वारा सी.ई.लुआई, अनुवाद में होस्टन द्वारा सहायता, लन्दन, पृ. 272। बर्नियर, *ट्रैवल्स,* पृ. 205। निकाले मानूची, स्टोरिया, डे. गोगोर, III, डब्ल्यू. इर्विन द्वारा अनूदित, इंडियन टैक्स्ट्स सीरीज, गवर्नमेंट ऑफ़ इंडिया, लन्दन, 1907-08, पृ. 451
35. अब्दुल कादिर बदायूँनी, *मुंतखबुत्तवारीख,* II, अली अहमद तथा लेस द्वारा सम्पादित, *बिब्लॉथिका इंडिका,* कलकत्ता, 1864-69, पृ. 189, यूसुफ मीराक, *मजहरे-शाहजहाँनी,* II, कराची, 1961, पृ. 451
36. मानूची, *स्टोरिया डे मोगोर,* II, पृ. 83
37. बाबर, *बाबरनामा,* अब्दुर्रहीमख़ानख़ाना द्वारा अनूदित, ब्रिटिश म्यूज़ियम पाण्डुलिपि, ओरिएंटल, 3714, पन्ना 378 ब, II, अंग्रेज़ी अनुवाद द्वारा ए.एस. बीवरेज, लन्दन, 1921, पृ. 487
38. *तुजुके-जहाँगीरी,* सैयद अहमद द्वारा सम्पादित, गाजीपुर तथा अलीगढ़, 1863-64, पृ. 375-76
39. अब्दुल हमीद लाहौरी, *पादशाहनामा,* I, *बिब्लॉथिका इंडिका,* कलकत्ता, 1866-72, पृ. 71-2,76, काजवीनी, पूर्ववर्ती इतिहासकार ने क़त्ल किये जाने वाले विद्रोहियों की संख्या 10,000 बतायी है। *बादशाहनामा,* ब्रिटिश म्यूज़ियम, पाण्डुलिपि, अतिरिक्त, 29734, पृ. 679
40. शेख़ फ़रीद भक्करी, *जखीरातुल खवानिन,* मौलाना आजाद लायब्रेरी, हबीब गंज संग्रह पाण्डुलिपि सं. 32/74, पन्ना, 188 अ।
41. पीटर मुंडी, ट्रैवल्स, II, (*ट्रैवल्स इन एशिया,* 1630-34), सं. द्वारा सर आर.सी. टैंपल, लन्दन, 1914, पृ. 90
42. वी. आई. पावलोव, *हिस्टॉरीकल प्रेमिसिस फॉर इंडियाज ट्रांजीशन टू कैपिटलिज़्म,* पृ. 40-41
43. देवनागरी तथा अरबी लिपि में लिखा हुआ *पोथी ज्ञान बानी साध सतनामी* नामक धार्मिक ग्रन्थ लायब्रेरी ऑफ़ दि रॉयल एशियाटिक सोसायटी, लन्दन (सं. हिन्दू I) में सुरक्षित है। जिन निषेधों का उल्लेख है, वे मूल पाठ में जहाँ तहाँ दिये हुए हैं। कबीर का सन्दर्भ सबसे बाद में आया है। देखें : 'अरबी लिपि में लिखित पाण्डुलिपि,' पन्ना 49ब।

सतनामियों के उपदेशों को एक सीमा तक सफलता मिली। यह पता एक समकालीन इतिहासकार द्वारा सतनामी समुदाय को दिये गये एक प्रमाणपत्र से चलता है जिसमें वह कहता है कि सतनामियों की आमदनी के स्रोत ग़ैर-क़ानूनी तरीक़ों पर आधारित नहीं होते. वे वैध साधनों से अपनी आय अर्जित करते हैं। देखें, अबुल फ़ज़ल मामूरी की शीर्षक विहीन पुस्तक *हिस्ट्री ऑफ़ औरंगज़ेब*, ब्रिटिश म्यूज़ियम, ओरिएंटल, 161, पन्ना, 148ब, प्रतिलिपि द्वारा खाफीख़ान. *मुंतखबुल लुबाब*, II, पृ. 252

44. अबुल फ़ज़ल मामूरी, वही, खाफीख़ान, वही, अबुल फ़ज़ल मामूरी ने 'अनाज के व्यापारियों' शब्द का प्रयोग 'बक्कालान' के शाब्दिक अनुवाद के रूप में किया है। यह शब्द भारत में सामान्यतः 'बनिया' के लिए प्रयुक्त किया जाता था, जिसका अभिप्राय अनाज-व्यापारी तथा श्रेष्ठ-साहूकार होता था। अर्थात इसका अभिप्राय सर्वोत्कृष्ट अनाज-व्यापारी तथा सूदखोर होता था खाफी ख़ान केवल उसे 'तिजारत पेशगान' कहता है.

45. साकी मुस्ताइदख़ान, *मआसिरे-आलमगीरी, बिब्लॉथिका इंडिका, कलकत्ता*, 1870-73, पृ. 14-15, मूलपाठ में 'जरगर' (सुनार) है, जो मेरी समझ में 'बर्जगर' (खेतिहर किसान) में बिन्दी छूट जाने के कारण ग़लत पढ़ा गया है। सुनारों को बढ़ई, मेहतर तथा चमार आदि टहलुआ जातियों अथवा ग़ैर-इज़्जतदार लोगों के समकक्ष नहीं रखा जा सकता था।

46. मेहता ईसरदास नागर, *फुतुहाते-आलमगीरी,* ब्रिटिश म्यूज़ियम, अतिरिक्त, 23, 884, पन्ना, 61ब।

47. अबुल फ़ज़ल मामूरी, पन्ना, 148ब, खाफीख़ान, *मुंतखबुल-लुबाब,* II, 252-53

48. मुज़फ़्फ़र हुसैन द्वारा उद्धृत समकालीन पदों से *'नामा-ए-मुज़फ़्फ़री'* (उर्दू) I, लखनऊ, 1917, पृ. 252

49. *मआसिरे-आलमगीरी*, पृ. 115-16

50. डब्ल्यू. एच. मैक्लियॉड ने सिख धर्म में वाणिज्यिक जीवन के संदर्भो की छानबीन की है। देखें : *पंजाब : पास्ट एंड प्रेज़ेंट, ऐस्सेज इन हॉनर ऑफ़ डा. गंडासिंह,* पटियाला, 1976, पृ. 81-91

51. *दबिस्ताने मजाहिब*, पृ. 285

52. वही, पृ. 286, एक विरोधी पर्यवेक्षक की रिपोर्ट भी देखें : जिस सम्प्रदाय का विनाश निश्चित था, उसके गुरु के अधिकांश अनुयायी पंजाब के जाट, खत्री तथा अन्य छोटी जातियों के लोग थे। खाफीख़ान, *मुंतखबुल लुबाब,* II, पृ. 656। गंडासिंह के सम्मान में प्रकाशित ग्रन्थ में मेरी टिप्पणियाँ भी देखें, पृ. 98

53. *जफरनामा*, 1706 (?) ई. में रचित नानकचन्द नाज द्वारा सम्पादित, जालन्धर, 1959

54. खाफीख़ान *मुंतखबुल-लुबाब*, II, पृ. 672

55. मु. शफी वारीद, *मिरातुल वारीदा*, ब्रिटिश म्यूज़ियम, पाण्डुलिपि अतिरिक्त, 6579, पन्ना, 117ब।

56. सैयद ग़ुलाम अलीख़ान, *इमादुस्सादात*, लिथो, कानपुर, 1897, पृ. 71

57. मुजफ्फर आलम ने 'इंडियन हिस्ट्री कांग्रेस' के वाल्टेयर सत्र-1979, में पठित अपने एक आलेख 'सिख अपराइजिंग अंडर बन्दा बहादुर-1708-1715' में इस सुझाव का खण्डन

किया है कि सिख सत्ता के विस्तार के साथ जाट ज़मींदारी में भी विस्तार हुआ था। वे पाठक को बिना साक्ष्य की सहायता के यह विश्वास दिलाते हैं कि *'आइन'* के ज़मींदार वाले खाते में केवल ख़िदमतगुजर जैसे बिचौलियों तथा बड़े ज़मींदारों को दर्ज किया गया है (पृ. 7)। एक सामान्य पाठक यही समझेगा कि शायद स्वयं अबुल फ़ज़ल ने अपने वर्गीकरण के शीर्षक में 'ख़िदमतगार' शब्द का प्रयोग किया है। जबकि ऐसा नहीं है. स्वयं मुज़फ़्फ़र आलम ने अपना एक मूल अंग्रेज़ी शब्द गढ़कर, एक काल्पनिक ईरानी पाठक के लिए यह अनुवाद किया है, जो ग़लत है। वस्तुतः अंग्रेज़ी के 'इंटरमीडियरी' शब्द का अनुवाद ख़िदमत गुज़र नहीं होता।

58. *ऐग्रेरियन सिस्टम ऑफ़ दि सिख्स* (नयी दिल्ली, 1978) नामक अपनी पुस्तक में इन्दु बंगा द्वारा सिखों के कृषि-शासन के विषय में प्रस्तुत उनके सहानुभूतिपूर्ण विवेचन के बावजूद, इस सन्दर्भ में अनिवार्य रूप से वैसी ही छवि उभरती है।
59. *हिदायतुल-कवाइद,* मौलाना आज़ाद लायब्रेरी, (अलीगढ़), पाण्डुलिपि, पन्ना, 65अ।
60. *ऐग्रेरियन सिस्टम ऑफ़ मुग़ल इंडिया,* पृ. 163-64।
61. देखें, जेम्स स्किनर, *तशरीहुल-अक्वाम,* हाँसी, 1825 ई., ब्रिटिश म्यूज़ियम, अतिरिक्त, 27, 255, पन्ना, 155अ। ये जाट ही वास्तविक किसान है।
62. *शाह वली उल्लाह,* के.ए. निज़ामी द्वारा संकलित और सम्पादित पत्र, 'शाह वली उल्लाह के सियासी मक्तूबात', अलीगढ़, 1950
63. *स्टोरिया डे मोगोर,* I, पृ. 132-34, II, पृ. 319
64. वही, II, पृ. 223
65. डॉ. गंडासिंह के सम्मान में प्रकाशित ग्रन्थ में पृ. 100-1 पर दी गयी सारणी देखें।
66. ईसरदास, *फ़ुतूहाते-आलमगीरी,* पन्ना-53अ।
67. *इमादुस्सादात,* पृ. 54-55
68. वही, पृ. 55
69. *इमादुस्सादात,* पृ. 55
70. शाह वली उल्लाह, पत्र 50-51
71. एच.एम. इलियट, *रेसिज ऑफ़ दि नॉर्थ वेस्टर्न प्रोविंसिज ऑफ़ इंडिया,* 'जॉन बीम्स' द्वारा सम्पादित, लन्दन।
72. *ऐग्रेरियन सिस्टम ऑफ़ मुग़ल इंडिया,* पृ. 333
73. एम.जी. रानाडे की पुस्तक *'राइज ऑफ़ दि मराठा पावर'* (बम्बई, 1900) में शिवाजी की इस दृष्टि से व्याख्या की गयी है। शिवाजी द्वारा सामन्ती भूस्वामियों के विरोध के लिए देखें, वही, पृ. 129-30।
74. सतीशचन्द्र, 'सोशल बैकग्राउंड टू दि राइज ऑफ़ दि मराठा मूवमेंट ड्यूरिंग दि सेवेंटींथ सेंचुरी', *(इंडियन इकोनॉमिक एंड सोशल हिस्ट्री रिव्यू,* दिल्ली, X, 3 (1973) पृ. 209-17, पी. वी. रानाडे *'फ्यूडल कटेंट ऑफ़ महाराष्ट्र धर्म,* (इंडियन हिस्टॉरिकल रिव्यू, I,(1974), दिल्ली, पृ. 44-50। '*ऐग्रेरियन सिस्टम ऑफ़ मुग़ल इंडिया*' भी देखें—पृ. 349-50
75. जॉन फ्रायर, *ए न्यू एकाउंट ऑफ़ ईस्ट इंडिया एंड पर्सिया बीइंग नाइन ईयर्स ट्रैवल्स,* 1672-81, II, डब्ल्यू. ग्रूक द्वारा सम्पादित, लन्दन, 1912, पृ. 66-68

76. मानूची, *स्टोरिया डे मोगोर,* III, पृ. 505
77. भीमसेन, *नुस्ख़ा-ए-दिलकुशा,* ब्रिटिश म्यूज़ियम, ओरिएंटल, 23, पन्ना, 139अ-ब।
78. मीर ग़ुलाम अली आज़ाद हुसैनी, बिलग्रामी, *ख़िजाना-ए-अमीरा,* लिथो, कानपुर, 1871, पृ. 49
79. फ्रायर, *ए न्यू एकाउंट,* 1, पृ. 341; निस्सन्देह यह केवल बर्गियों के सन्दर्भ में ही प्रासंगिक था। शिवाजी और उसके उत्तराधिकारियों के पास बेहतर ढंग से सुसज्जित घुड़सवार सेना तथा तोपख़ाना था जिसका वे परम्परागत ढंग से भुगतान करते थे।
80. फ्रायर, *ए न्यू एकाउंट,* 1, पृ. 310
81. भीमसेन, *नुस्ख़ा-ए-दिलकुशा,* पन्ना, 139ब।
82. फ्रायर, *ए न्यू एकाउंट,* I, पृ. 311-12, पृ. 66 भी।
83. *जहाँगीर्स-इंडिया,* पृ. 60-61।
84. *गुरुग्रन्थ साहिब* (भाग-2, देवनागरी संस्करण, अमृतसर, 1951-52, पृ. 1194-95) में उद्धृत पद।
85. *इंग्लिश फैक्ट्रीज इन इंडिया,* 1622-23, पृ. 169-70
86. टेकचंद 'बहर', *बहर-ए-आजम* (अनेक संस्करण), एस.वी. खरबन्दा।
87. डब्ल्यू. फोस्टर, 'ए सप्लीमेंटरी कलेंडर ऑफ़ डॉक्यूमेंट्स इन दि इंडिया ऑफ़िस रिलेटिंग टू इंडिया ऑर टू दि होम एफेयर्स ऑफ़ दि ईस्ट इंडिया कंपनी 1600-1640, लन्दन, 1928, पृ. 68। जोधपुर में 1681 ई. में दुकानदारों द्वारा सामान्य रूप से दुकान बन्द करने की घटना का वर्णन अजमेर से प्रकाशित एक सरकारी रिपोर्ट में दर्ज है। वकाए-अजमेर, I, डिपार्टमेंट ऑफ़ हिस्ट्री लायब्रेरी, अलीगढ़ की प्रतिलिपि, पृ. 199
88. *इंग्लिश फैक्ट्रीज इन इंडिया,* 1668-69, पृ. 192
89. बम्बई सचिवालय में सुरक्षित, सिलैक्शंस फ्रॉम दि लेटर्स, डिस्पैच एंड अदर स्टेट पेपर्स, 1, होम सीरीज, जी.डब्ल्यू. फोरेस्ट द्वारा सम्पादित, बम्बई, 1887, पृ. 46-47
90. *दि ऐग्रेरियन सिस्टम ऑफ़ मुग़ल इंडिया,* पृ. 315-51
91. माओत्से-तुंग, *सिलेक्टिड वर्क्स ऑफ़ माओत्से-तुंग,* III, अंग्रेज़ी अनुवाद, लन्दन, 1954, पृ. 75-76

•

अध्याय पाँच

भारतीय इतिहास में किसान

बीसवीं सदी की महत्त्वपूर्ण घटनाओं ने विश्व स्तर पर यह स्थापित कर दिया है कि हमारी नियति के निर्धारण के सन्दर्भ में किसान वर्ग की भूमिका महत्त्वपूर्ण हो सकती है जो मानव जाति का विशालतम भाग है। किसानों के ऐतिहासिक गुणों की व्याख्या करते हुए चयानोव और माओत्से तुंग ने दो भिन्न, यहाँ तक कि परस्पर विरोधी दृष्टिकोण प्रस्तुत किये हैं। फिर भी दोनों ने किसान वर्ग के अतीत की पुनर्व्याख्या को प्रेरित किया है, ताकि प्रतिरोध और परिवर्तन के सन्दर्भ में उसकी क्षमताओं का पता लगाया जा सके।

भारत में किसानों के इतिहास की पुनर्रचना का प्रयास उस शर्त की पूर्ति के रूप में शुरू हुआ, जिसे भारतीय इतिहास के प्रमुख कालखण्डों तथा प्रक्रियाओं की पहचान के सन्दर्भ में आधारभूत माना गया। दामोदर धर्मानन्द कोसम्बी तथा रामशरण शर्मा ने डेनियल थॉर्नर के साथ मिलकर पहली बार भारतीय इतिहास के अध्ययन को किसानोन्मुखी बनाया। अतः ज्ञान और प्रेरणा दोनों ही दृष्टियों से इनके साथ ही मैं अन्य विद्वानों के प्रति भी अपनी कृतज्ञता ज्ञापित करता हूँ।

किसान की एक तथ्यपरक परिभाषा वांछनीय है। हालाँकि स्वाभाविक रूप से यह एक कठिन कार्य है। मेरे मत से किसान का अभिप्राय है, एक ऐसा व्यक्ति जो स्वेच्छा से खेती को अपनी जीविका के साधन के रूप में अपनाता हो तथा कृषि-कर्म में अपने औज़ारों के साथ अपने परिवार के श्रम का इस्तेमाल करता हो। जहाँ तक इस परिभाषा का सम्बन्ध है, वह मार्क्सवादियों तथा चयानोव दोनों को ही स्वीकार्य होगी, किन्तु उक्त परिभाषा के अन्तर्गत भाड़े के श्रम की सीमा तथा भूमि नियन्त्रण पर विचार नहीं किया गया है। ज्यों ही इन पर विचार किया जायेगा, किसान विभिन्न श्रेणियों में विभक्त हो जायेंगे। उदाहरण के लिए, इस प्रकार मार्क्सवादी विचारक किसानों का वर्गीकरण निम्नलिखित रूप में करेंगे :

(i) धनी किसान, जो भाड़े के श्रम का बहुत अधिक इस्तेमाल करता है।

(ii) मध्यवर्ती किसान, जो प्रमुखतः अपने परिवार के श्रम का इस्तेमाल करता है।

(iii) ग़रीब किसान, जिसके पास इतनी भूमि नहीं होती कि वह अपने परिवार के समूचे श्रम को खपा सके।

किन्तु इस भेद के साथ सम्पत्ति के सम्बन्धों पर आधारित एक अन्य भेद भी जुड़ा हुआ है। जैसे : (i) खुद काश्त किसान, (ii) वह किसान जिसका भूमि पर स्थायी अथवा दीर्घकालीन दख़ल का अधिकार होता है तथा (iii) मौसमी बँटाईदार सम्पत्ति के आधार पर वर्गीकृत। इन कोटियों का पूर्वोक्त कोटियों से प्रत्यक्षतः कोई सम्बन्ध नहीं है और न इसकी कोई आवश्यकता है। यद्यपि व्यावहारिक रूप से बहुत से ग़रीब किसान और कुछ धनी किसान भी बँटाईदार होते हैं। तब केवल सम्पत्ति के आधार पर जो भेद उभरता है उसे निम्नलिखित तत्त्वों के आधार पर रेखांकित किया जा सकता है : अधिक महँगे तथा उत्पादनशील साधनों, बेहतर पशु तथा अधिक उपजाऊ भूमि के स्वामित्व के आधार पर। यह भेद भी आंशिक रूप से अन्य वर्गीकरणों को आच्छादित कर लेता है। जिस स्तरीक़रण (स्ट्रैटीफिकेशन) का हम साक्षात्कार करेंगे, उसे इन्हीं तीन मानकों के सन्दर्भ में देखा जा सकता है। और यह उल्लेखनीय है कि किसान वर्ग के अन्तर्गत स्तरीकरण को स्थापित करने के लिए मैं इन तीनों में से किसी भी एक साक्ष्य का इस्तेमाल कर सकता हूँ।

यह सही है कि खेतिहर मज़दूर किसान नहीं होते, लेकिन वे किसानों के साथ श्रमजीवी कृषि-जनसंख्या का ही हिस्सा होते हैं और उनका इतिहास भी (जो अनेक रूपों में किसानों के इतिहास से भिन्न रहा है) मेरे लिए किसानों के इतिहास का ही एक आयाम है।

कुल मिलाकर, किसानों से सम्बन्धित किसी भी अध्ययन में यह प्रश्न अवश्य करना चाहिए कि किसान किस रूप में अपने लगान का भुगतान करते हैं अथवा अपनी बचत का अभित्याग कैसे करते हैं। इसी कारण यह ज़रूरी है कि समय-समय पर हम अपनी दृष्टि के 'फोकस' को शोषित से हटाकर शोषक पर केन्द्रित करें।

किसान वर्ग की उत्पत्ति : सिन्धु घाटी के सन्दर्भ में

किसी भी समाज के विकास के इतिहास में किसान वर्ग का उद्भव उसी चरण में सम्भव होता है जब खेती भोजनव्यवस्था के एक प्रमुख साधन के रूप में स्थापित हो जाती है। तभी एक परिवार अपने श्रम-समय का व्यय फ़सल के उगाने और

काटने में कर सकता है। इस प्रक्रिया में न केवल भोजन संग्राहक (प्रमुख रूप से शिकारी) उत्पादनकर्ता के रूप में बदल जाते हैं, अपितु एक पत्नी-परिवार सामाजिक संगठन की बुनियादी इकाई के रूप में विकसित होता है।

जब जंगल में अनाज के दानों को बटोर कर इकट्ठा किया जाता है तो निश्चित रूप से उसे खेती करना नहीं कहते। विंध्य की पर्वत शृंखलाओं के अधोभाग में चोपणी मांडो जैसे मध्य-प्रस्तरकालीन समुदायों (बेलनघाटी में, जो सोन की एक सहायक नदी है) का सम्बन्ध कृषि के प्राक्-इतिहास से है। घरेलू ढंग से उगाये जाने वाले पौधे नवपाषाणकालीन क्रान्ति के साथ आये तथा दोनों क्षेत्र जहाँ, फ़सलें उगाई जाती थीं 1947 के पहले के भारत की सीमाओं के अन्तर्गत ही मिले हैं। पहला स्वयं बेलनघाटी (कोड़ीवा तथा मगहरा) है जहाँ 6500 ई. पू. से 4500 ई. पू. तक की कालावधि में कृषि द्वारा उत्पादित चावलों के दाने तथा पालतू पशुओं तथा भेड़-बकरियों की हड्डियाँ मिली हैं। दूसरा क्षेत्र बेलन दर्रे के दक्षिण में काछी का मैदान है। जो ऊसर क्षेत्र है किन्तु वहाँ पहाड़ी वर्षा की जलधाराओं से बाढ़ भी आती रहती है। यहाँ मेहरगढ़ में (छठी शताब्दी ई. पू. से तीसरी शताब्दी ई. पू.) जौ के अवशेष मिले हैं (उनमें दानों की दो क़तारों वाली तथा छह क़तारों वाली बालें हैं)। और गेहुँओं की तीन क़िस्में (कॉर्न व्हीट, ऐमर तथा ब्रेड व्हीट), सबसे निचली सतहों पर जंगली जानवरों की हड्डियाँ मिली हैं किन्तु सबसे ऊपर दो मीटर तक पालतू जानवरों, बकरी और भेड़ की हड्डियाँ मिली हैं।[1]

पौधों का उगाना और सम्भवतः बाद में पशुओं को पालना मानव प्रगति के सन्दर्भ में एक विशिष्ट पड़ाव का सूचक था, किन्तु अभी भी पूर्ण विकसित कृषि क्रान्ति को सम्पन्न होना शेष था। पशुओं की भारवाही शक्ति का अभी दोहन नहीं हुआ था और अभी तक हल का कोई चिह्न नहीं था। उसी के आधार पर बीज और उपज के बीच के अनुपात को समुचित रूप से सुनिश्चित किया जा सकता था। इसके अतिरिक्त, चूँकि उगाई जाने वाली फ़सलों की संख्या कम थी, अतः खेती एक फ़सल वाली ही थी, अर्थात बेलनघाटी में 'खरीफ' तथा काछी के मैदान में रबी की फ़सलें उगाई जाती थीं। चूँकि घने जंगलों को साफ़ करने और ज़मीन को कृषियोग्य बनाने के लिए पर्याप्त साधन नहीं थे, अतः यह अनुमान लगाना कठिन है कि इन फ़सल उगाने वाले समुदायों की संरचना किस प्रकार की थी। हो सकता है कि खेती अभी भी भोजन संग्रह का ही विस्तार हो जिसमें स्त्रियों की भूमिका प्रमुख रही हो जैसा कि गोर्डन चाइल्ड ने सोचा था।[2] पुरुषों को शिकार पर जाना पड़ता था और बाद में उन्हें मांस और दूध के लिए

पशुओं को पालना पड़ता था। लिंगभेद के आधार पर किया गया श्रम-विभाजन पर्याप्त नहीं था अर्थात केवल उसी के आधार पर अतिरिक्त उत्पादन का वह स्तर प्राप्त करना सम्भव नहीं था जो परिणामस्वरूप किसी प्रकार के वर्गभेद अथवा व्यावसायिक स्तरीकरण का आधार बनता। अनातोलिया के हल इस्तेमाल करने वाले कहीं अधिक विकसित नवपाषाणयुगीन समुदाय (छठी सहस्राब्दी ई.पू.) में डब्ल्यू. ए. फेयर सर्विस जूनियर को 'सामाजिक समतावाद' का साक्ष्य मिला है।[3] भारतीय समुदायों के सन्दर्भ में यह बात और अधिक सही रही होगी।

वस्तुतः, भारत में कृषि क्रान्ति तथा प्रथम नगरीय क्रान्ति सिन्धु घाटी (हड़प्पा) की सभ्यता के साथ ही समकालीन रूप से घटित हुई। कार्बन-डेटिंग के आधार पर सिन्धु घाटी सभ्यता का काल निर्धारण 2600 ई. पू. से 1800 ई. पू. किया गया है।[4] सिन्धु घाटी की कृषि का ढाँचा निस्सन्देह रूप से हल की खेती पर निर्भर था। चूँकि बैल को गाड़ी से खींचने के लिए पहले ही भारवाही पशु के रूप में परिवर्तित कर दिया गया था, अतः कोसम्बी की कड़ी आपत्ति के बावजूद सिन्धु घाटी के लोगों द्वारा हल के प्रयोग की बात अकाट्य है।[5] काली बंगा में जुते हुए खेत के 'कूंड़ो' की खोज से किसी निश्चित साक्ष्य की अनुपस्थिति से उत्पन्न सन्देह का निवारण हो गया है।[6] हल के साक्ष्य से सिन्धु घाटी की कृषि के उस विस्तार की व्याख्या की जा सकती है जो वस्तुतः उत्तरी पश्चिमी मैदानों तक फैली थी तथा जिसका विस्तार गुजरात तक था। सिन्धु घाटी के लोग गेहूँ और जौ (इनकी बालें दानों की छह क़तारों वाली होती थीं) उगाते थे। दोनों ही अनाज की मानक आधुनिक भारतीय क़िस्में थीं। गुजरात में सिन्धु घाटी के स्थलों में बाजरे के साथ चावल भी मिला है। जंगली फलियाँ दालों का प्रतिनिधित्व करती हैं, जैसे तिल, ब्रेंसिका और तिलहन।[7]

सिन्धु घाटी की सर्वाधिक उल्लेखनीय फ़सल कपास है जो औद्योगिक फ़सलों का सूत्रपात करती है।[8] फ़सलों की बहुतायत यह प्रदर्शित करती है कि अब दो-फ़सली पद्धति विधिवत स्थापित हो चुकी थीं और खेती पूर्णकालिक व्यवसाय हो चला था, अतः यह निष्कर्ष निकाला जा सकता है कि इस समय सामाजिक वर्ग के रूप में किसान वर्ग मौजूद था।

किन्तु किसान वर्ग के उद्‌भव के साथ ही प्रत्यक्षतः स्तरीकृत समाज के उद्‌भव का पता चलता है। इस विश्वास का कोई आधार नहीं है कि किसी भी काल में, थोड़े समय के लिए अथवा दीर्घकाल तक, कभी भी शुद्ध रूप से कृषक-समाज मौजूद रहा होगा; जैसा कि बर्टनस्टाइन ने दक्षिण भारत के सन्दर्भ में एक अन्य कालखण्ड का अध्ययन करते हुए परिकल्पित किया है।[9]

पूर्ण रूप से विकसित कृषि का अभिप्राय था, इतना 'अतिरिक्त उत्पादन' जिसके आधार पर भोजन उत्पादन करने वालों की एक निश्चित संख्या का भरण-पोषण किया जा सके। ऊसर क्षेत्र (निश्चित रूप से खेती का प्रचार-प्रसार सर्वप्रथम इसी क्षेत्र में हुआ होगा) में बाढ़ के पानी को रोकने के लिए तथा उसे वांछित दिशा में मोड़ने के लिए बाँधों की बुनियादी ज़रूरत थी और इसके लिए एक निश्चित मात्रा में सामाजिक तथा प्रशासनिक संगठन की आवश्यकता थी। इसी के आधार पर मार्क्स ने अपनी 'प्राच्य-निरंकुशता' की अवधारणा को खड़ा किया था।[10] अन्ततः कांस्य (ताँबे और टिन का मिश्रण), जो एक क़ीमती धातु थी, के ऊपर नियन्त्रण ने नगर केन्द्रित एक छोटे से समुदाय को पत्थर के औज़ार इस्तेमाल करने वाले किसान वर्ग के ऊपर प्रभावशाली रूप में स्थापित कर दिया।[11] इन भौतिक परिस्थितियों द्वारा उत्पन्न ढाँचे को मज़बूती प्रदान करने के लिए एक ऐसे धर्म ने अपनी भूमिका का निर्वाह किया जो देवताओं, अन्धविश्वासों तथा पुरोहितों पर आधारित था तथा जिसने शासक और शासितों को परिवर्तन का भय दिखाकर एक सूत्र में बांध दिया। उसने सिन्धु घाटी की सभ्यता को देश और काल के सन्दर्भ में एक विशेष प्रकार की उबाऊ ढंग की एकरूपता प्रदान की।[12]

इस प्रकार सिन्धु घाटी की सभ्यता ने भारत को न उसे उसके प्रथम शहर दिये, बल्कि प्रथम किसान वर्ग भी दिया। उस सभ्यता के पतन के साथ शहरों का पतन तो स्वाभाविक था किन्तु किसान वर्ग का क्या हुआ? सिन्धु घाटी की सभ्यता के विनाश के सन्दर्भ में 'बाढ़' के जिस सिद्धान्त की चर्चा की जाती है उससे तो केवल एक या दो शहरों के परित्याग की व्याख्या की जा सकती है; निश्चित ही इसे समस्त कृषि समुदायों के जलप्लावन की अवधारणा के रूप में स्वीकृत नहीं किया जा सकता। अतः 1947 में व्हीलर ने बलपूर्वक जिस परिकल्पना को प्रस्तुत किया था तथा जिसे डी.डी. कोसम्बी ने ऋग्वेद की ऋचाओं की प्रतिभापूर्ण ढंग से व्याख्या करके पुनः स्थापित किया था,[13] उसका कोई वैध अथवा आश्वस्तिपरक विकल्प सामने नहीं आया। इस परिकल्पना के तहत आर्यों ने सीधे-सीधे सिन्धु सभ्यता की विरासत प्राप्त की तथा जिसके निर्माताओं को उन्होंने या तो नष्ट कर दिया अथवा अपने अधीन कर लिया।[14]

आर्यों की सफलता का श्रेय घोड़े और उससे भी अधिक घोड़े द्वारा खींचे जाने वाले रथ को दिया जाता है।[15] चूँकि पहले के सभी कवच और हथियारों से तुलना करने पर, रथ एक अत्यन्त क़ीमती मशीन थी, इसकी उपस्थिति पहले से मौजूद कुलीन वर्ग के अस्तित्व की ओर संकेत करती है।[16] अतः ऋग्वैदिक समाज के अन्तर्गत किसी भी समतावादी चरण की कल्पना करना मुश्किल है, जैसा कि कभी-कभी सूचित किया जाता है।[17]

ऋग्वेद के आधार पर कृषि की जो तसवीर उभरती है, उससे बैलों द्वारा खींचे जाने वाले हल की निरन्तरता का पता चलता है।[18] प्रौद्योगिकी अभी भी ताम्रयुगीन थी तथा ऋग्वैदिककालीन अयस सामान्यतः ताँबा ही माना जाता है, लोहा नहीं। जौ (यव) प्रमुख खाद्यान्न है, किन्तु लगता है कि चावल ऊपरी सिन्धु घाटी (सप्त सैन्धव) में पैदा होने लगा था जिससे दो फ़सलों का सालाना चक्र एक नये रूप में जीवित रहा। किन्तु गेहूँ, कपास तथा सिन्धु सभ्यता की अन्य फ़सलों का ज़िक्र नहीं किया जाता।[19] इसके अतिरिक्त, ऐसा भी लगता है कि आर्य अपने शत्रुओं की बाँधों पर आधारित खेती को भी घृणा की दृष्टि से देखते थे। इन्द्र बरबस बाँधों को तोड़कर उनके जल को मुक्त कर देता था।[20] यह सम्भव है कि कृषि की परिस्थितियों में होने वाले परिवर्तनों के कारण नगरों और उनके बाज़ार गायब हो गये हों तथा एक प्रकार की नियन्त्रण व्यवस्था का स्थान एक नितान्त भिन्न प्रकार की नियन्त्रण व्यवस्था ने ले लिया हो। कदाचित चरागाहवाद अधिक महत्त्वपूर्ण हो गया चूँकि आर्य दासों के साथ-साथ गायों, घोड़ों तथा ऊँटों के रूप में धन की कामना अधिक रखते थे।[21]

नियन्त्रण की जो भी प्रक्रिया रही हो, अधिशेष अभी भी किसानों से ही आता था। यही किसान जनसामान्य वर्ग था अर्थात 'विस'। किसानों के लिए प्रयुक्त होने वाले किस्ती और चारसानी शब्दों का प्रयोग समूचे आर्य समुदाय के लिए होता था।[22] किसान अपने खेतों के आप मालिक (क्षेत्रपति) थे,[23] किन्तु इस प्रकार के स्वतन्त्र किसान उच्च कोटि के क़बीलों के होते थे। ऐसा प्रतीत होता है कि जनसंख्या का एक बड़ा हिस्सा ऐसे पराभूत दस्यु समुदायों का था जिनका अनाज और गायें बरबस छीन लिये गये थे।[24] सबसे नीचे दास थे जो पशुओं की तरह (शायद) खेतों में काम करते थे अथवा अपने मालिकों के पशु चराते थे।[25] शीर्ष बिन्दु पर अभिजात वर्ग (राजन्य) बड़ी शान के साथ रथों पर सवारी करते थे और इन्द्र को अपना आदर्श मानते थे तथा पुरोहित वर्ग की देख-रेख में पशुबलि तथा जटिल अनुष्ठान कर्म सम्पन्न होता था। ऋग्वेद के दसवें मण्डल की एक बहुचर्चित ऋचा है जिसमें इस वर्ग-विभक्त समाज की एक झलक मिलती है किन्तु इस संरचना को वह ऋचा ईश्वरीय विधान के रूप में व्याख्यायित करती है। उस ऋचा में वर्णित वर्णव्यवस्था चाहे जितनी सरलीकृत हो किन्तु उससे किसान वर्ग के अन्दर (स्वतन्त्र विस तथा अर्ध-दस्यु के रूप में) घटित होने वाले गहरे विभाजन की एक प्रामाणिक तसवीर का संकेत मिलता है। ये ही विस तथा दस्यु क्रमशः तीसरे और चौथे वर्ण के रूप में परिवर्तित हो गये।

गंगा घाटी का दीर्घकालीन संक्रमण

भारतीय कृषक वर्ग के इतिहास में अगला चरण गंगाघाटी में एक विस्तृत भूभाग में फैले जंगलों की सफ़ाई से सम्बद्ध है। निस्सन्देह यह एक लम्बी और दारुण प्रक्रिया थी जिससे शौर्य और त्रासदियों के अनगिनत और अलिखित कारनामे जुड़े हुए हैं और यह प्रक्रिया सामाजिक संगठन के स्वरूप में महत्त्वपूर्ण परिवर्तन के बिना सम्भव नहीं हुई होगी।

ईसा पूर्व सन् 2000 के आसपास तक कृषि केवल सिन्धु घाटी और उसकी परिधि तक ही सीमित थी, जो शायद ही कभी 30 इंच समवृष्टि रेखा से आगे गयी होगी। आज भारत में ग्रामीण जनसंख्या का जहाँ सर्वाधिक घनत्व है अर्थात गंगाघाटी में कदाचित उस समय इतना घना जंगल था जितना कि निकट अतीत में अमेजन घाटी में था। किन्तु ताँबे तथा हत्थेदार कुल्हाड़ी के प्रादुर्भाव के साथ ही सबसे पहले सफ़ाई का कार्य शुरू हुआ,[26] जिसकी मौजूदगी मोहनजोदड़ो के परवर्ती संस्तर पर मिलती है। स्वाभाविक रूप से यह सफ़ाई कार्य सूखे क्षेत्र अथवा पश्चिम की ओर से शुरू हुआ। गेरुआ रंग के मृद्भांडों का प्रयोग करने वाले ताम्रपुंजीय लोगों ने ही सर्वप्रथम द्वितीय सहस्राब्दी के पूर्वार्द्ध में दोआब तथा रुहेलखण्ड क्षेत्र में कुछ बस्तियाँ बसायी।[27] परवर्ती 'काले तथा लाल मृद्भांडों का प्रयोग करने वाली संस्कृति' ताँबे और पत्थर के उद्योग के साथ रही। हालाँकि अब बस्तियाँ एक-दूसरे से दूर पुराने ढंग पर ही पश्चिमी बिहार तक फैल गयीं परन्तु ये कृषि-समुदाय भी ऋग्वेदकालीन आर्यों की भाँति चावल और जौ का उत्पादन करते थे, गेहूँ का नहीं। चना तथा खेसारी, ये दो दालें काले चनों के साथ ही दिखायी पड़ती हैं तथा नयी खोज के आधार पर जो अभी प्रकाशित नहीं हुई है, कपास को भी 'गेरुआ रंग के मृद्भांडों' वाले स्तर की फ़सलों में गिना जा सकता है।[28]

फिर भी, इन बस्तियों की संख्या लोहे अथवा यों कहना चाहिए कि धातु शोधविद्या (जिसके द्वारा स्टील के किनारेदार लोहे के औज़ार बनाये जा सकते हैं) के आगमन से पूर्व नहीं बढ़ सकती थी।[29] ताँबे से सस्ते होने के कारण लोहे के औज़ार काँसे और पत्थर के ब्लेड वाले औज़ारों का स्थान ले लेते हैं। इसके अतिरिक्त, लोहे के साथ दूसरी धातुओं के औज़ारों (जैसे हड्डी के बाण के फलक) भी और अधिक आसानी से तैयार किये जा सकते हैं। अतः लोहे के प्रभाव को पुरातात्त्विक साक्ष्य के आधार पर सहज ही में पहचाना जा सकता है।

पुरातत्त्वविद धीरे-धीरे लोहे के प्रयोग की स्थिति को पीछे की ओर ले जा रहे हैं। मौजूदा साक्ष्य के आधार पर यह सम्भव है कि इसका आगमन ऊपरी

गंगाघाटी में 1000 ई. पू. के आसपास जब से चित्रित धूसर मृद्भांड संस्कृति (1100 ई. पू. से 500 ई. पू.) का प्रादुर्भाव, घटित हुआ।[30] पुरातात्त्विक साक्ष्यों का साहित्यिक साक्ष्यों के साथ ठीक-ठीक तालमेल नहीं बैठाया जा सका है। किन्तु इतना तो निश्चित है कि चित्रित धूसर मृद्भांड संस्कृति आर्य चरण का ही प्रतिनिधित्व करती है, चूँकि लोहे का परवर्ती वैदिक साहित्य में ज़िक्र मिलना शुरू हो जाता है।[31]

अपने तात्कालिक प्रभाव के अन्तर्गत लोहे के कारण सफ़ाई कार्य बड़ी तीव्र गति से फैला; यह तथ्य चित्रित धूसर मृद्भांड तथा काले और तत्कालीन लाल मृद्भांडों का प्रयोग करने वाली बस्तियों का पूर्ववर्ती गेरुआ रंग के मृद्भांड तथा काले और लाल मृद्भांडों का प्रयोग करने वाली संस्कृतियों की एक लम्बे कालखण्ड की तुलना के आधार पर भली भाँति स्थापित किया जा सकता है।[32] गेहूँ के उत्पादन के लिए अनुकूल स्थितियाँ पुनः उपस्थित होती हैं तथा फ़सलों की सूची में नयी दालें और जुड़ जाती हैं।[33]

गंगाघाटी में कृषि की स्थितियाँ सिन्धु घाटी की तुलना में बहुत भिन्न थीं। यहाँ बाढ़ की ज़मीन तथा बाँधों का महत्त्व अत्यन्त सीमित था। मानसून की उदारता ने किसान को उन छोटी-छोटी ज़मीन की पट्टियों से मुक्त कर दिया जिन्हें केवल बाढ़ से ही ताज़ा नमी और बालू प्राप्त होती थी। गंगाघाटी में जब कोई व्यक्ति कुछ वर्षों तक एक ही स्थान पर खेती करने के बाद किसी अन्य नये स्थान पर जंगल साफ़ करके खेती करने लगता था तो उस स्थिति में पैदावार में सुधार हो जाता था। झूम पद्धति के लिए उन समूहों द्वारा सामूहिक श्रम की आवश्यकता होती थी जो स्थानान्तरगामी ढंग से छोटे-छोटे गाँव बसाकर रहते थे। इन्हीं के आधार पर आगे चलकर साक्य जैसी जनजातियों का निर्माण हुआ जो प्रमुख रूप से किसान थीं।[34] स्वतन्त्र किसानों की उपस्थिति (जो सम्भवतः ऋग्वैदिक किसानों के ही अनुरूप थे) जातकों में मिलती है।[35]

इसके अलावा जंगल की सफ़ाई की परिस्थितियों ने ग़ैर-खेतिहर किसान वाली खेती को आवश्यक बना दिया। नये सिरे से साफ़ की गयी ज़मीन के लिए भारी हाथ की आवश्यकता थी क्योंकि वह जो बहुत कठोर होती थी और उसमें चारों ओर ठूँठ ही ठूँठ होते थे (शताब्दियों तक लगातार की जाने वाली जुताई के कारण जिसके चिह्न भी अब शायद ही मिलें)। लोहे की नोक के बजाय पत्थर की नोक होने के कारण ये हल और भी भारी हो जाते होंगे। परवर्ती वैदिक तथा ब्राह्मण साहित्य में छह-आठ और यहाँ तक कि बारह बैलों द्वारा खींचे जाने वाले हल का स्पष्ट सन्दर्भ मिलता है।[36] इस प्रकार के हल यह संकेत देते हैं कि कुछ

ऐसे मालिक भी होते थे जो अपने दास श्रमिकों के साथ काम करते थे। वस्तुतः कीथ ने यह मत व्यक्त किया है कि इस काल में अपनी ही ज़मीन पर काम करने वाले किसान की जगह वह भूस्वामी ले रहा था जो दासों द्वारा अपनी ज़मीन पर खेती कर रहा था।[37] इस मत की पुष्टि हमें जातकों में उपलब्ध उस साक्ष्य से भी होती है जहाँ हमें ऐसे ब्राह्मण भूस्वामी मिलते हैं जो अपने खेतों पर दासों अथवा दिन-दिन में ही मज़दूरी करने वाले श्रमिकों द्वारा खेती कराते हैं। ऐसे धनी व्यक्ति भी मिलते हैं जिनके पास तीस हज़ार तक पशु, अनेक दास तथा भाड़े के मज़दूर हैं। एक धनी व्यक्ति के पास 1250 तक भाड़े के मज़दूर हैं।[38] यह साक्ष्य कौटिल्य के *अर्थशास्त्र* के साथ समाप्त होता है जहाँ व्यक्तिगत रूप से बड़ी-बड़ी भूसम्पत्तियों के मालिकों के अधीन दासों और भाड़े के मज़दूरों का साक्ष्य मिलता है।[39] उक्त भूसम्पत्ति 'सीता' भूमि कहलाती थी जिसके कुछ हिस्से पर कर्मचारियों की देखरेख में दास, मज़दूर तथा दण्डित अपराधी खेती करते थे तथा कुछ को बँटाईदारों (अर्धसितिकाओं) तथा अन्य लोगों को दे दिया जाता था।[40]

गंगाघाटी के जंगलों के माध्यम से जनसंख्या में एक नये तत्त्व (अर्थात शिकारी) का समावेश भी हुआ। यह एक ऐसा तत्त्व था जो सिन्धु घाटी में बहुत महत्त्वपूर्ण नहीं हो सकता था। ज्यों-ज्यों कृषि समुदाय प्रारम्भ में गंगाघाटी में प्रवेश करते चले गये, जंगल शिकारी जनजातियों के लिए सहजगम्य होते गये। ताँबे और बाद में लोहे के बने औज़ारों ने शिकार करने की दक्षता प्रदान कर दी। चित्रित धूसर मृद्भांडों के प्रयोग के आधार पर वर्गीकृत संस्कृति (पी.जी.डब्ल्यू.) से सम्बद्ध स्थलों के परवर्ती स्तरों पर भालों और बाणों के लौह फलक सामान्य रूप से मिलते हैं।[41] दूसरी ओर, कृषि-बस्तियों की बढ़ती जनसंख्या ने पशुओं की खालों, जंगल से प्राप्त होने वाली अन्य वस्तुओं, यहाँ तक कि मांस के लिए भी, बाज़ार उपलब्ध कराया।[42] बदले में शिकारी अपने जंगली भोजन के साथ अब अन्न भी ग्रहण कर सकते थे। अतः यह माना जा सकता है कि स्थायी रूप से बसे समुदायों के चारों ओर भोजन संग्रही जनसंख्या बढ़ती रही होगी तथा नागा, कोली और निषाद फलते-फूलते रहे और उनका प्रभाव परवर्ती वैदिक अनुष्ठानों में प्रवेश पाता चला गया।[43] वे चौथी शताब्दी ई. पू. तक इतने उल्लेखनीय ढंग से महत्त्वपूर्ण हो चुके थे कि चरवाहों के साथ मिलकर उन्होंने उस एक जाति का निर्माण किया जो मैगस्थनीज द्वारा वर्णित सात जातियों में से तीसरी थी। मैगस्थनीज ने किसानों को अपनी योजना के अनुसार दूसरी जाति के रूप में परिगणित किया है।[44] ई. पू. प्रथम सहस्राब्दी के मध्य तक पूर्व की ओर दीर्घकाल तक खेती का जो प्रचार-प्रसार हआ, उसके दौरान एक जटिल सामाजिक संरचना का विकास

हुआ। इस प्रक्रिया के तहत जनजातियों के बीच कृषि-समुदायों का विकास तथा भूस्वामियों के अधीन दास तथा अर्धदासों के रूप में काम करने वाले मज़दूरों का भी एक समुदाय बना, जबकि शिकारी समूहों को एक नया, (यद्यपि) अस्थायी महत्त्व प्राप्त हुआ। ये विविध सामाजिक रूप कदाचित महाजनपदों की उभरती हुई राजव्यवस्थाओं की अपेक्षाकृत वैविध्यपूर्ण प्रकृति पर प्रकाश डालते हैं जहाँ शासकों की शक्ति को शक्तिशाली कुलीन तन्त्रों तथा ब्राह्मणों (जो पहले से ही विशाल भूभाग पर क़ाबिज थे) के पौरोहित्यवाद की उभरती हुई शक्ति नियन्त्रित करती थी।[45] राजा को 'किसानों को खाने वाला' कहा गया क्योंकि किसान ही उसे अन्न के रूप में कर देते थे, बड़े-बड़े भूस्वामी अथवा ब्राह्मण नहीं।[46]

जाति के रूप में किसान वर्ग का निर्माण

पूर्ववर्ती खण्ड में मैंने जिन स्थितियों की रूपरेखा प्रस्तुत की है, वे वस्तुतः अपने सार रूप में एक संक्रमण काल ही सिद्ध हुईं। यह सही है कि यह संक्रमण काल निश्चित रूप से बहुत लम्बा था। मुझे ऐसा लगता है कि 500 ई. पू. के आसपास से लेकर लगभग पाँच सौ वर्ष तक परिवर्तन की प्रक्रिया बड़ी तीव्र गति से चलती रही, जिसने किसान उत्पादन का सार्वभौमिकीकरण किया तथा साथ ही जाति रूप में विभाजित किसान वर्ग का निर्माण भी किया।

किसान द्वारा की जाने वाली खेती के सार्वभौमिकीकरण के लिए शायद हम दो ही घटकों को निर्णायक रूप से महत्त्वपूर्ण मान सकते हैं। पहला तो है लोहे का बढ़ता हुआ प्रयोग। ज्यों-ज्यों समय गुज़रता गया, धातु की निकासी की मात्रा बढ़ती गयी। परिणामस्वरूप, वह सस्ती होती गयी और उसका प्रयोग वैविध्यपूर्ण तथा सामान्य रूप से सुलभ होता गया। मात्रा ने गुणवत्ता को प्रभावित किया। समय के साथ-साथ लोहे के औज़ार किसानों को सीधे-सीधे उपलब्ध होते गये और यही निर्णायक बिन्दु भी था। हल में लोहे की नोक का प्रथम अभिलेखीय सन्दर्भ प्रत्यक्ष रूप से *मनुस्मृति* में मिलता है (x 84), जो ई. पू. 200 का हो सकता है, किन्तु यह भी हो सकता है कि वह थोड़ा बाद का हो।[47] किन्तु लोहे की कुश (फलक) उत्तर भारतीय काले चमकीले मृद्भांडों (एन.बी.पी.) का प्रयोग करने वाली संस्कृति (जो ई. पू. 500 के आसपास अस्तित्व में आयी) के साथ उपलब्ध होना शुरू होती है।[48] लोहे के इस व्यापक प्रयोग के प्रभाव के लिए 'गोर्डन चाइल्ड' की उस अन्तर्दृष्टि सम्पन्न टिप्पणी को याद किया जा सकता है कि लोहे के सस्तेपन ने कृषि का जनतान्त्रीकरण किया। कोई भी किसान नयी

ज़मीन साफ़ करने के लिए अब लोहे की कुल्हाड़ी प्राप्त कर सकता था और नयी पथरीली ज़मीन तोड़ने के लिए लोहे के फलक प्राप्त कर सकता था।[49]

एक अन्य घटक जिसने किसान द्वारा अपने लिए की जाने वाली खेती के विस्तार में योगदान दिया, वह बहुत-सी फ़सलों का उत्पादन था। *अथर्ववेद* में गन्ने का ज़िक्र मिलता है, कपास और नील का जातकों में।[50] ईसा के जन्म से पूर्व भारतीय और यूनानी स्रोतों के आधार पर फ़सलों की एक लम्बी सूची तैयारी की जा सकती है।[51] छठी शताब्दी के बाद नगरों के उद्भव के कारण शहरी बाज़ारों का जो विकास हुआ,[52] उससे खेती में बाज़ारू और औद्योगिक फ़सलों को विस्तार मिला। खेती के नये-नये तरीक़े भी ईजाद किये गये (विशेषरूप से धान की पुनः रोपाई) जिसके आधार पर कोसम्बी अर्थशास्त्र के एक अवतरण की व्याख्या करते हैं।[53] इन परिवर्तनों के लिए अधिक साधन और कौशलपूर्ण श्रम तथा मिट्टी और फ़सल के ठीक-ठीक ज्ञान के आधार पर लिए गये निर्णय की आवश्यकता थी। अतः धनी व्यक्तियों द्वारा नियन्त्रित व्यापक कृषि अप्रचलित तथा प्रतिस्पर्धात्मक रूप से अलाभदायक होती चली गयी होगी। चूँकि केवल व्यक्तिगत आधार पर की जाने वाली खेती में ही वे क्षमताएँ हो सकती थीं जिनकी इस समय आवश्यकता थी।

व्यक्तिगत आधार पर की जाने वाली खेती ने जब अपने महत्त्व को प्रभावशाली रूप में स्थापित कर लिया तो अतिरिक्त उत्पादन को हड़पने के लिए बढ़ने वाले दबावों ने पुनः इसका विस्तार किया। हम देख चुके हैं कि किसान पहले से ही बुनियादी करदाता थे और पाँचवीं तथा चौथी शताब्दियों (ई. पू.) के राज्यों और अन्ततः कदाचित मौर्य साम्राज्य ने कर राजस्व की वसूली के प्रयासों को तीव्रतर बनाया तथा उन्होंने अधिक-से-अधिक किसानों को बसाने का प्रयास किया। मैगस्थनीज के अनुसार, किसानों को 'भूमि-खराज' के साथ-साथ फ़सल का एक चौथाई भाग (एक अन्य हवाले के अनुसार तीन चौथाई) राजा को देना होता था।[54] वस्तुतः कौटिल्य ने इस बात पर बल दिया कि राजा की भूमि पर जो आबादी बसे, उसका अधिकांश शूद्र कर्षकों (शूद्र किसान) तथा निम्न वर्गों का हो ताकि उनका शोषण, सहजता से किया जा सके।[55] ऐसे भूस्वामी बड़ी संख्या में पशुओं और मज़दूरों के मालिक होते थे तथा राजा की ऐसी भूमि पर वह श्रमिकों द्वारा खेती करवाता था (*अर्थशास्त्र* में जिसका बड़े महत्वपूर्ण ढंग से उल्लेख मिलता है)। ऐसे भूस्वामी नयी परिस्थितियों में अपने अस्तित्त्व को कायम नहीं रख सकते थे। उस स्थिति में भी, जबकि स्वामित्व मालिक या स्वामी का था, भूमि को कर्षकों के लिए पट्टे पर उठाना उसके लिए स्पष्टतः सुविधाजनक होता जा रहा था।[56] निश्चित ही कुछ अपवाद भी रहे। मौर्यकाल के बाद भी हमें

पतंजलि (दूसरी शताब्दी ई. पू.) में एक ऐसा भूस्वामी मिलता है जो पाँच मज़दूरों द्वारा की जाने वाली जुताई का निरीक्षण कर रहा है।[57] बहुत छोटे पैमाने पर यह स्थिति देखने को मिलती है।

कृषि के इस जनतान्त्रीकरण के साथ सामाजिक परिवर्तन भी जुड़ा हुआ था। जनजातियों का विघटन हुआ और उनका स्थान जातियों ने ले लिया। बुद्ध के समय में हमें उच्च और निम्न जातियों की चर्चा मिलती है किन्तु अभी भी जनजातियों के बीच बहुत कम अन्तर था। बुद्ध को साक्य जाति का कहा गया, जहाँ यह प्रचुर रूप से स्पष्ट है कि उसका अभिप्राय जनजाति ही है।[58] सगोत्र विवाह जनजातीय संगठन का एक प्रमुख चरित्र था जो जातियों में भी अपने अप्रतिहत रूप में संक्रमित हो गया।[59] मैगस्थनीज द्वारा किया गया सात जातियों का विवेचन (जहाँ किसान भी अपने आप में एक जाति हैं) उस वास्तविक अस्पष्टता का परिणाम है जो वर्णव्यवस्था के औपचारिक तन्त्र के समानान्तर किसानों तथा पेशेवर जातियों के उद्भव से उत्पन्न हो रही थी।[60] मनु द्वारा पेशेवर जातियों का मिश्रित जातियों के रूप में संहिताबद्ध करने से ऐसा लगता है जैसे उसने जातिव्यवस्था के आवश्यक तत्त्वों के निर्माण की नीचे वाली काल-सीमा निश्चित कर दी हो।[61] पेशेवर जातियों के गठन के बाद जनजाति एक व्यापक सामाजिक संरचना के अन्तर्गत स्वयं ही अलग-अलग सगोत्रीय खण्डों में विभक्त हो गयी।[62] उच्च कोटि के तत्त्वों से किसानों की इस प्रकार की विच्छिन्नता को परवर्ती ज्ञात उदाहरणों के सादृश्य के आधार पर स्थापित किया जा सकता है। जैसे मूल गुर्जर जनजाति से उद्भूत गूजरों से बदगूजर अलग हो गये। उसी प्रकार गौड़ों से राजगोड अलग हो गये। प्रत्येक सन्दर्भ में उच्च कोटि के तत्त्वों ने क्षत्रिय (राजपूत) के विरुद्ध (स्टेटस) की माँग की जबकि किसानों को शूद्र की स्थिति में ढकेल दिया।

जनजाति के इस ढाँचे के विघटन से केवल एक ही किसान जाति नहीं निकली अपितु किसानों की बहुत-सी जातियों का विकास हुआ। कुछ ने गूजरों और गौड़ों की भाँति अपनी मूल जनजातियों के नामों को बरकरार रखा।[63] किसान वर्ग (विस) अब अतीत का विषय बन चुका था। मनु अभी भी औपचारिक वक्तव्य को दोहराता है कि खेती वैश्यों के व्यवसायों में से ही एक है। हालाँकि वह स्पष्टतः इनमें से सर्वाधिक निकृष्ट है तथा खेत जोतने वाला मज़दूर शूद्र है। किन्तु कौटिल्य द्वारा दिया गया अभिधान भूद्र कर्षक किसानों के वास्तविक स्तर को अधिक सटीक ढंग से परिभाषित करता है। सातवीं शताब्दी तक युआन च्वांग ने किसानों को महज़ शूद्र के रूप में वर्गीकृत किया।[64]

किसान जातियों का उद्भव अंशतः एक अन्य परिवर्तन की ओर संकेत करता है, अर्थात श्रम के सामाजिक विभाजन का अगला विकास जिसमें किसान-कारीगरों से अधिक दृढ़तापूर्वक अलग होते चले गये। यूरोप में द्वितीय लौह युग के विषय में लिखते हुए गोर्डन चाइल्ड ने पुरातात्त्विक रिकार्ड में नये-नये औज़ारों तथा श्रम बचाने वाले तरीक़ों (जैसे पेंचदार संडसी, कैंची, हँसिया, घूमने वाली चक्की) के प्रवेश के महत्त्व को बलपूर्वक रेखांकित किया। इन औज़ारों ने अनेक पूर्णकालिक विशेषज्ञों, जैसे काँच का काम करने वाले मज़दूर, कुम्हार आदि के लिए अपना आधार तैयार कर दिया।[65] प्रथम शताब्दी तक कुछेक प्रौद्योगिकीय आविष्कार हो चुके थे, जिनकी चर्चा गोर्डन चाइल्ड ने की है।[66] तक्षशिला की खुदाई से इस सन्दर्भ में हमें ठोस साक्ष्य प्राप्त हुए हैं। नये पूर्णकालिक व्यवसायों ने किसान वर्ग से कारीगर समुदाय को अलग कर दिया होगा। जातकों से हमें कुछ ऐसे विनिर्माताओं (मैन्यूफैक्चरर्स) के गाँवों के बारे में पता चलता है जो पूर्णतः लुहारों और बढ़इयों के ही थे।[67] ये गाँव ही नयी पेशेवर जातियों, मनु के अनुसार 'मिश्रित जातियों' के आधार थे इनमें बढ़ई, गाड़ीवान तथा वैद्य भी सम्मिलित थे।[68]

अन्ततः, भोजन संग्रह करने वाली जनसंख्या को अधीन बनाने की प्रक्रिया सम्पन्न हुई जिसके तहत टहलुआ जातियों का जन्म हुआ। यह महत्त्वपूर्ण है कि सभी प्रारम्भिक ग्रन्थों में परवर्ती अछूतों के पूर्वजों को व्यापक स्तर पर शिकार करने, मछली पकड़ने, पशुओं की खाल उतारने तथा बाँसों का व्यापार करने के व्यवसायों से जुड़ा हुआ बताया गया है।[69] दूसरे शब्दों में, उनकी उत्पत्ति मुख्यतः भोजन संग्रही जंगली लोगों के बीच से हुई। मेरा ऐसा मानना है कि गंगाघाटी में लम्बे संक्रमण काल के दौरान जंगली जनसंख्या का आकार पर्याप्त रूप से बढ़ा। कृषि और शिकार के बीच सहअस्तित्व कदाचित विभिन्न कालों में विभिन्न क्षेत्रों में एक विशेष बिन्दु पर पहुँच कर टूट गया। छिलके वाली फ़सलों के उगाने से पशुओं के मांस और मछली पर गाँव वालों की निर्भरता कम हो गयी[70] तथा कपास के बढ़ते हुए उत्पादन से पशुओं की खाल की माँग भी प्रभावित हुई। जंगल के वे क्षेत्र समाप्त हो गये जो शिकारियों को अपने जीवननिर्वाह के लिए आवश्यक थे। साक्यों और कोलियों का टकराव वस्तुतः विस्तार पाती हुई खेती के प्रवर्तकों और जंगल में उनके शत्रुओं के बीच संघर्ष का द्योतक है।[71] किसान अधिकाधिक भूमि की तलाश में रहते थे। जंगल के लोग उनकी इस तलाश में बाधा डालते थे जिसके कारण जंगल के लोगों के प्रति किसान उग्र शत्रु भाव रखते थे। इसका भी एक कारण था। बौद्ध ग्रन्थों और उस काल के ब्राह्मण ग्रन्थों में भी पशुओं का शिकार करने वाली जातियों को अत्यन्त घृणा की दृष्टि से देखा जाता था।[72]

मनु उनके लिए एक संहिता बनाते हैं जिसके तहत उन्हें पराभूत करने तथा मिश्रित जातियों में बदलने के पश्चात उनके साथ व्यवहार करने की व्यवस्था दी गयी थी। चांडालों और स्वपचों के रूप में उन्हें नगरों और गाँवों से बाहर रखा जाता था तथा उनसे अत्यन्त निम्न कोटि की सेवाएँ ली जाती थीं।[73] यहीं से छुआछूत का आरम्भ हुआ तथा टहलुआ जातियों की रचना हुई। उनका अस्तित्व समाज बाह्यकृत ग्रामीण सर्वहारा के रूप में सामने आया और उसके बाद वे भारतीय समाजव्यवस्था का एक विशिष्ट चरित्र बने रहे।

ईसा के जन्म से पहले के पाँच सौ वर्षों का काल निश्चित ही भारतीय सामाजिक इतिहास के सर्वाधिक निर्माणशील कालों में से एक रहा होगा। इन पाँच सौ वर्षों में जातिव्यवस्था की बुनियादी रूपरेखाओं का निर्धारण हुआ। किसान वर्ग अनंत सगोत्रीय समुदायों में विभक्त होता गया तथा वह कारीगरों और टहलुआ श्रमिकों से पूरी कठोरता के साथ अलग होता गया। यह सामाजिक संरचना अपने आप नहीं बनी होगी। इसके निर्माण के लिए नये ढंग के विचारों और आस्थाओं के समग्र तन्त्र की दिशा और पुश्तपनाही की आवश्यकता थी।

यह नया तन्त्र बौद्ध धर्म से बड़ी गहराई के साथ जुड़ा हुआ था। कोसम्बी ने बौद्ध धर्म द्वारा ब्राह्मणवादी पशुबलि पर किये जाने वाले आक्रमण को पशुपालक वैश्यों और अप्रचलित चरागाहवाद के बीच की शत्रुता के रूप में व्याख्यायित किया था।[74] किन्तु इससे बौद्ध धर्म का सामाजिक सन्दर्भ बहुत संकीर्ण हो जाता है। बहुत डरते-डरते मैं अपना यह सुझाव प्रस्तुत करना चाहता हूँ कि बौद्ध धर्म के दो बुनियादी सिद्धान्तों ('कर्म सिद्धान्त' तथा 'अहिंसा') का समाज की व्यापक रूप से सक्रिय प्रक्रियाओं के साथ कहीं गहरा रिश्ता था। गौतम बुद्ध ने जातिव्यवस्था की श्रेष्ठता घोषित की हो, ऐसा कहीं पता नहीं चलता। अशोक की राजाज्ञाएँ इस दृष्टि से उल्लेखनीय हैं कि उनमें वर्ण और जाति द्वारा थोपी गयी किसी प्रकार की बाध्यता का सन्दर्भ नहीं मिलता।[75] इसके बावजूद कर्म सिद्धान्त ने जातिव्यवस्था को सर्वाधिक प्रभावशाली ढंग से औचित्य प्रदान किया। इसको बौद्ध धर्म और जैन धर्म दोनों ने ही पूरी शक्ति के साथ प्रचारित-प्रसारित किया। व्यक्तिगत आत्मा के विषय में बौद्ध धर्म की जो भी धारणा रही हो, बौद्ध परम्परा में जन्म और पुनर्जन्म के चक्रों को व्यक्तिगत सन्दर्भ में ही देखा गया।[76] जन्म-पुनर्जन्म के चक्र को एक बार इसी रूप में मान्यता देने के उपरान्त उससे किसी भी व्यक्ति की निम्न जाति में जन्म लेने को उसके पूर्वजन्म के कर्मों के आधार पर उचित ठहरा दिया जाता है और यदि वह अपने निर्धारित दायित्वों को

पूरी निष्ठा के साथ पूरा करता है तो उसे उच्च जाति में जन्म लेने का आश्वासन भी मिल जाता है। मनु के काल तक जाति सिद्धान्त का यह दृढ़ पक्ष था।[77]

अपने ठीक-ठीक व्यावहारिक रूप में अहिंसा की उत्पत्ति कुछ हद तक उन धनी और भूमि पर नियन्त्रण रखने वाले ब्राह्मणों (जो विशाल पशु बलियों द्वारा अपने कर्मकाण्ड की शक्ति प्रदर्शित करते थे) की सम्पन्नता और वैभव द्वारा उत्पन्न ईर्ष्या का परिणाम भी हो सकती है। किन्तु पशुहत्या के प्रति पूर्वग्रह के पीछे एक बड़ी सीमा तक सम्भवतः शिकार करने वाली जंगली जनजातियों के प्रति किसानों की घृणा थी। अशोक की राजाज्ञाओं में शिकार करने और मछली पकड़ने के विरुद्ध स्पष्ट निषेध थे।[78] इससे बौद्ध ग्रन्थों में शिकारी लोगों के प्रति वैरभाव की बात भी स्पष्ट हो जाती है। इस प्रकार अहिंसा के माध्यम से इन समुदायों को पराभूत करने तथा समाज से बहिष्कृत करने को भी औचित्य प्रदान किया जा सकता था जो अछूत प्रथा का आधार था। किन्तु यह चक्र निरन्तर चलता रहा। ज्यों ही अहिंसा को ब्राह्मण धर्म द्वारा स्वीकार कर लिया गया, किसान के व्यवसाय को भी पापपूर्ण और ओछा सिद्ध किया जा सकता था; इसलिए कि हल की लोहे की नोक से पृथ्वी और उसमें रहने वाले प्राणियों को चोट पहुँचती थी।[79] परवर्ती बौद्ध धर्म ने भी इस दृष्टिकोण को स्वीकार कर लिया।[80]

प्रतिक्रियास्वरूप इस नयी सामाजिक स्थिति ने धार्मिक जगत को भी प्रभावित किया। जैसे-जैसे स्थानीय रीति-रिवाज़ों और अन्धविश्वासों के साथ जनजातीय आधार ध्वस्त हुआ और जाति के सदस्य के रूप में किसान सामान्य समाज का सदस्य बना तो उसे अब एक सामान्य धर्म की आवश्यकता महसूस हुई। ब्राह्मणों के पवित्र कर्मकाण्ड तथा बौद्ध धर्म के अभिजात संघ में इसकी कोई व्यवस्था नहीं थी। किन्तु पहली सदी के आते-आते बौद्ध धर्म ने बोधिसत्व की अवधारणा विकसित कर ली। यह वस्तुतः एक ऐसी परोपकारी सत्ता की अवधारणा थी जिसके तहत कोई भी व्यक्ति इसकी पूजा-अर्चना की सीधी-सपाट पद्धति अपनाकर इसकी अनुकंपा प्राप्त कर सकता था।[81] यदि और पहले न भी माना जाये, तो लगभग उसी समय अपनी भक्ति की अवधारणा के साथ वैष्णव धर्म का उद्भव भी हुआ जिसने आराध्य और उसके भक्त के बीच व्यक्तिगत सम्बन्ध की स्थापना की।[82] कृष्ण के नाम के शाब्दिक महत्त्व तथा उसके बचपन से जुड़े प्रसंग उस महान परम्परा में अन्तर्निहित ग्रामीण तत्त्वों की स्पष्ट घोषणा करते हैं।[83] यह किसानकेन्द्रित हिन्दू धर्म का प्रारम्भ था।

दक्षिण भारत

दक्षिण भारत के सन्दर्भ में स्वतन्त्र विवेचन की आवश्यकता है क्योंकि अपने प्रारम्भिक विकास के दौरान उसने मौर्य विजयों (ईसा पूर्व तीसरी शताब्दी) तक विकास की एक स्वतन्त्र दिशा ग्रहण की। हल दक्षिण भारत में द्वितीय सहस्राब्दी में बुनियादी रूप से नवपाषाणयुगीन संस्कृति के साथ दिखायी पड़ा।[84] जो फ़सलें उगाई जाती थीं, उनमें मोटा अनाज—कोदों (दो क़िस्मों का), गेहूँ, चना तथा मूंग थे। चावल और बाजरे की खेती ई. पू. 1000 के आसपास लोहे के आगमन के बाद शुरू हुई। इस ढंग की खेती से यह संकेत मिलता है कि परवर्ती नवपाषाणकाल से ही किसान वर्ग अस्तित्व में आ गया था। विशाल पशुशालाओं के अवशेषों से विशाल चरागाही क्षेत्र की सूचना मिलती है।[85] लगभग सभी प्राक्-मौर्यकालीन स्थल कर्नाटक के पठार पर हैं जो इस बात का संकेत देते हैं कि अभी भी खेती अपेक्षाकृत रूप से अधिक सूखे इलाक़े तक ही सीमित थी। यहीं दक्षिण में पाये जाने वाले अशोक के सभी ग्यारह शिला-अभिलेख भी केन्द्रित हैं।[86] प्रत्यक्ष रूप से पूर्व-तटीय मैदान, जो आन्ध्रों, चोलों तथा पांड्यों का गृह था तथा जिनकी चर्चा अशोक के दूसरे तथा तेरहवें शिलालेख में मिलती है, अभी भी आंशिक रूप से ही साफ़ हुआ था। इसी बिन्दु पर मौर्यकालीन हथियारों के साथ उत्तर भारतीय संस्कृति आयी।

दक्षिण भारत में इसके आगमन के प्रभाव इस दृष्टि से भी महत्त्वपूर्ण थे कि उनके आधार पर यह पता लगाया जा सकता था कि वस्तुतः उत्तर भारत में क्या हो रहा है? विधिवेत्ताओं द्वारा स्थापित चार वर्णों वाली व्यवस्था दक्षिण में लागू नहीं की जा सकी।[87] किसानों को शूद्रों के रूप में वर्गीकृत किया गया, वैश्यों के रूप में नहीं, जो भारत में सामान्यतः किसानों के समकालीन स्तर का एक महत्त्वपूर्ण सूचकांक थे। सैनिक और व्यापारी अभी एक-दूसरे से अलग नहीं हो पाये थे तथा उनका अलग-अलग जातियों के रूप में भी अभी गठन नहीं हुआ था। इससे यह पता चलता है कि शायद दक्षिण भारत में सामाजिक विभेदीकरण अभी उच्च स्तर को प्राप्त नहीं कर सका था। किन्तु जातियाँ दक्षिण में भी उतनी ही दृढ़तापूर्वक जड़ जमा चुकी थीं जितनी कि भारत के अन्य हिस्सों में। सम्भवतः जनजातियों का थोक रूपान्तर हुआ। इस प्रकार के रूपान्तर में प्रत्यक्षतः ब्राह्मणों की नयी व्यवस्था के प्रधान पुरोहित के रूप में निर्णायक भूमिका रही।[88] किसानों (उलावार या वेलालार) तथा टहलुआ जातियों के बीच एक कठोर ढंग का सामाजिक विभाजन भी हुआ। पाँचवीं-छठी शताब्दी के उत्तरवर्ती क्लासिकीय तमिलग्रन्थों में इन दोनों वर्गों के बीच का सोपानबद्ध वर्गभेद व्यक्त हुआ है।[89]

द्वितीय और तृतीय वर्णों की अनुपस्थिति का अनिवार्यतः यह अभिप्राय नहीं है कि विभेदीकरण की प्रक्रिया आगे चलकर पर्याप्त तीव्रता के साथ आगे नहीं बढ़ी। बलपूर्वक रेखांकित किये जाने के बावजूद एक परिकल्पना के रूप में भी इसे स्वीकार करना मुश्किल है कि ब्राह्मणों तथा किसानों के बीच कभी कोई सन्धि रही थी और यह कि इस प्रकार की कोई सन्धि क्षेत्रीय दक्षिण भारतीय समाजों का प्रमुख आधार रही थी।[90]

प्रथम सहस्राब्दी : ग्राम समुदाय और सामन्तवाद

कोसम्बी ने इस समूचे कालखण्ड की आर्थिक और सांस्कृतिक गतिविधियों के विषय में खेदपूर्ण मत व्यक्त किया है और गाँव की पूर्ण विजय (जिसके परिणाम किसी भयंकर आक्रमण से भी अधिक घातक सिद्ध हुए) को इसके लिए उत्तरदायी ठहराया है।[91] उनका विश्वास था कि इस काल में वस्तुतः कृषि उत्पादन में गिरावट आयी।[92] दक्षिण भारत के सन्दर्भ में उसी सहस्राब्दी में 'वर्टन स्टाइन' ने कृषक समाज की अवधारणा प्रस्तुत की है तथा कृषि-प्रौद्योगिकी को इसे समाज का अपरिवर्तनीय घटक माना है।[93]

फिर भी कृषि-प्रौद्योगिकी से सम्बन्धित साक्ष्यों को एकत्र करने पर परिवर्तनहीनता की अवधारणा पुष्ट नहीं होती। फ़सलों की संख्या में वृद्धि होती रही। बाजरा जो कौटिल्य के *अर्थशास्त्र*, II-24 में उपस्थित नहीं है, उत्तर भारत में जुआर के साथ (सम्भवतः इसका प्रादुर्भाव ईस्वी सन् के बाद हुआ) एक महत्त्वपूर्ण फ़सल हो गयी।[94] दोनों ने मिलकर उत्तर-पश्चिम के शुष्क क्षेत्र में खरीफ़ की फ़सल को अत्यधिक बल प्रदान किया। उच्च कोटि की कपास विकसित की गयी जिससे वह मलमल प्राप्त हुई कि रोम के विलासी वस्तुओं वाले काले बाज़ार पर उसने अपना आधिपत्य स्थापित कर लिया।[95] कोसम्बी ने भी यह संकेत किया है कि पूर्वी और पश्चिमी तटों पर नारियल की उपलब्धता का प्रथम साक्ष्य ईसा के जन्म से प्रथम शताब्दी पूर्व और बाद में मिलता है।[96]

सौराष्ट्र की सुदर्शन झील (अभिलेखीय साक्ष्यों के आधार पर जिसका इतिहास मौर्यकाल से लेकर गुप्तकाल तक स्पष्ट रूप से उपलब्ध होता है) तालाबों और बाँधों द्वारा सिंचाई के लिपिबद्ध इतिहास का प्रस्थान बिन्दु है।[97] ऐसा प्रतीत होता है कि चोलों के समय तक सिंचाई के लिए तालाबों का निर्माण कार्य भली भाँति सम्पन्न हो चुका था।[98] मध्य भारत में ग्यारहवीं शताब्दी में राजा भोज के जलाशय की चर्चा स्वयं डी. डी. कोसम्बी ने की है।[99] सम्पूर्ण भारतीय प्रायद्वीप में बाँध बनाकर तैयार किये तालाबों के रूप में ज़मीन के प्रत्येक सुविधाजनक ऊँचे-नीचे

स्थल का उपयोग किया गया है तथा उनके निर्माण के द्वारा निश्चित रूप से खेती को विस्तार दिया होगा तथा पैदावार में भी सुधार हुआ होगा।[100] पशुशक्ति का निरन्तर घूर्णन-गति के लिए किया इस्तेमाल भी इसी काल की घटना लगता है। चीनी तथा भूमध्य सागरीय सभ्यताओं में भी इसका प्रयोग दूसरी शताब्दी ई. पू. से पुराना नहीं है।[101] भारत में हाथ से घुमाकर चलायी जाने वाली चक्की तथा पत्थर पीसने वाली चक्की का साक्ष्य भी प्रथम शताब्दी के लगभग तक्षशिला से प्राप्त होता है।[102] अतः यह प्रायः निश्चित ही है कि पशुओं की शक्ति का आड़ी अर्गला को घुमाने के लिए इस्तेमाल परवर्ती शताब्दियों में ही शुरू हुआ। पशुशक्ति के सन्दर्भ में उक्त सम्भावना का पता चलने पर इसके विविध प्रयोग हुए। जैसे अनाज गहाने,[103] तेल पेरने[104] तथा दोनों प्रकार की चक्कियों (अर्थात खरलमूसल तथा लकड़ी के बेलनों वाली) में गन्ना पेरने के लिए।[105] इन सभी क्रियाकलापों में पशुशक्ति ने उस विशाल मानव श्रम की जगह ले ली होगी जो अभी तक शायद दासों अथवा अर्धदासों द्वारा किया जाता था।

अतः ईसा के जन्म के बाद पहले एक हज़ार साल तक खेती स्थिर नहीं रही तथा इस लम्बी कालावधि में उत्पादकता कदाचित पर्याप्त रूप से बढ़ी। फिर भी, कोई भी परिष्कार या सुधार ऐसा नहीं हुआ जो कृषक-प्रधान उत्पादन के स्वरूप को आमूल रूप से बदल देता। इसके विपरीत, जैसा कि हमने देखा है, कुछ सुधारों की यह प्रवृत्ति रही कि उन्होंने कृषि से सम्बद्ध दास श्रम को ही फालतू बना दिया।

सामाजिक सम्बन्धों के सन्दर्भ में इस काल में किसान वर्ग तथा खेतिहर मज़दूरों के बीच का विभाजन पूर्ण हुआ। मैंने अन्यत्र यह तर्क दिया है कि खेत में काम करने के लिए श्रम की माँग में अत्यधिक मौसमी उतार-चढ़ाव होने के कारण सहज रूप से उपलब्ध श्रम के स्थायी कोष की आवश्यकता होती है।[106] सैद्धान्तिक रूप से यह मुक्त बाज़ार की शक्तियों द्वारा ही निर्मित हो सकता था, किन्तु इससे किसान के उत्पादन में उजरती लागत के हिस्से का विस्तार हुआ होगा तथा उसी के अनुपात में बचत का आकार कम हुआ होगा। अतः विशिष्ट रूप से दलित सर्वहारा वर्ग की उपस्थिति ग्रामीण समाज के प्रत्येक अन्य वर्ग-किसान तथा ऊपर वालों के लिए लाभप्रद रही होगी। भारत में यह सर्वहारा सामान्यतः भोजन संग्रह करने वालों तथा जंगली लोगों से बना जो पहले ही ईसा से पूर्व पाँच शताब्दियों के दौरान समाज बाह्यकृत जातियों में बदल गये थे।

यह आशा करना स्वाभाविक ही था कि इन दलित जातियों द्वारा कृषि जीवन के साथ सामंजस्य बिठा लेने के पश्चात संस्कृतीकरण के किसी-न-किसी

रूप का प्रवर्तन किया होगा जिसके तहत वे सामाजिक सोपानक्रम में ऊपर उठ सकें तथा अपने आपको किसान के रूप में बदल सकें। वस्तुतः जाटों के साथ ऐसा ही घटित हुआ प्रतीत होता है। सातवीं शताब्दी से ही उनके इतिहास को हम देख सकते हैं, यद्यपि उसमें विशाल अन्तराल हैं।[107] किन्तु इस प्रकार के सन्दर्भ अपवाद स्वरूप ही हैं। विवेकानन्द झा ने बताया है कि दो चरणों (200 ई. से 600 ई. तक तथा 600 ई. से 1200 ई. तक) के दौरान अछूतों में नयी-नयी जातियाँ सम्मिलित होती गयीं और इस प्रकार उनकी संख्या बढ़ती चली गयी।[108] चूँकि अछूतों को गाँव से अलग रखा गया तथा उनके पास कभी ज़मीन नहीं रहने दी गयी, अतः वे कभी किसान नहीं बन सके। उन्हें सेवा-टहल करने वाले ऐसे पूर्व निर्धारित पेशे अपनाने के लिए बाध्य किया गया जिनके तहत वे खाली मौसम में अपनी जीविका चला सकें ताकि ज़रूरत के समय, फ़सल बोने या उठाने के लिए, खेत में काम करने के लिए उपलब्ध हो सकें। किसान ने खुद का ही बड़ा दुखद शोषण किया। उसने टहलुआ मज़दूरों का कठोर दमन किया। निश्चित रूप से भारतीय समाज के इतिहास की यह घनघोर त्रासदी रही है।

स्वयं किसान वर्ग के बीच भी पर्याप्त रूप से स्तरीकरण हो चुका था। दूसरों के खेतों पर काम करने वाले बँटाईदारों की एक बड़ी संख्या थी। जब मनु यह कहते हैं कि खेत उसका है जिसने सर्वप्रथम लकड़ी साफ़ की[109] तो शायद उसके दिमाग़ में वे किसान रहे हैं जिनके पास अपने खेत हैं। किन्तु अन्यत्र वह कहता है कि जो वास्तविक किसान (बीज का स्वामी) अर्थात हल जोतने वाला खेतिहर है, उसकी तुलना में उसका अधिकार अधिक है जो खेत का मालिक है।[110] जो वास्तविक खेतिहर है, वह केवल बँटाईदार हो सकता है। जब याज्ञवल्क्य यह कहता है कि खेत के मालिक (क्षेत्रस्वामी) को यह अधिकार है कि वह उसे जिस खेतिहर किसान को चाहे तो दे सकता है तो वह वस्तुतः उक्त कथन को ही रेखांकित कर रहा होता है।[111]

चौथी शताब्दी के बाद के अभिलेखों में दानग्रहीताओं के साथ हुए अनुबन्ध में यह अन्तर्निहित होता था कि वे स्वेच्छानुसार अपनी भूमि पट्टे पर उठा सकते हैं। वे चाहें तो ज़मीन पर खुद खेती कर सकते हैं अथवा करवा सकते हैं।[112] इत्सिंग (सातवीं शताब्दी) यह भी बताता है कि सामान्यतः बौद्ध मठ भी अपनी ज़मीन बँटाई पर उठाते थे और कभी-कभी वे बँटाईदारों को बैल भी देते थे, लेकिन और कुछ कभी न देते थे। ताम्रलिप्ति में उन्होंने पट्टेदारों को एक तिहाई फ़सल (उत्पादन) को ले जाते देखा। केवल वे ही मठ जो अधिक लालची थे फ़सल (उत्पादन) का बँटवारा नहीं करते थे। किन्तु पुरोहित खुद काम को नौकरों

(स्त्री और पुरुष दोनों) में बाँट देते थे और उचित ढंग से खेती करवाते थे। हालाँकि इस प्रक्रिया में पुरोहितों के लिए यह आवश्यक हो गया कि वे बलपूर्वक नौकरों को भाड़े पर रखें।[113]

किसान वर्ग के कुछ तबकों पर विभिन्न प्रकार के प्रतिबन्ध थे। इसके बाबत बहुत कुछ लिखा जा चुका है, किन्तु साक्ष्य दुर्भाग्यवश बिखरा हुआ और अस्पष्ट है। फाह्यान (पाँचवीं शताब्दी) कहता है कि बौद्ध मठों को राजाओं, बड़े लोगों तथा साधारण बौद्ध धर्मावलम्बियों द्वारा भूमि, खेतिहर किसान तथा पशु दिये जाते थे।[114] इससे पता चलता है कि किसानों का स्तर दान में दिये गये दासों जैसा था। एक अन्य साक्ष्य से किसानों की केवल गतिविधियों का पता चलता है। प्रो. आर.एस. शर्मा ने दक्षिण भारत में तीसरी शताब्दी तथा उड़ीसा और गुजरात में छठी शताब्दी में ग़ैर-आर्थिक प्रतिबन्धों के सन्दर्भ में साक्ष्य प्रस्तुत किया है।[115] आगामी शताब्दियों के सन्दर्भ में यह साक्ष्य अधिक प्रमाणित है।[116] दासता का एक रूप विस्टी (बेगार) की परम्परा में निहित था जो सार्वभौमिक रूप से सारे भारतवर्ष में प्रचलित थी। फिर भी इसका प्रचलन कृषि-कर्म में सीमित ही प्रतीत होता है।[117]

बँटायीदारों तथा सम्भावित अर्धदासों के बरअक्स किसान वर्ग के अन्तर्गत एक ऐसी उच्च श्रेणी के अस्तित्त्व का साक्ष्य मिलता है जिसका शेष सभी के ऊपर अपना प्रभुत्व कायम था। एक किसान (क्षेत्र कास्य) मनु के यहाँ भाड़े पर नौकर या श्रमिक रखने वाले मालिक के रूप में आता है।[118] मिलिन्दपन्हों (जो प्रथम शताब्दी ईसा से पूर्व से पाँचवीं शताब्दी के बीच संकलित किया गया) से एक ऐसे किसान (कसाको) के विषय में पता चलता है जो अपने खेत में सफलतापूर्वक किये गये कार्य के द्वारा अधिक आटे का स्वामी होता है और इस प्रकार ग़रीबों और ज़रूरतमन्दों का स्वामी होता है।[119] *कामसूत्र* (चौथी शताब्दी) में किसान के नवयुवक पुत्र (हलोत्थव्रित्तिपुत्रोस्य) का ज़िक्र मिलता है। ग्राम के मुखिया (ग्रामाधिपति) तथा अधिकारी (आयुक्त) की भाँति उसकी पहुँच भी गाँव की महिलाओं तक है। वे उसकी बेगार करती हैं, उसके खेत और घर में काम करती हैं, उससे कपास तथा अन्य ऐसा सामान ले जाती हैं जिसका धागा-रस्सी बनायी जा सकें और बदले में वे उसे धागा-रस्सी लौटाती हैं।[120] प्राचीन भारत के गाँवों में यह किसान द्वारा किसान के उप-शोषण की वास्तविकताओं की एक दुर्लभ तसवीर है।

किसान वर्ग के अन्तर्गत स्तरीकरण की उक्त मात्रा के आधार पर उस भारतीय ग्राम समुदाय की वास्तविक स्थिति के विषय में प्रश्न खड़े होते हैं जिसके

विषय में मार्क्स तथा मेन दोनों यह मानते हैं कि वह भूमि के सामूहिक आधिपत्य पर आधारित थी।[121] निश्चित रूप से यह सम्भव है कि भूमि की प्रचुरता को देखते हुए (विशिष्ट खेतों को बेचने के व्यक्तिगत अधिकार के रूप में) व्यक्तिगत सम्पत्ति का उद्‌भव नहीं हुआ होगा और जैसा कि प्रारम्भिक चोल काल (नौवीं शताब्दी से दसवीं शताब्दी) के ग़ैर-ब्राह्मण गाँवों के सन्दर्भ में प्रतीत होता है कि ज़मीन के बहत बड़े हिस्से पर ग्राम समुदाय का ही अधिकार होता था।[122] किन्तु इसका अर्थ अनिवार्यतः यह नहीं है कि वहाँ स्तरीकरण का अभाव था। कुछ ऐसे किसान रहे होंगे जिनके पास बीज, कुछ संचित गल्ला, पशु और शायद दास भी हों तो कुछ दूसरे ऐसे किसान भी रहे होंगे जिनके पास ये सब न हो। निश्चित ही सम्पत्तिशाली किसानों का प्रभुत्व होगा।

ग्राम समुदाय के सन्दर्भ में जो भी प्राचीनतम ज्ञेय संकेत मिला है, उसके आधार पर हमें बरबस समझाने का प्रयास किया गया है कि ग्राम समुदाय में केवल उच्च वर्ग का ही महत्त्व होता था। मिलिन्दपन्हों के एक अवतरण में जिस पर बहुत कम ध्यान गया है, नागसेन राजा मिनिंदर को बतलाता है कि शब्दों का प्रायः वही अभिप्राय नहीं होता जिसे वे प्रत्यक्ष रूप से व्यक्त करते हैं और इसके लिए वह 'गामिका' शब्द को उदाहरणार्थ प्रस्तुत करता है :

> मान लो, हे राजन् ! किसी गाँव में गाँव का मुखिया (गामासामिको) डोंडी पीटने वाले को आदेश देता है : 'जाओ डोंडी वाले, सभी ग्रामीणों (गामिका) को शीघ्र मेरे सम्मुख प्रस्तुत करो।' इस प्रकार, हे राजन्। जब वह गाँव का मुखिया सभी घरों के प्रधान व्यक्तियों को बुला रहा है तो वह अपना आदेश सभी ग्रामीणों को जारी कर रहा है। किन्तु, वे सभी ग्रामीण उसके आदेश के अनुपालनार्थ एकत्र नहीं हो रहे हैं, इसके विपरीत केवल घरों के प्रधान व्यक्ति ही एकत्र हो रहे हैं। बहुत से ऐसे लोग हैं जो नहीं आते, वे हैं : महिलाएँ, पुरुष, दास-पुत्रियाँ तथा दास, मज़दूरी पर काम करने वाले श्रमिक, नौकर, किसान वर्ग (ग्रामिका), बीमार, बैल, भैंस, भेड़ तथा बकरी और कुत्ते, किन्तु इन सबकी कोई गणना नहीं है।[123]

अतः गाँव के महत्त्वपूर्ण लोग ही गाँव के मसलों पर बातचीत करने के लिए बुलाये जाते हैं। अल्तेकर बताते हैं कि वे लोग जहाँ एकत्र होते हैं उसे वे प्राथमिक ग्रामसभा के नाम से अभिहित करते हैं। वे उत्तर प्रदेश में महत्तमास, महाराष्ट्र में महत्तरास, कर्नाटक में महाजन तथा तमिल में पेरुमुक्कल कहलाते हैं। इन सबका एक ही अर्थ होता है, 'गाँव के बड़े लोग'।[124] गाँव समुदाय की यह विशिष्टता

अथवा अनन्यता ब्राह्मणों के गाँवों में स्वभावतः और अधिक स्पष्ट थी[125] जहाँ सारी शक्ति ग़ैर-कृषक भू-स्वामियों के हाथों में केन्द्रित होती थी।

दुर्भाग्यवश, उस प्रश्न के उत्तर के विशिष्ट सन्दर्भ में बहुत कम साक्ष्य मिलता है : जिसका एक निर्णायक महत्त्व था, कि यह आवश्यकता क्यों उत्पन्न हुई कि गाँव के उच्च श्रेणी के लोगों ने एक मत होकर अपने नियन्त्रण के अधीन एक निकाय की तरह चलाया। आंशिक रूप से इसका उत्तर गाँव की आर्थिक स्वायत्तता में निहित है। गाँव की यह स्वायत्तता वस्तुतः लोहे की नोक वाले हल के माध्यम से कृषि के जनतन्त्रीकरण के बाद विकसित हुई। कोसम्बी 'उत्तरमौर्यकालीन' गाँवों के विषय में लिखते हैं कि वे शासकों को 'जिन्स' के रूप में अपनी बचत (अतिरिक्त उत्पादन) को सौंपते थे। हालाँकि उत्पादन को निरन्तरता को कायम रखने की दृष्टि से अपनी अल्पतम आवश्यकताओं की पूर्ति में वे आत्मनिर्भर थे। मार्क्स ने भी अपनी एशियाई पद्धति के अन्तर्गत गाँव की यही परिकल्पना प्रस्तुत की थी। कोसम्बी मानते थे कि ये परिस्थितियाँ पहले उत्तर भारत में विकसित हुईं तथा बाद में 'डकन' में।[126] कारीगरों को किसानों की आवश्यकताओं की पूर्ति के लिए गाँव जाना पड़ा। वे अन्न के परम्परागत रूप से मिलने वाले एक अंश पर तथा खेती के लिए छोटे टुकड़ों के आबंटन के आधार पर ही अपना जीवन निर्वाह करते रहे। पाँचवीं शताब्दी के उत्तर भारत में कारीगरों को दिये जाने वाले भूखण्डों के अभिलेखीय साक्ष्यों के आधार पर इसकी पुष्टि होती है[127] तथा लेखापद्धति में पाँच प्रकार के कारीगरों (पंचकारिका) का ज़िक्र मिलता है : बढ़ई, लुहार, कुम्हार, नाई तथा धोबी जो किसान से मुट्ठी भर अनाज पाने के हकदार थे।[128] यह एक ठोस साक्ष्य है जो कारीगरों के गाँव के साथ एक निश्चित सम्बन्ध को व्यक्त करता है। साथ ही वह यह भी संकेत करता है कि गाँव का अस्तित्व 'पृथक् किन्तु सामूहिक इकाई' के रूप में था।

गाँव के अन्तर्गत किसानों और कारीगरों के बीच का सम्बन्ध सामान्यतः रीति-रिवाज़ों पर निर्भर रहा होगा। किन्तु भूमि के वास्तविक आबंटन तथा झगड़ों के निपटारे के लिए एक नियन्त्रणकारी मशीन की आवश्यकता थी। उसी तरह गाँव की सीमाओं के भीतर टहलुआ जातियों की छोटी बस्ती या झोपड़ों को उचित ढंग से पराधीन रखने का महत्त्वपूर्ण मसला भी था। गाँव के चारों ओर की परती ज़मीन के इस्तेमाल तथा ग़ैर-प्रवासी खेतिहर किसानों के प्रवेश की शर्तों को तय करने के लिए भी किसी-न-किसी अधिकारी की आवश्यकता थी। दूसरे शब्दों में, आर्थिक इकाई को सामाजिक इकाई भी होना था तथा गाँव के बड़े लोग उसके नाम पर (अर्थात गाँव के नाम पर) अपने अधिकारों का प्रयोग

करते हुए अपनी आमदनी बढ़ाते थे और सामाजिक क्रियाकलापों के माध्यम से अपने प्रभुत्व को कायम रखते थे।

इस प्रभुत्व के लाभ मुख्य रूप से वित्तीय तन्त्र के माध्यम से मिलते थे। अधिशेष का अधिकांश 'कर' के रूप में गाँव को देना पड़ता था।[129] इस भार को गाँव वालों के बीच व्यक्तिगत रूप से बाँटने की शक्ति नियन्त्रणकारी वर्ग को बड़े भारी लाभ की स्थिति में पहुँचा देता था। गाँव में जो शक्तिशाली होता था, वह इस भार को कमज़ोर पर डाल देता था, जैसा कि चौदहवीं शताब्दी के प्रारम्भिक काल के सन्दर्भ में कहा गया।[130] कुछ विद्वानों ने किसान वर्ग के अन्तर्गत यह वित्तीय भेद उदरंग और उपरिकार के अन्तर के रूप में देखा,[131] जो पाँचवीं शताब्दी के अभिलेखों में पहले से ही मौजूद है। यह भी हो सकता है कि अन्ततः कर उगाहने के कार्य को सम्पन्न करने के कारण ग्राम समुदाय ने सर्वाधिक मज़बूत आधार ग्रहण कर लिया हो तथा उच्चकुल तन्त्रीयस्वरूप ग्रहण कर लिया हो।

हम यहाँ विभिन्न स्तरों में विभक्त किसान वर्ग पर विचार-विमर्श पर विराम देते हैं तथा कर प्रणाली से उत्पन्न उन दबावों पर विचार करते हैं जिनकी गिरफ़्त समूचे किसान वर्ग पर थी। जो दृष्टिकोण प्रायः पाठय पुस्तकों और अन्यत्र भी व्यक्त किया जाता है कि कर सामान्यतः उत्पादन का छठवाँ हिस्सा होता था, यह वास्तविकता नहीं है।[132] स्मृतियों में यह बलि के लिए अधिकतम निर्धारित होता था,[133] किन्तु *अर्थशास्त्र* में बलि और षड्भाग अलग-अलग कर थे।[134] अशोक का रूम्मिनदेई स्तम्भ शिलालेख इस दोहरे कर के अस्तित्त्व को प्रमाणित करता है। उसने बलि को धार्मिक गाँव के लिए छोड़ दिया तथा एक अन्य कर अठ-भाग (आठवाँ भाग) घटी हुई दर पर जारी रखा। मैगस्थनीज द्वारा यूनानी स्रोतों में भी दो प्रकार के करों का ज़िक्र मिलता है : लगान अथवा भूमि-खराज तथा फ़सल (उत्पादन) का एक चौथाई भूमि कर।[135] रुद्रदामन के गिरनार अभिलेख (150 ई.) में भी इन दोनों करों का ज़िक्र मिलता है।[136] इसके बाद करों का उत्तरोत्तर बढ़ता हुआ बाहुल्य दिखायी पड़ता है।

इस तथ्य के आधार पर, कि षड्भाग (यहाँ तक कि धर्म षड्भाग भी) का इन करों में अनवरत रूप से उल्लेख होता रहा है, इस दृष्टिकोण को कोई औचित्य नहीं मिल जाता कि कृषि-कर गुप्तकाल में मौर्यकाल की अपेक्षा कम दर पर वसूल किया जाता था।[137] निश्चित रूप से 'भाग-भोग' शब्द में दो करों का प्रतिनिधित्व माना गया है : पुराना षड्भाग तथा एक अतिरिक्त कर (भोग)।[138] प्रो. आर.एस. शर्मा अपना मत व्यक्त करते हुए कहते हैं कि परवर्ती अभिलेखों में व्यक्त करों की उत्तरोत्तर वृद्धि किसानों पर बढ़ते हुए वास्तविक वित्तीय भार

का ही संकेत देते हैं।[139] वराहमिहिर (छठी शताब्दी) द्वारा प्रस्तुत एक अवतरण में उन उजड़े हुए गाँवों के दृश्य का वर्णन है जिन्हें किसानों ने भोगपति अर्थात कर-आहर्ता के उत्पीड़न से तंग आकर छोड़ दिया था।[140]

जहाँ एक ओर कर की उगाही किसानों के लिए निकटस्थ आतंक था, इसके वितरण की पद्धति ने भी अन्ततः इन्हें प्रभावित किया। इसके दो प्रमुख भाष्यों, जो कोसम्बी और आर.एस. शर्मा द्वारा किये गये हैं, के अनुसार भारतीय सामन्तवाद का सिद्धान्त बुनियादी रूप से शासकों द्वारा कर-संसाधनों को हस्तान्तरित करने की पद्धति पर आधारित है।[141] शर्मा जी मानते हैं कि ब्राह्मणों को दिये गये भूमि अनुदान जिसके विषय में अभिलेखीय साक्ष्य प्रथम शताब्दी से ही मिलने शुरू हो जाते हैं, 'धर्मनिरपेक्ष सामन्तवाद' के आदि रूप थे। किन्तु इसे स्वीकार करने में कठिनाइयाँ हैं; विशेष रूप से उत्तर भारत में आनुवंशिक आधार पर, शासक के परिजनों, मातहत सामन्तों तथा अधिकारियों को भूमि अनुदान दिये जाने की परम्परा की शुरुआत (जो मुख्य रूप से 1000 ई. से शुरू होती है) से पहले आठ सौ अथवा एक हज़ार वर्षों का अन्तराल आ जाता है।[142] सामन्तवाद की उत्पत्ति का एक महत्त्वपूर्ण स्रोत वाणिज्य तथा नगरों का ह्रास था। ऐसा लगता है कि ह्रास की यह प्रक्रिया ग्यारहवीं शताब्दी तक जारी रही।[143] यह परिघटना शासक वर्ग के ग्रामीणीकरण के साथ-साथ घटित हुई। यह एक ऐसी प्रक्रिया थी जिसका प्रतिफलन प्रत्येक स्तर पर दिखायी पड़ता है। इसके तहत सामन्तों, ठाकुरों, रानकों, रावतों (राजपुत्रों) आदि का एक विशेष सोपान-क्रम में उदय हुआ जो वस्तुतः कर उगाहने वाला सम्पन्न वर्ग ही था।[144]

अश्वारोही सेना ने इस विशृंखलित राजनीतिक सत्ता को बल प्रदान किया। सातवीं शताब्दी तक रथ प्रचलन बाह्य हो चुके थे।[145] दूसरी ओर घुड़सवार की क्षमता ईसा की प्रारम्भिक शताब्दियों में किसी समय जीन के आने तथा दसवीं शताब्दी तक ग़ैर-धातु की वास्तविक रक़ाब के आने से अत्यधिक बढ़ गयी थी।[146] जब अरबों ने 712-13 ई. में युद्ध के मैदान में 'दाहर' का मुक़ाबला किया तो सिन्ध के शासक के साथ 5000 राजपुत्र घुड़सवार थे।[147] अतः स्पष्ट है कि राजाओं के पुत्र अर्थात वास्तविक शाब्दिक अर्थ के द्वारा राजपुत्र (रावत) आधुनिक राजपूतों के पूर्वज थे। ये घुड़सवार ही भारतीय सामन्तवाद के नाइट (सामन्त) थे।[148] दसवीं शताब्दी तक उन्होंने अधिकांश उत्तर भारत में तथा डकन के एक बड़े भाग में योद्धा वर्ग बना लिया था, यद्यपि एक जाति के रूप में उनका विकास बाद में हुआ।[149]

घुड़सवार सशस्त्र शक्ति की एक प्रभावशाली इकाई का प्रतिनिधित्व करता था। इन सैनिक ख़ानदानों का उन पृथक् ग्राम-समूहों पर अधिकार था जो परम्परागत रूप से छह की संख्या के आधार पर परिगणित होते थे। उनके सदस्य गाँवों में कर उगाहने तथा किसानों को नियन्त्रित करने के लिए फैल जाते थे।[150] इन सैनिकों में जो निम्न श्रेणी के लोग थे, वे निरंकुश शासकों में बदल गये। गाँव के मुखिया (खोत और मुक़द्दम) जो दोआब क्षेत्र में चौदहवीं शताब्दी में घोड़ों पर सवारी करते थे, अच्छे कपड़े पहनते थे तथा पान चबाते थे, इन राजपूतों के आदि रूप ही रहे होंगे।[151] सामन्तों, धनी व्यक्तियों तथा इन सैनिकों की स्थानीय सत्ता तथा अधिकार, जो इन्होंने अर्जित किये थे, उन राजसत्ताओं के बाद भी कायम रहे जिनके तहत वे उद्भूत हुए थे। सामान्यतः इन्हीं तत्त्वों में से जिनकी जड़ें बहुत गहरी थीं, मध्यकालीन भारत के ज़मींदार वर्ग (जो आधुनिककाल तक मौजूद रहा) का जन्म हुआ।[152]

हमारे उपलब्ध साक्ष्य से यह संकेत मिलता है कि किसान एक मुलायम शिकार से अधिक कुछ नहीं था जबकि उसके ऊपर के लोगों में उसी के अतिरिक्त उत्पादन (अधिशेष) के बँटवारे के लिए संघर्ष हुआ। हो सकता है यह हमारे साक्ष्य की अपनी सीमा हो। शासकों की अभिलेखीय प्रशस्तियों में कृषि-विद्रोहों के उल्लेख की सम्भावना नहीं ही हो सकती थी। ग्यारहवीं शताब्दी में होने वाले एक विद्रोह की सूचना देने के लिए हम प्रो. आर. एस. शर्मा के आभारी हैं। कैवर्तों (जो परम्परागत रूप से मल्लाहों की एक मिश्रित जाति है)[153] के पास उत्तरी बंगाल में कुछ भूखण्ड होते थे जिनकी एवज़ में वे अपनी सेवाएँ देते थे। एक साहित्यिक वृत्तान्त (*रामचरित*) कहता है कि भारी कर लगाने के कारण उन्होंने विद्रोह कर दिया। वे नग्नावस्था में भैंसों पर चढ़कर तीर कमान के साथ लड़े। उन्होंने एक पाल शासक को हरा दिया और मार दिया तथा एक अन्य को अपने सामन्तों को संगठित करने के लिए विवश कर दिया। तब जाकर वे पराभूत हो सके। यह विद्रोह (1075 ई.) वस्तुतः जाति-विद्रोह भी था।[154] हो सकता है कि कैवर्त अपनी सामाजिक अयोग्यताओं को भी उतार फेंक रहे हों। कहा जाता है कि बंगाल के एक परवर्ती सेन शासक (बलाला सेन, 1159-85 ई.) ने वस्तुतः शुद्ध निम्न श्रेणी के कैवर्तों की एक जाति का निर्माण किया था।[155]

मध्यकालीन किसान वर्ग

किसान वर्ग की परिस्थितियों में परिवर्तनहीनता की मात्रा पर सदैव ही अतिरिक्त बल दिया जाता है। दूसरी ओर, केवल रिकार्ड की गुणवत्ता में होने वाले परिवर्तन

के आधार पर, जैसा कि तेरहवीं शताब्दी के आते-आते दिखायी पड़ने लगता है, किसी तरह के परिवर्तन की कल्पना करते समय भी सजग रहने की आवश्यकता है। अतः किसान वर्ग के काल-विभाजन के सन्दर्भ में अपने निर्णय को उस समय तक सुरक्षित रखना चाहिए जब तक कि कतिपय बुनियादी मसले स्पष्ट न हो जायें।

पहला सवाल जिसे स्पष्ट करने की आवश्यकता है, वह यह है कि क्या कृषक-उत्पादन पद्धति तथा ग्राम समुदाय की संरचना में परिवर्तन के लिए कोई आन्तरिक घटक उत्पन्न हो गये थे। इस प्रकार के सम्भावित घटकों के सन्दर्भ में कृषि-प्रौद्योगिकी विचारणीय है। निस्सन्देह भारतीय इतिहास में इसलाम के प्रवेश ने बाह्य स्रोतों से प्राप्त तकनीकों के प्रवेश के लिए दरवाज़ों को थोड़ा और अधिक खोल दिया।[156] तदनुसार कृषि यन्त्रों तथा तरीक़ों में होने वाला सुधार मध्यकालीन शताब्दियों की देन है।

भारतीय साकिया अथवा अर्घट (जलचक्र पर चढ़ी मटकों की माला) में समकोणीय गियरिंग के प्रावधान के साथ ही उल्लेखनीय प्रगति होती हुई प्रतीत होती है। सोलहवीं शताब्दी के प्रारम्भ में पंजाब और सतलज के क्षेत्र में प्रयुक्त पूर्ण रूप से यन्त्र का वर्णन मिलता है। यह लगभग निश्चित है कि 'दन्तिचक्र' (गियर्ड व्हील) पूर्ववर्ती दो शताब्दियों के अन्तर्गत फैल चुका था।[157] इसके प्रचार-प्रसार ने सिन्धु घाटी तथा राजस्थान में सिंचाई को पर्याप्त रूप से बढ़ाया होगा। पक्का करने वाला चूना, जो मुग़लों के साथ आया, उसने नील की निकासी के काम को आसान बना दिया होगा। क्योंकि उसने नील के कुण्डों की दीवारों को 'जलरुद्ध' (वाटरप्रूफ़) बना दिया होगा।[158] तेरहवीं शताब्दी तक शराब के आसवन ने अपने-आपको निश्चित रूप से एक नये और व्यापक कृषि उद्योग के रूप में स्थापित कर लिया था।[159] पन्द्रहवीं शताब्दी तक रेशम के प्रचलन ने बंगाल को सत्रहवीं शताब्दी में महान सिल्क उत्पादक क्षेत्र बना दिया।[160] नयी दुनिया की खोज के बाद भारत को महत्त्वपूर्ण नयी-नयी फ़सलें जैसे : मक्का, तम्बाकू जिनकी खेती सत्रहवीं शताब्दी के साथ शुरू हुई, प्राप्त हुईं।[161] कलम लगाने की पद्धति भी उसी शताब्दी में फैली जिससे फलों, विशेष रूप से सन्तरों में सुधार हुआ।[162]

ये परिवर्तन कृषि में गतिहीनता की अवधारणा के प्रत्याख्यान के लिए पर्याप्त हैं, किन्तु समग्रतः इन्हें दूर-दूर तक भी किसी प्रौद्योगिकीय क्रान्ति का दर्जा नहीं दिया जा सकता। सामान्यतः उनसे किसान-केन्द्रित खेती का विस्तार हुआ और वह सुदृढ़ हुई। उसका मूलोच्छेदन अथवा रूपान्तरण नहीं हुआ।

और न ही गाँव के अन्दर सामाजिक सम्बन्धों में कोई दृश्यमान परिवर्तन उपस्थित हुआ। इसलाम का जातिव्यवस्था पर लगभग कोई प्रभाव नहीं पड़ा।

निस्सन्देह, अलबरूनी जैसे वैज्ञानिक विवेक-सम्पन्न व्यक्ति द्वारा दबे स्वर में उसकी अस्वीकृति के अतिरिक्त, मध्यकालीन इसलाम ने जातिव्यवस्था की कोई आलोचना अथवा निन्दा नहीं की।[163] अतः जातिव्यवस्था ग्रामीण जीवन का उतना ही महत्त्वपूर्ण तत्त्व रहा जितना कि अपने पूर्ववर्ती युग में था।[164] धर्मान्तरण के पश्चात मुसलिम कृषक समुदाय भी सगोत्रीय विवाह करने लगे। यद्यपि मुसलमानों में सामान्यतः व्यवसायगत तथा प्रतिष्ठागत गतिशीलता के प्रति अपेक्षाकृत उदारतापूर्ण दृष्टिकोण दिखायी पड़ता है।[165]

ग्रामीण जनसमुदाय के अन्य तत्त्वों के साथ किसानों के सम्बन्ध भी बुनियादी रूप से अपरिवर्तित ही रहे। टहलुआ जातियों के सन्दर्भ में यह बात विशेष रूप से सही थी। भारतीय इसलामी ग्रन्थों में उनके प्रति कोई सहानुभूति दिखायी नहीं पड़ती। सिन्ध के अरबी विजेता मुहम्मद बिन कासिम ने उन्हीं अपमानजनक प्रतिबन्धों का अनुमोदन किया जो पूर्ववर्ती शासन द्वारा जाटों पर आपद किये गये थे तथा जो ठीक उसी तरह के थे जो *मनुस्मृति* में चाण्डालों पर लगाये गये हैं।[166] जातिव्यवस्था पर आधारित किसान वर्ग द्वारा टहलुआ जातियों की पराधीनता वस्तुतः समूचे मध्यकाल में अप्रतिहत रूप से जारी रही। मुग़लकाल के अन्त में चमारों, धानुकों तथा धीरों के लिए निर्धारित व्यवसाय था : ज़मींदारों और किसानों के खेतों में काम करना।[167] जब उन्नीसवीं शताब्दी में जनगणना तथा सर्वेक्षणों का विवरण प्रस्तुत किया गया तो पता चला कि पूर्ववर्ती कालों की निरन्तरता के आधार पर टहलुआ तथा दलित जातियों की तादाद ग्रामीण जनसंख्या का चौथा अथवा पाँचवाँ हिस्सा थीं।[168] प्राचीन काल के प्रबल अवशेष उतनी ही शक्ति के साथ मध्यकाल में भी ग्रामीण कारीगरों तथा नौकरों की अपरिवर्तित स्थिति को प्रभावित करते हैं। दस्तावेज़ी साक्ष्य के आधार पर भी इसकी पुष्टि होती है। जिया बरनी (14वीं शताब्दी) की दृष्टि में बलादार (निम्न जाति का कुली) सर्वाधिक निम्न श्रेणी के कर देने वाले पट्टेदार का प्रतिनिधि था।[169] अपनी सेवाओं के बदले उसे ज़मीन का एक टुकड़ा मिलता होगा। उसी प्रकार महाराष्ट्र के गाँवों में बारह बालूत होते थे जिनकी परम्परागत पट्टेदारी तथा अन्य अधिकारों के सन्दर्भ में फूकाजावा ने प्राक्-ब्रिटिश अठारहवीं शताब्दी के साक्ष्य के आधार पर अपना महत्त्वपूर्ण अध्ययन प्रस्तुत किया है।[170] वस्तुतः यह प्रणाली सार्वभौमिक थी।[171]

अतः इस बाबत किसी विवाद की गुंजाइश नहीं है कि गाँव के अन्दर जातिगत ढाँचा तथा उससे सम्बद्ध अन्य तत्त्व जिनका निर्माण प्राचीन भारत में हुआ, वे अठारहवीं शताब्दी तक बिना किसी प्रत्यक्ष परिवर्तन के क्रियाशील रहे।

अतः प्रत्यक्ष रूप से ऐसी कोई आन्तरिक प्रक्रियाएँ क्रियाशील नहीं थीं जो गाँव के सामाजिक ढाँचे में कोई परिवर्तन उपस्थित कर सकें।

किन्तु जिन परिस्थितियों में यह ढाँचा खड़ा हुआ, उन परिस्थितियों में बड़े निर्णायक परिवर्तन हुए। इसी परिवर्तन के आधार पर प्राचीन काल से मध्यकाल में होने वाले रूपान्तरण को रेखांकित किया जा सकता है। यह शासक वर्ग की प्रकृति अथवा स्वरूप तथा अतिरिक्त उत्पादन के वितरण के तौर-तरीक़ों में आया तथा इसने किसान वर्ग की जीवन स्थितियों को प्रभावित किया। वस्तुतः अपने जन्म काल से ही इसलाम की नगरीय अभिमुखता सचेत रूप से नगर केन्द्रित संस्कृति के उन्नयन के सन्दर्भ में एक महत्त्वपूर्ण घटक रही।[172] यह दीगर बात है कि उसने कोई बुनियादी संवेग प्रदान किया अथवा नहीं, तथापि इतना निश्चित है कि इसलाम की प्रारम्भिक शताब्दियों में सारे यूरोप तथा मध्य एशिया में वाणिज्य तथा दस्तकारी उद्योग में पर्याप्त विकास हुआ।[173] इसके साथ ही विशाल राज्यव्यवस्थाओं का निर्माण भी हुआ। प्रत्येक राज्यव्यवस्था एक सशक्त निरंकुश तन्त्र के अधीन एकीकृत थी : पहले ख़लीफ़ा के अधीन, बाद में सुलतान के अधीन।

गौर के आक्रान्ता इन सांस्कृतिक तथा राजनीतिक परम्पराओं को भारत में लाये। आक्रान्ताओं तथा उनके उत्तराधिकारी अपनी श्रेष्ठता के लिए राजपूतों की बिखरी हुई सेना के मुक़ाबले घोड़े पर सवार तीरन्दाज़ों के प्रभावशाली संगठन के ऋणी थे।[174] एक अर्थ में यह एक केन्द्रीभूत राज्यव्यवस्था की ही जीत थी।[175] केन्द्रीकरण की प्रवृत्ति को पुनः बारूद तथा तोपख़ाने से बल मिला जिसका प्रथम परिणाम पानीपत के मैदान में (1526) बाबर की विजय के रूप में सामने आया।[176]

केन्द्रीकरण की यह प्रवृत्ति प्रादेशिक स्तर पर राजस्व-सम्बन्धी हस्तान्तरणीय कार्यभारों (सल्तनत काल में इक्ता प्रणाली के रूप में तथा मुग़ल काल में जागीरदारी प्रणाली के रूप में) के गठन में प्रमुख रूप से व्यक्त हुई। यह पद्धति अपने आधारभूत रूप में इसलामी जगत से ली गयी थी।[177] परिणामस्वरूप, शासक वर्ग के सदस्य (औपचारिक रूप से राजा का अधिकारी वर्ग तथा अमीर उमरा) को वंशानुगत रूप से स्थानीय स्तर पर स्थायी रूप से प्रभावशाली व्यक्तियों के रूप में उस समय तक नहीं उभरने दिया गया जब तक कि राजदरबार पर आधारित केन्द्रीय संगठन अपने सामान्य रूप में क्रियाशील रहा। इस प्रणाली अथवा तन्त्र में यह संकेत निहित था कि सरदार और उनकी सैनिक टुकड़ियाँ नगरों में केन्द्रित होती थीं जहाँ से वे ग्रामीण क्षेत्र पर अपना नियन्त्रण रखते थे जहाँ कि उनके अपने कोई स्वतन्त्र अथवा परम्परागत सम्बन्ध नहीं होते थे।

प्रो. मो. हबीब ने अपने एक महत्त्वपूर्ण विवेचन में सल्तनत काल की स्थापना के बाद होने वाले परिवर्तन को शहरी क्रान्ति की संज्ञा दी और कहा कि इसी शहरी क्रान्ति के बाद आगे चलकर 'ग्रामीण क्रान्ति' सम्पन्न हुई।[178] प्रो. मो. हबीब से मतभेद हो सकता है। और मैंने दुस्साहस किया भी है, प्रथम प्रक्रिया के सन्दर्भ में कारीगरों की स्वतन्त्रता की दृष्टि से तथा परवर्ती प्रक्रिया के सन्दर्भ में, बिचौलिया वर्ग की समाप्ति की दृष्टि से। निस्सन्देह दोनों प्रक्रियाओं के नामकरण को लेकर भी मतभेद हो सकता है।[179] किन्तु उन्होंने विजयों, केन्द्रीकरण, शहरी विकास तथा कृषि अधिशेष के हिस्सा-बाँट में होने वाले परिवर्तनों के बीच जो अन्तःसम्बन्ध देखा, उसकी प्रासंगिकता आज भी बनी हुई है।

गाँव की तुलना में शहर के पक्ष में होने वाले सन्तुलन में जो बदलाव हुआ, वह मध्यकालीन भारतीय आर्थिक इतिहास का एक महत्त्वपूर्ण तत्त्व था। सल्तनत काल के सन्दर्भ में साहित्यिक तथा सिक्कों से सम्बन्धित साक्ष्य से शहरी जीवन में स्पष्ट उभार दिखायी देता है।[180] सम्भवतः मुग़ल साम्राज्य में शहरी जनसंख्या कुल जनसंख्या का पन्द्रह प्रतिशत थी। उन्नीसवीं शताब्दी के अन्त की तुलना में यह अनुपात स्पष्ट रूप से अधिक है।[181] यह शहरी विकास मुख्य रूप से उस अधिशेष पर निर्भर था जिसे शासक वर्ग (भूमिकर के रूप में) वसूल करता था तथा जो मुख्यतः शासक वर्ग के सदस्यों तथा नगर में रहने वाले तथा उनके आश्रितों और अनुचरों के बीच बाँट दिया जाता था।[182]

मध्यकालीन भूमिकर जैसे खराज तथा माल अलाउद्दीन ख़िलजी (1296-1316) के साथ अस्तित्व में आये। तब तक केवल कुछ क्षेत्रों को छोड़कर, सुलतान और उनके प्रतिनिधि खराज को पराजित राज्यों के मुखियाओं से एक कर के रूप में वसूल करते थे। अब वह उत्पादन के अर्ध भाग के रूप में निश्चित कर दिया गया था जो मापी गयी भूमि पर फ़सलवार अनुमान के आधार पर लिया जाता था।[183] शाब्दिक रूप से तथा अपने चरित्र में भी 'कर' अनिवार्यतः इसलामी देशों के एक-इकट्ठे भारी खराज के समतुल्य है।[184] सल्तनत काल में स्थापित होने के बाद[185] वह मुग़ल काल में भी उसी परिमाण में जारी रहा तथा उसने 'आर्थिक लगान' की सीमाओं को छू लिया।[186] इस 'कर' तथा प्राक्-मध्यकालीन करों तथा उपकरों के भयंकर समुच्चय में अन्तर इस तथ्य में निहित था कि 'कर' अतिरिक्त उत्पादन (अधिशेष) के एक बड़े हिस्से पर एकमात्र माँग के रूप में प्रस्तुत किया जाता था। किसान को जितना बोझ पहले वहन करना पड़ता था, उतना ही अब भी।[187] उसमें शायद ही कोई परिवर्तन आया हो। इससे कोई फ़र्क़ नहीं पड़ा कि जो लोग भूमिकर के माध्यम से अतिरिक्त उत्पादन को हस्तगत करते थे, वे पूर्ववर्ती अपहर्ताओं से आर्थिक और सामाजिक दृष्टि से भिन्न थे।

किसानों पर जो भूमिकर (जिसे सामान्यतः मुग़ल काल में माल कहते थे) लगाया गया, उसने किसानों और उसके उच्च श्रेणी के लोगों के बीच के सम्बन्धों के समीकरण को एक नया स्वरूप प्रदान किया। चूँकि कर के द्वारा राजा (और उसके प्रतिनिधियों) के लिए अतिरिक्त उत्पादन का एक बड़ा हिस्सा ले लिया जाता था, अतः पूर्ववर्ती कुलीन तन्त्र की वित्तीय माँगों को स्वीकार नहीं किया जा सकता था। इसी कारण खोतों द्वारा लगाये जाने वाले उपकरों (हुकूके खोती, क़िस्मत) पर सुलतानों द्वारा प्रतिबन्ध[188] तथा मुग़लों द्वारा ज़मींदारों के बहुत से उपकरों पर प्रतिबन्ध लगा दिया गया।[189]

भूमिकर को अब 'खराज' के रूप में नहीं देखा जाता था, अपितु वह ऐसा कर था जो प्रत्येक खेतिहर किसान, पर सीधे ही लगाया जाता था[190] वह चाहे खोत हो या बलाहार। राजस्व सम्बन्धी साहित्य में इसका प्रचुर साक्ष्य मिलता है कि मुग़ल साम्राज्य में इस बात पर बल दिया जाता था कि प्रत्येक खेतिहर किसान पर नाम से आसामीवार कर निर्धारण किया जाये।[191] इसके आधार पर कभी-कभी अगला क़दम भी उठाया जाता था, किसान पर व्यक्तिगत रूप से अधिकार। चौदहवीं शताब्दी का एक दस्तावेज़ कहता है कि यह सही है कि किसान स्वतन्त्र (हुर्र-अस्ल) पैदा होता है, किन्तु कर देने की उनकी बाध्यता की यह आवश्यकता है कि वे उन्हीं गाँवों से बँधकर रहे जहाँ वे अपनी ज़मीन जोत रहे हैं।[192] अधिकारियों के पास यह अधिकार था कि वे किसानों को ज़मीन जोतने के लिए विवश कर सकते थे और उनके इसी अधिकार के कारण किसान ज़मीन छोड़कर नहीं जा सकते थे। यदि वे ऐसा करते भी थे तो उन्हें पकड़कर वापस बुला लिया जाता था। मुग़ल काल में इस अधिकार की अभिव्यक्ति विभिन्न अवसरों पर देखने को मिली।[193] अन्त में, यदि किसान कर का भुगतान नहीं कर पाते थे तो बादशाह की सेना उन पर धावा बोलती थी और उन्हें दास बना लेती थी। इन उपायों के सन्दर्भ में साक्ष्य तेरहवीं शताब्दी से ही मिलने शुरू हो जाते हैं।[194] इसी प्रकार के उपाय मुग़ल साम्राज्य के दौरान भी आमतौर से व्यवहृत थे।[195]

स्पष्ट रूप से मध्यकालीन भूमिकर ने सभी ग्रामीण वर्गों पर अपना दबाव बनाया। किन्तु स्वयं अतिरिक्त उत्पादन को प्राप्त करने की दृष्टि से विरासत में प्राप्त ग्रामीण समाज के ढाँचे को बरकरार रखना तथा भूमिकर उगाहने के लिए उसका इस्तेमाल करना वांछनीय था।[196] अलाउद्दीन ख़िलजी खोतों और मुक़द्दमों (गाँव के मुखियाओं) पर कर लगाता था तथा उन पर भूमिकर उगाहने के लिए दबाव डालता था। गयासुद्दीन तुग़लक (1320-25 ई.) को यह अव्यावहारिक लगा और उसने दो प्रतिष्ठित लोगों को उनकी सेवाओं की एवज़ में भूमिकर से मुक्त कर दिया।[197]

यहाँ हम देखते हैं कि स्थिति के दबाव ने ऐतिहासिक समझौते को लाजिमी बना दिया। 'भारतीय सामन्तवाद' के दौर के वंशानुगत रूप से प्रतिष्ठित लोगों के अधिकारों को उस भूक्षेत्र पर मान्यता दे दी गयी जो उनके नियन्त्रण में था तथा उन्हें सशस्त्र अनुचर रखने की अनुमति भी दे दी गयी। बदले में उन्हें अधिकारियों को अपनी कुछ सेवाएँ देनी होती थीं, विशेष रूप से वे कर उगाह कर देते थे। अधिकारों और पदों को लेकर टकराव और उथल-पुथल की अपरिहार्य प्रक्रिया के उपरान्त उस वर्ग ने मुग़ल साम्राज्य के दौरान 'ज़मींदार' का पदनाम प्राप्त कर लिया।[198] समझौते की शर्तें अलग-अलग क्षेत्रों में अलग-अलग ढंग की थीं तथा अन्य वरिष्ठ अधिकारधारकों को उस क्षेत्र के राजस्व में से थोड़ा हिस्सा मिलता था जो उनके अधिकार में होता था (उत्तर भारत में भूराजस्व का 10 प्रतिशत तथा गुजरात में 25 प्रतिशत) तथा उन्हें यह भी अनुमति प्राप्त थी कि वे कुछ अन्य कर भी किसानों पर लगा सकते थे। इसके अतिरिक्त उन्हें आर्थिक लाभ वाले कुछ अन्य अधिकार भी प्राप्त थे।[199]

इस प्रकार किसान वर्ग, ज़मींदार वर्ग तथा शासक वर्ग के बीच एक त्रिकोणात्मक सम्बन्ध बना। अठारहवीं शताब्दी के प्रथम चरण में काज़ी मोहम्मद आला ने भारत में भूमि-अधिकारों को लेकर एक लघु-पुस्तिका लिखी। उनके इस कार्य की ओर अभी तक लोगों का बहुत ध्यान नहीं गया है, हालाँकि वह भारत के मुसलिम विधिवेत्ताओं में भूमि-सम्बन्धों की वास्तविकताओं पर विचार करने वाला वस्तुतः अकेला व्यक्ति है।

उसके अनुसार इसलाम के आगमन से पूर्व राजा लोग (जिनके वंशज राजपूत कहलाये) किसानों से 'खराज' (भूमिकर) वसूल करते थे। किसान उन्हें सम्मान तथा भक्तिभाव के कारण समस्त भूमि के मालिक के रूप में स्वीकार करते थे और ख़ुद को उनका केवल जोतदार मानते थे। हालाँकि इसलामी विजयों के साथ ही राजाओं की सम्प्रभुता जाती रही। सुलतानों ने उनकी हैसियत किसानों के सरदार (राउस) के रूप में ही रहने दी। वही अब ज़मींदार कहलाते हैं। इस सन्दर्भ में ऐतिहासिक दृष्टि से काज़ी की बात सही है।[200] ज़मींदारों को केवल किसानों से कर वसूलने की ही ज़िम्मेदारी सौंपी गयी थी। तथापि, चूँकि किसानों के पूर्वज इसलाम के आगमन से पहले के प्रतिष्ठित लोगों (राउस) को ज़मीन का मालिक समझते थे, अतः वे उनके वंशजों-ज़मींदारों को अभी भी मालिक ही समझते हैं। वस्तुतः वे ज़मींदारों को यह अनुमति प्रदान करते हैं कि वे किसी भी किसान (रियाया) को अपनी मर्ज़ी के मुताबिक़ बेदख़ल कर सकते हैं और उसकी ज़मीन को किसी को भी पट्टे पर दे सकते हैं। ज़मींदारों के इन अधिकारों के सन्दर्भ

में काज़ी आपत्ति उठाते हैं क्योंकि वे कहते हैं कि महसूल-ए-आराजी (भूमिकर) ज़मींदारों पर नहीं किसानों पर लगता है, किन्तु चूँकि किसानों (हरीसन) ने कभी अपने को मालिक नहीं माना, अतः उन्हें भी मालिक के रूप में मान्यता नहीं दी जा सकती। चूँकि भूमिकर कुल उत्पादन का आधा निर्धारित होता है, किन्तु उस सीमा को अतिक्रमित कर जाने के कारण इसलामी क़ानून के अन्तर्गत वह 'खराज' नहीं बल्कि लगान (उजरत) है। यह उन खेतों पर भी लागू होता है जिनको स्वयं ज़मींदार करते हैं। अतः भूमि की मिल्कियत का सम्बन्ध राजकोष से है। दूसरे शब्दों में, वह निष्कर्षतः घोषित करता है और यह सोलहवीं-सत्रहवीं शताब्दी के यूरोपियन यात्रियों द्वारा एक निर्विवाद सिद्धान्त माना जाता था अर्थात यह कि भारत में समग्र भूमि तसर्रूफ (राजा) के अधिकार में है। काज़ी ने कहा कि यह सही है कि ज़मींदार (मय उस ज़मीन के जिस पर खेती की जाती थी) उन गाँवों को बेचते और ख़रीदते थे जिन पर वे अपनी मिल्कियत का दावा पेश करते थे। किन्तु उनका मत यह है कि यह रिवाज़ मिथ्या अधिकारों पर आधारित थी।[201]

काज़ी के अपने मत उतने महत्त्वपूर्ण नहीं हैं जितना कि उनका वास्तविकताओं का निर्मम चित्रण। किसान ख़ुद को ज़मींदारों का ऐसा काश्तकार समझते थे जो उनकी मर्ज़ी पर निर्भर था, ज़मींदार जो मालिक तो थे किन्तु लगान प्राप्त करने वाले नहीं थे। दूसरी ओर, लगान के लगभग बराबर की कोई चीज़ राजा के कर के माध्यम से वसूल की जाती थी। इस प्रकार की क़ानूनी पेचीदगियाँ किसी भी सिद्धान्त को चुनौती देती हैं। उन्हें केवल इतिहास की छह शताब्दियों के परिणाम के रूप में ही समझा जा सकता है।

यह हो सकता है कि काज़ी मोहम्मद आला के विवेचन में अति-सामान्यीकरण का एक अंश भी हो। ज़मींदार सर्वत्र बिचौलिये नहीं होते थे। किसान के अधीन क्षेत्रों (रैयती) की मौजूदगी कृषिव्यवस्था का एक महत्त्वपूर्ण पक्ष था।[202] यही मुख्य कारण लगता है जिसकी वजह से मुग़लकालीन दस्तावेज़ों में प्रायः ज़मींदारों का ज़िक्र नहीं मिलता जो कि होना चाहिए था।[203] किसान के अधीन क्षेत्रों का जन्म प्रत्यक्ष रूप से इस कारण हुआ होगा क्योंकि पुराने प्रतिष्ठित लोग नष्ट कर दिये गये थे या अपने आपको वे ज़मींदारों के रूप में रूपान्तरित नहीं कर सकते थे अथवा जिसकी कि ज़्यादा सम्भावना है, सामन्तवादी दौर की शताब्दियों के दौरान कुछ ऐसे क्षेत्र भी थे जो किसी भी प्रतिष्ठित व्यक्ति के अधिकार में आनुवंशिक आधार पर नहीं थे। इन क्षेत्रों में वे नये गाँव भी सम्मिलित थे जो या तो पुराने समुदायों ने बसाये थे अथवा उन समुदायों से छिटककर अलग होने वाले कुछ लोगों ने बसा लिए थे। यह सही है कि इस क्षेत्र में, जो प्रत्यक्ष रूप

से विशाल, किन्तु विश्रृंखलित था, ज़मींदारों का अस्तित्व नहीं था। किन्तु यहाँ किसान वर्ग के बीच तीव्र विभेदीकरण था।

पूर्ववर्तीकाल के सन्दर्भ में जो चर्चा हमने की, उसमें हमने देखा कि कृषक उत्पादन प्रायः अनिवार्य रूप से विभेदीकरण की ओर ही संकेत करता है, चूँकि उसके लिए न केवल किसान के श्रम की आवश्यकता है, अपितु जैसा कि चौदहवीं शताब्दी के एक धार्मिक व्यक्ति ने कहा : 'बीज, बैल तथा औज़ारों के रूप में पूँजी (माया) की भी आवश्यकता होती है।'[204] बहुजातीय गाँवों में जाति पुनः विभेदीकरण को मज़बूत करती थी, विशेष रूप से उस समय जब उच्च जातियाँ राजस्व की दरों के सन्दर्भ में छूट प्राप्त कर लेती थीं।[205] भूराजस्व (प्रतिगामी कर होने के कारण) का बोझ हर हालत में छोटे किसानों पर ही पड़ता होगा। किन्तु यह बोझ उस समय और अधिक बढ़ गया होगा जब वस्तुतः सारे गाँव के लिए अनुबन्ध करते हुए, बड़े लोगों (कलान्तरान तथा मुक़द्दमों) ने उस राजस्व को, जो कायदे से उन पर वाज़िब होता था, छोटे किसानों (रेजा-रियाया) पर डाल दिया।[206] ये शिकायत जिसका कि ज़िक्र मुग़ल साम्राज्य के सरकारी दस्तावेज़ों में मिलता है, चौदहवीं शताब्दी के एक इतिवृत्तकार के उस प्रसंग की याद दिलाती है जिसमें वह कहता है कि शक्तिशाली लोगों का बोझ कमज़ोर लोगों के कन्धों पर पड़ता है।[207] ठीक उसी तरह 'कलान्तर' शब्द हमें प्राचीन भारतीय ग्राम समुदायों में बड़े लोगों की याद दिलाता है। इस प्रकार का विभेदीकरण कराधान प्रणाली में अन्तर्निहित था, किन्तु भूमिकर बढ़ जाने पर यह भी बढ़ जाता था।

अब तक हमने केवल मुख्यतः कृषिव्यवस्था पर कर-वसूली के प्रभाव का अध्ययन किया है। यह एक तथ्य है कि मध्यकालीन भारत में अतिरिक्त (सरप्लस) उत्पादन का अधिग्रहण मुख्य रूप से शहर में रहने वाले राजा और उसके राजस्व उगाहने वाले लोगों के उपभोग की दृष्टि से किया जाता था। इसका अभिप्राय केवल यही है कि कर-अपहर्ताओं द्वारा कृषि उत्पादन का सीधे-सीधे उपभोग शायद ही कभी होता था। ऐसा प्रतीत होता है कि अलाउद्दीन ख़िलजी के काल तक पहले ही (चौदहवीं शताब्दी के प्रारम्भ में) मुद्रा के रूप में लगान का व्यापक स्तर पर भुगतान भली भाँति स्थापित हो चुका था, अतः सुलतान का कुछ क्षेत्रों के लिए यह आदेश कि कर का जिन्स के रूप में भुगतान किया जाये, विशेष रूप से दर्ज है।[208] मुग़ल साम्राज्य में मुद्रा के रूप में कर के भुगतान की स्थिति प्रायः सार्वभौमिक उस समय भी थी जब कर (बँटाईदारी पद्धति के तहत) जिन्स के रूप में निश्चित कर दिया गया था। वह भी प्रायः मुद्रा के रूप में परिवर्तित कर दिया जाता था।[209] मुद्रा के रूप में प्रसार का यह चक्र उस समय पूरा होता था

जब व्यापारी गाँवों से कृषि-पैदावार को ख़रीद कर क़सबों में उन लोगों के हाथ बेच देते थे जो प्रत्यक्ष रूप से अथवा परोक्ष रूप से मुद्रा के रूप में कर के प्राप्तकर्ता थे। कृषि-पैदावार के इस भाग में स्वभावतः उच्च दर की फ़सलों (जैसे गेहूँ, गन्ना) तथा कच्चे माल अथवा औद्योगिक फ़सलों (जैसे कपास, नील आदि) का अनुपात उस हिस्से की तुलना में कहीं अधिक होता था जो गाँवों में ही बिना बिका रह जाता था।[210] एक अनुमान के अनुसार परगना मलार्ना (पूर्वी राजस्थान) में कपास और गन्ने के द्वारा, जो खरीफ़ की फ़सल में कुल बोये गये क्षेत्र का 8 प्रतिशत था, कुल राजस्व का 32 प्रतिशत भुगतान किया गया।[211] दूसरे शब्दों में, जो फ़सलें सर्वाधिक बिकती थीं, वे उच्च दर की फ़सलें होती थीं, जिनके लिए तदनुसार उच्च दर के राजस्व का भुगतान करना होता था तथा जिनके लिए अधिक पानी तथा श्रम की आवश्यकता होती थी, और जिनके लिए नील के कुण्ड तथा चीनी मिल जैसे प्रतिष्ठानों की आवश्यकता होती थी। स्पष्ट है कि इस प्रकार की फ़सलों को करने के लिए संसाधन धनी किसानों के पास ही होते थे। अतः लाभ भी उनको ही मिलता था। दूसरी ओर, ग़रीब किसान बाज़ार के लिए फ़सल उगाने की स्थिति में नहीं होता था और उसके लिए राजस्व की माँग को पूरा करना मुश्किल होता था। विवश होकर उन्हें साहूकार की शरण में जाना पड़ता था और ऊँची दर पर ब्याज देता था। इस प्रक्रिया में वह और ग़रीब हो जाता था।[212] एक फ़रमान के द्वारा औरंगज़ेब ने उन छोटे किसानों (रेजा-रियाया) को जजिया से मुक्त कर दिया जो खेती में लगे हुए हैं, किन्तु पूरी तरह अपने अस्तित्व, बीज और पशुओं के लिए क़र्ज़ पर निर्भर करते हैं।[213] पूर्व की भाँति गाँवों का नियन्त्रण भी उच्च वर्ग के हाथों में होता था। मुग़लकालीन भूराजस्व प्रशासन सम्बन्धी एक परवर्ती नियमावली में गाँव की स्थिति का विवरण इन शब्दों में मिलता है :

> प्रत्येक गाँव में कुछ मुक़द्दम होते हैं जो गाँव के और आसामी कहलाने वाले सैकड़ों किसान लोगों अर्थात खेतिहर किसानों के मालिक होते हैं। आसामी राजस्व आहर्ता की स्वीकृति तथा मुक़द्दमों की अनुमति के आधार पर अपने खेत तैयार करते हैं, उनका परिसीमन करते हैं तथा ज़मीन जोतते हैं तथा जो राजस्व फ़सल के शुरू में निर्धारित कर दिया जाता है, उसका सरकार को मुक़द्दमों के ज़रिये भुगतान करते हैं। अधिकांश मुक़द्दम, जो ख़ुदक़ाश्त करते हैं, वे उजरती मज़दूरों को नौकरों की तरह इस्तेमाल करते हैं तथा उन्हें खेती के काम में लगाते हैं। वे उन्हें हल जोतने, बुवाई करने, कताई

करने तथा कुएँ से खेत में पानी लगाने के काम की निश्चित मज़दूरी देते हैं, नक़द भुगतान के रूप में या माल के रूप में। खेत की फ़सल उन्हीं की होती है, चूँकि वे एक साथ दोनों होते हैं, मुक़द्दम भी और आसामी भी (अपनी ख़ुदक़ाश्त के सन्दर्भ में)[214]

यहाँ हम एक ऐसा ढाँचा देखते हैं जिसका निर्माण तीन स्तरों पर हुआ हैः मुखिया जो अपनी खेती भाड़े के श्रम के आधार पर करते हैं, साधारण खेतिहर किसानों का समूह तथा उजरती मज़दूर। यह बहुत कुछ उसके अनुरूप है जो कुछ हम इस काल के गाँव के विषय में जानते हैं।

1796 के एक खसरे से, जो पूर्वी राजस्थान से उपलब्ध हुआ है, दो ऐसे पटेलों का पता चलता है, जो नीचे वाले कुल 38 किसानों में से 10 किसानों की कुल जोत से भी अधिक भूमि पर खेती करते हैं, एक किसान सात फ़सल उगाता था जबकि उन दस में से प्रत्येक केवल एक मोटी खाद्यान्न फ़सल उस मौसम (खरीफ़) में उगाता था।[215] भूमिहीन मज़दूरों का स्वभावतः उस रिकार्ड में कोई ज़िक्र नहीं है।

यहाँ हम देख सकते हैं कि हालाँकि उपभोक्ता वस्तुओं के उत्पादन द्वारा स्तरभेद उग्र तो हुआ लेकिन अभी भी उसकी जड़ें इकाई के रूप में गाँव के अन्दर ही समाई रहीं। गाँव की वित्तीय तथा आर्थिक अस्मिता उस वित्तीय धनराशि (फोता) द्वारा निदर्शित होती थीं जिसमें से राजस्व का भुगतान तथा गाँव के अन्य ख़र्चे पूरे होते थे।[216] दूसरे गाँवों से आने वाले खेतिहर हमेशा अजनबी होते थे तथा वे 'पाइकाश्त' के रूप में भिन्न ढंग से वर्गीकृत कर दिये जाते थे तथा उन्हें गाँव के मुखिया से अपनी शर्तें तय करनी पड़ती थीं।[217] परम्परागत वित्तीय तथा सामाजिक प्रबन्ध की प्रक्रिया के तहत जिसके लिए हम समुदाय शब्द का प्रयोग करते हैं, उस पर तीव्र होते स्तरभेद के परिणामस्वरूप उच्च वर्ग का नियन्त्रण और अधिक मज़बूत होता गया जिसकी हम चर्चा कर रहे हैं। परम्परागत आवरण उस उप-शोषण को बल प्रदान करता रहा जो कदाचित मूल रूप से उसकी बुनियाद में था।[218]

'मुखिया' का पद, प्रत्यक्षतः लाभप्रद रूप में स्थापित होने के पश्चात उसी रूप में विक्रेय हो गया जैसे ज़मींदारी का अधिकार। समय के साथ मुक़द्दमी का अधिकार चुपचाप ज़मींदारी अधिकार में विकसित हो गया।[219] इन दोनों प्रकार की प्रवृत्तियों का निदर्शन मैंने बिलग्राम-शमशाबाद के दस्तावेज़ों के अध्ययन के आधार पर किया था।[220] इस प्रक्रिया का प्रतिलोमी रूप यह था कि किसान

अपने गाँव को ज़मींदार को बेचते थे और इसका उदाहरण भी उन्हीं दस्तावेज़ों में मिलता है।[221] दोनों ही स्थितियों में रैयती क्षेत्र पर ज़मींदारी अधिकार का विस्तार था। निस्सन्देह, ऐसी स्थिति में निम्नस्तरीय ज़मींदारों तथा उच्चवर्गीय किसानों के सन्धिस्थल पर पर्याप्त घालमेल रहा होगा।

इस प्रकार, मध्यकालीन किसान वर्ग दोहरे शोषण की चक्की में पिस रहा था। एक ओर, शासक वर्ग (राजा और मुक्ती/जागीरदार) तथा ज़मींदार तथा दूसरी ओर, वित्तीय और बाज़ार की शक्तियों द्वारा उत्पन्न आन्तरिक विभेदीकरण की तीव्र होती गति। इस दोहरी विकासप्रक्रिया के स्रोत का आधार अनिवार्य रूप से बाह्य था अर्थात अधिशेष के प्रवाह को मध्यकालीन भूमिकर व्यवस्था द्वारा बरबस शहर की ओर कर दिया गया था।

अधिकांश किसानों के लिए जीवन अपने आप में अस्तित्व रक्षा के लिए संग्राम था। सत्रहवीं शताब्दी में, जिसके विषय में हमारे पास पहले की किसी भी शताब्दी की तुलना में अधिक सूचना है, बार-बार अकाल पड़े। इनके द्वारा भयानक जन-हानि हुई।[222] प्राकृतिक आपदाओं ने प्रकारान्तर से मनुष्य द्वारा मनुष्य के शोषण को रेखांकित किया। किसान के लिए सर्वाधिक बोझ भूमिकर था जिसके द्वारा उसके उत्पादन के एक बड़े हिस्से को जबरन हड़प लिया जाता था। इसलिए यह स्वाभाविक था कि भूमिकर का भुगतान सभी बड़े सामाजिक टकरावों (जिनमें किसान वर्ग भी सम्मिलित है) की जड़ में हो। यह एक उल्लेखनीय किन्तु सहज रूप से बोधगम्य तथ्य है कि ज़मींदारों और किसानों के बीच सशस्त्र संघर्ष के सन्दर्भ बहुत कम मिलते हैं, उच्च वर्गीय और साधारण किसानों के बीच सशस्त्र संघर्ष की तो बात ही बहुत दूर है। भूमिकर प्रमुख अन्तर्विरोध का प्रतिनिधि कारण था। अन्य सभी महत्त्वपूर्ण टकराव गौण प्रतीत होते थे।

कृषक विद्रोह

कृषक विद्रोह समग्र मध्यकालीन भारत में शुरू से अन्त तक दिख़लायी पड़ते हैं। उनकी फौरी उत्तेजना का फौरी कारण समान रूप से भूराजस्व के भुगतान की माँग प्रतीत होती है।

1330 ई. के आसपास दोआब में एक व्यापक विद्रोह हुआ। मुहम्मद तुग़लक (1325-51 ई.) ने राजस्व की दर बढ़ा दी जिसके परिणामस्वरूप कमज़ोर तथा साधनहीन किसान पूरी तरह भूलुंठित हो गये जबकि धनी किसान जिनके पास कुछ संसाधन थे, वे विद्रोही बन बैठे।[223] जब सुलतान ने खोतों तथा मुक़द्दमों को दण्डित करने की कोशिश की (उन्हें जान से मारकर अथवा उन्हें अन्धा करके)

तो जो बच गये, उन्होंने टोली बनायी और जंगलों में भाग गये। सुलतान की सेना ने जंगलों को घेर लिया तथा जो भी उन्हें मिला उसे मार दिया।[224]

इससे मध्यकालीन विद्रोह के कारणों तथा गतिविधि का पता चलता है। उदाहरण के लिए, 1622 ई. में जहाँगीर को यह सूचना मिली कि गाँव वाले (गँवारान) तथा खेतिहर किसान (मुजारिआन) यमुना के पूर्व की ओर निरन्तर चोरी करते हैं तथा घने जंगलों में छिपे हुए हैं और वहाँ तक पहुँचना मुश्किल है। वे विद्रोहियों के रूप में वहाँ रह रहे हैं तथा जागीरदारों को भूराजस्व नहीं देते। इस पर विद्रोह को कुचलने के लिए सेना भेज दी गयी। सेना ने कुछ को क़त्ल किया, कुछ को दास बना लिया तथा लूटपाट की और इस प्रकार उस विद्रोह का दमन किया।[225]

एक स्तर पर अथवा शुरू से ही किसान विद्रोह अधिशेष में से हिस्सा-बाँट के प्रश्न पर शासक वर्ग के विरुद्ध ज़मींदारों के टकराव के साथ जुड़ गया। चौदहवीं शताब्दी में पहले से ही एक अधिकारी किसानों (गाँव वालों/दहकान और ज़मींदारों) को एक साथ जोड़कर देख रहा था। उसके अनुसार वे राजस्व का भुगतान तभी करते हैं जब उन्हें सेना का भय होता है अथवा तलवार भोंके जाने का।[226] 1330 ई. में दोआब के विद्रोह में खोतों और मुक़द्दमों ने विद्रोही दस्तों का नेतृत्व किया, जैसा हमने देखा और उनमें से कुछ तो ज़मींदारों के आदिरूप ही थे।

सत्रहवीं शताब्दी में जो ज़मींदारों के विद्रोह हुए, वे या तो किसानों के असन्तोष को आधार बनाकर पनपे अथवा अनेक क्षेत्रों में कृषक-विद्रोहों के साथ घुल-मिल गये।[227] यमुना पार का क्षेत्र पुनः इसका उदाहरण है। पूर्ववर्ती युग के कृषक विद्रोह एक प्रकार से उन जाट विद्रोहों की भूमिका ही थे जो क्रमागत रूप से विभिन्न ज़मींदारों के नेतृत्व में सम्पन्न हुऐ।[228] जाट-विद्रोह औपचारिक रूप से सफल था जो भरतपुर राज्य की स्थापना के साथ समाप्त हुआ। इससे दोआब क्षेत्र में जाट ज़मींदारी का दूसरे ज़मींदार ख़ानदानों की क़ीमत पर विस्तार हुआ। अतः यह बहुत सम्भव है कि बहुत से उच्चवर्गीय जाट किसान ज़मींदार वर्ग में सम्मिलित हो गये। जहाँ तक साधारण किसान का सम्बन्ध है, इसका अन्य कोई परिणाम नहीं रहा। टहलुआ जातियों के प्रति उसका दृष्टिकोण परम्परागत ही था। सूरजमल ने अनेक चमारों (जो हिन्दुओं की सेवा-टहल करने वाली जाति माना जाती है) को पकड़कर भरतपुर की खाई की रक्षा के लिए लगा दिया।[229] उन्हें केवल चलसम्पत्ति ही समझा जाता था।

यह भी सोचा जाना चाहिए कि किस प्रकार मराठा शक्ति ने सत्रहवीं शताब्दी में अपने निर्माणकाल में किसान असन्तोष से शक्ति ग्रहण की। मराठा सरदारों की उत्पत्ति स्पष्ट रूप से ज़मींदारों से हुई।[230] लेकिन उनकी सशस्त्रशक्ति का आधार उनमें सम्मिलित होने वाले किसान-सिपाही बर्गी थे जो मुग़लों तथा मराठों के उत्पीड़न तथा लूटपाट से बचने के लिए अपने गाँवों को छोड़ देते थे।

'औरंगज़ेब को यह बताया गया कि साम्राज्य क्षेत्र के किसानों (मुजारियान) का मराठों को सहयोग मिलता है। अतः यह आदेश दिया गया कि प्रत्येक गाँव में जो घोड़े और हथियार मिले, उन्हें ज़ब्त कर लिया जाये। जब अनेक गाँवों में यह हुआ तो जिन किसानों के पास घोड़े और हथियार थे, वे मराठों से जा मिले।[231] तदनुसार एक परवर्ती लेखक (1761 ई.) ने यह कहा कि मराठों की सेना का निर्माण अधिकांशतः निम्न जातियों जैसे किसान, गड़रिये, बढ़ई, चमार आदि से हुआ है जबकि मुसलमानों की सेना में अधिकांशतः सरदार और सम्भ्रान्त लोग थे और उसने मराठों की सफलता के लिए इसी कारण को उत्तरदायी माना।[232]

मराठा सरदारों की सफलताओं के बावजूद किसानों की स्थिति में कोई सुधार नहीं हुआ किन्तु यह सम्भव है कि यहाँ भी किसान वर्ग से आने वाले कुछ लड़ने वाले सिपाही गाँव के विशिष्ट वर्ग में सम्मिलित होते गये तथा महाराष्ट्र में मीरास पट्टेदारियों का पर्याप्त विस्तार हुआ।[233] कुनबियों (निम्न कोटि के किसान) की स्थिति सामान्यतः पहले जैसी ही रही।

दो और भी विद्रोह हुए जिन पर ध्यान दिया जाना चाहिए क्योंकि ये कृषक विद्रोह धार्मिक आन्दोलनों के साथ जुड़ गये। ये आन्दोलन कबीर, नानक, रैदास तथा अन्य की एकेश्वरवादी शिक्षाओं से उद्भूत हुए थे। इन उपदेशकों ने आम आदमी की भाषा का प्रयोग किया, विशेष रूप से ईश्वर के प्रति समर्पण की भावना का प्रचार-प्रसार करने के लिए, किन्तु उनकी शिक्षा का उद्देश्य सामाजिक समतावाद था चूँकि उन्होंने बाह्याडम्बर तथा जातिप्रथा की निन्दा की। अधिकांश शिक्षक निम्न जातियों के थे। नामदेव छीपी थे, कबीर जुलाहे थे; रैदास चमार थे। सेन नाई थे। दादू धुनिया थे। धन्ना जाट किसान थे।[234] कबीर और अर्जन के पदों में 'ईश्वर-भक्त' किसान तथा गाँव के मुखिया दोनों ही रूपों में उभरता है।[235] यह आन्दोलन निस्सन्देह रूप से अनेक निम्न वर्गों की उस इच्छा का प्रतिनिधित्व करता है जो समाज में अधिक प्रतिष्ठा प्राप्त करना चाहती थी। टहलुआ जातियों के लिए उसका खुलापन ही इसकी असाधारण उपलब्धि थी, वस्तुतः हमारे इतिहास में अभूतपूर्व।

जैसा कि उसके धर्म ग्रन्थ से स्पष्ट है सतनामी सम्प्रदाय भी इसी से जुड़ा था। 1672 ई. में नारनौल क्षेत्र में उनका जो विद्रोह हुआ उसने मुग़ल साम्राज्य को हिला दिया। एक समकालीन हिन्दी कविता में ऐसा चित्रण किया गया है कि जैसे इसमें करोड़ों 'गँवार' सम्मिलित थे।[236] अर्ध-सरकारी इतिहासकार साकी मुस्ताइद ख़ान यह स्वीकार करता है कि युद्ध में उन्होंने महाभारत के दृश्यों की पुनरावृत्ति की।[237]

उस सम्प्रदाय की संरचना भी दिलचस्प है। मामूरी कहता है कि वे किसान थे तथा बक्कालों के रूप में छोटी पूँजी का व्यापार करते थे।[238] अतः इसकी बहुत सम्भावना है कि कुछ किसानों ने व्यापार के पेशे में प्रवेश पाने की कोशिश की हो तथा बनिया का स्तर प्राप्त कर लिया हो। साकी मुस्ताइद ख़ान कहता है कि उनके वर्ग में सभी प्रकार की टहलुआ जातियों के लोग थे, जैसे सुनार (?), बढ़ई, मेहतर तथा चमार।[239] ईसरदास नागर भी इसे पुष्ट करता हुआ प्रतीत होता है। वह इस समुदाय की गन्दगी और अपवित्रता उनके सूअर का मांस खाने तथा कुत्ता रखने आदि की विस्तार से चर्चा करता है।[240] यहाँ भी हम सम्भवतः टहलुआ जातियों में यह आकांक्षा देखते हैं कि जातिविहीन समुदाय के संरक्षण में उन्हें किसान के रूप में मान्यता प्राप्त हो जाये।

सतनामियों को हरा दिया गया और कुचल दिया गया किन्तु सिखों को सफलता मिली। सिखों का एक ऐसा विद्रोह भी था जहाँ किसान एकेश्वरवादी नेतृत्व में विद्रोहियों के रूप में दिखायी पड़ते हैं। सत्रहवीं शताब्दी के एक बुद्धिमान पर्यवेक्षक ने यह रेखांकित किया कि सिख समुदाय में जाटों ने अपना महत्त्वपूर्ण स्थान बनाया है और वह कहता है कि जाट का अभिप्राय पंजाबी भाषा में ग्रामीण (गँवार) होता है।[241] अपने निर्विवाद कृषक ढाँचे के बावजूद उस समुदाय में निम्न और टहलुआ जातियों के लोग भी सम्मिलित हुए। बन्दा ने अधम से अधम (मेहतर और चमार) जिसके समान हिन्दुस्तान में और कोई अपवित्र नहीं है,[242] उसे भी उच्च स्थान प्रदान किया। एक परवर्ती लेखक ने अनेक बड़े सिख सरदारों के बारे में कहा है कि वे निम्न जातियों के थे, जैसे बढ़ई, चमार, जाट आदि।[243] सतनामियों की ही भाँति यहाँ भी हम निम्न वर्गों में यह स्पष्ट आकांक्षा देखते हैं कि संस्कृतीकरण के बरअक्स जातिविहीन विकल्प के माध्यम से उन्हें ऊँचा स्थान प्राप्त हो।

यह एक महत्त्वपूर्ण सामाजिक उपलब्धि है। किन्तु जहाँ एक ओर उसने समुदाय के कुछ हिस्सों को नीचे से ऊपर उठाया, वहीं उसने समाजव्यवस्था के प्रमुख तत्त्वों में कोई बदलाव उपस्थित नहीं किया। औरंगज़ेब की आलोचना

करते हुए गुरु गोविन्दसिंह ने फ़ारसी में जो एक लम्बी कविता लिखी, उसमें भी किसानों के उत्पीड़न का ज़िक्र नहीं किया।[244] अठारहवीं-उन्नीसवीं शताब्दी के सिख शासनों की कृषि संरचनाओं में ऐसा कुछ नहीं था जिसके आधार पर अपने पूर्ववर्ती शासनों से उन्हें अलग करके देखा जा सके।[245]

मुग़ल साम्राज्य का पतन सामान्य रूप से कृषि संकट के कारण हुआ। यह कृषि संकट उसे निगल चुका था और इसके परिणामस्वरूप बहुत से विद्रोह हुए जिनमें कहीं सफलता मिली तो कहीं असफलता। जैसा कि हमने देखा है इन विद्रोहों के साथ किसानों का गहरा सम्बन्ध था। हालाँकि प्रत्येक विद्रोह के उद्देश्य किसानों द्वारा ही निर्धारित नहीं थे और उनके लिए बुनियादी स्थितियों में कोई बदलाव नहीं आया।

आधुनिक काल से पूर्व किसान विद्रोहों को सामान्यतः सफलता नहीं मिली। यह एक ऐसा विषय है जिस पर बहस की शायद ही कोई गुंजाइश हो। बहरहाल भारतीय कृषक विद्रोहों की प्रमुख विशेषताओं की गहरी छानबीन की जानी चाहिए। मेरी राय में उसकी एक बुनियादी विशेषता अपेक्षाकृत रूप से उसकी पिछड़ी हुई वर्ग चेतना है। चीन में कर घटाने को लेकर किसानों में विद्रोह हुए। यही विद्रोह राजवंशों में परिवर्तन का कारण बने। 1381 ई. में इंगलैंड के विद्रोह तथा सोलहवीं शताब्दी में जर्मनी के किसान युद्धों के दौरान किसानों ने अपने क़ानूनी तथा आर्थिक स्तर में विशेष प्रकार के परिवर्तनों का उद्देश्य सामने रखा। दूसरे शब्दों में, किसान वर्ग अपनी चेतना में एक वर्ग के रूप में खड़ा रहा। इसी बिन्दु पर भारतीय किसान विद्रोहों में एक विशेष प्रकार की त्रुटि दिखायी पड़ती है। किसान ज़मींदारों के विद्रोहों को भड़का सकते थे (जैसे मराठा), वे किसी एक क्षेत्र में भड़क सकते थे (जैसे दोआब), अथवा एक जाति के रूप में (जैसे जाट), एक सम्प्रदाय के रूप में (जैसे सतनामी सिख) उठ सकते थे, किन्तु वे किसी सामान्य लक्ष्य को, एक ऐसे लक्ष्य को जो संकीर्ण सीमाओं से ऊपर हो, प्राप्त नहीं कर पाते।

अपने इस सम्बोधन में मैंने इस ऐतिहासिक असफलता की अस्थायी अथवा आंशिक व्याख्या ही प्रस्तुत की है। हमारे समाज का जाति-विभाजन, किसान वर्ग तथा टहलुआ जातियों के बीच विशाल खाई तथा ज़मींदारी सत्ता की गहरी जड़ें आदि कुछ ऐसे कारण रहे जिनके तहत यह परिणाम देखने को मिला। मैं यह बिना झिझक स्वीकार करता हूँ कि किसी ऐसे जटिल विषय पर जिसमें किसी सभ्यता में किसानों की भूमिका का आकलन करना हो, अन्तिम रूप से कुछ भी नहीं कहा जा सकता।

भारतीय कृषक वर्ग का इतिहास सत्रहवीं अथवा अठारहवीं शताब्दी में ही समाप्त नहीं होता, जहाँ मैंने समाप्त किया है। किसान वर्ग ने आत्मबोध प्राप्त करने की दिशा में जो क़दम उठाया, वह राष्ट्रीय आन्दोलन की उपलब्धि है जिसकी सफलता का श्रेय सामान्यतः किसानों को जाता है। तथापि, यह स्पष्ट है कि अतीत के बहुत से बोझीले अवशेष, भेदोपभेद और अन्धविश्वास अभी भी किसानों और गाँव के ग़रीबों के बीच के उन सम्बन्ध सूत्रों को मज़बूत नहीं होने देते जो भारत में न्यायोचित समाजव्यवस्था के लिए अत्यन्त आवश्यक हैं।

सन्दर्भ और टिप्पणियाँ

1. इस परिच्छेद में दी गयी सूचना के लिए मैंने अपने सहयोगी डॉ। एम. डी. एन. साही के साइक्लोस्टाइल्ड आलेख *अर्ली हिस्ट्री ऑफ़ एग्रीकल्चर इन प्रि एंड प्रोटो हिस्टॉरिक इंडिया* को आधार बनाया है। यह आलेख 1981 में बोधगया में आयोजित 'इंडियन हिस्ट्री कांग्रेस' में पढ़ा गया था।
2. वी. गोर्डन चाइल्ड, *मैन मेक्स हिमसेल्फ़*, लन्दन, 1948, पृ. 123
3. *दि थ्रेशहोल्ड ऑफ़ सिविलाइजेशन,* न्यूयॉर्क, 1975, पृ. 44, पन्ना। सभी साक्ष्य (विशेष रूप से कला सम्बन्धी) निर्विवाद नहीं हो सकते।
4. कार्बनडेटिंग पद्धति के आधार पर सामान्यतः जो काल निर्धारण किया गया (जो 5730 वर्ष के अर्ध जीवन पर आधारित था) वह ब्रिजेट तथा रेमंड अल्चिन की *दि बर्थ ऑफ़ सिविलाइजेशन* (पेंग्विन बुक्स, 1968, पृ. 140) में दिया गया है। इसके अतिरिक्त डी.पी. अग्रवाल तथा ए. घोष द्वारा सम्पादित पुस्तक *रेडियो कार्बन एंड इंडियन आर्कियोलॉजी* (बम्बई, 1973, पृ. 205-10) तथा 'पुरातत्त्व', सं. 7 (1974, पृ. 65-73) में भी इस सन्दर्भ में बड़ा उपयोगी विचार-विमर्श उपलब्ध है। व्यासमापन (केलीब्रेशन) पद्धति के आधार पर सिन्धु घाटी सभ्यता का काल पीछे की ओर खिसका दिया है तथा उसकी कालावधि को और अधिक विस्तृत कर दिया है।
5. पहिये वाली गाड़ी के रूप में मिट्टी के खिलौने तथा काँसे के बैलों के लिए, जो सिन्धु घाटी से सम्बद्ध खुदाई के स्थलों पर मिले हैं, देखें : स्टुअर्ट पिगट की पुस्तक *प्रि हिस्टॉरिक इंडिया,* पेंग्विन बुक्स, 1950, पृ. 176-77। सिन्धु घाटी सभ्यता का टाटदार बैल (जेबू) खींचने वाले कामों के लिए उपयुक्त था। टाट के द्वारा इस तरह के काम को बड़े प्रभावशाली ढंग से सम्पन्न किया जा सकता था। कोसम्बी ने इस सन्दर्भ में अपनी पुस्तक *एन इंट्रोडक्शन टू दि स्टडी ऑफ़ इंडियन हिस्ट्री* में जो आपत्ति की है, वह इसलिए कि अनेक समय तक हलके सन्दर्भ में कोई ठोस साक्ष्य नहीं मिला था तथा मेसोपोटामिया की तुलना में दो नगरों की उपस्थिति के आधार पर बहुत थोड़ी मात्रा में अधिशेष का अनुमान किया जा सकता था। डी. एच. गोर्डन की पुस्तक *दि प्रि-हिस्टॉरिक बैकग्राउंड ऑफ़ इंडियन कल्चर* (बम्बई, द्वितीय संस्करण, 1960, पृ. 70-71) में नकारात्मक साक्ष्य के संदर्भ में कुछ टिप्पणियाँ मिलती हैं।

6. *इंडियन आर्कियोलॉजी,* 1968-69, एक समीक्षा, नयी दिल्ली, 1971, पृ. 29-30 तथा प्लेट - XXXIV। जुते हुए खेत को पूर्व हड़प्पाकालीन बताया जाता है क्योंकि इसके ऊपर हड़प्पाकालीन अधिवास की पर्तें मिलती हैं।

7. गेहूँ और जौ के लिए देखें-जॉन मार्शल, *मोहेनजोदड़ो एंड दि इंडस सिविलाइजेशन,* लन्दन, 1931, पृ. 586-7। जी.वॉट, छह पंक्तियों वाले जौ की चर्चा करता है कि भारत में जौ की खेती का लगभग यही एकमात्र तरीक़ा है (इकोनॉमिक प्रोडक्ट्स ऑफ़ इंडिया, लन्दन, 1890, IV, पृ. 275)। किन्तु उसी तरह की गेहूँ की अन्य क़िस्मों के लिए देखें ए. पिगट, *प्रि-हिस्टॉरिक इंडिया,* पृ. 153। फ़सलों के सन्दर्भ में अतिरिक्त सूचना के लिए देखें : 'पिगट', पूर्वोद्धृत तथा 'साही' अर्ली एग्रीकल्चर..... पूर्वोद्धृत।

8. मार्शल, *मोहेनजोदड़ो एंड दि इंडस सिविलाइजेशन,* I, पृ. 31-32। 'गोसीपियम आर्बोरियम' के साथ कपास का गहरा सम्बन्ध तलाश किया गया है। इससे उस खोज की पुष्टि भी हुई है जो पहले ही वनस्पतिशास्त्र के आधार पर की गयी। यदि किसी अन्य क़िस्म की कपास के मुक़ाबले ज़्यादा पुरानी न भी सही तो भी यह क़िस्म बहुत पुरानी है (जी. वॉट, *कॉमर्शियल प्रोडक्ट्स ऑफ़ इंडिया, लन्दन,* 1908, पृ. 577)।

9. *पीजेंट स्टेट एंड सोसायटी इन मेडिएवल साउथ इंडिया,* दिल्ली, 1980।

10. क्लासिकीय वक्तव्य मार्क्स की *ब्रिटिश रूल इन इंडिया,* (1853) में है, *'ऑन कॉलोनियलिज्म'* (कार्ल मार्क्स तथा फ्रेड्रिक एंगेल्स, मॉस्को, अदिनांकित, पृ. 33) में पुनर्मुद्रित।

11. गोर्डन चाइल्ड से तुलनीय *व्हाट हैपिंड इन हिस्ट्री,* पेंग्विन बुक्स, संशोधित, संख्या 1954, पृ. 132।

12. डी.डी. कोसम्बी के इस तर्क में, जो उन्होंने अपनी पुस्तक *इंट्रोडक्शन...* पृ. 59-61 में दिया है कि धर्म की भूमिका को संघटित करते काँसे के हथियारों के आधार पर इस्तेमाल किये जाने वाले 'बल' अथवा 'शक्ति' को अनावश्यक कर दिया गया, धर्म की भूमिका को बढ़ा-चढ़ाकर देखा गया है।

13. आर.ई. एम. व्हीलर, *'हड़प्पा'* 1946, *दि डिफेंसिंज एंड सिमेट्री 38,* एंशिएंट इंडिया, सं. 3, जनवरी 1947, विशेष रूप से 78-83, डी.डी. कोसम्बी, *इंट्रोडक्शन....,* पृ. 66-90

14. आर्य शब्द का प्रयोग सावधानी के साथ करना चाहिए जैसा कि रोमिला थापर ने 'इंडियन हिस्ट्री कांग्रेस के एंशिएंट सेक्शन' के अध्यक्षीय भाषण के रूप में पठित अपने आलेख में युक्तिपूर्वक आग्रह किया है; देखें : 'प्रोसीडिंग्स ऑफ़ दि कांग्रेस', वाराणसी सत्र (1969), पृ. 15-46 आर्य शब्द का नस्ली सन्दर्भ हरगिज़ नहीं है।

15. सिन्धु घाटी की सभ्यता में घोड़े की अनुपस्थिति के सन्दर्भ में देखें : ब्रिजेट एंड रेमंड अल्चिन *बर्थ ऑफ़ इंडियन सिविलाइजेशन,* पृ. 260। आर्यों की सफलता हाइक्सोस से मिलती-जुलती है जिन्होंने अठारहवीं शताब्दी ई. पू. में मिश्र को अपने रथों से रौंद दिया था।

16. लियोनॉर्ड वूले से तुलनीय, *दि बिगनिंग्स ऑफ़ सिविलाइजेशन (यूनेस्को हिस्ट्री ऑफ़ मेनकाइंड,* 161, भाग- I), लन्दन, 1965, पृ. 190। इस बिन्दु पर सर्वदमनसिंह ने भी किंचित प्रकाश डाला है, *एंशिएंट इंडियन वारफेयर विद स्पेशल रेफरेंस टू दि वैदिक*

पीरियड, लीडेन, 1965, पृ. 31। किन्तु मोर्टीमर व्हीलर ने अपनी पुस्तक की भूमिका में इसका विशेष उल्लेख किया है।

17. आर.एस. शर्मा *शूद्राज इन एशिएंट इंडिया*, दिल्ली, 1958, पृ. 26. इसके अतिरिक्त उनका आलेख 'कांफ्लिक्ट डिफरेंशिएशन एंड डिस्ट्रीब्यूशन इन ऋग्वैदिक सोसायटी', (*इंडियन हिस्टॉरिकल रिव्यू*, IV,(1), पृ. 1-12)। भी देखें।

18. बी.एस.के. दास। *इकोनॉमिक हिस्ट्री ऑफ़ एशिएंट इंडिया*, कलकत्ता, 1937, पृ. 28-29

19. पूर्वोक्त से तुलनीय, पृ. 32 तथा एन बन्द्योपाध्याय, *इकोनॉमिक लाइफ एंड प्रोग्रेस इन एशिएंट इंडिया* कलकत्ता, 1965, पृ. 130-131. शब्द का अर्थ धान लिया जाता था। तथापि देखें, कोसम्बी, *इंट्रोडक्शन* पृ. 83

20. कोसम्बी, *इंट्रोडक्शन*, पृ. 70-71.

21. वही, पृ. 83.

22. बंद्योपाध्याय, *इकोनॉमिक लाइफ,* I, पृ. 125

23. दास, *इकोनॉमिक हिस्ट्री...*, पृ. 25-26

24. देवराज चानना से तुलनीय, *स्लेवरी इन एंशिएंट इंडिया*, 1960, पृ. 20

25. कोसम्बी, *इंट्रोडक्शन*, पृ. 92-93। महिला दास विशेष रूप से मूल्यवान होती थी (चानना, स्लेवरी... पृ. 20-21)। किन्तु इसका अनिवार्य रूप से यह अभिप्राय नहीं है कि वे और उनके बच्चे अपने मालिकों की सेवा टहल से मुक्त रखे जाते थे।

26. स्टुअर्ट पिगट, *प्रि हिस्टॉरिक इंडिया*, पृ. 228 तथापि, यह कॉपर होर्डकालीन' लोगों के औज़ारों में नहीं मिला है।

27. बी.बी. लाल, 'दि कॉपर होर्ड कल्चर आफ़ दि गंगा वैली', *ऐंटीक्विटी* XLVI, पृ. 282-87; आर.सी. गौड़, *दि ऑकर कलर्ड पॉटरी*, साउथ एशियन ऑर्कियॉलोजी, 1973, सं. वैन लोहूजेन डि लीबू एंड उलबागो, लीडेन, 1974, पृ. 53-62। यह तिथि निर्धारण थर्मोल्यूमीनेंस। विधि के आधार पर किया गया है। सिन्धु घाटी की सभ्यता की कार्बन तिथियों का व्यास मापन करने के उपरान्त 'गेरुए रंग के मृद्भांड' वाली सभ्यता को (अन्तिम चरण के सिवाय) उसके समकालीन नहीं माना जा सकता।

28. देखें, के.ए. चौधरी, *एंशिएंट एग्रीकल्चर एंड फोरेस्ट्री इन नॉर्दर्न इंडिया* (अतरंजीखेड़ा में मिले पौधों के अवशेषों पर एक रिपोर्ट), बम्बई, 1977, पृ. 60-63, तथा साही, *अर्ली हिस्ट्री ऑफ़ एग्रीकल्चर...*, पूर्वोद्धृत।

29. लोहे के शानदार प्रागैतिहासिक सर्वेक्षण के लिए देखें, लियोनार्ड वूले, *दि बिगनिंग्स ऑफ़ सिविलाइजेशन*, पृ. 277-83

30. दिलीप चक्रवर्ती, 'दि बिगनिंग ऑफ़ आयरन इन इंडिया', ऐंटीक्विटी, एल (1976), पृ. 118-19। उन्होंने ऊपरी गंगाघाटी के लिए 800 ई. पू. तथा पूर्वी भारत के लिए 750 ई. पू. तिथि निर्धारित की है। तथापि, साही मध्य भारत में एरान तथा अहार से उपलब्ध साक्ष्य के आधार पर उसकी तिथि को तेरहवीं शताब्दी ई.पू. तक ले गये हैं। (देखें *प्रोसीडिंग्स ऑफ़ दि इंडियन हिस्ट्री कांग्रेस,* बम्बई, 1980, सत्र, पृ. 104-11) 'पेंटिड ग्रे वेयर कल्चर' का काल निर्धारण करना मुश्किल है क्योंकि विभिन्न खुदाई स्थलों की भिन्न-भिन्न कार्बन-14 तिथियाँ मिली हैं। बी.बी. लाल ने अपने एक साइक्लोस्टाइल्ड

आलेख 'दि पेंटिड ग्रे वेयर कल्चर' (1981, पृ. 34-37) में उक्त साक्ष्य का सार-संक्षेप प्रस्तुत किया है।

31. अथर्ववेद में लोहे के सन्दर्भों के लिए देखें, बंद्योपाध्याय, *इकोनॉमिक लाइफ,* I, पृ. 158। आर. एस. शर्मा ने पुरातात्त्विक तथा साहित्यिक साक्ष्यों के बीच तालमेल बैठाया है। देखें: 'क्लासफोर्मेशन एंड इट्स मैटीरियल बेसिस इन अपर गैंजेटिक बेसिन', आई. एच. आए, II (1), 1975, पृ. 1-13

32. देखें, बी.बी. लाल, पेंटिड ग्रे वेयर कल्चर, पूर्वोद्धृत, पृ. 5-8. 'पी.जी. डब्ल्यू. कल्चर' से सम्बद्ध लगभग 650 स्थलों की खुदाई की सूचना है।

33. के. ए. चौधरी, *एंशिएंट एग्रीकल्चर...* पृ. 63, साही–*अर्ली हिस्ट्री ऑफ़ एग्रीकल्चर,* पूर्वोद्धृत।

34. कोसम्बी, *इंट्रोडक्शन,* पृ. 144

35. नरेन्द्र वाग्ले, *सोसायटी ऑफ़ दि टाइम ऑफ़ दि बुद्ध,* बम्बई, 1966, पृ. 1

36. सन्दर्भ के लिए देखें, 'बन्द्योपाध्याय', *इकोनॉमिक लाइफ,* I, पृ. 133-4। दास, *इकोनॉमिक हिस्ट्री,* पृ. 90-91

37. *कैम्ब्रिज हिस्ट्री ऑफ़ इंडिया,* I, सं. ई. जे. रेप्सन, दिल्ली, पुनर्मुद्रण 1955, पृ. 114-15। दासों की उपस्थिति के सन्दर्भ में आर.एस. शर्मा ने सन्देह व्यक्त किये हैं, देखें, आई.एच.आर. II, (1), पृ. 8

38. आर. फिक, *सोशल ओर्गेनाइजेशन ऑफ़ नार्थ ईस्ट इंडिया इन बुद्धाज टाइम,* अंग्रेज़ी अनुवाद, कलकत्ता, 1920, पृ. 243-44। तथा *अतीन्द्रनाथ बोस, सोशल एंड रूरल इकॉनॉमी ऑफ़ नॉर्दर्न इंडिया,* लगभग 600 ई. पू.-200 ई. कलकत्ता, 1970, पृ. 62-93

39. सिबेश भट्टाचार्य से तुलनीय, 'लैंडसिस्टम एज रिफलैक्टिड इन कौटिल्यास अर्थशास्त्र', *इंडियन इकोनॉमिक एंड सोशल हिस्ट्री रिव्यू* (आई.ई.एच.आर.), X VI (1), पृ. 85-95

40. यू. एन. घोषाल, *कांस्टीट्यूशंस टू दि हिन्दू रेवेन्यू सिस्टम,* कलकत्ता, 1929, पृ. 29-31, 34, कोसम्बी, *इंट्रोडक्शन,* पृ. 215

41. बी.बी. लाल, *पेंटिड ग्रे वेयर कल्चर,* पूर्वोद्धृत, पृ. 22-23

42. जंगली जानवरों (जैसे : बारहसिंगा, नील गाय और चीता भी–जिनके खोये जाने का स्पष्ट प्रमाण है) की हड्डियाँ हस्तिनापुर तथा अतरंजीखेड़ा, जो पीजी. डब्ल्यू. कल्चर से सम्बद्ध पुरातात्त्विक स्थल हैं, में मिली हैं. (देखें, बी.बी. लाल, पूर्वोद्धृत , पृ. 17) उल्लेखनीय है कि अशोक को मोर और हिरन का मांस विशेष प्रिय था। वह उस समय भी इनका मांस खाता था जब कि उसके रसोईघर में मारे जाने वाले जानवरों की संख्या बहुत कम हो गयी थी। (शिला, राजाज्ञा, 1)

43. कोसम्बी, *इंट्रोडक्शन...,* पृ. 121-23। निषादों के लिए देखें : विवेकानन्द झा, *फ्रॉम ट्राइब टू अनटचेबुल : दि केस ऑफ़ निषादाज,* इंडियन सोसायटी, हिस्टॉरिकल प्रोबिंग्स, सं. आर.एस. शर्मा एंड वी. झा, नयी दिल्ली, 1974, पृ. 69-75

44. *दि क्लासिकल एकाउंट्स ऑफ़ इंडिया,* सं. आर.सी. मजुमदार, कलकत्ता, 1960, पृ. 225, 237, 264

45. जातकों के साक्ष्य के आधार पर निस्सन्देह फिक यह विश्वास करता था कि ज़मीन अधिकांशतः ब्राह्मणों के क़ब्ज़े में थी (सोशल ओर्गेनाइजेशन : पूर्वोद्धृत), पृ. 241
46. आर. एस. शर्मा से तुलनीय, देखें : 'आई.एच.आर'-II (1), पृ. 8-9.
47. *दि लॉज ऑफ़ मनु,* अनुवाद– जी. वूलर, ऑक्सफोर्ड, 1886, पृ. 420-21
48. बी.बी. लाल, *पेंटिड ग्रे वेयर कल्चर,* पृ. 13। पी.जी. डब्ल्यू. से सम्बद्ध जखेड़ा स्थल पर एक हँसिया तथा एक हल की फाल मिली है। इससे उस वक्तव्य में किंचित संशोधन हो गया है जिसके अनुसार कृषि से सम्बद्ध लोहे के औज़ारों का प्रयोग एन. बी. पी. कल्चर से जोड़कर देखा गया है। (आर.एस. शर्मा, आई.एच.आर. II, (1), पृ. 2) तथापि, यह एक तथ्य अपनी जगह मौजूद है कि इस प्रकार के औज़ारों की संख्या अपेक्षाकृत रूप से एन. बी.पी. के साथ बढ़ने लगती है।
49. *व्हाट हैपिंड इन हिस्ट्री,* संशोधित संस्करण, 1954, पृ. 183। भारत में किसान का पहली बार चित्रण, जिसमें वह बैलों की एक जोड़ी के साथ हल चला रहा है, कुषाणकालीन स्तम्भ चित्रकला में मिलता है। लगभग 200 ई. (डी.डी. कोसम्बी की पुस्तक *कल्चर एंड सिविलाइजेशन इन एंशिएंट इंडिया इन हिस्टॉरिकल आउट लाइन,* लन्दन, 1965, प्लेट 15 में उसका पुनःप्रस्तुतीकरण किया गया है। यह तसवीर बीसवीं शताब्दी के हल जोतते किसान जैसी लगती है।
50. दास, *इकोनॉमिक हिस्ट्री...* पृ. 93-202
51. इस प्रकार की सूची के लिए देखें, एन.एन. खेर, *एग्रेरियन एंड फिस्कल इकॉनॉमी इन दि मौर्यन एंड पोस्ट मौर्यन एज,* दिल्ली, 1973, पृ. 379-400। इस सूची में अलग से जो चीज़ें दी गयी हैं जैसे मक्का, मूँगफली, लालमिर्च– वे स्पष्ट रूप से ग़लत दी गयी हैं। कौटिल्य (*अर्थशास्त्र,* II, 24) रबी और खरीफ़ में बोयी जाने वाली विशिष्ट फ़सलों का उल्लेख करता है (अनुवाद द्वारा शामशास्त्री, मैसूर, 1956, पृ. 127-131).
52. इस दूसरी शहरी क्रान्ति के लिए देखें, ए. घोष, *दि सिटी इन अर्ली हिस्टॉरिकल इंडिया,* शिमला, 1973, तथा आर.एस. शर्मा की समीक्षा, आई.एच.आर. I, (1), पृ. 98-103
53. कोसम्बी, *इंट्रोडक्शन,* पृ. 130 इसके महत्त्व को देखते हुए इस प्रथा के सन्दर्भ में यदि और अधिक विस्तार से प्रकाश डाला जाता तो बेहतर होता
54. देखें, *डाइडोरस सिक्यूलस तथा स्टैबो के विवरण,* आर.सी. मजुमदार द्वारा सम्पादित *दि क्लासिकल एकाउंट्स ऑफ़ इंडिया,* कलकत्ता, 1960, पृ. 237 में अनुवाद (नोट 20) हो सकता है कि भूमि कर राजा के उस परम्परागत कर का प्रतिनिधि कर हो जिसे वह फ़सल के छठवें हिस्से के रूप में लेता था। यह व्यवस्था कौटिल्य ने भी दी थी।
55. आर.एस. शर्मा, *शूद्राज इन एंशिएंट इंडिया,* दिल्ली, 1950, पृ. 146-49, कोसम्बी से तुलनीय, *इंट्रोडक्शन...,* पृ. 219-20। सिबेश भट्टाचार्य (आई.ई. एस.एच.आर, X VI) (1), पृ. 85-96। उनका यह संकेत सही है कि कौटिल्य किसान की मिल्कियत का अनुमोदन नहीं करते, किन्तु शर्मा, जिनकी वे इस बिन्दु पर आलोचना करते हैं, किसान द्वारा की जाने वाली खेती तथा किसान की मिल्कियत के अन्तर के प्रति भली भाँति सचेत हैं तथा वे 'करसक' के बहुत अस्पष्ट से संकेत को भी ध्यान में रखते हैं, जिसका

अभिप्राय किसान भी हो सकता है और खेतिहर मज़दूर भी। किन्तु प्रस्तुत प्रसंग में अर्थशास्त्र स्पष्ट रूप से उक्त शब्द का प्रयोग खेतिहर किसान के सन्दर्भ में करता है।

56. आर.एस. शर्मा से तुलनीय *शूद्राज*, पृ. 230-31, *जर्नल ऑफ़ बिहार रिसर्च सोसायटी*, LXIV, iii, iv, 1958, पृ. 8

57. आर.एस. शर्मा, *शूद्राज*, पृ. 178

58. नरेंद्र वाग्ले से तुलनीय, *सोसायटी ऑफ़ दि टाइम ऑफ़ दि बुद्ध, बम्बई*, 1966, पृ. 122-23

59. बुद्ध की शाक्यों की कहानी पर ध्यान दें जो अपनी बहिनों से ही इसलिए विवाह कर लेते थे ताकि उन्हें अपने कुल गोत्र से बाहर विवाह न करना पड़े। लिच्छिवियों की उत्पत्ति के आख्यान को भी देखें (वाग्ले, पूर्वोद्धृत, पृ. 103-4)।

60. भारतीय जातियों के विषय में यूनानी विवरण आर.सी. मजुमदार द्वारा सम्पादित *क्लासिकल एकाउंट्स ऑफ़ इंडिया* में देखे जा सकते हैं। पृ. 224-26, 260-68। इसवीं शताब्दी के अरबी भूगोलवेत्ता भी इन्हीं सात जातियों का हवाला देते रहे हैं। इससे यह भी पता चलता है कि किस प्रकार एक बार हो जाने वाली ग़लती बराबर बनी रहती है क्योंकि प्रत्यक्ष अवलोकन द्वारा उसकी जाँच-पड़ताल नहीं की जाती।

61. *मनुस्मृति*, X, 6-57, अनुवाद, व्हूलर, पृ. 493-15

62. जातिव्यवस्था के ऐतिहासिक विकास के सन्दर्भ में कोसम्बी के इस मत का सहज ही स्मरण होता है। सभ्य समाज में जनजातीय तत्त्वों का सम्मिश्रण होने से जातिव्यवस्था ने जन्म लिया (कोसम्बी, *इंट्रोडक्शन*, पृ. 25)।

63. *मनु*. V, 53,79, अनुवाद वूलर, पृ. 419-20, आर.एस. शर्मा से तुलनीय *शूद्राज*, पृ. 232

64. टी. वाटर्स, *ऑन युआन च्वांग्स, ट्रेवल्स इन इंडिया*, लन्दन, 1904, भाग I, पृ. 168-69, आर.एस. शर्मा से तुलनीय, *शूद्राज*..., पृ. 234-34

65. वी.गोर्डन चाइल्ड, *सोशल इवॉल्यूशन*, सम्पादन, सर मोर्टीमर व्हीलर फोंटाना बुक्स, 1963, पृ. 110

66. कैंची के लिए, जो 'करतनी' का एक विकसित रूप थी, देखें *जॉन मार्शल, तक्षशिला, कैम्ब्रिज* , 1951, II, पृ. 555 तथा चक्की के लिए देखें, वही, पृ. 486

67. आर.फिक, *सोशल ओर्गेनाइजेशन*, पृ. 280-85

68. *मनु*, X, 47-48, अनुवाद, वूलर, पृ. 413। लेकिन इसकी व्याख्या कठिन है कि सामाजिक दृष्टि से इन कारीगरों को शूद्रों से भी निम्न स्थान क्यों प्राप्त था?

69. मनु द्वारा परिगणित अधिकांश मिश्रित जातियों जैसे निषादों का मछली पकड़ना, मेदा, आन्ध्र, चुंचू तथा मादगू द्वारा जंगली जानवरों को मारना, क्षत्री, उग्र तथा पुक्कास द्वारा बिलों में रहने वाले पशुओं को पकड़ना और मारना, करावार धीमवान द्वारा चमड़े का काम करना, तथा पांडुसोपक द्वारा बाँसों का व्यापार करना (*मनु*, X, 39, 37, 48, 49, अनुवाद वूलर, पृ. 411, 413, 14) विवेकानन्द झा से तुलनीय, आई.एच.आर.-II, (1), पृ. 19। चाण्डाल और निषाद भी बौद्ध ग्रन्थों में शिकारियों के रूप में ही आते हैं (वही, पृ. 22-23)।

70. कोसम्बी, *इंट्रोडक्शन*, पृ. 189
71. वही, पृ. 122
72. विवेकानन्द झा, आई.एच.आर. 11, (1), पृ. 22-23
73. बुनियादी निषेध मनु में दिये गये हैं, X, 40-56, अनुवाद वूलर, पृ. 414-15
74. कोसम्बी, *इंट्रोडक्शन* पृ. 158-9
75. जाति के विषय में बौद्ध दृष्टिकोण से सम्बन्धित आधुनिक विचारों की चर्चा देवी प्रसाद चट्टोपाध्याय की पुस्तक *लोकायत*, नयी दिल्ली, 1959, पृ. 459-66 में की गयी है। अशोक की राजाज्ञाओं के एक विशिष्ट नकारात्मक पक्ष की ओर आश्चर्यजनक ढंग से कम ध्यान दिया गया है, साथ ही उनमें दासों तथा भाटकों के साथ सद्व्यवहार के लिए जिन मानवीय प्रतिबन्धों की व्यवस्था दी गयी है, उनकी ओर भी कम ध्यान दिया गया है। (आर.ई. IX, XI - XIII; पी.ई. VII, आर.ई. वी.भी.) हो सकता है इन दासों और भाटकों द्वारा घरेलू नौकरों को सन्दर्भित किया गया हो, किन्तु अशोक के दिमाग में ग्रामीण दासों और श्रमिकों की कल्पना अवश्य रही होगी। मिलिन्दपन्हो में वर्णित ग्रामीण दासी-दास-भाटकों से तुलना करें (सं. वी. ट्रेकनेर, लन्दन, 1962, पृ. 147, अनुवाद 'राइस डेविड्स', I, पृ. 290)
76. जातक यह स्वयं गौतम बुद्ध के लिए करते हैं। मिलिंदपन्हो स्मरण करता है कि नागसेन तथा राजा मिलिन्द पूर्वजन्म में संन्यासी तथा एक नौसिखिये के रूप में पैदा हुए थे (*क्वेश्चन ऑफ़ किंग मिलिन्द*, अनुवाद, टी. डब्ल्यू., राइस डेविड्स, ऑक्सफोर्ड, 1890, भाग I, पृ. 4-6)।
77. उदाहरण के लिए देखें, *मनुस्मृति*, 2, 24, अनुवाद, वूलर, पृ. 412
78. स्तम्भ राजाज्ञा V तथा कान्धार अभिलेख, देखें रोमिला थापर : *अशोक एंड दि डिक्लाइन ऑफ़ दि मौर्याज*, द्वितीय संस्करण, दिल्ली, 1973
79. मनु 2, 84, अनुवाद वूलर, पृ. 420-21
80. कहा जाता है कि महात्मा बुद्ध ने संन्यासियों के लिए खेती न करने की व्यवस्था दी थी क्योंकि खेत जोतने और खेत में पानी लगाने से जीव हत्या होती है (*इत्सिंग, ए रिकार्ड ऑफ़ दि बुद्धिस्ट रिलीजन एज प्रैक्टिस्ड इन इंडिया एंड दि मलय आर्किपेलेगो*, अनुवादः जे. टकाकूसू, ऑक्सफोर्ड, 1896, पृ. 62)।
81. एक परवर्ती कुषाणकालीन (चौथी शताब्दी) मूर्तिशिल्प में बोधिसत्व का एक चित्र है जिसके नीचे एक किसान हल चला रहा है (कोसम्बी, *इंट्रोडक्शन*, प्लेट्स-16), ए.के. वार्डर के आलेख *फ्यूडलिज़्म एंड महायान बुधिज़्म* (इंडियन सोसायटी हिस्टॉरिकल प्रोबिंग्स, सं. आर.एस.शर्मा तथा वी. झा, पृ. 150-174) में दिलचस्प सुझाव दिये गये हैं, किन्तु सामन्तवाद से उसकी सम्बद्धता को सशक्त रूप में स्थापित नहीं किया गया है।
82. सुवीरा जायसवाल, *दि ओरीजिन एंड डवलपमेंट ऑफ़ वैश्नविज़्म*, दिल्ली, 1967, पृ. 110-15
83. वही, पृ. 151-2, मूर्तिविज्ञान से भी इसको समर्थन मिलता है। संकरसेन, जिनके साथ पहली शताब्दी ई. पू. कृष्ण वासुदेव की भी संयुक्त रूप से पूजा होती थी, अपरिहार्य रूप से हाथ में मूसल और हल लिए चित्रित किये गये हैं (वही, पृ. 53-54, 56, 57, 68)।

84. पशुओं की हड्डियों के कठोरपन से ऐसा निष्कर्ष निकलता है जिससे इस बात का संकेत मिलता है कि खींचने के भारी काम में उनका इस्तेमाल होता था (एम.डी.एन. साही, *अर्ली एग्रीकल्चर*, पूर्वोद्धृत)।

85. फ़सलों और पशुओं के बाड़ों के लिए, 'ब्रिगेट तथा रेमंड अल्चिन', *बर्थ ऑफ़ इंडियन सिविलाइजेशन*, पृ. 262-64. लोहे के लिए *ऐंटीक्विटी* में एल. दिलीन चक्रवर्ती (1976), पृ. 119-22

86. ब्रह्मगिरि और मास्की, 'इन अभिलेखों के दो स्थल अपने आप में प्रागैतिहासिक हैं.'

87. इस परिणाम के उत्तरदायी कारकों के एक भिन्न मूल्यांकन के लिए देखें, आर.एस. शर्मा, *सोशल चेंजिंज इन अर्ली मेडिएवल इंडिया*, दिल्ली, 1969, पृ. 12

88. बहरहाल यह प्रश्न अभी बना हुआ है कि क्या ब्राह्मणों से पहले जैन और बौद्ध संन्यासी नहीं थे? किन्तु जातियों के सन्दर्भ में उनका सामाजिक दृष्टिकोण ब्राह्मणों से भिन्न नहीं हो सकता था और उनका सांस्कृतिक आधार भी वही था।

89. बर्टन स्टाइन, *पीजेंट स्टेट एंड सोसायटी इन मेडिएवल साउथ इंडिया*, दिल्ली, 1980, पृ. 71

90. बर्टन स्टाइन, *पीजेंट स्टेट एंड सोसायटी...*, दिल्ली, 1980, पृ. 70-71, 83। यह एक विचित्र समझौता ही होता जिसके तहत ब्राह्मण अपने सहयोगियों को वैश्य के रूप में भी स्वीकार न करते।

91. *इंट्रोडक्शन...*, पृ. 243

92. जैसे-जैसे जंगल कटते गये, औसत पैदावार कम होती चली गयी (हालाँकि, खेती के परिष्कृत तरीक़ों द्वारा उसकी कुछ-कुछ क्षतिपूर्ति भी हुई)।

93. *पीजेंट स्टेट एंड सोसायटी...*, पृ. 16, पन्ने। कृषि प्रौद्योगिकी के सम्बन्ध में दिये गये वक्तव्य के लिए देखें, पृ. 24। चूँकि कोई तथ्य हमें नहीं मालूम, इसलिए उसकी निरन्तरता होगी ही, ऐसा मानकर चलना हमेशा ही बहुत ख़तरनाक होता है।

94. ब्रिजेट तथा रेमंड, *बर्थ ऑफ़ इंडियन सिविलाइजेशन*, पृ. 266

95. ई.एच. वार्मिंगटन, *दि कॉमर्स बिटविन दि रोमन एम्पायर एंड इंडिया,* द्वितीय संस्करण, दिल्ली, 1974, पृ. 210-12

96. कोसम्बी *इंट्रोडक्शन*, पृ. 255-56

97. रुद्रदामन (150 ई.) तथा स्कन्दगुप्त (पाँचवीं शताब्दी) के अभिलेख उसी शिला पर खुदे हुए हैं जिस पर अशोक की राजाज्ञाएँ खुदी हुई हैं (गिरनार) देखें, जेम्स वर्गेस, *रिपोर्ट ऑन दि एंटीक्विटीज ऑफ़ काठियावाड़ एंड कच्छ,* 1874-75, पुनर्मुद्रण, वाराणसी, 1971, पृ. 93-95, 128-38। आर.एन. मेहता ने उस क्षेत्र का एक विस्तृत सर्वेक्षण प्रस्तुत किया है जिसमें उन्होंने मूल निर्माण कार्यों और उनकी मरम्मत आदि को अत्यन्त आकर्षक ढंग से पुनःप्रस्तुत किया है (*जर्नल ऑफ़ दि ओरिएंटल इंस्टीट्यूट*, XVIII, 192, 1964, पृ. 20-38)।

98. बर्टन स्टाइन, *पीजेंट स्टेट एंड सोसायटी*, पृ. 24-25

99. *इंट्रोडक्शन*, पृ. 281

100. ओ.एच. के स्पेट तथा ए.टी.ए. लीयरमंथ द्वारा सम्पादित पुस्तक *इंडिया एंड पाकिस्तान* (लन्दन, 1967, पृ. 775-78) में ओ.एच. के स्पेट द्वारा प्रस्तुत 'मदुरै-रामनाथपुरम कंट्री' का विवेचन देखें।

101. जूनियर लिन व्हाइट, 'बड़ी चक्की में प्रथम लगातार चक्राकार गति को देखें' (*मेडिएवल टेक्नोलॉजी एंड सोशल चेंज,* न्यूयॉर्क, 1966, पृ. 107-8). तथा जोसेफ नीधम, 'साइंस *एंड सिविलाइजेशन इन चाइना,* IV, (2) कैम्ब्रिज , 1995, पृ. 187-90। दोनों सभ्यताओं में इसका प्रथम पदार्पण दूसरी शताब्दी ई.पू. के पूर्वार्द्ध में मानते हैं।

102. जॉन मार्शल, टाटिला, II, पृ. 485-88। कोई भी नमूना इतना बड़ा नहीं मिला जिससे यह पता चल सके कि इसके लिए पशु की ताक़त की आवश्यकता होगी. भाग III, प्लेट 140 में मार्शल की पुनःप्रस्तुतियों में क्रेंक के हत्थों का लम्ब के रूप में जो प्रदर्शन किया गया है, वह अशुद्ध है।

103. पशुओं द्वारा दाँय चलाकर अनाज गहाने के सन्दर्भों के लिए देखें, 'लल्लनजी गोपाल', *टेक्नीक ऑफ़ एग्रीकल्चर इन अर्ली मेडिएवल इंडिया* (लगभग 700-1200 ई.) यूनिवर्सिटी ऑफ़ इलाहाबाद स्टडीज, एंशिएंट हिस्ट्री सेक्शन, 1963-64, पृ. 56

104. नीधम से तुलनीय, *साइंस एंड सिविलाइजेशन इन चाइना* IV (5), पृ. 202-3. भारतीय तेल के कोल्हू के यूनानी समतुल्य के सन्दर्भ में।

105. इरफ़ान हबीब से तुलनीय, *आई.एच.आर.* V (1-2), पृ. 155-59

106. *एंग्रेरियन सिस्टम ऑफ़ मुग़ल इंडिया,* बम्बई, 1963, पृ. 121-2

107. सातवीं-आठवीं शताब्दी के सिन्ध में वे समाज-बाह्य रूप से चाण्डालों के समकक्ष रहते हुए मिलते हैं। दसवीं शताब्दी में वे शूद्रों के रूप में मिलते हैं और सत्रहवीं शताब्दी में वे किसानों और वैश्यों के रूप में मिलते हैं। देखें, इरफ़ान हबीब, *ऐसेज इन ऑनर ऑफ़ डॉ. गंडासिंह,* सं. हरबंससिंह तथा एन.जी. बेरियर, पटियाला, 1976, पृ. 92-103

108. *आई.एच.आर.* II, (1), पृ. 24-31 देखें, पृ. 31 पर दिये गये निष्कर्षों को देखें।

109. *मनुस्मृति,* IX, 44, अनुवाद : वूलर, पृ. 335, मिलिन्दपन्हो (सं.वी. ट्रेकनेर, पृ. 219, अनु. टी.डब्ल्यू. राइस डेविड्स, II, पृ. 15) में वही कहावत है, जब कोई व्यक्ति जंगल साफ़ करता है तो वही उस साफ़ की गयी भूमि का स्वामी होता है।

110. *मनुस्मृति,* IX, 52 अनुवाद, वूलर, पृ. 336

111. आर.एस. शर्मा से तुलनीय, *एस्पेक्ट्स ऑफ़ पोलिटीकल आयडियाज एंड इंस्टीट्यूशंस इन एंशिएंट इंडिया,* दिल्ली-1959, पृ. 22-23

112. कोसम्बी, *इंट्रोडक्शन...,* पृ. 300-301; आर.एस. शर्मा, *इंडियन फ्यूडलिज़्म,* 'लगभग 300-1200, कलकत्ता, 1965, पृ. 57

113. इत्सिंग, *ए रिकार्ड ऑफ़ दि बुद्धिस्ट रिलीजन* अनुवाद : जे. टकाकूसू, पृ. 61-62. एक स्थान पर वह कहता है (पृ. 61) कि मठ पैदावार का छठा हिस्सा लेते थे। राजा का ज़मीन की पैदावार में छठा हिस्सा एक मुहावरा बन गया था। यह मात्रा शायद सैद्धान्तिक रूप से स्वीकृत थी।

114. *ए रिकार्ड ऑफ़ बुद्धिस्ट कंट्रीज,* अनुवाद, ली युंग सी, पीकिंग, 1957, पृ. 35

115. *इंडियन फ्यूडलिज़्म*, पृ. 53-57, बी.एन.एस. यादव इस प्रकार की अधीनता को कुषाण काल से जोड़ कर देखते हैं। सम ऐस्पेक्ट्स ऑफ़ दि चेंजिंग आर्डर इन इंडिया ड्यूरिंग शक कुषाण टाइम्स, *कुषाण स्टडीज*, इलाहाबाद, *आई.एच.आर.* में उद्धृत I (1), पृ. 19, अदिनांकित।

116. बी.एन.एस. यादव की पुस्तक *सोसायटी एंड कल्चर इन नॉर्दर्न इंडिया इन ट्वैल्थ सेंचुरी* (इलाहाबाद, 1973, पृ. 163-73) में इसे बड़ी सावधानी के साथ प्रस्तुत किया गया है। लल्लन जी गोपाल (*जर्नल ऑफ़ दि इकोनॉमिक एंड सोशल हिस्ट्री ऑफ़ दि ओरिएंट*, vi, iii, 1963, पृ. 297,पन्ने) से भी तुलनीय।

117. देखें, जी.के. राय, *आई.एच.आर.*, III, (i), 1976, पृ. 16-42

118. *मनुस्मृति*, VIII, 243, अनु. वूलर, पृ. 297

119. *मिलिंदपन्हो*, सं. ट्रेकनेर, पृ. 360, अनु. राइस डेविड्स, II, पृ. 269-70

120. *कामसूत्र*, 5:5:5 & 6. मैं इस उद्धरण के शाब्दिक अनुवाद के लिए डॉ. आर.एस. शर्मा का कृतज्ञ हूँ।

121. ये छोटे-छोटे और अत्यन्त प्राचीन समुदाय भूमि के सामूहिक आधिपत्य पर आधारित थे (कार्ल मार्क्स, *कैपिटल*, I, (1867), अनुवाद, एस. मूर तथा ई. ऐवलिंग, सम्पादन, डोनाटोर, लन्दन, 1938, पृ. 350)। सर हेनरी मेन की पुस्तक *विलेज कम्युनिटीज इन दि ईस्ट एंड वेस्ट* प्रथम बार 1871 में प्रकाशित हुई थी। उसके विचारों की बॉडेन-पॉवेल ने विशेष रूप से *इंडियन विलेज कम्युनिटी* (लन्दन, 1896) पुस्तक में मुख्य रूप से 'सेटिलमेंट रिपोर्ट्स' के आधार पर आलोचना की है।

122. देखें 'नोबोरू करिश्मा, 'अल्यूर एंड इसानामंगलम, टू साउथ इंडियन विलेजिज ऑफ़ दि चोला टाइम्स', *प्रोसीडिंग्स ऑफ़ दि फर्स्ट इंटरनेशनल कान्फ्रेंस सेमीनार ऑफ़ तमिल स्टडीज*, क्वालालंपुर, 1968, पृ. 426-36। करिश्मा ऐसे खेतिहर मज़दूरों की उपस्थिति स्वीकार करते हैं जो उर (ग्राम समुदाय) के सदस्य नहीं थे।

123. *मिलिन्दपन्हो*, सम्पादन, ट्रेन्कनेर, पृ. 147, अनु. : राइस डेविड्स, I, पृ. 208-9, 'गाँव का मुखिया' शायद बेहतर अनुवाद होगा। अन्तिम वाक्य में गामिका-राइस डेविड्स जिसका अनुवाद किसान वर्ग' के रूप में करती हैं इसका शाब्दिक अर्थ ग्रामीण होता है। उसका अभिप्राय यहाँ निश्चित रूप से साधारण ग्रामवासी है।

124. एस.ए. अल्टेकर, *स्टेट एंड गवर्नमेंट इन एंशिएंट इंडिया*, तीसरा संस्करण, दिल्ली, 1958,पृ. 228। ये शब्द वाकाटकों, पल्लवों तथा गाहड़वालों के अभिलेखों में आते हैं। कर्नाटक में ब्राह्मण महाजनों के ग्यारहवीं शताब्दी के सन्दर्भ एम. लाइसेरिया, ए.सी. (देखें, आई. एच.आर. I, (1), पृ. 32-33) ने उद्धृत किये हैं। चोल अभिलेखों में पेरीगुरीमक्काल (सभा के महत्त्वपूर्ण व्यक्ति) शब्द आता है (बर्टन स्टाइन, *पीजेंट स्टेट एंड सोसायटी*, पृ. 145)।

125. चोल साम्राज्य में ब्राह्मण गाँवों की सभाओं के लिए देखें, अल्टेकर, पूर्वोद्धृत पृ. 231-235 तथा बर्टन स्टाइन, *पीजेंट स्टेट एंड सोसायटी*, पृ. 145 पन्ने। कोसम्बी, *इंट्रोडक्शन...*, पृ. 301-10 ने गोआ के ब्राह्मण गाँवों के सन्दर्भ में कुछ लिखित सूचना और कुछ अपनी यादों के सहारे अत्यन्त आकर्षक ढंग से लिखा है (चौथी शताब्दी ई. पू. तक)।

उन्हीं की पुस्तक *मिथ एंड रियलिटी* भी देखें, बम्बई, 1962, पृ. 152-171, *बॉडेन-पावेल...*, *विलेजिज ऑफ़ गोआ इन दि अर्ली सिक्टींथ सेंचुरी*, जे.आर.ए.एस., 1900, पृ. 261-91 तथा मोंसरेट का विवेचन (1579) अनुवाद : हॉस्टेन, जे.ए.एस.बी., एन.एस., XIII (1922), पृ. 351-2, 365

126. कोसम्बी, *इंट्रोडक्शन...*, पृ. 227-253-4

127. वही, पृ. 312

128. वी.एन.एस. यादव से तुलनीय, *सोसायटी एंड कल्चर*, पृ. 267

129. गाँवों की ज़मीन के 'कर' (इराई) के भुगतान के विषय में उर (ग़ैर-ब्राह्मण गाँवों की सभा) के दायित्व के सन्दर्भ में करिश्मा से तुलना करें (*प्रोसीडिंग्स ऑफ़ दि फर्स्ट इंटरनेशनल कान्फ्रेंस सेमीनार ऑफ़ तमिल स्टडीज*, पूर्वोद्धृत, पृ. 429).

130. जिया बरनी, *तारीख़े फ़ीरोजशाही*, सं. सैयद अहमद ख़ान, डब्ल्यू.एन. लीस तथा कबीरुद्दीन, कलकत्ता, 1860-62, पृ. 287

131. यू.एन. घोषाल, *कांट्रीब्यूशन टू दि हिस्ट्री ऑफ़ दि हिन्दू रेवेन्यू सिस्टम*, द्वितीय संस्करण, कलकत्ता, 1972, पृ. 275-77, 280, 283-6, 299-307, 319. डी.एन. झा से तुलनीय। *रेवेन्यू सिस्टम ऑफ़ पोस्ट मोर्यन एंड गुप्ता टाइम्स*, कलकत्ता, 1967, पृ. 53-56

132. डब्ल्यू.एच. मोरलैंड, *ऐग्रेरियन सिस्टम ऑफ़ मुसलिम इंडिया*, कैम्ब्रिज 1929, पृ. 5-6

133. यू.एन. घोषाल, *कांट्रीब्यूशंस*, पृ.71

134. अर्थशास्त्र, II, 15, अनु. शामशास्त्री, मैसूर, 1967, पृ. 99

135. डाइडोरस सिक्यूलस तथा स्ट्रैबो में जो उद्धरण हैं, उनके अनुवाद आर.सी. मजुमदार द्वारा सम्पादित पुस्तक *क्लासिकल एकाउंट्स ऑफ़ इंडिया* (पृ. 237, 264) में दिये गये हैं। इस विषय में किंचित सन्देह है कि क्या वास्तव में स्ट्रैबो का यह अभिप्राय है कि किसान पैदावार का चौथाई हिस्सा देते थे या लेते थे। प्रत्यक्षतः डाइडोरस इस सन्दर्भ में बिल्कुल स्पष्ट है (वही, पृ. 287, अदिनांकित 20), किन्तु देखें, यू.एन. घोषाल, हिन्दू *रेवेन्यू सिस्टम*, पृ. 224-29

136. यू.एन. घोषाल से तुलनीय, पृ. 252, डी.एन. झा *रेवेन्यू सिस्टम*, पृ. 43-45

137. डी.एन. झा, *लैंड रेवेन्यू इन इंडिया, हिस्टॉरिकल स्टडीज*, सं. आर.एस. शर्मा, दिल्ली, 1971, पृ. 5

138. डी.एन.झा, *रेवेन्यू सिस्टम,* पृ. 43

139. *इंडियन फ्यूडलिज़्म*, पृ. 265, इन करों के सम्बन्ध में देखें, लल्लन जी गोपाल, *इकोनॉमिक लाइफ ऑफ़ नार्थ इंडिया*, 700-1200, दिल्ली, 1965,पृ. 32-70.

140. विद्याकर का *सुभाषित रत्न कोष*, कोसम्बी द्वारा उद्धृत, *इंट्रोडक्शन...*, पृ. 268 तथा शर्मा *इंडियन फ्यूडलिज़्म*, पृ. 267

141. कोसम्बी अपने मत का प्रतिपादन *इंट्रोडक्शन...* (पृ. 274 पन्ने) में दो अध्यायों में करते हैं। यूरोपीय सामन्तवाद से भारतीय सामन्तवाद की तुलना पृ. 326-26 पर की गयी है। शासकों द्वारा 'कर' के अधिकारों में स्वामित्व परिवर्तन के कारण अभिजातवर्गीय सामन्तवाद (फ्यूडलिज़्म फ्रॉम अबव) का जन्म हुआ, जबकि ग्रामीण स्तर पर भूस्वामियों ने राज्य तथा किसान वर्ग के बीच जनसाधारण पर अपनी शक्ति का वर्चस्व स्थापित

किया और इसी प्रक्रिया में ग्रामीणस्तरीय सामन्तवाद (फ्यूडलिज़्म फ्रॉम बिलो) का विकास हुआ (वही, पृ. 275)। डॉ. शर्मा अपने प्रारम्भिक कार्य, *इंडियन फ्यूडलिज्म* में इस परवर्ती प्रक्रिया का सामन्तवाद के विकास के सन्दर्भ में कोई योगदान स्वीकार करते प्रतीत नहीं होते। शर्मा अपने निष्कर्षों को पृ. 263-72 पर प्रस्तुत करते हैं।

142. शर्मा जी की अपनी तिथि (*इंडियन फ्यूडलिज़्म*, पृ. 283) सामन्तवाद के सन्दर्भ में अपनी अत्यधिक संकीर्ण दृष्टि के बावजूद ब्राह्मणों की भूमिका के सन्दर्भ में ऐश्टन कूलबोर्न की दृष्टि सम्पन्न टिप्पणियाँ देखें : *कॉपेरेटिव स्टडीज इन सोसायटी एंड हिस्ट्री* (सी.एस.एस.एच.एक्स. (3), 1968, पृ. 57-9, अदिनांकित, पृ. 358)।

143. आर.एस. शर्मा, *आई.एच.आर.* I (1), पृ. 5, बी.एन.एस. यादव, *आई.एच.आर.* III, (1), पृ. 44। सिक्कों की कमी को पतन का एक संकेत मानते हुए एस. गोपाल ने भी टिप्पणी की है, देखें : *इकोनॉमिक लाइफ*, पृ. 215-21

144. आर. एस. शर्मा से तुलनीय, *इंडियन फ्यूडलिज़्म* पृ. 556:209, बी.एन.एस. यादव, *सोसायटी एंड कल्चर...*, पृ. 136-63

145. वी.आर.आर. दीक्षितार, *वार इन एंशिएंट इंडिया*, मद्रास, 1944, पृ. 165-6

146. बिना 'जीन और स्टरप' के घुड़सवारों की फ़ौज की प्रभावहीनता के विषय में देखें सर्वदमन सिंह, *एंशिएंट इंडियन वारफेयर*, पृ. 69-71
पश्चिम में जीन की आवृत्ति प्रथम शताब्दी में मानी जाती है, किन्तु इसका प्रसार धीमी गति से हुआ (लिन व्हाइट, जू., 'मेडिएवल टेक्नोलॉजी', पृ. 7-8) दसवीं शताब्दी की ख़जुराहो की मूर्तियों में शायद जीन चित्रित की गयी है (विद्या प्रकाश, ख़जुराहो, बम्बई, 1967, पृ. 38 तथा प्लेट 47) 'स्टरप' के सन्दर्भ में देखें इरफ़ान हबीब : 'चेंजिज इन टेक्नोलॉजी इन मेडिएवल इंडिया', *स्टडीज इन हिस्ट्री*, II, (1) 1980, पृ. 25-26

147, चचनामा, सम्पादित, *उमर दाउदपोटा*, दिल्ली, 1939, पृ. 169

148. इस काल के सन्दर्भ में अधिकांश विवेचनों-विश्लेषणों में राजपूत घुड़सवारों के उद्‌भव के ऐतिहासिक महत्त्व की ओर ध्यान नहीं दिया गया है, किन्तु संयोगवश कूलबोर्न ने भाषिक दृष्टि से 'राजपुत्र' और 'नाइट' के बीच साम्य दरशाया है (*सी.एस.एस.एच.* X, (3), पृ. 369, अदिनांकित)।

149. राजपूतों की उत्पत्ति के सन्दर्भ में देखें, बी.डी. भट्टाचार्य, *ओरिजिन ऑफ़ दि राजपूत्स,* आई.एच.आर.-III, (1), पृ. 59-82

150. गाँवों के समूह (जिनमें से अनेक समूह राजपूतों के विभिन्न ख़ानदानों के तहत परम्परागत इलाक़ों के रूप में आज भी मौजूद हैं) के सन्दर्भ में देखें, इरफ़ान हबीब, 'डिस्ट्रीब्यूशन ऑफ़ लेंडिड प्रोपर्टी इन प्री-ब्रिटिश इंडिया', *ऐंक्वायरी*, एन.एस. II, (3), (1965), पृ. 42। यहाँ दूसरे सन्दर्भ भी उपलब्ध होंगे।

151. बरनी, *तारीख़े फ़ीरोज़शाही*, पृ. 287-8, 291

152. मैंने इस रूपान्तण (तेरहवीं-चौदहवीं शताब्दी) की प्रक्रिया को *कैम्ब्रिज इकोनॉमिकल हिस्ट्री ऑफ़ इंडिया,* (भाग-I) सम्पादित द्वारा टी.राय चौधरी तथा इरफ़ान हबीब, (1982, पृ. 54-60) में तलाशने की कोशिश की है। ज़मींदारों के ख़ानदानों में राजपूतों का आधिपत्य अकबर के साम्राज्य में अलग-अलग परगनों के हिसाब से रिकार्ड किया गया है

जिनमें उनके आश्रितों की (घोड़ा तथा पैदल) की संख्या भी दी गयी है। *आइने-अकबरीः एकाउंट ऑफ़ दि ट्वैल्व सूबाज* का साक्ष्य उक्त वर्ग के भारतीय सामन्तवादी आधार को निदर्शित करने के लिए पर्याप्त है।

153. *मनुस्मृति*, X, 34, अनुवाद वूलर, पृ. 140

154. आर.एस. शर्मा, *इंडियन फ्यूडलिज़्म*, पृ. 298, आर.डी. बनर्जी से तुलनीय, *दि पुलारा ऑफ़ बेंगाल*, पुनः मुद्रित, वाराणसी, 1973, पृ. 44-51

155. एच.सी. रे, *डायनेस्टिक हिस्ट्री ऑफ़ नार्थ इंडिया*, कलकत्ता, 1931, I, पृ. 364

156. कोसम्बी की सामान्य टिप्पणी कि 'इसलामी आक्रान्ताओं ने नयी तकनीकों को ग्रहण करने तथा उनके सम्प्रेषण के सन्दर्भ में प्रचलित संकीर्ण प्रथा को तोड़ा। देखें *इंट्रोडक्शन*, पृ. 370

157. साक्ष्य मेरे भाषण में दिया गया है : 'टेक्नोलॉजी एंड सोसायटी इन दि थर्टींथ सेंचुरीज' *प्रोसीडिंग्स ऑफ़ दि इंडियन हिस्ट्री कांग्रेस* (वाराणसी, 1969), पृ. 149-53, 161; साथ ही इसे मेरे आलेख 'चेंजिज इन टेक्नोलॉजी इन मेडिएवल इंडिया' (*स्टडीज इन हिस्ट्री*, II, (1), 1980, पृ. 18-20) में प्रस्तुत कतिपय संशोधनों और परिवर्धनों के साथ पढ़ा जाए. परवर्ती भाग में (पृ. 19) मैंने भारत में 'रहट की माला' के साक्ष्य का हवाला छठी-सातवीं शताब्दियों से दिया है। लल्लन जी गोपाल ने *ऐस्पेक्ट्स ऑफ़ एग्रीकल्चर इन एंशिएंट इंडिया*, वाराणसी, पृ. 114-68) में 'अरघट्ट' सम्बन्धित अनेक उद्धरण दिये हैं, किन्तु उनका यह आग्रह कि 'गियरिंग की प्रणाली' पूर्व मध्यकाल में भी प्रचलित थी, अतिरिक्त सा लगता है।

158. स्टडीज इन हिस्ट्री, II, (1), पृ. 22

159. वही, पृ. 23-24

160. वही, पृ. 26-9, शहतूत से भिन्न जो टसर और ऐरी सिल्क है, कदाचित भारत में उसका इतिहास बहुत पुराना है।

161. इरफ़ान हबीब, *टेक्नोलॉजी एंड इकॉनॉमी ऑफ़ मुग़ल इंडिया, आई.एस.एच.आर.* (1), पृ. 4

162. वही, पृ. 4-6

163. जातिव्यवस्था की उत्पत्ति के सन्दर्भ में पर्याप्त सहानुभूति के साथ विचार करने के उपरान्त ईरानी संस्कृति के साथ तुलना करते हुए अलबरूनी कहता है कि सभी व्यक्तियों को समान मानते हुए (सिवाय धार्मिक मामलों के) हम मुसलमान, निस्सन्देह इस प्रश्न के दूसरे छोर पर खड़े हैं (*अलबरूनीज इंडिया*, अनुवाद, एडवर्ड सी. सचाऊ, लन्दन, 1910, I, पृ. 100)।

    एक ओर इसलाम की सैद्धान्तिक समानता का ऐसा प्रतिपक्ष तथा दूसरी ओर जातिव्यवस्था मध्यकालीन साहित्य में एक अनूठा उदाहरण प्रस्तुत करते हैं। निश्चित रूप से अलबरूनी किसी सामान्य प्रवृत्ति का प्रतिनिधित्व नहीं कर रहा था। अधिकांश मुसलिम लेखकों के लिए (जिनमें *तारीख़े फ़ीरोज़शाही* (1375 ई.) का लेखक बरनी विशेष रूप से उल्लेखनीय है) 'स्थिर श्रेणीबद्धता' सर्वाधिक प्रशंसनीय सामाजिक आदर्श है।

164. हमारे देशों में मरुस्थलों के यायावरी लोगों की पहचान उनकी विभिन्न जनजातियों के आधार पर होती है; किन्तु यहाँ (हिन्दुस्तान में) जो लोग गाँवों और देहात में रहते हैं, उनकी पहचान अपनी जनजातियों के आधार पर होती है (बाबर, *बाबरनामा*, ब्रिटिश म्यूज़ियम, पाण्डुलिपि ओरिएंटल, 714, पन्ना, 410 अः ए.एस. बिवरेज के अनुवाद से तुलनीय, भाग II, पृ. 518) कोसम्बी ने जनजातियों के आधार पर इस साम्य की विवेचना की होगी।

165. देखें, पश्चिमी पंजाब की स्थितियों के सन्दर्भ में 'डी.इबेस्टन' की टिप्पणियाँ : जहाँ इसलाम ने सामान्यतः ब्राह्मण धर्म का स्थान ले लिया है (*पंजाब कास्ट्स*, लाहौर, 1916, पृ. 10-11)।

166. चचनामा, सं., यू. दाउदपोटा, पृ. 214-16, पूर्ववर्ती अयोग्यताओं के सन्दर्भ में ये पृष्ठ तथा 47-48 पृष्ठ भी देखें।
एक परवर्ती अरब गवर्नर ने मनु को प्रतिध्वनित करते हुए कहा कि जाटों को अपने साथ कुत्ते रखने चाहिए (बालाजुरी, फुतूह अल बुलदान, इस अंश का अनुवाद 'एलियट एंड डाउसन' ने किया है, देखें, हिस्ट्री ऑफ़ इंडिया एज टोल्ड बाइ इट्स ओन हिस्टोरियंस, I, लन्दन, 1867, पृ. 129, मनु, X, 51 (अनुवाद, बूलर, पृ. 416) से तुलनीय।

167. कर्नल जेम्स स्किनर, *तशरीह-उल-अक्वाम* (1825 ई.), ब्रिटिश म्यूज़ियम पाण्डुलिपि, अतिरिक्त, 27, 155 पन्ने, 187अ-188अ। इस अध्ययन में तत्कालीन हरियाणा क्षेत्र की जातियों तथा उनकी परम्पराओं का ठीक-ठीक ब्योरा दिया गया है।

168. धर्माकुमार के एक महत्त्वपूर्ण आलेख 'कास्ट एंड लैंडलैस नैस इन साउथ इंडिया' (*सी. एस.एस.एच.*, IV, (3), 1962, पृ. 338-63) को देखें। उनकी पुस्तक *लैंड एंड कास्ट* (कैम्ब्रिज, 1965), विशेष रूप से पृ. 165 भी देखें।

169. *तारीख़े फ़ीरोज़शाही*, पृ. 287। बलाहार के सन्दर्भ में एच.एम. एलियट *मेमोयर्स ऑफ़ दि हिस्ट्री, फोकलोर एंड डिस्ट्रीब्यूशन ऑफ़ रेसिज इन दि नॉर्थ वेस्टर्न प्रोविंसिज*, सं. जॉन बीम्स, लन्दन, 1869, II, पृ. 249, तथा इरफ़ान हबीब *ऐग्रेरियन सिस्टम ऑफ़ मुग़ल इंडिया*, पृ. 120-21.

170. हिरोशी। फ्यूकाजावा रूरल सर्वेंट्स इन दि एट्टींथ सेंचुरी महाराष्ट्रीयन विलेज, डेमीआर्जिक ऑफ़ जजमानी सिस्टम, *हिस्टोसुकाषी जर्नल ऑफ़ इकॉनॉमिक्स*, XII (2), 1972। वृ. 14-40

171. वस्तुतः यह स्थिति सब जगह मिलती है। जब अंग्रेज़ों ने 1776 ई. में अस्थायी रूप से भड़ौच (गुजरात) पर क़ब्ज़ा किया तो कलक्टर ने अपनी रिपोर्ट में कहा, 'कि प्रत्येक गाँव में गाँव की अत्यन्त आवश्यक सामूहिक सेवाओं के लिए कुछ ज़मीन इन सेवाओं को करने वाले उन कारीगरों और मज़दूरों के भरण-पोषण के लिए अलग से छोड़ना आवश्यक है। और यह सही है कि ऐसा करना देश की परम्परा के अनुरूप है। *सिलेक्शंस फ्रॉम दि लेटर्स...इन दि बांबे सेक्रेटेरिएट, होम सीरीज*, सं. जी.डब्ल्यू. फोरेस्ट, बम्बई, 1887, II, पृ. 184

172. बद्दुओं और नगर के बीच के टकराव में इसलाम बद्दुओं का विरोधी था। (*कुरान*, IX, 97, 98 से तुलनीय) देखें, एफ. लोकेगार, *इसलामिक टेक्सेशन इन दि क्लासिक पीरियड* कोपेनहेगेन, 1950, पृ. 32

173. ई. अश्टोर की पुस्तक *ए सोशल एंड इकोनॉमिक हिस्ट्री ऑफ़ दि नीयर ईस्ट इन दि मिडिल ऐजिज* में उपयोगी सन्दर्भों सहित पूर्ण सर्वेक्षण दिया गया है। जी.ले. स्ट्रेंज का क्लासिकीय ग्रन्थ *लैंड्स ऑफ़ दि ईस्टर्न कैलिफेट* (कैम्ब्रिज, 1905, पुनर्मुद्रण, 1930) इसलाम-पूर्व की परिस्थितियों के सन्दर्भ में अत्यन्त उपयोगी पुस्तक है।

174. आक्रान्ता और बचाव पक्ष के बीच बुनियादी अन्तर 'घोड़े पर सवार धनुर्धर तथा तलवारबाज़ अथवा भालेबाज़' का था। इस अन्तर को सर्वप्रथम साइमन डिग्बी ने रेखांकित किया, *हौर्स एम्ड ऐलीफेंट इन दि डैली सल्तनत,* ऑक्सफोर्ड, 1971, पृ. 15 पन्ने। इसके अतिरिक्त, इरफ़ान हबीब भी देखें *स्टडीज इन हिस्ट्री,* II, (1), पृ. 25-27

175. इस आवश्यकता के पीछे सुलतान का अपने घुड़सवार सैनिकों को नक़द के बजाय गाँव देने का संकोच था। देखें, बरनी, पृ. 163-4, 220-21, 301, 324, 553, अफीफ, *तारीख़े फ़ीरोज़शाही, बिबलॉथिका इंडिका*। कलकत्ता, 1850, पृ. 94-96

176. देखें, वी.बारथोल्ड, *ईरान* अनु. जी.के. नारीमन, सं. आई.एच.पटेल, *पोस्थमस वर्क्स ऑफ़ जी.के. नारीमन,* 'बम्बई, 1935, पृ. 142-3

177. यह अत्यन्त उपयोगी अन्तर्दृष्टि 'डब्ल्यू. एच. मोरलैंड' की है। देखें, उनकी पुस्तक *ऐग्रेरियन सिस्टम ऑफ़ मुसलिम इंडिया,* कैम्ब्रिज , 1929, विशेष रूप से पृ. 289-92. जो पद्धति दिल्ली सल्तनत के दौरान प्रचलित थी, इसकी चर्चा, *कैम्ब्रिज इकोनॉमिक हिस्ट्री ऑफ़ इंडिया* (सी.ई.एच.आई.) I, पृ. 68-75 में भी की गयी है। मुग़ल साम्राज्य के लिए देखें मेरी पुस्तक *ऐग्रेरियन सिस्टम ऑफ़ मुग़ल इंडिया,* पृ. 257-97 तथा अतहर अली की पुस्तक *दि मुग़ल नोबिलिटी अंडर औरंगज़ेब, बम्बई,* 1966, पृ. 95

178. एलियट और डाउसन की पुस्तक *हिस्ट्री ऑफ़ इंडिया एज टोल्ड बाय इट्स ओन हिस्टोरियंस,* II, (अलीगढ़, 1952, पृ. 36-82) के नये संस्करण की भूमिका।

179. इस सन्दर्भ में मैंने अपने विचारों को 'इकोनॉमिक हिस्ट्री ऑफ़ दि डैली सल्तनत : एन इंटरप्रिटेशन' (*आई.एच.आर.* IV (2), पृ. 287-68) नामक लेख में प्रस्तुत किया है।

180. मैंने *आई.एच.आर.* IV (2), पृ. 289 पन्ने, में साक्ष्य प्रस्तुत किया है। हो सकता है कि गौर की विजयों से पूर्व भी नगरों तथा वाणिज्य के क्षेत्र में विस्तार हुआ हो। देखें, आर.एस. शर्मा (*इंडियन फ्यूडलिज़्म,* पृ. 242-262), बी.डी. चट्टोपाध्याय (*ट्रेड एंड अर्बन सेंटर्स इन अर्ली मेडिएवल इंडिया, आई.एच.आर.* I, (2), पृ. 293-19) डॉ. शर्मा की इस अवधारणा का भी विरोध करते हैं कि शहरों का पहले से ही पतन होने लगा था, किन्तु उनके द्वारा प्रस्तुत साक्ष्य का मूल्यांकन करना कठिन है क्योंकि डॉ. शर्मा का तर्क यह नहीं है कि गुप्तकाल के बाद शहर पूरी तरह लुप्त हो गये थे या कि नये शहर बिल्कुल बसे ही नहीं थे। पुरातात्त्विक साक्ष्य के आधार पर ही इन प्रश्नों को अन्तिम रूप से सुलझाया जा सकता है। बहरहाल ऐसा लगता है कि तेरहवीं शताब्दी एक ऐसा बिन्दु है कि जब से शहरों का अभूतपूर्व विस्तार मिलता है तथा जिनके अवशेष अभी भी मिलते हैं।

181. *कैम्ब्रिज इकोनॉमिक हिस्ट्री ऑफ़ इंडिया,* I, पृ. 167-71

182. इस सम्बन्ध के सन्दर्भ में मेरा अपना तर्क 'पोटेंशियलिटीज ऑफ़ कैपिटलिस्टिक डेवलपमेंट इन दि इकोनॉमी ऑफ़ मुग़ल इंडिया' (ऐंक्वायरी, एन.एस. III, (3), पृ. 1-56, विशेष रूप से पृ. 22-36) में प्रस्तुत है।

183. अलाउद्दीन ख़िलजी के उपायों के लिए बुनियादी स्रोत बरनी है, पृ. 287-288

184. मोरलैंड (*ऐग्रेरियन सिस्टम ऑफ़ मुसलिम इंडिया*, पृ. 16-18), ने कहा है कि 'आर्थिक लगान' से निकट होने के कारण 'कर' का उत्पत्तिगत स्वरूप अनिवार्यतः इसलामी था। जबकि (फ़सल को ध्यान में न रखते हुए) समान अंश के रूप में निर्धारण करने की दृष्टि से यह हिन्दू परम्पराओं के अनुरूप था।

185. सल्तनत काल में कृषि-कराधान के स्पष्ट विवरण के लिए देखें- डब्ल्यू.एच. मोरलैंड, पूर्वोद्धृत, पृ. 21, 65; मैंने इसका विवेचन (सी.ई.एच.आई. 1, पृ. 69-68) में प्रस्तुत किया है।

186. देखें, इरफ़ान हबीब, *ऐग्रेरियन सिस्टम ऑफ़ मुग़ल इंडिया*, पृ. 190-96. वहाँ इनके सन्दर्भ भी दिये गये हैं। तब से राजस्व प्रशासन के सन्दर्भ में काफ़ी काम हुआ है, किन्तु उक्त कार्य ने समान रूप से इस खोज को पुष्ट ही किया है।

187. हरबंस मुखिया जब यह कहते हैं कि सुलतान भारी भू-कर लगाते हुए वस्तुतः अपनी पूर्ववर्ती परम्परा का ही अनुसरण कर रहे थे तो मुझे लगता है कि वे इस बिन्दु को नज़रअन्दाज़ कर रहे होते हैं (जर्नल ऑफ़ पीजेंट स्टडीज, VIII, (3), 1981, पृ. 292)।

188. बरनी, पृ. 287-8, 291-420

189. इरफ़ान हबीब, *ऐग्रेरियन सिस्टम ऑफ़ मुग़ल इंडिया*, पृ. 150 तथा पाद टिप्पणी।

190. बरनी, पृ. 287

191. देखें : इरफ़ान हबीब, *एग्रेरियन सिस्टम...*, पृ. 230-33

192. *इंशा-ए-महरू*, सं., एस.ए. राशिद, लाहौर, 1965, पृ. 61-63

193. देखें, इरफ़ान हबीब, *ऐग्रेरियन सिस्टम*, पृ. 115-116, बी.आर. ग्रोवर ने गुजरात से सम्बन्धित जिन दस्तावेज़ों पर विचार-विमर्श किया है, उन्हें भी देखें *प्रोसीडिंग्स ऑफ़ दि इंडियन हिस्ट्री कांग्रेस*, दिल्ली सत्र, (1961), पृ. 152-55

194. देखें, सी.ई.एच.आई., I, पृ. 90

195. इरफ़ान हबीब, *ऐग्रेरियन सिस्टम*, पृ. 322-23

196. बरनी, पृ. 287-8, 291. खोत के सन्दर्भ में देखें, *आई.ई.एस.एच.आर.* IV, (3), पृ. 212-13

197. वही, पृ. 430

198. मैं यहाँ विस्तृत सन्दर्भ नहीं दे रहा हूँ क्योंकि मैंने अपनी पुस्तक *ऐग्रेरियन सिस्टम* में ज़मींदारों का जो विवेचन किया है, उस सन्दर्भ में मेरे पास और अधिक ठोस रूप में कहने को कुछ नहीं है, पृ. 136-89। प्रो. नूरुल हसन का भी एक महत्त्वपूर्ण आलेख 'जमींदार्स अंडर दि मुग़ल्स' देखें (लैंड कंट्रोल एंड सोशल स्ट्रक्चर इन इंडियन हिस्ट्री', सं. एल.ई. फ्राइकेन वर्ग, लन्दन, पृ. 1969)।

199. मैंने अपनी पुस्तक *ऐग्रेरियन सिस्टम* में यह विचार-विमर्श किया है कि अधिशेष में ज़मींदारों का कितना हिस्सा होता था। देखें– पृ. 144-154। शीरी मूसवी ने तर्क दिया है कि ज़मींदारों का हिस्सा ज़्यादा होता था। (*आई.एस.एच.आर.* XI, (3), पृ. 359-74)।

200. उनका यह कहना सही है कि इसलाम से पहले के धनी लोगों को ज़मींदारों के रूप में मान्यता प्राप्त थी। उत्तर प्रदेश से प्राप्त दो अभिलेखों में तेरहवीं शताब्दी में रावत अपनी ज़मीन बेचते और गिरवी रखते मिले हैं। जौनपुर से प्राप्त ईंटों का अभिलेख जो 1271 ई. का है, वी.एस. अग्रवाल ने यू.पी. हिस्टॉरिकल सोसायटी के जर्नल (XVIII) (1 & 2) 1945, पृ. 196-201, में प्रकाशित करवा दिया है, तथा 1227 ई. का करसक का अभिलेख मेरी सहयोगी पुष्पा प्रसाद द्वारा प्रकाशित किया जा रहा है। उनकी इस सूचना के लिए मैं उनका आभारी हूँ।

201. *रिसाला-अहकम-ए-आजारी*, अलीगढ़, पाण्डुलिपियों, अब्दुस्सलाम, 'अरबिया', 331-10, पन्ने, 43ब- 62अ; लिटन, *अरबिया मज़हब* (2), 62 पन्ने, 53 व 62। उसके जीवन चरित (जो इसी रूप में जाना जाता है) के लिए देखें अब्दुल हई हसानी, *नुझातू-ए-खवातीर*, हैदराबाद (डैकन) 1376/1907, VI, पृ. 278

202. इरफ़ान हबीब : *एग्रेरियन सिस्टम...*, पृ. 118, 141, 44

203. परिणामस्वरूप, मोरलैंड (*ऐग्रेरियन सिस्टम ऑफ़ मुसलिम इंडिया,* पृ. 122-23) मुग़ल ज़मींदारों की तुलना मातहत सामन्तों के साथ करते प्रतीत होते हैं। उसी प्रकार के मत के सन्दर्भ में पी.सरन की पुस्तक *दि प्रोविंसियल गवर्नमेंट ऑफ़ दि मुग़ल्स* (1526-1658), इलाहाबाद, 1941, पृ. 111 तथा पाद टिप्पणी भी देखें।

204. अपनी बातचीत में शेख़ नसीरुद्दीन, 'खैरूल मजालिस' जिसे लगभग 1354 ई. में हामिद कलंदर ने रिकार्ड किया। सम्पादन द्वारा के.ए. निजामी, अलीगढ़, 1952, पृ. 140-272, भूमि बहुतायत में उपलब्ध होने के कारण आवश्यकता के रूप में परिगणित नहीं की जाती है. देखें–सी.ई.एच.आई., पृ. 48

205. इस प्रकार की रियायती दरों का साक्ष्य पूर्वी राजस्थान के सन्दर्भ में दिलबाग सिंह ने प्रस्तुत किया है, 'कास्ट एंड दि स्ट्रक्चर ऑफ़ विलेज इन ईस्टर्न राजस्थान ड्यूरिंग दि एट्टींथ सेंचुरी', *आई.एच.आर.*, II, (2), पृ. 299-311। एस.पी.गुप्ता ने सत्रहवीं शताब्दी के सन्दर्भ में दिया है, देखें, *प्रोसीडिंग्स ऑफ़ इंडियन हिस्ट्री कांग्रेस*, अलीगढ़ सत्र (1975), पृ. 235, 237 तथा आर.पी.राना ने आई.ई.एस.एच.आर., XVIII (पृ. 291, 326) में दिया है। महाराष्ट्र में मीरास के रूप में काश्तकारी की कालावधि का स्वरूप भी इसी प्रकार का है और इस प्रकार का विशेष अधिकार प्राप्त वर्ग वस्तुतः आपको हर जगह मिल जायेगा। उत्तर भारत में वे ख़ुदक़ाश्त किसान कहलाते हैं।

206. टोडरमल के ज्ञापन की मूल प्रति। *अकबरनामा,* ब्रिटिश म्यूज़ियम, अतिरिक्त, 27, 247, पन्ना 333ब। जहाँ महान लोगों की पाजी और ज़िद्दी कहकर की जाती है। अबुल फ़ज़ल, *आइन-ए-अकबरी*, सं. ब्लॉकमेन, *बिवलॉथिका इंडिका*, I, पृ. 286, तथा रसिक दास के लिए औरंगज़ेब का फरमान, आर्ट VI (जे.ए.एस.बी., II, में मुद्रित (1906) पृ. 223-55

207. बरनी, पृ. 287

208. बरनी, पृ. 305-6, मोरलैंड की पुस्तक *ऐग्रेरियन सिस्टम ऑफ़ मुसलिम इंडिया* (पृ. 37-8) देखें। अन्यत्र भी बरनी कहता है कि किसान उसी सुलतान के अधीन व्यापारियों को एक निश्चित दर पर गल्ला बेचता था ताकि वह अपने लगान का भुगतान कर सके जो निश्चित रूप से उस समय नगद रूप में ही अदा किया जाता होगा (बरनी, पृ. 304-5, 307)।

209. इरफ़ान हबीब, *ऐग्रेरियन सिस्टम*, पृ. 236-40।

210. इस सन्दर्भ में मैंने *ऐंक्वायरी* में विस्तार से अपना तर्क प्रस्तुत किया है एन.एस., III, (3), पृ. 32-36

211. एस.एन. हसन, के.एन. हसन तथा एस.पी.गुप्ता *प्रोसीडिंग्स ऑफ़ दि इंडियन हिस्ट्री कांग्रेस*, मैसूर सत्र (1960), पृ. 249, 263, सारणी I तथा IV.

212. मेरे आलेख 'यूजरी इन मेडिएवल इंडिया' (*सी.एस. एस. एच.* VI, (4), पृ. 394-98 में प्रस्तुत आँकड़े देखें।

213. मालिकजदा, *निगारनामा-ए-मुंशी* (1684 में संकलित), लखनऊ, 1884, पृ. 139

214. छत्तरमल, दीवान पसन्द, ब्रिटिश म्यूज़ियम अथवा 2011, पन्ना, 70-8अ. यह ग्रन्थ दोआब क्षेत्र में 1824 ई. पूर्व ही कभी संकलित किया होगा।

215. एस.पी.गुप्ता ने 'खसरा' दस्तावेज़ पर विचार-विमर्श किया है। 'मेडिएवल इंडिया : ए.मिसलेनी', बम्बई, IV, पृ. 168-78

216. इस सन्दर्भ में मुग़ल दस्तावेज़ों का साक्ष्य मेरी पुस्तक *ऐग्रेरियन सिस्टम* (पृ. 125-127) में दिया गया है।

217. देखें, सतीशचन्द्र 'सम आस्पेक्ट्स ऑफ़ इंडियन विलेज सोसायटी इन नार्दर्न इंडिया ड्यूरिंग दि एट्टींथ सेंचुरी', *आई.एच.आर.* I (1), पृ. 51-64

218. मुझे यह अहसास है कि मैं उपभोक्ता वस्तुओं के उत्पादन का ग्राम समुदाय पर पड़ने वाले प्रभाव को उसी रूप में स्वीकार नहीं कर रहा हूँ जिस रूप में मैंने उसे *ऐग्रेरियन-सिस्टम* (पृ. 128-9) लिखते समय स्थापित किया था।

219. देखें *ऐग्रेरियन सिस्टम,* (पृ. 133-4)।

220. उनके सारणीबद्ध विश्लेषण के लिए देखें : *आई.ई.एस.एच.आर.* IV (3) पृ. 205-232, विशेष रूप से पृ. 211-17 देखें।

221. वही, पृ. 215-16, काछियों और चमारों को दस्तावेज़ (सं. 16, 1611 ई.) में गाँव का प्राचीन मालिक कहकर सम्बोधित किया गया है. शायद वे केवल गाँव के बाशिन्दे रहे होंगे जिन्हें लगान न देने की असमर्थता के कारण अपना गाँव बेचना पड़ा।

222. देखें, *ऐग्रेरियन सिस्टम,* पृ. 100-110.

223. बरनी, पृ. 472-73

224. वही, पृ. 479-80

225. *तुजुके-जहाँगीरी*, सं. सैयद अहमद, गाजीपुर तथा अलीगढ़, 1863-64, पृ. 375-6

226. इंशा-ए-महरू, पूर्वोद्धृत, पृ. 75

227. देखें, मेरी पुस्तक *ऐग्रेरियन सिस्टम ऑफ़ मुग़ल इंडिया*, पृ. 333-5

228. वही, पृ. 339-42। जाट-विद्रोह के ज़मींदार वाले पक्ष पर आर.पी. राना ने आमेर के अभिलेखों पर आधारित अपने विस्तृत तथा सूचनाओं से भरपूर आलेख *ऐग्रेरियन रिवोल्ट्स इन नॉर्दर्न इंडिया ड्यूरिंग दि लेट सेवेंटींथ एंड एट्टींथ सेंचुरी* (आई.ई.एस.एच.आर., XVIII (3 -6), पृ. 287-326

229. सैयद गुलाम अलीख़ान, *इमादुस्सुआदत*, नवल किशोर, पृ. 1897, पृ. 55

230. देखें, सतीशचन्द्र सोशल बैक ग्राउंड टू दि राइज ऑफ़ दि मराठा मूवमेंट ड्यूरिंग दि सेवेंटींथ सेंचुरी, *आई.ई.एस.एच.आर.* X (3), 197 (3) पृ. 209-17, तथा पी.वी. रानाडे, 'फ्यूडल कंटेंट ऑफ़ महाराष्ट्र धर्म', आई.एच.आर.-I, (1), पृ. 44-50, *ऐग्रेरियन सिस्टम* भी देखें, पृ. 349-50

231. भीमसेन, 'नुस्खा-ए-दिलकुश', ब्रिटिश म्यूज़ियम, ओरिएंटल 23, पन्ना 1390-ब।

232. मीर गुलाम अली आज़ाद बिलग्रामी, ख़िजाना-ए-अमीरा, कानपुर, 1871, पृ. 49

233. मेरा यह मत 'एच. फूकाजावा' के आधार पर बना 'लैंड एंड पीजेंट्स इन दि एट्टींथ सेंचुरी मराठा किंगडम', हिस्टोसुभाषी, *जर्नल ऑफ़ इकॉनॉमिक्स*, VI (1), जून, 1965।

234. इस मत का खुला और दृढ़तापूर्वक प्रतिपादन कि इस प्रकार के अधम और निम्न वर्ण के लोगों को भी ईश्वर की प्राप्ति हो सकती है, गुरु अर्जन द्वारा ब्रजभाषा में धन्ना जाट के नाम से रचित पदों में मिलता है, जिनमें उन्होंने इन महान उपदेशकों के नाम तथा पेशों का भी उल्लेख किया है (*गुरुग्रन्थ साहिब*, देवनागरी पाठ... गुरुद्वारा प्रबन्धक कमेटी, अमृतसर, 1951, I, पृ. 487-8, देखें, वही, I, पृ. 109

235. मैंने इन पदों की छानबीन अपने आलेख, ऐवीडेंस फॉर सिक्सटींथ सेंचुरी ऐग्रेरियन कंडीशंस इन दि गुरुग्रन्थ साहिब, *आई.ई.एस.एच.आर.* I, 1964 में की है।

236. ये पद मुज़फ़्फ़र हुसैन (*नामा-ए-मुजफ्फरी*, लखनऊ, 1917, I, पृ. 255) में पुनः प्रस्तुत किये गये हैं।

237. *मआसिरे आलमगीरी,* कलकत्ता, 1870-73, पृ. 115-6

238. अबुल फ़ज़ल मामूरी, *हिस्ट्री ऑफ़ औरंगज़ेबस रेन,* ब्रिटिश म्यूज़ियम, ओरिएंटल, 161, पन्ना, 148ब।

239. *मआसिरे आलमगीरी,* पृ. 114-115

240. *फुतूहाते-आलमगीरी,* ब्रिटिश म्यूज़ियम, अतिरिक्त, 23, 884, पन्ना, 61ब।

241. *दबिस्ताने मजाहिब,* सं. नज़र अशरफ, कलकत्ता, 1809, पृ. 285

242. मौहम्मद शफी बरीद, *मिरातुल वरीदाद,* ब्रिटिश म्यूज़ियम, अतिरिक्त, 6579, पन्ना, 117ब।

243. *इमादुस्सतादात*, पूर्वोद्धृत, पृ. 71

244. जफरनामा, 1706, में रचित (?), नानकचन्द नाज, जालन्धर, 1959

245. यह बात इन्दुबांगा के विवेचन में भी देखी जा सकती है जो अन्य अर्थों में एक सहानुभूतिपूर्ण विवेचन ही कहा जायेगा। देखें, *ऐग्रेरियन सिस्टम ऑफ़ दि सिख्स*, नयी दिल्ली, 1978

अध्याय छह

प्राक्-औपनिवेशिक भारत का वर्गीकरण

किसी भी सभ्य समाज की इतनी अधिक निजी विशिष्टताएँ होती हैं कि उसे विभिन्न आर्थिक संरचनाओं में से किसी एक ही रूप के साथ जोड़ने से पूर्व उन तत्त्वों की ओर संकेत अवश्य कर देना चाहिए जिन्हें इस प्रकार के वर्गीकरण के सन्दर्भ में आधारभूत माना गया है। मार्क्सवादी पदावली में सर्वप्रथम श्रमप्रक्रिया का रूप आता है। इसके अन्तर्गत वे मूलभूत परिस्थितियाँ भी शामिल हैं जिनमें कोई भी प्रधान उत्पादनकर्ता पुरुष अथवा स्त्री, अपना कार्य सम्पन्न करता है। इसलिए विकासक्रम की क्लासिकीय व्यवस्था के अन्तर्गत दासता, भूदासता और उजरती श्रम में फ़र्क़ किया जाता है। कहा जा सकता है कि जहाँ श्रम का सामाजिक रूप भिन्न होता है वहाँ उत्पादन पद्धति एक जैसी नहीं हो सकती और प्रमुख उत्पादन पद्धति ही आर्थिक संरचना को परिभाषित करती है। किन्तु जिस बात को हम अक्सर नज़रअन्दाज़ कर जाते हैं वह यह कि उक्त स्थापना का विलोम भी अनिवार्यतः सही नहीं होता। समाजवाद में उजरती श्रम ही श्रम का बुनियादी रूप होता है, लेकिन इस आधार पर हम पूँजीवादी और समाजवादी दोनों उत्पादन पद्धतियों को एक नहीं ठहरा सकते। अतः एक अन्य तत्त्व पर भी विचार किया जाना चाहिए जो इस सन्दर्भ में किसी भी दृष्टि से कम निर्णायक महत्त्व नहीं रखता। यह वह रूप है जिसमें उत्पादनकर्ता से प्राप्त किये गये अधिशेष को वितरित किया जाता है। अतः समाजवाद के अन्तर्गत पूँजीपतियों से प्राप्त किये जाने वाले उत्पादन पर नियन्त्रण के प्रश्न के अतिरिक्त, इसी बिन्दु पर स्पष्ट रूप से पूँजीवादी और समाजवादी पद्धतियों में एक महत्त्वपूर्ण अन्तर निहित है। यह सही है कि वितरण प्रणाली उत्पादक श्रम की परिस्थितियों से स्वतन्त्र नहीं हो सकती। भूदासता पूँजीवाद का जीवन आधार नहीं हो सकती, उजरती श्रम ही हो सकता है।

बहरहाल, आर्थिक संरचनाओं की विविधरूपी शृंखला के अन्तर्गत श्रम के किसी विशिष्ट रूप के अस्तित्व की कल्पना तो की ही जा सकती है। अभी हमने उजरती श्रम का उदाहरण दिया जो पूँजीवाद और समाजवाद दोनों में समान रूप में मिलता है। यह बहुत सम्भव है कि सीधे-सादे कृषक उत्पादन के अन्तर्गत (जहाँ किसान लगान देने वाला एक लघु स्तरीय उत्पादक होता है) विभिन्न संरचनाओं की एक व्यापक शृंखला हो। इसके अतिरिक्त, यदि प्रत्येक आर्थिक संरचना गति के अपने विशिष्ट नियमों के आधार पर विशिष्टता प्राप्त करती है। और यहाँ तक कि उसका प्रधान प्रवर्तक भी विशिष्ट होता है, तो इसका स्रोत केवल श्रम की परिस्थितियाँ नहीं हो सकतीं, बल्कि इसका उद्भव निश्चित रूप से उस अन्तःक्रिया का परिणाम है जो इनके (गति के विशिष्ट नियमों तथा विशिष्ट प्रधान प्रवर्तक) तथा सम्पत्तिव्यवस्था के अन्य तत्त्वों के बीच घटित हुई होगी। यह अन्तःक्रिया उन घटकों से भी प्रभावित हुए बिना नहीं रह सकती जो दोनों के लिए ही परोक्ष है।

एक सीमा तक प्राथमिक ढंग की ये टिप्पणियाँ यहाँ इसलिए की गयी हैं ताकि इस सम्भावना को बलपूर्वक निरस्त किया जा सके कि वर्ग विभाजित समाजों की सभी प्राक् पूँजीवादी संरचनाएँ (आदिम समुदायों को छोड़कर) केवल दो ही श्रेणियों, अर्थात क्लासिकल (दासता पर आधारित) तथा सामन्ती (भूदासता पर आधारित) के ही अनुरूप हो सकती हैं। मौरिस डॉब (1946 : 35) कहते हैं कि सामन्तवाद और भूदासता को वस्तुतः अभिन्न माना जाना चाहिए। किन्तु निश्चित रूप से सामन्तवाद उससे कहीं अधिक था। इसकी वितरण प्रणाली 'फीफ' (जिसके साथ 'मेनर प्रणाली का भी एकीभाव होता गया') वेसेल प्रणाली के समग्र तन्त्र पर आधारित थी :

> *फीफ :* यह एक ऐसा भूक्षेत्र होता था जो किसी वंशानुगत अधिपति (लार्ड) के अधिकार में इस अनुबन्ध के साथ होता था कि वह अपने से उच्चतर अधिपति को *सामन्त भट* (नाइट) प्रदान करेगा। यह सोपान क्रम राजा तक जाता था।
>
> *मेनर :* ऐसे ग्राम अथवा ग्रामीण आबादी को कहते थे जिसके दो हिस्से होते थे : एक हिस्से में भूदास, उनकी आबादी तथा उनकी अपनी ज़मीन होती थी, दूसरे हिस्से में डिमेन-अधिपतियों का भूसम्पत्ति क्षेत्र होता था जिस पर भूदासों को बेगार करनी पड़ती थी।
>
> *वेसेल :* उस अधिपति को कहते थे जिसकी राजनिष्ठा अपने उस उच्चतर

अधिपति के प्रति अनुबन्धित होती थी जिसके तहत सामान्यतः उसकी 'फीफ' होती थी।

उक्त संस्थाओं पर विचार किये बग़ैर पश्चिमी यूरोप में उसके विकास और विघटन का विश्लेषण असम्भव है। इसके साथ ही डॉब (1954 : 26) किसानों की भूदास के रूप में अनुपस्थिति के बावजूद, सामन्तवाद की निरन्तरता की परिकल्पना करके अपनी परिभाषा को कमज़ोर बनाते हैं। बहरहाल, इसके आधार पर भी यह तर्क नहीं दिया जा सकता कि किसी भी समाज को सामन्ती कहकर सम्बोधित किया जा सकता है जिसमें एक ऐसा किसान वर्ग है जिसकी स्थिति पर निर्भर है, भले ही उसमें 'फीफ' अथवा 'वेसेलेज' प्रणाली विद्यमान न हो। ठीक उसी तरह जहाँ 'फीफ' अथवा 'वेसेलेज' जैसी संस्थाएँ तो हों, लेकिन भूदासता न हो तो उसे सामन्तवाद नहीं कहा जा सकता।

प्रश्न केवल अत्यधिक भाषिक परिमार्जन का नहीं है। सामन्तवाद में हमारी दिलचस्पी मुख्यतः इसलिए है (जैसे पश्चिमी यूरोप में) ताकि उसके विघटन के उन परिणामों को स्पष्ट रूप से रेखांकित किया जा सके जिनके तहत पूँजीवाद की उत्पत्ति और विकास का मार्ग प्रशस्त हुआ। इस उद्देश्य से उसकी गति के नियमों का हमारे लिए अत्यधिक महत्त्व है। सामन्तवाद के तीन प्रमुख तत्त्वों के विषय में जितना हम जानते हैं, उन सब (केवल एक के आधार पर ही नहीं) के आधार पर ये निष्कर्ष निकाले जा सकते हैं और उस स्थिति में भी हमारे लिए यह आवश्यक है कि उनके पारस्परिक सम्बन्धों पर पड़ने वाले बाह्य घटकों के प्रभाव का अध्ययन किया जाये। हो सकता है, गति के ये नियम उन समाजों के गति के नियमों से तात्विक रूप से भिन्न हों जिनमें इनमें से केवल एक ही तत्त्व मौजूद होता है। उस स्थिति में, उन सभी समाजों को केवल एक ही तूलिका से रंगने से कोई आलोक प्राप्त नहीं होगा क्योंकि तब हम उन समाजों में उन प्रवृत्तियों की तलाश नहीं कर पायेंगे जिन्हें हमने अनिवार्य रूप से एक भिन्न समाजव्यवस्था के मानक के रूप में निर्धारित किया है। और यदि हमने ऐसा किया होता तो उसका परिणाम ऐतिहासिक विश्लेषण की दृष्टि से बहुत उपयोगी नहीं होता।

II

अतः मार्क्स का यह सोचना स्पष्ट रूप से सही था कि भारतीय इतिहास का विश्लेषण उसकी अपनी विशिष्टताओं के आधार पर किया जाना चाहिए। प्रथमतः, उसने पाया कि यहाँ शोषक वर्ग का मूलभूत लक्ष्य 'ग्राम समुदाय' का अधीनीकरण था,

वैयक्तिक इकाई के रूप में किसान का नहीं। उसने यह पता लगाया कि खेती कृषक परिवारों द्वारा निजी रूप में की जाती थी किन्तु समुदाय और जाति के बन्धन किसान और ग्रामीण कारीगर को एक सामाजिक-आर्थिक इकाई के रूप में बान्धकर रखते थे (मार्क्स और एंगेल्स अदिनांकित 35-6, मार्क्स, 1938 : 351-2)। परिणामस्वरूप, व्यक्तिगत अधीनीकरण (चाहे वह दासता हो अथवा भूदासता) प्रमुख नहीं हो सकता था। इस तथ्य को वे ग्रंडिसे में स्पष्ट रूप से स्वीकार करते हैं (मार्क्स, 1964 : 91)। किन्तु यह अहसास महत्त्वपूर्ण है कि मार्क्स भी एशिया में भूदासता के विकास की अनुपस्थिति इस तथ्य से जोड़ते हैं कि चूँकि यहाँ लगान और कर एकीभूत हो जाते थे, अतः राज्य ही भूस्वामी था। इन परिस्थितियों में, राज्य का सभी प्रकार के अधीनीकरण के सन्दर्भ में जो सामान्य दबाव था, उसके अतिरिक्त किसी और अधिक शक्तिशाली राजनीतिक अथवा आर्थिक दबाव की आवश्यकता नहीं थी (मार्क्स, 1959 : 771-2)। अपने जीवन के अन्तिम समय के आसपास मार्क्स (1964 : 58) ने पुनः भारत में भूदासता की अनुपस्थिति पर बल दिया और उस आधार पर उन्होंने कोवालेव्स्की के उस वर्गीकरण को अस्वीकृत कर दिया था जिसके तहत उसने भारत के सामाजिक सम्बन्धों को सामन्ती कहकर अभिहित किया था।[1]

भारतीय समाज में एक तत्त्व और था जिसने उसे, मध्यकालीन यूरोपीय स्वरूप के विशिष्ट सन्दर्भ में, सामन्तवाद से भिन्नता प्रदान की। मध्यकालीन यूरोपीय सामन्तवाद में उत्पादन के उस भाग के अपेक्षाकृत छोटे से अंश ने, जो भूस्वामी के राजस्व का प्रतिनिधित्व करता है, वितरण की प्रक्रिया (प्रोसेस ऑफ़ सर्कुलेशन) में प्रवेश किया (मार्क्स, 1959 : 767)। किन्तु पूँजी के प्रथम भाग (1938 : 351-2) में, भारतीय समुदाय के अपने क्लासिकीय चित्रण के द्वारा मार्क्स भारत में अतिरिक्त उत्पादन के साथ घटित होने वाली प्रक्रिया का निम्नलिखित स्वरूप प्रस्तुत करते हैं :

> अतः यहाँ उत्पादन (ग्राम समुदाय के अन्तर्गत) उस श्रम-विभाजन से स्वतन्त्र है जो समूचे भारतीय समाज में उपभोक्ता वस्तुओं के विनिमय द्वारा उत्पन्न होता है। केवल अधिशेष ही उपभोक्ता वस्तु का रूप लेता है और उसका भी एक अंश ही, वह भी तब तक नहीं जब तक कि राज्य के हाथों में नहीं पहुँच जाता जिसके हाथों में अनन्त काल से इन उत्पादों की एक निश्चित मात्रा जिन्स के रूप में लगान बनकर पहुँचती रही है।

यहाँ यह धारणा स्पष्ट है कि गाँव से वसूल किया जाने वाला अधिशेष उपभोक्ता वस्तुओं के रूप में परिवर्तित हो जाता है : जब इसका भुगतान जिन्स के रूप में होता है तो अपहर्ता उसे बाज़ार में ले जाता है। यहाँ हम उपभोक्ता वस्तुओं का व्यापक प्रसार देखते हैं जिसके कारण गाँव के बाहर श्रम-विभाजन होता है। अधिशेष का विस्तार ही उसके साम्राज्य की सीमा को निर्धारित करता है।[2]

एक और तीसरी विशेषता है जो भारतीय समाजव्यवस्था को सामन्तीव्यवस्था से अलगाती है। यह थी राज्य की सकारात्मक भूमिका जिसके तहत राज्य ने खेती के लिए सिंचाई के साधन (नहर खुदवा कर, चढ़ाये डालकर तालाब आदि बनवाकर) उपलब्ध कराये। एंगेल्स के सुझाव पर मार्क्स ने यह सोचा कि राज्य की यह भूमिका एशियाई समाजों में लगान के सन्दर्भ में उसके अधिकार का आर्थिक आधार बनी (मार्क्स-एंगेल्स, अदिनांकित, 33-4, 278; मार्क्स, 1964 : 70-71; और 1938 : 523 पाद टिप्पणी)। पुनः सामन्ती लगान के पीछे निहित ग़ैर-आर्थिक दबाव के साथ उसका कोई साम्य नहीं था।

अतः मार्क्स पश्चिमी यूरोप की सामन्ती संरचना से प्राक्-उपनिवेशकालीन भारतीय अर्थव्यवस्था के अन्तर को स्पष्ट कर सके। किन्तु साथ ही उसे एक व्यापक एशियाई पद्धति के खाते में डाल देना सन्देहास्पद प्रतीत होता है। 1850 ई. के आसपास वे यह मानते हुए प्रतीत होते हैं कि लगभग समूचे एशिया में यूरोपियन क्लासिकीय प्राचीन काल के पूर्व से लेकर उपनिवेशकालीन युग तक सामाजिक संगठन अपरिवर्तित रहा और इस अपरिवर्तनशील प्रणाली के दो प्रमुख स्तम्भ थे : ग्राम समुदाय तथा प्राच्य निरंकुशतावाद (मार्क्स और एंगेल्स, अदिनांकित : 31-7, 76-7; मार्क्स, 1964 : 69-70)। किन्तु भारत के विषय में मार्क्स ने जो कुछ लिखा उससे यह आभास होता है कि शायद ही इस प्रकार की परिवर्तनहीन प्रणाली कभी अस्तित्व में रही हो। प्रथमतः जैसा कि उन्होंने स्वयं यह पता लगाया कि सामुदायिक कृषिव्यवस्था से व्यक्तिगत कृषिव्यवस्था के रूप में परिवर्तन हुआ, निश्चित रूप से उस व्यवस्था के केन्द्र में यह एक मूलभूत परिवर्तन था। दूसरे, लगान के सन्दर्भ में राज्य के अधिकार का विस्तार हुआ और मार्क्स (मार्क्स और एंगेल्स, अदिनांकित : 290), एक समय यह मानने को तैयार थे कि राज्य के अधिकार का यह विस्तार इसलामी राज्यव्यवस्थाओं के आगमन के साथ हुआ होगा। तीसरे, उपभोक्ता वस्तुओं के प्रसार का विस्तार हुआ। मार्क्स हमेशा ही मौद्रिक सम्बन्धों को आर्थिक संगठन का एक महत्त्वपूर्ण पक्ष मानते थे तथा समूची उत्पादन पद्धति के चरित्र को बदलने के लिए मुद्रा के रूप में लगान के भुगतान में अन्तर्निहित क्षमता को उत्तरदायी ठहराते थे (मार्क्स, 1959 : 777)।

अतः यह स्पष्ट है कि अतिरिक्त उत्पादन का उपभोक्ता वस्तुओं के रूप में रूपान्तण के जिस चरण की परिकल्पना मार्क्स ने प्राक्-उपनिवेशीय भारत के सन्दर्भ में की थी, वह बिना दूरगामी सामाजिक परिवर्तनों के पूरा नहीं हो सकता था। भारतीय समाज में परिवर्तनों की इस शृंखला का सामंजस्य सभ्यता के उदय से लेकर ब्रिटिश विजयों तक के काल के सन्दर्भ में एकमात्र अपरिवर्तनीय संरचना की परिकल्पना के साथ नहीं बिठाया जा सकता। अतः स्वयं मार्क्स द्वारा चित्रित प्राक्-उपनिवेशकालीन भारतीय अर्थव्यवस्था की कतिपय विशेषताओं को दृष्टिपथ में रखते हुए भारतीय समाजव्यवस्था के विकास के दौरान घटित अन्तर्भूत किन्तु विशिष्ट पड़ावों की व्याख्या के सन्दर्भ में हम सामाजिक संरचनाओं की एक क्रमबद्ध शृंखला के अस्तित्व को स्वीकार करने के लिए बाध्य हैं। यह विश्वास उस समय और भी अधिक मज़बूत हो जाता है जब हम उस सूचना का विश्लेषण करते हैं जो मार्क्स को उपलब्ध सूचना की तुलना में स्वाभाविक रूप से कहीं अधिक है।

III

अपने ज्ञान में हुए विस्तार की दिशा का सम्यक मूल्यांकन करने के लिए हम उपनिवेशीय विजय के पूर्व की भारतीय अर्थव्यवस्था के सन्दर्भ में प्रस्तुत मार्क्स की एक प्रमुख अवधारणा पर विचार करें। ग्राम समुदाय की उनकी अवधारणा में निश्चित रूप से कतिपय संशोधनों की आवश्यकता है। ग्राम निश्चित रूप से एक विच्छिन्न, विशिष्ट, आर्थिक और सामाजिक इकाई था; किन्तु इसके जनसमुदाय में स्तर-विन्यासीकरण उससे कहीं अधिक था जितना शायद मार्क्स समझते थे। एक ओर, व्यक्तिगत स्तर के लघु उत्पादन ने अनिवार्य रूप से आर्थिक विभेदीकरण को जन्म दिया; दूसरी ओर, उन 'बड़े लोगों ने, जो कर समाहर्ता के रूप में गाँव पर नियन्त्रण रखते थे, सम्पन्नता अर्जित की और अब वे अपनी ज़मीन पर भाड़े के श्रम द्वारा खेती करने की हैसियत रखते थे (ख़ुदकाश्त, मीरासदार आदि) (हबीब, 1963 : 118-29; 1982 : 39-41; एच. फाकाजावा : सी.ई.एच.आई. में, 1982, I : 253-4)। जातिव्यवस्था ने सामाजिक विभेदीकरण को, विशेषतः अछूतों के रूप में ग्रामीण सर्वहारा का एक विशाल वर्ग तैयार करके, संघटित किया। इस प्रकार, व्यक्तिगत अधीनीकरण की प्रक्रिया जो मुख्यतः जातिव्यवस्था के ढाँचे के माध्यम से अपना अस्तित्व बनाये हुए थी, सामूहिक अधीनीकरण के साथ विविध रूपों में संलग्न थी। यह द्वैत राज्य के दृष्टिकोण में भी व्यक्त होता था जिसने, जब भी कभी उसे लाभप्रद लगा, गाँव के मुखिया को बलाए-ताक

रखकर व्यक्तिगत रूप से (आसामीवार) किसानों पर भूमिकर लगाने का अधिकार अपने पास सुरक्षित रखा (हबीब, 1963 : 230-36)। इसके अतिरिक्त, चूँकि राज्य के अधिकार, क्षेत्र विशेष (जागीर) के सुपुर्ददारों (औसिनीज) के माध्यम से ही निष्पादित होते थे, अतः किसानों का स्थानान्तरण प्रतिबन्धित था; तथापि व्यावहारिक रूप से किसान वर्ग में पर्याप्त गतिशीलता थी ('पाईकाश्त किसानों' से तुलनीय) (सी.ई.एच.आई. I, 14; हबीब, 1963 : 115-16; ग्रोवर, 1961 : 152-6; चन्द्रा, 1974)। ग्रामीण जनसमुदायों की विभिन्न श्रेणियों के अनेकरूपी अधीनीकरण के इन रूपों का न तो भूदासता के साथ कोई सादृश्य है और न ही ग्राम समुदाय के क्लासिकीय रूप के साथ। वे प्रमुखतः जातिव्यवस्था, लघु-उत्पादन तथा लगान प्राप्त करने वाले राज्य के बहुविध प्रभाव के तहत सम्पन्न होने वाली ऐतिहासिक प्रक्रिया के परिणाम थे।

मार्क्स द्वारा प्रस्तुत भारत विषयक तसवीर में दूसरा महत्त्वपूर्ण संशोधन उनकी इस अवधारणा के सन्दर्भ में करना होगा कि गाँव का अतिरिक्त उत्पादन समग्रतः राज्य (अथवा उसके सुपुर्ददारों) के हाथ में चला जाता था। वस्तुतः वंशानुगत रूप से लगान में अपना अधिकार रखने वाला एक समूचा वर्ग था जिसे मुग़ल काल में सर्वत्र ज़मींदार की पद संज्ञा से अभिहित किया जाता था। यह सम्भव है कि दसवें भाग से कुछ अधिक और अधिशेष के एक चौथाई हिस्से तक को यह वर्ग हड़प लेता हो। इसके अधिकारों और दावों के माध्यम से हम उसके सम्पत्तिगत अधिकार की विशेष बातों का पता लगा सकते हैं; अनेक बैनामों से यह प्रमाणित है कि सोलहवीं शताब्दी तक ज़मींदारी का अधिकार विक्रेय हो गया था। एक अधिकारी विद्वान (आला, लगभग 17वीं शताब्दी) के अनुसार ज़मींदार किसानों को, जो उन्हें 'मालिक' या ज़मीन का मालिक समझते थे, बेदख़ल भी कर सकते थे तथापि उनके इस अधिकार को अधिकांश क्षेत्रों में सशस्त्र शक्ति के समर्थन की आवश्यकता पड़ती थी और प्रायः स्थानीय प्रभावशाली जातियों के साथ क़रीबी गठजोड़ होता था। राज्य का इस बात पर ज़ोर होता था कि ज़मींदारों का उनके अधिकार के साथ ही यह दायित्व भी है कि वे किसानों से उसके कर की वसूली करें। इस प्रकार उसने समूचे वर्ग को राजस्व विषयक तन्त्र के साथ संघटित करने का प्रयास किया।[3] निस्सन्देह, ज़मींदार वर्ग के अस्तित्व की एशियाई प्रणाली की किसी भी स्वीकार्य अवधारणा के साथ संगति नहीं बैठ सकती, अपितु वह एक ऐसे तत्त्व की ओर संकेत करता है जो अपेक्षाकृत रूप से उस सामन्ती भूस्वामित्व के अनुरूप है जिसका उदय 'फीफ' और 'मेनर' प्रणालियों के लोप होने के उपरान्त होता है। किन्तु, यदि सही रूप में कहा जाये

तो लगान के सन्दर्भ में ज़मींदार का अपना सीमित अधिकार भूसम्पत्ति के किसी भी अस्तित्व को अस्वीकार करता है; अंशतः ही सही, उसने उच्चतर सत्ता अर्थात राज्य की माँगों की पूर्ति के सन्दर्भ में एक माध्यम की भूमिका निभायी।

राज्य, जिसका मुखिया राजा होता था तथा जो सम्पूर्ण सत्ता का स्रोत होता था, के अन्तर्गत एक शासक वर्ग समविष्ट होता था, जिसके सदस्यों को राजा की इच्छा के तहत विभिन्न क्षेत्रों के राजस्व का अधिकार होता था। बहुत पहले मोरलैंड (1929 : 217-9) ने यह तर्क दिया था कि ये क्षेत्रीय कार्यभार (टेरीटेरियल असाइनमेंट्स), जिन्हें इक्ता या जागीर कहा जाता था, किसी भी सामन्ती अर्थ में 'फीफ' नहीं थे। सामान्यतः समय-समय पर इनका स्थानान्तरण होता रहता था। यह एक ऐसी प्रथा थी जो निरंकुश केन्द्रीभूत राज्य की स्थापना के लिए अनिवार्य थी। सत्रहवीं शताब्दी में बर्नियर (1916 : 226-7) ने दिखाया कि किस प्रकार इस प्रथा के तहत सुपुर्ददारों (असाइनीज) द्वारा कर-राजस्व को फौरी ढंग से अधिकतम कर देने का दबाव बना दिया गया था। शायद यही समाज के अन्दर प्रमुख अन्तर्विरोध का सर्वाधिक प्रत्यक्ष स्रोत था, एक ओर लगान वसूल करने वाला शासक वर्ग तथा दूसरी ओर कृषक वर्ग तथा मध्यवर्ती वर्ग समूह (ज़मींदार आदि) (हबीब 1963 : 317-38)।

व्यापक उपभोक्ता वस्तुओं के प्रसार की अनुपस्थिति में समूचे केन्द्रीभूत राजस्व ढाँचे की कल्पना भी नहीं की जा सकती थी। इसी के आधार पर वाणिज्य के पर्याप्त विकास, बैंकिंग, बीमा तथा सुदूर बाज़ारों के लिए उपभोक्ता वस्तुओं के निर्माण में विशेष दक्षता प्राप्त शहरी केन्द्रों के विकास को समझा जा सकता है (टी. रायचौधरी, सी.ई.एच.आई. I; 260-307, 325-59)। किन्तु जहाँ तक हम देख सकते हैं कि मार्क्स का इस बात पर बल देना सही था कि सामान्यतः अतिरिक्त उत्पादन ही उपभोक्ता वस्तुओं के रूप में रूपान्तरित होता था तथा कृषक अर्थव्यवस्था की आत्मनिर्भरता नहीं टूट पायी। अतः नगरों और उनका वाणिज्य पूरी तरह राज्य द्वारा लागू कृषि शोषण की प्रणाली पर निर्भर था।

एक घटक, जिस पर मार्क्स ने कभी कम कभी अधिक बल दिया अर्थात जैसे सिंचाई के साधनों को वे कर-लगान का आर्थिक आधार मानते थे, को शायद पुनःर्परिभाषित करना होगा और सामान्यतः संशोधित करना होगा। ऐसा लगता है भारत में राज्य द्वारा कृषि के विस्तार के लिए समय-समय पर किये गये उपायों, जैसे तकाबी, कर में छूट, बाँधों की मरम्मत और नहरों की खुदाई आदि का प्रभाव सीमित ही था, कम-से-कम उत्तर भारत के मैदानों के सन्दर्भ में तो यह सीमित ही था। अतः ऐसा नहीं है किसानों ने लगान इसलिए दिया क्योंकि राज्य ने अपनी

उदारता के द्वारा उन्हें ज़मीन पर खेती करने के योग्य बना दिया था अपितु राज्य ने इन उपायों को इस आशा में अपनाया था कि कृषि के विस्तार से, चाहे वह कितना भी सीमित क्यों न हो, लगान में असन्तुलित ढंग की बढ़त ही होगी। कर-लगान के भुगतान का आधार मूलभूत रूप से ग़ैर-आर्थिक विवशता ही रही।

इन प्रदत्त विशेषताओं के आधार पर हम व्यवस्था की गतिशीलता की मुख्य दिशा के विषय में कुछ अनुभव कर सकते हैं। केन्द्रीभूत निरंकुशतावाद कर-लगान की वसूली के लिए अनिवार्य था। किन्तु उस एकमात्र रूप में, जिसमें वह कर वसूलयावी के कार्यभार को अस्थायी रखते हुए अपनी एकीकृत शक्ति को अर्जित कर सकता था और कायम रख सकता था, वित्तीय दबाव को लगातार बढ़ाने की प्रवृत्ति थी। इससे कृषि विद्रोह उत्पन्न हुए और साम्राज्यीयव्यवस्था ध्वस्त हो गयी। इस प्रकार के दो चक्र उल्लेखनीय हैं : एक जो तेरहवीं-चौदहवीं शताब्दी में दिल्ली सल्तनत के साथ पूरा होता है तथा दूसरा जो सोलहवीं-सत्रहवीं शताब्दियों में मुग़ल साम्राज्य के साथ सम्पन्न होता है।[4] जब वह व्यवस्था टूटी और केन्द्रीभूत निरंकुशतावाद का पतन हुआ तो नगरों और उनके व्यापार को अपरिहार्य रूप से धक्का लगा, जैसा कि अशिन दासगुप्त ने (1979) हाल ही के अठारहवीं शताब्दी के दौर के 'सूरत' विषयक अपने अध्ययन में दिखाया है। ज्यों ही साम्राज्य का पतन हुआ, ज़मींदारों ने सामान्य रूप से किसानों पर अपने अधिकार का विस्तार किया (अतः ऊपरी तौर पर यह 'सामन्ती' ढंग का ही विस्तार था) और क्षेत्रीय शक्तियों ने साम्राज्य से विरासत में प्राप्त राजस्व सम्बन्धी अधिकारों के एक बड़े भाग को सुरक्षित रखने के लिए संघर्ष किया। यह स्थिति पश्चिमी यूरोप में सामन्तवाद के पतन से उत्पन्न उस स्थिति के ठीक विपरीत थी जिसके तहत राष्ट्र-राज्य का उदय हुआ, वाणिज्य का विस्तार हुआ तथा लघु उत्पादन का सार्वजनीकरण हुआ, जिससे पूँजीवाद का जन्म हुआ।

प्राक्-औपनिवेशिक सामाजिक संरचना को सामन्तवाद से अभिहित करने वाली भावना के पीछे यह विश्वास रहा है कि पश्चिमी यूरोप के सामन्तवाद की भाँति यह संरचना भी पूँजीवाद के तत्त्वों को जन्म दे सकती थी (उदाहरण के लिए, इक्तिदार आलमख़ान 1876 : 28-29)। दोनों सामाजिक संरचनाओं के बीच समानता के अनिवार्य बिन्दुओं की अनुपस्थिति के अतिरिक्त इस अवधारणा के सन्दर्भ में शायद दो आपत्तियाँ की जा सकती हैं। प्रथमतः, जैसा कि हम देख चुके हैं कि प्राक्-औपनिवेशिक भारतीय सामाजिक संरचना के विघटन के परिणाम सामन्ती संकट के परिणामों से बहुत भिन्न थे। दूसरे, यूरोप में भी सामन्तवाद से पूँजीवाद में सीधे-सीधे रूपान्तण नहीं हुआ। सामन्तवाद के विघटन

का परिणाम सर्वप्रथम व्यक्तिगत भूस्वामित्व की शासन प्रणाली की स्थापना तथा लगान देने वाले स्वतन्त्र किसान वर्ग के रूप में सामने आया; और इसी पद्धति के अन्तर्विरोधों के परिणामस्वरूप पूँजीवाद का विकास हुआ।[5] भारत में यह स्थिति उन्नीसवीं शताब्दी के उत्तरार्द्ध तक देखने को नहीं मिलती और वस्तुतः, उसके बाद ही यह स्थिति उपनिवेशीय शासन के परिणामस्वरूप उद्भूत हुई।

मुखिया (1981, 284-93) पूर्ण रूप से एक भिन्न दृष्टिकोण अपनाते हुए प्रतीत होते हैं। वे प्राक्-औपनिवेशिक भारत में पहले से ही स्वतन्त्र किसान वर्ग का अस्तित्व मानते हैं। अतः स्पष्ट है कि ऐसी स्थिति में सामन्तवाद नहीं हो सकता था लेकिन वे कोई ऐतिहासिक परिवर्तन भी नहीं देखते, परिवर्तन के बजाय वस्तुतः भारत के सामाजिक-आर्थिक इतिहास में 'सापेक्षिक स्थायित्व' था। कृषि विद्रोह असन्तुलनों के सन्दर्भ में प्रतिक्रिया मात्र थे जिन्हें राज्य ने सजगता दिखाते हुए शीघ्र ही दूर कर लिया। ये निष्कर्ष प्राक्-उपनिवेशीय भारत के विषय में अपेक्षाकृत रूप से एक आदर्श छवि की पूर्व कल्पना करके चलते हैं और उसमें किसी प्रकार के उग्र तनाव नहीं देखते। ये निष्कर्ष तर्कसंगत नहीं हैं। जहाँ तक मेरे अपने अध्ययन का प्रश्न है, जिसे मैं पहले ही प्रस्तुत कर चुका हूँ, वह यह है कि किसी भी अन्य समाज की भाँति यहाँ भी उतने ही तीव्र अन्तर्विरोध थे किन्तु उनकी प्रकृति और उनके परिणाम उन अन्तर्विरोधों से भिन्न थे जिनसे यूरोप में पूँजीवाद का उद्भव हुआ (देखिए, इरफ़ान हबीब, 1969)।

IV

मध्यकालीन भारतीय सामाजिक संरचना के (मैं इस सामाजिक संरचना को यही अभिधान देना चाहूँगा जब तक कि इसके लिए कोई अधिक उपयुक्त अभिधान प्रस्तुत नहीं किया जाता) जैसा कि हम देख चुके हैं कि इसके दो चरण अथवा चक्र रहे हैं। अब हमें उस संरचना अथवा उन संरचनाओं पर विचार करना चाहिए जो इस संरचना से पूर्व, अस्तित्व में आयी, अर्थात तेरहवीं-चौदहवीं शताब्दी से पूर्व जब से हमारा प्रथम चक्र प्रारम्भ होता है।

डी.डी. कोसम्बी (1956 : 275; विशेष रूप से 326-8) तथा आर.एस. शर्मा (1965, विशेष रूप से 263 : 73) ने हमें 'भारतीय सामन्तवाद' शब्द से परिचित कराया है। शर्मा जी का मानना है कि भारतीय सामन्तवाद का काल अधिकांश उत्तर भारत के सन्दर्भ में 13वीं शताब्दी के प्रारम्भ से पूर्व गौर-तुर्की शासन प्रणाली द्वारा पुरानी व्यवस्था को उखाड़ फेंकने के साथ ही समाप्त हो जाता है। दूसरी ओर, डी.डी. कोसम्बी आगामी काल को, अर्थात भारत पर ब्रिटिश विजयों के

चरण को भी 'भारतीय सामन्तवाद' में सम्मिलित कर लेते हैं। किन्तु इस सन्दर्भ में जो साक्ष्य वे प्रस्तुत करते हैं, उसका अधिकांश तेरहवीं शताब्दी से पूर्व के काल से सम्बद्ध है। जहाँ तक सामन्तवाद के प्रादुर्भाव का सम्बन्ध है, दोनों ही विद्वान उसे प्रथम सहस्राब्दी के अन्तर्गत स्थान देते हैं।

इस काल की जिन विशिष्टताओं को कोसम्बी और शर्मा रेखांकित करते हैं, उनमें से प्रथम हैं राजनीतिक विकेन्द्रीकरण जिसके साथ ही शासक वंशानुगत धार्मिक तथा धर्मनिरपेक्ष अनुदानों के माध्यम से वित्तीय संसाधनों से विमुख होता चला गया। लगता है जैसे वैसेलधर्मी प्रणाली का विकास हो चुका था। जिसके तहत शक्तिशाली लोगों की विशेष ढंग के सोपानक्रम में संगठित एक ऐसी शृंखला बन गयी थी जिसमें उच्चकुलोद्भूत व्यक्ति (नाइट) अथवा राजपुत्र सामरिक तथा राजनीतिक शक्ति की आधारभूत इकाई के रूप में उसके आधार बिन्दु पर अवस्थित थे (कोसम्बी का अभिजातवर्गीय सामन्तवाद (फ्यूडलिज्म फ्रॉम अबध) तथा शर्मा का राजनीतिक सामन्तवाद)।

दूसरे, इस काल की अर्थव्यवस्था में मुद्रा तथा व्यापार में निरन्तर आकुंचन, नगरों का ह्रास तथा आत्मनिर्भर गाँवों की विच्छिन्नता दिखायी पड़ी (गोपाल, 1963 अ : 215-51; शर्मा, 1974 : 5; तथा यादव, 1976 : 44)।[6] ये परिस्थितियाँ भी मध्यकालीन यूरोप में रोमन साम्राज्य के पतन के बाद जो कुछ घटित हुआ, उसके अनुरूप दिखायी पड़ती हैं।

इसमें कोई सन्देह नहीं कि ये महत्त्वपूर्ण विशेषताएँ जो इस संरचना को अपनी परवर्ती संरचना से, स्पष्ट रूप से भिन्नता प्रदान करती है, जिसमें शक्तिशाली केन्द्रीभूत सत्ता थी, उपभोक्ता वस्तुओं का व्यापक प्रसार था तथा जिसमें पूर्ववर्ती शासक वर्ग को ज़मींदारों के अधीनस्थ कर दिया गया था। ये विशेषताएँ यूरोपियन सामन्तवाद के कतिपय तत्त्वों के साथ पर्याप्त समानता रखती हैं और डी.सी. सरकार जैसे लोगों की असहमति के बावजूद (1969 : 32-38) अब प्राचीन भारत से सम्बद्ध लेखन में स्थापित इसके प्रयोग को औचित्य प्रदान करती हैं। वस्तुतः, इस सन्दर्भ में समर्थन अपेक्षाकृत अप्रत्याशित रूप से रूस्टन कूलबॉर्न (1968) से मिला जो सामन्तवाद की अपनी अनूठी परिभाषा के तहत आश्वस्तिपरक ढंग से ठीक उसी युग में उसके अस्तित्व की तलाश करता है जिस कालावधि में शर्मा जी ने उसका स्थान निर्धारित किया है। अतः इस शब्दबन्ध के प्रयोग का प्रतिवाद करना मूर्खतापूर्ण होगा। इसके बावजूद, 'भारतीय सामन्तवाद' में भारतीय शब्द पर बल देना आवश्यक होगा ताकि इसे बलपूर्वक रेखांकित किया जा सके कि यह एक भिन्न ढंग की सामाजिक संरचना है, जब तक कि हम यह स्थापित न कर दें कि कृषि में श्रम की प्रक्रिया का स्वरूप भूदासता के समरूप ही था।

शर्मा जी (1965 : 57-58, 118-24) के यहाँ उन किसानों के लिए जिन पर भूमि छोड़ने के सन्दर्भ में किंचित प्रतिबन्ध था 'भूदासता' शब्द के प्रयोग की प्रवृत्ति मिलती है तथा बी.एन.एस. यादव (1973 : 163-73) किसानों के स्थान पर परिवर्तन पर लगे प्रतिबन्धों के सन्दर्भ में उपलब्ध साक्ष्य को और अधिक पुष्ट करते हैं। गोपाल (1963ब : 296-309) प्रतिबन्धों की बात तो स्वीकार करते हैं किन्तु उन्हें कुछ ही क्षेत्रों तक सीमित मानते हैं जबकि डी.सी. सरकार (1969: 32-38) ऐसे किसी प्रतिबन्ध की बात स्वीकार नहीं करते हालाँकि समग्रतः वे अपने मत के प्रति आश्वस्त नहीं कर पाते। कोसम्बी पूर्णविकसित भूदासता के अस्तित्व को प्रतिपादित करते हुए झिझकते हैं, हालाँकि यह स्पष्ट संकेत करते हैं कि इस काल में 'दासता' ने भूमि पर खेती करने की दृष्टि से अभिनव महत्त्व प्राप्त किया (कोसम्बी, 1956 : 327)। यह बहुत सम्भव है कि कृषक खेती तथा भाड़े पर लिए गये श्रम (अर्धदासों) का इस्तेमाल लगान वसूली के वैकल्पिक साधनों के रूप में मौजूद था। इत्सिंग (1896 : 61-62) ने आठवीं शताब्दी में इस विकल्प पर चर्चा की थी कि बौद्ध मठों को अपनी ज़मीन बँटाईदारों को पट्टे पर देनी पड़ी अथवा भाड़े के मज़दूरों द्वारा जुतवानी पड़ी। अन्य ग्रन्थों में हम स्तरीभूत समुदायों में रहने वाले किसानों के विषय में पढ़ते हैं जहाँ धनी लोग अपने पड़ोसियों को विभिन्न कामों में लगाकर उनका शोषण करते थे और ग़रीब लोगों की गाँव के किसी मामले में कोई राय नहीं ली जाती थी (इरफ़ान हबीब, 1982 : 23-5)। करों का भुगतान तथा विभिन्न प्रकार के अधिकार किसानों पर सामान्य रूप से एक बोझ थे। उनके अलावा समाज से बहिष्कृत जातियाँ भी थीं जो दूसरों के खेतों पर श्रम करने के लिए बाध्य थीं। इस प्रकार के साक्ष्य से केवल भूदासता को एक सार्वत्रिक अथवा सुविस्तृत रूप मानना एक कमज़ोर प्रस्थापना होगी, यद्यपि यह स्पष्ट है कि कृषि पर आधारित जन समुदाय किसी भी प्रकार से स्वतन्त्र नहीं था, अपितु प्रायः सर्वत्र विभिन्न प्रकार के प्रतिबन्धों से ग्रस्त था। कोसम्बी (1956 : 327) अपने इस वक्तव्य के माध्यम से कि भारत में रोमन विला के अनुरूप कोई चीज़ नहीं थी अतः यहाँ मैनोरियल प्रणाली को नहीं दोहराया जा सकता था।

साक्ष्य की इस प्रकार की सीमाओं के कारण 'भारतीय सामन्तवाद' की संरचना के अन्तर्गत होने वाले परिवर्तन की प्रमुख प्रक्रियाओं की व्याख्या मुश्किल है। यह संकेत किया गया है कि ग्यारहवीं से बारहवीं शताब्दी तक के काल में मुद्रा का आगमन बढ़ा तथा वाणिज्य को पुनर्जीवन मिला (शर्मा, 1965, 242-62)। किन्तु यह बहुत स्पष्ट है कि 'भारतीय सामन्तवाद' का विघटन नहीं हुआ, यह

बाह्य विजय के द्वारा पराभूत हुआ जिसने इसे एक नयी संरचना द्वारा विस्थापित किया जिसमें इसके अवशेषों को एक निश्चित, हालाँकि गौण स्थान प्राप्त हुआ। बाह्य हस्तक्षेप का यह मूलगामी परिणाम एक प्रकार से अद्वन्द्वात्मक लग सकता है किन्तु इस प्रकार की घटनाएँ इतिहास में अनेक मिलती हैं। यह स्वाभाविक है कि आधुनिक राजनीतिक सीमाओं को आभ्यन्तर से बाह्य का भेद रेखांकित करने के लिए आधार नहीं बनाया जा सकता, किन्तु यह परिकल्पना कि समूचा सामाजिक परिवर्तन किसी भी संरचना के आन्तरिक अन्तर्विरोधों के परिणामस्वरूप ही होगा, एक भयंकर भूल होगी। पश्चिमी यूरोप के सामन्तवाद के विकास के सन्दर्भ में बर्बर आक्रमणों के प्रभाव को उद्धृत किया जा सकता है अथवा अंग्रेज़ी सामन्तवाद के सन्दर्भ में 1066 की नॉर्मन विजय को उद्धृत किया जा सकता है। गहराई से जड़ें जमाने वाली फीफ प्रणाली को छिन्न-भिन्न कर (कूलबोर्न, 1968 : 372-3) आक्रान्ताओं ने 'भारतीय सामन्तवाद' के राजनीतिक ढाँचे को नष्ट कर दिया तथा तेरहवीं शताब्दी में लगान का भुगतान व्यापक रूप से मुद्रा के रूप में लागू करके (मोरलैंड, 1929 : 37-8) सल्तनत ने उपभोक्ता वस्तुओं के उत्पादन की ऐसी विकास प्रक्रिया शुरू की जिसने लगान प्राप्त करने वाले केन्द्रीभूत निरंकुशतावाद को एक ठोस आधार प्रदान किया। उक्त प्रक्रियाओं से नये ढंग के ऐसे सम्बन्धों का संकेत मिलता है जो एक पृथक् ढंग की सामाजिक संरचना में ही सम्भव थे।

उपलब्ध साक्ष्य के आलोचनात्मक मूल्यांकन और उसकी प्रगति के मौजूदा स्तर को देखते हुए आर्थिक संरचनाओं के वर्गीकरण की प्रक्रिया के सन्दर्भ में 'भारतीय सामन्तवाद' से अधिक कुछ कहना मुश्किल है। तथापि, यह तथ्य कि ब्रितानी विजयों से पूर्व 1500 वर्षों के काल में क्रमागत रूप से अस्तित्व में आने वाली दो समाज संरचनाओं की खोज इस सत्य को रेखांकित करती है कि 'भारतीय इतिहास' में वास्तविक रूप से 'विशिष्टतावाद' जैसा कुछ नहीं है। यह भी शोषणमूलक और वर्गीय अन्तर्विरोधों से ग्रस्त रहा है तथा उसने भी चक्रीय ढंग से ऐसे परिवर्तनों को जन्म दिया है जिनकी परिकल्पना मार्क्स ने समाज के सामान्य विकास के सन्दर्भ में की थी।[7] वस्तुतः, उसमें निहित विशिष्टताओं का सम्बन्ध साम्पत्तिक सम्बन्धों के ब्योरों से है तथा उस गति से है जिस गति से अन्तर्विरोध परिपक्वावस्था तक पहुँचे तथा और भी अधिक उन विशिष्टताओं का सम्बन्ध 'विचार-क्षेत्र' से है जिसका अभी हमने स्पर्श नहीं किया है किन्तु जो प्रायः निर्णायक महत्त्व रखता है। सम्प्रति, हम जो कह सकते हैं, वह यह कि जो समाकृतियाँ अभी धूमिल ढंग से ही आलोकित की गयी हैं, उनका ठीक-ठीक

रेखांकन किया जाए; वस्तुतः, अज्ञात क्षेत्रों तक हमारी दृष्टि का विस्तार इस पर निर्भर करेगा कि भारत में ऐतिहासिक शोध को किस सीमा तक आगे बढ़ाया जाता है।

सन्दर्भ और टिप्पणियाँ

1. यह दिलचस्प है कि मार्क्स विवाद के अन्य बिन्दुओं को भी उद्धृत करते हैं, जिनमें भारत में कुलीन वर्ग के ग़ैर-सदस्यों को भूमि की अहस्तान्तरणीयता की अनुपस्थिति का बिन्दु भी सम्मिलित है।
2. यह सही है कि ऐसे दूसरे वक्तव्य भी हैं जहाँ मार्क्स (1964 : 80-81; 1959 : 767) ग्राम समुदाय को प्राकृतिक अर्थव्यवस्था के साथ जोड़कर देखते हैं; किन्तु या तो उन्होंने अपने दृष्टिकोण में संशोधन कर लिया था या प्राकृतिक अर्थव्यवस्था को वे महज़ विनिमय-विहीन अर्थव्यवस्था के रूप में समझ रहे थे। देखिए, इरफ़ान हबीब (1983 : 105-7)।
3. इस पैराग्राफ में ज़मींदार वर्ग के सम्बन्ध में दिये गये विभिन्न वक्तव्य इरफ़ान हबीब (1963 : 330-51) पर आधारित हैं। इस सन्दर्भ में एस.एन. हसन (1969) तथा सी.ई.एच.आई. (I, 244-7) भी देखें।
4. मुग़ल साम्राज्य में कृषि-विद्रोहों के लिए देखें, डब्ल्यू.सी. स्मिथ (1946) तथा इरफ़ान हबीब (1963 : 330-51; 1982 : 43-7)।
5. इस बिन्दु पर स्पष्ट व्याख्या मार्क्स की *कैपिटल*, भाग-1, के 'हिस्ट्रॉरिकल टेंडेंसी ऑफ़ कैपिटलिस्ट एक्यूम्युलेशन' नामक अध्याय में मिलती है.
6. बी.डी. चट्टोपाध्याय (1974 : 203-19) नगरीय ह्रास की पूर्ववर्ती अभिधारणा का प्रतिवाद करते हैं, किन्तु केवल कुछ नगरों के अस्तित्व में होने तथा कुछ नयों की स्थापना के साक्ष्य के आधार पर उनसे सहमत होना मुश्किल है।
7. ऐतिहासिक भौतिकवाद के सामान्य सिद्धान्त से केवल इतना अपेक्षित है कि उत्पादन पद्धतियों का एक अनुक्रम हो, हालाँकि इसके लिए कुछ ख़ास उत्पादन पद्धतियाँ ही हों, ऐसा ज़रूरी नहीं है, और शायद उनका किसी विशेष पूर्व-निर्धारित व्यवस्था के अन्तर्गत होना भी ज़रूरी नहीं है।

सन्दर्भ

अला, काज़ी मुहम्मद, लगभग 1700 ई., *रिसाला-ए-अहकाम-ए आराजी*, पाण्डुलिपि : मौलाना आज़ाद लायब्रेरी, अलीगढ़।

अब्दुस्सलाम कॉल, अरेबिया (4) 331/101, पृ. 43ब-52अ

फ्रैंक्वा बर्नियर 1916, *ट्रेवेल्स इन दि मुग़ल एम्पायर*, ए.डी. 1656-1668 (अनु. ए. कांसटेबुल, सं. वी.ए.स्मिथ) ऑक्सफोर्ड : हम्फ्रे मिलफोर्ड।

कैम्ब्रिज इकोनॉमिक हिस्ट्री ऑफ़ इंडिया, 1982, भाग। (सी.ई.एच.आई., I), टी.रायचौधरी तथा इरफ़ान हबीब (सं.) कैम्ब्रिज : कैम्ब्रिज यूनिवर्सिटी प्रेस।

सतीश चन्द्र, 1974, *'सम आस्पेक्ट्स ऑफ़ दि इंडियन विलेज सोसायटी इन नॉर्दर्न इंडिया ड्यूरिंग* दि एट्टींथ सेंचुरी, *इंडियन हिस्टॉरीकल रिव्यू,* भाग I, सं. I, पृ. 51-64

बी.डी. चट्टोपाध्याय, 1974, ट्रेड एंड अर्बन सेंटर्स इन अर्ली मेडिएवल नॉर्थ इंडिया, *इंडियन हिस्टॉरिकल रिव्यू,* भाग-1, सं.-2, पृ. 203-19

रूस्टन कूलबोर्न, 1968, फ्यूडलिज्म, ब्रेहमनिज्म एंड दि इंटूजन ऑफ़ इसलाम अपॉन इंडियन हिस्ट्री' *कम्पेरेटिव स्टडीज इन सोसायटी एंड हिस्ट्री,* भाग-X, सं.-3

मॉरिस डॉब, 1946, *स्टडीज इन दि डवलपमेंट ऑफ़ कैपीटलिज्म,* लन्दन।

मौरिस डॉब (सं.), 1954, *दि ट्रांजिशन फ्रॉम फ्यूडलिज़्म टु कैपीटलिज़्म,* लन्दन, फोर पब्लिकेशंस।

लल्लन जी गोपाल, 1963अ, *इकोनॉमिक लाइफ ऑफ़ नॉर्थ इंडिया,* 700-1200, दिल्ली।

लल्लन जी गोपाल, 1763ब, कॉसाई-मेनोरियल राइट्स इन एंशिएंट इंडिया, *जर्नल ऑफ़ इकोनॉमिक एंड सोशल हिस्ट्री ऑफ़ दि ओरिएंट,* भाग-VI

दि पोजीशन ऑफ़ देसाई इन दि परगना एडमिनिस्ट्रेशन ऑफ़ सूबा गुजरात अंडर दि मुगल्स, *प्रोसीडिंग्स ऑफ़ दि इंडियन हिस्ट्री कांग्रेस,* दिल्ली सेशन (1961)।

अशिन दासगुप्त, 1979, *इंडियन मर्चेंट्स एंड दि डिक्लाइन ऑफ़ सूरत,* लगभग 1700-1750 ई., फ्रेंज स्टेनर बर्लेग।

इरफ़ान हबीब, 1969, पोटेंशियलिटीज ऑफ़ कैपीटलिस्टिक डवलपमेंट इन मुग़ल इंडिया, *जर्नल ऑफ़ इकोनॉमिक हिस्ट्री,* भाग-29, सं.- I.

इरफ़ान हबीब, 1982, दि पीजेंट इन इंडियन हिस्ट्री, प्रेसीडेंशियल एड्रेस, *इंडियन हिस्ट्री कांग्रेस,* कुरुक्षेत्र सेशन।

इरफ़ान हबीब, 1983, मार्किस्ट परसेप्शन ऑफ़ इंडिया, *दि मार्किस्ट,* भाग 1, सं. 1, नयी दिल्ली.

एस. नूरुल हसन, 1969 *ज़मींदार्स अंडर दि मुगल्स, लैंड कंट्रोल एंड सोशल स्ट्रक्चर इन इंडियन हिस्ट्री* (सं.-ई.एल. फ्राइकेनबर्ग), लन्दन।

इत्सिंग, 1896, *ए रिकार्ड ऑफ़ दि बुधिस्ट रिलीजन,* (अनु. टी. ताकाकुसु), ऑक्सफोर्ड : ऑक्सफोर्ड यूनिवर्सिटी प्रेस।

इक्तिदार आलम ख़ान, 1976, दि मिडिल क्लासिज इन दि मुग़ल एंपार, *सोशल साइंटिस्ट,* सं. 49, (अगस्त, 1976)।

डी.डी. कोसम्बी, 1956, *एन इंट्रोडक्शन टू दि स्टडी ऑफ़ इंडियन हिस्ट्री,* बाम्बे, पोपुलर बुक डिपो।

कार्ल मार्क्स, 1938, *कैपीटल,* भाग-I (मूर-एवलिंग का अनुवाद, सं. डोनाटोर) लन्दन, एलन तथा अन्विन।

कार्ल मार्क्स, 1959, *कैपिटल,* भाग- III, अंग्रेज़ी अनुवाद, मॉस्को, फॉरिन लैंग्वेज पब्लिशिंग हाउस।

कार्ल मार्क्स, 1964, *प्री-कैपिटलिस्ट इकोनॉमिक फोरमेशंस।* (अनु. जैक कोहेन, अनु. ई.जे. हॉब्सबॉम), लन्दन, लॉरेंस तथा विशार्ट।

कार्ल मार्क्स तथा फ्रेड्ररिक एंगेल्स, *अदिनांकित, ऑन कॉलोनियलिज़्म,* मॉस्को, फोरेन लैंग्वेजिज पब्लिशिंग हाउस।

डब्ल्यू.एच. मोरलैंड, 1929, *ऐग्रेरियन सिस्टम ऑफ़ मुसलिम इंडिया,* कैम्ब्रिज : कैम्ब्रिज यूनिवर्सिटी प्रेस.

हरबंश मुखिया, 1981, वॉज देयर फ्यूडलिज्म इन इंडियन हिस्ट्री, *जर्नल ऑफ़ पीजेंट स्टडीज,* भाग-8, सं.-3

आर.एस. शर्मा, 1965, *इंडियन फ्यूडलिज़्म : लगभग 300-1200*, कलकत्ता : यूनिवर्सिटी ऑफ़ कलकत्ता।

आर.एस. शर्मा, 1974, प्रोब्लम ऑफ़ ट्रांजीशन फ्रॉम एंशिएंट टू मेडिएवल इन इंडियन हिस्ट्री, *इंडियन हिस्टॉरीकल रिव्यू*, भाग-1, सं.-1

डी.सी. सरकार, 1969, *लैंडलॉर्डिज़्म एंड टेनेंसी इन एंशिएंट एंड मेडिएवल इंडिया एज रिवील्ड बाई ऐवीग्रेफोकल रिकार्ड्स,* लखनऊ, यूनिवर्सिटी ऑफ़ लखनऊ.

डब्ल्यू. सी. स्मिथ, 1946, लोअर क्लॉस अपराइजिंग्स इन दि मुग़ल एंपायर, *इस्लामिक कल्चर,* पृ. 21-40।

बी.एन.एस. यादव, 1973, *सोसायटी एंड कल्चर इन नॉर्थर्न इंडिया इन दि वैल्थ सेंचुरी*, इलाहाबाद।

बी.एन.एस. यादव, 1976, प्रोब्लम ऑफ़ दि इंटरैक्शन बिटविन सोशियो-इकोनॉमिक क्लासिज इन दि अर्ली मेडिएवल कॉम्पेक्स, *इंडियन हिंस्टॉरीकल रिव्यू,* भाग-III, संस्था-1

अध्याय सात

मध्यकालीन भारत में चिन्तनशक्ति और विज्ञान

पूर्वी समाजों द्वारा उद्योग और पूँजीवाद का विकास न कर पाने की असफलता के लिए अनेक सम्भावित कारणों को उत्तरदायी ठहराया जा सकता है। उदाहरण के लिए, इसे विचारधारात्मक असफलता के परिणाम के रूप में देखना तर्कसंगत होगा। अर्थात उस बौद्धिक क्षमता के अभाव के रूप में उक्त असफलता को व्याख्यायित किया जा सकता है जो वैज्ञानिक विकास को प्रोत्साहन देने तथा बाह्य स्रोतों से प्राप्त विचारों को आत्मसात करने के लिए अपेक्षित थी। इसमें दो राय नहीं कि पश्चिमी यूरोप के इतिहास में भी औद्योगिक विकास तथा विज्ञान के बीच बड़ा जटिल सम्बन्ध रहा है। सिपोला ने तर्क दिया है कि 'औद्योगिक प्रगति में गति तभी आ सकी जब शिल्प कौशल के साधन-स्रोतों को उन वैज्ञानिक सिद्धान्तों का व्यवस्थाबद्ध विनियोग करते हुए सशक्त बनाया गया जो कमोबेश पेशेवर वैज्ञानिकों ने विकसित किये थे।'[1] किन्तु स्वयं वैज्ञानिक सिद्धान्तों के विकास के लिए पूर्ववर्ती तैयारी की अपेक्षा होती है। उदाहरण के लिए, यन्त्रगत सिद्धान्तों को सामान्यतः पहले से मौजूद शिल्पगत प्रयोगों और व्यवहारों के सघन निरीक्षण के आधार पर अर्जित किया गया और तदुपरान्त सिद्धान्तवेत्ताओं ने अपनी काल्पनिक रूपरेखाओं के आधार पर उन्हें सार्वभौमिक बनाया। अतः शिल्पकौशल की प्राथमिक और ज़रूरी भूमिका यह होगी कि वह विज्ञान के क्षेत्र में अपना योगदान दर्ज कर चुका हो। विज्ञान के अन्दर अन्तर्लीनता, क्रमबद्धता तथा सामान्यीकरण की क्षमता विकसित करने के लिए एक ऐसी सांस्कृतिक क्रान्ति की आवश्यकता थी जो अपनी समस्त सम्भावित सीमाओं के साथ उस वैज्ञानिक चेतना को जन्म दे, जो यूरोप के सन्दर्भ में नवजागरण की देन थीं। यह वैज्ञानिक चेतना प्रभावशाली हो, इसके लिए आवश्यक था कि उसका अधिकाधिक प्रसार हो।

इसके साथ ही, बुद्धिजीवी वर्ग की संरचना तथा समाज में प्रभावशाली वर्गों के साथ उसके सम्बन्धों, आर्थिक हितों तथा सांस्कृतिक रुझानों के सन्दर्भ में भी जिज्ञासा उठती है। जितना ही हम पीछे मुड़कर देखते हैं, उतना ही हम पाते हैं कि लिखित विज्ञान की परम्परा अभिजात और कुलीनतावादी रही है। विज्ञान की भाषा भी प्रायः बहुत थोड़े लोगों तक सीमित रही है, जैसे मध्ययुगीन यूरोप में लैटिन, प्राचीन भारत में संस्कृत अथवा मुग़लकालीन भारत में फ़ारसी। स्वभावतः, भाषा के इस संकुचित माध्यम के कारण वैज्ञानिक विकास में बाधा उत्पन्न हुई, अतः उक्त सन्दर्भ में यह महत्त्वपूर्ण हो जाता है कि उन सामाजिक घटकों पर विचार किया जाये जो इस भाषागत अवरोध को तोड़ने में सहायक हो सकते थे।

अस्तु, आधुनिक पाश्चात्य सभ्यता के उत्थान के सन्दर्भ में विज्ञान की भूमिका का अध्ययन करते हुए हमारे सामने प्रश्नों की एक विशाल शृंखला उपस्थिति हो जाती है। ये प्रश्न उन समाजों के सम्बन्ध में भी पूछे जा सकते हैं जिन्हें विज्ञान के क्षेत्र में यूरोप जैसी सफलता नहीं मिली।

ज्ञान की अपनी मौजूद स्थिति को देखते हुए आज भी हम शायद ही मध्यकालीन भारत के सन्दर्भ में इन प्रश्नों का उत्तर ढूँढ़ सकें। प्रस्तुत आलेख में मैंने ऐसा कोई दावा भी नहीं किया है। उक्त प्रश्नों के परिप्रेक्ष्य को मद्देनज़र रखते हुए मैंने यहाँ केवल मध्यकालीन भारत में विज्ञान और वैज्ञानिक चिन्तन के इतिहास की एक कामचलाऊ व्याख्या प्रस्तुत की है। प्रस्तुत आलेख में मैंने स्वयं को विशेष रूप से उस चिन्तन तक सीमित रखा है जो फ़ारसी भाषा में उपलब्ध है। उल्लेखनीय है कि फ़ारसी मध्यकालीन भारत की प्रमुख साहित्यिक भाषा थी, अतः एक बड़ी सीमा तक यह भारत की केवल इसलामी परम्परा तक सीमित है और प्रस्तुत आलेख के केन्द्र में उसी परम्परा को रखा गया है।

(1) इस तथ्य को दोहराने की आवश्यकता नहीं है कि जब पहली शताब्दी में इसलाम का साक्षात्कार बैजंतिया की विशाल यूनानी परम्परा से हुआ तो उसके अन्दर विचारों और विज्ञानों का एक स्वतन्त्र और पृथक् तन्त्र विकसित हो गया। यूनानी ग्रन्थों का अरबी भाषा में अनुवाद हुआ और इस प्रकार इसलामी दुनिया को दर्शनशास्त्र (अरस्तू और नवप्लेटोवादी), चिकित्साशास्त्र (हिप्पोक्रेट्स तथा गैलेन), ज्यामिति (यूक्लिड), भूगोल और खगोलविद्या (टोलेमी) तथा यान्त्रिकी (आर्केमिडीज) के बुनियादी सिद्धान्तों का ज्ञान प्राप्त हुआ। इस दार्शनिक और वैज्ञानिक साहित्य के अनुवाद से इसलामी जगत के अन्दर दार्शनिक तथा वैज्ञानिक चिन्तन को पर्याप्त प्रेरणास्पद प्रोत्साहन मिला। हालाँकि यूनानी ग्रन्थों में व्यक्त

उन बुनियादी अवधारणाओं और विवरणों (जो प्राकृतिक परिघटनाओं से सम्बद्ध थे) को यथावत रूप में स्वीकार करने की प्रवृत्ति के कारण इसलामी योगदान की मौलिकता और सृजनशीलता सीमित हो गयी।

अनेक कारणों से, जिनकी अभी भी सन्तोषजनक व्याख्या नहीं हो सकी है, इस समूची परम्परा को बारहवीं शताब्दी के आसपास गहरा धक्का लगा। इस परम्परा का प्रतिनिधित्व करने वाले अन्तिम महान व्यक्तियों में बू अली-सीना (मृत्यु : 1037 ई.), अलबरूनी (1030 ई. में जीवित) तथा इब्न रुश्द (ऐबेरोस) (1198 ई. में मृत्यु) हुए। धर्मशास्त्र ने फलसफा अथवा क्लासिकीय दर्शनशास्त्र और सैद्धान्तिक विज्ञानों का कटु विरोध किया। गजाली (1111 ई. में मृत्यु) ने उस विरोध को और तीव्रता प्रदान करने में महत्त्वपूर्ण भूमिका निभायी। चूँकि दिल्ली सल्तनत (1206 ई.) की स्थापना के बाद ही भारत, आंशिक रूप से, इसलामी जगत का एक सांस्कृतिक अंग बना था, अतः उसे उत्तर-गजाली इसलाम ही प्राप्त हो सका। यह सही है कि उसे यूनानी-इसलामी दर्शन और विज्ञानों का अरबी भण्डार मिला, किन्तु कतिपय अपवादों को छोड़कर (विशेष रूप से चिकित्सा क्षेत्र) यह विरासत उपेक्षित ही रही।

तत्कालीन दृष्टिकोण को हम एक वृत्तान्त से भली भाँति समझ सकते हैं जिसका उल्लेख दिल्ली के प्रसिद्ध सूफ़ी शेख़ निजामुद्दीन की वार्ताओं में मिलता है। वह बताता है कि किस प्रकार एक दार्शनिक (जिसका उल्लेख परवर्ती वार्ता में फाराबी महान के नाम से किया गया है) ने एक ख़लीफा को अपने प्रभाव में ले लिया और जब रहस्यदर्शी शिहाबुद्दीन सुहरावर्दी को ख़लीफा पर पड़े प्रभाव का पता चला तो वह तुरन्त महल की ओर दौड़ा। वहाँ उसने देखा कि वह दार्शनिक गति (हरकत) के तीन स्रोतों की अर्थात प्राकृतिक (तबी), स्वैच्छिक (इरादी) और बलकृत (कस्री) की व्याख्या कर रहा था। उसने बताया कि ब्रह्माण्ड की सभी गतियाँ प्राकृतिक हैं। सूफ़ी ने बीच में हस्तक्षेप किया, 'नहीं, वे सभी गतियाँ किसी बाह्य बल द्वारा परिचालित (कस्री) होती हैं। ख़ुदा द्वारा नियुक्त एक फरिश्ता नक्षत्रों को गतिमान करता है। दार्शनिक यह सुनकर हँसा, लेकिन यह क्या? जैसे ही दार्शनिक और ख़लीफ़ा की नज़र आसमान की तरफ़ उठी, उन्हें अपने-अपने काम में व्यस्त फ़रिश्ता प्रत्यक्ष दिखायी दे गया। इस प्रकार, ख़लीफा ने वह सिद्धान्त (मज़हब) त्याग दिया और इसलाम में उसकी आस्था दृढ़ हो गयी।[2]

भारत में सुलतान मुहम्मद तुग़लक (1325-51 ई.) द्वारा दार्शनिकों को संरक्षण दिये जाने से उसके प्रति नाराज़गी का वातावरण रहा। 'इन दुष्टों ने, जो बुद्धिवादी विचारों (माकूलात) में पूरी तरह रचे-बसे थे और एक प्रकार से

उन्हें उनका व्यसन था, सुलतान के दिल में बुद्धिवादी विज्ञानों (इल्मे माकूलात) के प्रति गहरा विश्वास जमा दिया। हालाँकि इसी वजह से धर्म के परम्परागत सिद्धान्त में आस्था का ह्रास होता है और 1,24,000 पैगम्बरों के फ़रमानों की अवज्ञा को बढ़ावा मिलता है।'[3] इतिहासकार बर्नी ने, जो स्वयं सुलतान के प्रति सहानुभूतिशील दृष्टिकोण रखता था तथा उसका विश्वासपात्र था, उन योजनाओं के लिए जो सृजनशील किन्तु विपत्तिजनक थीं तथा धर्मशास्त्रियों को दिये जाने वाले प्राणदण्ड के लिए उसके बुद्धिवादी दृष्टिकोण को ज़िम्मेदार ठहराया।

भारत में सुलतान मुहम्मद तुग़लक (1325-51 ई.) से जुड़े उसके विवेकवादी साथियों जैसे शैद- 'तार्किक' (मंतकी), उबैद (कवि और ज्योतिर्विद), नज़्म इंतिशार (दार्शनिक) और अलीमुद्दीन (दर्शनशास्त्र का विद्वान) का जो यथार्थपरक चित्रण मिलता है, उसके माध्यम से हमें उस परम्परा का क्षणिक प्रकाश दिखायी पड़ता है जो अब तक भूमिगत हो चुकी थी।

यूनानी पद्धति की दवाएँ अब भी ख़ूब प्रचलित थीं, चूँकि शासक वर्ग का स्वास्थ्य एक गम्भीर मसला था। ज्योतिर्विद्या को भी महत्त्वपूर्ण स्थान प्राप्त था, घोषित रूप से इसलिए कि उसके आधार पर मक्का दिशा तथा नमाज़ के समयों का निर्धारण होता था। लेकिन उससे भी अधिक इसलिए उसका वास्ता खगोल विद्या की ज़रूरतों से था और खगोल विद्या में रुचि रखना कुलीन समाज के लोगों का प्रिय व्यसन था। इसीलिए मुहम्मद तुग़लक के रूढ़िवादी उत्तराधिकारी फ़िरोज (1351-88 ई.) ने एक अस्पताल तथा एक वैधशाला का निर्माण कराया।

किन्तु मुख्य क्लासिकीय वैज्ञानिक परम्परा का ह्रास होता चला गया और अनूदित यूनानी ग्रन्थों तक सीधी पहुँच समाप्तप्राय हो गयी। अलबरूनी ने अपनी पुस्तक *इंडिका* (*किताबुल हिन्द*) में अनेक ग्रन्थों का हवाला दिया था[4] जिनकी सूची सचाऊ ने दी है :

प्लेटो, फीडो, टिमियस, तथा लीजेस
प्रोक्लस, टिमियस पर टिप्पणी
अरस्तु, फिजीका, मेटाफिजीका तथा सिकन्दर को लिखा एक पत्र
जोहाना ग्रेमेटिकस, कांट्रा प्रोक्लम,
सिकन्दर ऐफोडिसियास,
टियाना का ऐपोलोनियस,
पोरफेरी—लिबर हिस्टोरियम फिलोसोफोरम (?)
अमोनियस

ऐरेटस, फिनोमेना–टिप्पणी सहित
गेलेनस–प्रोट्रेप्टिकस तथा पाँच अन्य पुस्तकें
टोलेमी–अल्माजेस्ट, भूगोल, किताब अल मंशूरात
विज्ञान की भिन्न तीन अन्य पुस्तकें

सोलहवीं शताब्दी में यद्यपि अबुल फ़ज़ल प्राचीन ज्ञान के विषय में अपने अधिकार का बहुत बढ़-चढ़कर प्रदर्शन करता है, तथापि वह अरस्तू, टोलेमी के भूगोल तथा हरमेटिक ग्रन्थ (हिरमिस अल हिरामेसा) का ही उल्लेख कर सका है। मुसलिम दार्शनिकों और वैज्ञानिकों में से केवल फख्रे-राजी, अविसेना तथा अलबरूनी का ही उल्लेख करता है।[5]

वैज्ञानिक जिज्ञासा के क्षेत्र में आयी गिरावट को एक अन्य तुलना के आधार पर भी समझा जा सकता है। भारतीय विज्ञान पर अलबरूनी की महान पुस्तक की तरह का कोई अन्य ऐसा प्रयास नहीं किया जा सका जो विज्ञान के क्षेत्र में भारत के देय को उजागर कर पाता। अपवाद था केवल चिकित्सा का क्षेत्र, जिसमें 'बहवा' (1500 ई. में जीवित) ने एक महत्त्वपूर्ण कृति *'मदान उश-शिफा-ए-सिकन्दरशाही'* नाम से संकलित की। यह पुस्तक अनेक आयुर्वेदिक स्रोतों (जिनका ज़िक्र पुस्तक की प्रस्तावना में लेखक ने किया है) पर आधारित थी।[6]

1595 ई. में लिखते हुए अबुल फ़ज़ल ने उन कारणों पर विचार किया है जिनके तहत भारतीय वैज्ञानिक उपलब्धियों के प्रति यह उपेक्षा उत्पन्न हुई। वह वैज्ञानिक चेतना के अभाव तथा इसलामी जगत में परम्परा के आधिपत्य के प्रति दुःख प्रकट करता है :

> पाँचवाँ (कारण), परम्परा (तकलीद) की तेज हवा का चलना, तथा विवेक की लैंप का मद्धिम पड़ना। पुराने के सन्दर्भ में 'क्यों और कैसे?' का दरवाज़ा बन्द हो गया है, तथा प्रश्न और पूछताछ को निरर्थक तथा कुफ्र समझा जाता है। पिता से, गुरु से, सगे-सम्बन्धियों से, दोस्तों से और पड़ोसियों से जो कुछ मिले, उसे ख़ुदा की मेहरबानी माना गया तथा उनसे भिन्न मत रखने वालों पर विधर्मी और अपवित्र होने का आरोप लगाया गया। यद्यपि कुछ प्रबुद्ध लोगों ने भिन्न मार्ग अपनाने की कोशिश की है, लेकिन वे अपने उस सही मार्ग पर आधे रास्ते से आगे नहीं बढ़ सके हैं।[7]

जैसे कि सभी सामान्यीकरणों की अपनी एक सीमा होती है, अपने समाज के सम्बन्ध में अबुल फ़ज़ल की आलोचना अपवादों की चर्चा नहीं करती। तेरहवीं शताब्दी से पन्द्रहवीं शताब्दी तक का काल- बौद्धिक दृष्टि से पूरी तरह अनुर्वर नहीं था।

बर्नी (1357 ई. में जीवित) जैसा इतिहासकार हालाँकि दर्शनशास्त्र पर कठोर प्रहार करता है तथा विधर्मियों और काफ़िरों की घोर भर्त्सना करता है, फिर भी वह दिल्ली सल्तनत के इतिहास का तर्कसंगत विवेचन करने की कोशिश करता है।[8] यह दीगर बात है कि उसका यह विवेचन अभिजातवर्गीय दृष्टिकोण से किया गया है। वह अपने पात्रों के माध्यम से इस मान्यता को स्थापित करता है कि मुसलिम क़ानून (शरीअत) उसके समय में लागू नहीं किये जा सकते। सुलतानों की कृषि सम्बन्धी नीतियों तथा अलाउद्दीन ख़िलजी के मूल्य नियन्त्रण सम्बन्धी उपायों की उसकी व्याख्या से यह पता चलता है कि आर्थिक प्रक्रियाओं के सन्दर्भ में उसकी समझ आश्चर्यजनक ढंग से बहुत गहरी थी। वह राज्यसत्ता के प्रति तीव्रता के साथ आकृष्ट भी होता है और उतना ही उससे घबराता भी है। राज्य उसकी दृष्टि में सम्प्रभुता सम्पन्न राज्यतन्त्र (उलूलामारी) के रूप में आतंक की गति देने वाला एक शक्ति स्रोत है। वह एक सामाजिक आवश्यकता है, और एक त्रासदी भी। घोषित रूप से रूढ़िवादी होने के बावजूद यह अर्थहीन नहीं है कि वह इतिहासविज्ञान के औचित्य की स्थापना के लिए अरस्तू तथा प्राचीन फारस के सन्त 'बुज़ुरजीमिहिर' से समर्थन माँगता है।[9]

मेरी राय में बर्नी एक ऐसी मिसाल है जहाँ हमें बुद्धिवाद की भूमिगत अन्तर्धारा दर्शनशास्त्र की निरन्तरता के माध्यम से अपने आपको परोक्ष रूप से पुनः स्थापित करती दिखायी पड़ती है, जबकि ऐतिहासिक प्रक्रिया के सतत रूप से परिवर्तनशील प्रारूपों के तहत पूर्ववर्ती धारणाओं की नये सिरे से छानबीन की आवश्यकता महसूस की जा रही है। किन्तु बर्नी की परम्परा को किसी ने आगे नहीं बढ़ाया और तर्कशीलता के जो भी साधन स्रोत उसने उत्पन्न किये, वे उसके बाद सूखते चले गये।

(2) इसलामी चिन्तन में एक महत्त्वपूर्ण परिवर्तन अब यह हुआ कि उसमें सूफ़ी चिन्तन का विस्तार हुआ और आंशिक रूप से उसका वर्चस्व भी स्थापित हो गया। उत्तर भारत में गौरी की विजयों से पूर्व ही सूफ़ीवाद की स्थिति इतनी मज़बूत हो चुकी थी कि उसने कट्टर धर्मशास्त्रियों को भी समझौते के लिए बाध्य कर दिया। ग़ज़ाली को यहाँ हम मेल-मिलाप के प्रवक्ता के रूप में देखते हैं : यहाँ से आगे धार्मिक-जनों के दो वर्ग हो गये : एक वर्ग में थे दानिशमन्द या उलेमा (परम्परागत विद्वान और धर्मशास्त्री) तथा दूसरे में थे दरवेश या सूफ़ी।[10] लेकिन इन दोनों शिविरों के बीच इस समय अनिवार्य रूप से शत्रुतापूर्ण सम्बन्ध नहीं थे। दोहरी आस्था वाले लोगों की संख्या अच्छी-ख़ासी थी। बर्नी एक ऐसे ही व्यक्ति थे।

तात्त्विक रूप से सूफ़ियों ने तीन प्रमुख विचारों का प्रतिपादन किया। उन्होंने लौकिक प्रेम सम्बन्ध को ईश्वर तथा उसके भक्त के बीच सम्बन्ध के रूप में विस्तारित किया। उन्होंने स्वर्ग-प्राप्ति के लिए महामिलन (फना) को आत्मविसर्जन का स्थानापन्न बनाया और इसी को मनुष्य के समस्त प्रयत्नों का लक्ष्य घोषित कर दिया। उन्होंने रहस्यदर्शी गुरु (शेख़ या पीर) का पद इतना ऊँचा उठा दिया कि शिष्य (मुरीद) पर उसी का पूर्ण अधिकार स्थापित हो गया।

पहली दो अवधारणाओं ने फ़ारसी काव्य को बहुत प्रभावित किया, विशेष रूप से उस सन्दर्भ में जहाँ उनका टकराव परम्परागत धर्म विज्ञान, अच्छे और बुरे कर्मों के हिसाब रखने और परलोक के कल्पित पुरस्कारों की अवधारणाओं से हुआ। तीसरी अवधारणा अर्थात पीर के पद की प्रतिष्ठा बढ़ने से तरह-तरह के अन्धविश्वासों के लिए भी रास्ता खुल गया। सूफ़ी धर्मवेत्ताओं में स्वयं के महिमामण्डन की प्रवृत्ति पनपने लगी जिसकी चरम परिणति भारत में सत्रहवीं शताब्दी के आरम्भ में शेख़ अहमद सरहिन्दी द्वारा प्रस्तुत सर्वज्ञ और सर्वद्रष्टा कम्यूम की अवधारणा में हुई।

इस सबमें तर्कशास्त्र तो क्या तर्क और विज्ञान के लिए भी गुंजाइश नहीं थी। सूफ़ी भी अनिवार्यतः उदार नहीं होते थे। हम देख चुके हैं कि निज़ामुद्दीन ने कितने द्वेषभाव से उस दार्शनिक का यह कहकर उल्लेख किया है कि वह प्राकृतिक गति के सम्बन्ध में अपने तर्कों द्वारा ख़लीफ़ा को सच्चे मार्ग से भटका रहा था। इस प्रसिद्ध शेख़ की दृष्टि में ग़ैर-मुसलिमों के लिए स्वर्ग की प्राप्ति असम्भव थी जबकि अबूहनीफा के दयालुतापूर्ण चिन्तन के तहत उसका दरवाज़ा उनके लिए खुला हुआ था।[11]

गजाली ने इसलाम को जो एक बौद्धिक स्थिरता प्रदान की थी, उसमें इब्न अल-अरबी (मृत्यु-1240 ई.) के बिखरे हुए विचारों और चिन्तनसूत्रों ने रहस्यवादी चिन्तन में एक वास्तविक क्रान्ति उपस्थित कर नयी दरार पैदा कर दी। ईश्वर के साथ एकाकार (फना) होने की धारणा में सर्वेश्वरवादी विचार पहले से ही अन्तर्निहित थे, जहाँ से मंसूरहल्लाज की 'अनहलक' (मैं ही सत्य/ईश्वर हूँ) की पुकार निकली थी। हालाँकि इसके लिए मंसूर को सूली पर चढ़ा दिया गया, लेकिन वह चौदहवीं शताब्दी के भारत में निज़ामुद्दीन और बर्नी, दोनों के लिए वन्दनीय होता।[12]

इब्न अल-अरबी ने उन विचारों की, विस्तृत व्याख्या की जो अब तक गूढ़ और अव्याख्यायित थे। ये विचार फ़ारसी साहित्य में 'रूमी' (मृत्यु 1273 ई.) तथा 'जामी' (मृत्यु 1492 ई.) के साथ आये। 'रूमी' का हवाला 1350 ई. में दर्ज शेख़

नसीरुद्दीन की बातचीत में पहले से ही मौजूद है।[13] इब्न अल-अरबी की रचनाओं को भारत में अपना प्रथम ज्ञात पक्षधर मीर सैयद अशरफ़ जहाँगीर सिमनामी (मृत्यु 1440 ई.) के रूप में मिला।[14] तदुपरान्त उसके सिद्धान्त सूफ़ियों के बीच वाद-विवाद का विषय भी बने रहे, लेकिन सोलहवीं शताब्दी तक आते-आते उन्हें आश्चर्यजनक रूप से व्यापक स्वीकृति प्राप्त हो गयी।

सूफ़ीवाद के अन्य तत्त्वों की तरह सर्वेश्वरवाद का कोई बुद्धिसंगत आधार नहीं था; क्योंकि वह भी अन्ततोगत्वा पूर्व स्वीकृत अवधारणाओं का ही तार्किक विकास था। उसमें यह क्षमता नहीं थी कि वह स्वयं किसी प्रकार की कोई वैज्ञानिक रुचि उत्पन्न कर सके। तथापि, उसने बहुत स्पष्ट रूप से बुद्धिसंगत विज्ञानों के प्रति सहिष्णुतापूर्ण दृष्टिकोण को औचित्य प्रदान किया। ऐसा इसलिए सम्भव हुआ क्योंकि सर्वेश्वरवाद की अवधारणा में उन समस्त अन्तर्विरोधों और विचलनों की स्वीकृति निहित थी, जिन्हें अब ईश्वरीय विधान की अवज्ञा या उपेक्षा के रूप में न देखकर एक सार्वभौमिक सत्य की अभिव्यक्ति के भिन्न-भिन्न रूपों के तौर पर देखा जाता था। तर्कशास्त्रीय निष्कर्ष के इस सोपान तक पहुँचकर सूफ़ीवाद में उन विचारों के प्रति एक सहानुभूतिपूर्ण आधार तैयार हो गया जिनके प्रति उसमें एक प्रकार के परायेपन तथा विरोध का भाव था।[15]

अबुल फ़ज़ल के पिता शेख़ मुबारक, जो अकबर के प्रमुख सलाहकारों में से एक थे और जिन्हें अकबर को कट्टर धर्मशास्त्रियों से अलग रास्ता अपनाने की प्रेरणा देने का श्रेय है, ने इब्न अल-अरबी की रचनाओं को अपनी धार्मिक शिक्षा के रूप में पढ़ा था।[16] इस तथ्य का हवाला उसके पुत्र द्वारा लिखित उसके जीवन-चरित्र में मिलता है। मुबारक मुसलिम न्यायशास्त्र के विभिन्न मतवादों में से किसी को भी निर्णयात्मक मानने को तैयार नहीं थे और 'महादेववाद' के प्रति भी उनके मन में सन्देह था। उनका यह दृष्टिकोण वस्तुतः उस उपेक्षा से निःस्तृत था जो सर्वेश्वरवाद ने धार्मिक आस्था के सन्दर्भ में ऊपरी मतभेदों के प्रति प्रकट की थी। किन्तु इस बात का श्रेय उनके पुत्र अबुल फ़ज़ल को जाता है जिसने 'सुलहे-कुल' के सिद्धान्त को प्रतिपादित करके सर्वेश्वरवाद के आवरण में एक अधिक व्यावहारिक सिद्धान्त को सूत्रबद्ध करने की कोशिश की।

'आइने-अकबरी' में प्रतिपादित 'सुलहे-कुल' के अनुसार विभिन्न धर्मों के उपासकों के बीच एकता तथा वैविध्य के प्रति सहानुभूतिपूर्ण दृष्टिकोण निहित है तथा साथ ही उसमें बादशाह को ईश्वर का प्रतिनिधि तथा चुनिन्दा लोगों का पथ-प्रदर्शक स्वीकार किया गया। 'सुलहे-कुल' की रूपरेखा ऐसी तैयार की गयी कि जिसके तहत शासक को तमाम धर्मों की आपसी एकता के प्रतीक के रूप

में प्रस्तुत किया जा सके। इसके निहितार्थ जो रहे हों किन्तु भारत जैसे विविध सम्प्रदायों वाले देश के लिए इसकी कल्पनाशीलता और रचनात्मकता असन्दिग्ध थी।

लेकिन अबुल फ़ज़ल और सम्भवतः स्वयं बादशाह अकबर भी (जो उसका आश्रयदाता था) सिर्फ़ विभिन्न धर्मों की एकता की अवधारणा से सन्तुष्ट नहीं था। इस सन्दर्भ में हमारे लिए दर्शनशास्त्र तथा तर्कशीलता के प्रति उसका सहानुभूतिपूर्ण नया दृष्टिकोण कहीं अधिक महत्त्व की चीज़ है।

सर्वेश्वरवाद (जो सूफ़ीवाद की ही निष्पत्ति था) तथा यूनानी परम्परा (जो अपनी तर्कशीलता के लिए बहु-प्रतिष्ठित थी) का परस्पर मिलन सतही दृष्टि से देखने पर असम्भव प्रतीत हो सकता है, किन्तु उसके विकास का कोई तार्किक आधार ही न रहा हो, ऐसा नहीं माना जा सकता।

वस्तुतः, यह नया दृष्टिकोण ज्ञान की विभिन्न शाखाओं और चरणों के रूप में प्रकट हुआ जिसे अकबर ने शिष्यों की शिक्षा (आमोजिश) के लिए उनके पाठ्यक्रम में निर्धारित किया था। जिस क्रम में ज्ञान की इन शाखाओं को सीखना होता था वे इस प्रकार हैं : नीतिशास्त्र, अंकगणित, आर्थिक लेखाशास्त्र, कृषि विज्ञान, बाग़वानी, सर्वेक्षण, ज्यामिति, खगोल विद्या, मृत्तिका शकुन विचार, वास्तु-विद्या, शासन (नगरीय), चिकित्साशास्त्र, गणित और इतिहास (इलाही तारीख़, अकबर के शासन की तारीख़)। इनके साथ ही भारतीय विज्ञान भी, जैसे व्याकरण, विधिशास्त्र, वेदान्त दर्शन तथा पतंजलि का योगदर्शन आदि पाठ्यक्रम के अंग थे।[17] उक्त पाठ्यक्रम इस तथ्य का संकेत है कि इस युग में विज्ञान की शास्त्रीय परम्परा के प्रति नये सिरे से रुचि उत्पन्न हुई। इसमें भारत की प्राचीन सांस्कृतिक एवं वैज्ञानिक विरासत का मूल्यांकन भी निहित था। जहाँ तक वास्तविक शिक्षण का सम्बन्ध है, इस पाठ्यक्रम का कोई व्यावहारिक महत्त्व नहीं था। किन्तु इससे इसके निर्माताओं के रुझान का भली भाँति पता चलता था।

तर्कशीलता और विज्ञान के पक्ष में अबुल फ़ज़ल की स्थिति अपेक्षाकृत कहीं अधिक मज़बूत थी। वह किसी अपरिवर्तनीय मतवाद में विश्वास नहीं रखता था। बताया जाता है कि वह कहा करता था, 'अगर महान इमाम (अबू हनीफ) हमारे ज़माने में होते तो उन्होंने अलग क़ानून (फिक) बनाया होता।[18] एक अन्य विरोधी व्यक्ति के अनुसार 'एक बार अबुल फ़ज़ल दार्शनिकों और उनके विज्ञानों की प्रशंसा कर रहा था। वहाँ शेख़ अहमद सरहिन्दी भी उपस्थित था।' उसने अबुल फ़ज़ल को टोकते हुए गज़ाली के इस कथन को उद्धृत किया : 'जो पवित्र धर्मग्रन्थों में नहीं मिलता वह सारा विज्ञान फ़िज़ूल है।' अबुल फ़ज़ल ने फ़ौरन उत्तर दिया, 'गज़ाली बकवास करता है।'

यदि अबुल फ़ज़ल की शैली पौरोहितीय तथा आलंकारिक न होती तो उसका ग्रन्थ '*आइने-अकबरी*' (जो 1598 ई. में पूर्ण हो चुका था) वैज्ञानिक कृति के रूप में एक उच्च कोटि का प्रतिमान होता। सभी प्रकार की सांख्यिकी के प्रति इसका गहरा लगाव, इसका भौगोलिक वर्णन, भारतीय (हिन्दू) दर्शन का सार-संक्षेप आदि उसकी ऐसी विशेषताएँ हैं जो उसे (*आइने-अकबरी*) असाधारण महत्त्व का दस्तावेज़ बना देती हैं।[19] इसमें प्रस्तुत आँकड़े, जैसा कि मोरलैंड ने स्वीकार किया है, भारत के आर्थिक इतिहास का आधार प्रस्तुत करते हैं।

'*आइन*' में अबुल फ़ज़ल द्वारा विज्ञान की क्लासिकीय परम्परा से सम्बन्ध स्थापित करने की कोशिश स्पष्ट रूप से देखी जा सकती है। उसने धातुओं की उत्पत्ति पर एक पूरा अध्याय लिखा है।[20] वह चार बुनियादी तत्त्वों (अग्नि, वायु, जल और पृथ्वी) के वर्णन से इसकी शुरुआत करता है। ये चारों तत्त्व प्लेटो के काल से ही यूनानी चिन्तन के प्रिय विषय थे। वह मूल धातुओं तथा उनके मुख्य यौगिकों का अन्तर भी बताता है। उसने यह भी कहा कि उसे '*हिकमतनामा*' जैसी वैज्ञानिक पुस्तकों में उसे 'जस्ते' का ज़िक्र नहीं मिला।[21] वस्तुतः जस्ते का ज़िक्र उसे वहाँ मिल भी नहीं सकता था क्योंकि जस्ते का पृथक्करण चीन की हाल की उपलब्धि है। उसने अलबरूनी के आधार पर विशिष्ट गुरुत्व की सारणी तैयार की है तथा उसके निर्धारण की विधि अथवा प्रक्रिया का सन्तोषजनक ढंग से वर्णन किया है। भूगोल में वह टोलेमी की पद्धति से भी भली भाँति परिचित है। हिन्दू पद्धति के साथ वह उसका तुलनात्मक विवेचन करता है।[22]

अबुल फ़ज़ल ने दार्शनिक और वैज्ञानिक ग्रन्थों से जो तार्किकता ग्रहण की, वह अर्थव्यवस्था से सम्बन्धित 'रवा-ए-रोज़ी' शीर्षक अध्याय में विशेष रूप से दृष्टिगत होती है। पहले वह मनुष्य जाति की उस प्राकृतिक अथवा आदिम अवस्था (निदाह ए-मर्दुम जात) का चित्रांकन करता है जिसमें सम्पत्ति, जीवन, सम्मान तथा धर्म की कोई सुरक्षाव्यवस्था नहीं है। कुछेक न्यायप्रिय शासक ही इस स्थिति से निपट सकते हैं। किन्तु इसके लिए उन्हें अनुचरों और सेवकों की आवश्यकता होती है जो तब तक उपलब्ध रह सकते हैं जब तक शाही ख़ज़ाने की व्यवस्था न हो और शाही ख़ज़ाने के लिए कर की व्यवस्था करना लाजिमी हो जाती है। अतः रियाया (प्रजा) को कर देना अनिवार्य होता है क्योंकि कर वस्तुतः शासक द्वारा जनता को प्रदान की गयी सुरक्षा की एवज़ में दिया जाने वाला पारिश्रमिक (दस्तमज्दे-पासबानी) ही है। शासकों को जनता की सुरक्षा करनी ही चाहिए। इस दोहरे दायित्व भार को सम्पन्न करके ही कोई अर्थव्यवस्था अपने अस्तित्त्व को सुरक्षित रख सकती है।[23]

यहाँ वस्तुतः अबुल फ़ज़ल सामाजिक अनुबन्ध के सिद्धान्त को हॉब्स (लेवियाथन, 1651 ई.) से भी पहले सन्दर्भित कर रहा है। कदाचित, उसने इसकी परिकल्पना उन पूर्ववर्ती इसलामी दार्शनिकों की रचनाओं के आधार पर की जो स्वयं यूनानियों की मनीषा के संवाहक थे। किन्तु अबुल फ़ज़ल ने इसका जिस तरह पुनः स्मरण किया, उससे उसका श्रेय और बढ़ जाता है।[24]

अन्त में, अबुल फ़ज़ल प्रौद्योगिकी में भी अपनी रुचि प्रदर्शित करता है। यह उन विवरणों से स्पष्ट है जो उसने मूल्यवान खनिज धातुओं को गलाने तथा उनसे सिक्के ढालने की प्रक्रिया के विषय में प्रस्तुत किये हैं। इसलामी जगत का वह पहला ज्ञात लेखक है जिसने शराब की आसवन विधि का विस्तार से वर्णन किया है,[25] हालाँकि भारत में शराब का आसवन तेरहवीं शताब्दी से होता आ रहा था।[26] उसने आविष्कारों की बहुत प्रशंसा की है। वह गाड़ी में आटा पीसने तथा कई बन्दूक़ों की एक साथ सफ़ाई करने के मौखिक तरीक़ों का वर्णन करता है। ये आविष्कार, जिन्हें अकबर से जोड़कर देखा गया, शायद 'फतह उल्लाह शीराजी' के आविष्कार रहे होंगे।[27] तथापि, उनका मूल सिद्धान्त दाँतेदार पहिया था (साधारण, पिनड्रम) जो पहले से ही 'अल-जजरी' (1206 ई. में जीवित) के अनेक मौलिक आविष्कारों तथा पूर्ववर्ती यूनानी प्रौद्योगिकी का आधार था।

(3) अतः, सार रूप में अबुल फ़ज़ल उस बिन्दु पर ठहर जाता है जहाँ से आगे क्लासिकीय सिद्धान्तवेत्ताओं तथा वैज्ञानिकों की चिन्तन परम्परा नहीं मिलती। अकबर के सभी दरबारियों और विद्वानों के सन्दर्भ में यह एक सचाई थी। 1616 ई. में जहाँगीरी दरबार के विद्वानों से अपनी बातचीत में सर टॉमस रो ने यह लक्षित किया कि मुसलिम-मुल्ला दर्शनशास्त्र और गणित के विषय में थोड़ी जानकारी रखते हैं। वे ज्योतिष विद्या के महापण्डित हैं तथा अरस्तू, यूक्लीड, इब्न रुश्द (ऐवेरोस) और अन्य लेखकों के विषय में बात करने की क्षमता रखते हैं।[28] यदि अकबर के शासनकाल में क्लासिकीय वैज्ञानिक परम्परा में नये सिरे से जाग्रत होने वाली रुचि महत्त्वपूर्ण है तो इस रुचि अथवा प्रवृत्ति का आगे न बढ़ पाना गम्भीर विचार-विमर्श की माँग करता है।

यह असफलता वस्तुतः हमारी उस उदासीन प्रतिक्रिया में साफ़ तौर पर लक्षित की जा सकती है जो यूरोप में विज्ञान और प्रौद्योगिकी के क्षेत्र में होने वाली प्रगति के प्रति व्यक्त की गयी। अकबर के दरबार में एक कैथोलिक ईसाई शिष्टमण्डल आया और अबुल फ़ज़ल ने अपने बादशाह की ओर से फरंग (यूरोप) के सन्तों (दानयान-ए-फरंग) को एक पत्र लिखा।[29] किन्तु उस पत्र में केवल

धार्मिक मसलों के प्रति ही दिलचस्पी व्यक्त की गयी। अकबर के प्रिय दरबारी और सेनानायक 'अब्दुर्रहीम ख़ान-ए-ख़ाना' को ईसाइयों की भाषा सीखने का आदेश दिया गया, लेकिन उसका उद्देश्य मात्र इतना था कि यूरोप के बादशाहों के साथ पत्र व्यवहार किया जा सके।[30]

यूरोप के विज्ञानों में दिलचस्पी लिए जाने का पहला दस्तावेज़ी हवाला 'दानिशमन्द ख़ान' का मिलता है। वह एक विद्वान सरदार था जिसने फ्रांक्वाँ बर्नियर को दिल्ली में (1659-66 ई.) नियुक्त किया। बर्नियर ने उसके लिए गैसेंदी और देकार्त की कृतियों का अनुवाद किया। खगोल विद्या, भूगोल तथा शरीरविज्ञान 'दानिशमंद ख़ान' के अध्ययन के प्रिय विषय थे। बर्नियर दानिशमन्द ख़ान को उन खोजों के बारे में जो 'हार्वे ने शरीर में रक्त-संचरण के सम्बन्ध में' तथा पेकुइट ने पाक-रस अथवा अन्न-रस के रक्त में बदल जाने के सम्बन्ध में की थीं, विस्तार से समझाता था। अपनी व्याख्याओं को बलपूर्वक प्रतिपादित करने के लिए उसने भेड़ों की चीर-फाड़ भी की।[31] किन्तु बर्नियर द्वारा किये गये अनुवाद भी सुरक्षित नहीं रहे। इससे पता चलता है कि दानिशमन्द के अलावा बाक़ी लोगों में इन सब चीज़ों के प्रति कोई विशेष रुचि नहीं थी। वस्तुतः मानव शरीर विज्ञान में यूरोप की नयी खोजों को गैलेन के भारतीय अनुयायियों ने बिल्कुल नज़रअन्दाज़ कर दिया।

1675 ई. में दिये फ्रायर के हवाले से पता चलता है कि सत्रहवीं शताब्दी में एक अमीर ने यूरोपीय तकनीक को सचेत रूप से सीखने का प्रयास किया था।[32] मेरी अपनी जानकारी के अनुसार इस प्रकार का यह एकमात्र उदाहरण है। जुन्नार का मुग़ल सेनानायक, उन अनेक दस्तकारियों को, जो उसने यूरोपवासियों से सीखी थीं, अमली रूप देने में लगा था। भारत के सन्दर्भ में यूरोपीय तकनीक के प्रभाव की जाँच हाल ही में प्रकाशित ए.जे. कैसर की पुस्तक में की गयी है।[33] निस्सन्देह, इस सन्दर्भ में अभी भी जो सूचनाएँ हमारे पास हैं, वे बहुत कम हैं।

भूगोल और खगोल विद्या के क्षेत्र में भी, प्रौद्योगिकी के क्षेत्र के समान ही (जहाँ नयी-नयी खोजों और उपकरणों के सन्दर्भ में कहीं अधिक दिलचस्पी की अपेक्षा की जाती है) वास्तविक दिलचस्पी निराशाजनक रही है। अबुल फ़ज़ल को 'नयी दुनिया' की जानकारी थी[34] और उसकी खोज के बारे में उसने कुछ वाक्य भी लिखे। सादिक ने अपनी विश्वकोशनुमा कृति (1674 ई.) में टोलेमीय भूगोल का काफ़ी पुष्ट विवरण दिया है। उसके साथ उसने भूगोलकोश भी संलग्न किया है। उसने पर्याप्त मात्रा में निर्देशांकों की एक सूची भी संकलित की है तथा तैंतीस पन्नों की 'पुरानी दुनिया' की आश्चर्यजनक रूप से एक विशाल एटलस भी दी है।

किन्तु एटलस के उन पन्नों पर उसने यूरोप के सन्दर्भ में किसी समकालीन जानकारी का उपयोग नहीं किया।[35] 'यंगी दुनिया' (नयी दुनिया) के सन्दर्भ में, जो एक अस्पष्ट सा अवतरण उसकी एक पाण्डुलिपि में मिलता भी है, वह सम्भवतः बाद में प्रक्षिप्त किया गया है।

खगोल विद्या के क्षेत्र में यूरोपवासियों के प्रयत्नों का विवेचन पहली बार जयसिंह कृत *'ज़ीजे मुहम्मद शाही'* (1734 ई.) में मिलता है। निश्चय ही यह बहुत कौतूहलजनक है कि अभी जयसिंह को अपनी वेधशाला पर कार्य करते हुए केवल सात वर्ष ही हुए थे कि उसे पता चला कि 'हाल ही में यूरोप में भी वेधशाला' के उपकरणों में काफ़ी सुधार किया गया है। उसने 'ला हायर' (जिसकी बनाई प्रत्यावर्तन सारिणी को उसने अपने यहाँ भी प्रस्तुत किया) की खगोलीय सारणियों (ऐस्ट्रोनोमिक टेबुल्स) की जाँच परख की और इस निष्कर्ष पर पहुँचा कि उसके अपने विशाल वेधशाला सम्बन्धी उपकरण ज़्यादा बेहतर हैं। जहाँ तक सिद्धान्तों का सम्बन्ध है, जयसिंह ने केवल टोलेमीय पद्धति को ग्रहण किया तथा उलूगबेग (15वीं शताब्दी) *'ज़ीज'* के मूल पाठ का पूरा-पूरा उपयोग किया।[36]

एक ऐसे युग में जबकि यूरोप के व्यापारियों, चिकित्सकों, तोपचियों और पादरियों का हिन्दुस्तान के अनेक भागों में सामान्य रूप से आना-जाना लगा रहता था, यह समझना बड़ा कठिन है कि आख़िर क्यों भारतवासियों द्वारा यूरोपीय ज्ञान-विज्ञान से परिचय का लाभ न उठाया जा सका। यह तथ्य हमें बताता है कि तत्कालीन चिन्तनव्यवस्था कितनी आत्मबद्ध अथवा संकुचित थी तथा उससे बाहर आना कितना कठिन था। अर्थात जकड़बन्दी केवल इसलामी धर्मशास्त्र की ही नहीं थी, अपितु दर्शनशास्त्र और विज्ञान की भी थी। शास्त्रीयव्यवस्था पर क़ब्ज़ा रखने वाला अधिकारी वर्ग भी उतना ही कट्टर और पवित्रतावादी था जितने कि इसलामी न्यायशास्त्र की प्रमुख शाखाओं के संस्थापक थे। उक्त क्षेत्र की उस पुरानी शास्त्रीय पद्धति में भी स्थापित मान्यताओं और सिद्धान्तों के प्रति वस्तुतः वैसा ही आदर-भाव बना रहा। अतः उस समय पुरानी मान्यताओं और सिद्धान्तों की क़िलेबन्दी को तोड़ने के लिए कहीं ज़्यादा शक्तिशाली प्रलोभनों और प्रेरणाओं की आवश्यकता रही होगी।

ऐसे प्रलोभन और प्रेरणाएँ अनुपस्थित क्यों थीं? इस प्रश्न के विभिन्न उत्तर हैं और प्रत्येक किसी न किसी स्वतन्त्र कारण की ओर संकेत करता है। सर्वेश्वरवाद ने सोलहवीं शताब्दी में शास्त्रीय विज्ञानों के पुनरोद्‌भव को यथासम्भव सुरक्षा कवच प्रदान किया। वह धार्मिक रहस्यों के उद्‌घाटन की निरन्तर प्रेरणा दे रहा था और अपनी उसी प्रेरणा के तहत उसने अगली शताब्दी में भी उस प्रवृत्ति को

पहुँचाई जिसका सारा ध्यान केवल धार्मिक मसलों तक ही केन्द्रित था। इसी के तहत दाराशिकोह कृत *'सिर्र-ए-अकबर'* में उपनिषदों का यादगार अनुवाद सामने आया तथा उसने *'मजमऊल बहरैन'* में सूफ़ीवाद और वेदान्त की एकता की वकालत की। लगभग उसी समय (1650 ई. वाले दौर में) एक अज्ञात लेखक ने *'दबिस्ताने-मजाहिब'* नाम का एक संकलन तैयार किया जो संसार के धर्मों से सम्बन्धित एक आदर्श कृति है।[37] किन्तु इन्होंने विवेकवाद का विस्तार करने में कोई महत्त्वपूर्ण योगदान नहीं दिया।

इसके अलावा, एक अन्य और सम्भवतः अधिक महत्त्वपूर्ण घटक, सामान्य जीवन की वास्तविकताओं के प्रति शिक्षितजनों का दृष्टिकोण था। इसका निदर्शन कराने वाला एक महत्त्वपूर्ण तथ्य यह है कि कृषि और उद्योग शिल्प से सम्बन्धित वास्तविक तथ्य साहित्य में बड़ी विरलता से मिलते हैं।[38]

सर्वप्रथम खेती अथवा 'फिलाहत' को लें। एक अज्ञात लेखक की एक छोटी-सी पुस्तिका '*रिसाला-ए-फिलाहत*' ईरान में पन्द्रहवीं शताब्दी में लिखी गयी थी। इसका मुख्य विषय ईरान में प्रचलित बाग़वानी था। इस पुस्तिका को जहाँगीर के एक सरदार अमानुल्ला हुसैनी ख़ानजाद ख़ान (जिसने भारत की फ़सलों और फलों के बारे में कुछ जानकारी इकट्ठी की थी) ने शब्दशः ग्रहण कर लिया था। इस पुस्तिका का एक बड़ा हिस्सा भारत से असम्बद्ध था।[39] कहने का अभिप्राय यह कि मुग़ल साम्राज्य में भारतीय कृषि अथवा बाग़वानी पर स्वतन्त्र रूप से कोई उल्लेखनीय पुस्तिका अथवा नियमावली तैयार नहीं हुई।

यही बात दस्तकारी-तकनीक के सन्दर्भ में भी कही जा सकती है। यहाँ तक कि इसलामी तकनीक के क्षेत्र के सर्वाधिक महत्त्वपूर्ण व्यक्ति 'अल-जजरी' का वास्ता भी मुख्यतया विनोद या मनोरंजन से सम्बन्धित मौलिक आविष्कारों से ही रहा और हस्तशिल्प सम्बन्धी युक्तियों के क्षेत्र में उसकी मौलिकता दिखायी नहीं पड़ती।[40] मुग़ल काल के लेखकों के सन्दर्भ में यह बात और भी अधिक लागू होती है। उस काल में युद्ध की तकनीक में तोपखाने का जुड़ना एक उल्लेखनीय अभिवृद्धि थी। हालाँकि, घोड़ों की पीठ पर तो 'फरमानों' का लिखा जाना अभी भी जारी रहा, लेकिन तोपों और बारूद के सम्बन्ध में एक छोटी-सी पुस्तिका तक के लिखे जाने का पता नहीं चलता। थोड़ी-सी राहत उस समय अवश्य होती है जब अबुल फ़ज़ल फ़ौजी सिपाहियों द्वारा इस्तेमाल की जाने वाली एक विशेष प्रकार की दस्ती बन्दूक़ के आविष्कार (जिसका श्रेय वह अकबर को देता है) का ज़िक्र करता है। घोड़ा दबाकर बन्दूक़ दागने की पद्धति (लॉक-मैकेनिज़्म) का फ़ारसी में यह प्रथम उल्लेख है।[41] सिपाहियों की यह दस्ती बन्दूक़ शायद

तोड़दार बन्दूक़ थी, और हो सकता है कि वह चकमक से चिनगारी पैदा करके चलाई जाने वाली (फ्लिट-लॉक) बन्दूक़ रही हो। इस प्रकार दस्तकारी के क्षेत्र का अनुभव सैद्धान्तिक तकनीक के क्षेत्र से पूर्णतया अछूता रहा। ऐसी स्थिति में भारतीय दस्तकारों द्वारा इस्तेमाल किये जाने वाले आविष्कार जैसे 'ट्रांसमिशन बेल्ट' तथा पेंच आदि का ज़िक्र यूरोपवासी तो करते हैं, लेकिन भारतीय ग्रन्थों में उनका ज़िक्र नहीं मिलता।[42]

साधारण मनुष्य के श्रम और उद्यम के तौर-तरीक़ों के प्रति तत्कालीन भारतीय विद्वानों द्वारा बरती गयी उदासीनता से, आंशिक रूप से इस तथ्य का पता चलता है कि बौद्धिक वर्ग सिमट कर एक छोटे से अभिजन समाज का रूप ले चुका था। ग्राम्शी के अनुसार, मध्ययुगीन और आरम्भिक आधुनिकयुगीन यूरोप में कृषक वर्ग ने कैथोलिक चर्च की विशाल प्रणाली के माध्यम से बुद्धिजीवी वर्ग को जन्म दिया। ऐसी किसी प्रणाली का अस्तित्व भारत में नहीं था। कम-से-कम उस संस्कृति में इसके कोई चिह्न नहीं मिलते जिसका संक्रमण फ़ारसी के माध्यम से हो रहा था। किसान वर्ग में अपनी जड़ें रखने वाले बुद्धिजीवी वर्ग के अस्तित्त्व का पता नहीं चलता। कुछ सूफ़ी दस्तकार अवश्य थे, लेकिन और कुछ नहीं। आम आदमी द्वारा शिक्षा प्राप्त करना असम्भव था : प्रत्येक साधारण व्यक्ति के मन में शिक्षा-प्राप्ति को लेकर भय व्याप्त था। अबुल फ़ज़ल ने '*आइने-अकबरी*' के अन्त में अकबर के 'आशीर्वचनों' में से उन घोषणाओं को पुनः प्रस्तुत किया है जिनमें उन परिस्थितियों के प्रति दुःख प्रकट किया गया है जिनके तहत साधारण व्यक्ति भी शिक्षा प्राप्त कर सका। अकबर ने स्वीकृति के अन्दाज में शाह तहमास्प के उस कृत्य को उद्धृत किया है जिसके तहत उसने अपने व्यक्तिगत सेवक को नौकरी से बर्ख़ास्त कर दिया था; क्योंकि उस नौकर ने अपनी असावधानी के कारण यह संकेत दे दिया था कि उसे कुछ काव्य-ज्ञान भी है और यही उसका अपराध था। दूसरी ओर शाह वली उल्लाह (मृत्यु 1761 ई.), जो सुप्रसिद्ध धर्मशास्त्री था, ने अपनी पुस्तक '*हुज्जतुल्लाह अल-बालिगा*' में यह घोषणा की है[43] कि 'शरीयत' या धार्मिक क़ानून के सम्बन्ध में कोई बहस साधारणजनों के बीच नहीं चलने देनी चाहिए क्योंकि इस प्रकार की प्रबुद्धता से अव्यवस्था फैल सकती है। इस दशा में, उच्चतर क्षेत्र की शिक्षा केवल कुछ अधिकार प्राप्त व्यक्तियों का एक विलास बनकर रह गयी थी और शिक्षितों की क़तार में निम्न वर्गों से उभर कर आने वाला यदि कोई होता भी होगा तो उसको उपेक्षा ही मिलती होगी।

बौद्धिक वर्ग की संरचना से अलग, सामाजिक उत्पत्ति के परिप्रेक्ष्य में यदि कहा जाये तो समकालीन समाज में बौद्धिक वर्ग के सदस्यों की वास्तविक स्थिति ने भी उसके दृष्टिकोण को प्रभावित किया होगा। इसके साथ ही, इस प्रश्न पर भी विचार किया जाना चाहिए कि बौद्धिक वर्ग और शासक वर्ग के बीच का अन्तःसम्बन्ध वैज्ञानिक चिन्तन के विकास को किन सीमाओं में अवरुद्ध कर रहा था। इस अन्तःसम्बन्ध के कई रूप हो सकते हैं। भारत में सामान्यतः इसका एक रूप यह था कि 'विद्वान' को किसी-न-किसी राजा या सामन्त पर व्यक्तिगत रूप से निर्भर करना पड़ता था। बर्नियर ने भारतीयों के गहरे और सार्वत्रिक रूप से व्याप्त अज्ञान का मुख्य कारण पर्याप्त साधनों से लैस अकादमियों और कालेजों का अनुपस्थित होना माना था।[44] निश्चित रूप से ऐसी संस्थाओं की अनुपस्थिति विचारों के आदान-प्रदान तथा बौद्धिक रुचियों के स्वायत्त विकास को सीमित करने वाली ही हो सकती थी। यह पूरा परिदृश्य गहन छानबीन की अपेक्षा रखता है और तत्कालीन शिक्षाव्यवस्था के आलोचनात्मक विश्लेषण की भी।

अतः स्पष्ट है कि बौद्धिक असफलता के जिन कारणों की चर्चा मैंने की है, उनकी ओर गहरी छानबीन का कार्य निश्चित रूप से इस दिशा में हमारा पथ-प्रदर्शन करेगा। क्या वजह थी कि इस सन्दर्भ में एकमात्र शासक वर्ग पर निर्भरता अनिवार्य हो गयी? व्यापारी वर्ग यदि पुरोहितों का निर्वाह कर सकता था और पक्षियों के लिए अस्पताल खुलवा सकता था, तो वह विद्वानों को संरक्षण प्रदान क्यों नहीं कर सकता था। फिर प्रश्न यह भी उठता है कि क्या मुग़ल साम्राज्य ने किसी प्रकार के मध्य वर्ग का निर्माण अथवा उसका विस्तार किया? ये सभी प्रश्न मिलकर इस प्रश्न की गम्भीरता को बढ़ाते हैं कि क्या तत्कालीन समाज और अर्थव्यवस्था में वे तत्त्व उपस्थित थे, जिन्होंने यूरोप में वैज्ञानिक और बुद्धिवादी चिन्तन के विकास को गति दी थी। इस सन्दर्भ में जो उत्तर मैंने कुछ पूर्व अस्थायी तौर पर दिया था और जहाँ तक इस प्रश्न का ताल्लुक़ है कि क्या मुग़लकालीन भारत में पूँजीवादी सम्बन्ध विकसित हो रहे थे? मेरा उत्तर नकारात्मक ही है।[45] किन्तु यह भी उस बहस का ही एक अंग है जिसमें अन्तिम रूप से कुछ भी नहीं कहा जा सकता।

सन्दर्भ और टिप्पणियाँ

1. सी.एम. सिपोला, *यूरोपियन कल्चर एंड ओवरसीज एक्सपेंशन*, पृ. 28। इन टिप्पणियों को उन विचार बिन्दुओं के सन्दर्भ में भी परखा जाना चाहिए जो मॉरिस डॉब ने अपनी पुस्तक *स्टडीज इन दि डवलपमेंट ऑफ़ कैपिटलिज़्म* (लन्दन, 1947, पृ. 268) में वैज्ञानिक आविष्कारों तथा उनके वास्तविक उपयोग के बीच के सम्बन्धों के बारे में प्रस्तुत किये हैं।

2. फवा ईदुल-फुआद, सम्पादन, लतीफ मलिक, लाहौर, 1966, पृ. 84-86, 283-4 (कनवर्सेशंस ऑफ़ 1310 एंड 1317 ई.)।
3. बर्नी, *तारीख़े-फ़ीरोज़शाही*, सम्पादन, सैय्यद अहमद, सन्दर्भ सूची, पृ. 465
4. ई.सी.सचाऊ, *अलबरूनीज इंडिया,* लन्दन, 1910. पृ. XLI-XLII.
5. *आइने-अकबरी*, सम्पादन, ब्लॉकमेन, बिबलॉथिका इंडिका, कई पृष्ठ.
6. *मदान उश-शिफा-ए-सिकन्दर शाही,* लीथो, 1873 ई., पृ. 2-3। लेखक ने घोषित किया है कि यूनानी दवाएँ भारत की जलवायु की आवश्यकताओं के अनुरूप नहीं थीं।
7. *आइने-अकबरी*, II, पृ. 3
8. *इंडियन हिस्ट्री कांग्रेस* के 1981 के सत्र में पढ़े गये अपने आलेख 'बर्नीज थियरी ऑफ़ दि हिस्ट्री ऑफ़ दि डैली सल्तनत' में मैंने बर्नी की प्रमुख मान्यताओं की समीक्षा की है।
9. *तारीख़े फ़ीरोज़शाही*, पृ. II
10. शेख़ निज़ामुद्दीन की बातचीत (देखें, फवाईदुल-फुआद) में इन दोनों के बीच के फ़र्क़ का ज़िक्र बार-बार आया है।
11. फवाईदुल-फुआद, पृ. 118-9, एक अन्य स्थल पर भी इस लोक के सन्दर्भ में निज़ामुदीन हिन्दुओं के प्रति पर्याप्त सहिष्णुतापूर्ण दृष्टिकोण व्यक्त करता है।
12. *फवाईदुल-फुआद,* पृ. 431, बर्नी, पृ. 459, जहाँ मंसूर द्वारा उच्चरित शब्द उद्धृत किये गये हैं।
13. खैरूल-मजलिस, सं. निजामी, अलीगढ़, पृ. 163 (सम्पादक की भूमिका से उद्धृत, पृ. 10)।
14. एस. अतहर अब्बास रिज़वी, *मुसलिम रिवाइविलिस्ट मूवमेंट्स इन नॉर्थ इंडिया इन दि सिक्सटींथ एंड सेवेंटींथ सेंचुरीज*, आगरा, 1965, पुनर्मुद्रण, नयी दिल्ली, पृ. 53-55
15. आईन II, पृ. 260
16. वही, I, *आईने-राहनमूनी* तथा *आईने-इरादात गजीनान* नामक अध्याय
17. *आईन* I , पृ. 210-202
18. अब्दुल कादिर बदायूँनी, *मुंतखाबुत-तवारीख, बिबलॉथिका इंडिका*, 1864-69, III, पृ. 79
19. मुहम्मद रहीम किश्मी, *जुब्दातुल मुकम्मात*, लखनऊ, हिजरी-1302, पृ. 131
20. *आईन*, I, पृ. 33-36
21. वही, I, पृ. 36-39, लगभग 500 वर्ष पहले की गयी अलबरूनी की गणनाओं को जाँचने का प्रयास न किया जाना उल्लेखनीय है।
22. ब्लाकमेन वाले संस्करण के दूसरे भाग का अध्याय, *गुफ़्तारे-यूनानी* देखें।
23. *आइने-अकबरी*, पृ. 281-89
24. वही, पृ. 14-23
25. वही, पृ. 76-77
26. *इरफ़ान हबीब, स्टडीज इन हिस्ट्री,* II, संख्या, I, 1980, पृ. 23-24
27. एम.ए. अलवी तथा ए. रहमान से तुलनीय, *फतह उल्लाह शीराजी,* नयी दिल्ली, 1968
28. 'परचेज हिज पिलग्रिम्स', मेचहोस, सं. IV, पृ. 451, इस तरह के परवर्ती वक्तव्य जान-फ्रायर' में मिलते हैं। *ए न्यू एकाउंट ऑफ़ ईस्ट इंडिया कम्पनी एंड पर्सिया, बीइंग*

नाइन ईयर्स ट्रेवल्स, 1671-82, सं., डब्ल्यू. क्रुक, लन्दन, II, 102-3, थेवनॉट तथा करेरी, अनुवाद, एस.एन. सेन, *इंडियन ट्रेवल्स ऑफ़ थेवनोट एंड करेरी*, नयी दिल्ली, 1949, पृ. 247

29. यह पत्र इंशा. ए. अबुल फ़ज़ल, दफ्तर, I, में संकलित है। इस ग्रन्थ के अनेक अश्म मुद्रित (लिथोग्राफ्ड) संस्करण निकल चुके हैं।

30. अब्दुल बाकी-ए-निहाबन्दी, *मंआसिरे-रहीमी*, II, पृ. 492। कहा जाता है कि अब्दुर्रहीम ने व्यापारियों और यात्रियों से मिलकर यह भाषा सीखी थी। शायद वह पुर्तगाली भाषा रही होगी।

31. फ्रांक्वां बर्नियर, *ट्रेवलस इन दि मुग़ल एम्पायर*, 1656-58, अनूदित द्वारा ए. कांस्टेबुल, द्वितीय संस्करण, वी.ए. स्मिथ द्वारा संशोधित, लन्दन, 1916, पृ. 324-25, 339, 352-3। दानिशमन्द ख़ान के लिए देखें, एम. अतहर अली की पुस्तक *मुग़ल नोबिलिटी अंडर औरंगज़ेब*, पृ. 14, 179

32. फ्रायर, पूर्वोद्धृत, I, पृ. 334

33. ए.जे. कैसर, *दि इंडियन रेस्पोंस टु यूरोपियन टेक्नोलॉजी एंड कल्चर* (1498-1707 ई.), दिल्ली, 1981

34. *आईन*, II, पृ. 26

35. मैंने इसका वर्णन 'कार्टोग्राफी इन मुग़ल इंडिया', में किया है. *मेडिएवल इंडिया : ए मिसलेनी*, IV.

36. जयसिंह ने अपनी प्रस्तावना में यूरोपीय उपकरणों तथा सारणियों का हवाला दिया है। (ब्रिटिश म्यूज़ियम, परिशिष्ट, 14, 373), पन्ना 2ब, 5अ। मेरा आलेख *कार्टोग्राफी इन मुग़ल इंडिया* भी देखें।

37. सम्पादन : नज़र अशरफ़, कलकत्ता, 1809, तथा अन्य परवर्ती संस्करण। शी तथा ट्रायर का अंग्रेज़ी अनुवाद (लन्दन, 1843 ई.) सन्तोषजनक नहीं है।

38. पाण्डुलिपि लिंडेसियाना, सं. 484, ब्रिटिश म्यूज़ियम, परिशिष्ट 1771, पृ. 157ब, 269ब।

39. पाण्डुलिपि, 10. ईथे, 2791, ब्रिटिश म्यूज़ियम अथवा 1741 (पृ. 25ब, 48अ) अलीगढ़, लिटन फारसिया, उलूम-51 (जो दाराशिकोह से ग़लत जोड़कर देखा जाता है)।

40. देखें, दहन अल रज्जाक अल जजरी, *दि बुक ऑफ़ नॉलिज ऑफ़ इंजीनियस मेकेनिकल डिवाइसिज*, अनुवाद तथा टीका, डोनाल्ड आर हिल, डोर ड्रेख्त तथा बोस्टन, 1974.

41. *आईन*, पृ. 125

42. सन्दर्भ सहित इन आविष्कारों के प्रयोग के लिए देखें, *स्टडीज इन हिस्ट्री*, II (1), पृ. 33-34

43. हुजातुल्ला अल बालिग, सं. अब्दुल लतीफ़ तथा मेराज अरबी मूल-पाठ तथा अबू मुहम्मद हक के समानान्तर स्तम्भों में उर्दू अनुवाद सहित, कराजी, 1956 (1), I. पृ. 258

44. वर्नियर, *ट्रेवल्स*, पूर्वोद्धृत, पृ. 229

45. *पोटेंशियलिटीज ऑफ़ कैपिटलिस्टिक डवलपमेंट इन दि इकॉनॉमी ऑफ़ मुग़ल इंडिया, इनक्वायरी, न्यू सीरीज*, III, (3) (विंटर, 1971)

अध्याय आठ

उत्तर भारत में सामाजिक और आर्थिक परिवर्तन (1200-1500 ई.)

आधुनिक इतिहासकार जब भी प्राचीन समाजों का अध्ययन करते हैं तो स्वभावतः उनका रुझान उन समाजों में पूँजीवाद (जिसके तहत सामान्यतः विश्व का औद्योगिक रूपान्तण हो चुका है, चाहे रूपान्तण की प्रक्रिया अभी पूरी न हुई हो) के विकास की सम्भावनाओं के सन्दर्भ में उपलब्ध क्षमताओं का जायज़ा लेने की ओर रहता है। यह एक स्थापित तथ्य है कि औद्योगिक पूँजीवाद का जन्म पश्चिमी यूरोप में हुआ। यह महज़ पुनरुक्ति ही होगी कि एशियाई, अफ्रीकी तथा पूर्व-हिस्पानिक अमेरिकी समाजों में ऐसे परिवर्तन नहीं हुए जिनके तहत उन समाजों में पूँजीवाद जन्म लेता।

इस दृष्टि के तहत निष्कर्षतः (चाहे वह निष्कर्ष तर्क सम्मत न हो) यही कहा जा सकता है कि इन समाजों की आन्तरिक संरचना तथा आर्थिक ढाँचा किसी भी प्रकार के परिवर्तन के अनुकूल नहीं थे।

इसी मान्यता के तहत मार्क्स ने अपनी एशियाई उत्पादन पद्धति के सिद्धान्त को प्रतिपादित किया। मार्क्स के मतानुसार इस उत्पादन पद्धति और सामाजिक संगठन के तहत किसी भी प्रकार का संरचनागत परिवर्तन सम्भव नहीं था। अपनी विलक्षण अन्तर्दृष्टि का परिचय देते हुए उन्होंने अंग्रेज़ों के आगमन से पूर्व के भारतीय समाज का मूल्यांकन करते हुए लिखा :

> भारतीय समाज का कोई इतिहास नहीं है; कम से कम ज्ञात इतिहास तो नहीं ही है। जिसे हम इतिहास कहते हैं, वह केवल निरन्तर आने वाले उन आक्रान्ताओं का इतिहास है जिन्होंने प्रतिरोधहीन तथा परिवर्तनहीन समाज के ऊपर अपने साम्राज्य स्थापित किये।

इस प्रकार मार्क्स भारत के सन्दर्भ में और वस्तुतः ग़ैर-यूरोपीय विश्व के सन्दर्भ में एक ऐसी स्थापना दे रहे थे जो उनके उस इतिहास-दर्शन से मेल नहीं खाती जिसे उन्होंने यूरोपीय समाज के सन्दर्भ में प्रतिपादित किया था। इसके तहत उन्होंने समाज में सतत परिवर्तन की प्रक्रिया को रेखांकित किया था और उसके मूल में वर्ग संघर्ष की पहचान की थी।

मैक्स वेबर, जो अनेक रूपों में आधुनिक समाज विज्ञान का जन्मदाता कहा जाता है, मार्क्स से सहमत जान पड़ता है, हालाँकि उसकी सहमति के अपने भिन्न आधार हैं। उसका मानना था कि भारतीय समाज की यह परिवर्तनहीनता जातिव्यवस्था के कारण थी। जातिव्यवस्था ने शिक्षा को दस्तकारी से अलग कर दिया था, विभिन्न दस्तकारियों को परस्पर विच्छिन्न कर दिया था तथा व्यक्तिगत महत्त्वाकांक्षाओं को नष्ट कर दिया था। इससे आर्थिक गतिशीलता में गतिरोध उत्पन्न हुआ। उसने समाज को दृढ़ता तो प्रदान की, किन्तु उसके तहत एक गतिरुद्ध आर्थिक ढाँचे का जन्म हुआ। वेबर के विचारों का परवर्ती समाज वैज्ञानिक चिन्तन पर गहरा प्रभाव रहा है। कोई समाज वैज्ञानिक प्राक्-आधुनिक सम्वृत्ति अथवा संस्था के सन्दर्भ में जब 'परम्परा' शब्द का प्रयोग करता है तो उसकी कल्पना में वस्तुतः एक ऐसा समाज होता है जिसमें अनन्त काल से कभी कोई परिवर्तन ही नहीं हुआ और जो उपनिवेशीय तन्त्र के तहत ही आमूल रूप से बदला।

जिन परिस्थितियों में भारत में आधुनिक इतिहास-विज्ञान ने अपना आकार ग्रहण किया, उनमें इस प्रकार के विचारों को बहुत बल मिला। एक ओर, भारतीय इतिहासकारों को वंश-परम्परा पर आधारित विस्तृत इतिहास विरासत में मिले, जिन्होंने परम्परागत इतिहास के लिए (कम-से-कम मध्यकाल के सन्दर्भ में तो अवश्य ही) एक आधार तैयार किया। इस इतिहास-लेखन में सामाजिक तथा आर्थिक पक्षों पर अत्यन्त साधारण ढंग से, वह भी प्रसंगवश ही विचार हुआ। दूसरी ओर, साम्राज्यवादी इतिहासकारों ने (प्रत्यक्ष और परोक्ष दोनों ही रूपों में) सभ्यता और संस्कृति के क्षेत्र में भारतवासियों के योगदान के प्रति जो घृणा प्रदर्शित की, उसकी प्रतिक्रिया में 'भारतीय अतीत' की महिमा का अतिशयोक्तिपूर्ण वर्णन किया गया। मानव जाति के समग्र अनुभव के विपरीत भारत में सामाजिक संस्थाओं और भौतिक उपलब्धियों का मूल्यांकन कुछ इस तरह किया गया कि जितना सुदूर अतीत होगा, उतना ही ऊँचा उसका स्तर माना जायेगा। इस दृष्टि के पुरोधाओं में तिलक, के.पी. जायसवाल, आर.सी. मजुमदार आदि प्रमुख थे। 'महापतन' के इस सिद्धान्त के पुजारी आपको आज भी मिल जायेंगे। निम्नलिखित ढंग के वक्तव्य मान्यता प्राप्त आर्थिक इतिहास की पुस्तकों में कभी-कभी दिखायी पड़ जाते हैं :

> अतः यह प्रतीत होता है कि हालाँकि व्यापक पैमाने पर और व्यवस्थित ढंग से देश का आर्थिक शोषण बाद में शुरू हुआ, तथापि मुसलिम शासन के स्थापित होने के बाद भारत ग़रीब हो गया।

मार्क्स से लेकर अन्धराष्ट्रवादियों तक में यह जो सामान्य धारणा रही है कि भारतीय समाज परिवर्तनहीन तथा गतिरुद्ध रहा है, उसे पिछले दो या तीन दशकों के दौरान चुनौती दी गयी है। यह चुनौती सामाजिक, आर्थिक तथा प्रशासनिक इतिहास के सन्दर्भ में किये गये अनुसन्धानों तथा उत्पादन तकनीक के सन्दर्भ में किये गये अध्ययनों (हालाँकि उत्पादन तकनीक से सम्बन्धित अध्ययन अभी अपनी शैशवावस्था में ही है) के आधार पर दी गयी है। कदाचित प्रथम प्रहार डी.डी. कोसम्बी ने अपनी शानदार कृति *एन इंट्रोडक्शन टू दि स्टडी ऑफ़ इंडियन हिस्ट्री* (बम्बई, 1956) में किया जिसमें उन्होंने 'पुरातत्त्व', 'नृतत्त्व विज्ञान', पाठालोचन, समाज विज्ञान तथा सामान्य विवेक के आधार पर सामाजिक विकास का अपना सिद्धान्त प्रतिपादित किया है। उनके द्वारा उकेरी गयी प्रतिभा के विवरणों से आपकी असहमति हो सकती है, किन्तु यह सच है कि उन्होंने परम्परागत इतिहास को बहुत प्रामाणिक ढंग से ध्वस्त किया है। कहना न होगा कि डी.डी. कोसम्बी ने अपने आपको अनिवार्यतः केवल प्राचीन काल तक सीमित रखा है, किन्तु प्राचीन और मध्यकाल के बीच के संक्रमण काल (हालाँकि वे उसे इस रूप में व्याख्यायित नहीं करते) तथा सल्तनत काल के सन्दर्भ में उन्होंने जो कुछ कहा है, वह अत्यन्त दृष्टि सम्पन्न है।

इस प्रकार की एक अन्तर्दृष्टि वे उन परिवर्तनों के सन्दर्भ में देते हैं जो बाह्य आक्रमणों द्वारा घटित हुए। जैसा कि हम देख चुके हैं मार्क्स यह मानते थे कि भारतीय इतिहास का निर्माण केवल उन शासकों द्वारा हुआ जो इस देश में क्रमागत रूप से आने वाले आक्रान्ताओं ने स्थापित किये थे। उन शासनों के तहत इस देश के बुनियादी सामाजिक ढाँचे में कोई परिवर्तन नहीं हुआ। किन्तु कोसम्बी यह समझते थे कि यह हो नहीं सकता कि इस प्रकार के आक्रमणों का कोई प्रभाव ही न पड़ा हो। उन्होंने इस तथ्य पर विशेष रूप से बल दिया कि इसलामी आक्रान्ताओं ने नयी तकनीक के ग्रहण तथा प्रचार-प्रसार के सन्दर्भ में पुरानी संकीर्ण परम्पराओं को तोड़ा। तथापि, वे यह महसूस करते थे कि यह जो परिवर्तन हुआ, उसने सामन्तीकरण की उस प्रक्रिया को ही तेज़ किया जो प्राचीन भारत में पहले से ही शुरू हो चुकी थी। इस सन्दर्भ में उनकी दृष्टि मो. हबीब से भिन्न थी जिनका तर्क था कि इन आक्रमणों से होने वाले परिवर्तन अत्यन्त व्यापक थे।

उन्होंने इन्हें 'शहरी क्रान्ति' का नाम दिया जिसके साथ 'ग्रामीण क्रान्ति' भी आनुषंगिक रूप से जुड़ी थी।

मध्यकालीन समाज की व्याख्या से जुड़ी किसी भी चर्चा के सन्दर्भ में गौर विजयों तथा दिल्ली सल्तनत की स्थापना के तहत होने वाले सामाजिक तथा आर्थिक परिवर्तनों की प्रकृति और सीमा का प्रश्न केन्द्रीय महत्त्व रखता है। इसके साथ ही सर्वप्रथम बारहवीं शताब्दी से पूर्व के सामाजिक और आर्थिक ढाँचे का मूल्यांकन भी जुड़ा है। प्रो. आर.एस. शर्मा के अनुसन्धानों (जिन्हें वी.एन.एस. यादव ने और अधिक पुष्ट किया है) द्वारा उसकी रूपरेखा काफ़ी हद तक स्पष्ट की जा चुकी है। हालाँकि अभी ऐसे बहुत से महत्त्वपूर्ण पक्ष हैं जिन्हें उजागर करने का कार्य शेष रह गया है। उक्त समाजव्यवस्था के कुछेक तत्त्वों को भली भाँति परिभाषित किया जा चुका है और उनके आधार पर डॉ. शर्मा के अनुसार उसे 'सामन्ती' अभिधान दिया जाना चाहिए। व्यक्तिगत स्तर पर यह भूदासता व्यापक रूप से प्रचलित थी या नहीं, यह प्रश्न आज भी बना हुआ है किन्तु इतना निश्चित है कि पश्चिमी यूरोप के सामन्ती अभिजात वर्ग के समान ही यहाँ के प्रमुख शोषक वर्ग की जड़ें भी ग्रामीण क्षेत्र में ही निहित जान पड़ती हैं। मुद्रा सम्बन्धी साक्ष्यों तथा नगरों के सम्बन्ध में एकत्र किये गये आँकड़ों के आधार पर यह निष्कर्ष निकाला गया है कि छठी शताब्दी से ग्यारहवीं शताब्दी तक के कालखण्ड में वाणिज्य के क्षेत्र में उत्तरोत्तर गिरावट आयी। इसी कालावधि में शासक वर्ग के रूप में हम एक योद्धा जाति का उद्‌भव भी देखते हैं जिसे कालान्तर में 'राजपूत' कहकर पुकारा गया (संस्कृत राजपुत्र, प्राकृत राउत)। यद्यपि इस क्षेत्र में कार्य करने वाले विद्वानों ने इस तथ्य को बलपूर्वक रेखांकित नहीं किया, तथापि यह एक उल्लेखनीय तथ्य है कि उक्त प्रक्रिया (अर्थात राजपूतों का शासक वर्ग के रूप में उद्‌भव) तथा सैन्य शक्ति के रूप में (रथों और पैदल सेना के स्थान पर) घुड़सवारों के बढ़ते हुए महत्त्व के बीच एक सम्बन्ध दिखायी पड़ता है। आठवीं शताब्दी के एक अरबी स्रोत (जो तेरहवीं शताब्दी में किये गये फ़ारसी अनुवाद के रूप में हमें उपलब्ध है) जब सिन्ध के शासक 'दाहर' का सन् 712 ई. में युद्ध भूमि में अरबों से मुक़ाबला हुआ तो उसे दस हज़ार घुड़सवारों ने घेर लिया। इन्हें 'इब्ना उल-मुलूक' (राजाओं के पुत्र) कहा जाता है जो स्पष्टतः 'राजपुत्र' का ही शब्दशः अनुवाद है। यदि यह एक तथ्य है तो क्लासिकीय यूरोपीय सामन्तवाद के स्थानीय राजनीतिक तथा आर्थिक नियन्त्रण (जो घुड़सवार सामन्त भट के वर्चस्व पर आधारित था) के साथ यह एक अतिरिक्त साम्य दिखायी पड़ता है।

इस काल में भारतीय जातिव्यवस्था में और अधिक कठोरता तथा अलगाव की प्रवृत्ति आयी होगी। अलबरूनी द्वारा भी इस तथ्य की पुष्टि होती है और यह बहुत सम्भव है कि 'ग्रामीणीकरण' की प्रक्रिया के साथ-साथ यह प्रवृत्ति चलती रही हो। किन्तु, चूँकि अलबरूनी द्वारा दिया गया विवरण मूल ग्रन्थों तथा रूढ़िवादी ब्राह्मणों द्वारा दी गयी सूचनाओं पर आवश्यकता से अधिक निर्भर करता है, अतः यह सम्भव है कि वह तत्कालीन वास्तविकता से दूर हो।

बाहरी आक्रमणों तथा विजयों का परिणाम तेरहवीं-चौदहवीं शताब्दियों में दिल्ली सल्तनत की स्थापना के रूप में सामने आया। इसके तहत पुराने शासक वर्ग के स्थान पर नये शासक वर्ग ने जन्म लिया। अब प्रश्न उठता है कि क्या (जैसा कि डी.डी. कोसम्बी संकेत करते हैं) यह नयी सत्ता अनिवार्यतः पुरानी सत्ता की ही अविच्छिन्न रूप थी, सिवाय इसके कि इसके तहत कुलीनतन्त्रीय सामन्तवाद (फ्यूडलिज़्म फ्रॉम अबव) ऊपरी स्तर पर विकसित हो गया था, अथवा इस नयी सत्ता के दूरगामी परिणाम सामने आये, जैसा कि प्रो. मो. हबीब का निष्कर्ष है।

सल्तनतकालीन अर्थव्यवस्था के अध्ययन से यह स्पष्ट पता चलता है कि नयी परिस्थितियाँ पुरानी परिस्थितियों का मात्र अविच्छिन्न रूप ही नहीं थीं और यह भी कि दोनों के बीच जो अन्तराल दिखायी पड़ता है, वह भी महज़ सतत ही नहीं है। नगरों का विकास, दस्तकारी उत्पादन में वृद्धि तथा वाणिज्य में विस्तार आदि की जो परिकल्पना मो. हबीब ने की है, उसकी पुष्टि हमें साहित्यिक तथा मुद्रा विषयक साक्ष्यों द्वारा भी होती है। प्रत्यक्ष रूप से यह सब पूर्ववर्ती 'भारतीय सामन्तवाद' की प्रमुख विशेषताओं के विपरीत है। नयी पद्धति, जिसे इक्ता कहा जाता था, के तहत सेना की कमान के साथ-साथ राजस्व की वसूली का भार भी सौंपा जाता था। इसके द्वारा राजनीतिक ढाँचे को केन्द्रीभूत किया गया। यह पद्धति वस्तुतः उस सामन्ती राजनीतिक व्यवस्था के एकदम विपरीत थी जो अपनी प्रकृति में केन्द्र विमुख थी। और अन्ततः यह कि माल/खराज के रूप में एकमुश्त भारी कर लगाया जाता था जिसके साथ ही बचत का अधिकांश चला जाता था। उल्लेखनीय है कि अलाउद्दीन ख़िलजी (1296-1316 ई.) के समय तक राजस्व की माँग बढ़कर कुल उपज का आधा भाग हो गयी थी। किसान की बचत वाणिज्य के माध्यम से नगरों में पहुँच जाती थी जिसका अनिवार्य रूप से परिणाम यह निकला कि राजस्व का भुगतान सामान्यतः नक़द रूप में होने लगा। इससे यह संकेत मिलता है कि इस बीच माल उत्पादन में विस्तार हुआ अर्थात उत्पादन बाज़ार के लिए भी होता था, केवल उपभोक्ता के लिए ही नहीं (जिसे पॉल स्वीजी सामन्ती अर्थव्यवस्था की एक प्रमुख विशेषता मानते हैं)।

अस्तु, सल्तनत काल यदि पूर्ववर्ती राजनीतिक और आर्थिक व्यवस्था का ही अविच्छिन्न रूप नहीं थी और यदि नयी परिस्थितियाँ क्लासिकीय ढंग के सामन्तवाद के समतुल्य नहीं थीं तब समाज के विकास की दिशा क्या थी?

प्रो. मो. हबीब ने समाज के विकास की गति को दो प्रकार की मुक्तियों के रूप में व्याख्यायित किया है :

(i) नगरों के कारीगरों की जातिगत आधार पर किये जाने वाले दमन और अपवर्जन से मुक्ति।

(ii) किसानों की गाँव के मुखिया तथा बिचौलिया वर्ग से मुक्ति।

इन दोनों प्रकार की मुक्ति-प्रक्रियाओं को वे क्रमशः 'शहरी' तथा 'ग्रामीण' क्रान्ति कहते हैं। हम यह महसूस करते हैं कि प्रो. मो. हबीब की मान्यताओं में कतिपय संशोधनों की आवश्यकता है। किसान की ऐसे जातिगत पूर्वग्रहों (जिन्हें लागू करने की दिशा में सल्तनतकालीन शासक वर्ग ने कोई दिलचस्पी नहीं दिखायी) से मुक्ति की प्रक्रिया उस प्रक्रिया से मेल खाती है जिसके तहत देहाती इलाक़ों में धावा बोलकर बड़े पैमाने पर नगरों में दास-श्रमिक वर्ग का सृजन किया गया। इससे शहरी दस्तकारी और सेवा-क्षेत्रों का एक सीमा तक तेज़ी के साथ विस्तार तो हुआ, किन्तु ग़ुलाम बनाने की इस प्रक्रिया को वस्तुतः 'मुक्ति' नहीं कहा जा सकता। दूसरे, यह कि यदि ग्रामीण क्षेत्र के प्रमुख व्यक्तियों और बिचौलियों की शक्ति को कम किया गया था तो उसका उद्देश्य किसानों को राहत पहुँचाना था, अन्यथा जो भारी और उत्पीड़नकारी कर उन पर लगाया जाता था, उसका वे भुगतान नहीं कर सकते थे। यदि किसानों की स्थिति में सुधार हो गया होता तो मुहम्मद तुग़लक (1325-51) के काल में जितना बड़ा किसान विद्रोह दोआब क्षेत्र में हुआ, वह न होता। अतः जो कुछ घटित हुआ, उसे इस रूप में व्याख्यायित नहीं किया जा सकता कि उसके तहत आर्थिक अथवा सामाजिक क्षेत्र में किसी सघन क़िस्म की स्वतन्त्रता की अभिवृद्धि हुई। अपितु, वह निरंकुश केन्द्रीभूत राज्य के अन्तर्गत स्वरूप ग्रहण करने वाली उस अर्थव्यवस्था के तहत बाज़ार-तन्त्र का विस्तार भर था जो अनिवार्य रूप से कृषि पर आधारित थी। चूँकि माल के उत्पादन में विस्तार हुआ, अतः उसी के अनुरूप व्यापारिक पूँजी का भी विकास हुआ, जिसे अनेक लोग पूँजीवाद के अग्रदूत के रूप में देखते हैं। किन्तु, चूँकि शासक वर्ग अपनी वित्तीय तन्त्र के माध्यम से कृषि की बचत के एक बड़े हिस्से को हड़प लेता था, अतः शासन का वह रूप एशियाई उत्पादन पद्धति के अन्तर्गत निरंकुश राज्य के सैद्धान्तिक प्रारूप के निकट पहुँच गया था जो पूँजीवादी विकास

का नितान्त विपरीत ध्रुव है। अतः हम कह सकते हैं कि जो कुछ तेरहवीं-चौदहवीं शताब्दियों में हुआ, वह पर्याप्त मात्रा में आर्थिक ढाँचे में मूलगामी परिवर्तन था, बावजूद इस तथ्य के कि वह परिवर्तन अनिवार्यतः उत्तर भारत में पूँजीवाद के निकट नहीं था। वह परिवर्तन उस नागरिक तथा पूँजीवादी ढंग की स्वतन्त्रता (जो वस्तुतः पश्चिमी यूरोप में पूँजीवाद से पूर्व मौजूद थी) के निकट भी नहीं था।

नयी पद्धति (जो युद्ध, लूट तथा गुलामी के आधार पर स्थापित हुई थी) में हमें दो अन्तर्ग्रन्थित कारक क्रियाशील दिखायी पड़ते हैं जिन्होंने आर्थिक तथा सामाजिक परिवर्तन के सन्दर्भ में भूमिका निभायी। पहला कारक था : उत्पादन तकनीक के क्षेत्र में होने वाला विकास, दूसरे, कतिपय बड़ी जातियों और समुदायों द्वारा ग्रहण की जाने वाली नयी स्थिति और संरचना।

जैसा कि मैं पहले कह चुका हूँ, भारतीय उत्पादन प्रौद्योगिकी का इतिहास अभी अपनी शैशवावस्था में है, लेकिन जो भी साक्ष्य मिलता है, उससे पता चलता है कि तेरहवीं-चौदहवीं शताब्दियों में उत्पादन के तकनीकी संसाधनों में पर्याप्त रूप से अभिवृद्धि हुई। अर्घट में दाँतेदार पहिये का क्रम जोड़ देने से, पशुशक्ति द्वारा रहट चलाना सम्भव हो सका, इससे पश्चिम में कृषि तथा सिंचाई के क्षेत्र में नयी स्फूर्ति आयी। पूर्व में पन्द्रहवीं शताब्दी तक रेशम का उत्पादन होने लगा था। दस्तकारी के औज़ारों में सर्वाधिक महत्त्वपूर्ण नया औज़ार चरखा था, जो चौदहवीं शताब्दी तक निश्चित रूप से प्रचलित हो चुका था। लगभग उसी समय तक बुनकर के करघे में पायदान लगाये जाने लगे थे जिससे उसकी कार्यक्षमता निश्चित रूप से अत्यधिक बढ़ गयी होगी। यह भी सम्भव है (हालाँकि उपलब्ध साक्ष्य बहुत स्पष्ट नहीं है) कि कपड़े की छपाई (छींट का काम) भी सल्तनत काल की देन हो। अतः कपड़े की दस्तकारी में बहुत से परिवर्तन हुए। क़ाग़ज का निर्माण निर्विवाद रूप से सुल्तानों के साथ शुरू हुआ। उसी तरह मद्य आसवन की प्रक्रिया भी सल्तनत काल में शुरू हुई। चूना पत्थर, गुम्बद और मेहराब की तकनीक के तहत भवन-निर्माण के कार्य में ईंटों का इस्तेमाल इतने व्यापक स्तर पर होने लगा जितना पहले कभी नहीं होता था।

इसमें कोई सन्देह नहीं कि नयी शोधों ने डी.डी. कोसम्बी के इस संकेत की पुष्टि की है कि इसलामी आक्रान्ताओं ने नयी तकनीकों को स्वीकृत कराने के लिए बाध्य कर दिया। प्रौद्योगिकीय परिवर्तनों ने निस्सन्देह क़ीमतों को कम कर दिया तथा दस्तकारी उत्पादन को बढ़ावा दिया। यह कहना समीचीन होगा कि 1200 ई. की तुलना में 1400 ई. में भवन-निर्माण का कार्य प्रति एकड़ आवासीय क्षेत्र की दृष्टि से कहीं ज़्यादा था। काग़ज़ तथा आसवन की प्रक्रिया द्वारा प्राप्त की गयी शराब बुद्धि और आत्मा को तृप्त करने वाली नयी प्रेरक शक्तियाँ थीं।

भौतिक उत्पादन को बढ़ावा देने के अतिरिक्त इन प्रौद्योगिकीय आयातों का सामाजिक प्रभाव भी पड़ा। इन्होंने अन्ततः नये धार्मिक आन्दोलनों के प्रचार-प्रसार में भी अपनी एक भूमिका निभायी।

एक नितान्त परिकल्पनात्मक आलेख में मैंने यह संकेत दिया था कि अर्घट में दाँतेदार चक्रों के क्रम के प्रचलन से (जिससे लकड़ी का रहट बना) सिन्धु घाटी में खेती की दृष्टि से ऊँट और बैल की शक्ति का महत्त्व बढ़ गया। जाट (जो सातवीं-आठवीं शताब्दियों में सिन्ध के इलाक़े की एक अत्यन्त आदिम क़िस्म की घुमन्तू जनजाति थे) सिन्ध से चलकर उत्तर की ओर पंजाब में आये, फिर वे और पूर्व की ओर बढ़े और कालान्तर में इस प्रक्रिया में वे अद्वितीय ढंग के किसान बन गये। उनके देशान्तरण तथा किसान के रूप में उनके उद्‌भव की संगति इस सटीक ढंग से बैठती है कि उनकी आबादी का व्यापक क्षेत्र भी वही है, जिसमें रहट का चलन हुआ था। इस सन्दर्भ में जो बहुत महत्त्वपूर्ण प्रश्न है, वह यह कि क्या पंजाब में जाटों की सिख गुरुओं (जिनके शीघ्र बनने वाले प्रथम अनुयायी सामान्यतः खत्री थे) के सन्देश के प्रति जो ग्रहणशीलता दिखायी पड़ी वह स्वेच्छा से उद्‌भूत थी अथवा बदली हुई परिस्थिति में वे एक किसान जाति के रूप में बेहतर सामाजिक स्तर प्राप्त करना चाहते थे। ग्यारहवीं से सत्रहवीं शताब्दी के बीच उनका जातिगत स्तर शूद्र से वैश्य के रूप में ऊपर उठता हुआ दिखायी देता है, किन्तु यह एक लम्बी प्रक्रिया रही होगी। इस सन्दर्भ में नये धर्म के रूप में सिख धर्म ने 'आर्यीकरण' (संस्कृताइजेशन) की प्रक्रिया के प्रतिपक्ष में अपना अधिक सरल तथा जुझारू विकल्प सामने रखा।

यदि पर्याप्त साक्ष्य उपलब्ध हों तो सल्तनत काल में बुनकरों का इतिहास और भी अधिक दिलचस्प दिखायी देगा। चूँकि यह प्रसिद्ध है कि चरख़ा कातने वाले की उत्पादन क्षमता को छह गुना बढ़ा देता है, अतः उसके अनुरूप कातने के लिए पहले की तुलना में अधिक सूत की आवश्यकता रही होगी। हालाँकि पायदानों (यदि वे इसी समय चलन में आये थे तो) से बुनकर की कार्यक्षमता में भी निश्चित रूप से इज़ाफ़ा हुआ होगा। अधिक मात्रा में सूत कातने की आवश्यकता ने पहले के मुक़ाबले कहीं अधिक बुनकरों को काम उपलब्ध कराया होगा। सल्तनत काल में हुए शहरी विकास के कारण निश्चित ही नगरों में बुनकरों की तादाद बढ़ी होगी।

ऐसा मानने का कोई आधार नहीं है कि बुनकरों अथवा दूसरे कारीगरों के स्तर में सुधार लाने के लिए सुल्तानों ने कोई सोची-समझी नीति निर्धारित की थी। किसी भी मध्यकालीन लेखक अथवा दरवेश ने अन्यायपूर्ण जातिव्यवस्था

की आलोचना नहीं की। बरनी के यहाँ अवश्य एक संकेत मिलता है जिसमें वह कहता है कि जुलाहा होना निम्न जाति की एक विशेष पहचान है। दूसरी ओर, इसलामी विधिव्यवस्था तथा परम्परा के तहत व्यवसायों के सन्दर्भ में किसी भी प्रकार के वंशानुगत एकाधिकारवाद को कोई स्वीकृति नहीं थी तथा कोई दरवेश भी पेशेवर बुनकर हो सकता था (किन्तु भद्र पुरुष यक़ीनन नहीं) और फिर भी वह दरवेश के रूप में प्रशंसनीय भी हो सकता था। सल्तनतकालीन शासक वर्ग की दृष्टि से यह उसके अपने हित में था कि कारीगरों की तादाद बढ़े और इस सम्बन्ध में कोई साक्ष्य नहीं मिलता कि सुल्तानों की सरकार ने अन्तर व्यावसायिक गतिशीतला के ऊपर शायद ही कभी कोई प्रतिबन्ध लगाया हो। यक़ीनन, समय के साथ, कुछ दास श्रमिक, दासता से मुक्त होने पर, स्वतन्त्र दस्तकार के रूप में अवश्य पुनः दिखायी पड़े होंगे। बहरहाल, सुल्तान फ़ीरोज़ तुग़लक के बारह हज़ार दास कारीगर ही थे। किन्तु, उनकी पूर्ति पुनः क्षेत्रीय स्तर पर जनसाधारण से होती रही होगी।

इसलाम धर्म स्वीकार करने के बावजूद उन लोगों को, जो स्थापित व्यावसायिक जाति से भिन्न किसी अन्य पेशे को अपनाते थे, सामाजिक स्वीकृति प्राप्त करना सहज कभी नहीं रहा। बुनकर अपने धर्मों के आधार पर जुलाहों और कोरी जातियों में विभक्त थे और हमें यह याद रखना चाहिए कि कबीर (सोलहवीं शताब्दी का प्रारम्भिक काल) एक मुसलिम परिवार में पैदा हुए थे। अतः यह स्पष्ट है कि बुनकरों की संख्या ही नहीं, अपितु, उनकी संरचना भी अभी अस्थिर अवस्था में थी। ऐसी स्थिति में कोरियों के समूहों ने जो अभी भी हिन्दू अर्थात कोरी थे, सामाजिक स्तर पर उच्चता प्राप्त करने का प्रयास किया और मुसलिम बुनकरों में एक प्रवृत्ति यह थी कि वे अपने धर्म के उन तत्त्वों पर बहुत बल देते थे जिनके तहत ईश्वर तक पहुँचने के लिए सभी को समान अवसर प्राप्त होता था और इस प्रकार वे इस भौतिक जगत में सामाजिक भेदभाव का शमन करने की कोशिश करते थे।

कबीर की विचारधारा के अनेक स्रोत हैं, लेकिन मुख्यतः उनकी विचारधारा उस समुदाय की आवश्यकताओं से अनुप्राणित थी जिसमें वे पैदा हुए थे। जातिव्यवस्था तथा छुआछूत का तिरस्कार उन्होंने बुनकरों के पेशे से ग्रहण किये। अनेक रूपकों का प्रयोग स्पष्ट रूप से बुनकरों के साथ उनकी सम्बद्धता की घोषणा करता है। जैसा कि हजारीप्रसाद द्विवेदी ने स्पष्ट किया है कि कबीर अपने लिए सहज भाव से कोरी और जुलाहा दोनों शब्दों का प्रयोग करता है। वे बुनकर समुदाय के हिन्दू और मुसलमान दोनों तबकों से जुड़े थे।

एक बुनकर और उसके बनिया साहूकार के बीच के रिश्ते को जब वे एक पापी व्यक्ति और ईश्वर के बीच के सम्बन्ध के रूपक (जिसके तहत पापी को ईश्वर के सम्मुख अपने अच्छे और बुरे कर्मों का लेखा-जोखा देना पड़ता है) द्वारा निदर्शित करते हैं तो इससे यह पता चलता है कि कबीर पर परम्परागत इसलाम का प्रभाव भी था। अतः कबीर का कट्टर एकेश्वरवाद जनसाधारण को सम्बोधित है, जो ईश्वर के प्रति एकनिष्ठ भक्ति की माँग करता है, जो सामाजिक निषेधों और हीनता को तिरस्कृत करता है, चूँकि वह उसे तर्कहीन ढंग का मनुष्यकृत भेदभाव मानते हैं।

हालाँकि कबीर पन्द्रहवीं-सोलहवीं शताब्दियों के धार्मिक आन्दोलन के सर्वाधिक लोकप्रिय उपदेशक थे, लेकिन इस क्षेत्र में वे अकेले नहीं थे। उस धार्मिक आन्दोलन के अन्य शिक्षक भी दस्तकारों और निम्न वर्गों से आये थे : नामदेव (छीपी), रैदास (चमार), सैन (नाई), दादू (धुनिया) आदि।

हम इन शिक्षकों और उनके अनुयायियों की ईश्वर के प्रति उनके एकनिष्ठ भक्तिभाव पर कोई प्रश्नचिह्न लगाना नहीं चाहते, लेकिन हम यह अवश्य जानना चाहेंगे कि उनके उपदेशों और उनकी शिक्षाओं को सामाजिक स्तर पर जितनी व्यापक स्वीकृति मिली, उसके पीछे कहीं वह सामाजिक अस्थिरता तो नहीं थी जो सल्तनतकालीन बाज़ार पर निर्भर अर्थव्यवस्था ने कारीगर वर्गों के लिए उत्पन्न कर दी थी। जातिव्यवस्था के सोपानबद्ध क्रम में निम्न स्तर पर अवस्थित होने से पहले जो यह सुरक्षा रहती थी कि उनके पेशे में कोई बाहरी व्यक्ति प्रवेश नहीं पा सकता था, अब वैसी सुरक्षा नहीं रह गयी थी। अतः कारीगरों के जीवन के सम्बन्ध में अब तक जो स्वीकृति सत्य थे, वे भी डगमगाने लगे थे। उन्हें लेकर होने वाली ग़लतफ़हमियों का एक आधार तैयार हो गया था। अपने आप में इस एकेश्वरवादी आन्दोलन का कोई बहुत बड़ा सामाजिक परिणाम नहीं निकला, क्योंकि इसने कोई सामाजिक न्याय का सन्देश नहीं दिया। इसके अनुयायियों (सिख धर्म को अपवाद मानते हुए) ने समय के साथ परम्परागत धर्म के साथ समझौता कर लिया, किन्तु कदाचित अधिकांशतः इस प्रक्रिया में उन्होंने अपने जातिगत स्तर में सुधार अवश्य कर लिया था। यहाँ भी हम पुनः जातिव्यवस्था के अन्तर्गत बदली हुई परिस्थितियों में सामंजस्य बैठाने की उसकी क्षमता को ही देखते हैं। तथापि, पन्द्रहवीं-सोलहवीं शताब्दियों के इस धार्मिक आन्दोलन का अपना एक महत्त्व है, यदि किन्हीं अन्य अर्थों में न भी सही तो इस सन्दर्भ में अवश्य कि इससे उन महत्त्वपूर्ण सामाजिक-आर्थिक परिवर्तनों का पता चलता है जो इसके पीछे प्रेरक शक्ति थे।

अब मैं यहाँ विराम लेना चाहूँगा क्योंकि इस आलेख में जो विशेष बिन्दु मैं उठाना चाहता था, अर्थात मध्यकालीन भारतीय समाज (1200 ई. से 1500 ई.) में होने वाले परिवर्तन तथा उनका निदर्शन उपर्युक्त विवेचन में पर्याप्त रूप से हो चुका है। यहाँ यह उल्लेखनीय है कि भारतीय समाज में उक्त परिवर्तन 1200 ई. से पूर्व चलने वाली किसी सामाजिक परिवर्तन की प्रक्रिया के पूर्ण होने का परिणाम नहीं थे, अपितु बाह्य विजयों के परिणाम थे। उक्त विजयों के साथ ऐसे नये तत्त्व भी आये जिन्होंने उत्प्रेरक का कार्य किया। किन्तु, यहाँ यह भी कहा जाना चाहिए कि पूर्व-आधुनिक समाजों में बाह्य आक्रमण प्रायः सामाजिक परिवर्तन की प्रेरक शक्तियाँ रहे हैं। इंगलैंड में क्लासिकीय ढंग का सामन्तवाद 1066 ई. की नॉर्मन विजय के उपरान्त आया, पुराने अंग्रेज़ी समाज के अन्दरूनी अन्तर्विरोधों के तहत नहीं। दूसरा विचारणीय प्रश्न है पूँजीवाद के चरणबद्ध विकास की सम्भावनाओं के सन्दर्भ में उन परिवर्तनों की गति जिनकी मैंने चर्चा की है। यह मैं पहले ही कह चुका हूँ कि इस प्रश्न को कोई सीधा उत्तर नहीं दिया जा सकता, चूँकि सल्तनतकालीन अर्थव्यवस्था मूलतः 'एशियाई राज्य' तथा माल उत्पादन करने वाली अर्थव्यवस्था का मिला-जुला रूप थी। हम यह जानते हैं कि एशियाई उत्पादन पद्धति पूँजीवाद का निषेध करती है जबकि माल उत्पादन पूँजीवाद की प्राथमिक आवश्यकता है। तेरहवीं-चौदहवीं शताब्दियों के दौरान होने वाला रूपान्तरण पूँजीवाद को तब तक जन्म नहीं दे सकता था जब तक कि माल उत्पादन अपने आपको निरंकुश राज्य के कृषि-तन्त्र से मुक्त न कर लेता। किन्तु जैसा कि मैंने मुग़ल साम्राज्य के सन्दर्भ में (जिनके अन्तर्गत सल्तनतकालीन अर्थव्यवस्था के बुनियादी तत्त्व मौजूद थे) अन्यत्र तर्क दिया है कि इस प्रकार की मुक्ति सम्भव नहीं थी, चूँकि शहरी दस्तकारी तथा समूचा वाणिज्यिक तन्त्र राज्य द्वारा वसूल की गयी ग्रामीण बचत पर निर्भर करता था। सल्तनतकाल में स्थापित आर्थिक और सामाजिक ढाँचा वस्तुतः सामन्ती था, पूँजीवादी नहीं, और न ही संक्रमणशील। इसका अध्ययन एक विशेष उत्पादन पद्धति के रूप में करना चाहिए जिसमें इसके अपने वर्ग सम्बन्धों के साथ-साथ इसके अपने परिवर्तन-चक्रों का स्वतन्त्र अध्ययन हो।

अध्याय नौ

अकबर की प्रासंगिकता

आपको याद होगा कि अकबर के चार सौ पचासवें जन्मदिवस को राष्ट्रीय स्तर पर मनाया गया था। उसी क्रम में 'भारतीय इतिहास अनुसन्धान परिषद' के तत्त्वावधान में अक्टूबर 1992 में 'अकबर और उसका युग' शीर्षक से एक संगोष्ठी आयोजित की गयी। अकबर के जन्मदिन को मनाने के इस आयोजन की अनेक लोगों ने भिन्न-भिन्न दृष्टिकोणों के तहत आलोचना की। किसी ने अकबर को 'विदेशी' बताकर आपत्ति की तो किसी ने इस आधार पर उक्त राष्ट्रीय संगोष्ठी का विरोध किया कि चूँकि अकबर एक बादशाह था और शोषण और दमन पर आधारित सत्ता का प्रतिनिधि था, अतः उसका जन्मोत्सव नहीं मनाया जाना चाहिए। कुछ अतिक्रान्तिकारियों ने भी इस प्रस्तावित कार्यक्रम की इस आधार पर निन्दा की कि यह एक सरकारी उत्सव है, फलतः इससे दूर रहना चाहिए। इन आलोचनाओं और आपत्तियों के आलोक में (जिन्हें समाचारपत्रों में एक सीमा तक प्रचार-प्रसार भी मिला) यह लाजिमी हो जाता है कि हम अपने स्तर पर अकबर की प्रासंगिकता की अवधारणा को स्पष्ट करें।

भारतीय होने के नाते हमारे लिए अकबर का महत्त्व स्पष्ट है; चूँकि उसने भारत के विभिन्न भागों को 'एक सरकार के अधीन संगठित किया। वस्तुगत रूप से यह भारतीय राष्ट्र के निर्माण की दिशा में ही उठाया गया एक महत्त्वपूर्ण क़दम था। स्वाधीनता आन्दोलन के दौरान हमारे राष्ट्रवादी नेता राष्ट्रीय एकता के सन्दर्भ में राजनीतिक एकता को पहली बुनियादी ज़रूरत के रूप में देखते थे। इस भावना की अभिव्यक्ति हमे डॉ. ताराचन्द की पुस्तक *इनफ्लुएंस ऑफ़ इसलाम ऑन इंडियन कल्चर* में मिलती है। इस पुस्तक में उन्होंने यह स्थापित किया है कि मुसलिम शासन के आगमन से भारत में न केवल केन्द्रीभूत राज्यसत्ता का उद्भव हुआ,

अपितु राज्य के प्रति भारतीयों की निष्ठा में भी व्यापकता आयी। डॉ. ताराचन्द के मतानुसार नये रूप में उभरने वाली इस निष्ठा में वस्तुतः उस राष्ट्रीय अस्तित्व का पूर्वाभास देखा जा सकता था जिस पर नयी संस्कृति की छाप स्पष्ट थी, उस नयी संस्कृति की जो न तो पूर्णरूप से हिन्दू संस्कृति थी और न ही शुद्ध रूप से मुसलिम संस्कृति।

अपने साम्राज्य की एकता को व्यापक आधार प्रदान करने के लिए अकबर ने सामासिक संस्कृति की अवधारणा के प्रति सचेत रूप से अपना अनुरोध व्यक्त किया और इस प्रकार उसने हमारे राष्ट्रीय इतिहास के निर्माण में स्थायी योगदान दिया है। निश्चित रूप से उसकी इस दृष्टि में राजनीतिक स्वार्थों की दूरन्देशी के तत्त्व भी थे।

मार्क्स ने कहा है कि धार्मिक जगत वास्तविक जगत का प्रतिबिम्ब होता है। मैक्स वेबर, अंशतः ही सही, उनकी इस धारणा को उलटते हुए प्रतीत होते हैं। वे आर्थिक तथा सामाजिक विकास के पीछे विचारधारा, विचारों और नैतिकता की विशेष भूमिका को बलपूर्वक रेखांकित करते हैं। उदाहरण के लिए, उन्होंने बुद्धिवाद को पूँजीवाद के विकास के सन्दर्भ में निर्णायक तत्त्व के रूप में देखा। ऐतिहासिक विकास के सन्दर्भ में, मैं नहीं समझता कि विचारधारा के महत्त्व को इस रूप में स्वीकार करने की कोई आवश्यकता है जिस रूप में उसे वेबर ने प्रतिपादित किया था। कहना न होगा कि स्वयं मार्क्स विचारधारा के महत्त्व से इनकार नहीं करते थे। यदि इस रूप में भी देखा जाये तो भी अकबर ने बुद्धिवाद को जाग्रत करके तथा स्थापित आस्थाओं पर प्रश्नचिह्न लगाकर अपना योगदान दर्ज किया।

हमें अपनी संस्कृति में विभिन्न प्रकार की सशक्त धार्मिक परम्पराएँ मिलती हैं। इनमें स्वभावतः प्राचीन भारत से आने वाली परम्पराएँ भी हैं जो मुग़ल काल तक आते-आते हिन्दू परम्पराओं के रूप में प्रचलित हो गयी थीं। *दबिस्ताने मजाहिब* के लेखक को हिन्दू विश्वासों को परिभाषित करने में बड़ी कठिनाई का अनुभव होता है और उक्त सन्दर्भ में वह जो सुविधाजनक और सम्भावनापूर्ण अवधारणा विकसित करता है, उसके तहत हिन्दू वे लोग होते हैं जो शताब्दियों से व्यापक ढाँचे के अन्तर्गत एक दूसरे के साथ संवाद-विवाद करते आ रहे हैं। ब्राह्मण धर्म को अस्वीकार करने के उपरान्त भी जैन हिन्दू हैं, क्योंकि वे ब्राह्मणों के साथ तर्क-वितर्क करते आ रहे हैं। इस प्रकार के संवाद हिन्दुओं और मुसलमानों के बीच नहीं हो रहे थे। मुसलमानों की दूसरों के साथ सामान्य शब्दावली नहीं थी और इस प्रकार आस्था के तात्विक भेद के आधार पर नहीं, अपितु उस विवादात्मक अन्तःसंवाद से दूर रहने के कारण मुसलमान हिन्दुओं से पृथक् रहे।

मुसलमानों के पास अपना एक ढाँचा था, एक ऐसा विचारधारात्मक ढाँचा जिसकी जड़ें सामी परम्परा में थीं। हम आज जिसे हिन्दू धर्म के रूप में जानते हैं, हो सकता है, वह इसलामी धर्म के ढाँचे से बहुत भिन्न प्रतीत न होता हो। उन्नीसवीं शताब्दी में हिन्दू धर्म में होने वाले परिवर्तनों के कारण लोग हिन्दू धर्म को सामी की परम्परा में अर्थात एक सज़ातीय धर्म के रूप में देखने लगे। किन्तु यह स्थिति सत्रहवीं और सोलहवीं शताब्दियों तक नहीं थी।

प्रथम दृष्टि में जो बात हमें आकर्षित करती है, वह यह है कि अकबर इन दोनों धार्मिक परम्पराओं अर्थात हिन्दू उदारता और मुसलिम रूढ़िवादिता को निरस्त करता है। उसने 'स्वीकार' और 'समन्वय' को विचारधारात्मक रूप से सम्पन्न नहीं किया जैसा कि प्रायः समझा जाता है। वस्तुतः उसने, एक पूर्ण रूप से भिन्न दृष्टिकोण के साथ, अस्वीकार का मार्ग अपनाया। उसकी वैचारिक चुनौती के सन्दर्भ में समन्वय वाला पक्ष गौण था।

इस सन्दर्भ में अबुल फ़ज़ल की *आइने-अकबरी* के अध्याय 'आइने रह-नमनी' का एक विशेष अवतरण ध्यान दिये जाने योग्य है। अबुल फ़ज़ल के अनुसार, जो कि अकबर का प्रमुख प्रवक्ता था, ईश्वर द्वारा मनुष्य के अन्दर बुद्धि की सृष्टि ही निर्णायक रूप से प्रस्थान बिन्दु है, क्योंकि जहाँ एक ओर तर्कबुद्धि विकसित होती है, वहीं दूसरी ओर स्वार्थबुद्धि हस्तक्षेप करती है। और इस प्रकार 'दीन' और 'दुनिया' को दो मिथ्या धारणाएँ अर्थात धर्म और भौतिक जगत, इस बुद्धि द्वारा ही उद्भूत हैं। अतः इस दृष्टिकोण के अनुसार धर्म भी उतनी ही भ्रामक सृष्टि है जितना कि किसी धार्मिक व्यक्ति को भौतिक जगत दिखायी पड़ता है। वस्तुतः, यह इब्न अल-अरबी के सर्वेश्वरवाद (वहदतुल वुजूद) को उसकी तार्किक परिणति तक पहुँचाने का प्रयास है। अकबर और उनके समानधर्मा लोगों की दृष्टि में यह ईश्वर और मनुष्य के बीच के आध्यात्मिक सम्बन्ध का अस्वीकार नहीं है, अपितु उस सम्बन्ध के धार्मिक अथवा संकीर्ण रूप का अस्वीकार है।

यदि 'दीन' और 'दुनिया' दोनों ही माया के रूप हैं और उनसे मतभेदों और झगड़ों का जन्म होता है, जैसा कि अबुल फ़ज़ल तर्कसंगत ढंग से स्थापित करता है, तब इस स्थिति से मुक्ति कैसे हो? अबुल फ़ज़ल के अनुसार इसका निस्तार तो केवल आध्यात्मिक सत्य पर बल देकर ही हो सकता है। चूँकि ईश्वर एक है और जो कुछ वह रचता है, उस सबका उद्गम वह स्वयं है, अतः ईश्वर और उसकी सृष्टि के बीच अटूट एकता है। उक्त दृष्टिकोण के तहत समूची मानव जाति एक है और जो कुछ उसे विभाजित करता है, चाहे वे धर्म के मसले हों या दुनिया के, वह विघटनकारी ही है। इस प्रकार के विघटन का निराकरण,

जिसमें आध्यात्मिक एकता अर्थात ईश्वर की एकता की छवि झलकती है 'सुलहेकुल' (पूर्णशान्ति), अथवा प्रोफ़ेसर ए.ए. रिज़वी द्वारा किये गये अनुवाद के अनुसार 'सार्वभौमिक शान्ति' की अवधारणा में देखा गया। उल्लेखनीय है कि 'सुलहेकुल' का शाब्दिक अर्थ सभी के साथ शान्ति नहीं है जैसा कि प्रायः कहा जाता है। शब्दबन्ध तथा अवधारणा दोनों ही रूपों में इसकी जड़ें भी स्पेन के महान दार्शनिक इब्न अल-अरबी तक जाने वाली रहस्यवादी दार्शनिक परम्पराओं तक जाती हैं।

'सुलहेकुल' के प्रति निष्ठावान होने का अभिप्राय यह था कि प्रत्येक व्यक्ति के मन में इस आध्यात्मिक सच को उतार देना चाहिए कि किसी को भी धार्मिक फसाद खड़ा करने की अनुमति नहीं है। इस सन्दर्भ में यह तर्क दिया गया कि यह कार्य ईश्वर का प्रतिनिधि राजा के अधीन ही सफलतापूर्वक सम्पन्न हो सकता है। अकबर और अबुल फ़ज़ल ने सम्प्रभुता का जो सिद्धान्त बनाया, उसके दो स्तम्भ थे। एक स्तम्भ था सामाजिक समझौते की अवधारणा जिसे अबुल फ़ज़ल ने 'रवा-ए-रोजी' वाले अध्याय में प्रस्तुत किया है। अबुल फ़ज़ल का उक्त सिद्धान्त सत्रहवीं शताब्दी के यूरोप में लोकप्रिय होने वाले 'सामाजिक समझौते' के सिद्धान्त के बहुत समरूप था। मुसलिम जगत तथा नवजागरण दोनों ने ही कदाचित प्राचीन यूनानी विचारधारा से सामाजिक समझौते के सिद्धान्त को विरासत के रूप में प्राप्त किया था। अबुल फ़ज़ल के अनुसार राजा और उसके प्रजाजनों के बीच एक सामाजिक समझौता होता है और उसमें धार्मिक आस्था के आधार पर कोई प्रत्यक्ष भेदभाव नहीं होता। कतिपय भारतीय चिन्तकों की भाँति अबुल फ़ज़ल भी 'करों' को 'सम्प्रभुता का पुरस्कार' कहता है। इन करों के तहत राजा पर सभी की पूर्वग्रहहीन सुरक्षा का दायित्व आयद होता है। सम्प्रभुता का दूसरा स्तम्भ इस प्रकार परिभाषित किया गया था, जैसे ईश्वर सभी को सूर्य का प्रकाश और वर्षा मुक्त रूप से प्रदान करता है, उन्हें भी जो उसमें अपनी आस्था नहीं रखते, उसी प्रकार ईश्वर के प्रतिनिधि के रूप में राजा भी अपनी नियामतों के वितरण के सन्दर्भ में धार्मिक मतभेदों को ध्यान में नहीं रखता। मुग़ल राज्यव्यवस्था का यह अत्यन्त महत्त्वपूर्ण सिद्धान्त था जो औरंगज़ेब और उसके बाद के काल तक निरन्तर पुनर्व्यक्त होता रहा। व्यावहारिक रूप से, हो सकता है इस सिद्धान्त की अवहेलना की जाती रही हो, किन्तु मुग़ल सम्प्रभुता के सिद्धान्तों का यह एक महत्त्वपूर्ण स्तम्भ था और जब भी इसकी आवश्यकता पड़ी, धार्मिक सहिष्णुता को न्यायोचित ठहराने के लिए इसे बुलन्द किया जाता रहा। इब्न अल-अरबी से उत्तराधिकार के रूप में प्राप्त 'इनसाने कामिल' अथवा 'पूर्णव्यक्ति' की अवधारणा को राजा अथवा सत्ता से जोड़कर देखा गया।

उक्त अवधारणा के तहत राजा दैवी प्रतिनिधिकता के दायित्वों को पूरा करता है और अबुल फ़ज़ल का यह उत्कट विश्वास था कि अकबर ऐसा ही व्यक्ति था। उसकी सभी प्रत्यक्ष भूलें और त्रुटियाँ लोगों को परखने की उसकी इच्छा का परिणाम थीं।

इन अवधारणाओं के तहत शासक अथवा राजा को ईश्वर के प्रतिनिधि के रूप में सहिष्णुता की सकारात्मक नीति की पहल करनी चाहिए। सभी धर्मों को सुना जाना चाहिए और अनुसरण की अनुमति भी होनी चाहिए। अतः यह सहज रूप से लक्षित किया जा सकता है कि जहाँ एक ओर अकबर धर्म को पूरी तरह से अस्वीकार करता है, वहीं वह मुसलमानों के धार्मिक अनुष्ठानों और रीति-रिवाज़ों में हिस्सा लेने को इच्छुक रहता था। उसने अजमेर शरीफ को संरक्षण प्रदान किया तथा मक्का को भी धन भेजा। लगता है उसने जैनों के धार्मिक अनुष्ठानों में भी हिस्सा लिया था। वस्तुतः, इस सन्दर्भ में तत्कालीन साक्ष्य अत्यन्त मज़बूत हैं। इससे जैनों का भी परितोष हुआ।

उसी प्रकार, एक कैथोलिक पादरी के एक साक्ष्य से भी यह पता चलता है कि वह ईसाई कर्मकाण्ड में भाग लेना चाहता था और यह कि 'न्यूटेस्टामेंट' के विषय में उसकी राय बहुत ऊँची थी। इस प्रकार अकबर की सहिष्णुता की नीति का अभिप्राय था कि यद्यपि वैचारिक रूप से उसने धर्म को अस्वीकार किया तथापि उसने 'सुलहेकुल' का पालन किया। इसी दृष्टिकोण के आधार पर इस अवतरण की व्याख्या की जा सकती है जो अकबर और उसके पुत्र मुराद के बीच होने वाले पत्राचार के सन्दर्भ में *'अकबरनामा'* के प्रारम्भिक पाठ में मिलता है। इस पत्राचार में मुराद पूछता है कि वह उन लोगों का क्या करे जो शारीरिक व्यायाम करते हैं और सोचते हैं कि यही ईश्वर की आराधना है—जो निस्सन्देह मुसलमानों के लिए नमाज़ है तो दूसरों के लिए मूर्तिपूजा अथवा दूसरे संस्कार हैं। अकबर ने उत्तर दिया कि वह लोगों को ऐसा न करने के लिए मनाये क्योंकि कोई भी शारीरिक व्यायाम ईश्वर की आराधना के बराबर नहीं ठहराया जा सकता, किन्तु यदि वे न मानें तो वह उन्हें ईश्वर की आराधना जिस रूप में भी वे करना चाहें, करने दें, चूँकि यही 'सुलहेकुल' की ज़रूरत है।

इसी से यह समझ में आता है कि क्यों अकबर ने दृढ़तापूर्वक मूर्तिपूजा को अस्वीकार किया, यहाँ तक कि टोडरमल के विषय में भी उसकी राय बहुत ख़राब थी क्योंकि टोडरमल भी इसी सन्दर्भ में पूरी तरह परम्परावादी था। अबुल फ़ज़ल के अनुसार वह मुतास्सिब-कट्टरपन्थी था। फिर भी अकबर ने उन मन्दिरों को विशाल भूमि-अनुदान भी दिया जहाँ वह कभी गया भी नहीं था जैसे कि वृन्दावन के मन्दिर।

इस सन्दर्भ में यह याद रखना चाहिए कि इस प्रकार की नीति की संगति किसी एक धर्म के साथ नहीं बैठ सकती; चूँकि कोई भी धर्म यह नहीं कह सकता कि दूसरे धर्म भी सच्चे हैं। इसी से यह भावना उत्पन्न हुई कि यदि अन्य धर्म सच्चे नहीं हैं तो उन्हें ग़लत और पापपूर्ण विचारों की अभिव्यक्ति के दोष के लिए दबा देना चाहिए। ईसाई पादरी मॉनसरेट ने ईमानदारी के साथ यह कहा कि अकबर की धार्मिक सहिष्णुता का सिद्धान्त सभी धर्मों के नियमों की अवहेलना करता है। अतः सहिष्णुता की नीति को प्रस्तुत करते हुए, अकबर के लिए यह आवश्यक हो गया कि वह किसी भी परम्परागत धर्म अथवा दीन की ताक़त को स्वीकार न करे। अतः उक्त तथ्यों के आलोक में आधुनिक इतिहासकारों द्वारा अकबर के धार्मिक विचारों को दीने इलाही कहना उसके सन्दर्भ में जानबूझकर भ्रामक प्रचार करना है। 'दीने इलाही' पदबन्ध को उसने सचेत रूप से अस्वीकार किया था जिसे उसके साथ जोड़ा जाता है।

यह सही है कि आज अकबर की वैचारिक विरासत का एक बड़ा हिस्सा स्वीकार्य नहीं हो सकता, परन्तु इतना तो माना ही जा सकता है कि उसकी बुनियादी विश्व-दृष्टि का एक सकारात्मक आधार था, अर्थात मानव मात्र की अनिवार्य एकता और भ्रातृत्व, भ्रातृत्व और एकता जो विभिन्न रंगों में दिखायी पड़े, जो सोपानकर्ता के रंगों के साथ दिखायी दे, किन्तु उसमें अनिवार्य रूप से एकता का तत्त्व विद्यमान हो। इस सन्दर्भ में अकबर की प्रेरणा और पहल के तहत भारतीय संस्कृति और अतीत के अध्ययन में नये सिरे से आने वाला उभार विशेष रूप से उल्लेखनीय है। उक्त प्रयास के पीछे उसकी एक व्यापक चिन्ता यह थी कि विभिन्न संस्कृतियों के बीच मानव जाति की मूलभूत एकता को रेखांकित किया जाये।

महाभारत, रामायण तथा पंचतन्त्र का फ़ारसी भाषा में अनुवाद, विज्ञान और गणित के ग्रन्थों, जैसे लीलावती का अनुवाद तथा अन्य अनुवादों के साथ एक ज्योतिष के ग्रन्थ का अनुवाद इस सन्दर्भ में विशेष रूप से उल्लेखनीय है। ये सभी अनुवाद उच्चस्तरीय थे। इन अनुवादों को सरकारी स्तर पर किया गया तथा ये सभी अकबर को पढ़कर सुनाये गये। भारतीय अतीत के अध्ययन की इस प्रक्रिया की शानदार परिणति हमें अबुल फ़ज़ल की *आइने-अकबरी* के अन्तिम भाग में दिखायी पड़ती है। इसमें हमें न केवल भारत के धार्मिक विचारों और परम्पराओं का विस्तृत अध्ययन मिलता है, अपितु उस अध्ययन के पीछे सांस्कृतिक इकाई के रूप में भारत की वह अवधारणा भी मिलती है जिसमें न केवल हिन्दू, जैन और बौद्ध उसके अंग हैं अपितु मुसलमान भी उसके एक अंग

के रूप में विद्यमान हैं। इस अध्ययन का एक हिस्सा मुसलमानों को ही सन्दर्भित है। यहाँ हमें भारतीय संस्कृति के सामाजिक स्वरूप का पहली बार स्पष्ट और सुसंगत विवेचन मिलता है।

इसके साथ ही, तार्किकता और बुद्धिवाद को खुले तौर पर स्वीकार किया गया और अन्धविश्वास को अस्वीकार किया गया। *आइने-अकबरी* के अन्तिम भाग में एक प्रसंग आता है जिसमें अबुल फ़ज़ल मुसलमानों द्वारा भारतीय संस्कृति का अध्ययन न करने के कारण की व्याख्या करता है। अबुल फ़ज़ल के अनुसार भारतीय परम्परा के बोझ के नीचे खोज की प्रवृत्ति को पनपने का अवकाश ही नहीं था। कैसे और क्यों? जैसे प्रश्न करने का मार्ग ही अवरुद्ध कर दिया गया। इस सन्दर्भ में यह भली भाँति देखा जा सकता है कि अकबर के दरबार में तर्क और बुद्धिवाद को असीमित ढंग से गौरवान्वित किया गया। अतः अकबर के अधीन विज्ञान और प्रौद्योगिकी के अध्ययन में नये सिरे से रुचि जाग्रत हुई। हमारी सभ्यता का सबसे बड़ा हादसा शायद यह नहीं है कि अकबर का यह महान प्रयत्न असफल हुआ, अपितु यह है कि उसके इस साहसपूर्ण क़दम को आधुनिक युग में भी समुचित रूप से नहीं सराहा गया है। हमारे आज के राजनेताओं में ऐसे कितने लोग हैं जो धार्मिक क़ानूनों के ऊपर सहिष्णुता और राष्ट्रीय एकता के पक्ष में ऐसे राजनीतिक बयान दे सकें जैसे अकबर ने सोलहवीं शताब्दी में दिये थे। उदाहरण के लिए, अकबर ने यह भी कहा कि हिन्दुओं में महिलाओं के प्रति पुरुष-प्रधानता का दृष्टिकोण दिखायी पड़ता है। वह कहता है कि इसमें आदमी की क्या गरिमा है कि यदि वह यह सोचता है कि उसकी पत्नी के सती होने से उसे मोक्ष की प्राप्ति होगी। निस्सन्देह, विज्ञान और प्रौद्योगिकी के क्षेत्र में अकबर की रुचि की अपनी सीमाएँ थीं। वह अपने युग के पाश्चात्य विज्ञान और तकनीक को नहीं अपना सका। उदाहरण के लिए, अकबर कोपरनिकस क्रान्ति के विषय में नहीं जानता था तथा खगोल विज्ञान और भूगोल उसके दरबार में पूरी तरह से टोलेमिककालीन थे। इन सीमाओं के बावजूद अकबर के दरबार में होने वाला बौद्धिक पुनरोद्भव हमारी सांस्कृतिक विरासत का एक महत्त्वपूर्ण हिस्सा है तथा उसका अध्ययन विशेष सावधानी और रुचि के साथ किया जाना चाहिए।

सम्प्रति, हम प्रायः भारतीय अतीत में महानता देखने की कोशिश इसलिए करते हैं ताकि हम अपने आत्मविश्वास को कायम रख सकें। राजनीतिक और आर्थिक रूप से भारत को एक सशक्त राष्ट्र बनाने का प्रयास जारी है, एक ऐसा राष्ट्र जो आशास्पद रूप से प्रत्येक विनिमय संकट के समय आई.एम.एफ, विश्व बैंक तथा अमेरिका की ओर दौड़ नहीं लगायेगा और जो अपने भविष्य की क़ीमत

पर उन्हें हर प्रकार की छूट नहीं देगा। इस प्रकार के राष्ट्र का निर्माण करते हुए हमें न केवल अपनी विगत संस्कृति की असंख्य कमज़ोरियों, दुर्बलताओं तथा दोषों का समुचित बोध हो, अपितु उस संस्कृति की उपलब्धियों का भी स्पष्ट बोध होना चाहिए; हमें उन विभूतियों की उपलब्धियों का भी बोध होना चाहिए जिन्होंने हमारी संस्कृति और परम्परा प्रमुख बुराइयों और अन्धविश्वासों को चुनौती दी। हमें बिना किसी झिझक के, खुले मन से, अपने इतिहास की ऐसी महान विभूतियों का स्मरण करना चाहिए। निस्सन्देह अकबर का स्थान ऐसी विभूतियों की अग्रिम पंक्ति में था।

अध्याय दस

मुग़लकालीन भारत की प्रौद्योगिकी और अर्थव्यवस्था

इस लेख में मेरी चिन्ता का क्षेत्र सामान्यतः प्रौद्योगिकी है। कहना न होगा कि आर्थिक क्षेत्र में उसके परिणाम और निहितार्थ कमोबेश स्पष्ट रूप से पहचाने जा सकते हैं। कहने का तात्पर्य यह कि उत्पादन की प्रक्रिया, यातायात तथा युद्ध क्षेत्र से सम्बन्धित प्रौद्योगिकी का अध्ययन ही मेरे इस लेख की विषय वस्तु है। किसी प्रौद्योगिकीय रूपाकार के शुद्ध सैद्धान्तिक पहलुओं (उदाहरणार्थ सिद्धान्तकारों तथा प्रयोक्ताओं द्वारा तकनीकी यन्त्रों के सम्बन्ध में क़ाग़ज पर किये गये विवेचन) में तथा चिकित्साशास्त्र और खगोलशास्त्र जैसे विज्ञानों में मेरी कोई ख़ास दिलचस्पी नहीं है; सिवा इसके कि उनके सन्दर्भ सिर्फ़ वहाँ आये हैं जहाँ उनके द्वारा किसी वास्तविक मैकेनिकल तथा रासायनिक प्रौद्योगिकी से सम्बन्धित किसी समस्या का कोई ख़ास पहलू उजागर हुआ है।

दूसरे शब्दों में, प्रस्तुत आलेख में मेरा उद्देश्य आर्थिक इतिहास के अध्येता के नाते सोलहवीं तथा सत्रहवीं सदी में प्रचलित प्रौद्योगिकी का अध्ययन करना है। अब तक उक्त सन्दर्भ में एक निश्चित अवधारणा रही है और यह तर्कसंगत भी प्रतीत होती है, किन्तु विस्तृत साक्ष्य के आलोक में इसका परीक्षण नहीं किया गया है। जिस अवधारणा की ओर मैं संकेत कर रहा हूँ, वह यह है कि अठारहवीं सदी से पहले भारत की औद्योगिक प्रौद्योगिकी में मैकेनिकल परिष्कार का नितान्त अभाव था और वह किसी नवीन आविष्कार को अपनाने में भी अक्षम थी। भारत की प्रौद्योगिकीय प्रगति के सम्बन्ध में यहाँ की जलवायु तथा भूगोल के नकारात्मक प्रभाव को ज़िम्मेदार ठहराया जाता है।

विस्तृत साक्ष्य का अध्ययन भले ही न किया गया हो, लेकिन इस तथ्य को नहीं नकारा जा सकता कि सत्रहवीं सदी में पश्चिमी यूरोप ने निश्चित रूप से

भारत को पीछे छोड़ दिया था। वह उस युग में प्रवेश कर चुका था जिसे नीधम ने बड़े उत्साह के साथ पूरा तकनीकी युग कहा है। बहरहाल इस सामान्य कथन से आगे जाने की स्थिति में विस्तृत साक्ष्य की छानबीन की आवश्यकता होगी। यदि यूरोप इस दिशा में अपनी तूफ़ानी गति से आगे बढ़ रहा था तो इसका अभिप्राय यह हरगिज़ नहीं है कि अन्य देशों की कोई गति ही नहीं थी। यूरोप की तुलना में न सही, अपने-अपने देशों द्वारा अतीत में की गयी उपलब्धियों की तुलना में तो उन्होंने भी कुछ न कुछ हासिल किया ही था। भारत के सन्दर्भ में यह प्रश्न गहरी छानबीन की अपेक्षा रखता है कि इस दिशा में उसने यूरोप का अनुसरण क्यों नहीं किया। चूँकि हमें स्वतन्त्र रूप से उन क्षेत्रों को परिभाषित करना होगा जिनमें अनुकरण नहीं हुआ अथवा यदि अनुकरण हुआ भी तो सफल नहीं रहा; और अभी भी कुछ क्षेत्र ऐसे थे जिनमें भारत पश्चिम को सिखाने की स्थिति में था। अस्तु, भारत के प्रौद्योगिकीय पिछड़ेपन के लिए जलवायु, जातिव्यवस्था, निरंकुशतावाद आदि जैसे कारकों को एक-एक करके अथवा सामूहिक रूप से ज़िम्मेदार ठहराने से पहले यह बेहद ज़रूरी है कि उक्त तथ्यों की छानबीन की जाये।

यहाँ मैंने प्रारम्भिक तौर पर एक अपूर्ण से सर्वेक्षण के आधार पर कुछ ऐसे निष्कर्ष और अनुमान निकाले हैं जिन्हें प्रमाणित नहीं किया जा सकता। फ़ारसी तथा सोलहवीं-सत्रहवीं सदी के यूरोपियन स्रोतों से जो भी सूचना उपलब्ध हो सकती थी, मैंने उसे एकत्र करने की कोशिश की है। कहना न होगा कि यूरोपीय स्रोत अधिक उपयोगी सिद्ध हुए हैं। अपने आप में यह ऐसा प्रमाण है जिससे सिद्ध होता है कि प्रौद्योगिकी के मामलों में उस काल के भारतीय शिक्षित वर्ग की कोई विशेष दिलचस्पी नहीं थी। किन्तु, मैं इसके कारणों में फ़िलहाल जाना नहीं चाहता। इस सन्दर्भ में समकालीन तथा परवर्ती लघुचित्र भी मुझे आशातीत रूप से उपयोगी लगे हैं। उक्त साक्ष्य की महत्ता का बोध मुझे पश्चिम तथा चीन में ऊषर, सिंगर (सं.), फोरबीज, लिन व्हाइट तथा सर्वोपरि नीधम आदि द्वारा किये गये कार्य से भी हुआ। उक्त सभी विद्वानों का मैं ऋणी हूँ, विशेष रूप से इस अर्थ में कि मैं जिन दस्तकारियों का विवेचन करने जा रहा हूँ, उनसे सम्बन्धित मेरी प्राथमिक जानकारी नहीं है।

अपने साक्ष्य को सुसम्बद्ध रूप से प्रस्तुत करना हमेशा एक कठिन कार्य होता है। प्रस्तुत सन्दर्भ में तो यह कठिनाई और भी ज़्यादा है। हालाँकि आधारभूत औज़ारों और यन्त्रों से फ़िलहाल इसकी शुरुआत की जा सकती है किन्तु इस प्रक्रिया में कई दस्तकारियों के गड्डमड्ड होने का ख़तरा है और यह भी कि उपलब्ध साक्ष्य के आर्थिक महत्त्व का बोध स्पष्ट नहीं होगा। तत्कालीन अर्थव्यवस्था की

विभिन्न महत्त्वपूर्ण शाखाओं से सम्बद्ध प्रौद्योगिकी के सन्दर्भ में मैंने आनुभविक पद्धति अपनायी है, किन्तु अन्त में ऊर्जा तथा ईंधन, धातु-विज्ञान और रासायनिक तथा आधारभूत औज़ारों और मशीनों से सम्बन्धित यन्त्रों का स्वतन्त्र रूप से अध्ययन किया है। मेरा विवेचन सामान्यतः विवरणात्मक है किन्तु मैंने उन बिन्दुओं को विशेष रूप से रेखांकित किया है जिनमें परिवर्तन की रेखाएँ दृष्टिगोचर हुई हैं अथवा जहाँ यूरोप के सन्दर्भ में प्रतिपक्ष स्पष्ट रूप से उभर कर आया है।

कृषि

आज यह समझना कठिन है कि भारतीय कृषि जो क़रीब पिछले बीस वर्षों से अपनी पुरानी तकनीक के बल पर लगातार संकट से जूझ रही है, पूववर्ती समय में एक भिन्न दशा में थी। मिट्टी और जलवायु के सन्दर्भ में भारतीय कृषि के तौर-तरीक़ों के औचित्य के सम्बन्ध में वोलकर ने पिछली सदी के आख़िर में अपनी शानदार शासकीय रिपोर्ट में इतने अच्छे ढंग से विवेचन किया है[1] कि मेरे लिए अपनी विषय वस्तु की जाँच करना निरर्थक होगा। फिर भी भारतीय कृषि की तकनीक के सन्दर्भ में मैं महान इतिहासकार हेनरी इलियट की निम्नलिखित पंक्तियों को उद्धृत करने का लोभ नहीं छोड़ पा रहा हूँ।

> सीधे-सादे हल के विषय में, डॉ. टेनेंट कहते हैं (*इंडियन रिक्रिएशंस*, जिल्द, II, पृ. 78) सिर्फ़ यहाँ-वहाँ खरोंच सी दिखायी पड़ती है जो हल का कार्य नहीं, अपितु किसी छछून्दर की खुदाई जैसी लगती है, फिर भी पूर्वग्रह ग्रस्त और सरसरी तौर पर अवलोकन करने वाला यह प्रेक्षक एक अन्य स्थान पर कहता है कि इलाहाबाद सूबे का औसत उत्पादन एक एकड़ (इंग्लिश माप के अनुसार) में 56 गैलन है।[2]
>
> ये किसान जो खरोंच जैसी जोताई और छछून्दर जैसी खुदाई करते हैं, इंगलैंड के वैज्ञानिक किसानों के मुक़ाबले दो गुना उत्पादन करते हैं। वह यह कहना भी भूल गया कि ड्रिल का इस्तेमाल इंगलैंड की काश्तकारी में पिछली सदी में ही प्रचलन में आया था और अभी उसे उत्तरी देशों में अपने जातीय पूर्वग्रहों से जूझना पड़ रहा था, वही ड्रिल भारत में न जाने कब से प्रचलन में है। यदि उसने सिर्फ़ इसी एक तथ्य पर विचार किया होता (चक्रावर्तन की सार्वभौमिक प्रक्रिया और निराई को यदि छोड़ भी दिया जाये) तो वह हिन्दुस्तानियों की ऐसी निन्दा न करता जैसी निन्दा मिल और उसके अन्धभक्त करते रहे हैं।[3]

भारतीय कृषि के तौर-तरीक़ों की इस संक्षिप्त और प्रभावशाली सूची में डिबलिंग (अर्थात छड़ी के द्वारा छेदों में बीज डालना) को और जोड़ा जा सकता है। इस तरीक़े की चर्चा 17वीं सदी में कृषि से सम्बन्धित लिखी एक पुस्तिका में किया गया है।[4]

उक्त सन्दर्भ में एक अन्य महत्त्वपूर्ण उपलब्धि साकिया (पर्सियन व्हील) था। मैंने अन्यत्र यह तर्क दिया है कि यह यन्त्र जो लकड़ी के रूप में दाँतेदार पहिये का उल्लेखनीय उदाहरण था, शायद 13वीं या 14वीं सदी में आया। 16वीं सदी तक आते-आते, जब बाबर उसका बहुत उत्साहपूर्वक वर्णन करता है, वह सरस्वती तथा यमुना पार के इलाक़े में किसान का पानी उठाने का प्रमुख साधन था। 19वीं सदी तक यह इसी अवस्था में रहा, किन्तु बाद में वह लकड़ी के स्थान पर लोहे का बनने लगा। इसके साथ ही, यह देश के दूसरे बहुत से इलाक़ों में फैल गया।[5]

भारतीय कृषि का एक महत्त्वपूर्ण पक्ष यह है कि उसमें नयी-नयी फ़सलों को सहज रूप से स्वीकार करने की क्षमता है। 17वीं सदी में उसने यह क्षमता अभूतपूर्व रूप से प्रदर्शित की। नयी दुनिया से प्राप्त तम्बाकू की खेती में बड़ी तेज़ी से विस्तार हुआ। 16वीं सदी के शीघ्र बाद यह खेती पश्चिमी घाट पर शुरू हुई और 1650 ई. के आसपास यह मुग़ल साम्राज्य के लगभग हर हिस्से में शुरू हो गयी।[6] दूसरी फ़सल मक्का की थी। बहुत दिनों तक यह धारणा बनी रही कि मक्का की खेती 19वीं सदी में शुरू हुई थी।[7] किन्तु गोड़े ने इसका अस्तित्त्व 17वीं सदी में महाराष्ट्र में स्थापित किया है[8] और अपने प्रचलित नाम मक्का के तहत उसका ज़िक्र उन फ़सलों के सन्दर्भ में मिलता है जिनका हवाला पूर्वी राजस्थान के उस राजस्व आकलन में दिया गया जो पूर्वी राजस्थान के सन्दर्भ में 1644 ई. में किया गया था।[9]

17वीं सदी में बाग़वानी के तौर-तरीक़ों में भी नये-नये अनुसन्धान हुए। केवल इतना ही नहीं, पश्चिमी गोलार्ध से कुछ फलों का आयात हुआ था इनमें अनन्नास प्रमुख था।[10] कलम लगाने की प्रथा यहाँ पुरानी थी जो अति प्राचीन और प्राचीन भारत में भी प्रचलित थी।[11] बाग़वनी और कृषि से सम्बन्धित मध्यकालीन फ़ारसी पुस्तिकाओं में इसका ज़िक्र विभिन्न फलों के विकास के सन्दर्भ में किया गया।[12] उल्लेखनीय है कि कलम लगाना अपने आप में विभिन्न तौर-तरीक़ों का पुंजीभूत रूप है जिसके तहत जीभी कलम बाँन्धना, बगली कलम बाँन्धना, चोती कलम बाँन्धना, काठी कलम लगाना, फन्नी कलम लगाना, जड़ की कलम लगाना, पर्त चढ़ाना, पैबन्द लगाना तथा जड़ने की क्रियाएँ आदि सम्मिलित हैं। अतः इस सम्भावना से इनकार नहीं किया जा सकता कि 17वीं सदी में सिर्फ़ कलम लगाने

के सिद्धान्त का ही विस्तार नहीं हुआ, अपितु उस सिद्धान्त को विशेष रूप से प्रभावशाली बनाने के लिए नये-नये तरीक़ों का भी आविष्कार हुआ।

ये नये-नये तरीक़े दो विशिष्ट मार्गों से आये मुग़ल दरबार तथा अमीर वर्ग के माध्यम से जो फ़ारसी तथा मध्य एशियाई बाग़वानी की परम्परा से प्रभावित थे, दूसरे पुर्तगालियों के माध्यम से, जिनकी जड़ें यूरोपियन बाग़वानी में थीं। जहाँगीर कहता है कि अकबर की कश्मीर विजय से पूर्व कश्मीर में मीठी चेरी नहीं मिलती थी। उसका एक अधिकारी अली-कुली इसे काबुल से लाया था। उसी ने कलम लगाकर उसका विकास किया। उसी ढंग से उसने ख़ूबानी की खेती में भी वृद्धि की। कश्मीर के शहतूतों में खाने योग्य फल नहीं लगते थे, कलम लगाने के बाद ही उनमें खाने योग्य फल लगे।[13] सादिक ख़ान अपने एक प्रयोग की चर्चा करते हुए कहता है कि शाहजहाँ के शासनकाल में कलम लगाने का तरीक़ा बहुत लोकप्रिय हुआ और इसके इस्तेमाल के फलस्वरूप तीन सन्तरों (संगतरा, कौनला तथा नारंगी) की गुणवत्ता में अभूतपूर्व सुधार हुआ,[14] जो पहले नीबू की ही क़िस्म थे।

यह अजीब बात है कि इस सन्दर्भ में आम की चर्चा नहीं मिलती।[15] यह सही है कि सम्भवतः जहाँगीर का समकालीन अमानुल्ला हुसैनी कहता है कि जो तरीक़े आडू के सम्बन्ध में प्रचलित थे, वे शायद आम के सम्बन्ध में भी रहे (हालाँकि इस बात को प्रामाणिक तौर पर नहीं कहा जा सकता) और अन्यत्र आडू के लिए कलम का तरीक़ा निर्धारित था। लेकिन उसके विवेचन से लगता है कि कलम लगे आमों को बहुत महत्त्व नहीं दिया जाता था। कुछ पाण्डुलिपियों में मुर्शिदाबाद तथा उसके आसपास आम की कलम के सम्बन्ध में जो विवरण मिलता है, वह शायद 18वीं सदी का प्रक्षिप्त अंश है।[16] एक इतिवृत्तकार ने मुकर्रबख़ान के कैराना में लगे विशाल बाग़ की चर्चा करते हुए कहा है कि उसमें सारे देश में पायी जाने वाली क़िस्में मौजूद हैं। जहाँगीर 1619 ई. में वहाँ जमा था। इतिवृत्तकार के विवरण के मुताबिक़ उसमें सामान्य ढंग की बुवाई का ज़िक्र है।[17] हो सकता है दो पेड़ों को मिलाकर कलम लगाने का तरीक़ा कामयाब हुआ हो। पुर्तगालियों ने पश्चिमी घाट पर 1700 ई. के आसपास जिस ऐलफेंसो का विकास किया था और जिसका ज़िक्र मनूची ने किया है,[18] वह कलम लगाने का ही परिणाम था। यह निश्चित है कि यह कोई सर्वाधिक पुराना सन्दर्भ नहीं है। लेकिन इससे इतना ज़ाहिर अवश्य होता है कि 17वीं सदी में कम-से-कम आम की एक क़िस्म कलम लगाकर तैयार की जाती थी और इसकी प्रेरणा पुर्तगालियों से मिली।

वस्त्र उद्योग से सम्बन्धित प्रौद्योगिकी[19]

इस आशय के स्पष्ट साक्ष्य हैं कि ओटाई और कपास की सफ़ाई (बिनौले निकालना) करने वाले दो महत्त्वपूर्ण यन्त्र यानी चर्खी और कमान मुग़ल काल से पहले ही प्रचलन में आ चुके थे।[20] चर्खी से सम्बन्धित साक्ष्य हालाँकि परिस्थितिजन्य है, लेकिन निश्चयात्मक है। भारत में पहला पुस्तकीय साक्ष्य 18वीं सदी के एक कोश में मिलता है (कपास साफ़ करने वालों का पहिया; चर्खी)।[21]

18वीं सदी (1788-96 ई.) की बंगाल की एक फ़ारसी रिपोर्ट में[22] (जहाँ इसे चर्खी कहा गया है) इसके इस्तेमाल का विवरण दिया गया है। कमान से सम्बन्धित सन्दर्भ अधिक निश्चयात्मक तथा अनवरत रूप से 11वीं सदी के फ़ारसी कवि अंक्शिकाती[23] तक में मिलते हैं और लगभग उसी काल के दो संस्कृत शब्दकोशों[24] में भी, इसके सम्भावित सन्दर्भ मिलते हैं। हालाँकि 17वीं सदी तक कमान रुई साफ़ करने का एकमात्र यन्त्र नहीं था। इसके साथ ही 1666 ई. में[25] गुजरात से सम्बन्धित एक इंग्लिश रिपोर्ट में कपास को पीट-पीट कर साफ़ करने का उल्लेख भी किया गया है। इन यन्त्रों में कोई तकनीकी परिवर्तन नहीं मिलता, सिवा इसके कि किसी अज्ञात कालावधि में किसी छोटे स्थान पर (सरस्वती और झेलम के बीच, ज़िला हजारा में पाखली नामक स्थान) चीर्खी, जिसे क्षेत्रीय स्तर पर बेलना कहते थे, जल-ऊर्जा से संचालित होने लगी थी।[26] चूँकि यह आविष्कार नितान्त स्थानीय था, अतः यन्त्रों के सन्दर्भ में जल-ऊर्जा के इस्तेमाल ने ध्यानाकृष्ट किया।

अच्छे सूत की कताई के अतिरिक्त, चर्खे के इस्तेमाल का इतिहास बाबर की इब्राहीम लोदी पर विजय से दो सौ वर्ष पुराना था।[27] हालाँकि भारत का परिचय न तो अनेक तकले वाले चर्खों से था, जिनके चित्र चीन में 1313 ई. के बाद से निरन्तर मिलते रहे हैं, और न उसका परिचय 'यू' आकार के उस पहिये से था जो तकले से जुड़ा होकर उसके चारों ओर घूमता है, जो यूरोप में 1480 ई. के आसपास प्रचलन में था। उसे संयोजक छड़ (कनेक्टिंग रॉड) तथा पांवदान के बावत भी (जिनका विकास यूरोप में 1524 ई. तक हो चुका था)[28] कोई जानकारी नहीं थी। किन्तु मुग़लकालीन लघुचित्रों का अवलोकन करने से ऐसा प्रतीत होता है कि 17वीं सदी में हिन्दुस्तानी चर्खे में क्रैंक हैंडल लग गया था,[29] यूरोप में भी इसकी निश्चित उपस्थिति 1524 ई. के आसपास ही मिलती है।[30] यह बहुत स्पष्ट रूप से देखा जा सकता है कि हत्थे से चर्खे की क्षमता अत्यधिक बढ़ जाती है।

हिन्दुस्तानी बुनकर के करघे को 17वीं सदी के कार्यव्यस्त कबीर के चित्रों में दिखाया गया है।[31] करघे का ढाँचा आड़ा है तथा इसमें ऊपर-नीचे करने की प्रक्रिया को नियन्त्रित करने के लिए पाँवदान लगे हैं। यह करघा 13वीं सदी तक यूरोप में विकसित साधारण करघे के समान है।[32] जहाँ तक सादा अथवा लहरदार बुनाई का सम्बन्ध है, इस करघे में आगे किसी सुधार की गुंजाइश नहीं थी। 18वीं सदी के पूर्वार्द्ध में 'उड़न नलकी' के आगमन के बाद ही इसमें विकास हुआ। इससे सारी प्रक्रिया में एक क्रान्तिकारी परिवर्तन हुआ और इससे स्वचालित करघे का मार्ग प्रशस्त हुआ। जिन करघों का इस्तेमाल सजावटी तथा जटिल कपड़ों की बुनाई के लिए होता था तथा जिनके ताने-बाने में भाँति-भाँति के रंगों के धागों का इस्तेमाल होता था, उनमें बहुविध परिवर्तन हुए। नक़्क़ाशी वाले करघे (ड्रॉ लूम) का आविष्कार चीन और मध्यपूर्व में दो भिन्न-भिन्न रूपों में अति प्राचीन काल में हुआ था।[33]

हमें यह पता है कि 17वीं सदी में भारत में उच्च कोटि के नक्काशीदार सिल्क, सूती तथा जरीदार कपड़ों की बुनाई होती थी। किन्तु नक़्क़ाशी वाले करघे (ड्रॉ लूम) के इस्तेमाल का कोई साक्ष्य नहीं है। 18वीं सदी में ढाका के बुनकर साधारण क़िस्म के आड़े करघे पर फूलदार कपड़े बुनते थे। वे परिश्रमपूर्वक बाँस की एक छड़ी से नलकी के प्रत्येक बार आने-जाने पर ताने के धागों को ऊपर उठाते थे और उनकी सही संख्या गिनते थे।[34] 1822 ई. में मूरक्रॉफ्ट तथा ट्रेबेक द्वारा कश्मीर में नक़्क़ाशीदार शाल बुनने के लिए इस्तेमाल होने वाले जिस करघे का ज़िक्र किया है, उसमें भी नक़्क़ाशी वाले करघे (ड्रॉ लूम) की विशेषताएँ नहीं थीं। ताने-बाने की बुनावट कुछ इस प्रकार की जाती थी कि वह कशीदाकारी जैसा लगता था।[35]

एक मत यह है कि नक़्क़ाशीदार हिन्दुस्तानी सिल्क की बुनाई अस्ल ड्रॉ लूम (जो बाद में फारस से आयात किया गया था) के आने के बाद ही शुरू हो सकी।[36] किन्तु इस मत के समर्थन में अभी तक कोई सीधा साक्ष्य उपलब्ध नहीं हो सका है। फिर भी 1679 ई. में मास्टर ने एलूर (आन्ध्र प्रदेश) ने यह टिप्पणी की कि खड़े हुए करघों पर कालीनों का निर्माण, जिनमें रंगीन ऊन के धागों का इस्तेमाल होता था, काग़ज़ पर उतारे जाते थे। उसने यह भी बताया कि उस उद्योग को फ़ारसी आप्रवासियों ने स्थापित किया था।[37] बहुत सम्भव है कि मुग़ल काल में बुनाई के तौर-तरीक़े और यन्त्र फारस से आयात किये गये हों। बहरहाल, इसमें कोई शक नहीं कि भारतीय करघे तथा कारीगर अब तक यूरोप से आने वाले सुन्दर रूपाकारों को यथावत रूप से उतारने में सक्षम हो गये थे।[38]

बहुरंगी अथवा नक़्क़ाशीदार रंगाई के नक़्क़ाशी को रंगीन बनाने के लिए दो बुनियादी तरीक़ों का सत्रहवीं सदी के विवरणों में ज़िक्र मिलता है।[39] इनके तहत नक़्क़ाशी को रंगीन तथा रंगविहीन रखने के लिए रंग-संस्थापक तथा रंगरोधी मसालों का इस्तेमाल होता था।

बहुत प्राचीन काल से मसालों और तेज़ाब को प्रयोग में लाने के लिए साँचे का इस्तेमाल होता रहा होगा। तीसरी-चौथी सदी से मिस्र और ईरान से इसके सम्बन्ध में साक्ष्य मिलता है।[40] रंग-संस्थापक तथा रंगरोधक का इस्तेमाल चाहे छपाई के माध्यम से होता हो या चित्रकारी के माध्यम से, लेकिन उसका परिणाम लकड़ी के साँचों की तुलना में, जो 17वीं सदी में यूरोप में लोकप्रिय हो गये थे, कहीं अधिक बेहतर था।[41] लकड़ी के साँचों का एक स्पष्ट लाभ यह था कि उससे समय और लागत में किफ़ायत रहती थी, विशेष रूप से उस स्थिति में जबकि जिस कपड़े पर नमूना बना हो, वह बहुत बढ़िया अथवा उच्च कोटि का न हो।

यह बहुत आश्चर्यजनक है कि प्राचीन भारतीय साहित्य में कपड़े की छपाई के सिलसिले में वस्तुतः कोई साक्ष्य नहीं मिलता।[42] मोतीचन्द्र ने 14वीं-15वीं सदी के स्रोत में छपाई करने वाली स्त्री के लिए छिम्पक और छपाई करने वाले आदमी के लिए छिपा शब्द का उल्लेख किया है।[43] कपड़े की छपाई के लिए जायसी (16वीं सदी) में छापा शब्द आया है।[44] बहरे-अजय (18वीं सदी) में छापा को हिन्दी शब्द कहा गया है जो छापे के साँचे के लिए प्रयुक्त होता था, लेकिन हाल ही में उसे फ़ारसी में चापा के लिए स्वीकार कर लिया गया।[45] यह कि छपाई के साँचे का इस्तेमाल कपड़े पर निशान बनाने के लिए किया जाता था, इस तथ्य को थेवनोट ने अपने आगरा सम्बन्धी विवरण में इस्तेमाल किया है।[46] इसी प्रक्रिया को उसने ईरान में लक्षित किया और बहुत महत्त्वपूर्ण ढंग से उसने यह बताया कि इस तरह का कपड़ा वहाँ भारत से आता था।[47] इस काल में कपड़े की छपाई के सन्दर्भ में भारत के महत्त्व का बोध 'चित' शब्द के इस्तेमाल से भी होता है। यह हिन्दी शब्द छींट का फ़ारसी रूप है जो इस्फहान में छपे हुए कपड़े के लिए प्रयुक्त होता था।[48] टैवर्नियर (1667 ई.) स्पष्ट करता है कि उसके समय में कलमकारी का काम एक स्थानीय उद्योग था, जबकि छपे हुए कपड़े जो बड़ी मात्रा में उत्पादित होते थे, वे आन्तरिक तथा विदेशी (फारस-सहित) बाज़ारों के लिए होते थे।[49] इरविन का यह संकेत सही हो सकता है कि छपाई का काम अपेक्षाकृत बाद में शुरू हुआ जो शायद ईरान से आया।[50] किन्तु यह आगमन उतना बाद में नहीं हुआ, जितना वह बताता है, चूँकि ऐसा लगता है कि वह 14वीं सदी में प्रचलन में था। 17वीं सदी तक यह पद्धति इतनी व्यापक रूप से लोकप्रिय हो गयी थी कि भारत अब हर प्रकार के छपे कपड़े का एकमात्र घर

बन गया था। यहाँ तक कि उसने ईरान को भी पीछे छोड़ दिया, जहाँ से उसने इस तकनीक को मूल रूप से ग्रहण किया था।

वस्त्र उद्योग के सन्दर्भ में समग्रतः विचार करने पर ऐसा लगता है कि हमारे विवेच्य काल में जो प्रौद्योगिकीय परिवर्तन हुए वे किसी भी दृष्टि से कम महत्त्वपूर्ण नहीं थे। चरखे को उसका क्रैंक हैंडिल मिला। ईरान से सुन्दर बुनाई की तकनीकें प्राप्त हुईं तथा कम लागत वाली तकनीक के रूप में सीधे-सादे साँचे से छपाई सार्वभौमिक रूप से स्थापित हुई।

थल मार्ग से यातायात

भारतीय यातायात व्यवस्था में दो आश्चर्यजनक अन्तराल रहे हैं। हमारे विवेच्य काल तक उनकी कमी को पूरा नहीं किया जा सका। छोटी दूरियों के लिए बोझा ढोने के लिए एक पहिये की ठेलागाड़ी का इस्तेमाल नहीं किया जाता था और लम्बी दूरियों के लिए गाड़ी या वाहन खींचने के लिए घोड़ों का इस्तेमाल नहीं होता था।

एक पहिये की ठेलागाड़ी गारे का तसला या स्ट्रेचर ढोने वाले आदमी का स्थानापन्न होती है। यह यूरोप में 12वीं सदी अथवा 13वीं सदी के आसपास दिखायी दी, जबकि चीन में यह तीसरी सदी में प्रचलन में थी।[51] छोटे-छोटे बोझों को ढोने की इसकी कार्यक्षमता (विशेष रूप से भवन-निर्माण के सन्दर्भ में) के कारण यह मुग़ल काल में, जिसमें बड़ी-बड़ी इमारतों का निर्माण हुआ, अधिक लोकप्रिय हुई होगी। फिर भी, मुग़लकालीन लघुचित्रों में, निर्माणस्थलों के सम्बन्ध में जो विवरण मिलते हैं, उनमें तसला/टोकरा का विवरण तो मिलता है, पहिये वाली ठेलागाड़ी का नहीं।[52] उनकी अनुपस्थिति और भी उल्लेखनीय इस अर्थ में लगती है कि 1808 ई. में एलफिंस्टन ने भारत से लेकर अफ़ग़ानिस्तान तक की यात्रा की। उसने मुल्तान तथा गाजी इस्माइल ख़ान के बीच सिन्धु के पूर्वी छोर पर किसानों द्वारा हत्था गाड़ी का इस्तेमाल लक्षित किया था। उसे यह नयी चीज़ लगी थी। इससे स्पष्ट है कि उस समय तक यह सीधा-सादा सा यन्त्र पूर्व दिशा में और अधिक दूर तक प्रचलित नहीं हुआ था।[53]

घोड़ा गाड़ी की अनुपस्थिति भी उतनी ही आश्चर्यजनक है। गर्दनी का इस्तेमाल 10वीं सदी के प्रारम्भ में यूरोप में दिखायी दिया। चीन में इसका बहुत पुराना इतिहास था, उससे घोड़ा शीघ्र ही भारवाही पशु के रूप में महत्त्वपूर्ण हो गया।[54] फिर भी प्राचीन काल में भारतीय सेनाओं में घोड़ों द्वारा खींचे जाने वाले रथ एक महत्त्वपूर्ण अंग होते थे। किन्तु उनका प्रचलन यूरोप में घोड़े की गर्दनी के इस्तेमाल से बहुत पहले बन्द हो गया और फिर वह वापस नहीं आया।

मुग़ल काल में गाड़ी और अन्य वाहनों के लिए शुद्ध रूप से बैलों का ही इस्तेमाल होता था और यूरोप के यात्रियों ने इस तथ्य को विशेष रूप से लक्षित किया कि भारत में भार ढोने के उद्देश्य से घोड़ों का इस्तेमाल नहीं होता था।[55] राजसी वाहन के लिए भी रथ में बैलों का ही इस्तेमाल होता था।[56] अकबर के लिए घोड़ों के रथ का इस्तेमाल एक अपवाद ही था।[57] मुग़लकालीन कलाकारों ने घोड़े के रथ नहीं देखे थे। यह इस बात से स्पष्ट है कि जब उन्हें महाभारत के नायकों द्वारा इस्तेमाल किये जाने वाले रथों के चित्र बनाने के लिए कहा गया तो उन्होंने बैलगाड़ी के जुए को ज्यों का त्यों चित्रित कर दिया। इससे पता चलता है कि वे घोड़े की गर्दनी के इस्तेमाल से एकदम अपरिचित थे।[58]

ऐसा लगता है कि भारत में यूरोपियन ढंग की घोड़ा गाड़ी के निर्माण का एकमात्र प्रयास जहाँगीर ने किया, जिसने अपने इस्तेमाल के लिए इंगलैंड से प्राप्त घोड़ा गाड़ी का यथावत प्रतिरूप बनवाया था।[59] किन्तु यह नवीनता शीघ्र ही ग़ायब हो गयी, हालाँकि बाद में राजसी तोपखाने के कुछ वाहनों को ढोने के लिए घोड़ों का इस्तेमाल होता था।[60]

अतः यह निश्चित है कि इक्का और ताँगे 17वीं सदी के बाद की ईजाद हैं और यह भी कि मुग़लकालीन भारत में सस्ते और तेज़ चलने वाले यात्रीवाहनों का अभाव था।

अतः भारत के वृहत्तर भूभाग पर बैलगाड़ियाँ ही पहिये दार यातायात का एक मात्र साधन थीं। उल्लेखनीय है कि जहाँ एक ओर हल्के रथों के पहियों में अरा लगाये जाते थे,[61] वहीं दूसरी तरफ़ बैलगाड़ियों के पहिये ठोस लकड़ी के बने होते थे। ऐसा माना जाता था कि इससे पहिये भारी ज़रूर हो जाते हैं लेकिन मज़बूत बन जाते हैं।[62]

मुग़लकालीन सड़कों का अध्ययन करते हुए इस तथ्य को ध्यान में रखना ज़रूरी है कि अच्छी सड़क के सम्बन्ध में भारतीय और यूरोपियन धारणाएँ भिन्न-भिन्न हैं। किन्तु, सामान्यतः जैसा कि टैवर्नियर ने कहा है कि भारत में यात्रा करना उतना ही सुगम और आरामदायक था जितना फ्रांस और इटली में।[63] आदर्श भारतीय राजमार्ग बड़ा छायादार मार्ग होता था। आगरा से पूर्व की ओर इसकी चौड़ाई सामान्यतः 40 डग थी। इसके दोनों ओर पेड़ लगे होते थे। सुविधाजनक दूरियों पर यात्रियों को जल उपलब्ध कराने के लिए कुएँ ख़ुदवाये गये। दूरियों के संकेतक के रूप में मीनारें खड़ी की जाती थीं, लगभग दो मील की दूरी पर एक मीनार। दिन भर की यात्रा का अनुमान करके सरायों की व्यवस्था थी। सामान्यतः प्रमुख शाही मार्गों पर ऐसी ही आदर्श व्यवस्था की जाती थी।[64]

अधिकांश हिन्दुस्तानी सड़कों के सिलसिले में जिस चीज़ की सर्वाधिक उपेक्षा की जाती थी, वह उसकी सतह थी। 1666 ई. में यह रिपोर्ट किया गया कि यहाँ की सड़कें कूटकर नहीं बनाई जाती और मुख्य मार्गों की मरम्मत भी नहीं की जाती।[65]

बरसात के मौसम में गाड़ियाँ नहीं चलायी जा सकतीं चूँकि सड़कें बिल्कुल दलदल में बदल जाती हैं और बरसात के बाद चलने वाली पहली गाड़ी को नये सिरे से अपनी लीक बनानी पड़ती है।[66] तथापि, इस उपेक्षा के भी कुछ अपवाद होते थे। कुछ इलाक़ों में सड़कें पहाड़ी चट्टानों के बीच से काटकर बनायी जाती थीं और इस प्रकार यातायात को सुगम बनाया जाता था।[67] उदाहरण के लिए, खैबर दर्रे में ऐसा ही किया जाता था।[67] सिन्धु सागर दोआबे को काटकर जो शाही सड़क जाती थी,[68] उसे मज़बूत नीले रंग के पत्थरों से प्रशस्त किया गया था। गाड़ियों की सुरक्षा की दृष्टि से दोलता-ऐलोरा सड़क के समानान्तर चार फ़ीट ऊँची दीवार खड़ी की गयी थी।[69]

पुल	*तिथि/निर्माण काल*	*स्तम्भ की चौड़ाई*	*मेहराब की चौड़ाई*	*सन्दर्भ*
जौनपुर	1564-67 ई.	17'0"	18'3"	कनिंघम आर्क सर्वे. XI पृ. 122
नदफ, राजमहल के निकट	1650 ई.	17'0"	11'0"	हामिद क़ुरैशी बिहार, उड़ीसा के प्राचीन स्मारक आदि की सूची, पृ. 219
नौराबाद, ग्वालियर और आगरा के बीच पट्टी घाटी, नरवर के निकट	17वीं सदी का उत्तरार्द्ध 17वीं सदी का उत्तरार्द्ध 17वीं सदी का	16'9" 20'0"	18'10" 19'7"	कनिंघम आर्क सर्वे, II पृ. 397 वही, पृष्ठ 326
नरवर	उत्तरार्द्ध	20'0"	19'5"	वही, पृ. 327

मुग़लकालीन सड़कव्यवस्था की प्रमुख विशेषता यह थी कि उस काल में मुख्य-मुख्य सड़कें पत्थर की बनी होती थीं तथा उन पर पक्की चिनाई के पुल बने होते थे, ताकि गाड़ी के यातायात को सुचारु बनाया जा सके। यहाँ उन सभी पुलों की गणना सम्भव नहीं है जिनका रिकार्ड तत्कालीन विवरणों में मिलता है अथवा जो हमारे काल तक सुरक्षित रहे हैं।[70] छोटी-छोटी नदियों के अतिरिक्त देग, गोमती तथा मध्य भारतीय सिन्ध नदी पर पुल बने हुए थे। यमुना जैसी बड़ी नदी पर नावों का पुल ही सम्भव था, चूँकि उस काल की स्थापत्य कला इतनी सक्षम नहीं थी कि आवश्यकतानुसार पक्की चिनाई के पुल बनाये जा सकते। मुग़लकालीन पक्की चिनाई वाले पुलों का मुख्य दोष यह था कि (हालाँकि वे बड़े मज़बूत बने होते थे) उनमें पानी की निकासी के लिए पर्याप्त गुंजाइश नहीं होती थी। यूरोप में बहुत दिनों तक यह माना जाता रहा कि पुल की मज़बूती के लिहाज़ से पुल के पायों की चौड़ाई मेहराब के विस्तार का 1/4 अथवा 1/6 काफ़ी होता है। वस्तुतः यह अनुपात भी सुरक्षा की दृष्टि से अधिक माना गया और 18वीं सदी में पेरोनेट (1708-94) ने इसे घटाकर 1/10 कर दिया।[71]

जैसा कि मुग़लकालीन पुलों के विवरण के सन्दर्भ में कनिंघम बार-बार दोहराता है कि भारी-भारी पाये तथा सँकरे मेहराबों के कारण नदी का बहाव नयी दिशा की ओर मुड़ जाता है जिसकी वजह से अन्ततः नये पुलों का ही निर्माण करना होता था। हो सकता है कि इस त्रुटिपूर्ण बनावट की वजह यह भय रहा हो कि मेहराव चौड़ा करने से या तो उसे और ऊँचा उठाना होगा अथवा वह असुरक्षित होगा। हालाँकि यह भय आधारहीन था किन्तु यह तय है कि अनुभव के विपरीत भारी-भारी पाये ही बनाये जाते रहे जिसके कारण पुलों की आयु का क्षरण हुआ और उनकी उपयोगिता पर भी विषम प्रभाव पड़ा।

नौकायन

स्थल मार्ग से यातायात की गतिरुद्ध स्थितियों के विपरीत 17वीं शताब्दी में भारतीय नौपरिवहन उद्योग के क्षेत्र में भी अनेक परिवर्तन हुए। सदी के प्रारम्भ में समुद्र में जाने वाले भारतीय जहाज़ के प्रमुख रूप को यूरोपवासी जंग कहते थे। उन जहाज़ों में उस समय के दुनिया के सबसे बड़े जहाज़ भी होते थे। उनमें बड़े-बड़े पाल लगे होते थे और वे अनुकूल हवाओं का भरपूर लाभ उठाते थे।[72] वे अरब सागर तथा बंगाल की खाड़ी की यात्रा के लिए सर्वाधिक उपयुक्त थे। वहाँ नौवहन मानसून द्वारा निर्धारित होता था, किन्तु साथ ही उन्हें सँभालना भी मुश्किल होता था।[73]

हिन्दुस्तानी जहाज़ों पर इस्तेमाल होने वाला एक यन्त्र वेधयन्त्र था। इस यन्त्र के माध्यम से सूर्य और नक्षत्रों की सही स्थिति का ठीक-ठीक जायज़ा लेकर समय और अक्षांश को निर्धारित किया जा सकता था।[74] अभी यह स्पष्ट नहीं है कि क्या यह समुद्री वेधयन्त्र था, जिसका आविष्कार यूरोप में 1535 ई. में हुआ अथवा कोई विशिष्ट वेधयन्त्र (ऐस्ट्रोलैब) था।[75] कदाचित यह एक विशिष्ट प्रकार का वेधयन्त्र ही था। अकबरी दरबार के एक चित्रकार के चित्र में एक नाविक अपने हाथ में एक यन्त्र लिए हुए है जो शायद चुम्बकीय दिशासूचक यन्त्र था, हालाँकि इसकी प्रकृति के विषय में निश्चयात्मक रूप से कुछ नहीं कहा जा सकता।[76] नाविक के कार्ड भी प्रचलन में थे, जो जहाज़ के मार्ग को सुनिश्चित करने के लिए पंक्तिबद्ध रूप से लगे होते थे।[77] यूरोपियन नौपरिवहन के सन्दर्भ में 1600 ई. तक इन तरीक़ों का इस्तेमाल बराबर होता रहा, किन्तु शीघ्र ही इनका इस्तेमाल बन्द हो गया। 17वीं सदी के दौरान यूरोपियन जहाज़ एकदम नये यन्त्रों से सुसज्जित हो गये, जैसे टेलस्कोप, जो 1608 ई. तक पूरी तरह अद्यतन हो गये थे। जहाज़ के कुतुबनुमा और कालमापक यन्त्रों को आड़ा रखने के यन्त्र के रूप में जिंबल का इस्तेमाल होने लगा था, डेविस के क्वाद्रान्त (क्वेड्रेंन्ट) और रात्रिकालीन यन्त्रों का प्रयोग होने लगा था। मर्केटर के प्रोजेक्शन चार्ट तथा लालटेनों का प्रयोग भी होने लगा था।[78]

जब हम इंग्लिश वाणिज्यिक रिकार्ड देखते हैं, तब हम यह प्रभाव ग्रहण करते हैं कि 17वीं सदी के पूर्वार्द्ध में अधिकांशतः हिन्दुस्तानी जहाज़रानी निर्माण उद्योग पुराने ढर्रे पर ही चलता रहा। जब पश्चिमी घाट पर पुर्तगालियों ने एक लाभकारी उद्योग की स्थापना कर ली तो उन्होंने हिन्दुस्तानी ग्राहकों के लिए यूरोपियन ढंग के जहाज़ बनाये।[79] 1636 ई. में ऐसा माना जाता था कि सौ अथवा दो सौ टन की दो मस्तूली नौकाओं के निर्माण की लागत इंगलैंड में हिन्दुस्तान के मुक़ाबले एक तिहाई होगी।[80]

उसके बाद हिन्दुस्तानी जहाज़रानी उद्योग में ऐसी क्रान्ति हुई जिसका लिखित इतिहास उपलब्ध नहीं है। 1668 ई. में अंग्रेज दलाल यह कहते हैं कि ईस्ट इंडिया कम्पनी अपने जहाज़ों का निर्माण सूरत में करती है, साथ ही उन्होंने यह भी घोषणा की कि अगर किसी को यह आपत्ति हो कि हमारे इंग्लिश जहाज़ों जैसी न इनकी आकृति है और न ये वस्तुओं तथा उनके भण्डारण के लिए वैसे उपयोगी हैं तो हमारा उत्तर यह होगा कि यहाँ के बढ़ई अपनी कला में इतने दक्ष और माहिर हो गये हैं कि यहाँ ऐसे अनेक जहाज़ हैं जो इंगलैंड अथवा हालैंड में बनने वाले जहाज़ों की तुलना में कहीं अधिक श्रेष्ठ हैं।[81] तीन वर्ष बाद फ्रायर

ने सूरत में सौ जहाज़ों, जिनमें तीन उच्च कोटि वाले (थर्डरेट शिप) जहाज़ों के बराबर बड़े लड़ाकू जहाज़ भी शामिल थे, को देखकर कहा कि इसका श्रेय जहाज़ बनाने वाले कुछ ऐसे दरिद्र अंग्रेज़ों को है जिन्होंने हिन्दुस्तानियों को यह नयी कला सिखा दी है। यह एक ऐसी पुराकथा है जो प्रौद्योगिकीय अनुकरण के सन्दर्भ में स्वाभाविक है।[82] ओविंगट ने 1690-93 ई. की अपनी यात्रा के विषय में बड़े उत्साह के साथ लिखते हुए कहा है कि सूरत में जहाज़ बनाने वाले इतने दक्ष हैं कि वे किसी भी इंग्लिश जहाज़ का मॉडल लेकर, चाहे वह बोझा ढोने के लिए अनुकूल मॉडल हो अथवा तीव्र गति से चलने वाले जहाज़ का मॉडल हो, उसकी ठीक वैसी ही प्रतिकृति तैयार करते हैं, मानो वे ही इसके मौलिक निर्माता हों।[83]

नक़ल की इस कला का एक दिलचस्प पहलू यह है कि ये इन नक़ल करने वाले बढ़इयों के कुछ तौर-तरीक़े यूरोप के जहाज़ बनाने वाले मौलिक कारीगरों की तुलना में या तो उनके बराबर थे या उनसे बेहतर। ऐसा पाया गया कि एक के साथ दूसरे तख़्तों के जड़ने का जो भारतीय तरीक़ा था, वह साधारण संदबन्दी के मुक़ाबले में जहाज़ की ताक़त के लिए अधिक उपयोगी था। अब रस्सा, तम्बू तथा तारकोल की आवश्यकता न थी। भारतीयों द्वारा पानी के जो टैंक लकड़ी के तख़्तों से बनाये जाते थे, वे उतने ही अच्छे होते थे, जितने कि पीपे, जिनके लिए पीपे बनाने और मरम्मत करने वाले की निरन्तर आवश्यकता रहती थी और इस कला पर यूरोपियनों का एकाधिकार था। हिन्दुस्तानी जहाज़ों के तख़्तों पर चूने का इस्तेमाल होता था, जिसके कारण उन्हें समुद्री कीड़ों से असाधारण सुरक्षा रहती थी।[84] मरम्मत के उद्देश्य से जहाज़ों को पानी से खींचकर ज़मीन पर लाने के लिए भारी बोझ उठाने वाले चर्खे तथा चर्खी का इस्तेमाल इस ढंग से होता था कि उसे देखकर बोरे ने उसकी भूमि-भूरि प्रशंसा की।[85]

यह सही है कि भारतीय जहाज़ निर्माण उद्योग ने अभूतपूर्व प्रगति की थी, फिर भी यूरोपियन जहाज़ निर्माण उद्योग और भारतीय जहाज़ निर्माण उद्योग में एक अन्तर बना रहा। उन्हें यूरोपियन ढंग के जहाज़ बनाने में कामयाबी तो मिली, किन्तु भारतीय नाविकों के पास न तो वह कौशल था और न उनके पास वैसे यन्त्र थे, जो वस्तुतः यूरोपियन जहाज़ उद्योग के अविभाज्य अंग थे। एक हिन्दुस्तानी कोशकार ने 1740 ई. में लिखते हुए स्पष्टतः इस बात का उल्लेख किया है कि भारत में नाविक द्वारा टेलेस्कोप का इस्तेमाल तो होता था लेकिन उसके निर्माण के लिए यहाँ कभी कोशिश नहीं की गयी।[86] 1677 ई. में बम्बई के अंग्रेज़ अधिकारियों ने अपने एक वक्तव्य में नाविकीय यन्त्रों की सामान्य त्रुटियों को विधिवत निदर्शित किया है। उस वक्तव्य में यह कहा गया कि ये

चीज़ें, जैसे—दिशासूचक यन्त्र, लालटेन, नाविक के यन्त्र, लॉग-लाइन, पाल, सुइयाँ तथा इस तरह की अन्य बहुत-सी चीज़ें, जो न केवल बेहद ज़रूरी हैं अपितु यहाँ उपलब्ध भी नहीं होतीं। ये वस्तुएँ यदि अधिकता में भी आ जायेंगी तो हम उन्हें लाभ लेकर बेच सकते हैं।[87] उत्तम कोटि की लोहे की वस्तुएँ जैसे कीलें, लंगर आदि का भी अभाव था।[88] इन चीज़ों का तो यूरोप से बराबर आयात होता था।[89] अतः यह अनिवार्य था कि हिन्दुस्तानी जहाज़ों के मालिक प्रायः यूरोप के लोगों का मुँह जोहते थे, विशेष रूप से अंग्रेज़ों का और जहाज़ों का मार्गदर्शन करने तथा उनकी कमान सम्भालने के लिए उनकी नियुक्ति करते थे।[90]

तोपख़ाना

अनेक प्रकार से तोपख़ाना 16वीं और 17वीं सदी की औद्योगिक प्रौद्योगिकी की उच्चतम उपलब्धि था। जहाँ एक ओर तोप का निर्माण एक वास्तविक भारी उद्योग था, वहीं हाथ की बन्दूक़ में उस काल का सर्वाधिक मशीनी परिष्कार किया गया। भारत में आधुनिक तोपख़ाने का आयात जहाँ एक ओर बाबर द्वारा किया गया, वहीं इसका आयात 16वीं सदी में पुर्तगालियों द्वारा किया गया। बाबर ने इसे ईरान से प्राप्त किया था। हालाँकि, 15वीं सदी के उत्तरार्द्ध में इसकी उपस्थिति के साक्ष्य मिलते हैं।[91]

यह विषय निर्विवाद रूप से बहुत दिलचस्प है। भारत में इसके निर्माण के तौर तरीक़ों का मुग़लकालीन अवशेषों के आधार पर ध्यानपूर्वक अध्ययन करना चाहिए। पहले हाथ की बन्दूक़ को लें, इसका सर्वाधिक महत्त्वपूर्ण भाग इसकी प्रणोदन प्रक्रिया (प्रोपलिंग मैकेनिज़्म) है। पुरानी बन्दूक़ों में बारूद में आग माचिस दिखा कर लगायी जाती थी अथवा किसी रस्सी को बारूद की टोपी या प्याली से जोड़ दिया जाता था और आग उससे होकर नली के सूराख़ से उस बारूद तक पहुँच जाती थी जो वहाँ पहले से मौजूद थी। 15वीं-16वीं सदी के दौरान यूरोप में तोड़ेदार बन्दूक़ का आविष्कार हुआ। पहले उसमें पलीते के लिए चूलदार लीवर बनाया गया और फिर उसे लीवर के एक हत्थे के रूप में तब्दील कर दिया गया जो एक स्प्रिंग से नियन्त्रित होता था।

हमारे अपने हिन्दुस्तानी साक्ष्य का अध्ययन इतना कम है कि हम हिन्दुस्तान में तोड़ेदार बन्दूक़ के विकास के इतिहास का पता नहीं लगा सकते। यह भी निश्चित नहीं है कि वस्तुतः पुरानी तोपें जो 1640 ई. में भारत में बहुप्रचलित थीं क्या वे वस्तुतः वास्तविक तोड़ेदार बन्दूक़ें थीं अथवा हाथ की तोप का महज़

एक रूप थीं जिनमें कुन्दे नहीं होते थे। और जिनकी एक यूरोपीय पर्यवेक्षक ने यह कहकर भर्त्सना की है कि वे बड़ी ख़राब बनी हुई हैं और भद्दी लगती हैं।[92] बहरहाल, अकबरनामा की एक प्रतिलिपि को लघुचित्रों में, दस्ती बन्दूक़ों को स्पष्ट रूप से तोड़ेदार बन्दूक़ के रूप में चित्रित किया गया है जो अकबर के अपने पुस्तकालय के लिए तैयार किये गये थे।[93]

अबुल फज़ल ने 1595 ई. में एक वक्तव्य दिया है जिसमें वह कहता है कि अकबर की आयुधशाला में न केवल तोड़ेदार बन्दूक़ें बनती हैं, अपितु उसमें एक ऐसे लॉक का भी निर्माण होता है जिसमें पलीता (फलीता-ए-आतिश) नहीं होता था। बादशाह अकबर ने अपने व्यावहारिक ज्ञान के आधार पर एक ऐसी बन्दूक़ बनायी है, जिसमें फलीता-ए-आतिश के बिना ही बल्कि यों कहना चाहिए कि ज़रा घोड़ा दबाते ही बन्दूक़ चल जाती है और गोली (तीर) छट जाती है।[94] ऐसी बन्दूक़ या तो तोड़ेदार बन्दूक़ रही होगी या पत्थर कला (फ़्लिट लॉक) बन्दूक़; चूँकि पत्थर कला बन्दूक़ अभी यूरोप में अस्तित्व में नहीं आयी थी, वह शायद तोड़ेदार बन्दूक़ रही होगी जो 1520 ई. में इटली में आविष्कृत हुई। इस बन्दूक़ में घोड़े से कमानी छोड़ी जाती थी, जिसमें एक दान्तेदार पहिया पाइराइट के एक टुकड़े के आगे घूमता था जिससे बारूद की टोपी में चिनगारी लग जाती थी, हालाँकि इसका अस्तित्व काफ़ी पुराना है, फिर भी इसकी क्रियाविधि इतनी परिष्कृत थी कि इसका व्यापक प्रचार-प्रसार नहीं हो सका। अकबर की आयुधशाला की प्रत्यक्ष सफलता तोड़ेदार बन्दूक़ के उत्पादन के रूप में एक महत्त्वपूर्ण उपलब्धि मानी जानी चाहिए।

17वीं सदी के प्रारम्भिक दशकों में यूरोप में पत्थर कला बन्दूक़ अस्तित्व में आयी। वहाँ इसने इस सदी के उत्तरार्द्ध में धीरे-धीरे तोड़ेदार बन्दूक़ को स्थानापन्न करना शुरू कर दिया, हालाँकि पूरी तरह से नहीं। भारत में यह पहली बार कब अस्तित्व में आयी, इसका काल निर्धारण कठिन है। किन्तु 1623 ई. में इसके प्रति कालीकट के जमोरिन की जिज्ञासा का पता चलता है, क्योंकि उनकी बन्दूक़ों में सिर्फ़ पलीते होते थे।[95] हिन्दुस्तान में पत्थर कला बन्दूक़ के प्रगति के इतिहास का पता लगाना भी कठिन है। हमारे साक्ष्यों में उक्त सन्दर्भ में सीधे-सीधे वक्तव्य नहीं मिलते। ऐसा लगता है कि हिन्दुस्तानी बन्दूक़ों में 17वीं सदी के उत्तरार्द्ध में चकमक पत्थर का इस्तेमाल होने लगा था। किन्तु एक साक्ष्य के आधार पर यह एक अनुमान ही है। बर्नियर कहता है कि हिन्दुस्तान कभी-कभी यूरोपियन चीज़ों की हू-ब-हू नक़ल कर लेते थे। वह यह भी कहता है कि अन्य वस्तुओं के अलावा हिन्दुस्तानी लोग शानदार बन्दूक़ेन और साधारण कोटि की शिकारी

बन्दूकें भी बनाते हैं।[96] 1633 ई. में दिल्ली में दिया गया बर्नियर का यह वक्तव्य मैनरिक के उस वक्तव्य के विरोध में पड़ता है, जिसमें उसने हिन्दुस्तानी दस्ती बन्दूकों को बहुत ख़राब बताया था। इससे यह निष्कर्ष निकालने का मन करता है कि इस कालावधि के बीच हिन्दुस्तानी लुहार और कारीगर पत्थर कला बन्दूक़ (फ्लिट लॉक) की सफलतापूर्वक नक़ल करने लगे थे और उनके उत्पाद आदर की दृष्टि से देखे जाते थे। बहरहाल यह भी सम्भव है कि हिन्दुस्तानी सेनाओं का मुख्य हथियार अभी भी तोड़ेदार बन्दूक़ रही हो।[97]

बन्दूक़ की नली भी बन्दूक़ बनाने वालों के लिए एक समस्या ही रही, चूँकि विस्फोट को ध्यान में रखते हुए उसे मज़बूत रखना होता था। अतः उसके छिद्र और निर्धारित सीध को एकदम ठीक रखना आवश्यक था। यह दिलचस्प है कि बन्दूक़ की नली के निर्माण के सिलसिले में अकबर की आयुधशाला में उसी तकनीक को अपनाया गया जो यूरोप में अपनायी गयी थी, यानी उसमें भी हथौड़े से पीटकर तैयार की गयी लोहे की सीट को महज़ मोड़कर और उसके दोनों किनारों को एक-दूसरे से जोड़कर बन्दूक़ की नली बनाने के तरीक़े को बन्द कर दिया गया, क्योंकि यह तरीक़ा उस स्थिति में भी त्रुटिपूर्ण था, जब उस मोड़ी हुई सीट को एक तरफ़ झुका दिया जाता था। इसके बजाय, बन्दूक़ की नली अब ढलवाँ लोहे के बेलनों से बनायी जाती थी। उसके एक किनारे को मोड़कर दूसरे किनारे ले जाया जाता था, फिर उसे आग से तपाकर झंड किया जाता था और तक फिर उसके अन्दर छेद किया जाता था।[98] यूरोप में यह 18वीं सदी तक स्वीकृत तकनीक रही।[99]

लम्बी नलियों (जिनका विकास यूरोप में 17वीं सदी के मध्य तक हो चुका था) ने दस्ती बन्दक़ों के लिए टेक के इस्तेमाल को ज़रूरी कर दिया था।[100] लगभग इसी समय भारत में भी उनका विकास हो गया था, चूँकि कहा जाता है कि बन्दूक़धारी अपने साथ एक टिकानी (रेस्ट) लेकर चलते थे।[101] 18वीं सदी के प्रारम्भिक दौर के लघुचित्रों में बार-बार अभिजात खिलाड़ी अपनी लम्बी नली को अपने नौकर के कन्धे पर रखे हुए दिखाया गया है[102] और इसी अवस्था में वह निशाना साधते हुए दिखाया गया है। आदमी के स्थान पर लकड़ी की तिपाही के इस्तेमाल की मिसाल यूरोपीय प्रौद्योगिकी में नहीं मिलती।

तोप के निर्माण के सिलसिले में मुग़ल काल में दो तरह की प्रवृत्तियाँ दिखायी पड़ती हैं, एक तो यह कि वहाँ बहुत बड़ी-बड़ी नलियाँ तैयार की जाती थीं। जब तक काँसे का इस्तेमाल होता रहा, तब तक यह सम्भव रहा। इस तरह की तोप ढालने का ढंग क़रीब-क़बीर वैसा था, जैसा कि 15वीं सदी के ओटोमान तुर्कों के

यहाँ प्रचलित था। यह ढंग यूरोप में लगभग 1750 ई. तक रहा।[103] बाबर के तोप ढालने वाले भी ठीक इसी तरीक़े का इस्तेमाल करते थे।[104] हिन्दुस्तान में काँसे की ढलाई में आगे चलकर सुधार किया गया था अथवा कोई बेहतर मिश्र धातु इस्तेमाल की जाने लगी थी। जो हो, लेकिन ऐसा लगता है कि 16वीं सदी के अन्त तक हिन्दुस्तान में दुनिया की सबसे भारी तोपें ढाली जाने लगी थीं और ये अहमद नगर की सुप्रसिद्ध मालिक-मैदान की ढलाई के साथ ही अपनी पराकाष्ठा को पहुँचीं। इनकी लम्बाई 13 फ़ीट, 4 इंच तथा मुहाने का व्यास 5 फ़ीट, 5 इंच होता था तथा उनका छिद्र 2 फ़ीट, 4.5 इंच होता था।[105]

किन्तु 16वीं सदी तक आते-आते ये तो प्रचलन से बाहर हो गयी थीं। इन्हें एक स्थान से दूसरे स्थान पर ले जाने में कठिनाई होती थी।[106] इनका छेद भी बड़ा होता था तथा इन्हें टिकाने में बड़ी कठिनाई होती थी। साथ ही इनका निशाना भी ठीक-ठीक नहीं बैठता था। इसके अतिरिक्त, काँसा बहुत महँगा होता था तथा लोहे के मुक़ाबले शीघ्र ही घिस जाता था। परिणामस्वरूप, यूरोप में 17वीं सदी में लोहे की बनी तोपें अधिक लोकप्रिय होने लगी थीं। इसका अहसास भारत को भी हुआ और इसका सबूत यह है कि स्वयं अकबर छोटी तोपों पर बहुत ध्यान देता था।[107]

किन्तु लोहे की बड़ी-बड़ी तोपों की ढलाई में जो कठिनाई आती थी, वह बरकरार रही। काँसे की ढलाई के साथ भी अनेक भट्ठियाँ जलानी पड़ती थीं।[108] इस प्रक्रिया की आलोचना थेवनोट ने 1666 ई. में की।[109] लोहे की हिन्दुस्तानी तोपें सामान्यतः पिटे हुए लोहे की छड़ों अथवा बेलनों से तैयार की जाती थीं[110] जो छल्लों द्वारा एक-दूसरे से जोड़े जाते थे।

इस सिलसिले में लगता है कि 17वीं सदी में कोई विशेष प्रगति नहीं हुई। मुग़ल अधिकारी अपनी इस कमज़ोरी के प्रति सजग थे, इसलिए वे यूरोपियन बन्दूक़चियों को नियुक्त करते थे और यूरोप से कुछ तोपों का आयात भी करते थे। 1666 ई. में शाही दरबार के आदेश के तहत अंग्रेज़ और डच वासियों को शाही सेवा के लिए पाँच तोप ढालने वाले, दो इंजीनियर और सैन्य मार्गदर्शक नियुक्त करने के लिए कहा गया। शर्त यह थी कि वे बहुत अनुभवी और व्यावहारिक लोग हों। उनका वेतन बहुत आकर्षक था।[111] फिर भी ऐसा कोई साक्ष्य नहीं है कि मुग़ल साम्राज्य में कभी कोई तोप का ढलाई-खाना यूरोप के ढर्रे पर चला था।

तोपख़ाने की एक अन्य शाखा के तहत भारत में तोप के गोले भी प्रचलन में नहीं थे, बावजूद इसके कि चीन और यूरोप दोनों ही जगह इनका पुराना इतिहास था।[112] 1640 ई. में उन्होंने बड़े व्यापक स्तर पर जिज्ञासा पैदा की।[113]

1648 ई. में शाहजहाँ भी छोटी तोपों के प्रति आकृष्ट हुआ था, हालाँकि, इसका अहसास था कि उसके लिए वे बहुत उपभोगी नहीं होंगी।[114] इनके प्रति हिन्दुस्तानियों की उदासीनता का कारण यह था कि बान या रॉकेट के रूप में उनके पास एक अधिक मारक अथवा प्रभावशाली विकल्प मौजूद था।[115] ये रॉकेट साधारण बाँस के होते थे। उनमें लोहे के सिलेंडर लगे होते थे। लोहे के सिलेंडर में कुछ ज्वलनशील पदार्थ होता था। उनमें हलके और छोटे गोले भी होते थे।[116] ऐतिहासिक रूप में देखने से बान एक प्रौद्योगिकीय रुचि का यन्त्र लगता है, विशेष रूप से इस अर्थ में कि आधुनिक यूरोपीय सेनाओं ने रॉकेट का इस्तेमाल 19वीं सदी के कांग्रेव रॉकेट से शुरू हुआ। ये हिन्दुस्तानी रॉकेटों से प्रत्यक्ष रूप से प्रेरित और प्रभावित थे।

ऊर्जा और ईंधन के स्रोत

आधुनिक यूरोप का प्राक्-औद्योगिक विकास प्रायः ऊर्जा के मनुष्येतर संसाधनों, विशेष रूप से जल और वायु तथा उसके बाद वाष्प के बढ़ते हुए इस्तेमाल के रूप में देखा गया है।

सूक्ष्म पर्यवेक्षण के आधार पर यह स्थापित किया जा सकता है कि जल और वायु का इस्तेमाल महज़ यूरोप तक ही सीमित नहीं रहा। आटा पीसने के लिए जलचक्की और पवनचक्की दोनों का इस्तेमाल ईरान में मध्यकाल के प्रारम्भ में ही होने लगा था और उनका इस्तेमाल हाल के वर्षों तक होता रहा है।[117] दोनों को पट्टरूप में खड़ा किया जाता था, अतः उनमें किसी दान्तेदार पहिये (गरारी) की आवश्यकता न थी।[118]

क्या भारत में चौथी और ग्यारहवीं सदियों तक जलचक्कियों का इस्तेमाल ईरान के प्रभाव से हुआ? यह इस बात पर निर्भर करता है कि बैजंतिया के परवर्ती इतिहासकार का वक्तव्य कितना सार्थक है।[119] किन्तु यह निश्चित है कि 17वीं सदी में दक्खिन में जलचक्कियाँ प्रचलित थीं। औरंगाबाद मलिक अम्बर की जलचक्की इसका सर्वोत्तम उदाहरण है। कश्मीर में भी इनका इस्तेमाल होता था।[120] ये उत्तर भारत के मैदानों में प्रचलित नहीं थीं तो इसकी वजह सिर्फ़ यह थी कि इस क्षेत्र में उनके लिए पर्याप्त मात्रा में जल उपलब्ध नहीं था। इसके अतिरिक्त जैसा कि रो ने संकेत दिया है कि अनिश्चित जल बहाव वाली बरसाती नदियाँ जलचक्की की स्थापना के लिए उपयुक्त नहीं थीं।[121]

बहरहाल यहाँ जल ऊर्जा के इस्तेमाल की तकनीकी कौशल का अभाव नहीं था। इसका सबूत यह है कि एक छोटे से इलाक़े, ज़िला हजारा में जल ऊर्जा का

इस्तेमाल होता था। यह इलाक़ा उस रास्ते से थोड़ा अलग हटकर पड़ता था जिसे मुग़ल शासक कश्मीर जाने के लिए इस्तेमाल करते थे। यहाँ आटा पीसने वाली परम्परागत चक्की के अलावा, जल द्वारा संचालिक 'पेकोह' भी चावल पीसने के लिए इस्तेमाल में लायी जाती थी।[122] चूँकि इससे पहिया ऊर्ध्वमुखी होता था, अतः यह पट्ट चक्की से आगे का एक महत्त्वपूर्ण विकास था। इस यन्त्र की ईजाद सम्भवतः चीन आदि पड़ोसी क्षेत्र से सम्पर्क के कारण सम्भव हुई। वहाँ इसका पुराना इतिहास था।[123] किन्तु, पाख़ली के जल संचालित सर्पिल गरारी युक्त बेलना के आगमन का भी वही स्रोत न था, चूँकि चीन में ऐसे ओटाई करने वाले बेलनों की कोई जानकारी न थी। यह एक स्थानीय स्तर पर पेकोह के ऊर्ध्वमुखी पहिये को दाँतेदार ओटनी के साथ जोड़कर तैयार किया गया था।

चूँकि सीस्तान मुग़ल साम्राज्य से लगा हुआ था और पूर्वी पवनचक्की का मूल उद्‌गम स्थान था। इसलिए यह सहजरूप से अनुमेय है कि उस समय हिन्दुस्तान में पवनचक्की की जानकारी रही हो। हालाँकि, सीस्तानी पवनचक्की उन देशों के लिए उपयुक्त थी जहाँ तेज़ हवाएँ लगातार एक ही दिशा में बहती रही हैं और जहाँ जल एक वैकल्पिक ऊर्जा के रूप में उपलब्ध न हो। अतः यह उत्तर दिशा में अफ़गानिस्तान की ओर नहीं फैली। किन्तु किसी ने अहमदाबाद में इस तरह की चक्की को स्थापित करने का असफल प्रयास किया था। यह पवनचक्की (आखिया ए बाद), जिसे स्थानीय स्तर पर हवनचक्की कहते थे, हवा की गति तथा पर्दों के घूर्णन के आधार पर कार्य करती थी तदनुसार वह सीस्तानी ढंग की पट्टचक्की ही थी। 1761 ई. तक चक्की का पत्थर ही रह गया था। किसी को यह याद नहीं कि यह मूल रूप से कब स्थापित हुई थी।[124]

हिन्दुस्तान में पवनचक्की की कामयाबी की सम्भावना बहुत कम थी। हाँ, उसमें शक नहीं कि जलचक्की की सम्भावना ज़्यादा थी। पट्टचक्की निस्सन्देह साधारण कोटि की हाथ की चक्की से स्पर्धा नहीं ले सकती थी, किन्तु यूरोप में विकसित ऊर्ध्वमुखी चक्की जिसमें आगे की ओर जल-पहिया लगा होता था, उसने जल-प्रवाह की बहुत किफ़ायत कर दी थी। इस प्रकार की जलचक्की के प्रवर्तन का 17वीं सदी में कोई प्रयास नहीं हुआ। उक्त सन्दर्भ में भी भारतीय प्रौद्योगिकी के व्यवहार जगत में परिष्कृत गरारी (गियरिंग) की अनुपस्थिति के कारण बड़ी कठिनाई रही होगी। लकड़ी की गरारी में इतनी क्षमता न थी कि वह साकिया (पर्सियन व्हील) को घुमाने के लिए आवश्यक ऊर्जा से ज़्यादा ऊर्जा स्थानान्तरित कर सके। जब तक धातु द्वारा निर्मित दाँतेदार चक्र तैयार नहीं हो गया और हिन्दुस्तानी लौह उद्योग की अत्यधिक पिछड़ी हुई अवस्था को देखते

हुए यह उस समय सम्भव भी नहीं था। इसलिए ऊर्ध्वमुखी जलचक्की अथवा ऐसी किसी अन्य पद्धति की कल्पना भी सम्भव न थी, जिसमें प्रचुर मात्रा में ऊर्जा उत्पादन के लिए दोहन की कोशिश हो।[125]

किसी भी प्रौद्योगिकी के सन्दर्भ में ऊर्जा के स्रोतों के समान ही ईंधनों का भी अपना महत्त्व है। वे भी उतने ही प्रभावशाली होते हैं। 16वीं-17वीं सदी में हिन्दुस्तानी प्रौद्योगिकी की एक कमी यह थी कि चीन और यूरोप के समान यहाँ कोयला उपलब्ध न था। 1611 ई. में इंग्लिश जहाज़ों द्वारा सूरत से समुद्री कोयला मुग़ल दरबार में ले जाया गया, जहाँ उसे देखकर बहुत आश्चर्य प्रकट किया गया।[126] किन्तु उसे बड़ी मात्रा में आयात नहीं किया जा सकता था। तब तक कोयला भारत में नहीं खोजा गया था और उसकी खुदाई भी नहीं की गयी, जबकि झरिया और बीरभूमि इलाक़ों में सतह पर इसके भण्डारों का पता लगा लिया गया था।[127] जब चीन में बहुत पहले से इसका व्यापक इस्तेमाल हो रहा था, तो किसी ने इसकी तलाश क्यों नहीं की। इन प्रश्नों का उत्तर ढूँढ़ना कठिन है। हो सकता है कि सतह पर मिलने वाला कोयला घटिया क़िस्म का हो और वे कुछ ऐसे इलाक़े रहे हों जहाँ उसका औद्योगिक इस्तेमाल सम्भव न हो। इसके अतिरिक्त, हिन्दुस्तान में गहरी खुदाई का रिवाज़ नहीं था, अतः शुरू में किसी गहरे स्तर तक कोयले की खुदाई प्रतिबन्धित रही होगी। हीरे की खानें भी जलस्तर से नीचे नहीं जाती थीं[128] और वे कोनूर में 12 या 14 बालिश्त से ज़्यादा गहरी नहीं थीं तथा गोलकुंडा की गोल्लापल्लू ख़ानें 10 तथा 12 फ़ीट के क़रीब गहरी थीं।[129] साल्ट रेंज की नमक की खानों की खुदाई 200 या 300 गज़ गहरी हुई थी। किन्तु उनकी गहराई पट्ट थी। वे ख़ानें उन गुफ़ाओं की तरह थीं जो पहाड़ियों की करवटों में खुदी होती हैं।[130] यह सही है कि कोयले की अनुपलब्धता बड़ी भारी बाधा थी। किन्तु तत्कालीन प्रौद्योगिकीय प्रगति के सन्दर्भ में इसका कोई विशेष सम्बन्ध नहीं था। कारण यह है कि इंगलैंड में भी प्रमुख औद्योगिक क्षेत्रों में 17वीं सदी के अन्त तक भी तारकोल का स्थान कोयला नहीं ले पाया था।

धातुविज्ञान तथा रसायन शास्त्र

यदि भारतीय धातुविज्ञान की उपलब्धियों से शुरुआत करनी हो तो निश्चित रूप से हमारी कुछ ऐसी उपलब्धियाँ थीं जिन पर हम गर्व कर सकते हैं। चीन के समान ही भारत में भी जस्ते का उत्पादन होता था और उसका शोधन भी होता था। हालाँकि यूरोप में यह काम 18वीं सदी में ही शुरू हो सका।[131] अबुल फ़ज़ल राजस्थान में जस्ते की जवार या जंवार खानों का उल्लेख करता है।

वे खानें आज सुप्रसिद्ध हैं।[132] मनूची ने जब यह लिखा कि भारत में कुछ वाद्य यन्त्र ऐसी परिष्कृत धातुओं से बनते थे जिनका इस्तेमाल यूरोप में नहीं होता था[133] तो शायद उसके दिमाग़ में जस्ते की मिश्रित धातु ही रही होगी। बीदरी की सुप्रसिद्ध वस्तुओं के सन्दर्भ में जस्ते की मिश्रित धातुओं के सफल प्रयोग की भारतीय क्षमता का पता चलता था। इस विषय में कुछ भी निश्चित रूप से नहीं कहा जा सकता कि ये बर्तन भारत में ठीक-ठीक कब से बनने शुरू हुए। मुग़ल कालीन स्रोतों में इसका कोई निश्चित साक्ष्य नहीं मिलता, किन्तु हेने ने 1817 ई. में इसका विवरण प्रस्तुत किया है।[134] टाँका लगाने का भारतीय तरीक़ा भी बड़ा प्रभावशाली था। थेवनोट ने यह नोट किया था कि हिन्दुस्तानी लोग गोमेद शीशा तथा अन्य भंगुर पदार्थों पर सोने का काम करना जानते थे, जबकि हमारे सुनारों और जौहरियों को इसकी जानकारी नहीं थी।[135]

जहाँ तक लोहे का सम्बन्ध है, भारत को सौभाग्य से सतह से प्राप्त होने वाला उच्च कोटि का लोहा उपलब्ध था। यह विश्व में सर्वोत्तम था। इसी से दमश्क की स्टील उपलब्ध होती थी। इसकी खुदाई आन्ध्र में इन्दूर के निकट होती थी।[136] वस्तुतः स्टील का निर्यात ईरान तथा अन्य देशों को होता था। हिन्दुस्तानी स्टील भट्ठी में ढलती थी।[137] 17वीं सदी के दो अंग्रेज़ लेखकों ने इसकी ढलाई की प्रक्रिया का विवरण दिया है।[138] 19वीं सदी के मध्य के बाद भी ग्वालियर और नरवर का स्थानीय स्तर पर गला हुआ लोहा मुलायम और नरम माना जाता था और तारकोल के लिए लकड़ी के अभाव के कारण तथा इंगलैंड के अधिक भंगुर तथा सस्ते लोहे की प्रतियोगिता के कारण निकट भविष्य में उसके लुप्त होने की आशंका को लेकर खेद प्रकट किया गया था।[139]

मुग़लों के अवसान काल तक ढलवाँ लोहे के उत्पाद की आवश्यक बातें समझ में आने लगी थीं, चूँकि हैमिलटन (जिसने 1708 ई. में उड़ीसा का दौरा किया था) ने यह लिखा कि यहाँ इतनी प्रचुर मात्रा में लोहा उपलब्ध है कि वे साँचे में जहाज़ों के लंगर ढालते हैं, लेकिन वे यूरोप जितने अच्छे नहीं हैं।[140] यह स्पष्ट नहीं है कि उड़ीसा में लोहे की ढलाई कैसे शुरू हुई और यह कि क्या वहाँ हवा भट्ठी बनाई गयी थी। शायद ऐसी भट्ठियाँ नहीं थीं और उनकी अनुपस्थिति से उपलब्ध धातु की असन्तोषजनक गुणवत्ता की व्याख्या हो जाती है। ऐसा कोई साक्ष्य नहीं है, न तो किसी रिकार्ड में और न उनके उत्पाद के किसी अवशेष के रूप में, कि जिससे यह पता चलता हो कि 17वीं सदी में हवा भट्ठियाँ थीं। एक तो यह कि ऐसी भट्ठियों के लिए जल-संचालित लुहारख़ानों की आवश्यकता थी ताकि पर्याप्त रूप से भभक पैदा की जा सके और यदि हमारे आलोच्य काल में ऐसा होता तो निश्चित रूप से लोगों का ध्यान इस ओर जाता।

उचित ढंग का लोहा पैदा न कर पाने की असफलता का दुष्प्रभाव समूची औद्योगिकीय प्रौद्योगिकी की प्रगति पर पड़ा। जैसा कि हम देख चुके हैं कि लोहे की बन्दूकें नहीं ढाली जाती थीं। यूरोपियन लंगरों का भी कोई मुक़ाबला नहीं था।[141] सामान्यतः औज़ारों और मशीनी सामान बनाने के लिए उपलब्ध लोहे की मात्रा अत्यन्त सीमित थी। 1668 ई. में बम्बई में अंग्रेज़ों ने यह ठीक ही कहा था कि इन इलाक़ों में लोहे के काम का गम्भीर अभाव है।[142]

धातु विज्ञान की तरह रासायनिक उद्योग की भी वैसी ही स्थिति थी। जहाँ एक ओर वार्निश किया बर्तन, आसवन विधि तथा प्रशीतन की जैसी उन्नत तकनीकें थीं, वहीं काँच के क्षेत्र में असफलता भी थी। कलई करना निश्चित रूप से बहुत बड़ी उपलब्धि थी। इससे यूरोप को वार्निश (कलई करना) की प्रेरणा मिली।[143] आसवन तथा प्रशीतन के सिलसिले में विस्तृत टिप्पणी की आवश्यकता है।

इसलाम के प्रारम्भिक दौर के अरबों (अथवा ईरानियों) को यह श्रेय दिया जाता है कि उन्होंने आसवन द्वारा गुलाब जल निकालने की प्रक्रिया का पता लगाया।[144] अनुमान है कि उनकी यह खोज दिल्ली सल्तनत की स्थापना और उसके साथ ही 13वीं सदी के आप्रवासियों के साथ भारत पहुँची।[145] मुग़लकालीन भारत की एक उल्लेखनीय खोज इत्रे-जहाँगीर थी जिसका श्रेय नूरजहाँ की माँ (17वीं सदी) को दिया जाता है। जहाँगीरी द्वारा दिये गये विवरण से पता चलता है कि वह वस्तुतः गुलाब जल से प्राप्त सत्व था।[146]

कहना न होगा कि आसवन से शराब में ऐल्कोहल की मात्रा पर्याप्त रूप से बढ़ जाती है। मुग़लकालीन शासन में शराब के आसवन का उद्योग व्यापक रूप से फैला। अबुल फ़ज़ल (1595 ई.) गन्ने के रस से अर्क निकालने की तीन प्रकार की विधियों का वर्णन करता है।[147] शराब को भी दोहरी आसवन प्रक्रिया द्वारा निकाला जाता था, जिसे दो-आतिशा कहा जाता था।[148] बर्नियर ने भी अपरिष्कृत गुड़ से अर्क निकालने की प्रक्रिया का वर्णन किया है[149] और ऐवेकारे के अनुसार ताड़ी से अर्क वैसे ही निकाला जाता है, जैसे ब्रांडी तैयार की जाती है।[150] समकालीन विद्वानों की यह धारणा है कि आसवित शराब 12वीं-13वीं सदी की यूरोपीयन खोज है।[151] और यह कि इसलामिक जगत को उस काल तक, यहाँ तक कि उनके बहुत बाद तक भी, उसके बारे में कोई जानकारी नहीं थी।[152] यक़ीनन, आसवन की प्रक्रिया के सन्दर्भ में फोरबीज अबुल फ़ज़ल के वर्णन को प्रथम अरबी (?) साक्ष्य मानता है।[153] अतः ऐसा लगता है कि यह प्रक्रिया पुर्तगालियों के साथ आयी और 16वीं सदी में सारे भारत में फैल गयी। किन्तु 1357 ई. में लिखने वाले इतिहासकार बरनी के शब्दों से पता चलता है कि मदिरा के आसवन की

प्रक्रिया भारत में पुर्तग़ालियों से बहुत पहले प्रचलित थी। जब सुलतान अलाउद्दीन (1296-1316 ई.) ने शराब की बिक्री पर रोक लगायी तो बरनी कहता है कि दिल्ली के लोगों ने अपने घरों में भट्ठियाँ स्थापित कर लीं। वे गन्ने से शराब बनाते और बूँद-बूँद ढालकर उनका आसवन कर लेते।[154] उससे पहले के शासन (कैकाबाद, 1286-90 ई.) के बारे में ज़िक्र करते हुए वह बड़े उत्साह के साथ सुगन्धित अर्क और शराब के पाइप के माध्यम से सम्पन्न होने वाली आसवन प्रक्रिया का वर्णन करता है।[155] इसका अभिप्राय यह है कि चाहे एल्कोहल का आसवन शुरू भी हो गया हो, लेकिन 12वीं सदी से पहले उसका सन्दर्भ नहीं मिलता। फिर यह प्रक्रिया इटली में शुरू हुई, फिर यह खोज सारे इसलामी जगत में फैल गयी और अगली सदी तक भारत में पहुँची।[156] हम देखते हैं कि मुग़ल काल तक आते-आते यह तकनीक पूरी तरह स्थापित हो चुकी थी।

जहाँ तक प्रशीतन का सन्दर्भ है, पानी को ठण्डा करने का सबसे पहला साक्ष्य अबुल फ़ज़ल में मिलता है। वह अकबर की इस बात के लिए तारीफ़ करता है कि उसने पानी ठण्डा करने के लिए शोरे को अपनाया तथा उसका प्रचार-प्रसार किया। 1586 ई. में अपनी राजधानी को लाहौर स्थानान्तरण करने से पहले वे इस काम के लिए बर्फ़ का इस्तेमाल करता था।[157] यूरोपियन यात्रियों ने 17वीं शताब्दी में प्रशीतन की इस विधि का व्यापक प्रचार-प्रसार देखा था। उल्लेखनीय है कि उनके लिए यह एक चौंकाने वाली चीज़ थी।[158] एक फ़ारसी कवि ने इसे शुद्ध भारतीय शैली बताया है।[159] इस क्षेत्र में भारत निश्चित रूप से यूरोप से आगे था, क्योंकि 16वीं सदी के आसपास उसे प्रशीतक मिश्रणों के बारे में मालूम था। तथापि, बर्फ़ उनका महत्त्वपूर्ण घटक था जिसे शोरा अथवा नमक के साथ मिलाया जाता था।[160]

इसके विपरीत, जैसा कि हम देख चुके हैं, काँच के निर्माण के सम्बन्ध में भारत पिछड़ा हुआ था। यूरोपियन काँच उद्योग के सम्पूर्ण विकास ने (जहाँ एक ओर उच्च कोटि का पारदर्शी काँच, ढला हुआ अथवा प्लेट ग्लास उसकी उपलब्धि था, वहीं उच्च कोटि के लेंस भी) किसी ऐसी प्रेरणा का उन्मेष नहीं किया जिसके तहत भारत में उसके अनुकरण का प्रयास होता; जबकि मुग़ल दरबार में यूरोप में बने काँच के बर्तनों को बड़ी ऊँची क़ीमत पर बेचा जाता था। जहाँगीर ने उपहारस्वरूप प्राप्त पारदर्शी काँच के बने यूरोपीय सन्दूकों की बड़ी प्रशंसा की है।[161] और पचास वर्ष बाद भी युवराज शाह आलम को यह विश्वास नहीं होता था कि उसके लिए बम्बई से लाये काँच के बर्तन स्फटिक पत्थर के बने हुए नहीं हैं।[162] भारत में इस्तेमाल होने वाले दर्पण स्टील के होते थे, काँच के नहीं।[163]

किन्तु अधिक महत्त्वपूर्ण तथ्य यह है कि लालटेन, दूरबीन, यहाँ तक कि चश्मे[164] भी भारत में दुर्लभ वस्तुएँ थीं।

बुनियादी औज़ार और यथार्थमापी यन्त्र

हम पेंच से शुरुआत कर सकते हैं। धीमी गति (अतः कम दाब वाले) यन्त्र के रूप में पेंच के इस्तेमाल तथा पानी निकालने की प्रविधि को यूनानी सन्दर्भ ग्रन्थों में तलाशा गया है। किन्तु, धातु से बनी चीज़ों को जोड़ने के साधन के रूप में इसका इस्तेमाल 16वीं सदी के प्रारम्भ अथवा मध्य से होने लगा था यानी जब से यूरोपियन कवच में उसका इस्तेमाल शुरू हुआ। इसके इस्तेमाल ने टाँका लगाने, रिपिट लगाने तथा फन्नी लगाने को विस्थापित कर दिया था, क्योंकि इन तरीक़ों के अपने नुक़सान थे।[165] यूरोप में खराद के विकास के पीछे एक महत्त्वपूर्ण घटक पेंच में ठीक-ठीक खाँचे काटने की आवश्यकता थी।[166]

अपनी इस नयी भूमिका के साथ पेंच भारत में 15वीं, 16वीं सदी में पहुँचा, किन्तु भारत में जिस पेंच को अंगीकार किया गया वह या तो यूरोप की परम्परा में था अथवा अपनी यात्रा के दौरान उसमें बहुत से परिवर्तन हो गये थे। 1666 में थेवनोट ने उसका निम्नलिखित ढंग से वर्णन किया है :

> दिल्लीवासी हिन्दुस्तानी वैसा पेंच नहीं बना सकते जैसा हमारे लुहार बनाते हैं। वे सिर्फ़ यह करते हैं कि एक-दूसरे में प्रवेश करने वाले दो टुकड़ों से कोई लोहे, ताँबे अथवा चाँदी के तार को बाँध देते हैं और उसमें धुंडी देकर उसे पेंच की तरह बना देते हैं। इसमें वे और कोई कलाकारी नहीं करते, सिर्फ़ तार को टुकड़ों से जोड़ देते हैं और उन्हें खोलते समय वे पेंचों को बायें से दाहिनी ओर घुमाते हैं, हमारे पेंचों के ठीक विपरीत, जो दायें से बायें घूमते हैं।[167]

इस प्रकार भारतीय लुहार पेंच के खाँचे काटने के लिए खराद का इस्तेमाल नहीं करते थे। वे टाँका लगाते थे और जैसा कि हम देख चुके हैं कि इस काम में वे माहिर थे। इस सीमा के कारण पेंच का उतना प्रभावशाली ढंग से इस्तेमाल नहीं हो पाता था, जितना यूरोप में। हालाँकि इस नयी तकनीक के आगमन से तकनीकी प्रगति का पता तो चलता ही था फिर भी तत्कालीन धातु के बर्तनों के अवशेषों के अध्ययन से यह पता चल सकता है कि उनका कहाँ-कहाँ इस्तेमाल होता था।

टाँका लगाकर पेंच बनाने के प्रयास से हिन्दुस्तानियों की यह कमज़ोरी पता चलती है कि हमारे अध्ययन काल में वे काटकर और छेद करके औज़ार नहीं बना पाते थे। इसका कोई साक्ष्य नहीं मिलता कि हिन्दुस्तान में करघे के पायदान

बनाने के लिए खराद का इस्तेमाल होता था। रिकार्ड्स और चित्रात्मक साक्ष्य के आधार पर कमानीदार ड्रिल की पुष्टि होती है। इसके प्रयोग का इतिहास यूनान काल तक जाता है। इसका इस्तेमाल नीलम तथा अन्य मूल्यवान पत्थरों को काटने के लिए होता था।[168] हालाँकि फ्रायर ने (1674 ई.) सूरत में 'हीरे' काटने के लिए एक परिष्कृत बर्मा के इस्तेमाल का ज़िक्र किया है।[169] इसे एक पहिया घुमाकर चलाया जाता था। वह पहिया एक डोरी की सहायता से घुमाया जाता था, एक छोटे पट्ट पहिये से बर्मा जुड़ा होता था। पहली बार यूरोप और भारत दोनों में चरख़े में डोरी (माल) दिखायी पड़ती है। यूरोप में अन्य यन्त्रों में इसका इस्तेमाल 15वीं सदी से पहले दिखायी नहीं देता।[170] अतः यह मानने का पर्याप्त आधार है कि फ्रायर ने जिस बर्मा का ज़िक्र किया है, वह हिन्दुस्तानी कारीगरों के औज़ारों में अपेक्षाकृत बाद की उपलब्धि है, किन्तु यह बर्मा भी, 17वीं सदी के उत्तरार्द्ध तक जल द्वारा संचालित यूरोपियन खरादों और बर्माओं द्वारा पीछे छोड़ दिया गया। इसलिए भारत से हीरे यूरोप भेजे जाते थे, जहाँ से उन्हें तराशकर वापस भारत भेजा जाता था।[171]

भारत में दाँतेदार पहिये के जो भी प्रचलित रूप थे, वे समकोणीय गरारीदार पहिये थे। यह रहट (पर्सियन व्हील) तथा कपास ओटने की मशीन में मिलते थे। चूँकि दाँतेदार पहिये सिर्फ़ दिशा ही नहीं देते, अपितु दिशा पर नियन्त्रण भी करते हैं, वह घूर्णन गति को कम और ज़्यादा भी करते हैं, अतः काम करने वाली मशीनों का अत्यन्त आवश्यक अंग होते हैं। अकबर के दरबार में दाँतेदार पहिये के इस्तेमाल को लेकर एक नयी रुचि का जन्म हुआ। कहा जाता है कि अकबर ने एक यात्री गाड़ी (कार्टमिल) का आविष्कार किया। उसने बन्दूक़ की कई नलियों को एक साथ साफ़ करने वाली किसी मशीन का भी आविष्कार किया। इन आविष्कारों में अनिवार्य रूप से किसी प्रकार के दाँतेदार पहिये का इस्तेमाल नहीं होता था। सिर्फ़ पिन ड्रम का होता था। अतः इससे वास्तविक तकनीक के क्षेत्र में कोई विशेष प्रगति नहीं हुई।[172]

क्रैंक हैंडल से साधारण क्रैंक तथा संयोजक छड़ (कनैक्टिंग रॉड) जो चीन और यूरोप में पहले ही 15वीं सदी तक प्रचलन में आ चुकी थी, तथा उसके बाद फिर कम्पाउण्ड क्रैंक के रूप में जो विकास हुआ,[173] वह ऐसा प्रतीत होता है कि हिन्दुस्तानी प्रौद्योगिकी के क्षेत्र में घटित नहीं हुआ था। अतः भारतीय प्रौद्योगिकी की यह एक बहुत बड़ी सीमा थी कि उसमें निरन्तर होने वाली घूर्णन गति को व्यतिहारी गति में बदलने का कोई साधन नहीं था। इसके कारण सिक्कों पर ठप्पा लगाने के लिए पशुशक्ति का इस्तेमाल नहीं हो पाता था,

और संयोजक रॉड तथा फ्रैंक के अभाव में ठप्पा लगाने की चक्की की कल्पना ही नहीं की जा सकती थी। क्योंकि हिन्दुस्तानी टकसालों में भारी मात्रा में सिक्के ढालने की ज़िम्मेदारी थी (1647 ई. में सूरत की टकसाल में प्रतिदिन 30 हज़ार सिक्के ढालने का रिकार्ड दर्ज है)। इतनी बड़ी संख्या में ठप्पा लगाने के लिए मानवशक्ति का इस्तेमाल श्रम का भारी अपव्यय ही माना जाता रहा होगा।[174] पिस्टन का सिद्धान्त, पिचकारी के अत्यन्त साधारण रूप में सक्रिय दिखायी देता है। हो सकता है कि हिन्दुस्तान में पिचकारी का इस्तेमाल बहुत पहले से होता रहा हो।[175] मुग़लकालीन लघुचित्रों में होली से सम्बन्धित दृश्यों में पिचकारी के चित्र मिलते हैं।[176] किन्तु ऐसा कोई साक्ष्य नहीं मिलता कि इस दिशा में कोई आगे विकास हुआ अथवा उत्पादन की प्रक्रिया में इसका इस्तेमाल हुआ। 17वीं सदी के शुरू में पानी के इंग्लिश जहाज़ों में, जो हिन्दुस्तानी तटों पर आते थे, चैन पम्पों का इस्तेमाल होता दिखायी देता है। इन पम्पों में चैन में बाल लगी होती थी जो पिस्टन के रूप में पानी को ऊपर फेंकने के लिए कार्य करती थी। 1611 ई. में मुकर्रबख़ान ने यह इच्छा जताई थी कि हमारे यहाँ ब्रितानी कारीगर और लोहार हमें चैन पम्पों का नमूना तैयार करके दे,[177] किन्तु प्रत्यक्ष रूप से इसका कोई परिणाम सामने नहीं आया।

वेधयन्त्र इसलामी देशों और हिन्दुस्तान में इस्तेमाल होने वाला एक बहु-प्रयोजन साधक यथार्थमापी यन्त्र था। वह धातु और लकड़ी से जुड़े कार्यक्षेत्र तथा गणितीय कला की विशिष्ट उपलब्धि था। 17वीं सदी के भारतीय वेधयन्त्र इस बात का प्रमाण हैं कि अक्षांकन के क्षेत्र में उन्होंने उच्च कोटि की परिशुद्धता अर्जित कर ली थी। उल्लेखनीय है कि वृत्ताकार होने की स्थिति में यह कार्य और अधिक दुष्कर होता है।[178] चूँकि वेधयन्त्र ऐसा यन्त्र नहीं है जिसका इस्तेमाल सिर्फ़ खगोलीय अन्वीक्षण के लिए किया जाये, अपितु उनका इस्तेमाल अक्षांशों के ठीक-ठीक निर्धारण के लिए भी होता था। उनकी परिशुद्धता की जाँच उनके द्वारा उपलब्ध अक्षांशों तथा वास्तविक अक्षांशों के तुलनात्मक अध्ययन द्वारा की जा सकती थी। यहाँ एक सारणी दी जा रही है। इस सारणी के आधार पर इसे देखा जा सकता है :

	आइने अकबरी[179] *1595 ई.*	*छोटा वेधयन्त्र*[180] *1661 ई.*	*वास्तविक*
आगरा	26° 43'	27° 13'	27° 10'
दिल्ली	28° 25'	28° 13'	28° 38'
अजमेर	26° 06'	26° 06'	26° 27'
लाहौर	31° 15'	31° 56'	31° 31'

वास्तविक अक्षांशों से विचलन बहुत ज़्यादा नहीं है। अन्य मामलों में जहाँ विचलन बहुत ज़्यादा है, हो सकता है कि मूल पाठ ही भ्रष्ट हो। जब 1670 ई. तथा 1671 ई. में मार्शल ने पटना तथा हुगली के अक्षांशों को लकड़ी के वृत्तपाद (क्वेड्रेंट) (जो ऊपर से देखने पर यूरोपीय लगता है) के आधार पर अर्जित किया तो अर्जित अक्षांश वास्तविक अक्षांशों से ऊँचे थे। एक जगह 22 मिनट तथा एक अन्य जगह 15।[181]

16वीं सदी के प्रारम्भ में लघुचित्रों में जो ख़गोलशास्त्री दिखायी देते हैं उनके पास वेधयन्त्रों के अलावा दो अन्य यन्त्र भी दिखायी देते हैं– एक अँगूठी की तरह का ऊँचाई मापक यन्त्र तथा दूसरा रेत घड़ी।[182] प्रथम से असमान घण्टों का पता चलता था, जबकि दूसरा अनेक प्रकार के जल-तालों का सुविधाजनक स्थानापन्न था जो समय की समान इकाइयों का संकेत देता था। रेत घड़ी का इस्तेमाल औरंगज़ेब की सेना में समय निर्धारण के लिए होता था,[183] किन्तु प्रत्यक्षतः कम दक्षता वाली 'सिंकिंग कप' प्रविधि का इस्तेमाल भी होता रहा।[184]

आज प्रस्तुत सन्दर्भ में जो बात सर्वाधिक आकृष्ट करती है वह यह कि यूरोप की मैकेनिकल घड़ियों ने कोई उत्तेजना पैदा नहीं की।[185] 1616 ई. में ईरान के एक राजदूत ने जहाँगीर को जो उपहार दिया, उनमें पाँच यूरोपियन घड़ियाँ भी थीं[186] और बाद में यूरोपियन कम्पनियों की ओर से हिन्दुस्तान के प्रभावशाली लोगों को उपहार देने के लिए घड़ियों को एक बहुत उपयुक्त वस्तु माना गया।[187] किन्तु जैसा कि ओविंगटन ने 1690-93 ई. में टिप्पणी की है :

> हिन्दुस्तानियों ने अभी तक हाथ की घड़ियों के सिलसिले में नक़ल करने की कोशिश नहीं की है। हो सकता है इसका कारण वह धूल रही हो जो पहियों की गति को अवरुद्ध कर देती है, और इसी कारण लम्बे समय तक उनकी गति सम नहीं रहती थी। किन्तु, चीनियों ने नयी घड़ी तैयार करने

> के लिए हमारी घड़ियों और हाथ की घड़ियों को टुकड़ों-टुकड़ों में अपना लिया है। हो सकता है कुछ समय बाद वे उन मैकेनिकल प्रक्रियाओं में कुछ मौलिक परिष्कार भी करें।[188]

परिष्कृत दाँतेदार पहिये, कमानी, पेंच, तुला, घड़ी के गतिक्रम के पुर्जे (एस्केपमेंट) आदि के साथ मैकेनिकल घड़ी व्यापक स्तर पर प्रचलित मैकेनिकल सिद्धान्तों और प्रविधियों का प्रतिनिधित्व करती थी। इसके निर्माण के प्रसार से उक्त सिद्धान्तों का व्यापक विनियोग हुआ होगा। साथ ही, इसके इस्तेमाल का भी फौरी प्रभाव पड़ा होगा, चूँकि घड़ी से श्रमकाल के उचित विभाजन को नियन्त्रित करने में सहायता मिलती है और आवश्यकता पड़ने पर कभी भी एक नज़र में समय का ठीक-ठीक अन्दाज़ा लगाया जा सकता है। जब तक यन्त्र घड़ी एक आयातित दुर्लभ वस्तु रही, भारतीय अर्थव्यवस्था को इससे कोई लाभ नहीं मिला।

मुग़लकालीन भारतीय अर्थव्यवस्था के विभिन्न क्षेत्रों में इस्तेमाल होने वाली प्रौद्योगिकी के उक्त सर्वेक्षण का समापन करने से पूर्व मैं बुककीपिंग (बहीखाते) के बारे में भी कुछ कहना चाहूँगा। जब किसी भी सभ्यता को क़ाग़ज उपलब्ध हो जाता है और स्याही का इस्तेमाल सामान्य रूप से होने लगता है[189] तो यह सहज ही अनुमान लगाया जा सकता है कि कभी-न-कभी साँचों के माध्यम से पुस्तक छपाई का कार्य शुरू हो जाता है, चाहे उसके लिए किसी अन्य क्षेत्र से कोई प्रेरणा न मिल रही हो। हमने देखा कि 17वीं सदी के भारत में वस्त्र उद्योग के क्षेत्र में, साँचे की छपाई का व्यापक प्रचार-प्रसार था। यदि इन सब अनुकूल परिस्थितियों के बावजूद भारत छपाई को अंगीकार नहीं कर सका तो इस अस्वीकार के कारणों को तलाश करना आसान नहीं है। शायद उक्त सन्दर्भ में इस परिप्रेक्ष्य को सिर्फ़ भारत तक ही सीमित नहीं रख सकते क्योंकि यह अस्वीकार की प्रवृत्ति सारे इसलामी जगत में दिखायी पड़ती है। किन्तु ओविंगटन का यह कहना कि छपाई को शुरू करने के पीछे एक भय यह था कि उसके कारण अनेक मुंशी बेरोज़गार हो जाते,[190] संगत प्रतीत नहीं होता। लगता नहीं है कि उस काल के शासक वर्ग में जनकल्याण की ऐसी चिन्ता रही होगी। चलायमान टंकण के लिए लिपि की बाधाएँ समाधानहीन नहीं थीं जैसा कि बाद में सिद्ध भी हो गया।

उक्त रूप में निरूपित तत्कालीन अर्थव्यवस्था के विभिन्न क्षेत्रों की प्रौद्योगिकी के सर्वेक्षण के परिणामों की व्याख्या के सन्दर्भ में हमारी व्याख्या की सीमाएँ स्पष्ट हैं। मैंने कोई विस्तृत व्याख्या नहीं की है। कुछ महत्त्वपूर्ण उद्योग जैसे निर्माण उद्योग (पुलों के विषय में कुछेक टिप्पणियों के अतिरिक्त) को मैंने पूरी तरह

अछूता छोड़ दिया है। हो सकता है कि अन्य उद्योगों को उनके आर्थिक महत्त्व की तुलना में अधिक स्थान मिला हो। यह भी सही है कि साक्ष्य की अल्प उपलब्धता के कारण हमें अपने अज्ञान का भी पूरा-पूरा बोध न हो। फिर भी आनुमानिक तौर पर निम्नलिखित दो निष्कर्ष निकाले जा सकते हैं :

पहला यह कि प्रौद्योगिकीय परिवर्तनों के प्रति अर्थव्यवस्था में कोई अन्तर्निहित प्रतिरोध नहीं था। कुछ क्षेत्रों में, जैसे बाग़वानी तथा तोपख़ाना, स्वयं मुग़ल दरबार और शासक वर्ग द्वारा परिवर्तनों को प्रोत्साहन दिया गया। अन्य क्षेत्रों में, जैसे जहाज़-निर्माण प्रबल प्रतियोगितापूर्ण चुनौती के कारण, परिवर्तनों को पर्याप्त रूप से आत्मसात किया गया। शायद व्यापारियों की सीधी माँगों के दबाव के कारण वे परिवर्तन लागू किये गये और अन्य क्षेत्रों में और सम्भवतः सर्वाधिक व्यापक पैमाने पर, तकनीकी आविष्कारों के वास्तविक उत्पादकों तथा कारीगरों द्वारा फौरी लाभ की दृष्टि से अपनाया गया। कृषि क्षेत्र में नयी फ़सलों के सन्दर्भ में, वस्त्र उद्योग के क्षेत्र में नये औज़ारों और यन्त्रों के साथ तथा धातु-कार्य में पेंच के विनियोग तथा बर्मा की डोरी के सन्दर्भ में यही हुआ। अन्यत्र भी जैसे मदिरा के आसवन तथा जल को ठण्डा करने के मामले में भी आदमी की भूख और सुविधा की कामना प्रत्यक्ष स्रोत थे। अधिकांश मामलों में, उक्त परिवर्तनों के लिए भारी संसाधनों की आवश्यकता न थी (भारी संसाधन तुलनात्मक सन्दर्भ में) हालाँकि, जहाज़ निर्माण के क्षेत्र में यह सही नहीं है।

किन्तु, साथ ही यह भी एक तथ्य है कि अनेक क्षेत्रों में गतिहीनता की स्थिति बनी रही। वहाँ जहाँ या तो विनिवेश की तुलना में फौरी लाभ तुलनात्मक दृष्टि से पर्याप्त नहीं था अथवा जहाँ कोई बाह्य चुनौती नहीं थी। यूरोपियन ढंग के धातुविज्ञान तथा कुछ बुनियादी औज़ारों को विकसित न कर पाने की असफलता के पीछे कदाचित ये कारक थे। और बहुत सम्भव है कि पुस्तक छपाई को स्वीकार न करने की असफलता के पीछे भी यही कारक थे।

अतः यह स्पष्ट है कि जहाँ एक ओर नवीन प्रयोगों तथा आविष्कारों के प्रति भारतीय अर्थव्यवस्था बन्द नहीं थी, वहीं प्रौद्योगिकीय परिवर्तन के प्रति बहुत उत्साह भी नहीं था। 16वीं तथा 17वीं सदी की यह एक उल्लेखनीय प्रवृत्ति थी। इस वक्तव्य के सन्दर्भ में, इसके प्रथम भाग को छोड़कर शायद ही कोई विवाद हो। किन्तु ज्यों ही इस सीमित प्रौद्योगिकीय जड़ता के स्रोत की तलाश की जाती है तो पर्याप्त कठिनाई का सामना करना पड़ता है। उक्त प्रश्न को शुद्ध वैचारिक परिप्रेक्ष्य में देखने का प्रलोभन भी अपनी जगह है। लगता है कि ज्ञान के प्रसार के माध्यम के रूप में छपाई की अनुपस्थिति के विषय में भी बहुत कुछ कहा जा सकता है।

हालाँकि छपाई उसी ज्ञान का प्रसार कर सकती है जो उपलब्ध हो और सम्भवतः 17वीं सदी में छपाई ने धार्मिक विश्वासों और अन्धविश्वासों की छोटी-छोटी बातों के प्रचार-प्रसार को और भी आसान बना दिया होगा।

चीनी सभ्यता में प्रौद्योगिकीय मसलों के प्रति अत्यधिक सजगता प्रदर्शित की गयी और वहाँ छपाई का प्रचार-प्रसार भी था, फिर भी वहाँ आलोच्यकाल के दौरान यूरोप से आने वाली औद्योगिक तकनीकों को प्रतिष्ठापित नहीं किया गया। इसके अतिरिक्त, एक प्रश्न यह भी है कि सैद्धान्तिक और व्यावहारिक प्रौद्योगिकी के बीच का सम्बन्ध कितना प्रभावशाली था।

एक अन्य कारक भी विचारणीय है. वह यह कि नाना प्रकार के कारीगरों, और दस्तकारों का एक ऐसा वर्ग था जो अत्यन्त अल्प पारिश्रमिक पर जीवनयापन करता था। बर्नियर ने यह नोट किया है कि हालाँकि हिन्दुस्तानी कारीगरों के पास औज़ारों का गम्भीर अभाव था, फिर भी वे उच्च कोटि की वस्तुएँ तैयार करते थे। यह सही है कि वे वस्तुएँ यूरोपियन उत्पादों की ही नक़ल होती थीं।[191] कारीगरों की उच्च कोटि की तकनीकी क्षमता औज़ारों के अभाव की क्षतिपूर्ति करती थी। पिलसार्ट ने आगरा में सौ प्रकार की दस्तकारियों का ज़िक्र किया है, हालैंड में जिस काम को एक आदमी करेगा, वही काम यहाँ पूरा होने से पहले चार आदमियों के हाथ से गुज़रता है।[192] अतः कुशल कारीगरों की उस संख्या ने जो पूर्वकाल से विरासत में मिली, श्रम की बचत करने वाली तकनीकों के विरुद्ध कार्य किया; क्योंकि इन तकनीकों से कोई फौरी और ठोस लाभ होने वाला नहीं था। दूसरी ओर, तकनीकी दक्षता प्राप्त श्रमिकों के लिए अपेक्षाकृत रूप से कम अनुकूल परिस्थितियों ने प्रौद्योगिकी के क्षेत्र में नवीन प्रयोगों की सम्भावना अथवा प्रेरणा को और अधिक बढ़ाया होगा। यक़ीनन, कुछ अन्य कारक भी इस दिशा में बाधक थे। व्यापारियों के यहाँ प्रौद्योगिकी के क्षेत्र में नवीन प्रयोगों अथवा आविष्कारों के प्रति कोई विशेष रुचि दिखायी नहीं पड़ती, क्योंकि अपने व्यापार से खूब मुनाफ़ा कमाते थे, अतः वे किसी प्रतिष्ठान में भारी निवेश करने की ज़रूरत महसूस नहीं करते थे। वे उत्पादन प्रबन्धन से भी अपने आपको दूर रखते थे। इसके अतिरिक्त अपार सम्पत्ति के मालिक एक छोटे से शासक वर्ग की विलासिता की ऐसी वस्तुओं की माँग भी, जिनके तहत उत्पादों में एकरूपता आने की सम्भावना रहती थी, नये आविष्कारों के प्रति उदासीनता का एक कारण थी।

मैंने उक्त प्रश्नों का उत्तर देने का दावा नहीं किया। मैं सिर्फ़ यही आशा करता हूँ कि जो सूचना सामग्री मैंने यहाँ प्रस्तुत की है, वह इन प्रश्नों तथा इनसे जुड़ी अन्य समस्याओं को समझने में सहायक सिद्ध होगी।

सन्दर्भ और टिप्पणियाँ

1. जॉन ऑगस्टस वोलकर, *रिपोर्ट ऑन दि इंप्रूवमेंट ऑफ़ इंडियन एग्रीकल्चर*, लन्दन, 1893
2. टेनेंट 1803 ई. में लिख रहा था। जैसा कि इलियट ने नोट किया है 56 बुशल वास्तविकता से कहीं ज़्यादा है।
3. हेनरी एच. इलियट, मेमोयर्स आदि, *ऑफ़ दि रेसिज ऑफ़ दि नार्थ-वेस्टर्न प्रोविंसिज, ऑफ़ इंडिया*, जॉन बीम्स, (सं) लन्दन, 1869 II, पृ. 341-42
4. अमानुल्ला हुसैनी सेक्शन ऑन फिलाहत इन हिज गंजे बदावुर्द, इंडिया ऑफ़िस, आई.ओ., 4702, पन्ना, 30 ब। मौलाना आज़ाद लायब्रेरी, लिटन फारसिया, उलूम, 51, पन्ना, 14 ब, जिस अंश में यह अवतरण आया है, वह अमानुल्ला हुसैनी का अपना कार्य है, किसी अन्य स्रोत की नक़ल नहीं।
5. पर्सियन व्हील (रहट) के सम्बन्ध में इंडियन हिस्ट्री कांग्रेस, वाराणसी सत्र, (1969) में 'मध्यकालीन भारत' अनुभाग की अध्यक्षता करते हुए जो साक्ष्य मैंने प्रस्तुत किया है, उसमें कुछ विशेष जोड़ने की स्थिति में नहीं हूँ, देखें, टेक्नोलॉजिकल चेंजिंग एंड सोसायटी : थर्टीथ एंड फोरटींथ सेंचुरीज, सेक्शन-2। अकबर के पुस्तकालय के लिए निजामी ने (1592-95 ई.) लघुचित्रों के एक शानदार ग्रन्थ 'खुम्सा' की रचना की थी। उन लघुचित्रों में पर्सियन व्हील (रहट) के अनेक चित्र साफ़-साफ़ अंकित हैं। ब्रिटिश म्यूज़ियम, पाण्डुलिपि, ओरिएंटल, 12,208, पन्ना 65 अ, 99 ब, 294 अ। ब्रिटिश म्यूजियम में 17वीं सदी केन्दो लघु चित्रों के पिक्चर पोस्टकार्ड प्रकाशित किये हैं, जिनमें उक्त यन्त्र चित्रित हैं। (ब्रिटिश म्यूज़ियम, सी 126 तथा सी-127)। एस.पी. वर्मा, *आर्ट एंड मैटीरियल कल्चर इन दि पेंटिंग्स ऑफ़ अकबर्स कोर्ट*, नयी दिल्ली, 1978, पृ. 103 तथा प्लेट एल XVII का आरेखन, सं. 14, 15; हालाँकि कुएँ के पहियेपर तीरों की दिशा अधोमुखी है।
6. देखें मेरी पुस्तक, *ऐग्रेरियन सिस्टम ऑफ़ मुग़ल इंडिया*, बम्बई, 1964 ई., पृ. 45-46, 433

   7. जी. वॉट. *डिक्शनरी ऑफ़ इकोनॉमिक प्रोडक्शन ऑफ़ इंडिया*, जिल्द VI , खण्ड IV, पृ. 334-35। मैंने अपनी उपर्युक्त पुस्तक, *ऐग्रेरियन सिस्टम* में इसी धारणा को व्यक्त किया है। देखें, पृ. 38 तथा टिप्पणी।

8. पी.के. गोडे, *स्टडीज इन इंडियन कल्चरल हिस्ट्री*, I, होशियारपुर, 1961, पृ. 291-92.
9. एस. नूरुल हसन, के.एन. हसन तथा एस.पी. गुप्ता. दि पैटर्न ऑफ़ एग्रीकल्चरल प्रोडक्शन इन दि टैरीटरीज ऑफ़ आमेर, *प्रोसीडिंग्स ऑफ़ दि इंडियन हिस्ट्री कांग्रेस*, 28वाँ सत्र, मैसूर, 1966, पृ. 247-51, 254 57, 263
10. *ऐग्रेरियन सिस्टम*, पृ. 50
11. गोडे, *स्टडीज इन कल्चरल हिस्ट्री*, I, पृ. 446-47, 450
12. देखें, किताब शजारतुम निहाल अथवा रिसीला, ए मजरुआत, लिंडेसियाना, सं. 484, ब्रिटिश म्यूज़ियम, अतिरिक्त, 1771, पन्ना, 157 ब 259 अ, तथा अतिरिक्त, 23542, अमानुल्ला हुसैनी ने इस पुस्तक का अपनी पुस्तक *गंज-ए बदावुर्द* के कृषि से सम्बन्धित अध्याय की सामग्री के लिए बड़ा उपयोग किया है।

13. *तुजुक-ए-जहाँगीरी*, सैयद अहमद (सं.), पृ. 229-30. शहालू का फ़ारसी पाठ में अनुवाद मीठी चेरी होना चाहिए, सिर्फ़ चेरी नहीं (जैसा कि मैंने अपनी पुस्तक *ऐग्रेरियन सिस्टम* में दिया है, देखें पृ. 51।) लाहौरी, (*बादशाहनामा*, 1 ब, पृ. 30) हमें यह बताता है कि शहालू को कश्मीर में गिलास कहते थे डब्ल्यू. आर. लॉरेंस, दि वैली ऑफ़ कश्मीर, लन्दन, 1895, पृ. 348। वहाँ यह भी उल्लिखित है कि कड़वी मकोय देशी होती थी।

14. *शाहजहाँनामा*, ब्रिटिश म्यूज़ियम, ओरिएंटल, 174, पन्ना, 102 अ, सन्तरों की कलम के लिए देखें, जी वॉट, कॉमर्शियल प्रोडक्ट्स ऑफ़ इंडिया, लन्दन, 1908, पृ. 322

15. कलम लगे आमों के प्राचीन सन्दर्भों के लिए देखें, पी.के. गोडे, *स्टडीज इन इंडियन कल्चरल हिस्ट्री*, I, 452-54

16. यह प्रक्षेपण इंडिया ऑफिस लायब्रेरी पाण्डुलिपि (आई.ओ., 4702, पन्ना 28 अ-ब) में उपलब्ध है, किन्तु मौलाना आज़ाद लायब्रेरी की पाण्डुलिपि (पन्ना 13 ब) में यह प्रक्षेपण नहीं है। जब मैंने अपनी पुस्तक *ऐग्रेरियन सिस्टम* (पृ. 51, तथा टिप्पणी) में इसका सन्दर्भ दिया था तो मैं इस प्रक्षेपण को पहचान नहीं पाया था।

17. मौतमद ख़ान, *इकबालनामा-ए-जहाँगीरी*, लखनऊ संस्करण, III, पृ. 557

18. मनूची, *स्टोरिया डॉ मोगोर*, 1656-7712, अनु. डब्ल्यू इर्विन, II, पृ. 169

19. इस अनुभाग के विषय तथा वस्तु में तथा *इंडियन टैक्सटाइल इंडस्ट्री इन दि सेवेंटीथ सेंचुरी, ऐसेज इन ऑनर ऑफ़ प्रो. एस. सी. सरकार* (नयी दिल्ली, 1976, पृ. 180-92) में संकलित मेरे निबन्ध में कुछ दोहराव है। उस लेख में मैंने दो ग़लतियाँ की थीं। यहाँ मैं उन्हें सुधारना चाहूँगा। पृ. 185 पर छपका को छींट का कपड़ा समझ लिया गया था, जो ग़लत था। यह एक ऐसा कपड़ा था जिस पर गोटा लगा दिया जाता था, अतः इस तरह के कपड़े के लिए ठप्पे की छपाई का सन्दर्भ देना असंगत है। पृ. 187 पर मैंने 'परी' शब्द का ग़लत अनुवाद करते हुए भद्दा दिखने वाला रेशेदार कपड़ा कहा है। परी वस्तुतः एक प्रकार का मोटा सिल्क होता था। 18वीं सदी के टेकचंद बहर के सुप्रसिद्ध शब्दकोश 'बहरे-अजम' में इसको भली भाँति स्पष्ट किया गया है, परी शब्द के अन्य सन्दर्भ भी देखें।

20. भारत में यन्त्रों के इतिहास के सम्बन्ध में परिचयात्मक साक्ष्य के लिए देखें मेरा अध्यक्षीय वक्तव्य, मेडिएवल इंडिया सेक्शन, इंडियन हिस्ट्री कांग्रेस, वाराणसी सेशन, 1969, 'टेक्नोलॉजीकल चेंजिज एंड सोसायटी,' थर्टींथ एंड फोर्टींथ सेंचुरीज, सेक्शन I.

21. *बहरे-अजम*, एस. बी. चर्ख, इस शब्दकोश के कम-से-कम दो संस्करण निकले हैं.

22. ब्रिटिश म्यूज़ियम, पाण्डुलिपि, अतिरिक्त, 19, 503, पन्ना, 52 ब

23. प्रो. एस.सी. सरकार को समर्पित निबन्ध संग्रह, पृ. 181, 189। टिप्पणी 3

24. मोतीचन्द, जर्नल ऑफ़ इंडियन टेक्सटाइल हिस्ट्री, V, 1960, पृ. 24। ने पिनजाना शब्द की व्याख्या के सन्दर्भ में 11-12वीं सदी के दो शब्दकोशों–वैजयंती तथा अभिधान चिन्तामणि को उद्धृत किया है। वे इसका अर्थ कढ़ेरा का धनुष करते हैं।

25. इंग्लिश फैक्टरीज़ इन इंडिया, 1665-67, डब्ल्यू. फोस्टर (सं.), पृ. 174। कहा जाता है कि कपास को पीटा जाता था।

26. वॉट, *इकोनॉमिक प्रोडक्शन ऑफ़ इंडिया*, VI, पृ. 123

27. देखें, पूर्वोद्धृत वक्तव्य, सेक्शन, I

28. चीन के लिए नीधम, *साइंस एंड सिविलाइजेशन इन चाइना*, IV, 2, पृ. 103, यूरोप के सन्दर्भ में देखें, लिन व्हाइट, *मेडिएवल टेक्नोलॉजी एंड सोशल चेंज*, पृ. 119-173

29. 1606 ई. के लघुचित्रों में चर्ख़ों में हैंडिल नहीं दिखाया गया है। (ई. कुहनेल एंड एच. गोएट्स, *इंडियन बुक पेंटिंग*, फ्रॉम जहाँगीर्स एलबम इन दि स्टेट लायब्रेरी इन बर्लिन लन्दन, 1926, प्लेट-1) किन्तु विचित्र द्वारा चित्रित शाहजहाँकालीन एक ऐसी तसवीर है जिसमें एक पहिये में आधा हैण्डिल है जिसमें लकड़ी की एक छोटी खूँटी के छेद है (सूकीन, *इंडियन पेंटिंग इन दि पीरियड ऑफ़ दि ग्रेट मुगल्स;* पेरिस, 1929 XLIV. हालाँकि इसकी आकृति स्पष्ट नहीं है। औरंगज़ेब कालीन एक चित्र में चर्खे में भी एक हैंडिल दिखायी पड़ता है (एफ.आर.मार्टिन, *दि मिनियेचर पेंटिंग एंड पेंटर्स ऑफ़ पर्सिया, इंडिया एंड टर्की, फ्रॉम दि इंग्लिश टू दि एटींथ सेंचुरी*, लन्दन, 1912, प्लेट, 207 अ) 1785-90 की कांगड़ा पेंटिंग में इसका स्पष्ट निदर्शन हुआ है। (ल्यूबोर हाजेक, मिनियेचर्स फ्रॉम दि ईस्ट, लन्दन, 1960, प्लेट्स 48 तथा 49)।

30. लिन व्हाइट, पूर्वोक्त। इसका श्रेय विशेष रूप से लिन व्हाइट को जाता है कि उसने इस तथ्य की ओर ध्यानाकृष्ट किया कि पश्चिमी प्रौद्योगिकी में बैंक का इस्तेमाल बाद में दिखायी पड़ता है और यह भी कि अन्य यन्त्रों में इसका इस्तेमाल बहुत धीमी गति के साथ हुआ, पृ. (103 पन्ना)।

31. स्पष्ट चित्रण के लिए देखें, 17वीं सदी की एलबम ऑफ़ इंडियन एंड पर्सियन मिनियेचर्स, 'दि लेनिनग्राड ब्रांच ऑफ़ दि इंस्टीट्यूट ऑफ़ दि पीपुल्स ऑफ़ एशिया में 'मौजूद,' मास्को, 1962, सं. 66

32. फोरबीज, स्टडीज इन एंशिएंट टेक्नोलॉजी, IV, पृ. 214-215, लिन व्हाइट, पृ. 117-18, 173। व्हाइट ने स्पष्ट किया है कि यूरोपीय करघों में पायदानों के इस्तेमाल का साक्ष्य 12वीं सदी के उत्तरार्द्ध से पूर्व नहीं मिलता। अतः वह ऊशर को संशोधित करता है, हिस्ट्री ऑफ़ मेकेनीकल इनवेंशंस, 1959, पृ. 259 जिसमें बहुत पहले की तिथि दिखायी गयी है। भारतीय यन्त्रों में पायदानों के पहली बार इस्तेमाल होने का पता नहीं चलता.

33. ऊशर, 26-65, नीधम भी देखें, IV, 2, पृ. 69.

34. जे. टेलर की रिपोर्ट, 1800, *जर्नल ऑफ़ एशियाटिक सोसायटी ऑफ़ पाकिस्तान*, VII, 1962, पृ. 339-40

35. मूरक्रॉफ एंड ट्रेबेल, *ट्रैवेल्स II*, लन्दन, 1841, पृ. 178-82

36. फोरबीज, पूर्वोक्त, IV, पृ. 216

37. स्ट्रेंशाम मास्टर, डायरीज आदि। *आर.सी. टैंपल* (सं.) लन्दन, 1911, पृ. 171

38. जे. ओविंगटन, ए. वोयेजिज टू सूरत इन दि ईयर 1689, एच.जी. रोलिंसन, (सं.), लन्दन, 1929, पृ. 166

39. इंग्लिश फैक्टरीज इन इंडिया, 1634-36, डब्ल्यू.. फोस्टर (सं.), पृ. 82-83। (मिरता में ऊन की रंगीई); जॉन फ्रायर, न्यू एकाउंट ऑफ़ ईस्ट इंडिया एंड पर्सिया बीइंग नाइन ईयर्स ट्रैवल्स, 1672-81, डब्ल्यू. क्रुक (सं.), लन्दन, 1909, I, पृ. 90। मुझे अभी तक 17वीं सदी के गाँठ बाँधकर रंगने तथा पटोला की विधियों के सम्बन्ध में कोई विवरण

नहीं मिला है। हालाँकि बहरे-अजम, 1740 ई., एस.वी. गुलबन्द में पूर्वोक्त प्रक्रियाओं का ज़िक्र है।

40. जी.पी. बेकर, केलिको प्रिंटिंग एंड पेंटिंग इन दि ईस्ट, लन्दन, 1921, पृ. 4-4, 8-9, आर.जे. फोरबीज, *स्टडीज इन एंशिएंट टेक्नोलॉजी,* IV, लाइडेड, पृ. 137

41. फोरबीज, IV, पृ. 137

42. मोतीचन्द्र (देखें, जर्नल ऑफ़ इंडियन टेक्सटाइल हिस्ट्री, V, पृ. 27) ने सुझाव दिया है कि शायद चित्रपट 11वीं सदी में प्रिंटिड केलिको के लिए प्रयुक्त होने वाला शब्द था। हालाँकि इसका अर्थ चित्रित कपड़ा भी हो सकता है।

43. मोतीचन्द्र, पूर्वोद्धृत, IV पृ. 17-40

44. वही, पृ. 51-52

45. *बहरे-अजम,* एस.वी. चापा। सही फ़ारसी शब्द कालिब है, वही, एस.पी।

46. एस.एन.सेन, *इंडियन ट्रैवल्स ऑफ़ थेवनोट एंड करेरी,* नयी दिल्ली, 1949, पृ. 51, बेकर से तुलनीय, पूर्वोद्धृत, पृ. 19

अहमदाबाद के अपने विवरण में थेवनोट, प्रारम्भिक अंग्रेज़ी अनुवाद के मुताबिक छींट का ज़िक्र करता है जो चित्रित कपड़े ही हैं; एस.एन. सेन। उसे ठीक करके छींट कहते हैं। *इंडियन ट्रैवल्स ऑफ़ थेवनोट एंड करेरी,* पृ. 17, 189

47. बार्कर, पूर्वोद्धृत, पृ. 37

48. *बरहे-अजम,* एस.वी. चिट, चिटसाज

49. जीन बेपटिस्ट टैवर्नियर, *ट्रैवल्स इन इंडिया,* अनु.वी. बॉल, डब्ल्यू. क्रुक (सं.), II पृ. 4

50. जॉन इर्विन, *टैक्सटाइल्स इन आर्ट ऑफ़ इंडिया एंड पाकिस्तान,* एल. आश्टोन (सं.), पृ. 201, 203, 204

51. नीधम, IV 2, पृ. 258-59

52. देखें, मिनियेस्टर फ्रॉम अकबरनामा, *विक्टोरिया एंड अल्बर्ट म्यूज़ियम, गेविन हैं बिली, सिटीज ऑफ़ मुग़ल इंडिया,* 1968, पृ. 46, प्लेट-22, में पुनःप्रस्तुत, पृ. 46, प्लेट-22।

53. एल्फिस्टन, *अकाउंट ऑफ़ दि किंगडम ऑफ़ काबुल,* V, पृ. 35

54. एल. व्हाइट, पृ. 59-61, नीधम, IV, 2, पृ. 317-27

55. फ्र. सेबेसियन मैनरिका, ट्रैवल्स, (1629-43), अनु. सी.ई. लुअर्ड, II, पृ. 145, फ्रायर, I, पृ. 295, ओविंगटन, पृ. 134

56. जहाँगीर के प्रसिद्ध चित्रकार अबुल फ़ज़ल द्वारा चित्रित तथा शान्तिस्वरूप द्वारा पुनर्प्रस्तुत '5000 ईयर्स ऑफ़ आर्ट्स एंड क्राफ्ट्स इन इंडिया एंड पाकिस्तान, बम्बई, 1968, सामने वाली प्लेट, पृ. 156

57. फादर ए., *मोन्सरेट कमेंटरी ऑन हिज जर्नीज टू दि कोर्ट ऑफ़ अकबर,* अनु. जे.एस. हॉयलैंड, टीका द्वारा एस. बनर्जी, कटक, पृ. 199, *आइने अकबरी,* ब्लॉकमेन, (सं.) I, पृ. 151

58. देखें, खण्डेलवाल तथा मोतीचन्द्र में पुनःप्रस्तुत लघुचित्र, 'मिनियेचर्स एंड स्कल्पचर्स फ्रॉम दि कलेक्शन ऑफ़ दि लेट सर कोवास्जी जहाँगीर', बार्ट, बम्बई, 1965, सं. 5 तथा 7, पृ. 16

59. थोमस रो, जर्नल इन 'परकाजिज पिलग्रिम्स,' मैक्लेहोज (सं.) IX, पृ. 375-377, तुजुके-जहाँगीरी, सैय्यद अहमद (सं.) पृ. 167, 168, जहाँगीर कोच को 'रथ-ए-तार्जी फरंगी-ए-अंग्रेज़ी' कहता है। यह इंग्लिश-यूरोपियन शैली का रथ होता था। इसे चार घोड़े खींचते थे।

60. बर्नियर, *ट्रैवल्स इन दि मुग़ल एम्पायर,* 1656-58 ई., अनु. ए. कांस्टेबुल, वी.ए. स्मिथ, (सं.), पृ. 352

61. शान्तिस्वरूप में प्रकाशित चित्र देखें, पूर्वोद्धृत, सामने वाली प्लेट देखें, पृ. 156 तथा खण्डेलवाल तथा मोतीचन्द्र, पूर्वोद्धृत, सं. 5

62. थेवनोट, *दि इंडियन ट्रैवल्स ऑफ़ थेवनोट एंड करेरी,* पृ.75 एस.पी. वर्मा भी देखें, आर्ट एंड मैटीरियल कल्चर प्लेट LXX आकृति-1.

63. जीन बैप्टिस्ट, ट्रैवल्स इन इंडिया, 1640-67, अनु. वी.बाल, डब्ल्यू. क्रुक द्वारा संशोधित, लन्दन 1925

64. *अकबरनामा, बिब, इंडि.* III. पृ. III, *तुजुके-जहाँगीर,* पृ. 277 रो, ऐम्बेसी, डब्ल्यू. फोस्टर (सं.), पृ. 493, *स्टील एंड क्राउथर इन परकाज हिज पिलग्रिम्स,* IV, पृ. 268, मुंडी, II, पृ. 83-84, 86, 92. एस. कमिसारियेटा, *मंडेस्लोस ट्रैवल्स इन वेस्टर्न इंडिया,* ए.डी. 1638-39, पृ. 29-30, बर्नियर, पृ. 284, आदि। सरायों के सिलसिले में मेरी पुस्तक *ऐग्रेरियन सिस्टम ऑफ़ मुग़ल इंडिया* (बम्बई, 1964, पृ. 60 तथा टिप्पणी) में दिये गये सन्दर्भ देखें।

65. इंग्लिश फैक्टरीज, 1665-67, पृ. 157। समकालीन इंगलैंड में सड़कों की हालत के सन्दर्भ में देखें- जे.एन.एल. बेकर, एच.सी. डर्बी (सं.), *हिस्टॉरिकल जियॉग्रफी ऑफ़ इंगलैंड बिफोर ए.डी. 1800,* कैम्ब्रिज , 1951, पृ. 426-29। निस्सन्देह उस समय पक्की सड़कें नहीं थीं।

66. इंग्लिश फैक्टरीज, पूर्वोद्धृत, देखें, मुंडी, II, पृ. 143-44

67. *आइने-अकबरी,* ब्लॉकमेन, (सं.), I, पृ. 590

68. एल्फिस्टन, *एकाउंट ऑफ़ दि किंगडम ऑफ़ काबुल,* I, पृ. 102

69. थेवनोट, *इन दि इंडियन ट्रैवल्स ऑफ़ थेवनोट एंड करेरी,* पृ. 104-105

70. निदर्शक सूची के लिए जो मुख्य मार्गों के बारे में भी अपूर्ण है, देखें मेरी पुस्तक, *ऐग्रेरियन सिस्टम ऑफ़ मुग़ल इंडिया,* 'पृ. 62, तथा टिप्पणी।

71. सिंगर (सं.), *हिस्ट्री ऑफ़ टेक्नोलॉजी,* III, में संकलित, एस.बी. हैमिल्टन का लेख, पृ. 428-29

72. पीटरमुंडी, *ट्रैवल्स, आर.सी. टैम्पल* (सं.), लन्दन, 1914, II पृ. 30.

73. हवा से चलने वाले इन जहाज़ों की प्रकृति केकड़े से मिलती-जुलती थी जो देखता एक तरफ़ है और चलता दूसरी तरफ है (*इंग्लिश फैक्टरीज,* 1661-64, पृ. 253) फ्रायर से भी तुलनीय, I, पृ. 74

74. जहाज़ की वह तसवीर देखें जिसमें पायलट प्रोताग्र पर बैठा है। उसके हाथ में वेधयन्त्र है, खण्डेलवाल तथा मोतीचन्द्र, *मिनियेचर्स एंड स्कल्पचर्स* आदि। सं. 22, पृ. 18, यह लघुचित्र जहाँगीरकालीन बताया जाता है।

75. सिंगर (सं.), *हिस्ट्री ऑफ़ टेक्नोलॉजी* में संकलित डेरेक जे. प्राइस का लेख, III, पृ. 608-09, 625
76. डब्ल्यू.जी. आर्चर, *इंडियन मिनियेचर्स कनेक्टीकट*, 1960, प्लेट-18, चित्रकार ने नाविक का नाम उसकी बाँह पर अंकित कर दिया है. यह संकेत करते हुए कि यह कोई वास्तविक चित्र है। हालाँकि चित्र अपने आप में हमजानामा की एक घटना को निदर्शित करता है।
77. रो इन परकाज हिज पिलग्रिम्स, IV, पृ. 315-16
78. जी.एन. क्लार्क, *दि सेवेंटींथ सेंचुरी,* ऑक्सफोर्ड, 1929, पृ. 48, नीधम, IV, 2, पृ. 229, सिंगर (सं.), *हिस्ट्री ऑफ़ टेक्नोलॉजी*, III, पृ. 550-51, 608-09, 625
79. *इंग्लिश फैक्टरीज*, 1622-23, पृ. 343, 1634-36, पृ. 136-38, 177, 1642, 45, पृ. 168
80. *इंग्लिश फैक्टरीज़*, 1634-36, पृ. 80
81. *इंग्लिश फैक्टरीज,* 1668, 69, पृ. 80
82. फ्रायर, I, 267
83. ओविंगटन, पृ. 166
84. *इंग्लिश फैक्टरीज*, 1668-69, पृ. 79-80, *इंग्लिश फैक्टरीज*, 1642-45 भी, पृ. 248, ए.जे. कैसर भी देखें, *शिप बिल्डिंग इन मुग़ल एम्पायर ड्यूरिंग दि सेवेंटींथ सेंचुरी,* आई.ई. एस.एच.आर. V, 2, पृ. 150-54
85. थोमस बाडरे, *ए जियोग्राफीकल एकाउंट ऑफ़ कंट्रीज राउंड दि बे ऑफ़ बंगाल,* 1669, सं. 1679, आर.सी. टैंपल (सं.), कैम्ब्रिज , 1905, पृ. 102-5, सामने वाला आरेखन, पृ. 104। 14वीं सदी की पुस्तक *सिराते-फ़ीरोज़शाही* की 17वीं सदी के प्रारम्भ की पाण्डुलिपि (बॉकीपुर लायब्रेरी, पन्ना, 94 ब-104ब) में ऐसे आरेखन हैं जिनमें उस वर्णन को निदर्शित किया गया है जिसके तहत फ़ीरोज़ तुग़लक अशोक के एक स्तम्भ को उसके मूल स्थान से दिल्ली स्थानान्तरित करता है। इन आरेखनों को शायद उस पुस्तक की मूल पाण्डुलिपि से प्रत्यक्ष अथवा परोक्ष रूप से उतारा गया है। इनमें उत्तोलकों को ढोल चर्बी तथा साधारण चर्खी द्वारा चलाया जाता है। अतः बाडरे द्वारा खींचने का ढंग न तो मौलिक था और न यूरोप की नक़ल था।
86. *बहरे-अजम,* एस.वी. इर्विन।
87. डब्ल्यू.जी.फोरेस्ट (सं.), *सलेक्शन फ्राम दि बाम्बे सेक्रेटरिएट,* होम सीरीज, I, पृ. 123
88. यहाँ न तो कीलें हैं, न लंगर है (सूरत फैक्टर्स टू कं., 1661, *इंग्लिश फैक्टरीज,* 1661-64, पृ. 24-25)।
89. *इंग्लिश फैक्टरीज,* 1661-64, पृ. 211, 1668-69, पृ. 80
90. फ्रायर, I, पृ. 74, 267, हैमिल्टन, *ए न्यू एकाउंट ऑफ़ दि ईस्ट इंडीज,* डब्ल्यू. फोस्टर, (सं.), लन्दन, 1930, I, पृ. 133
91. इक्तिदार आलम ख़ान, 'अर्ली यूज ऑफ़ केनन एंड दि मस्केट इन इंडिया, ए.डी. 1442-1526,' *इंडियन हिस्ट्री कांग्रेस,* हैदराबाद (1978), सत्र में पठित आलेख (साइक्लोस्टाइल्ड)।

92. मैनरीक, ट्रैवल्स, अनु. लुआई, II, पृ. 227-28

93. उदाहरण के लिए देखें बचपन के एक चित्र में अकबर बन्दूक़ चलाने का अभ्यास कर रहा है, ब्रिटिश म्यूज़ियम, ओरिएंटल, 12988, पन्ना, 158अ, एस.पी. वर्मा भी देखें, *आर्ट एंड मैटीरियल कल्चर एट अकबर्स कोर्ट,* प्लेट LXII, आकृतियाँ 1-3

94. *आइने-अकबरी,* I, पृ. 125। माशा का अर्थ है तस्मा अथवा संडसी, किन्तु 17वीं सदी के शब्दकोश 'बुरहाने कर्ती' के अनुसार हाथ की बन्दूक़ में एक लोहे का टुकड़ा भी है, जिसमें फतीला लगाया जाता है और जो बन्दूक़ (तुफंग) पर मारा जाता है।

95. पुर्तग़ाली सिपाही का हथियार, बकामार्ती था—वह बहुत छोटा होता था. उसका छेद बड़ा होता था तथा इंग्लिश बन्दूक़ की तरह का उसका पत्थर का घोड़ा होता था (*दि ट्रैवल्स ऑफ़ पीट्रो डेला वेल इन इंडिया,* अनु. एडवर्ड ग्रे, लन्दन 1892 II, पृ. 371-72).

96. फ्रांक्वां बर्नियर, *ट्रैवल्स इन दि मुग़ल एम्पायर, ए.डी.* 1656-1668। अनु. ए. कांस्टेबुल, वी.ए. स्मिथ (सं.), लन्दन, 1916, पृ. 254

97. देखें, डब्ल्यू. इर्विन, *दि आर्मी ऑफ़ दि इंडियन मुगल्स,* पृ. 105-106

98. *आइने-अकबरी,* I, पृ. 125

99. सिंगर (सं.), में संकलित ए.आर. हॉल, *हिस्ट्री ऑफ़ टेक्नोलॉजी,* III, पृ. 357

100. *हिस्ट्री ऑफ़ टेक्नोलॉजी,* III, पृ. 356

101. बर्नियर, *ट्रैवल्स,* पृ. 217, *करेरी इन इंडियन ट्रैवल्स ऑफ़ थेवनोट एंड करेरी,* अंग्रेज़ी अनु. एस.एन. सेन (सं.) नयी दिल्ली, 1949. पृ. 244

102. डब्ल्यू.जी. आर्चर, *इंडियन मिनियेचर्स,* ग्रीनविच, यू.एस.ए. 1960, प्लेट, 47

103. *हिस्ट्री ऑफ़ टेक्नोलॉजी,* III, पृ. 363, यहाँ समकालीन स्रोतों से एक लम्बा उद्धरण दिया गया है, जिसमें कुंतुस्तुनियाँ के घेरेबन्दी के समय तुर्कों द्वारा तोपें ढालने का ज़िक्र किया गया है।

104. इर्विन से तुलनीय, पूर्वोद्धृत, पृ. 114, जहाँ बाबर के वक्तव्यों का विश्लेषण किया गया है।

105. इर्विन में उद्धृत आधुनिक विवरण से, पृ. 124। जहाँगीर कहता है कि वह भारतीय माप के अनुसार 10 मन के पत्थर के गोले को फेंक देता था। (यदि मन अकबरी तौल थी तो लगभग 550 पाउंड. *तुजुके-जहाँगीर,* पृ. 309) ढलवाँ पीतल की भारी बन्दूक़ के लिए जो आगरा में 1611 ई. में देखी गयी देखें, फिंच, *परचास हिज पिलग्रिम्स,* मैक्लेहोस, (सं.), IV, पृ. 72। अकबर की आयुधशाला में बनने वाली भारी बन्दूक़ों के सन्दर्भ में *आइने-अकबरी* भी देखें, I, पृ. 124

106. देखें, पीट्रोडेकावेल, I, पृ. 147, 'मालिक मैदान' के बारे में उसके इस तिरस्कारपूर्ण कथन के लिए कि इस वजह से उसका कोई उपयोग नहीं था।

107. *आइने-अकबरी,* I, पृ. 124

108. जब बाबर के बन्दूक़ ढालने वाले बन्दूक़ ढालते थे तो आठ भट्ठियों से काँसा साँचे में ढाला जाता था (इर्विन, पृ. 114)।

109. चूँकि भारतीय धातु को अलग-अलग भट्ठियों में पिघलाते थे, अतः पिघली हुए धातु का स्तर अलग-अलग होता था। उसका सबको एक साथ मिलाने पर परिणाम अच्छा नहीं निकलता था, उससे बनने वाली तोप बहुत ख़राब होती थी (इंडियन ट्रैवल्स ऑफ़ *थेवनोट एंड करेरी,* पृ. 62)।

110. इर्विन, 114-15, *जी. यजदानी इन एपीग्राफिया इंडो मोस्लेमिका,* 1915-16, पृ. 51 औरंगज़ेब के शासनकाल की बन्दूक़ का वर्णन करता है। पी.सी. मजूमदार, *मसनद ऑफ़ मुर्शिदाबाद,* पृ. 119, ढलवाँ लोहे से पिटवाँ लोहा बेहतर होता था. (तुलनीय, हिस्ट्री *ऑफ़ टेक्नोलॉजी,* III, पृ. 336-67)।

111. *इंग्लिश फैक्टरीज,* 1665-67, पृ. 165

112. मार्टिन डाराडा, *साउथ चाइना इन दि सिक्सटींथ सेंचुरी अनु.* सी.आर. बोक्सर, लन्दन, 1953, पृ. 273। *हिस्ट्री ऑफ़ टेक्नोलॉजी,* III, पृ. 367

113. *मैनरीक,* I I, पृ. 227-28

114. *इंग्लिश फैक्टरीज,* 1646-50, पृ. 250-256। 1629 में सूरत में अंग्रेज़ कारिन्दे यह रिपोर्ट करते हैं कि वे हथगोलों को हाथ पर रखे घूमते हैं और उनका कोई खरीददार नहीं है। वहीं, पृ. 1665-60, पृ. 198-99

115. बाँसों से आतिशबाज़ी (जो हथगोलों से भी ज़्यादा घातक हैं) बनाने के सन्दर्भ के लिए देखें—*इंग्लिश फैक्टरीज,* 1656-60, पृ. 279

116. समूगढ़ के युद्ध (1658) में इस्तेमाल होने वाले 'बानों' के विवरण के लिए देखें बर्नियर, पृ. 48, उसी युद्ध में इस्तेमाल होने वाले रॉकेट की तरह की पूँछ वाले बमों के लिए मनूची भी देखें, I, पृ. 276। इरविन से तुलनीय, आर्मी ऑफ़ दि इंडियन मुगल्स, 'पृ. 147-51. बान के लिए प्रारम्भिक इतिहास के लिए देखें, इक्तिदार आलम ख़ान 'ओरिजिन एंड डवलपमेंट ऑफ़ गन पाउडर टेक्नोलॉजी इन इंडिया', 1250 1500; *इंडियन हिस्टॉरिकल रिव्यू,* IV, सं. 1, पृ. 27-29

117. जलचक्की का प्रसार फारस में ससानिद काल में हुआ। पवनचक्कियों का सर्वप्रथम सन्दर्भ 9वीं सदी में मिलता है, हालाँकि हो सकता है वे 7वीं सदी में भी प्रचलित रही हों। देखें, फोरबीज, *स्टडीज इन एंशिएंट टेक्नोलॉजी,* II, पृ. 111-116, नीधम, IV, 2, पृ. 255-58

118. पूर्ववर्ती टिप्पणी में उद्धृत अधिकारी विद्वानों के अतिरिक्त, एल्फिंस्टन भी देखें, *एकाउंट ऑफ़ दि किंगडम ऑफ़ काबुल,* I, पृ. 400-02

119. केडरनोस, देखें, आर.सी. मजुमदार, *क्लासिकल एकाउंट्स ऑफ़ इंडिया,* कलकत्ता, 1970, पृ. 441

120. *एल्फिस्टन, एकाउंट ऑफ़ दि किंगडम ऑफ़ काबुल,* पृ. 401-02 मूरक्रॉफ्ट एंड ट्रेबेक, *ट्रैवल्स,* I, पृ. 239-40, लद्दाख, ए. बर्न्स, *ट्रैवल्स इंटू बोखारा,* कराची, 1973, I, पृ. 70 (रावलपिंडी का क्षेत्र)।

121. प्राप्त पत्र, फोस्टर (सं.), VI, पृ. XXVI, से आगरा में यमुना के विषय में कह रहा है।

122. एन.डी. वॉटसन (सं.), *गजेटियर ऑफ़ दि हज़ारा डिस्ट्रिक्ट,* 1907, लन्दन, 1908

123. *नीधम,* IV, 2, पृ. 397-96

124. मुहम्मद अलीख़ान *मिराते-अहमदी,* सप्लीमेंट, नवाब अली (सं. बड़ौदा, 1930, पृ. 249)।

125. देखें *नीधम,* IV, 2, पृ. 88-89। जलचक्कियों में गरारी के सन्दर्भ में ऊपर पृ. 169, 177-80 की राय है कि हालाँकि विट्रयूवियस को ऊर्ध्वमुखी मिल के बारे में ज्ञात था, यूरोप में इसका वास्तविक प्रचार-प्रसार प्रामाणिक तौर पर 12वीं सदी से निर्धारित किया जा सकता है। लकड़ी की गरारी को विस्थापित करके धातु की गरारी कब से इस्तेमाल होने लगी—इस विषय में मुझे कोई परिचर्चा देखने को नहीं मिली। इससे पूर्व इस प्रकार की मिलें पट्ट मिलों की तुलना में किंचित अधिक सक्षम रही होंगी।

126. *रेव पैट्रिक कूपलैंड इन परकाज हिज पिलग्रिम्स,* IV, पृ. 148 किंचित कम शालीनता के साथ, अंग्रेज़ों ने अगले वर्ष हिन्दुस्तानी जहाज़ से बलात चारकोल दीन लिया, वही (III, पृ. 271)।

127. वॉट, *कॉमर्शियल प्रोडक्ट्स ऑफ़ इंडिया,* पृ. 333

128. मैथबोल्ड, *रिलेशंस ऑफ़ गोलकुंडा,* डब्ल्यू.एच. मोरलैंड (सं.) पृ. 32। फिलॉसॉफिकल ट्रांजेक्शंस में हीरों की हिन्दुस्तानी खानों के बाबत अज्ञात विवरण, जिल्द, XII, 1677, लन्दन।

129. मास्टर, II, पृ. 174-74, करेरी, *इंडियन ट्रैवल्स ऑफ़ थेवनोट एंड करेरी,* पृ. 25

130. सुजानराय भंडारी, खुलासु तवारीख, जफ़र हसन (सं.), दिल्ली, 1918, पृ. 75. बर्न्स से तुलनीय, *ट्रैवेल्स लू बोखारा,* I, पृ. 52-54

131. बी.लॉकर, साइनो, ईरानिका, 1919, पृ. 514-5, *फोरबीज, हिस्ट्री ऑफ़ टेक्नोलॉजी, सिंगर* (सं.), III, पृ. 30, एफ. डब्ल्यू. गिब्स, वही, पृ. 690-92

132. *आइने-अकबरी,* I, पृ. 35, (जालौर के स्थान पर जवार पढ़ें), पृ. 505

133. *मनूची,* II, पृ. 71

134. देखें, टी.आर. गै़रोला, *एंशिएंट इंडिया,* XII, पृ. 116-18। नीधम भी, V, 2, पृ. 254-55

135. *इंडियन ट्रैवलस ऑफ़ थेवनोट एंड करेरी,* पृ. 55-56

136. थेवनोट, *इंडियन ट्रैवल्स ऑफ़ थेवनोट एंड करेरी,* पृ. 112, फ्रांसिस मार्टिन, अनु. ए.रे. *इसलामिक हिस्ट्री एंड कल्चर,* 1969, कलकत्ता, पृ. 38, अबुल फ़ज़ल, *आइने-अकबरी,* II, पृ. 110, में इंदूर और निर्मल की ख़ानों का ज़िक्र स्टील की ख़ानों के रूप में करता है. इंदूर को आजकल निजामाबाद कहा जाता है।

137. फ्रांसिस मार्टिन, पूर्वोक्त, स्टील फारस के लिए निर्यात होने वाली वस्तु थी। देखें, *इंग्लिश फैक्टरीज,* 1618-21, पृ. 76-141

138. सिंगर (सं.), *हिस्ट्री ऑफ़ टेक्नोलॉजी* में सी. एस. स्मिथ, III, पृ. 35, जे. स्टोडार्ट भी देखें; 'ब्रीफ एकाउंट ऑफ़ वूज ऑर इंडियन स्टील,' *एशियाटिक जर्नल एंड मंथली रजिस्टर,* V, लन्दन, 1818, पृ. 570-71

139. कनिंघम, *आर्कियोलॉजिकल सर्वे रिपोर्ट्स,* II, 1864-65, पृ. 325

140. हैमिल्टन, I, पृ. 217

141. देखें, अर्थात *इंग्लिश फैक्टरीज,* 1637-47, पृ. 201, 1661-64. पृ. 25-211

142. वही, 1668-69, पृ. 65 (सूरत स्थित कारकूनों को लिखा पत्र जिसमें इंगलैंड से लोहे की आपूर्ति की माँग की गयी थी)।

143. कामिसारियट, मंडेस्लोस ट्रैवल्स, पृ. 17। मार्शल, *नोट्स एंड ऑब्जर्वेशंस इन बंगाल*, 1668-72। एस.ए. ख़ान (सं.), लन्दन, 1929, पृ. 415, एफ.डब्ल्यू. गिब्स से भी तुलनीय, *हिस्ट्री ऑफ़ टेक्नोलॉजी*, III पृ. 696
144. आर.जे. फोरबीज, *एशार्ट हिस्ट्री ऑफ़ दि आर्ट डिस्टिलेशन*, लाइडेन, 1970, पृ. 43-46, 48, 50-51
145. पी.के. गोडे से तुलनीय, *स्टडीज इन इंडियन कल्चरल हिस्ट्री*, I, पृ. 15-37
146. *तुजुके,-जहाँगीरी*, पृ. 132-33
147. *आइने-अकबरी*, I, पृ. 76-77
148. वही, I, पृ. 77, *तुजुके-जहाँगीरी*, पृ. 4-15, *बहरे-अजम*, एस.वी. बादा।
149. बर्नियर, पृ. 253
150. दि ट्रैवल्स ऑफ़ दि एबे कारे, *इंडिया एंड दि नियर ईस्ट*, 1672 से 1674, अनु. लेडी फैसिस्ट, सर चार्ल्स फॉसेट तथा रिचर्ड बर्न (सं.), लन्दन, 1947. V, I, पृ. 227
151. ए.सी. क्रॉम्बी, *मेडिएवल एंड अर्ली माडर्न साइंस*, I, पृ. 137-37. आर.जे. फोरबीज, *शॉर्ट हिस्ट्री ऑफ़ दि आर्ट डिस्टिलेशन*, पृ. 87 पन्ना।
152. *फोरबीज*, पूर्वोक्त, पृ. 39-40, 46
153. वही, पृ. 54
154. बरनी, *तारीख़े फीरोजशाही*, सैय्यद अहमद (सं.), पृ. 285
155. वही, पृ. 156, मुझे लगता है कि बाना-ए. खुमारी के स्थान पर बेखुमारी पढ़ लिया गया है। अन्यथा इन शब्दों की व्याख्या नहीं हो सकती। फ़ारसी बाना-ए. खुमारी के स्थान पर बेखुमारी पढ़ लिए जाने की पूरी सम्भावना है।
156. यह सम्भावना है कि एल्कोहल के आसवन की प्रक्रिया से मुसलमान पहले से परिचित रहे हों, किन्तु धार्मिक निषेधों के कारण वे अपने ग्रन्थों में उसके तौर-तरीक़ों को निर्धारित न कर सके. अतः इसे निर्णायक नहीं समझा जाना चाहिए. आसवित एल्कोहल का उल्लेख पुस्तकों में नहीं मिलता।
157. *आइने-अकबरी*, I, पृ. 51
158. *मुंडी*, II, पृ. 77, *इंग्लिश फैक्टरीज इन इंडिया*-1634-36, पृ. 113, वही, 1655-60, पृ. 66, बर्नियर, पृ. 356-57। मार्शल, पृ. 428-29
159. *बहरे-अजम*, एस.वी. शोरा।
160. आर.जे. फोरबीज, *स्टडीज इन एंशिएंट टेक्नोलॉजी*, IV, लाइडेन 1966, पृ. 105
161. *तुजुके-जहाँगीरी*, पृ. 79
162. मनूची, II, पृ. 401
163. मार्शल, पृ. 399। *बहरे-अजम से तुलनीय*, एस.वी. आइना
164. चश्मों का आविष्कार यूरोप में 13वीं सदी में हुआ। सिर्फ़ उत्तल लेंस के साथ अवतल लेंस 16वीं सदी में आये (ए.सी. क्रोम्बी, *मेडिएवल एंड अर्ली माडर्न साइंस*, I, पृ. 231-32; नीधम, IV, I, पृ. 118-21); पी.के. गोडे ने भारत में चश्मों के विकास का अध्ययन किया है और उन्हें 16वीं सदी के पूर्वार्द्ध के विजय नगर से प्राप्त एक ग्रन्थ में उत्तल

चश्मों का सन्दर्भ मिला है (*स्टडीज इन इंडियन कल्चरल हिस्ट्री,* III, पृ. 106-7), अकबर के समय में चश्मे लघु चित्रों में दिखायी पड़ते हैं। (देखें, *इवान स्तिहूकाइन, मिनियेचर्स इंडिनेस ड्यू मूसे दो लूवर,* पेरिस, 1929, प्लेट, IIअ, एस.पी.वर्मा, *आर्ट एंड मैटीरियल कल्चर,* पृ. 113)। 1625 ई. में अंग्रेज़ों ने आसफ ख़ान को उनके द्वारा इच्छा करने पर दो जोड़े चश्मे भेंट किये थे. (*इंग्लिश फैक्टरीज,* 1624-29, पृ. 93)। एम.सी. दीक्षित देखें, *हिस्ट्री ऑफ़ इंडियन ग्लास,* बम्बई, 1969, पृ. 103-04। शायद रॉक क्रिस्टल लेंस भारत में बनाये जाते रहे होंगे---सन्दर्भ के लिए देखें, बहरे-अजम, एस.वी.ऐनक।

165. नीधम, IV, 2, पृ. 119-21, सिंगर (सं.), *हिस्ट्री ऑफ़ टेक्नोलॉजी,* डी.जे. प्राइस देखें, III, पृ. 628-29। यूरोप की बढ़ईगिरी में पेंच का व्यापक इस्तेमाल 17वीं सदी में आकर ही हुआ (आर.वाई. सिंगर, वही, II, पृ. 242, पाद टिप्पणी)।
166. *ऊसर,* पृ. 361-62।
167. *ट्रैवल्स ऑफ़ थेवनोट एंड करेरी,* पृ. 66
168. वही, पृ. 138, ल्यूबोर हाजेक, *इंडियन मिनियेचर्स ऑफ़ दि मुग़ल स्कूल,* प्रेम, 1960, मूल पुस्तक के हाशिए तथा प्लेट-16 (लघुचित्र 17वीं सदी के प्रासंगिक वर्षों के हैं)।
169. फ्रायर, I पृ. 285
170. नीधम, IV, 2, पृ. 102
171. फ्रायर, I, पृ. 85
172. इन आविष्कारों की व्याख्या के लिए देखें, एम.ए. अल्वी तथा ए. रहमान, फतुउल्ला, शिराजी, नयी दिल्ली, 1968, पृ. 4-13
173. लिन व्हाइट, पृ. 113-14
174. सूरत की टकसाल से प्राप्त होने वाली मात्रा के लिए देखें, डिपार्टमेंट ऑफ़ आर्कोयोलोजी, सूरत फैक्टरी; इनवर्ड लैटर बुक, 1946-47, पृ. 130 (सन्दर्भ कुमारी ए. हसन से प्राप्त हुआ)। मार्शल, पृ. 117 पर राजमहल की टकसाल में 1617 ई. सिक्कों की ढलाई का ज़िक्र करता है।
175. नीधम, IV, 2, पृ. 143-44। बी. राघवन से तुलनीय। *भोज का शृंगार प्रकाश,* मद्रास, 1963, पृ. 653
176. देखें, डी. बैरिट तथा बी.ग्रे. पेंटिंग्स ऑफ़ इंडिया, 1963 पृ. 118। पर दी गयी प्लेट, इवान स्टहोकाइन, *ला पेंटयोर इंडीने अ ऐपोकेस डेस, ग्राइंड्स मोगल्स,* प्लेट्स, LXIV, तथा 1XXXIV
177. निकोलस डाउन टाउन, परकाज हिज पिलग्रिम्स, III, पृ. 264
178. देखें, एम.पी. खरेघाट, एस्ट्रोलैब्स, डी.डी. कपाडिया (सं.), बम्बई, 1950
179. मैंने ब्लॉकमेन (सं.) की छपी हुई पुस्तक का इस्तेमाल किया है, जिसमें प्रत्यक्षतः संशोधन भी है, II, पृ. 29-47। सर्वश्रेष्ठ पाण्डुलिपि में इन सारणियों में अनेक रिक्त स्थान हैं।
180. पी.के. खरेगत, पूर्वोक्त, पृ. VII, 3-54
181. मार्शल, पृ. 79, 103
182. अकबर के पुस्तकालय के लिए तैयार किये गये *अकबरनामा* की एक प्रति में तैमूर के जन्म को दिखाते हुए लघुचित्र को देखें—ब्रिटिश म्यूज़ियम, ओरिएंटल, 12988,

पन्ना 34 अ, डब्ल्यू. आर्चर, *इंडियन मिनियेचर्स*, प्लेट 20, ल्यूबोर हाजेक, *इंडियन मिनियेचर्स ऑफ़ दि मुग़ल स्कूल*, प्लेट 18, फैजी सरहिन्दी के शब्दकोश में रेतघड़ी का ज़िक्र किया गया है. मदारुल अफाजील (1592 ई. में पूर्ण), लाहौर संस्करण, जिल्द, II, पृ. 600 (एस.वी.शीशा–दाए सात), *बहरे-अजम* भी देखें, एस.वी. शीशा-ए-सात। रेतघड़ी, यूरोप में 14वीं सदी में प्रचलन में आयी प्रतीत होती है तथा रिंगडायल 15वीं सदी में (*हिस्ट्री ऑफ़ टेक्नोलॉजी,* सिंगर (सं.), III,. पृ. 597, 98, 601)।

183. मनूची, II, पृ. 70. मार्शल भी देखें, पृ. 281, जयसिंह, जीजए. मुहम्मदशाही, ब्रिटिश म्यूजियम, अतिरिक्त पाण्डुलिपि, 14373, पन्ना, 22 अब रेतघड़ी के इस्तेमाल के सन्दर्भ में।

184. मुंडी, II, पृ. 167, मार्शल, पृ. 281, बोरे, पृ. 195-97

185. सामान्यतः यह इसलामी जगत की असफलता मानी जाती है। देखें, ओ कुर्ज, *यूरोपियन क्लॉक्स एंड वाचिज इन दि नीयर ईस्ट*, लन्दन एंड लाइडेन, 1975

186. रो, *परकाज हिज पिलग्रिम्स*, IV, पृ. 367

187. *इंग्लिश फैक्टरीज,* 1646-20, पृ. 338

188. ओविंगटन, पृ. 166-78, यह दिलचस्प है कि भवावलपुर के दरबार में एक भारतीय कारीगर ने प्रत्यक्षतः एक बहुत अच्छी मशीन घड़ी बनायी थी, जिसका एल्फिस्टन ने 1808 ई. में निरीक्षण किया था (*एकाउंट्स ऑफ़ दि किंगडम ऑफ़ काबुल,* लन्दन, 1839 V, पृ. 25.)

189. 1612 ई. में मोखा में मोहरों को देखकर एडमिरल सर्रास ने आश्चर्य व्यक्त किया था कि ये मोम की नहीं, स्याही की मोहरें हैं। देखें, *परकाज हिज पिलग्रिम्स*, III पृ. 380

190. ओविंगटन, पृ. 149

191. बर्नियर, पृ. 254, ओविंगटन भी देखें, पृ. 166

192. पेल्सार्ट, *जहाँगीर्स इंडिया,* अनु. गेल एंड मोरलैंड, पृ. 60

अध्याय ग्यारह

मुग़लकालीन भारत की अर्थव्यवस्था में पूँजीवादी विकास की सम्भावनाएँ

जब हम अपने आप से यह सवाल करते हैं कि ब्रिटिश शासन की स्थापना से पहले भारत में उद्योगीकरण क्यों नहीं हो सका अथवा प्रकारान्तर से यह सवाल किया जाता है कि भारत के उपनिवेश बनने से पहले यहाँ पूँजीवादी अर्थव्यवस्था का विकास क्यों नहीं हुआ तो वस्तुतः हम उस पुराने और विचारोत्तेजक विवाद को ही कहीं गहरे जाकर छू रहे होते हैं जिसके तहत कभी ब्रिटिश साम्राज्यवाद के समर्थक और विरोधी एक-दूसरे के आमने-सामने थे। ब्रिटिश शासन के प्रशंसकों को सामान्यतः यह लगता था कि इस असफलता के पीछे कहीं भारतीय समाज की अन्तर्निहित कमज़ोरियाँ थीं। शक्तिहीन बनाने वाली जलवायु का प्रभाव, पूर्वी निरंकुशतावाद की विरासत, अराजकता के अनगिनत दौर (जिनके तहत पूँजी का संचय न हो सका), उत्पादन की आदिम तकनीकें, अशिक्षा और अज्ञान, जातिव्यवस्था की कट्टरताएँ, भाग्यवाद जैसे घटकों ने कुल मिलाकर ऐसी परिस्थितियाँ और अर्थव्यवस्था उत्पन्न कीं जिनके तहत जीवनयापन की न्यूनतम आवश्यकताओं की पूर्ति ही हो सकती थी।

ऐसी दयनीय स्थिति से शुरू करके ब्रिटिश सरकार, वह चाहे जो करती, भारतीय अर्थव्यवस्था को यूरोप के स्तर तक नहीं उठा सकती थी। ब्रिटिश साम्राज्य के आलोचकों का नज़रिया इससे भिन्न था। उनका आग्रह यह था कि भारतीय अर्थव्यवस्था की आदिम प्रकृति पर ज़रूरत से ज़्यादा ज़ोर नहीं देना चाहिए। उन्होंने भारतीय अर्थव्यवस्था के पिछड़ेपन के लिए ब्रिटिश शासन के नकारात्मक प्रभावों को ज़िम्मेदार ठहराया, जैसे भारत के धन का अपवाह (विदेश जाना), हस्तशिल्पों का विनाश, भारी कराधान, भारतीय उद्योग तथा पूँजी के प्रति भेदभावपूर्ण नीति आदि।

यहाँ यह स्पष्ट रूप से लक्षित किया जा सकता है कि हालाँकि इस विवाद के तहत आधुनिक भारत के आर्थिक इतिहास से सम्बन्धित अनेक महत्त्वपूर्ण पक्षों पर विचार हो रहा था, लेकिन आंशिक रूप से यह बहस अंग्रेज़ी राज से पूर्व की भारतीय अर्थव्यवस्था के विकास की सम्भावनाओं से भी जुड़ी हुई थी।[1]

इस विषय के सम्बन्ध में हमारे पास लम्बे समय तक बहुत कम सूचना रही है। उक्त बहस के व्यापक परिप्रेक्ष्य से प्रेरित होकर जब डब्ल्यू.एच. मोरलैंड तथा बृजनारायण जैसे विद्वानों ने, विशेषतः समकालीन साक्ष्यों के आधार पर मुग़लकालीन अर्थव्यवस्था का अध्ययन और विश्लेषण करने का प्रयास किया, उसके बाद इस दिशा में बहुत काम हुआ।[2] अनेक सामान्य धारणाओं को, जो उस समय तक बहुत मान्य और प्रचलित थीं अब प्रचारवाद का हिस्सा मान लिया गया। हालाँकि आज भी वे धारणाएँ विद्वानों के लेखन में समय-समय पर उभरती रहती हैं। तब से अब तक हमारी जानकारी में बहुत कुछ वृद्धि हो चुकी है। दुर्भाग्यवश, अभी भी जो सूचना हमारे पास है, वह पर्याप्त नहीं है; उसमें बड़े अन्तराल हैं और अनेक महत्त्वपूर्ण पक्षों के सम्बन्ध में बहुत ही कम आँकड़े उपलब्ध हैं। किन्तु अपने साक्ष्य की सीमा को ध्यान में रखते हुए भी, हम उक्त सन्दर्भ में कुछ सामान्य निष्कर्ष निकाल सकते हैं। हालाँकि ऐसे अनेक सामान्यीकरण आजमायशी तौर पर अथवा अनुमानित रूप से ही पेश किये गये हैं। फिर भी इन सामान्य ढंग के निष्कर्षों में उन समस्याओं का संकेत अवश्य होगा जिनको सुलझाने का प्रयास, मुग़लकालीन भारतीय अर्थव्यवस्था का अध्ययन करने वाले इतिहासकार करते रहे हैं।

प्रस्तुत आलेख में, मैं औपचारिक रूप से विकास की सम्भावनाओं पर नहीं, अपितु पूँजीवादी विकास की सम्भावनाओं पर विशेष रूप से विचार कर रहा हूँ। विवेच्य काल की हमारी समाजव्यवस्थाओं के अतिरिक्त, अन्य सभी समाजव्यवस्थाओं के सन्दर्भ में यह तर्कसंगत ढंग से स्थापित किया जा सकता है कि आधुनिक उद्योग (जो विकास की मुख्य शक्ति है) पूँजीवाद से होकर ही गुज़रता है। अतः यह मानकर चलना चाहिए कि किसी भी पूर्व-आधुनिक अथवा आधुनिक समाजव्यवस्था के विकास की क्षमताओं का आकलन इस तथ्य पर निर्भर करता है कि उक्त समाजव्यवस्था की वास्तविक पूँजीवादी सम्बन्धों से निकटता अथवा दूरी कितनी है। अतः उक्त सन्दर्भ में इन दोनों प्रश्नों की प्रकृति एक जैसी मानी जानी चाहिए। यही नहीं, अधिक जटिल प्रश्न यह पता लगाना है कि पूँजीवादी सम्बन्धों से क्या तात्पर्य है। स्पष्टता और सुसंगतता की दृष्टि से मैंने प्रस्तुत आलेख में पूँजी, पूँजीवाद और कुछ अन्य शब्दों के सन्दर्भ में

मार्क्सवादी परिभाषा को स्वीकार किया है। अतः हमारे लिए पूँजीवादी सम्बन्धों का अभिप्राय महज़ मुद्रा अथवा बाज़ार के सम्बन्ध ही नहीं हैं, अपितु एक विशिष्ट उत्पादन पद्धति के तहत बनने वाले सम्बन्ध हैं। इन सम्बन्धों में उत्पादक को उत्पादन करने वाले अपने औज़ारों से दूर कर दिया जाता है। वह अपना श्रम बेचने वाला महज़ एक मज़दूर होता है, जबकि उत्पादन करने वाले औज़ार कच्चे माल तथा तैयार उत्पाद पर उनके स्वामी (पूँजीपति) का हक होता है। यह परिभाषा वस्तुतः पूँजीवाद को ठीक-ठीक उसके आर्थिक संगठन तक ही सीमित कर देती है। एक ऐसा आर्थिक संगठन जो औद्योगिक क्रान्ति के साथ अस्तित्व में आया। हो सकता है यह परिभाषा उन लोगों को स्वीकार्य न हो जो पूँजीवाद के सार को एक ऐसी अर्थव्यवस्था के रूप में देखते हैं जो बाज़ार पर निर्भर करती है। ऐसे लोग पूँजीवाद का उद्‌भव 18वीं और 19वीं सदी से बहत पहुले देखते हैं।[3] फिर भी, मुग़लकालीन अर्थव्यवस्था के सम्बन्ध में हम अपने तर्क और निष्कर्ष पहले से निर्धारित करके नहीं चलना चाहते। हाँ, इतना संकेत अवश्य किया जा सकता है कि मुग़लकाल में मुद्रा पर आधारित अर्थव्यवस्था सुविकसित तो थी, किन्तु अभी उसमें मशीन पर आधारित उद्योग का विकास न हो सका था। अतः पूँजीवाद की सुसंगत परिभाषा निश्चित न कर पाने की स्थिति में, एक संकीर्ण सी परिभाषा को स्वीकार कर लेना ही बेहतर होगा। साथ ही, पूँजीवादी विकास के सन्दर्भ में मुद्रा-संचालित अर्थव्यवस्था के प्राथमिक महत्त्व को भी स्वीकार करना होगा।[4] यह दीगर बात है कि हम उसका महत्त्व पूँजीवादी विकास के उद्‌गम के रूप में स्वीकार न करें। और इसीलिए हम यहाँ मुग़लकालीन अर्थव्यवस्था के विभिन्न क्षेत्रों में मौद्रिक सम्बन्धों के स्तर और प्रकृति तथा जिन्सी-उत्पादन के बाबत भी विचार-विमर्श करेंगे।

I

पूँजीवाद का अभिप्राय पूँजी का वर्चस्व होता है और पूँजी में संचय का अर्थ अन्तर्निहित होता है। यह संचय प्रत्यक्ष रूप से अथवा उत्पादन की प्रक्रिया के तहत, अथवा अतिरिक्त उत्पादन (अर्थात उत्पादनकर्ता के जीवनयापन पर होने वाले ख़र्च को निकालकर कुल उत्पादन) के माध्यम से अर्जित होता है। यहाँ यह तर्क दिया जा सकता है कि पूँजीवाद का उद्‌भव उसी अवस्था में सम्भव है जब अतिरिक्त उत्पादन एक निश्चित अल्पमत स्तर प्राप्त कर लेता है, जिसके तहत प्राथमिक ढंग का संचय (आदिम संचय) होने लगता है। यदि प्रति व्यक्ति उत्पादन बहुत कम है तो बचत अपने अल्पतम स्तर तक नहीं पहुँच सकती तथा संचय

की प्रकिया शुरू नहीं होगी। चूँकि यह कहा गया है कि भारतीय अर्थव्यवस्था ब्रिटिश उपनिवेश काल से पूर्व ठीक ऐसी ही स्थिति में थी[5], अतः यहाँ हम इस मुद्दे पर भी थोड़ी चर्चा करेंगे।

वस्तुतः मुग़लकालीन भारत के सन्दर्भ में यह कृषि-उत्पादन के स्तर का प्रश्न है। हालाँकि अभी हमें 17वीं सदी की भारतीय कृषिव्यवस्था के विषय में बहुत कुछ जानना बाक़ी है, फिर भी उक्त सन्दर्भ में कुछ बुनियादी तथ्य भली भाँति स्थापित किये जा चुके हैं। पहले तो यह कि उस समय प्रचुर मात्रा में भूमि उपलब्ध थी। क्षेत्रफल सम्बन्धी आँकड़ों तथा अन्य भौगोलिक सूचना के आधार पर मुग़लकाल के सम्बन्ध में हमें यह संकेत अवश्य मिलता है कि उस समय कृषिक्षेत्र का विस्तार बीसवीं सदी के प्रारम्भ में उपलब्ध कृषिक्षेत्र की तुलना में गंगा घाटी के मैदान तथा मध्य भारत में आधे तथा अन्य क्षेत्रों में दो-तिहाई से लेकर एक बटे पाँचवें भाग तक था।[6] इससे कतिपय तर्कसंगत निष्कर्ष निकाले जा सकते हैं। यह कि 19वीं सदी की तुलना में 16वीं सदी में कृषि अपेक्षाकृत अधिक उपजाऊ ज़मीन तक सीमित थी और ऊसर क्षेत्र तथा चरागाही मैदान का विशाल क्षेत्र उपलब्ध था। अतः अधिक संख्या में पशु पाले जा सकते थे। इससे यह संकेत मिलता है कि न केवल प्रति व्यक्ति पशुपालन द्वारा उत्पादन अधिक मात्रा में होता था बल्कि कृषि कार्यों में पशुशक्ति का इस्तेमाल भी ज़्यादा होता था; और प्रत्येक घर-परिवार के पास कृषि-भूमि-क्षेत्र अधिक-से-अधिक मात्रा में होगा और अन्ततः यह कि किसान बड़ी मात्रा में दो फ़सलें उगाते रहे होंगे। साथ ही, 16वीं तथा 19वीं सदी की कृषि तकनीकों के बीच कोई बड़ा अन्तर नहीं था।[7] निस्सन्देह 19वीं सदी का एक नया और महत्त्वपूर्ण घटक यह था कि ब्रिटिश सरकार ने सिन्धु घाटी तथा गंगा घाटी के ऊपरी मैदान में नहरों का व्यापक जाल बिछाकर सिंचाई की व्यवस्था की। यह भी उल्लेखनीय है कि रेल मार्गों ने कुछ ऐसी फ़सलों की पैदावार में सहूलियत पहुँचाई थी जो कुछ ख़ास इलाक़ों के लिए ही सर्वाधिक उपयुक्त थीं। कुछ नयी फ़सलों की खेती में 19वीं सदी में अत्यधिक विस्तार हआ जैसे मक्का, रोपाई वाली फ़सलें, चाय, कॉफ़ी। इन सभी घटकों पर विचार करते हुए भी ऐसा नहीं लगता कि 19वीं सदी की तुलना में 16वीं सदी में प्रति व्यक्ति कृषि-उत्पादन अपेक्षाकृत कम था। ऐसा भी नहीं लगता कि मुग़लकालीन भारत प्रति व्यक्ति कृषि उत्पादकता के क्षेत्र में पश्चिमी यूरोप समेत अन्य समकालीन समाजों की तुलना में किसी भी तरह पीछे हो।[8]

फिर भी बचत के आकलन के लिए महज़ उत्पादन पर विचार करना ही काफ़ी नहीं है। वस्तुतः संचय की प्रकिया सीधे-सीधे जितना बचत की मात्रा से प्रभावित

होती है, उतना उत्पादन की मात्रा से नहीं। अतः यह गम्भीर रूप से विचारणीय है कि जीवन-निर्वाह पर होने वाला व्यय क्या था। इसे बहुत परिश्रमपूर्वक सिद्ध करने की आवश्यकता नहीं है कि ठण्डी जलवायु की तुलना में उष्ण कटिबन्धीय अथवा अर्ध उष्ण कटिबन्धीय जलवायुओं की तुलना में जीवनयापन पर होने वाला व्यय अपेक्षाकृत कम होता है। भारत के अन्दर जीवनयापन पर होने वाला व्यय सर्वत्र एक जैसा नहीं था और प्रायः वह बदलता रहता था। वस्तुतः ज़मीन की उत्पादकता के साथ उसका आनुपातिक सम्बन्ध प्रतिलोमी ही था। उदाहरण के लिए, 17वीं सदी के उत्तर भारत के पर्यवेक्षक को यह आश्चर्यजनक लगता था कि दक्षिण भारत में बड़े विशाल मन्दिर हैं क्योंकि ज़मीन बहुत उपजाऊ थी और उत्तर भारत की तुलना में जनता की जीवनयापन की आवश्यकताएँ बहुत कम थीं। अतः बचत की मात्रा बहुत ज़्यादा थी।[9] इसमें कोई सन्देह नहीं कि भारत में पूँजीवादी विकास की अनुपस्थिति की व्याख्या मात्र निम्न स्तरीय कृषि-उत्पादन से नहीं की जा सकती। वस्तुतः कृषि के अतिरिक्त उत्पादन के अल्पतम आकार को देखते हुए ऐसा माना जा सकता है (और नहीं भी) कि इस अतिरिक्त उत्पादन की वसूली तथा इसके वितरण में ही कहीं पूँजीवाद के बीज निहित हैं। कृषि-बचत की वसूली और उसका बँटवारा अनेक रूपों में हो सकता है जिन्हें सैद्धान्तिक रूप से दो बुनियादी रूपों में वर्गीकृत किया जा सकता है :

(अ) उत्पादनकर्ता पर बाहर से थोपी गयी माँग (अर्थात लगान);

(ब) वसूलीकर्ता द्वारा स्वयं उत्पादन को संग्रहित करने की प्रक्रिया में होने वाला लाभ (अर्थात किसान की बचत, पूँजीवादी किसान के लाभ)।

चूँकि यह विभाजन महज़ सैद्धान्तिक है, ऐतिहासिक नहीं, अतः इसमें कोई कालक्रमानुसार संगति नहीं है। प्रत्येक में अनेक प्रकार के सम्बन्धों के प्रारूप हैं जो आर्थिक विकास के विभिन्न पड़ावों पर पाये जाते हैं। हालाँकि पूँजीवादी ढंग की खेती का सम्बन्ध 'ब' रूप से है, फिर भी दास श्रमिकों द्वारा की जाने वाली खेती भी 'ब' रूप की ही एक श्रेणी है। दूसरी ओर, लगान का भुगतान जिन्स के रूप में हो अथवा नक़द रूप में, दोनों ही 'अ' श्रेणी के अन्तर्गत आते हैं। किन्तु लगान के भुगतान की भूमिका (नक़द रूप में) बिकाऊ माल के उत्पादन को प्रोत्साहित करने में अधिक महत्त्वपूर्ण मानी जाती है, क्योंकि इसी से पूँजीवाद का पथ-प्रशस्त होता है। 'अ' रूप को 'ब' रूप के ऊपर थोपा जा सकता था। जैसे पूँजीवादी किसान ज़मींदार को अपना लगान देता था। अतः 'अ' रूप अपने आप में किसी विशिष्ट उत्पादन पद्धति का आधार नहीं बन सकता था।

मुग़लकालीन भारत में बचत की वसूली का जो प्रधान रूप था, वह रूप वह था जिसे, हमने 'अ' श्रेणी के अन्तर्गत रखा है। इसके दो विशिष्ट तत्त्व हैं; पहला, निजी ज़मीन पर किसान द्वारा की जाने वाली खेती (उत्पादन पद्धति के रूप में) तथा दूसरा, भू-राजस्व (जो बचत के अधिकांश की वसूली का प्रतीक है)। अतः कृषि-क्षेत्र में पूँजीवादी तत्त्वों की सम्भावना की तलाश का कार्य उक्त दोनों तत्त्वों की परस्पर अन्तःक्रिया के सूक्ष्म अध्ययन से ही शुरू होना चाहिए।

उक्त सन्दर्भ में हमारे पास पर्याप्त सूचना है और हम आत्मविश्वास के साथ यह कह सकते हैं कि कुछ दुर्लभ अपवादों को छोड़कर भारत की निजी ज़मीन पर कृषक आधारित खेती व्यक्तिगत स्तर पर संगठित थी। प्रत्येक किसान के पास अपना अलग कृषि भू-खण्ड होता था। प्रचुर मात्रा में भूमि उपलब्ध होने के कारण अधिकांश क्षेत्रों में ज़मीन का या तो कोई मूल्य नहीं होता था या बहुत कम मूल्य होता था, किन्तु बीज और पशु किसान की सम्पत्ति के महत्त्वपूर्ण तत्त्व थे। अन्य तत्त्वों को यदि छोड़ भी दिया जाये तो महज़ इनके व्यक्तिगत स्वामित्व के आधार पर कृषक-समाज में स्तरभेद अवश्य पैदा हुआ होगा। साथ ही, भारतीय ग्राम एक बन्द, पारम्परिक सामाजिक और आर्थिक इकाई का आभास देता था।[10] किसान परिवारों की सघन बसावट तथा अधिक सुरक्षित स्थान के लिए प्रवासी किसानों की एक समूह में चलने की आवश्यकता, कुल और जाति के ढाँचे पर आधारित भारतीय ग्राम समुदाय के अन्तर्गत किसानों के सामूहिक संगठन का आधार थी। इस ग्राम समुदाय से जुड़े होते थे वंश-परम्परा से चले आते कारीगर तथा गाँव के टहलुआ। ये किसानों को उनकी आवश्यकता की वस्तुएँ और सेवाएँ प्रदान करते थे। किसान उनको सामूहिक (चूँकि समुदाय के रूप में उनके पास वित्तीय धन-संचय होता था) तथा व्यक्तिगत रूप से, परम्परागत रूप से सामान्यतः जिन्स के रूप में अथवा भूमि-आबंटन के द्वारा भुगतान करते थे।[11] एक निश्चित सीमा तक भारतीय ग्राम एक स्थायी इकाई था। अपने उपभोग की आवश्यकता के सन्दर्भ में वह आत्मनिर्भर था। अतः यह लक्षित करना मुश्किल है कि आन्तरिक विकास की प्रक्रिया के तहत भारतीय ग्राम समुदाय के क्लासिकीय रूप के भीतर बाज़ारव्यवस्था अथवा पूँजीवादी तत्त्वों का उद्भव कैसे हो सकता है, चाहे उत्पादन का संगठन व्यक्तिगत स्तर पर हो और कृषक वर्ग के अन्दर स्तर भेद मौजूद हो।

और न ही किसी स्थानीय धनी व्यक्ति द्वारा बचत की सामान्य ढंग की वसूली से कोई परिवर्तन होगा। यदि जो कुछ वसूल किया गया है; वह जिन्स के रूप में है और उसका उपभोग सीधे-सीधे उस धनी व्यक्ति के घर हो गया है अथवा उसे उसके नौकर-चाकरों में बाँट दिया गया है।[12] ज़मींदारों द्वारा की

गयी वसूली के सन्दर्भ में भी यह बात उतनी ही सही है। किसान की उपज में उनका वंशानुगत रूप से हिस्सा होता था। अवध से प्राप्त एकमात्र उदाहरण में जिसमें एक किसान की उपज में ज़मींदार का हक़ दस्तूरी दर से था (जो जिन्स के रूप में वसूल किया जाता था, अर्थात 10 सेर प्रति बीघा) वह उसे नक़द रूप में बदल कर और कम कर देता है (अर्थात एक ताँबे का सिक्का प्रति बीघा)।[13]

बहरहाल मुग़लकालीन भारत में, लगान में ज़मींदार का हिस्सा निश्चित रूप से गौण था। यह नाम मात्र के लिए था, अर्थात उत्तर भारत में भू-राजस्व का 10 प्रतिशत और गुजरात में 26 प्रतिशत।[14] दूसरे शब्दों में, भू-राजस्व ही लगान के अधिकांश का प्रतिनिधित्व करता था।[15] इसलिए उसकी प्रकृति तथा उसके परिमाण का अध्ययन करना तथा ग्रामीण अर्थव्यवस्था के सन्दर्भ में उसके परिणामों और प्रभावों की समीक्षा करना अत्यन्त आवश्यक है।

जिसे हम भू-राजस्व के रूप में ही देखते हैं, वह माल औपचारिक रूप से भूमि से प्राप्त लगान नहीं था, लेकिन वह फ़सल पर लगाया कर था। यह बुनियादी रूप से फ़सल का ही एक हिस्सा था। फ़सल के बँटवारे के आधार पर (अर्थात बँटाई द्वारा) सीधे-सीधे रूप में इसकी उगाही की जाती थी। किन्तु व्यावहारिक स्तर पर अधिक जटिल (और प्रशासनिक स्तर पर कम श्रम-साध्य) तरीक़ों को अपनाया गया। उदाहरण के लिए, राजस्व जिन्स के रूप में आयद किया गया, किन्तु माँग[16] फ़सल वाली ज़मीन की पैमाइश तथा पैमाइश के तहत उस इलाक़े की फ़सल की अनुमानित दर के आधार पर निर्धारित की जाती थी, ताकि कुल फ़सल का आकलन किया जा सके (जिसे कानकूत कहा जाता था)। राजस्व उपज का एक हिस्सा ही था, अतः कुल राजस्व की माँग को जिन्स के रूप में व्यक्त किया जा सकता था, किन्तु बाद में उसे बाज़ार दर पर (या मनचाही दर पर) नक़द रूप में बदल दिया जाता था। सर्वाधिक विकसित रूप में और जो कुछ इलाकों में सर्वाधिक प्रचलित था, मानक नक़द दर से क्षेत्रफल विशेष को इकाई मानकर लगाया जाता था। यह दर फ़सल (ज़ब्त) के अनुसार बदलती रहती थी। यहाँ भी तालिका बनाने के उद्देश्य से राजस्व की परिकल्पना फ़सल की एक निश्चित राशि के रूप में निर्धारित करनी पड़ती थी। ऐसा इसलिए भी करना पड़ता था चूँकि किसी भी खेत को आकलन की इस पद्धति के तहत किसी भी पूर्वोल्लिखित प्रणाली (ज़ब्त अथवा कानकूत) के तहत रखा जा सकता था। सामान्यतः ऐसा लगता है कि राजस्व के रूप में उपज का हिस्सा उत्तर भारत तथा दकन के अधिकांश इलाक़ों में एक-तिहाई से लेकर आधे हिस्से तक होता था, किन्तु बंजर इलाक़ों में कुछ कम तथा उपजाऊ इलाक़ों में बहुत ज़्यादा होता था।[17]

सैद्धान्तिक रूप से राजस्व की माँग प्रत्येक किसान के लिए उसकी ज़मीन तथा उसके द्वारा उगाई जाने वाली फ़सलों के आधार पर व्यक्तिगत रूप से निर्धारित की जाती थी। किन्तु, वस्तुतः सारे गाँव को एक इकाई मानकर ही उसका राजस्व निर्धारित करके भुगतान करने के लिए कहा जाता था।[18]

बावजूद इसके कि यह बुनियादी रूप से उपज का ही एक हिस्सा होता था, भू राजस्व प्रायः नक़द रूप में ही वसूल किया जाता था। सिर्फ़ ज़ब्त के तहत ही नहीं, अपितु अन्य प्रणालियों के तहत भी राजस्व की माँग को नक़द रूप में तब्दील कर लिया जाता था। प्रायः जब एक गाँव पर उसे निर्धारित किया जाता है तो वह धनराशि की शक्ल अख़्तियार कर लेता है, उसका निर्धारण भी बड़े मनमाने ढंग से होता है। नक़द भुगतान की पद्धति दिल्ली क्षेत्र में 14वीं सदी की शुरुआत से स्थापित दिखायी पड़ती है।[19] मुग़लकालीन भारत के सिलसिले में उपलब्ध साक्ष्य से यह साफ़ पता चलता है कि सारे साम्राज्य में राजस्व की वसूली का काम जिन्स की अपेक्षा नक़द रूप में कहीं अधिक प्रचलित है, हालाँकि कहीं-कहीं इसके स्थानीय अपवाद भी मिलते हैं[20] और किन्हीं इलाक़ों में कुछ काल तक एक पद्धति से दूसरी पद्धति को स्वीकार करने तक संक्रमण काल की स्थिति भी रही। यदि कभी राजस्व की वसूली जिन्स के रूप में की भी गयी तो अधिकारियों ने इसे या तो सीधे-सीधे उपयोग के लिए वसूला अथवा भण्डारण के लिए, किन्तु बिक्री के लिए नहीं।[21]

उभरते हुए नये शासक वर्ग के साथ (जिसके बीच यह राजस्व वितरित होता था) भू-राजस्व की विशेषताएँ ऐतिहासिक रूप से गुँथी हुई थीं। किसान से राजसी ख़ज़ाने के लिए राजस्व, या तो सीधे ही बादशाह अथवा उसके अधिकारियों द्वारा वसूला जाता था अथवा उसके सुपुर्ददार स्वयं अपने लिए वसूल करते थे। जिन इलाक़ों का राजस्व शाही ख़ज़ाने में जाता था, उन्हें 'ख़ालिसा' कहते थे। 'ख़ालिसा' इलाक़े सारे साम्राज्य में बिखरे हुए थे और उनका कुल क्षेत्रफल भी अलग-अलग था। 1647 ई. में 'खालिसा' क्षेत्र से प्राप्त होने वाला अनुमानित राजस्व कुल राजस्व का लगभग 13.6% था।[22] शेष इलाक़े में जागीरें होती थीं। ये वे इलाक़े होते थे जिनका राजस्व बादशाह अपने मनसबदारों में बतौर उनके व्यक्तिगत वेतन तथा उनके सैनिक साजो-सामान के रख-रखाव के लिए बाँट देता था। ऐसे सुपुर्ददारों को जागीरदार कहा जाता था। किन्तु सुपुर्ददार अपना वेतन (आंशिक रूप में या पूरा-पूरा) नक़द रूप में शाही ख़ज़ाने से प्राप्त करते थे। वस्तुतः ये मनसबदार, ख़ासतौर से जिनका दर्जा ऊँचा होता था, मुग़ल साम्राज्य के शासक वर्ग के अन्तर्गत ही समझे जाते थे।

सामान्यतः यह वर्ग शहरी था तथा इसमें पर्याप्त संख्या में विदेशी तत्त्व भी था। सामान्यतः इसकी कोई स्थानीय जड़ें नहीं होती थीं और इन्हें अपनी जड़ें बनाने का मौक़ा भी नहीं मिलता था,[23] क्योंकि इनके पदों और जागीरों का निरन्तर तबादला होता रहता था। सुपुर्ददारों को जो इलाक़ा जागीर के रूप में दिया जाता था, औसतन उसका समय तीन वर्ष से कम होता था।[24] सेवा में पद अथवा जागीर (कुछेक सरदारों को छोड़कर) दोनों में से कोई भी वंशानुगत नहीं होते थे। निश्चित रूप से यह बहुत ही अनुशासित वर्ग था जो पूरी तरह केन्द्रीय सत्ता के अधीन था। इसी के ज़रिये ग्रामीण इलाक़े से भू-राजस्व की व्यापक वसूली की जाती थी।

स्थानान्तरण की प्रणाली के कारण एक अमीर वर्ग का परिवार तथा उनका सैन्य दल, जागीर में स्थायी रूप से नहीं बस सकते थे और न ही ज़मीन के आधार पर अपना जीवनयापन कर सकते थे। सामान्यतः, जितनी बड़ी जागीर होती थी, उतना ही दूर गाँवों से जागीरदार का निवास होता था और एक बात यह भी थी कि अत्यधिक शहरी होने के कारण मुग़ल अमीर ग्रामीण जीवन से घृणा करते थे। इसलिए इसमें कोई आश्चर्य नहीं कि जागीरदार अपना राजस्व नगद रूप में ही वसूल करते हों अथवा जिन्स को तुरन्त ही नगद रूप में बदल लेते हों। चूँकि शाही ख़ज़ाने से मनसबदारों और अन्य लोगों को वेतन का भुगतान नगद रूप में ही करना होता था इसलिए 'ख़ालिसा' इलाक़े से भी ज़्यादातर राजस्व की उगाही नक़द रूप में ही होती थी।

वस्तुतः भू-राजस्व के प्रमुख पक्षों की व्याख्या हमने शक्ति, संगठन तथा शासक वर्ग की संरचना के सन्दर्भ में ही की है। इसी के तहत उस प्रवृत्ति के ऐतिहासिक स्रोत को (जो काफ़ी हद तक प्रमाणपुष्ट भी है) भी लक्षित किया जा सकता है अर्थात किसानों और अन्य करदाताओं के ऊपर लगातार बढ़ने वाले दबाव की प्रवृत्ति। इस प्रवृत्ति के स्रोत को 17वीं सदी के पर्यवेक्षक लगातार लक्षित करते रहे हैं कि यह जागीरों के तबादलों के कारण हो रहा है। चूँकि स्थानान्तरण के कारण व्यक्तिगत स्तर पर किसी भी राजस्व-सुपुर्ददार की इसमें कोई रुचि नहीं होती थी कि किसी क्षेत्र-विशेष की राजस्व भुगतान की क्षमता बढ़े।[25] अतः अधिकाधिक राजस्व वसूल करने का दबाव अपने आप में आत्मघाती था। चूँकि फौरी लाभ का लालच भावी सम्भावनाओं को नष्ट कर देता था किन्तु मुग़ल प्रणाली में कोई ऐसी प्रभावशाली युक्ति ईजाद नहीं की गयी जो इस प्रकार की घातक प्रवृत्ति पर रोक लगा सके।[26]

ग्रामीण अर्थव्यवस्था के सन्दर्भ में राजस्व की वसूली के दो परिणाम रहे होंगे। प्रथमतः ग्रामीण क्षेत्र से धन का भारी अपवाह (ड्रेन)। राजस्व का कुछ हिस्सा यक़ीनन देहाती क्षेत्र के प्रमुख लोगों, जैसे चौधरी, क़ानूनगो, मुक़द्दम आदि के हाथों में रहता होगा। पूरी वसूली न होने के कारण माफ़ी, छूट तथा स्थानीय कर्मचारियों के वेतन और अन्य भत्तों के रूप में रह जाता था। कुछेक जागीरदार अपनी जागीर का हिस्सा अपने कुछ ऐसे सिपाहियों को दे देते थे जो गाँवों में बसते थे।[27] इनके अतिरिक्त, राजस्व प्राप्तकर्ताओं का पूरा एक वर्ग था (जिसमें बुद्धिजीवियों से लेकर कुछ ठलुआ लोग भी होते थे)। कुल अनुमानित शाही राजस्व (मदाद-ए-माश)[28] का 4% से 6% तक ऐसे लोगों पर व्यय होता था। इस तरह की छीजन के अलावा ग्रामीण क्षेत्र के उत्पादन का प्रति वर्ष बिना किसी प्रतिदान के जो नुक़सान होता था, वह क़रीब-क़रीब, यदि आधा नहीं तो एक-चौथाई अवश्य होता था।

दूसरे, ग्रामीण बचत के अधिकांश को हड़पने का जो ढंग था, उसी के तहत ग्रामीण बाज़ार व्यवस्था की स्थापना हुई। जब राजस्व नक़द रूप में वसूल किया जाता था तो उत्पादक को बरबस अपना माल बाज़ार में बेचना पड़ता था ताकि वह राजस्व का भुगतान नक़द रूप में कर सके। किन्तु, यदि अधिकारियों को जिन्स के रूप में भी राजस्व की वसूली करनी पड़ती थी तो जैसा कि मैंने ज़िक्र किया है, वे उसे बाज़ार में बेचकर नक़द रूप में बदल लेते थे। दोनों ही स्थितियों में, अतिरिक्त उत्पादन को बाज़ार में ले जाना होता था और इसीलिए कृषि-उत्पादन का अधिकांश सीधे-सीधे उपभोग में नहीं आता बल्कि वह 'माल-उत्पादन' के रूप में बदल जाता था।[29] एक बारगी बाज़ारव्यवस्था कायम हो जाने के बाद निश्चित ही उसने कृषि-उत्पादन को प्रभावित किया होगा। इसके तहत न केवल प्राकृतिक अर्थव्यवस्था के अन्तर्गत मौद्रिक सम्बन्धों का सूत्रपात हुआ होगा, बल्कि उच्च कोटि की तथा नक़दी फ़सलों की पैदावार को भी प्रोत्साहन मिला होगा अर्थात मोटे अनाज के बदले अब किसान गेहूँ, कपास, ईख, नील, तम्बाकू, पोस्ता आदि की खेती करने लगा होगा।[30]

मुग़लकालीन राजस्वव्यवस्था के इस दोहरे प्रभाव ने निजी ज़मीन पर किसान द्वारा की जाने वाली कृषि पर आधारित अर्थव्यवस्था को बड़ी हद तक नष्ट किया होगा[31] और शोषण के स्वरूप और तरीक़ों को भी बदल दिया होगा।

राजस्व की वसूली का अभिप्राय था देहाती इलाक़ों के अतिरिक्त उत्पादन का भारी मात्रा में अपवाह (ड्रेन)। इसके अतिरिक्त, मुग़लिया तन्त्र की अन्तर्निहित प्रवृत्ति थी राजस्व का भुगतान करने वालों के ऊपर लगातार दबाव की वृद्धि।

यदि अनुमानित राजस्व-सांख्यिकी के आधार पर कुल राजस्व में कोई वास्तविक वृद्धि का संकेत नहीं मिलता (मूल्यों के धरातल पर) तो इसका अर्थ यह हरगिज़ नहीं है कि शोषण की मात्रा (उत्पादन के हिस्से के रूप में) स्थिर थी। शोषण के कारण ही कुल उत्पादन में कमी आयी जिससे अन्ततः वास्तविक राजस्व की वसूली पर प्रतिकूल प्रभाव पड़ा।[32] नक़द भुगतान से भी मूल्य वृद्धि की स्थिति में किसानों को कोई राहत नहीं हुई, जैसा कि कुछ यूरोपियन इतिहासकारों को पढ़ने से भ्रम होता है। यहाँ के राजस्व की दर पैदावार की परिकल्पना पर आधारित होती थी जो यूरोपियन सामन्त के लगान से भिन्न थी। वह भी नक़द रूप में बदलने पर बदलती रहती थी। हालाँकि इसके चलते 17वीं सदी में कृषि-उत्पादन[33] की क़ीमतों में कुछ वृद्धि होती हुई प्रतीत होती है, किन्तु राजस्व की माँग वास्तव में कम नहीं होती।[34]

किसान वर्ग के अन्तर्गत भी, भू-राजस्व (जो सारतः अत्यन्त उत्पीड़नकारी कर था) का भार अन्ततः अमीर वर्ग की अपेक्षा ग़रीब वर्ग को ही वहन करना पड़ता था। वस्तुतः वह उत्पादन की मात्रा का ही प्रतीक था। अतः स्पष्ट है कि जो कम उत्पादन करता था, उसके पास अधिक उत्पादन करने वाले की तुलना में बचत भी कम थी। यह तर्क दिया जा सकता है कि जब प्रत्येक किसान का आकलन पृथक् रूप से किया जाता था तो यह स्वाभाविक है कि ग्राम समुदाय की उपेक्षा हो ही जाती थी और प्रत्येक किसान को व्यक्तिगत स्तर पर ही राजस्व भुगतानकर्ता के रूप में सारे जोखिमों को झेलना पड़ता था। इसके परिणामस्वरूप भी आर्थिक विभेदीकरण हुआ होगा। व्यवहारतः हम देख चुके हैं कि सामान्यतः गाँव ही आकलन की बुनियादी इकाई होता था[35] और हमारे पास इसके साक्ष्य मौजूद हैं कि राजस्व के भुगतान के सन्दर्भ में ग्राम समुदाय की महत्त्वपूर्ण भूमिका होती थी। गाँव का अपना एक वित्तीय सामूहिक कोष होता था जिसमें सब जमा करते थे और उसी में से राजस्व के भुगतान तथा गाँव के अन्य ख़र्चे निपटाये जाते थे। इससे आर्थिक संगठन के रूप में ग्राम समुदाय के मुद्रीकरण की स्थिति तथा उसके लचीलेपन का पता चलता है। नक़द रूप में उसके हिसाब-किताब का ब्यौरा रखा जाता था। इस व्यवस्था का दोष यह था कि सम्पन्न किसान का पूरे ग्राम समुदाय पर वर्चस्व होता था और वह अपने भाई-बन्धुओं के बीच राजस्व के भुगतान की माँग को अपनी मर्ज़ी के अनुसार निर्धारित करता था जिससे ग़रीब किसानों (रेजा-रियाया) के हितों पर चोट पड़ती थी। अधिकारीगण यह समझते थे कि व्यक्तिगत आकलन द्वारा इस तरह का अनुचित वितरण रोका जा सकता है।[36] कभी-कभी पूरे गाँव पर राजस्व की माँग इतनी सख़्त और ज़्यादा

होती थी कि उसे पूरा न कर पाने की स्थिति में गाँव की किसान जनता को हत्या और ग़ुलाम बनाये जाने की धमकी का सामना करना पड़ता था।[37] अतः यह कहा जा सकता है कि भू-राजस्व के तहत जो प्रवृत्ति पनप रही थी, उसके तहत विभेदीकरण बढ़ रहा था तथा ग़रीब वर्ग की ग़रीबी और अधिक बढ़ रही थी। हालाँकि, उसका दबाव अन्ततः समूचे किसान वर्ग पर पड़ता था।

मुद्रीकरण की प्रक्रिया के तहत भी प्रत्यक्ष अथवा परोक्ष रूप से दरिद्रीकरण ही बढ़ा। क़ीमतें इतनी ऊपर-नीचे होती रहती थीं कि उससे किसानों को उपभोक्ता वस्तुओं के उत्पादक के रूप में बहुत नुक़सान उठाना पड़ता था।[38] इसके अतिरिक्त, अधिकांश नक़दी फ़सलों के उत्पादन में किसानों को पशुओं (बार-बार की जोताई और पानी लगाने की ज़रूरत के तहत) तथा अन्य संसाधनों को जुटाने (जैसे कोल्हू, बायलर तथा नील के कुण्ड आदि) में व्यापक पूँजी निवेश करना पड़ता था तथा साथ ही, फ़सल तथा क़ीमतों के सन्दर्भ में जोखिम भी होता था। यह असम्भव था कि ग़रीब किसान ऐसी फ़सलों के उगाने की प्रतियोगिता में धनी किसानों के मुक़ाबले में टिक पाते।

ऐसी परिस्थितियों में यह अपरिहार्य था कि किसानों को राजस्व के भुगतान करने अथवा अपने भरण-पोषण तथा पशुओं के लिए क़र्ज़ लेना पड़े; जैसा कि औरंगज़ेब के एक फरमान से स्पष्ट होता है।[39] एक बार ग्रामीण स्तरीय बाज़ारव्यवस्था स्थापित होने पर एक स्तर तक तो उसके तहत साहूकारी का व्यापार बड़ी तेज़ी से बढ़ा होगा। यह बहुत सम्भव है कि मुग़लकालीन भारत में किसानों पर क़र्ज़े का बोझ कहीं ज़्यादा व्यापक स्तर पर रहा होगा, जितना कि अब तक समझा जाता रहा है। सूदख़ोरी के प्रभाव के तहत चूँकि ब्याज की दर बहुत ज़्यादा थी,[40] अतः किसान का बोझ और बढ़ गया होगा। सूदख़ोरी, वह चाहे जितने रूपों में प्रचलित रही हो, वस्तुतः हमारे 'अ' श्रेणी के शोषण का ही प्रतीक थी। इसके लाभार्थी महज़ ज़मींदार (विशेष रूप से चौधरी और मुखिया ही नहीं थे, जो इस तरह अपनी परम्परागत लूट में इज़ाफ़ा करते थे) न केवल पेशेवर सूदखोर थे[41] (जो इस तरह अपनी सूदख़ोरी के आधार पर जमा पूँजी को बढ़ाते थे), अपितु वे व्यापारी भी थे (जो प्रायः किसानों को पेशगी देकर उनके उत्पादन पर अपना अधिकार जमा लेते थे) तथा सामान्यतः व्यापारी साहूकार थे। व्यापारी साहूकार के सन्दर्भ में सूदखोरी[42] के आधार पर व्यापारिक पूँजी ख़ूब फली-फूली होगी जिससे व्यापार का विस्तार हुआ।

जहाँ एक ओर राजस्व और मुद्रीकरण से सूदखोरी के रूप में किसानों का शोषण उत्पीड़न बढ़ा, वहीं इनके तहत जो परिस्थितियाँ उत्पन्न हुईं, उनमें ज़मींदार

वर्ग द्वारा किसानों के शोषण का दबाव भी बढ़ा। यह दबाव पहले तो ज़मींदार के आर्थिक अधिकार के बदलाव के तहत आया, दूसरे उस अधिकार के तहत जो क्षेत्र विस्तार हुआ, उसके तहत यह दबाव सामने आया।

ऐसा प्रतीत होता है कि भू-राजस्व (अतिरिक्त उत्पादन पर मुख्य अधिकार के रूप में) ने ज़मींदार के वित्तीय अधिकारों पर इस हद तक दबाव बढ़ाया कि उन वित्तीय अधिकारों को (जो अपनी उत्पत्ति में स्वतन्त्र थे) अपने में ही अन्तर्भुक्त कर लिया। ये अधिकार भू-राजस्व के अधिकारों के रूप में फिर सामने आये[43] (वे चाहे मालिकाना हक के रूप में हों या नानकार हक के रूप में अथवा दोनों) तथा ज़मींदार को एक बिचौलिया के रूप (ताल्लुक़ेदार) में तब्दील कर दिया गया जो राजस्व वसूल करता था तथा उसे अधिकारियों को भेजता था। परिणामस्वरूप, ज़मींदारी का अधिकार पूर्ण रूप से एक विक्रेय उपभोक्ता वस्तु बन गया, जिसके तहत या तो उन्हें अपनी भागीदारी में नुक़सान उठाना पड़ता था या उसकी भरपाई किसान की क़ीमत पर की जाती थी। यह सम्भव है कि ज़मींदारों ने ख़ाली ज़मीन को किसानों में बाँटने तथा किसी एक किसान को ज़मीन से बेदख़ल करके दूसरे किसान को बसाने का अधिकार भी हथिया लिया हो[44] ताकि व्यक्तिगत रूप से किसानों पर वे अपने अधिकार क्षेत्र का विस्तार कर सकें, हालाँकि ज़मीन की प्रचुरता को देखते हुए इन अधिकारों का आर्थिक महत्त्व सीमित ही रहा होगा।

इसके साथ ही यह साक्ष्य भी मौजूद है कि रैयती क्षेत्र अर्थात वह क्षेत्र तो पूरी तरह से किसानों के अधिकार में था और जिस पर किसी अन्य का कोई अधिकार नहीं होता था उस पर भी उनके अधिकार का विस्तार हुआ।[45] इस विस्तार के भी दो स्रोत थे। प्रथम तो यह कि मुद्रीकरण के कारण, ज़मींदारी का अधिकार पूर्ण रूप से विक्रेय उपभोक्ता वस्तु के रूप में बदल गया (विशेष रूप से 16वीं सदी के बाद)। इसका अभिप्राय यह हुआ कि नये तत्त्वों ने ज़मींदारी खरीदी।[46] इनमें अमीर तथा अन्य अधिकारी, घुड़सवार सैनिक तथा अन्य माफ़ीदारों अथवा दूसरे शब्दों में, वे लोग थे जो शुरू में राजस्व के वितरण से अपना धन प्राप्त करते थे। शहरी व्यापारियों को ज़मींदारी अभी ऐसा धन्धा नहीं लगता था जिसमें वे अपनी अतिरिक्त पूँजी का निवेश करें, किन्तु देहाती सूदख़ोर कभी-कभी अपनी पूँजी से ज़मींदारी का अधिकार ख़रीद लेते थे।[47] भूमि सम्बन्धी अधिकारों के क्षेत्र में बनी इस प्रकार की बाज़ारव्यवस्था के तहत न केवल ज़मींदार वर्ग के अन्तर्गत वर्ग-विषमता बढ़ी (अभी तक इस वर्ग में विशिष्ट जातियों तथा गोत्र के लोग ही होते थे), अपितु इस समूचे वर्ग के अधीन अधिक व्यापक पूँजी भी सिमटती चली गयी।[48] इससे जागीरदारों ने[49] जहाँ एक ओर या तो अपनी ज़मींदारी

के क्षेत्र का विस्तार किया[50], वहीं दूसरी ओर किसानों के स्थापित अधिकारों को ख़रीदकर उन्हें ज़मींदारी में तब्दील कर दिया।[51]

दूसरे, किसान वर्ग के अन्तर्गत बढ़ते हुए आर्थिक विभेदीकरण तथा सामाजिक संस्तरीकरण के तहत मुक़द्दम, मुखिया जैसे लोगों का अभ्युदय हुआ। समय के साथ इन्होंने भी ज़मींदारी का अधिकार प्राप्त कर लिया।[52]

अतः इसकी पूरी सम्भावना है कि समूह 'अ' के अन्तर्गत हमने जितने प्रकार के शोषण को वर्गीकृत किया है, वह मुग़लकाल में निरन्तर बढ़ता गया और इसके परिणामस्वरूप किसान द्वारा की जाने वाली खेती में संकट उत्पन्न हुआ। हम यह जानते हैं कि किसानों द्वारा ज़मीन छोड़कर भागना 17वीं सदी में बहुत सामान्य प्रवृत्ति थी और यह बहुत सम्भव है कि इस कालावधि में खेती में स्पष्ट रूप से गिरावट आयी।[53]

अपने आप में निजी ज़मीन पर किसान द्वारा की जाने वाली खेती उच्छेदन पूँजीवादी अथवा अर्ध-पूँजीवादी खेती का आधार बन भी सकती है और नहीं भी। ऐसा लगता है, कि कुछ सोवियत इतिहासकार यह मानकर चलते हैं कि ज़मींदारी अधिकारों में ही पूँजीवादी व्यक्तिगत सम्पत्ति के बीज मौजूद थे।[54] शायद इस प्रश्न को सटीक ढंग से प्रस्तुत किया जाना चाहिए कि क्या निजी ज़मीन पर किसान द्वारा की जाने वाली खेती का उच्छेदन न केवल ग्रामीण अर्थव्यवस्था के पराभव का संकेत था अपितु वह कृषि शोषण के 'अ' रूप से 'ब' रूप में रूपान्तण भी था। चूँकि इस प्रकार के रूपान्तण के द्वारा ही कदाचित कृषि-उत्पादन में पूँजीवादी सम्बन्धों अर्थात पूँजीवादी सम्पत्ति की उद्‌भावना थी। रूप 'ब' के अन्तर्गत दो प्रमुख श्रेणियाँ व्यापक रूप से प्रचलित थीं : 'अ' बागात तथा 'ब' उच्चतर वर्गों द्वारा खुदकाश्त।

समाज के सभी उच्च वर्गों द्वारा स्वयं बादशाह, शहज़ादों, अमीरों, माफ़ीदारों, ज़मींदारों तथा गाँव के मुखिया और यहाँ तक कि धनी किसानों द्वारा फलोद्यान लगाये जाते थे।[56] बागवानी में जो पूँजी लगायी जाती थी, वह महज़ ग्रामीण स्रोतों से ही नहीं आती थी, बल्कि अन्य स्रोतों से भी आती थी। अन्य स्रोतों से आने वाली पूँजी के परिणाम और उसके आर्थिक महत्त्व को कम करके नहीं आँकना चाहिए। बादशाह और अमीर लोग बाग़ केवल इसलिए नहीं लगाते थे कि उन्हें उनसे अपने खाने के लिए फल प्राप्त होते थे, अपितु वे फलों को बाज़ार में भी बेचते थे। या तो वे स्वयं यह काम करते थे अथवा फिर वे इसके लिए पेशेवर ठेकेदारों[57] से सम्पर्क कर मौसम की फ़सल को पट्टे पर दे देते थे। बाग़ों पर किया जाने वाला उनका पूँजी-निवेश तथा बाग़ों की पैदावार काफ़ी बड़ी मात्रा में थे

चूँकि वे विभिन्न क्षेत्रों से मँगाकर पेड़ लगाते थे, पौधे, बीज तथा माली भी आयात करते थे, सिंचाई के महँगे साधनों की व्यवस्था करते थे और फलों की विभिन्न क़िस्मों (विशेष रूप से आम-सन्तरों) को कलम आदि की तकनीकों से सुधारते थे, इसलिए शहरी बाज़ार के दबाव[58] तथा भू-राजस्व में दी जाने वाली छूट से गाँव के धनी वर्गों को, विशेष रूप से माफ़ीदारों और ज़मींदारों को बाग़ लगाने का प्रोत्साहन मिला होगा।[59] नयी दुनिया से आयातित नये फलों के तेज़ी से देशीकरण (अनुकूलन) से भी कुछ इलाकों में फलोत्पादन में विस्तार हुआ होगा। किन्तु फलों की खेती में चाहे जितना विस्तार हुआ हो लेकिन वह निजी ज़मीन पर किसान द्वारा की जाने वाली खेती का विकल्प कभी भी नहीं रही होगी। हाँ, इतना अवश्य है कि उसके विस्तार से ग्रामीण क्षेत्र के बाज़ार सम्बन्धों तथा उपभोक्ता वस्तुओं के उत्पादन के विषय में प्रकाश पड़ता है।[60] किन्तु, इसका पूँजीवादी ढंग की खेती के उद्‌भव की सम्भावनाओं से कोई सम्बन्ध नहीं है। इस सन्दर्भ में 'ब' रूप के अन्तर्गत जो दूसरी श्रेणी है, जिसका हमने ज़िक्र किया है, वह ख़ुदकाश्त थी और इस सन्दर्भ में उसका महत्त्व निश्चित रूप से बहुत ज़्यादा था।

'ख़ुदकाश्त' शब्द का अभिप्राय उस खेती से है जो ख़ुद की जाती है।[61] किन्तु यहाँ उसका एक तकनीकी अभिप्राय है। मुखिया, जो ख़ुदकाश्त की व्यवस्था करता है, एक विश्वसनीय साक्ष्य के अनुसार अपने नौकरों के रूप में कुछ श्रमिकों को लगाता है और उनसे खेती में काम लेता है, उनसे हल चलवाता है, बोवाई, कटाई, कुएँ से पानी निकलवाने का काम करवाता है। वह उनको नक़द रूप में या अनाज के रूप में निश्चित पगार देता है और फ़सल को अपने पास रख लेता है।[62]

ख़ुदकाश्त का सर्वाधिक दिलचस्प पहलू भाड़े के श्रमिकों का इस्तेमाल है। हालाँकि, दास प्रथा मुग़लकालीन भारत में मौजूद थी, किन्तु यह प्रायः घरेलू दासता थी। अर्ध-दासता के सम्बन्ध कभी किसी समय कुछ क्षेत्रों में प्रचलित रहे थे जैसे बिहार के कुछ हिस्सों में। कृषि तथा अर्ध-कृषि उद्देश्यों की दृष्टि से श्रम की सेवाएँ उस समय नहीं ली जाती थीं। ये महज़ काश्मीर में प्रचलित थीं जो सामान के ढोने जैसे ग़ैर-आर्थिक क्रियाकलापों तक सीमित थीं।[63] उत्पादन के क्षेत्र में पराधीन श्रम की अपेक्षाकृत अनुपस्थिति का कारण भूमिहीन श्रमिकों की व्यापक उपस्थिति था, जिन्हें उनकी भरण-पोषण की आवश्यकता को पूरा करने के पश्चात कभी भी खेतों में काम पर बुलाया जा सकता था।[63] इस विशाल वर्ग की मौजूदगी का कारण अनिवार्य रूप से निजी ज़मीन पर किसान द्वारा की जाने वाली खेती की असफलता नहीं थी, अपितु एक ऐसे सामाजिक ढाँचे की

देन थी जो परम्परा और बल प्रयोग पर आधारित था। भूमिहीनों का सम्बन्ध भृत्य जातियों से था। वे किसानों तथा उच्चवर्गीय किसानों के हितों की समान रूप से पूर्ति करते थे। गाँव के अर्ध-सर्वहारा का अधिकांश इन्हीं लोगों का होता था, जिसे ग़ैर-आर्थिक विवशताओं के द्वारा कायम किया गया था।[64] इस वर्ग में समय के साथ-साथ उन सवर्ण जातियों के किसानों की संख्या भी जुड़ती चली गयी जो मालगुजारी का भुगतान न करने के कारण खेती छोड़ देते थे।

यह ग्रामीण सर्वहारा मुग़लकाल की पैदाइश नहीं था, अपितु यह सदियों की विरासत थी। उच्च वर्गों द्वारा खेती बहुत पहले से चली आ रही थी और उस काल में उसकी झलक भी यहाँ-वहाँ दिखायी पड़ती है। प्रकृत अर्थव्यवस्था के तहत यह प्रचलित रही होगी, उस अर्थव्यवस्था में जहाँ उत्पादन केवल उपभोग के लिए होता था।[65] किन्तु ऐसा विश्वास करने का पर्याप्त आधार है कि मुग़लकाल में ऐसी उच्च स्तरीय खेती अथवा 'ख़ुदकाश्त' का सम्बन्ध बाज़ार से था तथा इस रूप में वह पूँजीवादी खेती के अन्य बुनियादी तत्त्व (उजरती श्रम के अतिरिक्त) उपभोक्ता वस्तुओं के उत्पादन को भी अपने में अन्तर्भुक्त कर रही थी।

हम यह पहले ही रेखांकित कर चुके हैं कि नक़दी फ़सलों के लिए जितने बड़े पैमाने पर पूँजी-निवेश की आवश्यकता थी, वह साधारण किसान के बूते के बाहर था। अतः, इन फ़सलों के उत्पादन में व्यापक स्तर पर की जाने वाली खेती को छोटे स्तर पर साधारण किसान द्वारा की जाने वाली खेती की तुलना में श्रेष्ठता प्राप्त थी। साथ ही, बड़े लोगों को क़र्ज़[66] तथा बाज़ार की सहूलियत सहज रूप से उपलब्ध थी।[67] उच्च स्तरीय खेती के व्यवसायीकरण की आत्यन्तिक सीमा उस समय देखने में आयी जब बयाना में, जो नील का बहुत बड़ा केन्द्र था, धनी और सम्पत्तिशाली व्यापारी किसान बन गये जो वही फ़सल पैदा करते थे जिसका वे व्यापार करते थे।[68] यह भी उल्लेखनीय है कि पगार (जिसका ज़िक्र पूर्वोक्त ख़ुदकाश्त के सन्दर्भ में आया है) उस समय तक नहीं दी जा सकती जब तक मालिक अपने उत्पादन का कुछ अंश बाज़ार में न बेचता हो।

जो वर्ग ख़ुदकाश्त करता था, उसमें प्रमुख रूप से ज़मींदार, गाँव के मुखिया, माफ़ीदार तथा राजस्व अधिकारी थे। उल्लेखनीय है कि अमीर वर्ग (जिसकी बाग़वानी में बहुत ज़्यादा दिलचस्पी थी) का कृषि-फार्मों की स्थापना के प्रति उपेक्षापूर्ण रवैया था। खेती के प्रति उनके उपेक्षा भाव का पता उन फ़ारसी स्रोतों से भी चलता है जो बाग़वानी और खेती के बारे में लिखे गये हैं।[69] उनमें बागवानी पर ज़्यादा लिखा गया है,[70] जबकि खेती के बारे में बहुत कम। बयाना के जैसे व्यापारी-किसान (मर्चेंट फारमर्स) तो अपवाद थे। सामान्यतः व्यापारी वर्ग ने

किसानों की भूमिका नहीं अपनायी। अतः हम यह मान सकते हैं कि ख़ुदकाश्त के लिए पूँजी सामान्यतः स्वयं उच्चस्तरीय ग्रामीण वर्गों के पूँजी संचय से आती थी।

दुर्भाग्यवश, हमारे पास यह सूचना नहीं है कि ख़ुदकाश्त के तहत कितना क्षेत्रफल अथवा ख़ुदकाश्त का कितना विस्तार था। हां, इसका विस्तार अवश्य हुआ और अपने विस्तार की प्रक्रिया में उसने किसान द्वारा की जाने वाली खेती पर दबाव भी बनाया। उसका संकेत उस सरकारी प्रतिबन्ध से भी मिलता है जिसके तहत माफ़ीदारों और राजस्व अधिकारियों को 'रैयतकाश्त' (किसानों द्वारा की जाने वाली खेती) ख़ुदकाश्त में तब्दील करने की मनाही थी।[71]

चूँकि उपभोक्ता वस्तुओं के लिए की जाने वाली ख़ुदकाश्त पूँजीवादी ढंग की खेती के काफ़ी क़रीब थी, अतः 'रैयतकाश्त' (किसान द्वारा की जाने वाली खेती) की क़ीमत पर उसके विस्तार का हमारे लिए बहुत महत्त्व रहा होगा। किन्तु व्यापक पैमाने पर ख़ुदकाश्त की परिकल्पना के विरुद्ध कई मज़बूत कारण हैं।

पहले तो यह कि अन्य परिस्थितियाँ (जैसे भू-राजस्व) यथावत थीं, अतः यह मानना मुश्किल है कि नक़दी फ़सलों के अतिरिक्त, अन्य फ़सलों के मामले में ख़ुदकाश्त प्रति एकड़ उत्पादकता में 'रैयतकाश्त' (किसानों द्वारा की जाने वाली खेती) की बराबरी कर सकती थी। इसके अतिरिक्त, चाहे नक़दी फ़सलें हों या सामान्य, ज्यों-ज्यों ख़ुदकाश्त का क्षेत्रफल बढ़ता जाता था, ख़ुदकाश्त में खेती की निगरानी उतनी प्रभावशाली नहीं रह जाती थी। अतः व्यक्तिगत स्तर पर ख़ुदकाश्त का विस्तार एक सीमा से ज़्यादा लाभदायक नहीं रह जाता था। और अन्ततः यह कि चूँकि ख़ुदकाश्त के लिए सारी पूँजी की व्यवस्था सिर्फ़ और सिर्फ़ ग्रामीण वर्गों द्वारा ही करनी पड़ती थी, इसलिए उसमें उस तरह का सुधार न हो सका, यह शाही और अभिजात वर्गों के तहत होने वाली बाग़वानी में दिखायी पड़ा। उसका कारण उसमें होने वाला व्यापक पूँजी निवेश था। अतः यह तर्कसंगत प्रतीत नहीं होता कि व्यापक स्तर पर होने वाले उपभोक्ता वस्तुओं के उत्पादन की स्थिति में किसान से की जाने वाली सीधी वसूली (रूप 'अ') पर दबाव बढ़ गया जिसके कारण उत्पादन पर नियन्त्रण (रूप 'ब') के माध्यम से वसूली में अत्यधिक वृद्धि हो गयी, यहाँ तक कि संकट उत्पन्न हो गया। दूसरे शब्दों में, रैयती खेती के उच्छेदन का प्रत्यक्ष रूप से पूँजीवादी ढंग की खेती की उद्भावना से कोई सम्बन्ध नहीं है। इसके विपरीत ऐसा लगता है कि आर्थिक संकट राजनीतिक संकट में बदल गया। ज़मींदारों के नेतृत्व में होने वाले कृषक-विद्रोहों से भी उस संकट का पता चलता है, जिसके कारण अन्ततः मुग़ल साम्राज्य का अन्त हुआ और इसके साथ ही आर्थिक तथा सामाजिक ढाँचे के कई आयाम कमज़ोर हुए।[72]

उक्त सन्दर्भ में चीन के इतिहास से तुलना करना भी उपादेय होगा। वहाँ भी कृषि संकटों के कारण व्यापक स्तर पर बार-बार कृषक विद्रोह हुए जिन्होंने अनेक राजवंशों की सत्ता पलट दी, किन्तु उनके परिणामस्वरूप वहाँ पूँजीवाद नहीं आया।[73]

II

कृषि अर्थव्यवस्था से अब हम ग़ैर-कृषि क्षेत्र की ओर अपना ध्यान केन्द्रित करते हैं। चूँकि पूँजीवाद उक्त दोनों क्षेत्रों के बीच के रिश्ते को बदल देता है और उसके तहत ग़ैर-कृषि उत्पादन बड़ी भारी मात्रा में बढ़ता है, अतः हमें स्वाभाविक रूप से पूँजीवाद की उद्भावना के सूत्र ग़ैर-कृषि क्षेत्र की अर्थव्यवस्था की परिस्थितियों में तलाशने चाहिए। मुग़लकालीन भारत के आर्थिक इतिहास का अध्ययन करने वाले विद्यार्थी को अनेक कठिनाइयों का सामना करना पड़ता है। उनमें से एक यह है कि मुग़लकाल के सम्बन्ध में सांख्यिकीय (विशेष रूप से जनसंख्या सम्बन्धी आँकड़े नहीं मिलते) सूचना का अभाव है। जैसे सामान्य जनगणना या पेशेवार जनगणना, आय के आधार पर गणना अथवा सम्पत्ति के आधार पर गणना का अभाव। अतः इसमें कोई आश्चर्य नहीं होना चाहिए कि जो साक्ष्य हमारे पास उपलब्ध हैं, उसके आधार पर अपेक्षाकृत रूप से ग़ैर-कृषि क्षेत्र पर निर्भर जनसंख्या का ठीक-ठाक अन्दाज़ा हम नहीं लगा सकते। जनसंख्या के उस हिस्से की जानकारी के लिए हमें परोक्ष साक्ष्य पर निर्भर करना पड़ता है जो क़सबों में रहता था अथवा हस्तशिल्प उद्योग में लगा हुआ था।

भू-राजस्व के रूप में किसान से वसूली जाने वाली बचत बड़े लोगों के अन्य कर तथा अधिकार आदि अधिकांश क्षेत्रों के कुल उत्पादन के लगभग आधे हिस्से के बराबर बैठते थे। ऊपर से देखने पर इस तथ्य से यह संकेत मिलता है कि जितनी आबादी कृषि क्षेत्र के अन्दर थी उतनी ही बाहर थी। प्रकारान्तर से यह कहा जा सकता है कि ग़ैर-कृषि क्षेत्र में कुल जनसंख्या का आधा हिस्सा रहता था। अतः यह माना जा सकता है कि बचत की भौतिक संरचना वही थी जो उत्पादक (किसान और मज़दूर) का हिस्सा थी जिसे वह अपने भरण-पोषण के लिए बचाकर रखता था। वस्तुतः बचत के अधिकांश में (जिसे किसान से वसूल कर लिया जाता था) उच्च कोटि की खाद्यान्न फ़सलें (जैसे गेहूँ, उच्च कोटि के चावल), भोग-विलास प्रधान उत्पाद (चीनी, अफीम, उच्च कोटि का तम्बाकू) तथा कच्चा माल (जैसे कपास, नील, तिल) जैसी चीज़ें रही होंगी। यह भी ध्यान रखने की बात है कि नक़दी फ़सलों से प्राप्त ऊँची क़ीमतों के कारण प्रति एकड़ बचत सामान्य खाद्यान्न फ़सलों से अर्जित प्रति एकड़ बचत की तुलना में कहीं ज़्यादा रही होगी।[74]

नीचे जो सारणी दी गयी है उससे भी यह एकदम स्पष्ट है। इसमें 1595 ई. और 1922 ई. में एक ही क्षेत्र में विभिन्न फ़सलों से प्राप्त होने वाली आमदनी को तुलनात्मक रूप से दरशाया गया है :

चुनिंदा फ़सलों से होने वाली आय

खाद्यान्न फ़सलें			*नक़दी फ़सलें*		
	1595	*1922*		*1595*	*1922*
गेहूँ	100.0	100.0	गेहूँ	100.0	100.0
चावल	82.5	66.6 से	कपास	153.0	66.6 से
		77.7			77.7
जौ	65.3	55.5	तिल	76.9	44.4
बाजरा	38.4	44.4	ईख	211.5	अप्राप्त
			(सामान्य)		

इस सारणी से यह पता चलता है कि 1595 ई. में नक़दी फ़सलों से प्राप्त होने वाली आमदनी प्रति एकड़ गेहूँ की तुलना में कहीं ज़्यादा थी तथा गेहूँ से प्राप्त होने वाली आमदनी अन्य खाद्यान्न फ़सलों की तुलना में ज़्यादा थी। इसके अतिरिक्त, यह भी पता चलता है कि इस सदी की तुलना में 1595 ई. में नक़दी फ़सलों से प्राप्त होने वाली आमदनी कहीं ज़्यादा थी।[75] इसका अभिप्राय यह है कि अपेक्षाकृत कम क्षेत्रफल में बोयी जाने वाली नक़दी फ़सल से प्राप्त होने वाली नक़द आमदनी कुल उत्पादन के मुक़ाबले कहीं ज़्यादा थी। उदाहरण के लिए, नक़दी फ़सलों (ईख और कपास) का क्षेत्र 1690 ई. में पूर्वी राजस्थान के एक परगने में कातिक की फ़सल (ऑटम) के लिए बोये जाने वाले कुल क्षेत्रफल का अनुमानतः 8 प्रतिशत था जबकि खाद्यान्न फ़सलों के लिए बोये जाने वाला क्षेत्र 72.9 प्रतिशत था। किन्तु आय की दृष्टि से यह प्रतिशत क्रमशः 32.6 तथा 60 प्रतिशत था।[76]

बचत की भौतिक संरचना में घटित परिवर्तन (यदि इस परिवर्तन के तहत खाद्यान्न अंश में कुछ कमी आयी हो तो) से ग़ैर-कृषि क्षेत्र की जनसंख्या के आकार और संरचना पर पर्याप्त प्रभाव पड़ा होगा। यदि बचत और भरण-पोषण के लिए सुरक्षित गल्ले में खाद्यान्न का हिस्सा बराबर का था तो इससे निम्नलिखित निष्कर्ष प्राप्त होते हैं :

(1) ग़ैर-कृषि क्षेत्र में रहने वाली जनसंख्या और कृषि क्षेत्र में रहने वाली जनसंख्या का अनुपात बचत और भरण-पोषण के लिए सुरक्षित गल्ले के अनुपात के बराबर होगा।

(2) औद्योगिक अथवा हस्तशिल्प उद्योगों में लगी जनसंख्या बहुत थोड़ी होगी, चूँकि जितने कच्चे माल से किसानों की ज़रूरतों को पूरा किया जाता होगा, उतने ही अतिरिक्त उत्पादन से बाक़ी जनता के भरण-पोषण की व्यवस्था भी की जाती होगी।

(3) ग़ैर-कृषि क्षेत्र की जनसंख्या का वृहद भाग ग़ैर-उत्पादक श्रम अथवा व्यक्तिगत सेवा-सुश्रुषा में लगा होगा। अतः यह बहुत ज़्यादा बिखरा हुआ और ग्रामीणीकृत होगा। इन परिस्थितियों को हम सुविधा की दृष्टि से पहला चरण कह सकते हैं। दूसरी ओर, अतिरिक्त उत्पादन में, जैसा कि हमने लक्षित किया है, नक़दी फ़सलों का अंश ज़्यादा होता था। बहुत कम क्षेत्रफल से बड़ी मात्रा में नगद आय होती थी। (अ) ग़ैर-कृषि क्षेत्र का आकार जनसंख्या की दृष्टि से वसूल की गयी बचत के आकार की तुलना में बहुत छोटा रहा होगा। (ब) इस जनसंख्या के अन्तर्गत एक बड़ा हिस्सा उत्पादनशील श्रम में लगा होगा। (स) ग़ैर-कृषि वाली जनसंख्या मुख्यतः शहरों में केन्द्रित थी, अतः शहरों की जनसंख्या का आकार पर्याप्त रूप से बड़ा था। इसे हम दूसरा चरण कहेंगे।

स्पष्टतः पूँजीवाद के उद्‌भव की दृष्टि से प्रथम चरण को अधिक पिछड़ा हुआ माना जा सकता है, तथा ग़ैर-कृषि उत्पादन तब तक सम्भव नहीं है जब तक कि दूसरा चरण न आ जाये। पूँजीवाद की उद्‌भावना तब तक सम्भव नहीं है जब तक कि शहरों में ग़ैर-कृषि श्रम का संकेद्रण न हो तथा बाज़ार की उत्पत्ति न हो।

जिस चरण से मुग़लकालीन भारत की सघन सम्बद्धता दिखायी पड़ती है, उसे सुनिश्चित करने के लिए यह बेहतर होता कि यदि हम कृषि-बचत के वास्तविक रूप से भौतिक संघटन (कुल उत्पादन से अलग हटकर) का अध्ययन करते। चूँकि, सांख्यिकीय दृष्टि से यह निश्चित रूप से नहीं कहा जा सकता और दस्तावेज़ों के आधार पर भी कुछ कहना मुश्किल है,[77] अतः जो विकल्प हमारे सामने मौजूद हैं, वह यह कि हम उस दिशा की तलाश करें जिसके तहत बचत (मुद्रा के रूप में बचत के ऊपर पेश किये जाने वाले अधिकार) की प्रणाली तथा उसके उपभोग का अध्ययन किया जा सके। इन बिन्दुओं से सम्बद्ध सूचना के

आधार पर ही हम यह निर्धारित कर सकते हैं कि ग़ैर-कृषि क्षेत्र की प्रथम चरण के साथ संगति बैठती है या दूसरे चरण के साथ। सैद्धान्तिक रूप से मुग़लकालीन भारत के सन्दर्भ में दोनों ही स्थितियाँ सम्भव थीं।

प्रथमतः, जैसा कि हम देख चुके हैं, बचत की एक निश्चित मात्रा ग्रामीण क्षेत्र में छोड़ दी जाती थी। यह मात्रा कई रूपों में थी, जैसे ज़मींदारों और गाँवों के मुखिया के वित्तीय करों, भत्तों तथा अन्य अनुलाभों के रूप में राजस्व अधिकारियों तथा 'ख़ालिसा' और जागीरों के अधिकारियों द्वारा राजस्व की उगाही के बाबत उनके अधिकारों के रूप में, माफ़ीदारों की आमदनी के रूप में, सूदख़ोरों के मुनाफ़े के रूप में इत्यादि। बचत के सन्दर्भ में उक्त सभी दावेदारों में परिमाण की दृष्टि से ज़मींदार सर्वाधिक महत्त्वपूर्ण थे।

यह सही है कि हम ज़मींदारों के ख़र्चों के स्वरूप के बाबत बहुत कम जानते हैं। निश्चित तौर पर हम जो जानते हैं, वह यह कि या तो अपने अधिकारों को बरकरार रखने के लिए अथवा प्रतिष्ठा अर्जित करने के लिए, वे बड़े उत्साह के साथ अपने यहाँ ज़्यादा-से-ज़्यादा नौकर-चाकर रखते थे। एक विस्तृत सरकारी जनगणना के अनुसार (1595 ई.) मुग़ल साम्राज्य के अन्तर्गत (उत्तर भारत में) ज़मींदारों के नौकरों की संख्या क़रीब 4.7 मिलियन थी, जिसमें 4.3 मिलियन पैदल सेना तथा .03 मिलियन घुड़सवार थे। इस संख्या पर सन्देह करने की कोई वजह नहीं है, क्योंकि ये आँकड़े प्रत्येक इलाक़े[78] से बड़ी सावधानी के साथ जमा किये गये हैं। इन आँकड़ों से यह संकेत मिलता है कि बहुत बड़ी तादाद अर्थात क़रीब 21 मिलियन (औसतन एक परिवार में 4-5 आदमी मानते हुए) लोग ज़मींदारों की सेवा में संलग्न थे। शायद ये ऐसे नौकर थे जो आंशिक रूप से नौकर थे और आंशिक रूप से किसान। किन्तु इस फ़र्क़ को स्वीकार करते हुए भी कुल संख्या बहुत ज़्यादा है। इस काल में मुग़ल[79] साम्राज्य की कुल जनसंख्या जो भी रही हो, नौकरों की संख्या बहुत ज़्यादा थी।

पूर्वोक्त तर्क के आधार पर हम इस विशाल जनसंख्या की व्याख्या इस तथ्य के रूप में कर सकते हैं कि ज़मींदारों की आमदनी का व्यय इस विशाल जनसमुदाय के भरण-पोषण पर ख़र्च हो जाता था। उससे हस्तशिल्प उद्योग के उत्पादों के लिए (ग़ैर-कृषि ग्रामीण क्षेत्र में प्रति व्यक्ति) किसी प्रभावशाली माँग का दबाव नहीं बन पाता था। 1595 ई. के वे ही आँकड़े ये प्रदर्शित करते हैं कि बंगाल के ज़मींदारों के पास 4260 तोपें तथा 4400 नावें थीं।[80] यह वस्तुएँ लुहारों और बढ़इयों द्वारा तैयार की गयी थीं। कुल मिलाकर हम यह मान सकते हैं कि ज़मींदारों द्वारा वसूला गया बचत का हिस्सा उन परिस्थितियों के अनुसार ही था,

जिनका विवेचन हमने प्रथम चरण में किया है, हालाँकि ज़मींदार के पास बचत का एक ही हिस्सा होता था। पूर्ववर्ती खण्ड में हम यह देख चुके हैं कि सभी तरह की छीजन को यदि छोड़ भी दें तो ग्रामीण अर्थव्यवस्था से बाहर जो कुल राजस्व की वसूली थी, वह मूल्य की दृष्टि से कुल कृषि-उत्पादन के आधे नहीं तो चौथे अथवा तीसरे भाग के बराबर थी। स्वाभाविक है कि इसके सामने कृषि-उत्पादन के सिलसिले में बाक़ी सब अधिकार बौने पड़ जाते थे और हमारे अपने प्रस्तुत दृष्टिकोण के तहत भी वितरण और भुगतान का ही निर्णायक महत्त्व है।

भू-राजस्व (अन्य करों से प्राप्त होने वाली आय के साथ) सीधे-सीधे वितरित कर दिया जाता था। यह वितरण या तो जागीरों के रूप में किया जाता था या शासक वर्ग के सदस्यों के बीच शाही ख़ज़ाने से नक़द वेतन के रूप में दिया जाता था। शाही ख़ज़ाने को साम्राज्य के ख़ालिसा भू-भाग से राजस्व आता था। इस वर्ग में 1647 ई. के एक सरकारी अनुमान के अनुसार बादशाह के अलावा करीब 8000 मनसबदार थे। इनके पास विशाल संसाधन थे। 445 मनसबदारों की आमदनी सम्पूर्ण साम्राज्य के कुल राजस्व का 61.5 प्रतिशत थी और पुनः इनमें से 73 मनसबदारों (अथवा कुल का 0.9 प्रतिशत) का कुल राजस्व 37.6 प्रतिशत था।[81] यदि बादशाह के सम्पूर्ण प्रतिष्ठान की आमदनी (अर्थात मनसबदारों को दिये जाने वाले वेतन को कम करके ख़ालिसा क्षेत्र की आमदनी) को ध्यान में रखा जाये तो उनके ये संसाधन बहुत ज़्यादा प्रतीत होते हैं।[82]

अतः भू-राजस्व के रूप में वसूल किये गये उत्पादन के एक विशाल भाग का वास्तविक उपभोग मुख्यतः उस ढंग पर निर्भर करता था जिसके तहत छोटा सा यह वर्ग अपनी आय को ख़र्च करता था।

उस आय में पहली दावेदारी सेना की थी। सर्वोच्च स्तर के 445 मनसबदारों के मद में जो वेतन राशि उन्हें दी जाती थी, वह उनके कुल वेतन का 77.2 प्रतिशत थी। यह वह राशि थी जिसके द्वारा बादशाह मनसबदारों से घुड़सवार सेना खड़ी करने की अपेक्षा रखता था। हम यह निष्कर्ष निकाल सकते हैं कि जहाँ एक ओर सभी 8000 मनसबदारों के सन्दर्भ में यह प्रतिशत कुछ कम भी हो सकता है, किन्तु बहुत ज़्यादा कम फिर भी नहीं था।[83] इतना अवश्य माना जा सकता है कि घुड़सवार सेना पर किया जाने वाला व्यय सरकारी अपेक्षाओं के अनुरूप शायद ही कभी रहा हो। यह सन्देह था कि अमीर लोग हमेशा उससे कुछ कम ख़र्च करते थे।[84] दूसरी ओर, अमीरों का सामान्यतः यह तर्क होता था कि घुड़सवार सेना रखना और उनको दिये जाने वाले वेतन का दायित्व तो निश्चित था, किन्तु जागीरों[85] के तबादले के कारण उनकी आय अस्थिर थी और

कभी-कभी तो अनिश्चित होती थी। अतः, अमीरों की कुल आमदनी और सेना पर उनके द्वारा किये जाने वाले व्यय के बीच रिश्ता कायम करना मुश्किल है। बहरहाल इतना तो कहा ही जा सकता है कि यह व्यय उनकी कुल आय का दो-तिहाई हिस्सा था।

सेना पर इतने विशाल संसाधनों का व्यय अपेक्षित है, विशेष रूप से एक ऐसी व्यवस्था में जहाँ 'अ' रूप का शोषण विद्यमान हो तथा उत्पादन पद्धति के ऊपर थोप दिया गया हो और जिसके अनुपालन के लिए सशस्त्र शक्ति की निरन्तर आवश्यकता बनी रहती हो। अतः, एक सीमा तक, ज़मींदारों द्वारा सशस्त्र नौकरों की भीड़ तथा मुग़ल शासक वर्ग द्वारा सेना पर किया जाने वाला विशाल व्यय एक ही आर्थिक सचाई पर आधारित थे।

किन्तु यहाँ समानता नहीं थी, हालाँकि आत्यन्तिक रूप में मुग़ल शासक वर्ग द्वारा किया जाने वाला सैनिक व्यय ज़मींदारों के सैनिक व्यय की तुलना में कहीं ज़्यादा था, किन्तु जिन लोगों के बीच यह सीधे-सीधे वितरित किया जाता था, उनकी संख्या बहुत कम थी। 1647 ई. के सम्बन्ध में हमें जो सरकारी आँकड़े उपलब्ध हैं, वे सर्वथा पूर्ण हैं। उस समय बादशाह के प्रतिष्ठान में 7000 घुड़सवार सैनिक तथा घोड़ों पर सवार बन्दूक़धारी थे तथा मनसबदारों द्वारा अपने सवार पदों के मद में नियुक्त घुड़सवारों की संख्या अनुमानतः 1,85,000 थी। इसके अतिरिक्त, 40,000 पैदल सेना, जिसमें बन्दूक़धारी गनर, तोपची तथा रॉकेट छोड़ने वाले शामिल थे। इनमें से 10,000 राजधानी में तैनात थे और शेष की तैनानी सूबों और क़िलों में होती थी।[86]

घुड़सवार सेना पर कदाचित सेना का सर्वाधिक व्यय होता था। मुग़ल सेनाओं के घुड़सवार वस्तुतः पेशेवर कुलीन अश्वारोही सैनिक होते थे। अधिकांशः मामलों में उनके पास एक से अधिक घोड़े होते थे।[87] घोड़े भी उच्च क़िस्म के होते थे, चूँकि भारतीय क़िस्में बहुत घटिया होती थीं, अतः अच्छे घोड़े बहुत महँगे होते थे। 18वीं सदी में उनकी क़ीमत इंगलैंड में उनकी क़ीमत से चार गुना ज़्यादा थी।[88] अतः उन्हें हमेशा ईरान और मध्य एशिया से आयात करना पड़ता था।[89] घोड़ों के आयात ने स्वभावतः भारतीय वस्तुओं की प्रति-माँग को जन्म दिया होगा। हस्तशिल्प उद्योग से जुड़े हुए बाज़ार के लिए इस परोक्ष प्रोत्साहन के अतिरिक्त घुड़सवार सैनिकों ने इस बाज़ार की स्थापना सीधे-सीधे भी की, क्योंकि उन्हें कवच और हथियारों की ज़रूरत होती थी तथा अपने और अपने परिवारों के लिए सुखोपभोग के साधनों की माँग भी इस बाज़ार व्यवस्था का आधार थी लेकिन, उनका एक विशाल मानव प्रतिष्ठान भी था, जिसमें नौकर और दास होते थे।

किसी अश्वारोही सैनिक की माली हालत चाहे जितनी ख़राब रही हो, उसके पास तीन या चार नौकर अवश्य होते थे।[90] अस्तु, जो कुछ उन्हें मिलता था, उसका अच्छा-ख़ासा हिस्सा उनके भरण-पोषण में चला जाता था। कैम्प में रहने वाले दुकानदारों और कारीगरों की संख्या पर विचार करते हुए मनुची ने अनुमान लगाया है कि 8,000 अश्वारोही सैनिकों का अभिप्राय 30,000 लोगों की उपस्थिति था। अतः हम यह अनुमान लगा सकते हैं कि मुग़ल घुड़सवार सेना पर निर्भर जनसंख्या (जिनमें उनके परिवार भी शामिल थे) तीन मिलियन से ऊपर रही होगी।

घुड़सवार सेना के अतिरिक्त तोपख़ाना भी था। मुग़ल सेना के तोपख़ाने में इस्तेमाल होने वाली धातु अथवा बारूद का अनुमान लगाना तो मुश्किल है किन्तु तोपख़ाने में नियुक्त सैनिकों की संख्या (40,000 से ऊपर) को देखते हुए, इतना तो निश्चित रूप से कहा जा सकता है कि किसी भी समय क़रीब हज़ारों बन्दूक़ें (25,000 से कम तो किसी भी हालत में नहीं) हमेशा इस्तेमाल में रही होंगी। हम यह जानते हैं कि हिन्दुस्तान में भारी तोपें ही अधिक लोकप्रिय थीं।[91] अतः यह सम्भव है कि तोपख़ाने के लगातार इस्तेमाल से शोरा उद्योग तथा धातु और उससे जुड़े दस्तकारी उद्योग को बढ़ावा मिला होगा। जब हिन्दुस्तानी ताँबे की खानें नाकाफ़ी साबित हुईं तो भारी मात्रा में बाहर से ताँबा आयात करना पड़ा,[92] जिसके बदले में हिन्दुस्तानी चीज़ों का निर्यात करना पड़ता था।

बादशाह तथा उसके अमीर कला तथा अन्य व्यवसायों के उदार संरक्षक थे। वे पेंशन तथा उपहार देकर अपने यहाँ विद्वानों, कवियों, धर्मवेत्ताओं, चिकित्सकों, चित्रकारों, संगीतकारों और नर्तकों को संरक्षण प्रदान करते थे।[93] इस पेशेवर मध्य वर्ग में लेखाकार तथा अन्य अधिकारियों की गणना भी की जा सकती है जो अमीरों के उक्त प्रतिष्ठान में बड़ी तादाद में नियुक्त किये जाते थे। पेल्सार्ट कहता है कि जहाँ एक व्यक्ति की ज़रूरत होती थी, वहाँ दस लोगों की नियुक्ति की जाती थी।[94] शाही प्रशासन और प्रतिष्ठान की विशाल नौकरशाही के सन्दर्भ में भी यही बात थी।[95] इस मध्य वर्ग के अनेक लोग अमीर वर्ग के रहन-सहन और जीवन पद्धति की नक़ल करते थे। किन्तु इस वर्ग के कुल आय-व्यय का ठीक-ठाक ब्योरा लगाना मुश्किल है, क्योंकि इस वर्ग का चरित्र बड़ा विषम था।

यदि हम यह मानकर चलें कि अमीर वर्ग की आय का दो-तिहाई हिस्सा घुड़सवार सेना तथा तोपख़ाने पर ख़र्च होता था और क़रीब एक बटे दस भाग पेशेवर वर्ग के रख-रखाव पर (जो कि काफ़ी ढीला-ढाला अनुमान है) तो भी यह अन्दाज़ा होता है कि वे अपनी कुल आय का चौथाई भाग अपने ऊपर ख़र्च करते थे।

इसमें से अधिकांश उन्हें अपने व्यापक ताम-झाम के रख-रखाव पर ख़र्च करना पड़ता था। चूँकि अमीर लोग बड़े शौक़ीन मिज़ाज लोग होते थे और वे हाथियों, घोड़ों तथा नौकर-चाकरों पर खुलकर ख़र्च करते थे।[96] उसी तरह शाही घराने में भी हरम तथा घुड़सालों में काम करने वाले नौकरों और दासों का विशाल जनसमुदाय था।[97] अतः स्पष्ट है कि ग़ैर-उत्पादनशील श्रम में लगे लोगों की बड़ी तादाद थी जो अपने भरण-पोषण के लिए अमीरों पर निर्भर करते थे।[98]

समकालीन पर्यवेक्षकों ने (नौकरों और दासों के प्रति अमीरों के प्रेम के अतिरिक्त) यदि किसी अन्य चीज़ को रेखांकित किया तो वह सिक्के जमा करने और ख़जाना भरने का उनका शौक़ था। 'मुग़ल साम्राज्य' की 'ज़ब्ते मुतवफ्फी' (एसचीट सिस्टम) प्रणाली (जिसके तहत बादशाह किसी अमीर की सम्पत्ति को उसके दिवंगत होने पर अपने क़ब्ज़े में ले लेता था) को लम्बे अरसे तक ग़लत समझा जाता रहा है। उक्त सन्दर्भ में यह आग्रह रहा है कि चूँकि बादशाह अमीरों की सम्पत्ति को उनकी मृत्यु के बाद हड़प लेता था, अतः उनमें (अमीरों में) फिजूलख़र्ची की प्रवृत्ति थी।[99] अब इस प्रश्न को कमोवेश अधिक सन्तोषजनक ढंग से स्पष्ट किया गया है। और पता यह चला है कि किसी बादशाह का किसी मृतक अमीर की सम्पत्ति पर जो अधिकार बनता था, उसके भी कुछ निश्चित कायदे-क़ानून होते थे। सिर्फ़ यही नहीं कि एक साहूकार या महाजन के रूप में उसका अधिकार बनता हो।[100] बहरहाल जो हो, अमीर अपने पीछे विशाल ख़ज़ाना छोड़ जाते थे। सरकारी इतिहास के अनुसार बादशाह ने 1645 ई.[101] में एक बहुत बड़े अमीर की मृत्यु पर उसकी सम्पत्ति से 6 मिलियन रु. नक़द रूप में वसूल किये थे। एक और बड़े अमीर ने (1657 ई.)[102] अपनी मृत्यु के पश्चात सरकारी आकलन के अनुसार 10 मिलियन की सम्पत्ति (नक़द और सामान के रूप में) छोड़ी थी। तुलनात्मक दृष्टि से शाही ख़ज़ाना बहुत विशाल था। हालाँकि अकबर की मृत्यु के समय शाही ख़ज़ाने के बाबत जो सूचना प्रचारित-प्रसारित की गयी, वह अतिरंजित थी।[103] फिर भी, हम एक सरकारी स्रोत के आधार पर यह जानते हैं कि उसके ख़ज़ाने में 70 मिलियन नक़द थे।[104] ख़ज़ाना जमा करने (विशेष रूप से सोना और चाँदी जमा करने) से दस्तकारी वस्तुओं की माँग सीधे-सीधे तो प्रभावित नहीं होती थी और इसीलिए इसे पूँजी का अपव्यय भी माना गया, किन्तु चूँकि सोने और चाँदी के आयात को घोड़ों और ताँबे के समान ही निर्यात के. माध्यम से सन्तुलित करना पड़ता था अतः, ख़ज़ाना जमा करना परोक्ष रूप से दस्तकारी वस्तुओं की माँग का विस्तार करता था।

अमीर वर्ग द्वारा उपभोक्ता वस्तुओं की प्रत्यक्ष माँग के सिलसिले में कोई भी सांख्यिकीय वक्तव्य देना सम्भव नहीं है किन्तु, सामान्य साक्ष्य के आधार पर कुछ निष्कर्ष अवश्य निकाले जा सकते हैं।

मुग़लकालीन अमीर अपने बादशाहों के समान ही बड़ी-बड़ी इमारतों और महलनुमा भवनों के निर्माता थे। ये इमारतें अपनी भव्यता और सुख-सुविधा की दृष्टि से उन मानकों का भी अतिक्रमण कर जाती थीं जो उस काल के कठोरतम यूरोपियन समीक्षकों द्वारा निर्धारित किये गये थे।[105] उन्होंने मक़बरों, मसजिदों, सरायों के अतिरिक्त ऐसे पक्के तालाब और पुल[106] भी बनवाये जिन्होंने काल से होड़ ली है और जो उनके भवनों की तुलना में कहीं बेहतर साबित हुए हैं।

फ़र्नीचर तथा साज-सज्जा के सामान पर तथा व्यक्तिगत उपभोग की वस्तुओं पर अमीरों का ख़र्च बहुत ज़्यादा होता था। भाँति-भाँति की वस्तुओं के बीच उनका ज़ोर महँगी और कला की दृष्टि से उच्च कोटि की वस्तुओं पर होता था। इन वस्तुओं में सर्वाधिक जवाहरात से लेकर उच्च कोटि की मलमल भी शामिल होती थी।[107] उनकी ज़रूरत की अनेक वस्तुएँ उनके अपने कारख़ानों में ही तैयार की जाती थीं। शाही कारख़ानों के विषय में बेहतर ढंग से ज़िक्र किया गया है, किन्तु वे सभी एक जैसे ही होते थे। कारख़ाना सामान्यतः एक हॉल (बड़ा कमरा) जैसा होता था और प्रत्येक दस्तकारी के लिए अलग कारख़ाना होता था। इसी में कारीगरों को सूक्ष्म निगरानी में काम करना होता था। कारीगरों को सामान अमीर द्वारा मुहैया कराया जाता था। क़रीब-क़रीब हर चीज़ इन कारख़ानों में तैयार की जाती थी। जो उत्पाद यहाँ तैयार किये जाते थे, वे या तो मालिक के अपने इस्तेमाल के लिए होते थे या किसी को उपहार देने के लिए।[108] किन्तु इतना निश्चित है कि अमीर लोग बाज़ार की तैयार चीज़ें भी ख़रीदते थे। वस्तुतः यह असम्भव है कि छोटे अमीर अपने कारख़ानों में अपनी ज़रूरत की हर चीज़ तैयार करा सकें। ऐसी दुकानें होती थीं जो अभिजात वर्ग के लिए महँगी वस्तुएँ बेचती थीं।[109] बर्नियर हालाँकि दिल्ली की दुकानों के रखरखाव के बावत तिरस्कार का भाव रखता है लेकिन वह उन दुकानों में रखी अनन्त प्रकार की महँगी वस्तुओं का ज़िक्र भी करता है।[110] अमीरों की ज़रूरत की बहुत-सी वस्तुएँ बाहर से आती थीं, विशेष रूप से ईरान और मध्य एशिया से। यूरोपियन वस्तुओं की माँग सीमित और अनिश्चित थी।[111] जैसा कि हमने ऊपर स्पष्ट किया है कि यह भी परोक्ष रूप से दस्तकारी उत्पादन के लिए एक सहारा था, चूँकि इसके द्वारा निर्यात को प्रोत्साहन मिलता था।

उक्त सामान्य तथ्यों के आधार पर हम भू-राजस्व के संसाधनों के वितरण की निश्चित रूपरेखा तैयार कर सकते हैं। इसके तहत उस अंश को निदर्शित किया जा सकता है जो ग़ैर-उत्पादनशील श्रम को बरकरार रखने में तथा उसके पुनरुत्पादन में व्यय होता था और उस अंश को भी निदर्शित किया जा सकता है जो दस्तकारी उत्पादन का आधार था। मौजूदा साक्ष्य के आधार पर किसी चीज़ को निश्चित तौर पर स्थापित नहीं किया जा सकता। किन्तु हम यह निष्कर्ष अवश्य निकाल सकते हैं कि वितरण का उक्त स्वरूप हमारी परिभाषा के तहत परिकल्पित प्रथम और द्वितीय चरण के अनुरूप था। अर्थात एक ओर जहाँ अमीरों की व्यक्तिगत सेवा में अश्वारोही सैनिकों, नौकर-चाकरों के रूप में एक बड़ा जनसमूह संलग्न रहता था (जिसके कारण दिल्ली जैसा शहर एक छावनी लगता था,[112] वहीं दूसरी ओर एक बड़ी तादाद ऐसे लोगों की भी थी जो कारीगर और साधारण मज़दूर थे) जो अभिजात वर्ग की ज़रूरतों को पूरा करने के लिए दस्तकारी उत्पादन, व्यापार तथा यातायात में संलग्न थे।[113] वास्तव में, कारीगरों की संख्या उस संख्या से कहीं अधिक थी जिसका संकेत हम ऊपर कर चुके हैं। ऐसा इसलिए लगता है चूँकि श्रमिक जनसंख्या की आवश्यकताओं की पूर्ति (विशेष रूप से कपड़ा) के तहत उत्पादनशील और ग़ैर-उत्पादनशील श्रम करने वाले कारीगरों और साधारण मज़दूरों का एक बड़ा वर्ग तैयार हुआ होगा। यह जनसंख्या उत्पादन और यातायात में संलग्न थी। उक्त प्रणाली के तहत आकलन करने पर संख्या बहुत अधिक बैठती है। चूँकि यदि प्रति व्यक्ति आवश्यक वस्तु का मूल्य बहुत कम था तो प्रति व्यक्ति उत्पादकता भी बहुत कम थी, अतः ऐसा लगता है कि द्वितीय चरण के तत्त्व भारतीय अर्थव्यवस्था में बहुत गहरे बैठे थे। हालाँकि वे प्रथम चरण के साथ एक सीमा तक सह-अस्तित्व में थे। अतः यह माना जा सकता है कि उस समय शहरी जनसंख्या का आकार अच्छा ख़ासा रहा होगा किन्तु कुल जनसंख्या के छठे भाग से भी कम रहा होगा।[114] सामान्यतः भारतीय क़सबों के बाबत हमारे पास जो सूचना उपलब्ध है, उससे भी इसकी पुष्टि होती है। 17वीं सदी के प्रारम्भ में मुग़लकालीन भारत के शहर जनसंख्या की दृष्टि से अपने समकालीन यूरोपियन नगरों की तुलना में कहीं अधिक प्रतीत होते हैं। किन्तु उस सदी के दौरान जैसे-जैसे यूरोप में जनसंख्या बढ़ी, दोनों के सबसे बड़े नगर समकालीन यूरोपियन पर्यवेक्षकों[115] को एक ही आकार के प्रतीत होते हैं। कुछेक नगरों के बारे में उन्होंने जो आँकड़े दिये हैं (ये आँकड़े विश्वसनीय तो नहीं हैं, लेकिन वे जिस रूप में भी हैं, यहाँ उद्धृत हैं) वे निम्न प्रकार[116] हैं :

कुछ निश्चित नगरों की जनसंख्या

नगर	*वर्ष*	*जनसंख्या*
आगरा	1609	50,000
(इसे सबसे बड़े नगर की ख्याति प्राप्त थी)	1629-43	6,60,000
पटना	1671	2,00,000
मसूलीपट्टम	1672	2,00,000
सूरत	1700	2,00,000

कृषि क्षेत्र से विशाल परिमाण में राजस्व की वसूली तथा उसका एक छोटे से शासक वर्ग के हाथों में संकेन्द्रण के आधार पर हम यह निष्कर्ष निकाल सकते हैं कि भारतीय अर्थव्यवस्था ने मुग़लकाल में शहरी क्षेत्र का पर्याप्त विस्तार हो चुका था। न केवल यह कि शहरी जनसंख्या का एक बहुत बड़ा हिस्सा दस्तकारी उद्योग में लगा हुआ था, अपितु यह भी प्रतीत होता है कि प्रति व्यक्ति उत्पादन की दृष्टि से इस काल की तुलना इस सदी के प्रारम्भिक दशकों से की जा सकती है।[117]

III

इतने बड़े पैमाने पर होने वाले उत्पादन के लिए किन तकनीकों का इस्तेमाल होता था, इस सम्बन्ध में अभी तक कोई विस्तृत शोध नहीं हुआ है। हमारे अपने दृष्टिकोण से भी यह अत्यन्त महत्त्वपूर्ण विषय है, चूँकि औज़ारों के निरन्तर परिष्कार के तहत ही मशीन का विकास होता है।

भारतीय दस्तकारियों में इस्तेमाल होने वाले औज़ारों की एक सामान्य विशेषता यह थी कि उनमें लोहे का इस्तेमाल बहुत किफ़ायत के साथ होता था। जहाँ लोहा लगना चाहिए था, वहाँ लकड़ी का इस्तेमाल किया जाता था। इसीलिए समकालीन यूरोपियन यात्रियों को उत्पादन के लिए भारतीय औज़ार अपेक्षाकृत सादा और भौंडे क़िस्म के दिखायी पड़े। बर्नियर ने दिल्ली के एक कारीगर के विषय में ज़िक्र करते हुए कहा है कि उसके पास औज़ारों का सख़्त अभाव है। औज़ारों के विकास और कारीगरों के हस्तकौशल के बीच का अनुपात प्रतिलोमी दिखायी पड़ता है, चूँकि साधारण अथवा निम्न कोटि के औज़ारों के होते हुए भी वे बहुत उच्च कोटि की वस्तुएँ तैयार करते थे।[118] किसी भी प्रकार के हस्तकौशल के विकास का अभिप्राय उच्च कोटि की विशेषता थी। पेल्सार्ट ने आगरा में

सैकड़ों प्रकार की दस्तकारियों की चर्चा की है। वह लिखता है कि 'हॉलैंड में जिस कार्य को एक व्यक्ति करता है, वही काम यहाँ चार व्यक्तियों के हाथ से गुज़रता है।'[119] परिणामस्वरूप, भारतीय कारीगर नक़ल करने में तो माहिर होते थे, किन्तु वे कोई चीज़ ख़ुद से तैयार नहीं कर सकते थे।[120] हालाँकि, कुछेक मशीनी यन्त्रों– जैसे घड़ियों के निर्माण का प्रयास नहीं किया गया। नक़ल भी नहीं।[121] एक और भी बहुत बड़ी कमी थी, जिसके वास्तविक महत्त्व का बोध हमें अब हो रहा है। अर्थात माइनिंग इंजीनियरिंग के विकास का अभाव। कच्चा लोहा सतह पर की गयी खुदाई से ही प्राप्त किया जा सकता था और कोयले की खुदाई बिल्कुल नहीं की जाती थी।[122] सामान्यतः गहरी खानें नहीं थीं। 'साल्ट रेंज' की खानों को देखकर यक़ीनन आश्चर्य होता था, हालाँकि यहाँ वास्तव में सुरंगें पट्ट रूप में होती थीं जो पहाड़ियों के पार्श्व से होकर गुज़रती थीं। प्रत्येक सुरंग एक व्यक्ति द्वारा ही खोदी जाती थी।[123]

इन तथ्यों के आधार पर हम यह निष्कर्ष निकालने को विवश होते हैं कि भारत में उत्पादन का विकास वस्तुतः व्यक्ति के कौशल अथवा दक्षता के परिष्कार से जुड़ा था, औज़ारों की गुणवत्ता के सुधार से नहीं।[124] हालाँकि, इस प्रकार का दृष्टिकोण सरलीकृत होगा क्योंकि भिन्न-भिन्न समाजों और भिन्न-भिन्न परिस्थितियों के अन्तर्गत उत्पादन की प्रक्रिया में दक्षता और औज़ारों की भूमिका भिन्न-भिन्न होती है। यदि विशिष्ट उत्पादों को प्राप्त करना ही है तो व्यक्ति की दक्षता चाहे कितनी भी उच्च कोटि की क्यों न हो, वह कुछ बुनियादी औज़ारों का स्थानापन्न नहीं हो सकती। उदाहरण के लिए, सिंचाई के लिए गहराई से पानी उठाने के लिए रहट ज़रूरी था। इसमें गरारी की व्यवस्था होती थी और बाल्टियों की माला होती थी। मुग़लकाल में यह लकड़ी, रस्सी और मिट्टी के पात्रों से तैयार होता था।[125] पूरी तरह लोहे का इस्तेमाल 19वीं सदी के उत्तरार्द्ध से पहले नहीं होता था। पुरानी मशीन के बनिस्बत लोहे का इस्तेमाल उसी स्थिति में सम्भव हो सका, जब धातु की अतिरिक्त क़ीमत, पशु-शक्ति और श्रम के समय के अधिक इस्तेमाल की तुलना में कम हो गया। चूँकि, उक्त पुराने ढंग से उतनी ही मात्रा में सिंचाई के लिए अधिक पशु-शक्ति और श्रम समय की आवश्यकता होती थी अतः उक्त पद्धति के तकनीकी सिद्धान्तों में किसी बुनियादी सुधार का कोई प्रश्न ही नहीं था। उसी प्रकार सामान्य चरखे में दो महत्त्वपूर्ण मशीनी यन्त्र होते थे जैसे माल, जिसके द्वारा शक्ति-संचरण होता था और चक्का (फ्लाई व्हील) हालाँकि यह पूरी तरह लकड़ी का बना होता था।[126] अन्य भारतीय दस्तकारियों में पहिये का इस्तेमाल छेद करने, कटाई करने, धातुओं और क़ीमती पत्थरों

पर पॉलिश करने के काम में होता था।[127] अतः यह सही है कि प्रौद्योगिकी में व्यापक विकास उसी समय सम्भव है जबकि धातु विशेषतः लोहा अन्य पदार्थों को अपदस्थ कर दे। इस तरह के परिवर्तन की गति को विशेष परिस्थिति में अवरुद्ध किया जा सकता है। यदि घटिया औज़ार से सस्ती मज़दूरी पर किसी बाहुनर कारीगर द्वारा उसी तरह की वस्तु का निर्माण किया जाये। पेल्सार्ट भारत में उच्च कोटि की हस्तशिल्पगत विशेषज्ञता के पीछे मज़दूरी की बहुत कम दरों को जिम्मेदार मानता है।[128]

उक्त सन्दर्भ में जो अति महत्त्व का प्रश्न है, वह यह कि क्या जहाँ किसी हुनरमन्दी के द्वारा उन्नत कोटि के औज़ारों को स्थानापन्न करना सम्भव नहीं था तो क्या वहाँ भी उन्हें नहीं अपनाया जाता था।[129] इस सम्बन्ध में तोपख़ाने के निर्माण का अध्ययन जो उस समय यूरोप और एशिया दोनों ही जगह वास्तव में एक भारी उद्योग था, निश्चित रूप से उपादेय होगा। इस उद्योग की आवश्यकता से ही यूरोप में ढलवाँ लोहे के उत्पादन का जन्म हुआ।[130] भारत में हालाँकि पीतल की भारी बन्दूक़ें ढाली जाती थीं किन्तु पीतल की बन्दूक़ों के साथ पूरी तरह लोहे की बन्दूक़ें नहीं ढाली जाती थीं, अपितु वेल्डिड छड़ों को वलयाकार मोड़कर ऐसी बन्दूक़ें बनायी जाती थीं। लेकिन उड़ीसा में, जहाँ लोहा प्रचुर मात्रा में मिलता था, जहाज़ों के साँचों में लंगर ढाले जाते थे; हालाँकि उनकी गुणवत्ता वैसी नहीं होती थी जैसी यूरोप में ढलवाँ लोहे की होती थी। यह भी उल्लेखनीय है कि 17वीं सदी में भारत में बने तोपख़ाने से सम्बन्धित चीज़ों को गुणवत्ता और कार्य क्षमता को लेकर कोई असन्तोष नहीं था। उदाहरण के लिए, बर्नियर हिन्दुस्तानी बन्दूक़ों और शिकारी बन्दूक़ों की प्रशंसा उनकी उत्कृष्टता के लिए करता है।[131] 17वीं सदी में जड़ाई के काम के यन्त्र के रूप में पेंच की उपस्थिति भी कम महत्त्वपूर्ण नहीं है। यूरोप में पेंच का इस्तेमाल उक्त उद्देश्य के लिए 16वीं सदी से पुराना नहीं है।[132] 17वीं सदी में भारतीय पेंच का निर्माण टाँका लगाने वाले तार के द्वारा बनाया जाता था, ढलाई और बरमा द्वारा सूराख करके नहीं।[133] अतः उदाहरण से यह स्पष्ट होता है कि किसी प्रौद्योगिकी का नया सिद्धान्त पूरी तरह अस्वीकृत नहीं कर दिया जाता था। हालाँकि इसको समग्रतः और समुचित ढंग से अमल में न ला सकने के पीछे प्रौद्योगिकी के क्षेत्र में व्यावहारिक स्तर पर व्याप्त पिछड़ापन था। इस बात के भी साक्ष्य हैं कि उस समय यान्त्रिक आविष्कार के क्षेत्र में सजग रूप से प्रयास हो रहे थे। अकबर के मन्त्री फताउल्ला सिराजी ने इस तरह के विलक्षण ढंग के प्रयोग किये थे, हालाँकि उन प्रयोगों का कोई ख़ास आर्थिक महत्त्व नहीं था।[134]

अतः भारत में तकनीक के स्तर पर नयी प्रयोगशीलता तथा अनुकूलन को लेकर कोई अनुलंघनीय बाधा नहीं थी। यदि 17वीं सदी में भारत यूरोप से औद्योगिक विकास के क्षेत्र में स्पष्टतः पीछे छूटने लगा तो इसका कारण यह नहीं था कि यहाँ लोगों में व्यक्तिगत हुनर के प्रति कोई रहस्यपूर्ण ढंग का झुकाव था अपितु इसके कुछ और ही कारण रहे होंगे। कुछ लोगों को इसके पीछे भारत की जातिव्यवस्था ज़िम्मेदार लगती है, जो वस्तुतः दस्तकारी विशेषज्ञता का मूलाधार थी। वेवर जैसे समाजशास्त्री ने इस धारणा को सशक्त ढंग से प्रस्तुत किया है कि जातिव्यवस्था ने यहाँ के आर्थिक विकास में बाधा पहुँचायी।[135] चूँकि उसने दस्तकारी से शिक्षा को अलग रखा; हस्तशिल्प के भिन्न-भिन्न क्षेत्रों को एक-दूसरे से अलग किया; अन्तःदस्तकारी गतिशीलता को रोका तथा कारीगर के अन्दर व्यक्तिगत महत्त्वाकांक्षा को पैदा नहीं होने दिया।[136]

हालाँकि, इस पूरी सैद्धान्तिकी को प्रश्नों के घेरे में खड़ा किया जा सकता है और इसका ठोस आधार भी है, चूँकि यह सैद्धान्तिकी जातिव्यवस्था की उस परिकल्पना पर आधारित है जिसके तहत जातिव्यवस्था कुछ निश्चित शास्त्रों पर आधारित थी और उन्हीं के निर्देशानुसार कार्य करती थी।[137] इस सन्दर्भ में तीन-चार बिन्दुओं को ध्यान में अवश्य रखना चाहिए। पहला तो यह कि उस काल में साधारणजनों अथवा साधारण मज़दूरों का एक ऐसा आरक्षित समूह होता था जिसमें से ज़रूरत पड़ने पर बाहुनर पेशेवरों का एक नया वर्ग तैयार किया जा सकता था। उदाहरण के लिए, कर्नाटक में हीरों की खानों में खुदाई करने वाले खनिक किसानों अथवा खेतिहर मज़दूरों में से ही आते होंगे; चूँकि जब खानें बन्द हो जाती थीं तो वे खनिक वापस खेती के काम की ओर लौट जाते थे।[138] दूसरे, हर इलाक़े में एक से ज़्यादा जातियाँ एक ही पेशे को करती थीं, इसलिए जब किसी विशेष दस्तकारी की माँग बढ़ती थी तो उस जाति के नये कारीगर उस इलाक़े में पहुँच जाते थे।[139] और सर्वाधिक महत्त्व की बात यह है कि जातियाँ अपने-अपने पेशों से हमेशा के लिए जुड़ी नहीं रहती थीं। लम्बे समय तक रहने वाली आर्थिक विवशताओं के तहत भी जाति के व्यावसायिक आधार में बुनियादी परिवर्तन हो जाता था। इस सन्दर्भ में महाराष्ट्र के दर्ज़ियों का उदाहरण हमारे सामने है और उसके साक्ष्य भी प्रमाणित हैं। उनमें से कुछ लोग 18वीं सदी में रंगाई का काम करने लगे थे, जबकि कुछ दूसरे लोगों ने नील की रंगाई का काम ले लिया था।[140] और इस बात के साक्ष्य भी हैं चाहे कभी-कभी ही सही प्रशासन व्यवसायों के बीच खुली आवाजाही का पक्षधर था।[141] औरंगज़ेब ने यह आदेश दिया था कि अहमदाबाद में सभी लोगों को यह अनुमति होनी चाहिए

कि जो चाहे वह बुनाई, सिलाई तथा कढ़ाई का काम सीख सकता है, तो उससे ऐसा लगता है कि जातियाँ कभी-कभी श्रेणियों के बराबर शक्तिशाली नहीं होती थीं, चूँकि अपने ढीले-ढाले संगठन के कारण, वे प्रायः प्रशासन के समर्थन पर निर्भर करती थीं, अथवा उन्हें अपने अन्दरूनी मामलों में उनका हस्तक्षेप बर्दाश्त करना पड़ता था।[142]

अतः हम यह निष्कर्ष निकाल सकते हैं कि दस्तकारी से जुड़े श्रम की गतिशीलता के सन्दर्भ में जाति कोई ऐसी अनुलंघनीय बाधा नहीं थी। यह महत्त्वपूर्ण है कि जहाँ एक ओर यूरोपियन व्यापारी और यात्री बार-बार भारत में विशेष कौशल से सम्पन्न व्यवसायों की वंशानुगतता की बात तो करते हैं, वे इसके लिए उत्पादन की किसी भी शाखा में श्रम की अपर्याप्तता को ज़िम्मेदार नहीं मानते। दूसरी ओर वे कारीगरों की विशाल संख्या तथा कम वेतन का ज़िक्र करते हैं।[143] दस्तकारी से सम्बद्ध श्रम की स्वतन्त्र आपूर्ति के मार्ग में अधिक बड़ी बाधा अमीरों द्वारा दस्तकारों से बेगार लेना तथा उनके ऊपर अन्य प्रतिबन्ध थोपना प्रतीत होता है।[144]

यह स्थापित करने के बाद कि ग़ैर-कृषि क्षेत्र की वस्तुओं के लिए विशाल शहरी बाज़ार विद्यमान था और विशेषज्ञता के आधार पर श्रम-विभाजन था, साथ ही उत्पादन की तकनीक में प्रगति भी हुई थी, किसी हुनर विशेष से जुड़े श्रम का कोई अभाव नहीं था, बल्कि उसकी अधिकता ही थी। यह एक वाज़िब सवाल है कि इन परिस्थितियों के रहते हुए उत्पादन का संघटन पूँजीवादी अथवा अर्ध-पूँजीवादी आकार की ओर किस सीमा तक बढ़ा।

हम अपने विचार विमर्श से फ़िलहाल उस दस्तकारी उत्पादन को अलग रख सकते हैं जो किसानों और ग्रामीण समुदायों की ज़रूरतों को पूरा करने के लिए किया जाता था। इनमें से कुछ दस्तकार गाँवों में रहते थे और वे अपने निश्चित पारिश्रमिक के बदले कुछ निश्चित उत्पाद और सेवाएँ देते थे। दूसरे, लोग एक गाँव से दूसरे गाँव कुछ सामान ख़रीदते और अपनी वस्तुएँ बेचते फिरते थे जिनकी क़ीमतें माल के रूप में निश्चित होती थीं। इनमें से किसी रूप में भी, वास्तविक उपभोक्ता वस्तु उत्पादन का जन्म नहीं हुआ था अपितु यह शहरी दस्तकार के अस्तित्व में आने के साथ सम्पन्न हुआ।

हम शहरी दस्तकार के उपभोक्ता वस्तुओं को उत्पादक के रूप में देखते हैं जो दोनों में से किसी एक स्थिति में उपस्थित है। प्रथम तो यह कि वह अपने उत्पाद का खुद मालिक है, जब तक कि वह उस उत्पाद को बाज़ार में नहीं बेचता, दूसरे यह कि सामान उसके हाथ में उस समय तक रह सकता है,

जब तक उत्पादन की प्रक्रिया पूरी नहीं हो जाती। किन्तु इस पूरे समय में यह सामान उसका नहीं किसी और का होता है।

पहली स्थिति के सन्दर्भ में हम एक दूसरा उदाहरण प्रस्तुत कर सकते हैं। पटना से 1620 ई. के एक अंग्रेज़ आढ़ती की एक रिपोर्ट है :

> लखौरी में (जहाँ हर हफ़्ते ला या पैठ लगती है) ऐंवर्ती कैलिको ख़रीदने का आम रिवाज़ है। यह क़सबा यहाँ से 14 कोस की दूरी पर है। बुनकर पड़ोसी गंजों से यहाँ माल लाते हैं, जिनसे वे कच्चे रूप में (बिना कलप लगाये या साफ़ किये) 13 जहाँगीरी गज़ के हिसाब से खरीदे जाते हैं।[145] ...कच्चे माल के रूप में ख़रीदने पर चार बटे सोलह या 25 प्रतिशत बट्टे और दस्तूरी के लगते हैं।[146] रिपोर्ट के अनुसार, इस तरह एक दिन में 50, 60, यहाँ तक कि किसी-किसी दिन 100 थान तक ख़रीद लिए जाते हैं। उसी तरह ये यहाँ पटना में भी बेचे जाते हैं। किन्तु यहाँ वे साफ़ करके और तैयार रूप में लाये जाते हैं...![147]

हम यहाँ देखते हैं कि बुनकर माँग को पहले से ही भाँप कर कैलिको का अपने आप माल तैयार करते हैं। जो ज़्यादा दिलचस्प पहलू है वह यह कि वे कभी-कभी अपना पूँजी निवेश बढ़ा देते थे। अपने उत्पाद को धोबियों द्वारा धुलवाकर तैयार करवा देते थे। इस प्रक्रिया में, रिपोर्ट के अनुसार, तीन महीने का समय लगता था और इस तरह 20 थानों पर तीन रुपये ख़र्च होते थे। जो बुनकर इस प्रक्रिया की स्वयं व्यवस्था करते थे, वे अपने सामान को बड़े बाज़ार में निश्चित रूप से महँगा बेचते रहे होंगे।

इस प्रकार के संसाधनों का इस्तेमाल करते हुए समय के साथ-साथ कुछ बुनकरों ने उत्पादन का विस्तार किया होगा, इतना ही नहीं, कुछ प्रशिक्षुओं और नौकरों को भी उस काम में लगाया होगा। यह निश्चित रूप से एक महत्त्वपूर्ण प्रगति थी। यह गाँव के स्तर पर पूँजीवाद के विकास की दिशा में एक महत्त्वपूर्ण क़दम था। मार्क्स के अनुसार, वास्तविक रूप से क्रान्तिकारी क़दम था।[148] किन्तु मुग़लकालीन भारत में इस दिशा में इस प्रकार के विकास से सम्बन्धित बहुत कम साक्ष्य मिलते हैं। सम्भवतः, क़ीमती पत्थरों के व्यापार में सुनारों का ज़्यादा मुनाफ़ा होता था, इसलिए वे कारख़ाने और कार्यशालाएँ खोलते थे।[149] किन्तु सामान्यतः विभिन्न दस्तकारियों में बहुत कम उच्च कोटि के स्वतन्त्र कारीगर थे।[150]

दूसरी स्थिति में कारीगर स्वयं कोई उत्पादन नहीं करते थे। उसकी जगह वे व्यापारियों तथा अन्य लोगों के निर्देशानुसार उत्पादन करते थे।

जब व्यापारी किसी विशेष वस्तु की निश्चित कर और निश्चित कालावधि के तहत आपूर्ति की माँग करते थे, तो वे कारीगरों को पेशगी देते थे और कारीगर उस शर्तनामे से बँधे होते थे। पेशगी देने की यह प्रथा भारत भर में फैली हुई थी। हालाँकि यह पद्धति उन वस्तुओं के सिलसिले में अधिक व्यापक रूप में प्रचलित थी, जिनकी आवश्यकता दूरदराज के व्यापार के लिए आवश्यक थी।[151]

इस प्रथा के तहत कारीगर को माल ख़ुद ख़रीदने की छूट थी। किन्तु धुलाई तथा रंगाई की प्रक्रियाओं में यह आवश्यक होता था कि माल व्यापारियों को बेचने के बाद पुनः कारीगरों को दे दिया जाये।[152] इससे अगला क़दम यह होता था कि व्यापारी बुनकरों को सूत देते थे और यह सम्भव है कि बाद में यह प्रथा अंग्रेज़ दलालों ने गुजरात में अपना ली थी।[153] बंगाल में अंग्रेज़ों ने बुनकरों को पेशगी दी जाने की इस प्रथा को ख़त्म कर दिया। इसके विपरीत वे स्वयं कच्चा सिल्क ख़रीदकर बुनकरों को देते थे। इसका कारण यह था कि पेशगी मिलने के बावजूद बुनकर आर्थिक रूप से इतने सक्षम नहीं थे कि अपनी ज़रूरत के मुताबिक़ स्वयं सिल्क ख़रीद सकें।[154]

अतः यह देखा जा सकता है कि दादनी की यह प्रथा व्यापक रूप से प्रचलन में थी। पेशगी देना तथा कच्चा माल उपलब्ध कराना दोनों ही स्थापित प्रथाएँ थीं।

दादनी प्रथा के अनुरूप प्रणालियों के अतिरिक्त, उत्पादनशील संगठन के कुछ ऐसे रूप भी थे जो शिल्पशाला (मैन्युफैक्चरी) के ढर्रे पर संचालित होते थे। यह निर्विवाद रूप से कहा जा सकता है कि मुग़लकाल में विशाल स्मारकों तथा अन्य इमारतों का निर्माण सम्भव ही नहीं था यदि बहुत बड़ी तादाद में सामूहिक निगरानी में काम करने वाले दस्तकारों तथा साधारण मज़दूरों का कोई तन्त्र न होता। किन्तु इस तरह एक जगह इकट्ठे होकर काम करना सामान्यतः आकस्मिक ही था, और यह जमावड़ा काम ख़त्म होने पर बिखर जाता था। यही स्थिति जहाज़ निर्माण के क्षेत्र में भी थी। हालाँकि भारत में बड़े भारी जहाज़ों का निर्माण होता था, किन्तु जहाज़ निर्माण की प्रक्रिया में अस्तित्व में आने वाला संगठन उसके निर्माण के बाद ख़त्म हो जाता था।[155]

किसी भी सम्भावनापूर्ण पूँजीवादी विकास के लिए अधिक महत्त्वपूर्ण यह है कि कारीगर और मज़दूर एक जगह जमा होकर उत्पादन की निरन्तरता को बनाये रखें। दकन में टैवर्नियर ने हीरे की खानों का जो विस्तृत ब्यौरा दिया है, उससे पता चलता है कि खेतों को व्यापारियों द्वारा पट्टे पर ले लिया जाता था और फिर वे उनमें मज़दूरों को काम पर लगाते थे। एक प्लॉट पर काम करने वाले मज़दूरों की संख्या 300 तक होती थी, वहाँ काम करने वाले कुल मज़दूरों

की संख्या 60,000 तक बताई गयी है।[156] मज़दूरों का इसी तरह का संगठन शोरा उद्योग में भी प्रचलित था।[157] बहरहाल, इससे कोई निर्माणशाला अस्तित्व में नहीं आती। हालाँकि व्यापारी यहाँ बड़े उत्पादनकर्ता के रूप में दिखायी पड़ता है, किन्तु उत्पादन प्रक्रिया में न तो ख़ास हुनर की कोई भूमिका है, न जटिल औज़ारों की।

इन दस्तकारी उद्योगों का वास्तविक प्रतिरूप कारख़ाना था। दिल्ली में शाही कारख़ाने का वर्णन बर्नियर निम्नलिखित ढंग से करता है :

> अनेक स्थानों पर बड़े-बड़े हाल दिखायी पड़ते हैं जिन्हें कारीगरों के कारख़ाने या कार्यशालाएँ कहा जाता है। एक हाल में एक उस्ताद की निगरानी में कढ़ाई का काम बड़ी व्यस्तता के साथ होता है। दूसरे हाल में, तुम्हें सुनार दिखायी पड़ेंगे, तीसरे में चित्रकार, चौथे में वार्निश करने वाले अपना काम करते दिखेंगे, पाँचवें में बढ़ई, खराद करने वाले, दर्ज़ी-मोची मिलेंगे। छठे में सिल्क तैयार करने का काम, कामदार कपड़े और मलमल का काम होता था। कारीगर हर रोज़ सुबह अपने-अपने कारख़ाने की मरम्मत करते हैं जहाँ वे सारे दिन काम करते हैं और शाम को अपने घर लौट आते हैं। इस तरह शान्त और नियमित ढंग से उनका समय बीतता है...।[158]

अतः कारख़ाने विशिष्ट दक्षताओं के प्रतीक थे, जिनका विकास कारख़ानों से बाहर हुआ, किन्तु इन कारख़ानों में दस्तकार को जो पहले एक स्वतन्त्र अथवा अनुबन्ध के तहत काम करने वाला मज़दूर था, उसे अब पगार पर काम करने वाले मज़दूर के रूप में बदल दिया।[159] हो सकता है कि अभी भी वह अपने औज़ारों का मालिक हो या कुछ औज़ारों पर उसका स्वामित्व हो। किन्तु यह निश्चित नहीं है कि यहाँ भी बाहुनर मज़दूरों का वैसा ही विस्तृत श्रम विभाजन था जैसा यूरोप की दस्तकारी निर्माणशालाओं में।[160]

और हमने देखा है कि बादशाह तथा अमीरों के कारख़ानों में उपभोक्ता-वस्तुओं का उत्पादन नहीं होता था, अपितु भोगविलास की ऐसी वस्तुओं का उत्पादन होता था जिनका वे स्वयं इस्तेमाल करते थे। इसीलिए उनका सीमित आर्थिक महत्त्व था। किन्तु कम-से-कम एक शाही प्रतिष्ठान अर्थात टकसाल इससे भिन्न था। मुग़लकालीन सिक्का ढलाई व्यवस्था सभी प्रतिबन्धों से मुक्त थी अर्थात हर व्यक्ति को यह छूट थी कि वह सोना या चाँदी लेकर उसके सिक्के ढलवा सकता था। वे सिक्के वस्तुतः शुद्ध चाँदी ही होते थे। उन पर बादशाह का नाम अंकित करना पड़ता था और टकसाल का ख़र्चा देना पड़ता था। इन टकसालों का उत्पादन पर्याप्त मात्रा में होता था। उदाहरण के लिए, सूरत की टकसाल

सिर्फ़ अंग्रेज़ों के लिए एक दिन में 30,000 सिक्के ढालती थी।[161] अतः यह सहज ही कल्पना की जा सकती है कि ये टकसालें बड़े-बड़े प्रतिष्ठान होते थे, जहाँ अनेक प्रकार के हुनरमन्द व्यक्ति सूक्ष्म निगरानी में साथ-साथ काम करते थे।

समकालीन पर्यवेक्षक इन शाही और अभिजात वर्गीय कारख़ानों से बेहद प्रभावित हैं। उन्होंने व्यापारियों द्वारा कायम कारख़ानों के बाबत कुछ नहीं कहा है। इसका कारण यह है कि व्यापारियों के कारख़ाने आकार में बहुत छोटे होते थे। बर्नियर धनी व्यापारियों और दुकानदारों के सम्बन्ध में जब यह कहता है कि वे मज़दूरों को अपेक्षाकृत ज़्यादा मज़दूरी देते हैं तो उसके वक्तव्य का संकेत इन्हीं कारख़ानों की ओर है।[162] कुछ देशों में, जैसे बंगाल और बिहार के सिल्क कारोबार में, बड़े व्यापारियों के लिए अपने ही यहाँ कच्ची सिल्क के लच्छे बनाना, रंगाई करना तथा सफ़ाई करने का काम आर्थिक रूप से लाभप्रद रहता था। 1620 ई. में दो अंग्रेज़ आदमियों ने पटना में 'कारकोना' नामक जो संस्था स्थापित की थी,[163] उसमें क़रीब सौ लोग सिल्क के लच्छे बनाने का काम करते थे। स्पष्ट है कि यह संस्था दूसरे व्यापारियों की प्रेरणा से ही स्थापित की गयी थी। किन्तु कुल मिलाकर यह प्रतीत होता है कि ग़ैर-व्यापारिक क्षेत्र में कारख़ानों के विकास के बावजूद विकसित उपभोक्ता वस्तुओं के उत्पादन का अपना विशिष्ट रूप अभी तक दादनी प्रथा का अतिक्रमण नहीं कर पाया था।

उपभोक्ता वस्तुओं के सन्दर्भ में दादनी प्रथा से कारख़ाने तक की प्रगति निस्सन्देह एक ऐसा महत्त्वपूर्ण पड़ाव का प्रतिनिधित्व करती है जिसमें पूँजी द्वारा श्रम का उत्तरोत्तर नियन्त्रण होता है। मुग़लकाल में यह अपवादस्वरूप ही कहीं-कहीं दिखायी पड़ता है, सामान्यतः नहीं। इसका कारण शायद यह है कि घरेलू उद्योगव्यवस्था ने श्रम के अत्यधिक शोषण के साथ अपने को बेहतर ढंग से ढाल लिया था। घरेलू कारीगर के श्रम का जो भुगतान किया जाता था, उसमें उस कारीगर के बीवी-बच्चे भी शामिल होते थे। यह लाभ व्यापारी की कार्यशाला में काम करने पर नहीं मिलता था। अतः व्यापारियों को यह लाभप्रद नहीं लगता होगा कि वे कारख़ाने स्थापित करें, जब तक कि उन्हें यह न लगे कि उसमें बना सामान बहुत क़ीमती है और इसे कारीगरों को देने का जोखिम नहीं उठाया जा सकता, या सामान बहुत भारी हो, या उत्पादन की प्रक्रिया इतनी छोटी हो कि सामान के वितरण को जायज़ न ठहराया जा सके।

अतः यह कहा जा सकता है कि मुग़लकालीन भारत के उपभोक्ता वस्तुओं का उत्पादन तो बहुत व्यापक पैमाने पर होता था, किन्तु उसके तहत औद्योगिक पूँजी के उद्‌भव के कोई चिह्न दिखायी नहीं पड़ते। अब चूँकि अनेक विद्वानों के

लिए व्यापारिक पूँजी और औद्योगिक पूँजी के बीच जो अन्तर है, वह परिमाणात्मक है, तात्विक नहीं, अतः यह जानना लाजिमी हो जाता है कि क्या औद्योगिक पूँजी की अनुपस्थिति का कारण व्यापारिक पूँजी के विकास का अभाव नहीं था।

अधिकांश विद्वानों की राय में मुग़लकाल में व्यापारी अनेक राजनीतिक और प्रशासनिक कारणों से पर्याप्त मुनाफ़ा नहीं कमा पाते थे अथवा धन संचय नहीं कर पाते थे, जैसे सड़कों की असुरक्षा, व्यापारियों की पूँजी की असुरक्षा। चूँकि बादशाह और उसके अमीरों की कुदृष्टि उस पर लगी रहती थी, करों की ऊँची दर थी और अन्ततः मुग़ल अधिकारियों द्वारा स्वतन्त्र व्यापार में हस्तक्षेप किया जाता था, उन्होंने अनेक व्यवसायों में अपने अधिकार क्षेत्र में एकाधिकार जमा लिया था।[164]

इस मत की पुष्टि में विस्तृत साक्ष्यों को उद्धृत किया जा सकता है, किन्तु यहाँ उस सबकी कोई आवश्यकता नहीं है। उक्त सन्दर्भ में विवादास्पद यह नहीं है कि पूर्वोक्त घटकों की कोई भूमिका थी या नहीं, अपितु यह है कि वे किस सीमा तक प्रभावी थे।[165]

उदाहरण के लिए यदि किसी यात्री को रास्ते में डाकुओं से सामना पड़ता हो तो सड़कों की सुरक्षा के कारण को कम करके नहीं आँका जा सकता। सुरक्षा की मात्रा का सर्वोत्तम संकेतक देश के आन्तरिक भाग में बीमा की दरों को माना जाना चाहिए। जो कुछ दरें उपलब्ध हैं, वे अगले पृष्ठ में दी गयी सारणी में प्रस्तुत हैं।[166] स्थानों के बीच में जो दूरी दरशायी गयी है, वह सड़क के आधार पर नहीं, अपितु एक स्थान से दूसरे की निश्चित दूरी है जो नाक की सीध में है।

निश्चित रूप से इन दरों से ऐसा नहीं लगता कि किसी राजनीतिक अस्थिरता के कारण व्यापार का गला घोंटा जा रहा हो। फ़िलहाल हमारे पास जो जानकारी है, उसके आधार पर हम अन्य परिकल्पनाओं के लिए इसी प्रकार के सांख्यिकीय प्रमाण नहीं जुटा सकते, किन्तु इस विशिष्ट सन्दर्भ को एक चेतावनी के रूप में समझना चाहिए और व्यापक साक्ष्य के ढेर से कुछ टुकड़ों के आधार पर सामान्यीकरण करने से बचना चाहिए।

देश के आन्तरिक भाग में बीमा की दरें

वर्ष	बीमाकृत वस्तुएँ	मार्ग	अनुमानित दूरी (मील)	बीमा लागत (प्रतिशत)
1646	ख़ज़ाना	दमन-सूरत	60	1.0
1647	वाणिज्यिक वस्तुएँ	अहमदाबाद-थट्टा	315	0.5
1655	कोचीनील	सूरत-आगरा	550	2.5
1655	नक़द	मसूलीपट्टम	675	1.0

जो कुछ हम निश्चयात्मक रूप से जानते हैं वह यह कि व्यापारिक पूँजी आकार में बहुत बड़ी थी और ऋण के प्रभावशाली तन्त्र ने केवल इसे व्यापकता ही नहीं दी, अपितु इसकी गतिशीलता को भी बढ़ाया।

जैसा कि हमने स्पष्ट किया है मुग़ल साम्राज्य द्वारा प्रतीकायित कृषि-शोषण का व्यापक तन्त्र खाद्यान्न तथा अन्य कृषि उत्पादन के देहाती इलाक़े से क़सबों की ओर अपवाह पर आधारित था। माल को बाज़ार में लाया जाता था और कुछ मामलों में तो स्वयं किसान माल को स्थानीय बाज़ार में लेकर आते थे।[167] किन्तु चाहे किसान अनाज को अपने गाँव में बेचता हो या पास की पैंठ में या शहरी बाज़ार में, आम तौर पर व्यापारी के माध्यम से ही यह प्रक्रिया पूरी होती थी। भारतीय वाणिज्य में अनाज के व्यापारिक महत्त्व को इस सीधे-सादे तथ्य से आँका जा सकता है कि बनिया (परम्परागत भारतीय व्यापारी)[168] के लिए इंडो-पर्सियन शब्दावली में बक्काल (अनाज का व्यापारी) शब्द का प्रयोग किया जाता था। दूरदराज के व्यापार के लिए बंजारों का प्रसिद्ध घुमन्तू वर्ग तैयार हो गया था। ये लोग पहली बार हमारे 14वीं सदी के साक्ष्यों में दिखायी पड़ते हैं। ये 17वीं सदी में लाखों टन कृषि-उत्पादन को एक क्षेत्र से दूसरे क्षेत्र में ले जाते थे।[169] कृषि-उत्पादन में लगी पूँजी का ठीक-ठीक आकलन तो नहीं किया जा सकता, लेकिन यक़ीनन वह बहुत बड़ी मात्रा में लगी होगी।

शहरी उपभोक्ता-वस्तुओं के उत्पादन में अनेक कारीगर अपने सामान को उपभोक्ताओं को स्वयं बेचते रहे होंगे। कुछ लोग अमीरों के लिए काम करते थे जो सिर्फ़ उनके उपभोग के लिए ही उत्पादन करते थे। इसके व्यापारियों की भूमिका सीमित अवश्य होती थी, किन्तु बहुत ज़्यादा नहीं। बहरहाल, सभी क़ीमती सामान के व्यापार में, विशेष रूप से दूरदराज़ के बाज़ारों से जुड़े व्यापार के सन्दर्भ में, हम व्यापारियों को दस्तकारों से विशाल मात्रा में सामान ख़रीदता हुआ पाते हैं।

इन धन्धों में पूँजी के आकार के सम्बन्ध में हम यूरोपियन स्रोतों से प्राप्त उस सूचना को उद्धृत कर सकते हैं जो हमारे पास सूरत के व्यापारियों के बारे में है। 1663 ई. में यह कहा गया है कि सूरत के व्यापारी बहुत सम्पन्न थे। उनमें से कुछ तो 5 से 6 मिलियन (रुपयों की) हैसियत के थे। उनके पास 50 जहाज़ थे जिनके द्वारा वे विदेशों से व्यापार करते थे।[170] वीरजी वोहरा (जो उस समय सूरत का सबसे धनी व्यापारी था) की सम्पत्ति 8 मिलियन रुपयों की आँकी गयी है।[171] एक अन्य व्यापारी अब्दुल गफ्फूर की भी सम्पत्ति इतनी ही थी और यह भी सूचना दी गयी है कि उसके पास 20 जहाज़ थे, जिनका वज़न 300 से 800 टन के बीच था। उसका अकेले का व्यापार समूची ईस्ट इंडिया कम्पनी के बराबर था।[172] यह नहीं माना जा सकता कि व्यापारियों की धन-सम्पत्ति के सम्बन्ध में सूरत कोई अपवाद था। व्यापक रूप से भ्रमण करने वाले एक यूरोपियन यात्री ने कहा था कि आगरा के तीन आश्चर्यों में से एक यहाँ के व्यापारियों का विशाल धन संग्रह भी है।[173] उस लेखक ने यह भी दावा किया कि उसने कुछ घरों में रुपयों के ऐसे ढेर देखे हैं जैसे वे ढेर रुपयों के नहीं अनाज के हों। इसमें कोई सन्देह नहीं कि कुछ प्रतिकूल घटकों के बावजूद व्यापारियों ने जो धन-संचय किया, उसकी मात्रा बहुत ज़्यादा थी।[174]

व्यापारियों के धन के अतिरिक्त हम अमीरों द्वारा व्यापार में लगाये धन पर भी विचार कर सकते हैं। मीर जुमला इस सन्दर्भ में एक उल्लेखनीय उदाहरण है। वह अपने समय के सबसे बड़े व्यापारियों में से एक था और मुग़ल साम्राज्य का एक प्रमुख अमीर भी था।[175] अमीर लोग मौक़ा मिलने पर अपने धन से मुनाफ़ा कमाने में नहीं झिझकते थे और वे जहाज़ के माल की वित्तीयव्यवस्था के लिए भी अपना पैसा लगाते थे।[176] किन्तु बहुत से मामलों में जब पूँजी निवेश के साथ भय द्वारा थोपा गया एकाधिकार भी जुड़ जाता था तो[177] ऐसी स्थिति में पूँजी निवेश को वाणिज्यिक पूँजी कोष में वृद्धि स्वीकार नहीं किया जा सकता। समग्रतः, यह कि अपने विशाल संसाधनों की तुलना में मुग़ल अमीरों ने व्यापार में बहुत कम पूँजी निवेश किया।

17वीं सदी में एक देशभक्त हिन्दुस्तानी भारत में प्रचलित ऋण तथा बैंकिंग पद्धति पर गर्व कर सकता था।[178] टैवर्नियर ने टिप्पणी करते हुए लिखा है कि भारत में गाँव बहुत छोटे होते यदि वहाँ सर्राफ़ न होता जो बैंकर का काम करता था। वह रुपया भेजता था तथा विनिमय के लिए पत्र जारी करता था।[179] सर्राफ़ अपनी हुंडियों के ज़रिये धन को एक स्थान से दूसरे स्थान पर भेजते थे। वे व्यापार को (विशेष रूप से दूरदराज़ के तथा अन्तर्राष्ट्रीय व्यापार को) व्यापारियों

की हुंडियों में से कटौती करके, वित्तीय सहायता देते थे। इन हुंडियों का इस्तेमाल इतना ज़्यादा होता था कि अहमदाबाद के बाज़ार में व्यापारी इन प्रपत्रों के हस्तान्तरण के माध्यम से ही अपने भुगतान और अनुबन्धों को पूरा करते थे।[180] इस पद्धति के प्रचलन का पता इससे भी चलता है कि कोई भी व्यक्ति अपना कोई आदेश (जैसे अमीर द्वारा अपने घुड़सवार सैनिकों को वेतन के भुगतान का आदेश) सर्राफ़ द्वारा बट्टा काट लेने पर व्यापारिक दस्तावेज़ बन जाता था।[181]

हुंडियों पर जो बट्टा लगता था उसमें बीमे की रक़म भी शामिल होती थी। जिन वस्तुओं की एवज़ में यह लिया जाता था, यदि वे खो जाती थीं तो हुंडी को भुगतान के लिए पेश नहीं किया जा सकता था। बीमा का काम, जो सर्राफ़ों द्वारा किया जाता था, बड़ी हद तक विकसित था। हुंडियों, मार्गस्थ वस्तुओं तथा नौभार आदि का भी बीमा किया जाता था।[182]

चूँकि सर्राफ़ अमानत कर लेते थे और सीधे-सीधे क़र्ज़ भी देते थे, अतः वे अमानती साहूकार का कार्य भी करते थे। ऐसा लगता है कि वे ऐसा धन भी अर्जित करते थे जो शाही ख़ज़ाने के लिए होता था, जो क़र्ज़ की एवज में अमानत होता था।[183] यह सही है कि वे भी बड़े लोगों को ऊँची ब्याज की दर पर क़र्ज़ देते थे और इस प्रकार अपनी अमानत के एक हिस्से को साहूकारी पूँजी के रूप में इस्तेमाल करते थे। चूँकि वे व्यापारियों को बड़ी रक़म क़र्ज़ पर देने में सक्षम थे, अतः यह सम्भव है कि सर्राफ़ों के पास अमानत के ज़रिये अर्जित कुछ पूँजी व्यापारिक पूँजी में बदल जाती हो।

व्यापारिक पूँजी के विकास की दृष्टि से भारतीय अर्थव्यवस्था काफ़ी उन्नत अवस्था में पहुँच गयी थी। यह उल्लेखनीय है कि 17वीं सदी के यूरोपीय व्यापारी और आढ़ती भारतीय ऋणप्रणाली की कोई गम्भीर आलोचना नहीं करते और यूरोपीय तन्त्र के साथ उसकी प्रतिकूल ढंग से तुलना भी नहीं करते, हालाँकि वे इसकी कुछ विशिष्टताओं और भिन्नताओं का उल्लेख अवश्य करते हैं।

इस सबके बावजूद, भारतीय ऋणप्रणाली वस्तुतः व्यापार की आवश्यकताओं की पूर्ति के लिए ही बनी थी। उसमें लम्बे अन्तराल के लिए कोई प्रावधान नहीं था। उसमें महीने के हिसाब से ब्याज लगाया जाता था।[184] आम तौर पर क़र्ज़ की मियाद एक साल की मानकर चला जाता था। और परम्परानुसार क़र्ज़ देने वाला साल पूरा होने पर ब्याज की दर को दोगुना कर सकता था।[185]

एक अन्य विशेषता, जिसकी व्याख्या किंचित मुश्किल है, वह यह है कि भारत में ब्याज की दर सुसंगत रूप से ऊँची थी। सूरत, अहमदाबाद, आगरा तथा दकन में प्रचलित ब्याज की दरों में समान रूप से एक साथ गिरावट दिखाई देती है,

और अन्य सूचना के साथ तुलना करने पर इसकी कालावधि 1640 ई. का प्रारम्भिक काल निश्चित की जा सकती है।[186] उत्तरी भारत में गिरावट 1 प्रतिशत तथा 1.5 प्रतिशत प्रतिमाह से 3/4 प्रतिशत अथवा 5/8 प्रतिशत अथवा 1/2 प्रतिशत तक थी। दकन में उक्त 2 प्रतिशत प्रतिमाह से 1.5 प्रतिशत तथा और भी कम थी। इस गिरावट के कारण उस समय तक स्पष्ट नहीं होते जब तक कि उन्हें पश्चिम से आगत सोने/चाँदी से जोड़कर नहीं देखा जाता। बहरहाल, उसके बाद भी ब्याज की दरें भारत में इंगलैंड के मुक़ाबले कहीं ज़्यादा थीं, और अन्तर इतना ज़्यादा था कि उसे देखते हुए यहाँ तक सुझाव दिया गया कि ईस्ट इंडिया कम्पनी अपना ख़ज़ाना भारत भेज दे ताकि वहाँ इसे ब्याज पर उठाया जा सके।[187]

ऊँची ब्याज की दरें अपने आप में इस बात का संकेत नहीं हैं कि वह अर्थव्यवस्था आन्तरिक रूप से पूँजी की भूख से पीड़ित है। अपितु, व्यापारिक गतिविधियों के अनवरत विस्तार का संकेत देती हैं और यह भी संकेत मिलता है कि उस अर्थव्यवस्था में भू-राजस्व का भुगतान नक़द रूप में व्यापक से व्यापकतर होता जा रहा है, विशेष रूप से अकबर के शासनकाल के बाद से। यह भी सम्भव है कि परम्परा से हिन्दुस्तान के व्यापारियों को यूरोप के मुक़ाबले उपभोक्ता-वस्तुओं का लाभांश ज़्यादा मिलता रहा हो, अतः ऊँची ब्याज की दर का अभिप्राय था व्यावसायिक पूँजी निवेश पर उसी के अनुरूप अधिक आमदनी। उस आमदनी पर प्रतियोगिता का बहुत ज़्यादा प्रभाव नहीं पड़ता था। किन्तु उक्त सभी बिन्दुओं के सन्दर्भ में हमारे पास कोई विस्तृत सूचना नहीं है और महज़ अनुमान से कोई लाभ नहीं।

मुग़लकालीन भारतीय अर्थव्यवस्था के बारे में हम जो कुछ जानते हैं, उससे मार्क्स की यह अवधारणा पुष्ट होती है कि व्यापारिक पूँजी अपने आप औद्योगिक पूँजी में नहीं बदल सकती :

> पूँजी का व्यापारिक पूँजी के रूप में स्वतन्त्र और प्रभावशाली विकास का अभिप्राय उत्पादन का पूँजी की अधीनता का अस्वीकार है। अतः विजातीय ढंग की सामाजिक उत्पादन पद्धति पर आधारित पूँजी भी इससे स्वतन्त्र होती है। इस प्रकार व्यापारिक पूँजी के स्वतन्त्र विकास का समाज के सामान्य आर्थिक विकास के साथ प्रतिलोमी सम्बन्ध होता है।[188]

नयी दुनिया और 'केप ऑफ़ गुड होप' की परिक्रमा के बाद 16वीं-17वीं सदी के दौरान अन्तर्राष्ट्रीय व्यापारिक ढाँचे में जो व्यापक फेरबदल हुई, उसके चलते भी भारतीय अर्थव्यवस्था प्रभावित हुई। अतः हमें उस प्रभाव की भी समीक्षा करनी चाहिए।

यूरोप में विदेशी व्यापार बढ़ा तथा इसके साथ ही क़ीमतों में क्रान्ति हुई। विदेशी व्यापार का विस्तार उक्त क्रान्ति का जन्मदाता चाहे न भी रहा हो, किन्तु उसने उसकी गति को तीव्र अवश्य किया। इससे यूरोप के विभिन्न देशों में आमदनी और धन के वितरण में पर्याप्त फेरबदल हुआ। इसने यूरोप के आर्थिक जीवन को बहुत गहरे में प्रभावित किया। कहना न होगा कि पूँजीवाद के विभिन्न सूत्रों को उक्त परिवर्तनों के माध्यम से पहचाना जा सकता है।

चूँकि मुग़लकाल के सन्दर्भ में क़ीमतों के इतिहास के बाबत हमारे पास जो सूचना है, वह अपर्याप्त है, अतः जेम्स ग्रांट में उपलब्ध संकेत की ओर किसी का ध्यान नहीं गया। संकेत यह था कि यूरोप के माध्यम से सोने-चाँदी का आगमन विशेष रूप से चाँदी के कारण भारत में क़ीमतों में वृद्धि हुई।[189] हाल ही में हुए अनुसन्धानों से यह संकेत मिलता है कि 17वीं सदी में भारत में क़ीमतों में जो वृद्धि हुई, उसे चरणबद्ध रूप से मुद्रास्फीति का नाम दिया जा सकता है। उक्त सदी के दौरान क़ीमतें क़रीब-क़रीब दो गुनी हो गयीं। सोने और ताँबे का चाँदी के रूप में निर्धारित मूल्य तथा प्रमुख कृषि उपभोक्ता वस्तुओं की क़ीमतों के सम्बन्ध में हमारे पास जो सूचना उपलब्ध है, उससे भी इसका संकेत मिलता है। मुग़लकाल के टकसाली उत्पादन के चाप (जो प्रत्येक वर्ष के सूचीबद्ध सिक्कों की संख्या पर आधारित था) तथा अमरीकन ख़ज़ाने का स्पेन में अन्तःस्राव के सम्बन्ध में हैमिल्टन द्वारा तैयार किये गये आयतचित्र के बीच की असाधारण निकटता से भी इस बात की पुष्टि होती है।[190] अतः यह निश्चित रूप से कहा जा सकता है कि क़ीमतों में हुई क्रान्ति ने भारत को अनवरत रूप से प्रभावित किया, क्योंकि मध्यपूर्व तथा 'केप ऑफ़ गुड होप' के जरिये यहाँ सोने और चाँदी की आमद हुई।[191]

किन्तु हमारे लिए जितनी महत्त्वपूर्ण यूरोप की वह चीख़ है जो पूर्व की ओर सोने और चाँदी के निर्यात के विरुद्ध सुनाई देती है, उतनी ही 17वीं सदी की मुद्रास्फीति के विषय में भारतीय लेखकों का मौन है। वे जिन क़ीमतों को उद्धृत करते हैं, उनसे हमें उस प्रक्रिया का पता चलता है, किन्तु वे स्वयं उनसे अनभिज्ञ हैं। हो सकता है कि प्रत्येक वर्ष फ़सलों के कारण क़ीमतों में होने वाले भारी उतार-चढ़ाव के कारण लोगों की आँखों से वह सामान्य प्रवृत्ति ओझल रही हो।[192] किन्तु इस तथ्य से यह संकेत मिलता है कि इस व्यापक रुझान से आर्थिक स्तर पर वार्षिक उतार-चढ़ाव की तुलना में उथल-पुथल हुई। इसकी वजह यह हो सकती है कि राजस्व की दरों और मज़दूरी में से कोई भी चीज़ नक़द रूप में परम्परागत रूप से निश्चित नहीं थी। जैसा कि हमने ऊपर रेखांकित किया है,

क़ीमतों में दूरगामी परिवर्तन को लक्षित करते हुए, मुग़ल अधिकारियों ने न केवल रोकड़ पर आधारित राजस्व-तालिका को संशोधित किया, अपितु उन्होंने अपना आकलन नक़द से माल के रूप में भी किया। बाद में उसे बाज़ार दर पर नक़द रूप में बदल लिया। उसी प्रकार यदि मज़दूरी महज़ जीवन-निर्वाह के स्तर की थी और अन्न की क़ीमतों से अनुशासित थी तो उसमें क़ीमतों के बढ़ने पर ही वृद्धि होती थी। उदाहरण के लिए, यहाँ सूरत के ऐसे चपरासियों अथवा साधारण मज़दूरों की तीन बानगी प्रस्तुत हैं जिन्हें मासिक रूप से सबसे कम वेतन मिलता था।[193]

दुर्भाग्यवश उन्हीं इलाक़ों के पारिश्रमिकों तथा क़ीमतों के सम्बन्ध में विस्तृत सूचना एकत्र करने का काम अभी बाक़ी है। अभी तक यह स्पष्ट नहीं है कि बाहुनर मज़दूरों का वास्तविक पारिश्रमिक क्या रहता था। किन्तु हमें यह याद रखना चाहिए कि उनमें से अधिकांश को पेशगी की पद्धति के तहत भी अपने बर्तन-भाण्डे बेचने पड़ते थे। और उन्हें भुगतान की जाने वाली क़ीमतें सामान्यतः बाज़ार की क़ीमतों के अनुरूप ही होंगी। अतः यह असम्भव है कि समग्रतः व्यापारियों ने ही 17वीं सदी की मुद्रास्फीति से अतिरिक्त लाभ उठाया।

चपरासियों का मासिक वेतन : सूरत

वर्ष	*पारिश्रमिक*	*सूचकांक*
1616	2.40	100
1623	3.00	125
1690-93	4.00	160

दूसरे शब्दों में, अपनी मौजूदा जानकारी के आधार पर हम यह कह सकते हैं कि मुग़लकालीन भारतीय अर्थव्यवस्था ने बिना किसी ख़ास कठिनाई के मूल्यों में आयी विश्वव्यापी क्रान्ति के प्रभाव को झेल लिया। अब हम मुग़लकालीन भारत में पूँजीवादी विकास की सम्भावनाओं के सन्दर्भ में अपने प्रमुख निष्कर्ष को सार रूप में प्रस्तुत कर सकते हैं। हम यह देखते हैं कि कृषि तथा ग़ैर-कृषि उत्पादन के क्षेत्र में बाज़ार के लिए व्यापक स्तर पर उत्पादन होता था। कृषि-क्षेत्र में ख़ुदकाश्त खेती होती थी जो भाड़े के श्रम पर आधारित थी। यह पूँजीवादी खेती की ओर एक प्रगतिशील क़दम था। दस्तकारी के क्षेत्र में व्यापारिक पूँजी का पर्याप्त विकास हो चुका था और वह दादनी प्रथा के तहत कारीगरों को अपने नियन्त्रण में ले चुकी थी। किन्तु शिल्पशाला (मैन्युफैक्चरी) स्थापित रूप में अभी

भी सामान्यतः उपभोक्ता-उत्पादन के बाहर थी। दूसरे शब्दों में, पूँजी सामान्यतः व्यापारिक पूँजी थी, हालाँकि अर्थव्यवस्था का पर्याप्त रूप में मुद्रीकरण हो चुका था, फिर भी घरेलू उद्योग का वर्चस्व बरकरार था।

जिस समाज में उक्त सभी विशेषताएँ हों, वह समाज समय के साथ पूर्ण रूप से पूँजीवादी व्यवस्था में क्यों नहीं बदल सका, इसके अनेक कारण ढूँढ़े जा सकते हैं। सामान्यतः हमारी जाँच-पड़ताल के दौरान जहाँ यह स्पष्ट हुआ कि राजनीतिक परिवेश और जातिव्यवस्था ने वाणिज्यिक विस्तार को रोकने में कोई प्रभावशाली भूमिका नहीं निभायी, वहीं कुछ ऐसे घटक मौजूद नहीं थे, जो पूँजीवाद के विकास में सहायक होते हैं।

यहाँ यह रेखांकित करना अत्यन्त आवश्यक है कि क्या मुग़लकालीन अर्थव्यवस्था का समूचा वाणिज्यिक ढाँचा सामान्यतः परोपजीवी नहीं था, जो एक छोटे से शासक वर्ग द्वारा कृषि-शोषण पर आधारित था। यह भी नहीं भूलना चाहिए कि शहरी दस्तकारी के लिए कोई ग्रामीण बाज़ार मौजूद नहीं था। अतः ग्रामीण स्तरीय मुद्रीकरण प्रायः पूरी तरह उस आवश्यकता का परिणाम था जो अतिरिक्त कृषि-उत्पादन को क़सबों में स्थानान्तरित करना चाहती थी।

अतः जब कृषि तन्त्र में संकट उत्पन्न हुआ तो उसने समूची अर्थव्यवस्था को अपनी चपेट में ले लिया। चूँकि पूँजी केवल वाणिज्य तक सीमित थी, अतः वह अपना कोई स्वतन्त्र आधार विकसित न कर सकी। उसकी नियति मुग़ल शासक वर्ग के साथ ही रही। अतः उसके पतन के बाद उसकी नियति उस जैसे अन्य वर्गों के साथ जुड़ गयी जिन्होंने उस वर्ग के तौर-तरीक़ों और संस्थाओं की नक़ल की अथवा उनकी विरासत को आगे बढ़ाया। कहना न होगा कि 18वीं सदी में उसके पास से वह विशाल बाज़ार छिन गया जो मुग़ल साम्राज्य के रहते हुए उसके पास था। ऐसी स्थिति में व्यापारिक पूँजी का क्षय होना स्वाभाविक था। इसके साथ ही वे यह महत्त्वपूर्ण आर्थिक विशेषताएँ भी पृष्ठभूमि में चली गयीं जो मुग़ल काल के बेहतर दिनों में पूँजीवादी विशेषताओं का भ्रम पैदा कर रही थीं।

सन्दर्भ और टिप्पणियाँ

1. पुरानी बहस के प्रमुख बिन्दुओं को बेहतर ढंग से समझने के लिए हाल ही में मौरिस डी. मौरिस द्वारा साम्राज्यवादी दावे की पुनः की गयी वकालत से हाल ही में जो बहस शुरू हुई है, वह बहुत उपयोगी होगी... 'टुवर्ड्स ए रीइंटरप्रिटेशन ऑफ़ नाइंटीथ सेंचुरी इंडियन इकॉनोमिक हिस्ट्री' *जर्नल ऑफ़ इकोनॉमिक हिस्ट्री* (जे.ई.एच.), XXIII, सं. 4 (1963), पृ. 606-18। इसके सम्बन्ध में तोरूमत्सुई, बिपिन चन्द्र तथा टी. राय चौधरी की आलोचनात्मक टिप्पणियाँ देखें *इंडियन इकोनॉमिक एंड सोशल हिस्ट्री रिव्यू,* (जे.ई.एस.एच.आर.) V,I, (1968), पृ. 1-100। यहाँ मौरिस के आलेख को पुनर्मुद्रित किया गया है।
2. डब्ल्यू.एच. मोरलैंड, *इंडिया एट दि डेथ ऑफ़ अकबर,* लन्दन-1920 और 'अकबर टु औरंगज़ेब', 1923; बृजनारायण, 'इंडियन इकॉनोमिक लाइफ', *पास्ट एंड प्रेजेंट,* लाहौर, 1929
3. इस प्रकार के विचारों से सम्बन्धित बहस के सन्दर्भ में देखें : *मौरिस डॉब, स्टडीज इन दि डेवलपमेंट ऑफ़ कैपिटलिज़्म,* लन्दन, 1946, पृ. 5-7
4. उन समाजों का धन जिनमें पूँजीवादी उत्पादन पद्धति का वर्चस्व होता है वस्तुतः उपभोक्ता वस्तुओं के विशाल संग्रह के रूप में ही मौजूद होता है, ये मार्क्स के प्रारम्भिक शब्द हैं, *कैपिटल,* भाग 1, मूर तथा एवलिंग द्वारा अनूदित, डोना टोर द्वारा सम्पादित, लन्दन, 1946। सभी *सन्दर्भ पूँजी,* भाग-I, के उक्त संस्करण से ही दिये गये हैं
5. मौरिस, *आई.ई.एस.एच.आर,* V (1), पृ. 3-7
6. इरफ़ान हबीब, *एग्रेरियन सिस्टम ऑफ़ मुग़ल इंडिया,* बम्बई, 1963, पृ. 1-24, इसके पश्चात आयी हबीब के रूप में ही सन्दर्भित किया जायेगा।
7. मोरलैंड, *इंडिया एट दि डेथ ऑफ़ अकबर,* पृ. 100-24; इरफ़ान हबीब, पृ. 36-57, मोरलैंड के तर्क पूर्वोक्त पुस्तक में दिये तर्कों से किंचित भिन्न हैं।
8. मुझे यह स्पष्ट नहीं है कि मौरिस *(आई.ई.एस.एच.आर.)* परम्परागत भारतीय कृषि के कम उत्पादन पर इतना बल क्यों देते हैं. वे अपने कुछ तर्कों में व्यक्ति और भूमि के अनुकूल अनुपात की स्थिति में प्रति एकड़ उत्पादन तथा प्रति व्यक्ति उत्पादन के बीच फ़र्क़ नहीं कर पाते। वे पैदावार के लिए बहुत थोड़े समय की चर्चा करते हैं (वर्ष में केवल दो फ़सलें होने के कारण)। वे इस सम्भावना को भी नज़र-अंदाज़ करते हैं कि गेहूँ जैसी फ़सल में बीज और उसकी पैदावार के बीच का अनुपात 19वीं सदी से पहले पश्चिमी यूरोप की तुलना में सामान्यतः कहीं ज़्यादा था।
9. भीमसेन, *नुस्खा-ए-दिलकुशा,* एम. अतहर अली द्वारा 'कर्नाटक एंड दि एंड ऑफ़ दि सेवेंटींथ सेंचुरी' में उक्त अवतरण अनूदित है। *प्रोसीडिंग्स ऑफ़ दि इंडियन हिस्ट्री कांग्रेस* (मैसूर), 1966, पृ. 238। मुग़लकालीन भारत में किसानों की वास्तविक स्थिति के सर्वेक्षण के लिए देखें, इरफ़ान हबीब, पृ. 90-99
10. इरफ़ान हबीब, पृ. 119 तथा टिप्पणी।
11. इरफ़ान हबीब, पृ. 118-129। मुझे यह स्पष्ट नहीं है कि सोवियत लेखक अलेव तथा

पावलोव गाँव से बाहर बुनकरों के अस्तित्व को (इस सन्दर्भ में हम कढ़ेरों और तेलियों का ज़िक्र भी कर सकते हैं) इतना महत्त्व क्यों देते हैं और इस परिघटना को भारतीय ग्राम समुदाय के विघटन से जोड़कर क्यों देखते हैं, देखें पावलोव, *इंडियन कैपिटलिस्ट क्लास : ए हिस्टॉरिकल स्टडी*, अंग्रेज़ी अनुवाद, दिल्ली, 1964, पृ. 12-13। जब तक इन कारीगरों के सम्बन्ध गाँव वालों के साथ परम्परा पर आधारित रहे तब तक ग्राम समुदाय के विघटन का कोई प्रश्न ही नहीं था।

12. देखें, कार्ल मार्क्स, *कैपिटल*, I, पृ. 610।
13. इरफ़ान हबीब, पृ. 145, तथा टिप्पणी, इस दस्तावेज की जो व्याख्या पाद टिप्पणी में की गयी है, उसमें मुझे लगता है कि एक-दो स्थानों पर पाठ-संशोधन की आवश्यकता है। सेर भार की इकाई है तथा वीघा क्षेत्रफल की.
14. इरफ़ान हबीब, पृ. 145-50
15. इसी वजह से मुख्यतः समकालीन यूरोपियन यात्री समान रूप से मुग़ल बादशाह (तथा उनके राज्यों में अन्य भारतीय शासकों को) ज़मीन का एकमात्र मालिक घोषित कर दिया था। हालाँकि सरकारी लेखकों ने ऐसा कोई दावा नहीं किया। इरफ़ान हबीब, *एन्क्वायरी, एन.एस.* II (3), पृ. 59
16. ब्रिटिश, भारतीय भू-राजस्व प्रशासन में प्रचलित शब्द माँग और राजस्व की माँग पर फ़ारसी शब्द जमा का ही प्रतिनिधित्व करते हैं और इसका अभिप्राय वह धनराशि है जिसका राजस्व के रूप में आकलन किया जाता है।
17. इरफ़ान हबीब, पृ. 190-230
18. वही, पृ. 230-36
19. देखें मोरलैंड, *एग्रेरियन सिस्टम ऑफ़ मोस्लिम इंडिया,* इलाहाबाद, 1929 के संस्करण का पुनर्मुद्रण, अदिनांकित, पृ. 11, 114, 136-37
20. इरफ़ान हबीब, पृ. 236-39
21. वही, पृ. 237
22. वही, पृ. 272 तथा टिप्पणी।
23. देखें मोरलैंड, *इंडिया एट दि डेथ ऑफ़ अकबर,* पृ. 69-70. अतहर अली की पुस्तक, *दि मुग़ल नोबिलिटी अंडर औरंगज़ेब* (बम्बई, 1966, पृ. 1-13) में मुग़लकालीन अमीर वर्ग को नस्लपरक संरचना का विस्तृत विश्लेषण किया गया है।
24. मोरलैंड, *एग्रेरियन सिस्टम ऑफ़ मोस्लिम इंडिया*, वही, इरफ़ान हबीब, पृ. 257-97
25. मुग़ल नीति की त्रुटियों के अपने सुप्रसिद्ध विश्लेषण में बर्नियर ने इसे आधारभूत तत्त्व माना था. देखें, *ट्रैवल्स इन दि मुग़ल एम्पायर*, 1656-68, ए. कांस्टेबुल द्वारा अनूदित तथा वी.ए. स्मिथ द्वारा सम्पादित, लन्दन, 1916, पृ. 227। इरफ़ान हबीब (पृ. 320-21) भी देखें।
26. प्रशासनिक नियन्त्रणों के लिए देखें इरफ़ान हबीब, पृ. 273-97 तथा उनकी प्रभावहीनता के लिए पृ. 321 पन्ना।
27. इरफ़ान हबीब, पृ. 285-86
28. वही, पृ. 296-316

29. जहाँ तक मेरी जानकारी है, मुग़ल राजस्व पद्धति के इस बड़े आर्थिक गर्भितार्थ अथवा परिमाण के प्रति पहली बार ध्यान डब्ल्यू.सी. स्मिथ ने आकृष्ट किया था। देखें, *इस्लामिक कल्चर,* 1944, पृ. 358, 59 और इसके बाद के ऐंतानोवा (1957) ने उद्धृत द्वारा वी.आई. पावलोव, *दि इंडियन कैपिटलिस्ट क्लास : ए हिस्टॉरिकल स्टडी, दिल्ली,* 1964, पृ. 10

30. 14 वीं सदी में खेती में होने वाली इस प्रगति को एक साधारण से फार्मूले द्वारा सार रूप में प्रस्तुत किया उसने अपने राजस्व अधिकारियों से यह आग्रह किया कि वे किसानों को अपनी फ़सलों में सुधार लाने के लिए प्रोत्साहन दें ताकि वे जौ से गेहूँ, गेहूँ से गन्ना तथा गन्ने से अँगूर की ओर क्रमिक रूप से बढ़ें। देखें, *मोरलैंड, एग्रेरियन सिस्टम,* पृ. 57

31. इस उपवाक्य की शब्दावली में दो विशेषताओं को स्पष्ट करना आवश्यक है. मुग़ल राजस्व पद्धति कोई अनूठी पद्धति नहीं थी। उसकी जो प्रमुख विशेषताएँ थीं, उन्होंने वस्तुतः 14वीं सदी के पूर्वार्द्ध में दिल्ली सल्तनत काल के दौरान आकार ग्रहण किया। देखें, इरफ़ान हबीब, *एन्क्वायरी,* एन.एस. II (3), पृ. 45 46। दूसरे कारण और प्रभाव को अलगाना मुश्किल है और किंचित अवकाश उस तर्क के लिए भी रखना चाहिए कि सल्तनत मुग़ल राजस्व पद्धति भारतीय ग्रापीण अर्थव्यवस्था में होने वाले कतिपय परिवर्तनों (जैसे व्यापार का विकास तथा उपभोक्ता वस्तुओं का उत्पादन) के कारण ही सम्भव हुई। यहाँ हम वस्तुतः उक्त राजस्व पद्धति को इन राजस्व पद्धतियों के परिणाम के रूप में ही देख रहे हैं।

32. देखें, इरफ़ान हबीब, पृ. 326-28

33. वही, पृ. 81-89

34. वही, पृ. 190-96

35. वही, पृ. 125-27

36. इरफ़ान हबीब, पृ. 128-29 तथा टिप्पणी, जैसा कि टी.राय चौधरी ने संकेत किया है कि देखें, *एन्क्वायरी,* एन.एस. II,(1), पृ. 96-97। कभी-कभी किसानों की आर्थिक स्थिति और उनकी सामाजिक हैसियत के बीच संगति नहीं होती थी। उदाहरण के लिए, तकनीकी रूप से निम्न श्रेणी के किसानों (पाइकाश्त) की माली हालत मुखिया की तुलना में बेहतर हो सकती थी। किन्तु ऐसा नहीं लगता कि ऐसे अन्तर सिर्फ़ अपवाद ही हों और लम्बे अन्तराल के बाद ठीक न कर लिए जाते हों, जो फिर उस बीच में किसी अन्य क्षेत्र में उभर आते हों।

37. इरफ़ान हबीब, पृ. 322-23

38. वही, पृ. 249

39. *कॉम्पेरेटिव स्टडीज इन सोसायटी एंड हिस्ट्री* (सी.एस.एस.एच.) IV(4), पृ. 394-95, 397. औरंगज़ेब के फरमान के एक अवतरण के अपने पहले अनुवाद को मैंने कुछ ठीक किया है।

40. 18वीं सदी के बंगाल में 150 प्रतिशत सालाना साधारण दर के हिसाब से सामान्य रूप से प्रचलित था किन्तु किसानों को सामान्य दो या तीन महीनों के लिए क़र्ज़ दिया जाता था।

इस अवधि की समाप्ति पर ब्याज को मूल में जोड़ दिया जाता था, वही, पृ. 395। महाराष्ट्र के गाँवों में नक़द रुपयों पर ब्याज प्रति वर्ष 24 प्रतिशत था। किन्तु छोटी धनराशि के क़र्ज़ पर यह ब्याज क़रीब 40 प्रतिशत था। देखें थॉसम कोट्स, *ट्रांजेक्शन ऑफ़ दि लिटरेरी सोसायटी ऑफ़ बाम्बे,* III, लन्दन, 1823, पृ. 212-13

41. *सी.एस.एस.एच.*, VI, (4), पृ. 397 तथा टिप्पणी.
42. वही, पृ. 394, 95
43. इरफ़ान हबीब, पृ. 169-79
44. वही, पृ. 143-44. देखें, काजी आला, *रिसाला अहकाम आल आराजी,* 'पाण्डुलिपि', अलीगढ़, अब्दुस्सलाम, *ऐरेबिया* (4), 331/101, पन्ना 44 अ, यह पुस्तक 18वीं सदी के पूर्वार्द्ध में लिखी गयी थी।
45. इरफ़ान हबीब, पृ. 141-43
46. वही, पृ. 157-58, *आई.ई.एस.एच.आर.*, IV (3) पृ. 216
47. देखें, एस. नूरूल हसन, *आई.ई.एस.एच.आर.*, I(4), पृ. 9. इस प्रकार के व्यापार के लिए दस्तावेजी साक्ष्य के लिए देखें, *मुंशी मुजफ्फर हुसैन नामा-ए-मुजफ्फरी,* (उर्दू), I, पृ. 315. तथा II, पृ. 163. शमसाबाद दस्तावेज़, 7, अलीगढ़ वि.वि. के इतिहास विभाग के पुस्तकालय में उपलब्ध फ़ोटोग्राफ. इरफ़ान हबीब, पृ. 309 तथा टिप्पणी, *आई.ई.एस.एच.आर.* IV (3), पृ. 217
48. देखें, *इंगलिश फैक्टरीज इन इंडिया,* 1668-69 (सं. द्वारा फोस्टर) सूरत अंग्रेज़ आढ़तियों की रिपोर्ट, पृ. 184
49. *आई.ई.एस.एच.आर.*, IV (3), पृ. 216-17। सी.एस.एस.एच., VI (4), पृ. 398
50. *आई.ई.एस.एच.आर.* IV (3), पृ. 215
51. इरफ़ान हबीब, पृ. 215-216
52. वही, पृ. 133-34
53. वही, पृ. 324-29
54. पावलोव, *इंडियन कैपिटलिस्ट क्लास,* पृ. 4-9. प्रत्यक्ष रूप से यही विचार के.एम. अशरफ का भी है। देखें, *दि एग्रेरियन सिस्टम ऑफ़ नार्थ इंडिया इन दि थर्टींथ-मिड-एट्टींथ सेंचुरीज,* मास्को, 1965। दुर्भाग्यवश, रूसी भाषा न जानने के कारण इस प्रमाण पुष्ट पुस्तक में दिये तर्क के ब्यौरों को मैं समझ नहीं सका हूँ।
55. हो सकता है कि यह तर्क ग़ैर-मार्क्सवादियों को स्वीकार्य न हों किन्तु सोवियत विद्वानों को इसकी युक्तियुक्तता को अधिक आसानी से समझना चाहिए।
56. इरफ़ान हबीब, पृ. 48-49, 303, *आई.ई.एस.एच.आर.*, IV (3), पृ. 215
57. इरफ़ान हबीब, पृ. 49
58. वही, पृ. 50-51
59. वही, पृ. 244-45
60. वही, पृ. 50
61. मुग़लकाल में इस शब्द के प्रयोग के सन्दर्भ में देखें, वही, पृ. 114-15, 300-303 तथा टिप्पणी।

62. दीवान, ए. पसन्द, पाण्डुलिपि, ब्रिटिश म्यूज़ियम, ओरिएंटल, 2011, पन्ना 8अ. यह पुस्तक फ़ारसी में 19वीं सदी के प्रथम दशक में लिखी गयी। इसमें दोआब क्षेत्र की उस समय की कृषि से सम्बन्धित स्थितियों तथा राजस्व के तौर-तरीक़ों के विषय में बताया गया है जब यहाँ पर अंग्रेज़ों का क़ब्ज़ा था। इसके अनेक वक्तव्य मुग़लकालीन अधिकारियों द्वारा दिये गये वक्तव्यों की संगति में हैं।

63. इरफ़ान हबीब, पृ. 239। ग्रोवर, *आई.ई.एस.एच.आर.*, I , (1), पृ. 15. बिहार में क़र्ज़ की दासता से सम्बन्धित साक्ष्य के लिए देखें, *जर्नल ऑफ़ बिहार रिसर्च सोसायटी*, (जे.बी.आर.एस.), XLIV (1958), (I & II) पृ. 50-51

64. आई. हबीब, 120-22. टी.राय. चौधरी, एन्क्वायरी, एन.एस. II , (1), पृ. 97-98

65. देखें, इरफ़ान हबीब, *एन्क्वायरी,* एन.एस. II (3), पृ. 38-39, 40, 54-56

66. ज़मींदारों और साहूकारों के बीच के निकट सम्बन्धों के लिए देखें, *सी.एस. एस.एच.* VI (4), पृ. 398

67. 1630 ई. में भड़ौंच के निकट एक गाँव के पटेल ने अंग्रेज़ों से बातचीत करके 100 मन गेहूँ, (गुजरात तौल के अनुसार) सूरत भेजे। इनमें से आधे गेहूँ ख़ुद पटेल के थे और बाक़ी दूसरे गाँव वालों के। *इंगलिश फैक्टरीज इन इंडिया*, 1630, 33, पृ. 91

68. पेल्सार्ट, *रेमांस्ट्रेंटाई*, मोरलैंड तथा गेल द्वारा प्रस्तुत अनुवाद *जहाँगीर्स इंडिया*, कैम्ब्रिज, 1925, पृ. 17

69. इरफ़ान हबीब, पृ. 114-15, 141, 175, 300, 303 तथा टिप्पणी। जो किसान अपने गाँव में खेती करते थे। (मुग़लोत्तर काल में, हमारे अपने साक्ष्य के अनुसार) वे ख़ुदकाश्त कहलाते थे और जो अपने गाँव से बाहर जाकर खेती करते थे, वह पाही काश्त कहलाते थे. देखें, ग्रोवर, *आई.ई.एस.एच.आर.* I (1), पृ. 4-5। इस प्रयोग का उस ख़ुदकाश्त से कोई सम्बन्ध नहीं है जिस पर हम यहाँ विचार-विमर्श कर रहे हैं।

70. देखें, *नुस्खा-दर-फना-ए. फलाहत*, पाण्डुलिपि, 1.0, 4702 तथा अलीगढ़ *लिटन फ़ारसिया उलूम*, 51, यह पुस्तक 17वीं सदी के पूर्वार्द्ध में एक महत्त्वपूर्ण अमीर अमानुल्ला हुसैनी ख़ान जादरवान ने लिखी थी।

71. इरफ़ान हबीब, पृ. 114-15

72. इन बिन्दुओं के सन्दर्भ में विस्तृत तर्क के लिए देखें, वही, पृ. 315-51

73. माओत्से-तुग, *सिलेक्टिड वर्क्स*, इंगलिश संस्करण, भाग III, लन्दन, 1954, पृ. 75-76

74. इरफ़ान हबीब, पृ. 432, *आइने अकबरी* में प्रत्येक क्षेत्र के लिए स्वीकृत अलग-अलग फ़सलों के लिए नक़द रुपये राजस्व की दरें दी गयी हैं। 1595 तथा 1922 के सन्दर्भ में जो दरें यहाँ दी गयी हैं, वे मेरठ ज़िले से सम्बन्धित हैं। अन्य क्षेत्रों की सामान्य तसवीर भी वैसी ही है। मोरलैंड भी देखें, *इंडिया एट दि डेथ ऑफ़ अकबर*, पृ. 103-4 तथा' 'जर्नल ऑफ़ दि रॉयल एशियाटिक सोसायटी' (जे.आर.ए.एस.), 1918, पृ. 375-85

75. गन्ने के अलावा, इसके उत्पादन का सापेक्षिक मूल्य प्रत्यक्ष, स्थिर रहा है। मोरलैंड, *इंडिया एट दि डेथ ऑफ़ अकबर*, पृ. 103-4

76. एस.एन. हसन (स्वर्गीय श्रीमती), के.एन. हसन, तथा एस.पी. गुप्ता, *दि पैटर्न ऑफ़ एग्रीकल्चरल प्रोडक्शन इन दि टैरीटरीज ऑफ़ आमेर*, 1650-1750 ई. *प्रोसीडिंग्स ऑफ़*

दि इंडियन हिस्ट्री कांग्रेस, मैसूर सत्र, 1966, पृ. 249, 263, सारणियाँ-1-V। यहाँ जो आँकड़े दिये गये हैं, वे मलार्ना परगना के हैं।

77. चूँकि राजस्व का भुगतान प्रमुखतः नक़द रूप में होता था, अतः यह स्पष्ट है कि राजस्व के हिसाब-किताब से हमें यह सूचना नहीं मिलेगी। जहाँ बटाईदारी भी प्रचलित थी, वहाँ यह अनुमान लगाना कठिन है कि जो पैदावार एकत्र की जाती थी, उसका उपभोग ग़ैर-कृषि क्षेत्र में ही होता था। एक तरह की पैदावार को राजस्व अधिकारी गाँव के बाज़ार में बेच देते होंगे और इस प्रकार अन्ततः वह पैदावार किसानों के उपभोग में ही आती होगी और जो धन इसके बदले प्राप्त होता था, वह भिन्न प्रकार की कृषि उपभोक्ता वस्तुओं पर ख़र्च हो जाता था।

78. इरफ़ान हबीब, पृ. 163-64

79. मोरलैंड ने सारे भारत की जनसंख्या 100 मिलियन मानी है, किन्तु उसने जिस आधार पर यह गणना की है, वह कृषि का कुल क्षेत्रफल है और कदाचित यह बहुत कम है. देखें, *इंडिया एट दि डेथ आफ अकबर*, पृ. 9-22

80. इरफ़ान हबीब, पृ. 164 तथा टिप्पणी।

81. ए.जान कैसर, 'डिस्ट्रीब्यूशन ऑफ़ दि रेवेन्यू रिसोर्सिज ऑफ़ दि मुग़ल एंपायर अमाँग नोबिलिटी', *प्रोसीडिंग्स ऑफ़ दि इंडियन हिस्ट्री कांग्रेस*, इलाहाबाद सत्र, 1965, पृ. 239-40

82. *आइने-अकबरी* के आँकड़ों के अनुसार शाही संस्थान पर कुल व्यय लगभग कुल अनुमानित राजस्व (1594-95) का 6 प्रतिशत था. आइन-I, ब्लॉकमेन द्वारा सम्पादित, पृ. 9

83. ए.जे. कैसर, 'डिस्ट्रीब्यूशन', पृ. 240-42

84. पेल्सार्ट, *जहाँगीर्स इंडिया*, मोरलैंड तथा गेल द्वारा अनूदित, पृ. 54

85. देखें, *रियाजुलवूदाद*, ब्रिटिश म्यूज़ियम, 'ओरिएंटल,' 1725, पन्ना 18ब, बकाये। अजमेर, प्रतिलिपि, पृ. 413

86. लाहौरी, बादशाहनामा, II, बिब, इंडि, 715, लाहौरी ने 2,00,000 घुड़सवारों के जो आँकड़े दिये हैं, वे 8000 मनसबदारों के घुड़सवारों की गणना करके दिये हैं।

87. देखें, मोरलैंड, 'रैंक (मनसब) इन दि मुग़ल स्टेट सर्विस', *जे.आर.ए. एस.* 1936

88. आर्मे, डब्ल्यू. इर्विन में उद्धृत, *दि आर्मी ऑफ़ दि इंडियन मुगल्स*, पृ. 47

89. देखें, इर्विन, *दि आर्मी*, पृ. 51-52

90. मनुची, II, 75 टिप्पणी, देखें, फ्रायर का विवरण, 'आदिलशाही हॉर्समेन ऑन दि मार्च', *ए.यू. एकाउंट ऑफ़ ईस्ट इंडिया एंड पर्सिया बीइंग नाइन ईयर्स ट्रैवल्स*, 1672-81, भाग-I, लन्दन, 1909, पृ. 341

91. इर्विन, *दि आर्मी*, पृ. 118-28

92. देखें मोरलैंड, *अकबर टु औरंगज़ेब*, पृ. 183-85 के. ग्लामेन, *डच-एशियाटिक ट्रेड, 176-77* तथा 'दि डच ईस्ट इंडिया कंपनीज ट्रेड इन जापानीज कॉपर', *स्कैंडेनेवियन इकोनॉमिक हिस्ट्री रिव्यू* I (1), 1953, पृ. 50 पन्ना।

93. अतहर अली, *मुग़ल नोबिलिटी*, पृ. 167 तथा टिप्पणी। एक मुग़ल अमीर की क़लम द्वारा प्रस्तुत दिल्ली के अग्रणी विद्वानों, कवियों, गायकों, संगीतज्ञों, नर्तकियों का विवरण देखें, 1738, 39। दरगाह कुली ख़ान *मुरक्का-ए-दिल्ली*, सं. द्वारा सैयद मुजफ्फर हुसैन, हैदराबाद, दकन।

94. पेल्सार्ट, *जहाँगीर इंडिया*, पृ. 55।

95. औरंगज़ेब के शासन के प्रारम्भिक वर्षों में निम्न श्रेणी के नौकरशाहों द्वारा ऐशो-आराम बिताने के सन्दर्भ में देखें, भीमसेन *नुस्खा-ए-दिलकुशा*, ब्रिटिश म्यूज़ियम, ओरिएंटल, 23 पन्ना 20 ब 21अ, दरगाह कुली ख़ान भी देखें।

96. पेल्सार्ट, *जहाँगीर्स इंडिया*, पृ. 54, बर्नियर ने यह टिप्पणी की थी कि भारतीय अमीर अपने खाने की मेज़ पर की जाने वाली फ़िज़ूलख़र्ची से बर्बाद नहीं होते, जैसे कि अन्य देशों के अमीर होते हैं, अपितु, बादशाह के लिए महँगे उपहार तथा पत्नियों, नौकरों, ऊँटों और घोड़ों के विशाल तामझाम के कारण बर्बाद होते हैं। देखें, अतहर अली, 'मुगल्स नोबिलिटी', पृ. 167-68

97. मोरलैंड, *इंडिया एट दि डेथ ऑफ़ अकबर*, पृ. 87-89

98. *आइने-अकबरी* में शाही प्रतिष्ठान के विभिन्न विभागों के साधारण नौकरों और दासों के लिए बहुत कम मज़दूरी अथवा भरण-पोषण से सम्बन्धित व्यय स्वीकृत किया गया है।

99. मोरलैंड, *इंडिया एट दि डेथ ऑफ़ अकबर*, पृ. 262-63। पेल्मार्ट इस बात से परेशान था कि ऐसा व्यावहारिक स्तर पर क्यों नहीं था और इसके बावजूद अमीर लोग ख़ज़ाना क्यों जमा करते थे, *जहाँगीर्स इंडिया*, पृ. 55-56

100. अतहर अली, *मुग़ल्स नोबिलिटी*, पृ. 63-68

101. लाहौरी, *पादशाहनामा*, II, 472, 78। प्रत्येक रुपये का भार 178 ग्रेंस होता था और वह वस्तुतः शुद्ध चाँदी का होता था।

102. *अमल-ए-सालिह*, बिब. इंडि., III, पृ. 248

103. वी.ए. स्मिथ, 'दि ट्रेजर ऑफ़ अक्तूबर।' *जे.आर.ए.एस.*, (1915), पृ. 231-43. अब्दुल अजीज की पुस्तक *इंपीरियल ट्रेजरी ऑफ़ दि इंडियन मुगल्स* (लाहौर, 1942, पृ. 28-29) से उद्धृत

104. अमीन काजवीनी, *बादशाहनामा*, ब्रिटिश म्यूज़ियम, ओरिएंटल, 173, पन्ना 221 अ-ब।

105. बर्नियर, *ट्रैवल्स*, पृ. 246-48

106. देखें, अतहर अली, *मुग़ल्स नोबिलिटी*, पृ. 165-66

107. *बयाज-ए-खुशबूई* नामक ग्रन्थ (आई.ओ. पाण्डुलिपि, 828) में बड़े दिलचस्प ढंग से उन चीज़ों का विवरण दिया गया है जिनकी आवश्यकता किसी अभिजात वर्ग के व्यक्ति के घर में होती है। यह पुस्तक शाहजहाँ के शासनकाल में लिखी गयी थी (1628-58)।

108. अतहर अली, *मुग़ल्स नोबिलिटी*, पृ. 157-58। मोरलैंड की स्पष्टतः यह ग़लत समझ थी कि कारख़ाने सिर्फ़ बादशाह द्वारा कायम किये जाते थे, *इंडियान एट दि डेथ ऑफ़ अकबर*, पृ. 186

109. देखें, 'दरगाह कुली ख़ान' द्वारा प्रस्तुत दिल्ली के सुप्रसिद्ध चाँदनी चौक का उत्साहपूर्ण वर्णन, *मुरक्का-ए दिल्ली*, पृ. 17-19। यहाँ इतनी महँगी चीज़ें होती थीं कि कोई भी नौजवान अमीर चाहे उसके पास एक लाख रुपए भी हों, वह सिर्फ़ ज़रूरत की चीज़ें ही ख़रीद सकता था।

110. बर्नियर *ट्रैवल्स*, पृ. 248. वह कहता है कि महँगी चीज़ें वस्तुतः गोदामों में होती थीं, दुकानों में नहीं, जैसा कि पेरिस में होता था।

111. मोरलैंड, *इंडिया एट दि डेथ ऑफ़ अकबर*, पृ. 227, के.एन. चौधरी, 'दि ईस्ट इंडिया कम्पनी', 1600-1640, लन्दन, 1965, पृ. 117-21

112. देखें, बर्नियर ने मिट्टी और छप्पर के छोटे मकानों का ज़िक्र किया है। इन घरों में सामान्य घुड़सवार, सैनिकों और बड़ी तादाद में अदालत और सेना में काम करने वाले नौकर रहते थे। *ट्रैवल्स*, पृ. 246

113. इसीलिए बाबर ने बड़े उत्साह के साथ यह कहा कि 'हिन्दुस्तान की दूसरी अच्छी बात यह है कि यहाँ हर तरह के असंख्य कारीगर मौजूद हैं।' *बाबरनामा*, II, बेवरीज द्वारा अनूदित, पृ. 520

114. यह इस सामान्य से निष्कर्ष पर आधारित है कि ग़ैर-कृषि क्षेत्र की जनसंख्या जो कुल राजस्व वसूली पर निर्भर थी, कुल जनसंख्या का एक चौथाई अथवा एक-तिहाई रही होगी बशर्ते कि राजस्व के रूप में वसूल की गयी बचत तथा शेष उत्पादन की भौतिक संरचना में कोई अन्तर न रहा हो। किन्तु, चूँकि दस्तकारी उत्पादन के माध्यम से ग़ैर-कृषि क्षेत्र में होने वाले उपयोग को समझा जा सकता है, अतः ऐसा लगता है कि बचत में खाद्यान्न का अंश कृषि उत्पादन के शेषांश से कहीं कम रहा होगा। तदनुसार ग़ैर-कृषि क्षेत्र में रहने वाली जनसंख्या भी बहुत कम रही होगी, हालाँकि उसका अत्यधिक शहरीकरण हो गया होगा।

115. लाहौर की कुस्तुंतुनिया से, अहमदाबाद की लन्दन से तथा दिल्ली की पेरिस से तुलना करने वाले वक्तव्य देखें, *मोरलैंड, इंडिया एट द डेथ ऑफ़ अकबर*, पृ. 12-13। इरफ़ान हबीब, पृ. 75-76 तथा टिप्पणी।

116. सूरत के सिवाय सभी आँकड़ों और उनके स्रोतों का उल्लेख इरफ़ान हबीब की पुस्तक में किया गया है, देखें, पृ. 76 तथा टिप्पणी। सिर्फ़ सूरत के विषय में जो आकलन है, वह मैनुअल गोडिहों ने दिया है। अनु. द्वारा जी.एम. मोरेस, *जर्नल ऑफ़ दि बाम्बे ब्रांच ऑफ़ दि रॉयल एशियाटिक सोसायटी. जे.बी.बी.आर.ए. एम.एन. एस.* XX VII, पृ. II, 124-25, तथा हैमिल्टन, *ए न्यू एकाउंट ऑफ़ दि ईस्ट इंडीज*, सं. द्वारा डब्ल्यू. फोस्टर, I, पृ. 89

117. विस्तृत तुलना के लिए देखें, 'मोरलैंड', *इंडिया एट दि डेथ ऑफ़ अकबर*, पृ. 143-84, 286-94। यह याद रखना चाहिए कि मोरलैंड ने जानबूझकर 17वीं सदी में भारतीय उत्पादन को कम करके नहीं आँका। फिर भी आर्थिक और राजनीतिक वातावरण के विषय में उनकी अनेक मान्यताएँ ऐसी थीं जिनके कारण उनके निष्कर्ष प्रभावित हुए। अतः यह उल्लेखनीय है कि उनके अन्तिम निष्कर्ष अपने समय में प्रति व्यक्ति उत्पादन की मात्रा के पक्ष में प्रायः नहीं थे।

118. बर्नियर, *ट्रेवल्स,* पृ. 1 254
119. पेल्सार्ट, *जहाँगीर्स इंडिया*, पृ. 60
120. वही, पृ. 9, जे. ओविंगटन भी देखें, *ए वॉयेज टु सूरत इन दि ईयर*, 1689, लन्दन 1929, पृ. 166
121. जे. ओविंगटन, *ए वॉयेज*, पृ. 166-67। वह भारतीयों की तुलना चीनियों से करता है, जिन्होंने यूरोपियन घड़ियों के विभिन्न हिस्सों को अलग-अलग करके उन्हें फिर जोड़ दिया। उसने भारतीयों की घड़ी बनाने में रुचि न लेने के पीछे पहियों में भर जाने वाली धूल को बताया है जिससे उन्हें बड़ी मुश्किल आती थी।
122. मोरलैंड, *इंडिया एट दि डेथ ऑफ़ अकबर*, पृ. 146-48
123. *आइने-अकबरी* में आये एक अवतरण को देखें, लाहौर सूबे का विवरण, तथा सुजानराय, *खुलासातुल तवारीख*, सं. ज़फ़र हसन, दिल्ली, 1918, पृ. 75
124. मौरिस इस दृष्टिकोण के काफ़ी निकट आ गये हैं. देखें *आई.ई.एस.एच.आर.* ट (1), पृ. 6
125. *बाबरनामा* में बाबर का वक्तव्य देखें, भाग II, अनु.-ए.एस. बेवरीज, पृ. 486, इरफ़ान हबीब भी देखें, पृ. 26-27 तथा टिप्पणी भी।
126. देखें, लिनव्हाइट, *मेडिएवल टेक्नोलॉजी एंड सोशल चेंज*, पृ. 1191
127. 18वीं सदी के शब्दकोश, *बहरे-अजम*, में चर्ख शब्द देखें।
128. पेल्सार्ट, *जहाँगीर्स इंडिया*, पृ. 60
129. डब्ल्यू. इर्विन, *दि आर्मी ऑफ़ दि इंडियन मुग़ल* पृ. 113-28
130. ए. हैमिल्टन, *ए-न्यू एकाउंट ऑफ़ दि ईस्ट इंडीज*, I, सं. द्वारा डब्ल्यू। फोस्टर, पृ. 217
131. बर्नियर, *ट्रैवल्स*, पृ. 254
132. सिंगर (सं.), *हिस्ट्री ऑफ़ टेक्नोलॉजी*, III, पृ. 628-29
133. थेवनोट (1666 ई.), *इंडियन ट्रैवल्स ऑफ़ थेवनोट एंड करेरी*, अनु. तथा सं. द्वारा एस.एन. सेन, पृ. 66
134. देखें, एम.ए. अल्वी तथा ए. रहमान, *फतुउल्लाहशीराजी, ए सिक्सटींथ सेंचुरी इंडियन साइंटिस्ट,* नयी दिल्ली, 1968
135. दस्तकारी और जाति के बीच के सम्बन्ध के सन्दर्भ में देखें, कार्ल मार्क्स, कैपीटल, I, पृ. 330-32
136. अन्तिम बिन्दु के विषय में देखें पेल्सार्ट, *जहाँगीर्स इंडिया*, पृ. 60 तथा बर्नियर, ट्रैवल्स, पृ. 260, बी.बी. मिश्रा भी देखें, *इंडियन मिडिल क्लास*, लन्दन, 1961, पृ. 37-39
137. एम.डी. मौरिस का विचारोत्तेजक लेख देखें, वैल्यूज एज.एन. ऑब्सटेकल्स टु इकॉनोमिक ग्रोथ इन साउथ एशिया, *जर्नल ऑफ़ इकॉनोमिक हिस्ट्री* (जे.ई.एच.), XXVII (दिस. 1967), पृ. 588-607
138. टैवर्नियर, *ट्रैवल्स इन इंडिया*, अनु. वी.बॉल. सं. द्वारा क्रुक, लन्दन, 1925, I, पृ. 230
139. मद्रास के आढ़तियों की रिपोर्ट (1662 ई.) देखें बुनकरों और व्यापारियों को कासिम बाज़ार से हुगली लाना तो सम्भव था, किन्तु उन्हें मद्रास लाना सम्भव नहीं था, क्योंकि उनकी जाति अथवा वंश ऐसा था कि यदि वे समुद्र के नमकीन पानी पर आते तो

अपनी जाति से बहिष्कृत कर दिये जाते; *इंगलिश फैक्टरीज,* 1661-64, पृ. 65. वे आढ़तिये इस तथ्य से अनभिज्ञ प्रतीत होते हैं कि मद्रास बंगाल से उतना ही दूर है, जितना इंगलैंड से स्पेन।

140. एच.एफ. फ्यूकाजामा, 'स्टेट एंड कास्ट सिस्टम इन दि एट्टींथ सेंचुरी मराठा किंगडम', *हिटोंट सुबासी जर्नल ऑफ इकॉनोमिक्स* (एच.जे.ई.) IX, (1), पृ. 39-44.

141. अली मौ. ख़ान, *मिरात-ए-अहमदी,* सं. द्वारा नवाब अली, बड़ौदा I, पृ. 260। औरंगज़ेब का वह फरमान भी देखें जिसमें उसने अहमदाबाद की टकसाल में पिघलाने और तारकशी के काम में श्रीमाल जाति के एकाधिकार को मान्यता नहीं दी और कहा था कि इस प्रकार जाति के पूर्वग्रह ग़ैर-क़ानूनी हैं। वही, पृ. 292-93। अहमदाबाद के बारे में पहले 1629 ई. में यह कहा गया था कि यहाँ कोई भी व्यापारी और कारीगर बसने के लिए स्वतन्त्र है. वह अपनी दस्तकारी अथवा व्यापार के आधार पर जीवनयापन कर सकता है. गेलेन्सेन, अनु. द्वारा मोरलैंड *जर्नल ऑफ़ इंडियन हिस्ट्री* (जे.आई.एच.), IV, पृ. 75

142. *आइन* में शहर कोतवाल को यह हिदायत थी कि वह नगर के प्रत्येक व्यावसायिक समूह का मुखिया तथा दलाल नियुक्त करेगा। *आइने-अकबरी,* IV, सं. द्वारा ब्लॉकमेन, पृ. 284। इस सम्बन्ध में देखें पावलोव, *इंडियन कैपिटलिस्ट क्लास,* पृ. 24। फूकाजावा, *स्टेट एंड कास्ट सिस्टम,* पृ. 32-44 ने भी पर्याप्त साक्ष्य जमा किये हैं और यह दिखाया है कि किस प्रकार जातिगत मसलों में मराठा के अधिकारी मध्यस्थों, यहाँ तक कि विद्यालयों के रूप में भी कार्य करते थे।

143. *रिलेशंस ऑफ़ गोलकुंडा इन दि अर्ली सेवेंटींथ सेंचुरी,* सं. तथा अनु. द्वारा मोरलैंड, लन्दन, 1931, पृ. 27। पेल्सार्ट, *जहाँगीर्स इंडिया,* पृ. 60

144. *पेल्सार्ट, जहाँगीर्स इंडिया, बर्नियर ट्रैवल्स,* पृ. 228-29 मिराते-अहमदी भी देंखें, भड़ोंच तथा बड़ोदरा के राज्यपालों के आचरण के सम्बन्ध में देखें, *इंगलिश फैक्टरीज,* 1622-23, पृ. 79 तथा 1634-36, पृ. 290, *इंगलिश फैक्टरीज,* एन.एस. II, पृ. 352-53

145. *गज-ए-जहाँगीरी,* 40 तथा 40-5 इंच।

146. दस्तूरी कमीशन।

147. *इंगलिश फैक्टरीज,* 1618-21, पृ. 192-93. वर्तनियों को आधुनिक कर दिया गया है.

148. कैपीटल, I, अंग्रेज़ी संस्करण, मास्को, 1959, पृ. 329-30, मार्क्स के मूल अवतरण के अर्थ तथा मौजूदा साक्ष्य के आलोक में विस्तृत बहस के लिए देखें, *दिट्रांजीशन फ्राम फ्यूडलिज़्म टु कैपिटलिज्म,* लन्दन, अदिनांकित। इसमें पॉल स्वीजी, एम. डॉब तथा एच.के. ताकाहाशी ने प्रमुख रूप से भाग लिया है।

149. *कारख़ाना-ए-जरगारान,* के सन्दर्भ के लिए देखें, *बहरे-अजम.* 'खाक बेग' शब्द के लिए भी देखें।

150. देखें बर्नियर, *ट्रैवल्स,* पृ. 228-29

151. वे इंगलिश रिकार्ड्स, जिसके आधार पर कुछ अवतरण आधारित हैं। इंगलिश *फैक्टरीज*-1624-29, पृ. 149, 1637-41, पृ. 137। 1646-50, पृ. 159, 1661-64, पृ. 111-12, हाब्सन-जोब्सन देखें (डाँडी शब्द के लिए), 1678 तथा 1683 के सन्दर्भ में उद्धरणों के लिए. एक अवसर पर सूरत के कारीगरों ने अपने करघों में रद्दोबदल

के लिए ख़र्चे की माँग की ताकि वे अंग्रेज़ों की ज़रूरत के मुताबिक़ कपड़े के विशिष्ट आयामों को पूरा कर सकें।

152. उदाहरण के लिए देखें, *इंगलिश फैक्टरीज,* 1618-21, पृ. 192-93, 1624-29, पृ. 149

153. फ्रायर, *एकाउंट ऑफ़ ईस्ट इंडिया,* I, पृ. 221

154. *इंगलिश फैक्टरीज,* 1655-60, पृ. 296

155. मोरलैंड, *इंडिया एट दि डेथ ऑफ़ अकबर,* पृ. 185-86। जहाज़ निर्माण के लिए देखें, ए.जे. कैसर भी देखें, 'शिप बिल्डिंग इन मुग़ल एंपायर' *आई.ई.एस.एच.आर.* (V) (2), पृ. 149-70

156. टैवर्नियर द्वारा दी गयी सूचना का स्तर मोरलैंड ने प्रस्तुत किया है, पृ. 151-52

157. देखें, पेल्सार्ट, *जहाँगीर्स इंडिया,* पृ. 46

158. बर्नियर, *ट्रैवल्स,* पृ. 158-59

159. कारख़ाने से जुड़ी मज़दूरी के लिए *बहरे-आजम* में उद्धृत साइब का शेर देखें, 'कारख़ाना' शब्द भी देखें

160. मार्क्स, *कैपिटल,* I, पृ. 330-32

161. यह घटना 1672 की है। इसका स्रोत *सूरत फैक्टरी आउट वार्ड लैटर बुक,* भाग II, 1663-71/72 है, पृ. 187, डिपार्टमेंट ऑफ़ आर्काइब्ज एंड आर्कियोलोजी, बांबे. मैं इस सन्दर्भ के लिए कु. अजीजा हसन का ऋणी हूँ। कुछ दस्तावेजों में, जो औरंगज़ेब के शासनकाल के भी हैं, जिन्हें हाल ही में अलीगढ़ के इतिहास विभाग ने अर्जित किया है. हम यह देखते हैं कि सूरत में व्यक्तिगत स्तर पर व्यापारियों को यह अनुमति थी कि वे प्रत्येक दिन सोने तथा चाँदी के 40,000 तक सिक्के ढलवा सकते थे। औरंगज़ेब के शासनकाल में एक रुपये का भार 180 ग्रेंस था।

162. बर्नियर, *ट्रैवल्स,* पृ. 228-29

163. *इंगलिश फैक्टरीज,* 1618-21, पृ. 197-98, देखें, वही, 1655-60, पृ. 296

164. मोरलैंड, *इंडिया एट दि डेथ ऑफ़ अकबर,* विशेष रूप से पृ. 35-52; बी.बी. मिश्रा, 'दि *इंडियन मिडिल क्लास,* पृ. 22-35, एम.डी. मौरिस इन *आई.ई.एस.एच.आर.* V (1), पृ. 6। विरोधी दृष्टिकोण के लिए देखें, बृजनारायण, *इंडियन इकोनॉमिक लाइफ, पास्ट एंड प्रेजेंट,* पी.सरन, प्रोविंसियल गवर्नमेंट ऑफ़ दि मुग़ल्स (1526-1658), इलाहाबाद, 1941, पृ. 399-403।

165. व्यापार और करों के सम्बन्ध में मेरी टिप्पणियाँ देखें, इरफ़ान हबीब, पृ. 65-69 तथा कुछ दृष्टि सम्पन्न टिप्पणियाँ टी. राय चौधरी ने भी की हैं। *आई.ई.एस.एच.आर.* V (1), पृ. 88-90

166. मेरे आलेख में दी गयी सारणियों से *बैंकिंग इन मुग़ल इंडिया, कांट्रीब्यूशंस टु इंडियन इकॉनोमिक हिस्ट्री,* सं. द्वारा टी. राय चौधरी, पृ. 16

167. इरफ़ान हबीब, पृ. 78-79

168. *कॉम्पेरेटिव स्टडीज इन सोसायटीज एंड हिस्ट्री* (सी.एस.एस.एच.), पृ. 412 तथा टिप्पणी।

169. वही।

170. गोडीन्हो, अनु. द्वारा मोरेस, जे.बी. *आर. एस. एस.एन.एस.* XXVII (भाग-II), पृ. 127। इसमें तथा आगामी दो पाद टिप्पणियों में दिये गये सन्दर्भों के लिए मैं ए.जे. कैसर का ऋणी हूँ।

171. *इंगलिश फैक्टरीज*, 1661-64, पृ. 308; *इंडियन ट्रैवल्स ऑफ़ थेवनोट एंड करेरी,* नयी दिल्ली, 1949, पृ. 22.

172. एच. दास, *नोरिस एम्बेसी टु औरंगज़ेब* (1669-1702), एस.सी. सरकार द्वारा संक्षिप्त और सम्पादित, कलकत्ता, 1959, पृ. 224 तथा टिप्पणी, हैमिल्टन, I, पृ. 89.

173. मैनरीक, *ट्रैवल्स*, अनु. द्वारा सी.ई.लुआई, I I, पृ. 156. अन्य दो महत्त्वपूर्ण आश्चर्य थे शाही ख़ज़ाना तथा-अमीरों की विशाल आमदनी।

174. वी.आई. पावलोव ने भारतीय व्यापारिक पूँजी के वास्तविक संचय के सम्बन्ध में बड़ी दिलचस्प सूचना एकत्र की है, देखें, *इंडियन कैपिटलिस्ट क्लास*, पृ. 76। पन्ना।

175. देखें, जे. सरकार, *लाइफ ऑफ़ मीर जुमला*, कलकत्ता, 1951। उक्त पुस्तक में मीर जुमला की व्यापारिक गतिविधियों के विषय में प्रचुर मात्रा में सूचना दी गयी है। उसकी ये गतिविधियाँ उसकी राजनीतिक गतिविधियों को भी प्रभावित करती थीं।

176. टैवर्नियर, *ट्रैवल्स इन इंडिया*, I, पृ. 31

177. अतहर अली, *मुग़ल नोबिलिटी*, पृ. 154-60

178. सुजान राय, *खुलासा तुत-तवारीख*, 'सं. द्वारा जफर हसन, पृ. 25

179. टैवर्नियर, *ट्रैवल्स इन इंडिया*, I, पृ. 24

180. *मीराते-अहमदी*, I, पृ. 410-11

181. देखें, मनुची, *स्टोरिया डो मोगोर*, I I, अनु. द्वारा डब्ल्यू. इर्विन, पृ. 379

182. विस्तृत व्याख्या के लिए देखें, इरफ़ान हबीब, *कांट्रीब्यूशंस टु इंडियन इकोनॉमिक हिस्ट्री,* I, पृ. 13, 15, 17

183. वही, पृ. 17-19

184. *सी.एस.एस.एच.* VI, (4), पृ. 401-2

185. अंग्रेज आढ़ती सूरत में रिपोर्ट करते हैं, 17 मई 1647। सूरत फैक्टरी, इंवर्ड लैटर बुक, 1646-47। पृ. 130। डिपार्टमेंट ऑफ़ आर्काइब्ज एंड आर्कियोलोजी, बाम्बे, मैं इस सन्दर्भ के लिए कु. अजीजा हसन का ऋणी हूँ।

186. *सी.एस.एस.* की सारणियाँ देखें, VI(4), पृ. 402-4। 1648 ई. आगरा के तहत निदर्शित ब्याज की दर को 2 प्रतिशत पढ़ा जाये 3/4 प्रतिशत नहीं। इस लेख में मैंने यह सुझाव दिया है कि जैसे ही ईस्ट इंडिया के हिसाब-किताब के नियन्त्रण में सुधार हुआ वैसे ही ब्याज की दर में गिरावट आयी। अब मैं अपने इस सुझाव को वापस लेता हूँ. हालाँकि अभी भी यह निस्सन्देह रूप से कहा जा सकता है कि प्रारम्भिक वर्षों में इंगलिश आढ़तियों ने वास्तविक दरों को ज़रूर छिपाया होगा।

187. वही, पृ. 404-5। ऊँची ब्याज की दरों का सीधा अभिप्राय था बिलों पर की जाने वाली कटौती की ऊँची दरें। यह एक ऐसी प्रवृत्ति थी जिसका ज़िक्र टैवर्नियर ने *ट्रैवल्स इन इंडिया*, I, पृ. 31 में किया है. हालाँकि वह स्वयं इसे आंशिक रूप से बीमा की लागत के कारण मानता है जिसमें कटौती भी शामिल थी।

188. मार्क्स, *कैपीटल*, III, संस्करण, मास्को, 1959, पृ. 322

189. जेम्स ग्रांट, *फिक्स रिपोर्ट*, सं. द्वारा फर्मिंगर, II, पृ. 483

190. इरफ़ान हबीब, पृ. 81-89,384-94. तथा पृ. 327 पर दी गयी सारणी (मोरलैंड भी अपनी पुस्तक *अकबर टु औरंगज़ेब*, लन्दन, 1923, पृ. 160-64, 183-8 में मूल्यों के साक्ष्य की छानबीन करता है। किन्तु सामान्यतः निष्कर्ष उन क़ीमतों के आधार पर निकालता है जो सरखेज नील द्वारा प्राप्त होती है। यह कि 17वीं सदी में क़ीमतों के स्तर में कोई वृद्धि नहीं हुई।

191. अजीज हसन, 'करेंसी आउटपुट ऑफ़ दि मुग़ल एम्पायर एंड प्राइसिज इन इंडिया ड्यूरिंग *दि सिक्सटींथ सेंचुरीज, आई.ई.एस.एच.आर.*, IV, I, मार्च, 1969, पृ. 84-116

192. उपभोक्ता वस्तुओं की सामान्य माँग पर पड़ने वाले फ़सलों के प्रभाव के लिए देखें, पेल्सार्ट, *जहाँगीर्स इंडिया*, पृ. 44

193. फोस्टर, *सप्लीमेंटरी कलैंडर*, पृ. 66, पीट्रो डालवेल, *ट्रैवल्स इन इंडिया*, अनु. द्वारा ई.ग्रे. I, पृ. 62। ओविंगटन, वॉयेज टु सूरत, सं. द्वारा रॉलिंसन, पृ. 229

अध्याय बारह

मुग़ल साम्राज्य का कृषि संकट

1. साम्राज्य और जागीरदारी प्रथा

लगभग डेढ़ सौ वर्षों तक पूरे भारतीय उपमहाद्वीप में मुग़ल साम्राज्य का केन्द्रीय प्रशासन रहा। इस महान सफलता की वजह क्या थी? कुछ इतिहासकारों ने सोलहवीं सदी के महान एशियाई साम्राज्यों के निर्माण के पीछे बन्दूक़ों और तोपख़ानों के विकास को एक बड़ा कारण माना है।[1] लेकिन भारतीय मुग़ल के मामले में यह विश्लेषण पर्याप्त प्रतीत नहीं होता। तोपख़ाना उनकी सेना का निर्णायक अंग नहीं था और वे वास्तव में शक्तिशाली क़िलों के ख़िलाफ़ इसका कभी भी सफलतापूर्वक इस्तेमाल नहीं कर सके। आरम्भ में उनकी मुख्य ताक़त घुड़सवारी या सशस्त्र घुड़सवार थे और लड़ाई के मैदान में और तीव्र आक्रमणों में वे तब तक अजेय रहे जब तक मराठों ने गुरिल्ला युद्ध में इसका हल नहीं ढूँढ़ लिया और अन्ततः सैनिकों के मुख्य हथियार के रूप में धनुष-बाण का स्थान बन्दूक़ों ने नहीं ले लिया। इससे पैदल सेना को बड़ा लाभ हुआ।[2] मनसबदारों का प्रमुख दायित्व अच्छी नस्ल के घोड़े वाली घुड़सवार सेना रखना था। इसलिए मुग़लों की सैन्य शक्ति और जागीर प्रथा के बीच गहरा सम्बन्ध था, जिसके ज़रिये मनसबदार और उनकी सैन्य टुकड़ियाँ रखी जाती थीं। यह इस प्रथा की ख़ासियत थी कि मनसबदार पूरी तरह सम्राट की मर्ज़ी पर निर्भर करते थे और मुग़ल प्रशासन उन्हें आवश्यकता पड़ने पर उनके सैन्य दस्ते को कहीं भी भेज सकता था। एक बार आरम्भिक बढ़त हासिल हो जाने के बाद कोई भी राज्य मुग़ल शासन के केन्द्रीकृत दबाव को झेल नहीं सकता था। अकबर ने निस्सन्देह सूरों द्वारा निर्मित प्रशासन की बुनियाद पर अपना शासन खड़ा किया लेकिन केन्द्रीभूत सरकार के निर्माण में उसका अपना योगदान सबसे महत्त्वपूर्ण था।

जैसा कि उसने जागीर और मनसब प्रथा की मुख्य विशेषताओं को तैयार किया था इसलिए उसने केन्द्रीयकृत प्रणाली को आकार दिया जिसके ज़रिये निरंकुश राजतन्त्र कार्य कर सके।[3] इसके विरोध में जागीरदारों के एक वर्ग की ओर से एक बड़ा विद्रोह-1580 का विद्रोह[4]—हुआ। एक बार इसे कुचल दिये जाने के बाद साम्राज्य को कभी भी अपने शासक वर्ग के भीतर से किसी गम्भीर विद्रोह का सामना नहीं करना पड़ा। ज़्यादातर विद्रोह उत्तराधिकार की लड़ाइयों के रूप में हुए जिससे मुग़ल साम्राज्य को अपने आप में कोई ख़तरा नहीं था। सचमुच न तो 1658-59 में न ही 1707-09 में सिंहासन के दावेदारों द्वारा साम्राज्य का विभाजन किया जा सका। इससे स्पष्ट होता है कि साम्राज्य की मूल संरचना कितनी सशक्त थी। सच है कि मुग़ल जागीरदारों में विभिन्न जातियों और नस्लीय तत्त्वों के बीच तनाव और मतभेद थे[5] और औरंगज़ेब की धार्मिक भेदभाव की नीति ने 1679-80 के राजपूत विद्रोह में काफ़ी बड़ा योगदान दिया।[6] लेकिन इस विद्रोह के नतीजे अपेक्षाकृत अल्पकालिक थे और राजपूत सामान्य रूप में अपने पुरानी वफ़ादारी में लौट आए।[7] जागीरदारी प्रथा में अनिवार्य रूप से एक निश्चित प्रकार की आर्थिक व्यवस्था की कल्पना की गयी थी। जागीर की भमि पर कोई स्थायी अधिकार नहीं होता था और यह अनिवार्यतः मौद्रिक रूप में आकलित राजस्व का निर्धारण थी। यह उस अर्थव्यवस्था के लिए उपयुक्त थी जहाँ आर्थिक लेन-देन सुस्थापित था लेकिन प्रकारान्तर से इसका अभिप्राय यह था कि कृषि व्यापार तीव्र और गहन दोनों होना चाहिए था।[8] अध्याय 2 और 6 में हमने देखा कि मुग़ल भारत में ये दोनों स्थितियाँ मौजूद थीं। साथ थी वाणिज्यिक गतिविधि ऐसी शाही व्यवस्था में प्रगति कर सकती है जहाँ कर संग्रह और प्रशासन तथा मार्गों पर इसका नियन्त्रण एक समान हो। इसलिए जागीरदारी प्रथा जहाँ शाही सत्ता को मज़बूत करती थी वहीं यह अपनी आर्थिक बुनियाद भी सुदृढ़ करती थी। पश्चिमी यूरोप के सामन्तों के समान मुग़ल जागीरदारों को डरने की आवश्यकता नहीं थी कि आम लोगों के धन और व्यापार उसकी ताक़त को कमज़ोर करेंगे।

2. कृषक वर्ग का दमन

मुग़ल शासक वर्ग की एकता और एकजुटता की व्यावहारिक अभिव्यक्ति सम्राट की निरंकुश सत्ता के रूप में हुई। शासक वर्ग के एक निजी सदस्य के रूप में जागीरदारों को सम्राट से प्राप्त अधिकारों के अलावा सिद्धान्त रूप में कोई अधिकार या विशेषाधिकार लाभ नहीं था। भूमि राजस्व की माँग की दर और

विधियाँ जिनके ज़रिये इसका आकलन और संग्रह किया जाना था, सब कुछ साम्राज्य प्रशासन द्वारा किया जाता था।[9] अन्य कौन से कर एकत्र किये जाने हैं सम्राट इसके लिए भी आदेश देता था।[10] जागीरदारों और उनके एजेंटों के आचरण पर क़ानूनगो, चौधरी और फौजदारों और ख़बर नबीसों द्वारा नज़र रखा जाता था।[11] राजकीय राजस्व नीति स्पष्ट रूप से दो बातों पर निर्भर करती थी। पहली, चूँकि मनसबदारों द्वारा सैनिक टुकड़ियाँ जागीरों से प्राप्त राजस्व से रखी जाती थीं इसलिए प्रवृत्ति यह थी कि राजस्व माँग इतनी अधिक रखी जाये कि साम्राज्य की सैनिक शक्ति सबसे अधिक हो। लेकिन दूसरी ओर यह स्पष्ट था कि यदि राज़स्व दर इतनी ऊँची हो कि किसानों के पास अपने जीवनयापन के लिए कुछ न बचे तो शीघ्र ही राजस्व वसूली में गिरावट आ सकती है। इसलिए शाही अधिकारियों द्वारा निर्धारित राजस्व माँग आदर्श रूप में अतिरिक्त उपज के बराबर रखी जाती थी ताकि किसानों के पास उतनी ही उपज बचे जितनी उनके जीवन जीने के लिए आवश्यक है।[12]

अतिरिक्त उपज का विनियोजन ही मुग़ल शासक वर्ग की अकूत सम्पत्ति का स्रोत था। इसलिए 'अमीरों की सम्पन्नता और आम आदमी की ग़रीबी' के बीच बड़ा फ़र्क़ था।[13]

इसके अलावा ऐसा प्रतीत होता है कि ग़रीबों पर जुल्म करने की प्रवृत्ति थी जो समय के साथ बढ़ती जा रही थी। यह प्रवृत्ति मानो जागीर प्रथा की प्रकृति से ही व्युत्पन्न थी। शाही प्रशासन जो साम्राज्य और शासक वर्ग के दीर्घकालिक हितों को ध्यान में रख सकता था, सम्भवतया राजस्व माँग की सीमा निर्धारित करने का प्रयास करता था और इस बात के संकेत हैं कि कर दरों में वृद्धि से कृषि उत्पादों के मूल्यों में वृद्धि पीछे नहीं रहती थी।[14] लेकिन शाही प्रशासन और जागीरदार के हितों के बीच विरोधाभास था। एक जागीरदार की जागीर कभी भी हस्तान्तरित की जा सकती थी और उसके पास एक ही जागीर तीन या अधिक-से-अधिक चार वर्षों से अधिक कभी भी नहीं होती थी इसलिए वह कभी भी कृषि विकास की दूरदर्शी नीति नहीं अपनाता था।[15] दूसरी ओर अपने निजी हित के कारण वह कोई भी दमन का कार्य कर सकता था जिससे उसे तत्काल लाभ होता हो, बेशक इससे कृषक वर्ग तबाह क्यों न हो जाये और आने वाले लम्बे समय तक उस क्षेत्र की राजस्व भुगतान की क्षमता ख़त्म क्यों न हो जाये।

इससे यह स्पष्ट हो जाता है कि उस समय के लगभग समकालीन इतिहासकार ने अकबर के सबसे शक्तिशाली मन्त्रियों में से एक मुर्तजा ख़ान बुखारी के बारे में ऐसा क्यों लिखा था : 'वह अपनी रियाया पर कोई दया नहीं दिखाता था।'

वह अपने राजस्व की वसूली करने वालों से जमा को 50 प्रतिशत बढ़ाने की आशा रखता था। यदि इस वजह से कृषक भागने लगते थे तो वह इस जागीर को सौंप कर इसके बदले दूसरी जागीर माँग लेता था जिससे उसे लाभ होता था।[16] इसी प्रकार युसूफ मिराक दमनकारी जागीरदारों की बात करते हैं, जिन्हें अपनी जागीरों को नष्ट करने के बाद कोई हानि नहीं होती थी क्योंकि उन्हें दूसरी जागीरें मिल जाती थीं।[17]

जे. जेवियर (1609), हाकिंस (1611) और मैनरिक (1640-41) से लेकर अन्य यूरोपीय प्रेक्षकों ने मुग़ल जागीरदारों और राजस्व अधिकारियों का इसी तरह का आचरण बताया है[18] लेकिन बर्नियर का तर्क काफ़ी ज़ोरदार है। वह अलग-अलग जागीरदारों के नज़रिये के बारे में एक सुप्रसिद्ध अनुच्छेद (1660 के दशक में) बताता है।

तिमैरियेत्स (जागीरदारों के लिए बर्नियर का शब्द), गवर्नर्स और राजस्व ठेकेदार अपनी ओर से ऐसा समझते हैं : ज़मीन की इस उपेक्षित स्थिति से हमें क्यों परेशान होना चाहिए? और इसे उपयोगी बनाने के लिए हमें क्यों अपने धन और समय ख़र्च करने चाहिए? हमें इससे एक पल में अलग कर दिया जा सकता है और हमारी मेहनत का फल न तो हमें, न ही हमारे बच्चों को मिलेगा। इस ज़मीन से हम जितना अधिक धन कमा सकते हैं, कमाना चाहिए और जब इसे छोड़ने के लिए कहा जाये, तो सूखे बंजर ज़मीन के रूप में छोड़ देना चाहिए।[19]

औरंगज़ेब के शासनकाल के अन्त में भीमसेन कहते हैं कि जागीरों के निरन्तर और अप्रत्याशित हस्तान्तरण के कारण जागीरदारों के एजेंटों ने कृषक वर्ग (रैयत और पटवारी), को मदद करने या *इस्तिकलाल* की व्यवस्था करने की प्रथा छोड़ दी। इसके अलावा जागीरदारों के आमिल अपनी नौकरी को लेकर भी बहुत आश्वस्त नहीं थे और राजस्व वसूल बहुत क्रूरतापूर्ण ढंग से करते थे।[20] शाहजहाँ के शासनकाल के बारे में लिखते हुए सादिक ख़ान कहते हैं कि घूसखोरी और राजस्व खेती के ज़रिये ज़मीन बंजर बना दी जाती थी जिसके फलस्वरूप कृषक वर्ग को लूटा और बर्बाद किया जा रहा था।[21]

इन वक्तव्यों से यह स्पष्ट हो जाता है कि सत्रहवीं सदी में यह धारणा रूढ़ हो गयी थी कि जागीरों के हस्तान्तरण की प्रणाली से कृषक वर्ग का निर्मम शोषण होता था। इस परिणाम को शाही प्रशासन कुछ समय के लिए रोक सकता था लेकिन अन्तिम रूप से इसे नहीं रोक सका। शाही प्रशासन में जागीरदारों के लिए मनमानी करने की काफ़ी गुंजाइश थी। वे प्रतिकूल मौसमों से निपटने में किसानों की मदद या अग्रिम ऋण या छूट दे सकते थे, नहीं भी दे सकते थे।

यह फ़सल कटने के पहले ही राजस्व की माँग कर सकते थे।[22] लेकिन वास्तव में विनियमों का उल्लंघन किया जा सकता था। औरंगज़ेब के एक फरमान के अनुसार गुजरात के कुछ जागीरदार वास्तविक उपज से ढाई गुणा उपज का आकलन करके पूरी उपज से अधिक राजस्व की वसूली करने का प्रयास कर रहे थे।[23] ऐसी स्थितियों में शाही विनियमों का अनुसरण केवल काग़ज़ पर किया जा रहा होगा। इसी प्रकार यह आरोप लगाया जाता था कि जागीरदारों द्वारा अनेक कर लगाये जाने को रोकने के लिए औरंगज़ेब के आदेश काफ़ी हद तक अप्रभावी थे।[24]

तय है कि कृषक वर्ग पर वास्तविक बोझ इतना अधिक हो जाता था कि उनके जीवन जीने के साधनों में भी हस्तक्षेप होने लगता था। किसान 'जिनके पास अलग से कोई सम्पत्ति नहीं थी।[25] से इतनी बड़ी मात्रा में राजस्व वसूली की प्रक्रिया परिष्कृत नहीं हो सकती थी, मैनरिक कहते हैं, रैयत जब मालगुजारी नहीं अदा कर पाते थे तो उन्हें, 'बुरी तरह से मारा-पीटा जाता था और उनके साथ बुरा व्यवहार किया जाता था।'[26] मानुची कहते हैं, 'यह कहकर कि मेरे पास धन नहीं है, कर भुगतान करने से मना करना किसानों की आदत है। इसके विरुद्ध सज़ा और प्रताड़ना काफ़ी कठोर है।' और 'भूखे-प्यासे भी रखा जाता था। वे मरने का बहाना करते थे (और कभी-कभी वास्तव में मर भी जाते थे)...। लेकिन इस बहाने से भी उन्हें कोई राहत नहीं है।'[27]

इसलिए किसानों को राजस्व की माँग को पूरा करने के लिए प्रायः अपनी बीवी, बच्चे और मवेशी बेचने पड़ते थे।[28] लेकिन यह ग़ुलामी आम तौर पर इतनी आसान नहीं होती थी। कहा जाता है कि 'जो गाँव उपज की कमी की जगह से पूरा लगान नहीं चुका पाते थे उनसे उनके मालिकों और गवर्नर्स द्वारा वसूली की जाती थी और विद्रोह के आरोप के बहाने गाँववासियों के बीवी और बच्चे को बेच दिया जाता था।'[29] 'किसानों को बेड़ियों में बाँधकर विभिन्न बाज़ारों और मेलों में (बेचने के लिए) ले जाया जाता है, उनकी ग़रीब, अभागन बीवियाँ अपने छोटे-छोटे बच्चों को अपनी बाँहों में लेकर रोती-बिलखती उनके पीछे-पीछे दौड़ती आती हैं।'[30]

मालगुजारी देने में असमर्थता ही ग्रामीण किसानों को सज़ा देने का एकमात्र कारण नहीं था। मुग़ल साम्राज्य में यह सामान्य नियम था कि यदि किसी जागीरदार या फ़ौजदार की जागीर या अधिकार क्षेत्र में कोई डकैती हो जाती है तो दोषी का पता लगाना उनकी ज़िम्मेदारी थी अन्यथा क्षतिपूर्ति उन्हें अपने तईं करना पड़ता था।[31] शायद यह अवांछनीय शुल्क नहीं था क्योंकि इससे जागीरदारों और फ़ौजदारों को किसी भी गाँव, जिस पर उन्हें शक हो, का लूटपाट करने का बहाना

मिल जाता था। मण्डी कहते हैं, 'ऐसे मामलों में पुरुष मारे जाते थे और बाक़ी महिलाओं और बच्चों को दासों के रूप में बेच दिया जाता था।'[32] शाही दरबार में दिये एक अभ्यावेदन से पता चलता है कि जो गाँव हिंसा का दोषी होता था हमेशा के लिए फ़ौजदारों द्वारा लूट का विषय बन जाता था जो अपने साथ मवेशी और किसान दोनों ले जाते थे।[33] अबुल फ़ज़ल कहते हैं कि 'विद्रोहियों की बीवियों और बच्चों को पकड़ने और बेचने को रोकने के लिए अकबर के आदेश जारी किये गये क्योंकि क्रूर और लालची लोग केवल शक की बुनियाद पर या राजद्रोह के ग़लत आरोप पर गाँव में घुस जाते थे और गाँववासियों के घरों को लूटते थे। पूछे जाने पर वे बहाना बनाते या टालने की कोशिश करते थे।'[34]

इस विषय के जाने-माने इतिहासकार मानते हैं कि समय के साथ दमन बढ़ता गया, खेती चौपट होती गयी और पलायन करने वाले किसानों की संख्या बढ़ती गयी। जे जेवियर ने घोषणा की कि गुजरात और कश्मीर दोनों में मुग़लों की जीत से ग्रामीण आबादी की मुसीबतें बढ़ गयीं। 'ज़मीन ज़्यादा ख़राब हो गयी है, जो कि पहले मोगरों द्वारा ली गयी थी क्योंकि वे अपने अत्याचार करने के क्रम में सब कुछ नष्ट कर देते हैं।'[35] साम्राज्य के केन्द्रीय क्षेत्रों में अकबर के *करोड़ी* प्रयोग के बारे में कहा जाता है कि इसने इतना क़हर बरपाया कि किसान विभिन्न 'दिशाओं' में भाग खड़े हुए। नतीजतन मालगुजारी में कमी आ गयी।[36]

जहाँगीर के शासनकाल में किसानों का इतनी क्रूरता और निर्ममता के साथ दमन किया जाता था कि 'खेत बिना बोये रह जाते थे और निर्जन वनप्रान्तर बन जाते थे।[37] एक अन्य अवेक्षक कहते हैं, 'ग़रीब किसान ज़मीन छोड़कर भाग जाते हैं और इसी वजह से यहाँ की आबादी कम है।[38] फिर भी अगले शासनकाल के इतिहासकार कहते हैं कि 'प्राकृतिक आपदाओं, राजद्रोही, ज़मींदारों की बग़ावतों और अधिकारियों की क्रूरता के कारण विशाल भूमि प्रदेश निर्जन क्षेत्र बन गये हैं और सम्राट (शाहजहाँ) और उनके सक्षम मन्त्रियों के प्रयासों के बावजूद ज़मीन उन्नत मकानी (जहाँगीर) के समय से अधिक वीरान दिखती थी।'[39] 1629 में एक डच यात्री ने नोट किया कि 'गुजरात में किसान अपेक्षाकृत अधिक पीड़ित हैं और बहुत तेज़ी से पलायन कर रहे हैं,' जिससे राजस्व में कमी आ गयी है।[40] 1634 में सेहवान (सिन्ध) के बारे में कहा जाता है कि जागीरदारों के दमन के कारण यह 'परित्यक्त, क्रूर और असहाय की धरती बन गया था।'[41]

दखिन में वायसराय के रूप में औरंगज़ेब के शासनकाल के पहले की अवधि में 'प्रान्तीय शासकों की उपेक्षा और दमन के कारण किसान इधर-उधर भाग रहे थे' और ज़मीन पर निर्जनता के बादल मँडरा रहे थे।[42]

औरंगज़ेब के शासनकाल से पहले स्थितियाँ क्या थीं इस सम्बन्ध में मुग़ल साम्राज्य की कमज़ोरियों के बारे में बर्नियर के एक लम्बे विमर्श से पता चलता है। वह यह भी कहते हैं कि कृषकों की कमी के कारण ज़मीन का काफ़ी बड़ा हिस्सा बिना जुताई के रह जाता है, किसानों में से कई तो 'गवर्नरों के अत्याचार के फलस्वरूप मर जाते हैं या गाँव छोड़कर जाने के अलावा उनके पास कोई विकल्प नहीं होता है।'[43]

अन्ततः मुहम्मद शाह के शासनकाल के आरम्भ के वर्षों में खफी ख़ान ने कृषक वर्ग और खेती में कमी की निम्नलिखित तसवीर पेश की :

> समय को देखते हुए बुद्धिमान और विवेकशील लोगों को स्पष्ट है कि अब राज्य के कामकाज के प्रबन्धन में विवेकशीलता, किसानों की रक्षा, गाँव की सम्पन्नता और उपज बढ़ाने के प्रोत्साहन देने की परिपाटी, सारी चीज़ें ख़त्म हो गयी हैं। राजस्व वसूलने वाले जो खेतों पर राजस्व वसूलते हैं, इस अधिकार को प्राप्त करने के लिए शाही दरबार में पहले ही काफ़ी बड़ी धनराशि देने के कारण, वे महाल पर जाते हैं मालगुजारी देने वाले कृषक वर्ग के लिए अभिशाप बन जाते हैं। चूँकि उन्हें इस बात का भरोसा नहीं होता है कि वे अगले वर्ष या इस वर्ष भी अपने पद पर बने रहेंगे, वे उपज के दोनों हिस्सों (राज्य का हिस्सा और किसानों का हिस्सा) पर क़ब्ज़ा जमा कर उन्हें बेच देते हैं। केवल भगवान से डरने वाले ही खुद को इतने ही तक सीमित रखते हैं और किसानों की बैलगाड़ियों और ठेलों को नहीं बेचते हैं जिस पर उनकी खेती निर्भर करती है या दरबार में हुए अपने ख़र्च, अपनी सैनिक टुकड़ियों पर हुए ख़र्च और अपने बन्धक पर हुए घाटे को वसूल करके सन्तुष्ट नहीं होते हुए भी किसानों के पास बची-खुची सम्पत्ति या फलदार वृक्षों और ज़मीन पर उनके पुश्तैनी हक़ को नहीं बेचते हैं। कई परगना और शहर जो पूरा राजस्व देते थे, हुक्काम के अत्याचार से इस हद तक विनष्ट हो गये हैं कि शेरों और बाघों से भरे जंगल में तब्दील हो गये हैं और गाँव इस हद तक बर्बाद और वीरान हो गये हैं कि रास्तों में रिहाइश का कहीं कोई संकेत नहीं बचा है। यद्यपि लालच और इन बुरे समयों के दौर के कारण गाँव हर दिन उजड़ते हैं और किसान अभागे राजस्व वसूली करने वालों के अत्यचार के कारण कुचले जाते हैं। वहीं जागीरदारों को दमित किसानों के बच्चों और बीवियों की कराह के अभिशाप को झेलना पड़ता है। ईश्वर को नहीं मानने वाले अधिकारियों की क्रूरता, दमन और अन्याय इस हद तक बढ़ गये हैं कि यदि इसके सौवें हिस्से का कोई वर्णन करना चाहे तो वह नहीं कर सकता है।[44]

वर्तमान की दुरावस्था की सुनहरे अतीत से तुलना करने की मनुष्य की सार्वभौमिक प्रवृत्ति होती है। लेकिन इस प्रवृत्ति के नाम पर अभी पूर्वोक्त वक्तव्यों की सामूहिक शक्ति की अनदेखी नहीं कर सकते हैं ख़ास तौर पर अभी जब इसका सीधे तौर पर खण्डन करने के अन्य साक्ष्य बहुत ही कम हैं।

यह सच है कि औरंगज़ेब के शासनकाल के समय में खेती के अधीन क्षेत्र के आँकड़े अकबर के समय के आँकड़ों से अधिक हैं लेकिन पूर्व की असर्वेक्षित भूमि और उस समय के बीच की अवधि में बढ़ायी गयी माप का मतलब यह नहीं है कि खेती में भी उसी रूप में वृद्धि हुई है। कुछ क्षेत्र ऐसे हैं जहाँ ऐसा प्रतीत होता है कि मुग़ल काल में भूमि सुधार हुए थे जैसे बंगाल के डेल्टा के पूर्वी भाग और तराई के कुछ क्षेत्रों में।[45] लेकिन एक क्षेत्र में भूमि सुधार के साथ दूसरे क्षेत्रों में खेती की ज़मीन वीरान भी हुई होगी। इसलिए सफल भूमि सुधार की सीमित ख़बरों से समग्र खेती में सुधार की पुष्टि नहीं होती है।

राजस्व सम्बन्धी आँकड़ों को इस प्रयोजन के लिए प्रासंगिक आँकड़ा माना जा सकता है। जब लाहोरी ने शाहजहाँ के शासनकाल (1628-47) को 'कृषक वर्ग के प्रचुर पोषण, आबादी में वृद्धि और सम्पन्नता में बढ़ोतरी का काल कहा तो उसमें यहीं भी बात कही कि यह *जमा* में वृद्धि से पता चलता है।' पुराने प्रदेशों में जहाँ *जमा* 1628 में 700 करोड़ दाम थे वहीं 1632 के विनाशकारी अकाल के बावजूद 100 करोड़ की वृद्धि हुई जिससे गुजरात और दखिन प्रान्तों में *जमा* में कमी आयी।[46] लेकिन सवाल यह है कि क्या जमा में वृद्धि सचमुच खेती में वृद्धि को दर्शाती थी या *जमा* में वृद्धि को उचित ठहराने के लिए भ्रामक सम्पन्नता दर्शायी जाती थी। जबकि वास्तव में जागीरदारों की वास्तविक आय कम कर दी गयी थी क्योंकि उनका हासिल (वास्तविक कर वसूली) पूर्व की तुलना में जमा का और भी छोटा अनुपात हो गया था।[47] इससे भी आगे सवाल यह है कि क़ीमतों में वृद्धि के कारण जमा में कितनी वृद्धि होती थी।[48] इसलिए बीस वर्षों की अवधि में जमा में 1/7 भाग वृद्धि से यह निष्कर्ष निकालना सम्भव नहीं है कि खेती में भी इसी दर से वृद्धि हुई जब तक कि यह विश्लेषण नहीं किया जाता है कि जमा का निर्धारण किस प्रकार किया जाता था और क़ीमतों के साथ इसका क्या सम्बन्ध था।

आगे और सवाल करने से पहले मूल्यों में परिवर्तन कम-से-कम ऐसी परिघटना है जिसके साथ जमा के आँकड़ों का समायोजन किया जाना ज़रूरी है। यह एक लम्बे समय में जमा में परिवर्तन और मूल्य परिवर्तन के आँकड़ों की तुलना करके किया जा सकता है। तदनुसार सारणी 1 और 2 में हमने औरंगज़ेब की मृत्यु तक जमादामी के मूल्य परिवर्तन के आँकड़ों को रखा है।

लगभग 1595-96 और लगभग 1707 के बीच साम्राज्य के अनुक्रमित जमा आँकड़ों में लगभग 78 प्रतिशत की वृद्धि हुई, वहीं सोने की क़ीमतों में लगभग 50 प्रतिशत और ताँबे की क़ीमतों में 100 प्रतिशत से अधिक वृद्धि हुई। साम्राज्य के केन्द्रीय प्रान्तों में कम-से-कम वस्तुओं की क़ीमतें ताँबे की क़ीमतों से काफ़ी पीछे नहीं थीं।

इसलिए इस बात की सम्भावना बहुत ही कम है कि वास्तव में राजस्व के आकलनों में कोई महत्त्वपूर्ण वृद्धि हुई है। इस पूरी अवधि के दौरान कृषि उत्पादन और राजस्व आकलन के बीच अनुपात स्थिर रहने की असम्भावित स्थिति में भी यह मानने की शायद ही कोई वजह है कि खेती में वृद्धि आबादी में बढ़ोत्तरी से अधिक हुई जो कि 0.21 प्रतिशत प्रति वर्ष की मामूली वृद्धि मानी गयी है।[49]

सचाई यह है, जैसा कि समकालीन पर्यवेक्षकों द्वारा भी पुष्टि की गयी है, कि किसानों का अपने गाँवों से पलायन एक सामान्य परिघटना थी और ऐसा आभास होता है कि समय बीतने के साथ इसमें तेज़ी आ रही थी। जैसा कि हमने पहले ही तर्क दिया कि विशाल भूभाग में अभी भी खेती नहीं होने के कारण किसानों का स्थानान्तर इस समय की एक सामान्य विशेषता थी।[50] 'अकाल के कारण हमेशा भारी पैमाने पर आबादी का स्थानान्तरण होता था।'[51] लेकिन किसानों के पलायन या आप्रवास की बड़ी वजह मानव निर्मित थी। राजस्व बकाया इतना अधिक हो जाये कि इसका भुगतान करना सम्भव न हो तो ऐसे में पलायन ही एकमात्र उपाय बच जाता था।[52] उसे नयी जगह पर जाकर बसने से हो सकता है नयी भूमि को कृषि योग्य बनाने के लिए कोई रियायत भी मिले।[53] यह स्पष्ट है कि ऐसे मामलों में ही कुछ आधिकारिक आदेश जारी किये जाते थे जिसमें ख़ास तौर पर यह माँग की जाती थी जिस ज़मीन में खेती नहीं की जा रही है उस पर बसने वाले किसान *ग़ैर-जमई* होने चाहिए यानी वे पूर्व में कहीं राजस्व अदा नहीं कर रहे हों।[54] कुछ किसान कृषि पूरी तरह छोड़ देते थे। उदाहरण के लिए बर्नियर कहते हैं। 'कुछ किसान गाँव छोड़कर शहरों में बोझ ढोने वाले मज़दूर, पानी ढोने वाले मज़दूर या घुड़साल के रूप में काम करने के लिए चले जाते थे।[55] शहरी आबादी अपेक्षा अधिक

सारणी 1
Rise in Jama, Dami
(A 'in' s figures as base,=100)

	दक्षिण प्रदेश के अतिरिक्त साम्राज्य	बंगाल और उड़ीसा	बिहार	इलाहाबाद	अवध	आगरा
1595-96	100.00	100.00	100.00	100.00	100.00	100.00
1605	115.54	97.99	118.41	143.27	113.93	141.05
1627	134.54	116.90	140.91	144.52	115.09	150.57
1628-36	130.00	141.00	136.70	142.80	128.75	141.05
1633-38	147.55	139.68	166.20	170.12	127.98	172.29
1646-47	170.36	163.67	180.25	188.30	148.69	164.76
1667	183.75	168.54	325.25(!)	214.92	158.64	192.53
1690	178.23	156.06	183.48	214.92	159.26	209.01
1709	178.23	156.05	183.48	214.92	159.26	209.02

	दिल्ली	लाहौर	कश्मीर और सिन्ध	मुल्तान	अजमेर	मालवा	गुजरात
1595-96	100.00	100.00	100.00	100.00	100.00	100.00	100.00
1605	104.09	115.60		116.74	107.46	106.93	107.40
1627	109.06	147.46		183.86	145.80	116.33	115.93
1628-36	104.09	115.71		152.14*	107.47	107.14	107.59
1633-38	122.89	150.91	192.20	154.32	187.36	150.61	106.06
1646-47	166.22	160.87	241.50	165.47	208.04	166.19	121.33
1667	194.21	162.12	343.04	147.23	220.84	176.77	102.76
1690	203.28	160.54	370.15	130.16	226.30	167.84	104.10
1709	203.28	160.54	370.15	134.76	226.54	167.84	104.10

*केवल मुल्तान प्रदेश

PREACHING

Kabir, the weaver, at work while preachine, Mughal school, mid 17th Century, miniature in the Leningrad Branch of the Institute of the Peoples of Asia.

COMMUNICATION

Peasant on roadside listening to tow sufic singers. Painting by Bichitr, erlier part of 17th century. Victorial and Albert Museum, I.M. 27-1925.

सारणी 2
क़ीमतों में वृद्धि (रुपये में)
(Ain's prices as base)

वर्ष	*सोने के सिक्के का मूल्य*	*चाँदी के सिक्के का मूल्य*	*कृषि उत्पाद का मूल्य (सामान्य सिंचाई)*	*बयाना नील की क़ीमत*
1595-6	100	100	100 लाहौर/आगरा	100*
1609	111	100 गुजरात	150	
1614	119	95 से 105 गुजरात		
1615			64 से 70 चीनी : आगरा और लाहौर के बीच	
1621	111			
1626	156	133 आगरा		
1627				200
1628	142 और 145	161 गुजरात		
1633	138	160 गुजरात		
1636		149 गुजरात		
1637		133 आगरा		
1638		138 आगरा		
1639			164 चीनी : लाहौर	281
1640	144	143 बंगाल		
1641-2	156			
1644-5	156			
1646			141 चीनी : आगरा	263
1651			141 चीनी : आगरा	
1653	156			
1656		179 सिन्ध		200

1658	183			
1659	167			
1661	161 से 163	267 दक्षिण		
1662	167	250 गुजरात		
		276 दक्षिण		
1666	178	235 गुजरात		
1667		250 गुजरात		325
1670	168 और 169		285 गेहूँ : आगरा	
1671		243 से 286 बिहार और बंगाल		
1676	167			
	133 और 122			
1977	153	228 पू. राजस्थान		
1680	138 और 144			
1684	138	217 पू. राजस्थान		
1690-93	156	200 गुजरात		
1695	147	222 गुजरात (?)		
1697	146	205 पू. राजस्थान		
1702			285 गेहूं : लाहौर	

*The A 'in' s maimum price of Rs. 16 has been accepted as the base.

Note : This table is based on chapter II, Section 3, and Appendix C.

बड़ी थी और गाँव अकुशल मज़दूरों के स्रोत जो शहरों में असंख्य मज़दूरों की आपूर्ति करते थे।[56]

फिर भी दक्षिण भारत के सन्दर्भ में मानुची कहते हैं, चारों ओर एक ही प्रकार का दमन था, निरुद्देश्य आप्रवासियों की ज़िन्दगी ख़ुशहाल नहीं थी।[57] एक ऐसी स्थिति थी जिसमें किसानों के लिए भुखमरी या ग़ुलामी और सशस्त्र विद्रोह के बीच चुनाव करने के अलावा कोई विकल्प नहीं था।[58]

3. किसानों द्वारा सशस्त्र विद्रोह

यह कहना निरर्थक होगा कि लोग प्रवृत्तिवश युयुत्सु नहीं थे। मालवा की यह विचित्रता दर्ज की गयी है कि इस प्रान्त के किसान और कारीगर दोनों ही शस्त्र

लेकर चलते थे।[59] पेलसार्ट (1626) ने कहा कि अत्यधिक तंगी और मुश्किल के बावजूद 'लोग धैर्य के साथ यह कहते हुए सहन करते हैं, कि उन्हें इससे बेहतर कुछ नहीं चाहिए।'[60]

लेकिन उन पर किया गया कोई ख़ास अत्याचार उन्हें विद्रोह करने के लिए मजबूर कर सकता था।[61] उन पर अकसर लूटपाट करने का आरोप लगाया जाता है लेकिन कुछ अवसरों पर वे केवल एक को लूटकर दूसरे की भरपाई करते हैं।[62]

जो गाँव और क्षेत्र विद्रोह करते थे या लगान देने से मना करते थे उन्हें मवास या ज़ोरतलब लगान देने वाले रैयतों[63] से भिन्न कहा जाता था। आम तौर पर जो गाँव घाटियों, या जंगलों या पहाड़ों से सुरक्षित होते थे, खुले मैदानों में स्थित गाँवों या क्षेत्रों की तुलना में इनके द्वारा अधिकारियों के आदेशों की अवहेलना किये जाने की अधिक सम्भावना होती थी।[64] मुंडी कहते हैं कि अधिकारियों और किसानों के बीच इस प्रकार के संघर्ष भारत के एक भाग या दूसरे भाग में हमेशा चलते रहते थे।[65] अधिकांशतया गाँववासियों को भयानक नतीजे भुगतने पड़ते थे।[65] जैसा कि कल्पना की जा सकती है कि हार जाने पर भयावह परिणाम इनका इन्तजार करता रहता था।

'जो भी सामने आये, उनकी पत्नियाँ, बेटे या बेटियाँ सभी मारे जाते हैं और उनके मवेशी खोल लिए जाते हैं।'[66]

प्रायः कृषक वर्ग द्वारा विरोध की घटनाएँ छिटपुट होती थीं। सम्भवतया उनकी कठिनाइयों की तीव्रता गाँव दर गाँव उन पर लगाये गये लगान के बोझ के अनुसार अलग-अलग होती थी। लेकिन इस कठिनाई को प्रतिरोध में बदलने के लिए कुछ अन्य कारकों की भी आवश्यकता होती थी। चूँकि अवज्ञा की किसी भी कार्रवाई की आरम्भिक सफलता के लिए हथियार महत्त्वपूर्ण थे इसलिए किसानों के ऊपरी तबके की बन्दूक़ों और तलवारों के साथ विद्रोह की तैयारी प्रायः निर्धारित करती थी कि इस तरह की कार्रवाई होगी भी या नहीं।[67] यह भी सम्भव था कि एक गाँव जब विद्रोह करता था और उनके विद्रोह को जब कुचल दिया जाता था तो दूसरे गाँव को इससे कोई लेना-देना नहीं होता था। फिर भी कृषक वर्ग के बीच दो सामाजिक शक्तियाँ थीं जो इस प्रकार के किसान विद्रोह के लिए चिनगारी का काम कर सकती थीं और इसे हवा दे सकती थीं।

पहली, जाति का अपेक्षाकृत बड़ा समुदाय था। किसानों को अपने हितों की रक्षा के लिए सामूहिक रूप से उठ खड़े होने के लिए उन्हें जगाने में जातीय सम्बन्धों की अहम भूमिका हो सकती थी। इस बात पर भारतीय साम्यवादी

आन्दोलन के प्रमुख नेताओं द्वारा काफ़ी ज़ोर दिया गया है।[68] तीन सौ वर्षों पहले भी स्वाभाविक है कि किसानों के जीवन में जाति का महत्त्वपूर्ण स्थान रहा होगा। यह किसान को दूरदराज़ के गाँव के अपने कुलीन जनों के सम्पर्क में लाती थी जो उनसे ख़ून और रीति-रिवाज़ों के हज़ारों सम्बन्ध के रूप में जुड़े होते थे। यदि वे हथियार उठाते थे तो वह भी अलग खड़ा नहीं रह सकता था। जाट आन्दोलन में हम स्पष्ट रूप से देख सकते हैं कि किस प्रकार यह किसान आन्दोलन जाति के आधार पर आगे बढ़ा। यही प्रभाव मेवाती, वत्तु और डोगरा जातियों की हिंसक गतिविधियों में देखा जा सकता है।

लेकिन इस अवधि में किसानों को सामुदायिकता का नया आधार मिल रहा था और वह अनुपूरक नहीं बल्कि अनिवार्य रूप से जाति-विभाजन के विरुद्ध था। यह महान एकेश्वरवादी आन्दोलन के एक भाग के रूप में निर्मित सम्प्रदायों के रूप में किया जा रहा था जो पन्द्रहवीं सदी के उत्तरार्ध में आरम्भ हुआ था। इन सम्प्रदायों के प्रमुख विचार समान थे : दृढ़ एकेश्वरवाद, पूजा के कर्मकाण्डों का त्याग, जाति और सामुदायिक भेदभाव को अस्वीकृति। उनके विचार जितने महत्त्वपूर्ण थे उतना ही महत्त्वपूर्ण उनके उपदेश देने का तरीक़ा भी था। यह पूरी तरह जनसामान्य के लिए था। उनकी शिक्षा स्थानीय बोलियों में गीतों के रूप में दी जाती थी और सम्भवतया उनके उपदेशक भी अधिकांशतया निचले वर्ग से थे। महान एकेश्वरवादी, कबीर (लगभग 1500 ई.) जुलाहा थे। उनके दो समकालिकों, रैदास और साईं में से रैदास चमार थे और साईं एक नाई। दादू (लगभग 1575 ई.) बुनकर थे और हरिदास (लगभग 1645 ई.) एक जाट ग़ुलाम।[69] केवल नानक (लगभग 1539 ई.) एक व्यापारी खत्री परिवार से थे और बड़े घर के थे। इनमें से किसी भी उपदेशक ने मानवता और त्याग के अलावा अन्य कोई शिक्षा नहीं दी; उन्होंने युयुत्सा या संघर्ष की शिक्षा तो निश्चय ही नहीं दी। अधिकांश सम्प्रदायों ने कभी भी सामाजिक आन्दोलनों का भी रूप नहीं लिया। लेकिन जब एक नये और विश्वासोत्पादक विचारधारा के अन्तर्गत क्रान्तिकारी विचारों ने उनके अनुयायियों के दिल और दिमाग़ में घर बना लिया तो धार्मिक सम्प्रदाय भी हमेशा अपने रहस्यवादी आवरण में सीमित नहीं रह सके। इन विचारों ने मुग़ल साम्राज्य के ख़िलाफ़ दो शक्तिशाली विद्रोहों यथा सतनामी और सिख विद्रोह को प्रेरित किया।

लेकिन जातिगत सम्बन्धों और धार्मिक सम्प्रदायों ने किसान विद्रोह के पैमाने को बड़ा करने में मदद की, वहीं इन तत्त्वों ने इसके वर्गीय चरित्र को धूमिल करने की भी कोशिश की। बहरहाल, किसान आन्दोलन में वास्तविक परिवर्तन

ज़मींदार वर्ग के हस्तक्षेप से आया जिनका मुग़ल शासक वर्ग का विरोध करने का अपना मक़सद था। यह दो तरीक़ों से हुआ। या तो किसान आन्दोलनकारी अपने आन्दोलन के विकास के क्रम में ज़मींदारों के नेतृत्व में रहे (या उनके अपने नेताओं ने ज़मींदार की हैसियत अख़्तियार कर ली) या आरम्भ से ही किसानों की हताशा ने विद्रोही ज़मींदारों को नेतृत्व सँभालने का मौका दिया। इस तरह दमित लोगों का विद्रोह दो दमनकारी वर्गों के बीच संघर्ष से अवियोज्य हो गया।

4. ज़मींदारों की राजनीतिक भूमिका

ज़मींदार शब्द का काफ़ी व्यापक अर्थ था और इसका इस्तेमाल एक बड़े राज्य के शासक और किसी गाँव के कुछ भाग पर अधिकार रखने वाले व्यक्ति, दोनों के लिए किया जा सकता था। फिर भी ज़मींदारों को शासकों का एक अलग वर्ग मानना उपयुक्त होगा जिनकी कई बातें मिलती-जुलती थीं। पहली, उनके अधिकार शाही अनुदान से व्युत्पन्न नहीं थे, यद्यपि इसके कुछ अपवाद भी थे। दूसरी, सैन्य टुकड़ियाँ रखने वालों पर उनका अधिकार होना आम तौर पर उनके अधिकार का अनुपूरक था और तीसरी, वे प्रायः अपने जातीय समूहों के नेता होते थे। शाही अधिकारियों और ज़मींदारों के बीच झगड़े का मुख्य मुद्दा भूराजस्व या अतिरिक्त उपज में ज़मींदारों के हिस्से की मात्रा होता था। शाही प्रदेशों में ज़मींदार प्रायः राज्य और जागीरदारों की ओर से महज़ एक कर संग्राहक माने जाते थे और उनका हिस्सा उनके काम के बदले दिया जाता था। किसानों से उनकी वसूली न केवल औपचारिक विनियमों द्वारा सीमित थी बल्कि राजस्व की अधिक माँग के कारण भी, जिससे किसानों के पास कुछ भी शेष नहीं रह जाता था। ऐसी स्थिति में ज़मींदारों के लिए राजस्व एकत्र करना और अपने हितों के नुक़सान पहुँचाये बिना इसे शाही अधिकारियों को दे देना मुश्किल हो जाता था। ऐसी ही स्थिति स्वायत्त प्रधानों की भी थी। उन्हें भी दोनों को मालगुजारी या कर देना पड़ता था। उनके राज्यों पर साम्राज्य द्वारा अपने में शामिल कर लेने का खतरा हमेशा मन्डराता रहता था।[70] लेकिन साथ ही कर संग्राहक के रूप में या प्रधान के रूप में ज़मींदारों के पास हमेशा सैनिक शक्ति होती थी इसलिए प्रशासन के लिए भी उनसे निबटना आसान नहीं होता था और वे हमेशा शूल बन कर प्रशासन की आँखों में चुभते रहते थे।

आधिकारिक पुस्तकें एक वर्ग के रूप में ज़मींदारों के प्रति प्रायः शत्रुता का भाव दर्शाती हैं। अबुल फ़ज़ल कहते हैं कि 'हिन्दुस्तान के ज़्यादातर ज़मींदारों की रीति है कि वे एकचित्तता का मार्ग छोड़कर चारों ओर देखते हैं और जो

कोई भी उनसे मज़बूत और विद्रोह के लिए तत्पर दिखता है, उसके साथ हो लेते हैं।[71] अन्यत्र उन्होंने कहा है कि राजा भारमल ने 'अपनी बुद्धिमानी और अच्छी क़िस्मत के कारण ज़मींदार का पद छोड़ा और दरबार में कुछ गिने-चुने लोगों में से एक बन गये', मानो दोनों के पद में आपस में सामंजस्य नहीं हो।[72] औरंगज़ेब के दरबारी इतिहासकार ज़मींदाराना शब्द का इस्तेमाल अवसरवाद और देशद्रोह के अर्थ में करने में अबुल फ़ज़ल का अनुसरण करते हैं।[73] आधिकारिक दस्तावेज़ों में यह माना गया है कि क़ानून व्यवस्था को मुख्य ख़तरा ज़मींदारों से था जो राजस्व देने से इनकार करते थे और फ़ौजदार या जागीरदार द्वारा उनसे ज़बरन वसूल करना पड़ता था।[74] ज़मींदारों द्वारा क़िलेबन्दी करना अधिकारियों के मन में सन्देह पैदा करता था और सम्भवतया उनके ख़िलाफ़ कार्रवाई करने का पर्याप्त कारण था।[75]

औरंगज़ेब के शासनकाल के अन्तिम वर्षों में ज़मींदारों के साथ संघर्ष कितना व्यापक हो गया, यह विभिन्न स्रोतों से प्राप्त सूचनाओं से पता चलता है।

1705 ई. में गुजरात में घटी एक घटना और अन्य अव्यवस्थाओं के बारे में हैमिल्टन ने कहा है कि 'लगान को लेकर गिरासियास (एक प्रकार के ज़मींदार) नवाबों (मुग़ल अधिकारियों) से असन्तुष्ट थे और शहरों के गवर्नरों और गासों को डराने के लिए वे भारी संख्या में आते थे और लूटपाट मचाते थे।[76]

मुग़ल साम्राज्य के दूसरे क्षेत्र दक्षिण पश्चिम बंगाल में 1695-98 में 'चितवा और बारदा के ज़मींदार (?)' सोभा सिंह के विद्रोह के कारण मुग़ल सत्ता को गहरा धक्का लगा। उसका साथ उस क्षेत्र के छापामार अफ़गानों की जनजाति के प्रधान रहीम ख़ान ने भी दिया। इस विद्रोह में बर्धमान का वफ़ादार ज़मींदार मारा गया और हुगली के दोनों ओर के क्षेत्रों में भारी तबाही मचाई गयी। विद्रोह को ख़त्म करने, वफ़ादार ज़मींदारों को फिर से बहाल करने और राजस्व वसूली की व्यवस्था पुनर्स्थापित करने के लिए काफ़ी प्रयास की आवश्यकता थी।[77]

(1702-? में) अवध में बैसवाड़े के फ़ौजदार रादअन्दाज ख़ान के पत्रों से पता चलता है कि वह साम्राज्य के केन्द्र के काफ़ी क़रीब के मैदानी इलाकों में तैनात था और उसे अक्सर ज़मींदारों के ख़िलाफ़ सेनायें भेजनी पड़ती थीं। ज़मींदारों का मुख्य दोष लगान देने से मना करना था लेकिन उन पर प्रायः यह आरोप भी लगाया जाता था कि वे लूटपाट भी करते थे।[78] इससे पहले भी राजधानी आगरा के निकट के कुछ क्षेत्रों में ज़मींदारों ने साम्राज्य के अधिकारियों को 'बिना संघर्ष' के राजस्व देने से मना कर दिया।[79]

सम्भव है कि दरबार की ओर से अनुदान द्वारा ज़मींदारों की नियुक्ति, एक ऐसी प्रथा जो ख़ास तौर पर औरंगज़ेब के शासनकाल में प्रचलन में आयी, पुराने और सम्भावित रूप से बगावत को तैयार ज़मींदारों की शक्ति को निष्क्रिय करने के लिए की गयी थी।[80]

ज़मींदारों और शाही प्रशासन के बीच लड़ाई, जो प्रायः सशस्त्र संघर्ष में बदल जाती थी, उस समय की राजनीतिक स्थिति की महत्त्वपूर्ण विशेषता थी। मानुची ने लगभग 1700 ई. में लिखा, 'वायसराय और गवर्नर हमेशा हिन्दू राजकुमारों और ज़मींदारों से लड़ते रहते हैं, कुछ से वे उनकी ज़मीन हड़पने के लिए तो कुछ के साथ अपेक्षाकृत अधिक राजस्व देने के लिए मजबूर करने के लिए संघर्षरत रहते हैं।'[81] अन्यत्र वह कहते हैं, 'मुग़ल राज्य में आमतौर पर राजाओं और ज़मींदारों का विद्रोह चलता रहता है।'[82]

शाही शक्ति के साथ इस संघर्ष में अपनी स्थिति के कारण ही कई ज़मींदार अपने किसानों के साथ समझौतापरक रवैया रखते थे क्योंकि अपनी रक्षा और पलायन दोनों के लिए उनका सहयोग अपरिहार्य था। इसके अलावा स्थानीय होने के कारण वे किसानों की स्थितियों और उनके रीति-रिवाज़ों से अवगत थे इसलिए वे खालिसा या जागीरदारों के अधिकारियों की तुलना में अपने नियन्त्रणाधीन किसानों के लिए लोचदार व्यवस्थाएँ बना सकते थे। ख़ालिसा या जागीरदारों के अधिकारी आम तौर पर बाहरी होते थे और उनकी मुख्य रुचि तत्काल आकलन बढ़ाने में होती थी। बर्नियर ने कहा कि 'राजा के प्रदेशों में किसानों को कम दमन का सामना करना पड़ता है और वहाँ उन्हें अधिक आराम है।'[83] औरंगज़ेब के दरबारी इतिहासकार भी इसे स्पष्ट रूप से स्वीकार करते हैं और कहते हैं, 'हिन्दुस्तान के गाँवों के ज़मींदार, नीति को ध्यान में रखते हुए, किसानों का दिल जीतने के लिए और उनसे सामंजस्य स्थापित करने के लिए ताकि वे उनकी अवज्ञा न करें और राजस्व का भुगतान करने से मना न करें, वे उनके अपनी ज़मींदारी के महालों में राजस्व वसूली में उनके साथ सभ्य तरीक़े से व्यवहार करते हैं और शाही नियन्त्रण वाले क्षेत्रों में अनुसरण किये जाने वाले नियमों को लागू नहीं करते हैं।[84]

इसलिए ज़मींदार प्रायः सीधे शाही प्रशासन के अधीन क्षेत्रों से पलायन कर रहे किसानों को अपने यहाँ आकर्षित करते थे। इसे सामान्य रूप में पेलसार्ट और बर्नियर ने नोट किया,[85] लेकिन 1714 में लिखे एक मैन्युअल में यह और भी स्पष्ट है। मनसबदार जिनके पास जागीरें होती हैं, किसानों का शोषण करते हैं और किसान असहाय होकर सहते रहते हैं। 'जब शोषण असह्य हो जाता है

और उनकी जान पर आ जाती है तो वे हताश होकर अपना जीवन बचाने के लिए रैयती गाँव से भाग कर विद्रोह कर रहे ज़मींदारों की शरण लेते हैं और वहाँ बस जाते हैं। इस प्रकार विद्रोही ज़मींदारों के गाँवों की आबादी अच्छी हो जाती है और उनकी ताक़त दिन-ब-दिन बढ़ती जाती है।[86] इन सामान्य वक्तव्यों की पुष्टि सत्रहवीं सदी की कुछ ख़ास घटनाओं से होती है। गुजरात के गवर्नर आजम ख़ान (1632-42) के दमन और उत्पीड़न से तंग आकर अधिकांश 'किसान वहाँ से भागकर दूर के ज़मींदारों के यहाँ शरण लेने लगे।'[87] इस पर आजम ख़ान ने नवांनगर के ज़मींदार को अपने यहाँ आकर बसे किसानों को बाहर निकालने के लिए मजबूर करने के लिए उस पर हमला कर दिया ताकि किसान वापस अपने घरों को लौट जायें।[88] 1644 में मालवा में भी इसी प्रकार का आक्रमण गिन्नुर के ज़मींदार के ख़िलाफ़ किया गया। सिर्फ़ इसलिए नहीं कि वह 'सही तरीक़े से मालगुजारी का भुगतान नहीं कर रहा था, बल्कि इसलिए भी कि गवर्नर की जागीर के महालों के कुछ किसान भागकर गिन्नुर प्रदेश में आकर बस गये थे और वह लगान भी अदा नहीं कर रहा था और इसमें उनकी मदद ये काफ़िर कर रहे थे।'[89] औरंगज़ेब के शासनकाल में कोंकण में कल्याण के थानेदार की इसी तरह की शिकायत मिलती है। वह कहता है, सबसे पहले तो भारी संख्या में किसान भागकर ज़मींदारों के प्रदेश में चले गये थे और जब वह जबरन उन्हें वापस लाया और 600 गाँव बसाये तो सेल्सेट के पुर्तगाली उन्हें प्रलोभन देकर ले गये।[90]

इस तरह मुग़ल अधिकारियों के साथ संघर्ष में किसान और ज़मींदार अक्सर एक साथ हो जाते थे। 1661 में जब कूच बिहार के राज्य को मुग़ल साम्राज्य में मिला लिया गया तो मुग़ल अधिकारियों ने 'शाही प्रदेशों के महालों में अनुसरण के किये जाने वाले नियमों के अनुसार मालगुजारी का आकलन और संग्रह आरम्भ किया।' इससे किसानों के बीच विजेताओं के ख़िलाफ़ एक सामान्य घृणा की भावना पैदा हो गयी। अपदस्थ राजा भीम नारायण इन किसानों के साथ काफ़ी नरमी से पेश आते थे। इसलिए उन्होंने विद्रोह किया और मुग़ल सैनिकों और अधिकारियों को निकाल बाहर किया।[91] इसी प्रकार जैसा कि पेलसार्ट कहते हैं, जब मुग़ल अधिकारियों ने भागे हुए किसानों को ज़मींदारों की ज़मीन से वापस लाने के लिए शक्ति का इस्तेमाल किया तो ज़्यादातर मामलों में नतीजा किसानों के 'उन राजाओं के यहाँ प्रवास के रूप में सामने आया जो विद्रोह कर रहे थे।'[92]

ये किसान खेती में शामिल होकर ज़मींदारों के न केवल संसाधन बढ़ाते थे बल्कि वे उनकी सैन्य टुकड़ियों में भी भर्ती होते थे। इस प्रकार के साधारण सैनिक आरम्भ में मुग़ल सेना के पेशेवर घुड़सवार सैनिकों के आगे किसी ख़ास

महत्त्व के नहीं थे। लेकिन सत्रहवीं सदी के उत्तरार्द्ध में लोहारों द्वारा बन्दूक़ निर्माण पर शाही प्रतिबन्ध के बावजूद बन्दूक़ निर्माण के प्रसार ने 'मुग़ल घुड़सवार सेना की अपराजेयता के लिए नयी चुनौती खड़ी कर दी।'[93] इसके अलावा क्षेत्र और संख्या का अभी भी महत्त्व था जैसा कि मराठाओं ने उल्लेखनीय रूप से दर्शाया। औरंगज़ेब के शासनकाल में एक नयी बात जो सामने आयी वह यह थी कि मुग़लों के ख़िलाफ़ ज़मींदारों की लड़ाई अब महज़ रक्षात्मक नहीं थी। जब भूख से मर रहे, बेघर किसानों की संख्या बढ़ी तो वे खुद भी हथियार उठाने लगे। ऐसे में ज़मींदारों के लिए उन्हें बड़े गिरोह और यहाँ तक कि सेनाओं के रूप में संगठित करना और अपने क्षेत्र के विस्तार के लिए छापामार युद्ध में उनका इस्तेमाल करना आसान हो गया।

अगले भाग में हम मुग़ल शासन के ख़िलाफ़ प्रमुख विद्रोहों में किसानों की भागीदारी की सीमा के बारे में कुछ विस्तार से अध्ययन करेंगे। जैसा कि हम देखेंगे किसान आन्दोलनों में ज़मींदारों का नेतृत्व एक समान नहीं था। न ही यह मानने की कोई वजह है कि ज़मींदारों की सभी विद्रोही कार्रवाइयों को किसानों का समर्थन प्राप्त था। लेकिन यह सचाई है कि मराठा और जाट, दो सबसे सफल किसान आन्दोलनों का नेतृत्व उन लोगों ने किया जो ज़मींदार बनने के आकांक्षी थे। जब हम इन विद्रोहों के परिणामों पर ग़ौर करते हैं तो यह सचाई और भी महत्त्वपूर्ण हो जाती है।

5. मुग़ल साम्राज्य के ख़िलाफ़ विद्रोह के कृषि सम्बन्धी पहलू

जिन विद्रोहों के कारण मुग़ल साम्राज्य का पतन हुआ उनकी अनेक व्याख्याएँ प्रस्तुत की जाती हैं। इस भाग में किया गया अध्ययन इस सम्बन्ध में विशद होने या विद्रोह के सभी पहलुओं की चर्चा करने का दावा नहीं करता है। काफ़ी लम्बे अर्से से औरंगज़ेब के ख़िलाफ़ हुए विद्रोहों के पीछे मुख्य कारण के रूप में 'हिन्दू प्रतिक्रिया' का सिद्धान्त दिया जाता रहा है। लेकिन इसके प्रतिपादकों में समकालीन साक्ष्य के बजाय वर्तमान भावना पर निर्भर करने की प्रवृत्ति रही है। पाठक उनके लेखन में प्रस्तुत शेष बातों के बारे में खुद ही तय कर सकते हैं।[94] यहाँ हमारा सरोकार सत्रहवीं और अठारहवीं सदी की पाठ्यपुस्तकों का इस बारे में क्या कहना है, उससे है और वे विद्रोह के आर्थिक और प्रशासनिक कारणों पर मुख्य रूप से ज़ोर देते हैं।

AREAS OF JAT ZAMINDARI

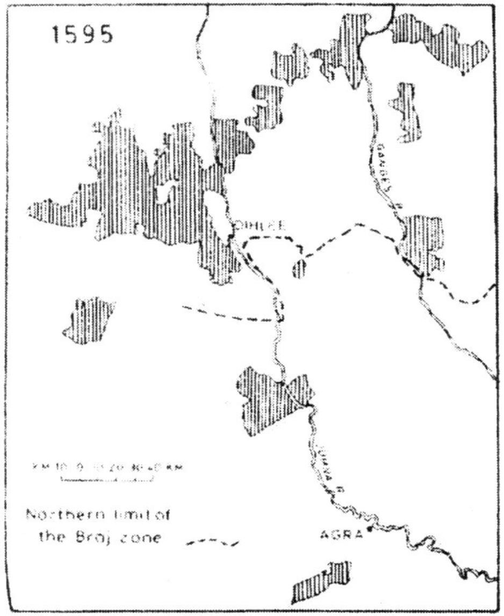

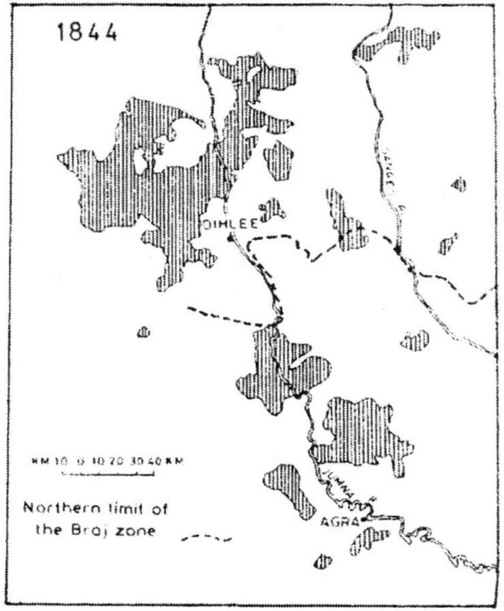

I. आगरा क्षेत्र में विद्रोह और जाट

आगरा प्रान्त के बारे में बात करते हुए अबुल फ़ज़ल कहते हैं, 'यहाँ की जलवायु की विचित्रता के कारण प्रदेश के किसान विशाल देश हिन्दुस्तान भर में अपने विद्रोही प्रवृत्ति, बहादुरी और साहस के लिए कुख्यात हैं।'[95] 1650 के आसपास लिख रहे एक लेखक ने आगरा से यमुना के पार के क्षेत्र के बारे में कहा है कि ज़मींदार बिना लड़ाई के राजस्व नहीं देते थे और हल चलाने वाली रियाया हथियार लेकर घूमती थी।[96] यमुना के दोनों ओर के क्षेत्रों में हमेशा विद्रोही किसान वर्ग के ख़िलाफ़ सैनिक कार्रवाई चलती रहती थी। इस क्षेत्र के एक गाँव पर आक्रमण में अकबर ने खुद इसका नेतृत्व किया[97] और आगरा के निकट के एक परगना के राजा जो लूटपाट करता था, के बारे में हम पढ़ते हैं कि जब उस पर आक्रमण किया गया तो उसने गँवारों या गाँव वालों की सहायता से अपनी रक्षा की।[98] 1623 में दरबार को यह सूचना दी गयी कि यमुना के पूर्वी भाग में मथुरा के निकट 'गँवार और कृषक' रास्ते में लूटपाट करना बन्द नहीं कर रहे हैं और घने जंगलों से सुरक्षित होने के कारण हमेशा विद्रोह करते रहते हैं। उन्हें किसी का डर नहीं है और वे जागीरदारों को लगान नहीं देते हैं। उनके ख़िलाफ़ सेना भेजी गयी। नतीजतन उनमें से कई मारे गये, उनकी औरतों और बच्चों को बन्दी बना लिया गया और विजयी सेना ने उनकी बहुत सारी धनसम्पत्ति पर क़ब्ज़ा कर लिया।[99] लगभग एक दशक बाद (1634 में) पुनः यमुना के दोनों ओर के क्षेत्रों के 'दुष्ट किसानों' के ख़िलाफ़ व्यापक पैमाने पर कार्रवाई करनी पड़ी। ये आगरा-दिल्ली मार्ग पर लूटपाट किया करते थे। 'दस हजार मनुष्य रूपी उन दैत्यों की हत्या कर दी गयी और उनकी बीवियों, बच्चों और मवेशियों को बन्दी बनाकर ले जाया गया।[100] 1645 में मथुरा के निकट विद्रोही' अभी भी नियन्त्रण से बाहर थे।[101] 1656 में जब सादुल्लाह ख़ान की मृत्यु हुई तो 'आगरा के निकट उसकी जागीर के अनेक गाँव के गँवार या किसान विद्रोह में उठ खड़े हुए। लेकिन उसके फ़ौजदार अब्दाल नबी ने उन सब को चौंका दिया, उनके गाँवों को घेर लिया और उन्हें भागने का मौक़ा नहीं दिया। या तो उनकी हत्या कर दी गयी या बन्दी बना लिया गया।'[102]

इस क्षेत्र का ऐसा इतिहास रहा था जो औरंगज़ेब के समय में जाट विद्रोह का आश्रय स्थल बनने वाला था। पूर्व के विद्रोहों के विवरण में विद्रोह कर रहे किसानों की पहचान जाट के रूप में नहीं की गयी है। उनके लिए सामान्य शब्द गँवार या किसान का इस्तेमाल किया गया है और कम-से-कम एक या दो मामले

में उनका नेतृत्व राजपूत ज़मींदारों ने किया था।[103] फिर भी मानुची जिसने उनके विद्रोहों की विस्तार से चर्चा की है, औरंगज़ेब के शासनकाल के जाट विद्रोहों को महज़ 'कृषक वर्ग' के रूप में जानते थे और वे इसे उसी विद्रोह का हिस्सा मानते हैं जिसे अकबर ने दबाया था।[104] जाट उत्कृष्ट 'कृषक जाति'[105] के थे, वे दिल्ली और आगरा के बीच के गाँवों में रहते थे और *आइने अकबरी* में वे दोआब और यमुना पार के मैदानी इलाक़ों में कई महालों के ज़मींदार के रूप में भी दर्ज हैं। इसलिए यह असम्भव नहीं है कि उन्होंने मुग़ल अधिकारियों के साथ पूर्व में हुए कई संघर्षों में भाग लिया था।

ठीक-ठाक कहा जाये तो जाट विद्रोह उस समय शुरू हुआ 'जब मथुरा के निकट तिलपत गाँव के ज़मींदार गोकुल जाट ने जाटों और अन्य गाँववासियों को एकत्र करके एक विशाल सेना खड़ी की और विद्रोह किया।[107] वह 1670 में मारा गया[108] लेकिन इसका नेतृत्व पहले राजा राम जाट (1688 ई.) ने और फिर चूरामन जाट ने सँभाला जिसके बारे में कहा जाता है कि वह ग्यारह गाँवों के ज़मींदार का बेटा था।[109] काफ़ी बड़े इलाके के गाँववासियों ने लगान देने से मना कर दिया और उन्होंने शाही शासन के ख़िलाफ़ हथियार उठा लिया। इस प्रकार मथुरा के निकट ज़मींदारी के अनुदान से पता चलता है कि इस क्षेत्र के पचीस गाँवों में 'दुष्ट विद्रोही' रहते हैं और अनुदान ग्राही के लिए यह अपेक्षित था कि वह वहाँ से निकाल बाहर करे और मालगुजारी देने वाले किसान[110] को बसाये। 1681 में आगरा के निकट के जिले के फ़ौजदार मुल्तफ़त ख़ान की एक गाँव पर हमले के दौरान हत्या कर दी गयी। उस गाँव के किसानों ने लगान देने से मना कर दिया था।[111] और उसी दशक में हम एक जागीरदार को यह शिकायत करते हुए पाते हैं कि 'विद्रोह के कारण'[112] पिछले तीन वर्षों से आगरा के निकट के जागीरों से उसे कुछ भी नहीं मिला है।

जाट विद्रोह का नेतृत्व ज़मींदारों के हाथों में था यह बात न केवल इसके प्रधानों के पूर्ववृतों से बल्कि उनके आचरणों से भी पता चलती है।[113] उदाहरण के लिए चूरामन के बारे में कहा जाता है कि उसने 'कई चमारों को पकड़कर उन्हें भरतपुर में खाई की देखभाल का काम दे दिया है।'[114] यहाँ अर्द्ध दास समुदायों पर मालिकाना हक जताना स्पष्ट है। यह भी स्वाभाविक था जाट नेता की आकांक्षा यह होती थी कि एक ज़मींदार का स्थान ज़मींदार के रूप में जाट ही ले। कहा जाता है कि अठारहवीं सदी के मध्य में जब जाट शक्ति चरमोत्कर्ष पर थी 'उनके स्वामित्व में जो ज़मीनें थीं उनकी अपनी नहीं थीं। उन्होंने ये ज़मीनें दूसरों से छीनी थीं। इन गाँवों के सही मालिकों का पता लगाया जाना अभी भी बाक़ी है।'

ताकि यदि कोई न्यायोचित राजा पुराने मालिकों को कुछ सहायता करे तो उन्हें जाटों के ख़िलाफ़ लड़ने के लिए भड़काया जा सके।[115] जाट विद्रोह का एक परिणाम यह हुआ कि पूरे ब्रज भाषी क्षेत्र में जाट ज़मींदारी का काफ़ी विस्तार हो गया। यह सिपाही विद्रोह पूर्व (1844)[116] के समय में जाट ज़मींदारों के अधीन क्षेत्रों के साथ उन क्षेत्रों की तुलना से स्पष्ट है जिनके ज़मींदार *आइने अकबरी* में जाट बताये गये हैं। (अगले पृष्ठ पर मानचित्र देखें) समय के साथ जाट विद्रोह लूटपाट की गतिविधियों में तब्दील हो गया। शायद यह किसानों के संकीर्ण जातीय सोच और उनके ज़मींदार के नेतृत्व की लूट की प्रवृत्ति के कारण अपरिहार्य था। जिन क्षेत्रों में भारी लूटपाट की गयी उनमें सादाबाद का एक परगना जिसे गोकुला[117] ने लूटा और आगरा के निकट के कई परगने शामिल थे जिन्हें राजा राम[118] द्वारा लूटा गया था। चूरामन के समय डकैती सबसे अधिक हुई जब उसने 'आगरा और दिल्ली के निकट सभी परगनों में भारी लूटपाट की और तबाही मचायी। लूटपाट की गतिविधियों के कारण सारे मार्ग बन्द हो गये।'[119]

जहाँ तक हम जानते हैं कि जाट विद्रोह का (हरिदास के बावजूद) किसी धार्मिक आन्दोलन के साथ कोई सम्बन्ध नहीं था। दूसरी ओर सिख और सतनामी आन्दोलनों में विद्रोहियों को एकजुट करने में जाति का स्थान पूरी तरह से धर्म ने ले लिया।

II. सतनामी

सतनामी बैरागियों का एक सम्प्रदाय था। इस सम्प्रदाय की स्थापना 1657 ई. में नारनौल के एक निवासी द्वारा की गयी थी। जैसा कि इस सम्प्रदाय के धर्मग्रन्थ में कहा गया है सतनामी विशुद्ध एकेश्वरवाद में विश्वास करते थे। वे कर्मकाण्ड और अन्धविश्वास की भर्त्सना करते थे और स्पष्ट रूप से कबीर के प्रति भक्ति भावना रखते थे। उनके सन्देश का एक निश्चित सामाजिक पहलू भी था। इस सम्प्रदाय के लोगों में जातिगत भेदभाव निषिद्ध था, साथ ही दूसरों के दान पर जीवनयापन करना भी मना था। ग़रीबों के प्रति सहानुभूति और सत्ता के ख़िलाफ़ शत्रुता का भाव निम्नलिखित धर्मादेशों से पता चलता है : 'ग़रीबों का उत्पीड़न नहीं करें...अनुचित राजा, धनाढ्य और बेईमान लोगों के साथ न रहें, इनसे या राजाओं से कोई उपहार स्वीकार न करें।'[120]

इस तरह का धर्म ग़रीबों को सबसे अधिक आकर्षित कर सकता था। एक समकालीन इतिहासकार ने इसके बारे में यों लिखा है :

हिन्दू भिक्षुओं का एक समूह है जो सतनामी के नाम से जाना जाता है। ये मुण्डिया भी कहलाते हैं।[121] इनमें नारनौल और मेवात परगना के चार से पाँच हज़ार परिवार के लोग शामिल हैं। यद्यपि ये मुण्डिया भिक्षुओं के वेष में रहते हैं लेकिन इनका मुख्य पेशा खेती और छोटा-मोटा व्यापार है।[122] अपने सम्प्रदाय के तरीक़ों के अनुसार रहते हुए वे नेकनाम का दर्जा पाना चाहते हैं जो कि सतनाम शब्द का अर्थ है। लेकिन यदि उन पर कोई तानाशाही और दमन करना चाहे तो वे इसका सहन नहीं करेंगे और इनमें से अधिकांश हथियार रखते हैं।[123]

एक अन्य समकालीन इतिहासकार इस सम्प्रदाय के लोगों के नितान्त गन्दा और अशुद्ध रहनें, के कारण इसकी कटु आलोचना करते हैं। वह कहते हैं, 'इस सम्प्रदाय के नियमों के तहत वे हिन्दू और मुसलमान के बीच फ़र्क़ नहीं करते हैं और सूअर का मांस और अन्य गन्दी चीज़ें खाते हैं।'[124]

औरंगज़ेब के शासनकाल के आरम्भ के वर्षों में एक राजस्व अधिकारी ने घोषणा की कि भटनायर परगना के एक गाँव में कुछ 'कृषक अपने बीवी, बच्चों, सम्पत्ति और मवेशियों के साथ बैरागियों के वेष में रह रहे हैं।' 'वे देशद्रोह और लूटपाट के विचारों से मुक्त नहीं हैं।'[125] यह विद्रोह दरअसल (1672 में) किसान आन्दोलन के रूप में शुरू हुआ। एक सतनामी 'अपने खेत में काम कर रहा था जब किसी पियादे से उसकी झड़प हो गयी जो कि अन्न के ढेर की रखवाली कर रहा था। पियादे ने अपनी लाठी के एक वार से उसका सिर धड़ से अलग कर दिया। इसके बाद उस सम्प्रदाय के लोगों की भीड़ ने उस पियादे को घेरकर इतना पीटा कि वह मरणसन्न हो गया।' शिकदार ने तब सेना भेजी और इस तरह विद्रोह शुरू हो गया।[126]

विद्रोह का सामान्य चरित्र औरंगज़ेब के स्वघोषित दरबारी इतिहासकार साकी मुस्तैद ख़ान के इन तिरस्कारपूर्ण शब्दों से उजागर होता है :

क़िस्मत के अजीबोग़रीब वाक़यों के दर्शकों के लिए यह विस्मयकारी घटना थी यानी सोनारों (किसानों),[127] बढ़इयों, वाल्मीकियों और चमारों और अन्य कारीगर जातियों के विद्रोही, हत्यारे और अभागे गिरोह के नीच और घृणित लोगों के मस्तिष्क में न जाने क्या आया कि उनका दिमाग़ इतना उग्र हो गया? उनके दिमाग़ में विद्रोह का गौरव समा जाने के बाद उनका सिर उनके कन्धे के लिए काफ़ी भारी हो गया। अपने ही क़दमों से चलकर वे विनाश के जाल में आ गये। इस कहानी से परदा हटाने के लिए मेवात क्षेत्र के उपद्रवी अचानक ही धरती से कीड़े की तरह और आसमान से टिड्डियों की तरह गिरे...[128]

एक हिन्दी कवि ने सतनामियों के ख़िलाफ़ लड़ाई में मुग़ल सेनापति की ताकत की प्रशंसा करते हुए कहा है कि सतनामी 'एक करोड़ गँवारों' (गाँववासियों) का दल प्रतीत होते थे।'[129]

विद्रोहियों की भारी आरम्भिक सफलता और शाही सेनाओं की बार-बार पराजय और नारनौल और बैराट पर क़ब्ज़े के बावजूद शाही दरबार द्वारा भेजी गयी विशाल सेना ने उन्हें तबाह कर दिया। लेकिन वे बहादुरी के साथ लड़ते रहे। साकी मुस्तैद ख़ान ने स्वीकार किया है कि सभी युद्ध सामग्रियों के बावजूद वे महाभारत की लड़ाई के दृश्य की पुनरावृत्ति कर रहे थे।[130]

III. सिख

जिस प्रकार इसलाम के बारे में कहा जाता है कि यह 'शहर में रहने वाले लोगों का धर्म था'[131] इसलिए शायद यह कहना ग़लत नहीं होगा कि सिख धर्म कृषक धर्म का धर्म था। गुरु नानक के ज़्यादातर पद 'पंजाब के जट्ट की भाषा में हैं। और पंजाबी में जट्ट का मतलब किसान या गँवई होता है।'[132] *दाबिस्ताने मजाहिब* के लेखक जिसने सिखों का काफ़ी अन्तरंग विवरण दिया है, ने लगभग 1655 में कहा, 'उनमें ऐसा नियम नहीं है कि ब्राह्मण खत्री का शिष्य नहीं हो सकता है क्योंकि नानक खत्री थे...।' इसी प्रकार उन्होंने खत्री को जट्टों के नीचे रखा है जो कि वैश्यों में सबसे निम्न जाति के हैं। अतः गुरु के महान मसंदों (नवाबों या एजेंटों) में अधिकांश जट्ट हैं।[133] गुरु अर्जन ने 1606 ई. में सुसंगठित और अनुशासित संगठन बनाने की दिशा में पहला प्रयास किया। उन्होंने हर शहर में अपने एजेंट्स नियुक्त किये। यह आदेश दिया गया कि एक उदासी या संन्यासी सच्चा समर्थक नहीं है। इस वजह से गुरु के कुछ शिष्य खेती, अन्य व्यापार और सेवा करते हैं और 'अपनी क्षमता के अनुसार प्रत्येक वर्ष मसंद को नज़र पेश करते हैं' जो कि गुरु की ओर से यह प्राप्त करते हैं।[134] गुरु हरगोबिन्द (1606-45) के अधीन सिख एक सैनिक ताकत बन गये। उन्होंने अपनी सेना बनायी। नतीजतन मुग़ल साम्राज्य के साथ सशस्त्र संघर्ष शुरू हो गया।[135] इस तरह उन्होंने एक पन्थ की स्थापना की जिसे गुरु गोबिन्द सिंह ने अपने दृढ़ निश्चय के साथ जारी रखा और 1709-10 में बन्दा बहादुर सरहिन्द सरकार में निम्न जाति के हिन्दुओं के असंख्य लोगों की सेना खड़ी कर दी जो 'उसके आदेश' पर 'मरने के लिए तैयार' थे।[136]

बन्दा के अनुयायियों के बारे में अन्य इतिहासकारों का कथन भी इससे मिलता-जुलता है। कामवर ख़ान कहता है (1724), 'भारी संख्या में मेहतर और

चमार और बंजारों का एक वर्ग और अन्य निम्न जाति के लोग उसके शिष्य बन गये और उसके अधीन एकजुट हो गये।'[137] वारिद (1733-34) मृत गुरु के प्रति सम्मान रखने वाले ज़मींदारों को बन्दा के साथ देने के लिए भेजे गये पत्रों को नोट करते समय ज़ोर देकर कहते हैं, 'उसके सभी अनुयायी समानता स्वीकार करने के लिए मजबूर थे ताकि ऊँच-नीच का कोई भेदभाव उनके बीच न रहे और मेहतर और चमार जिनसे गन्दी कोई जाति हिन्दुस्तान में नहीं है, को अपनी सरकारों में नियुक्ति मिले, जबकि सभी व्यक्तियों को वह चाहे किसी भी जाति, कुल का हो, उनकी आज्ञा का पालन करना होता था।'[138] इसलिए नीची जाति के लोगों के प्रति अपील के कारण ज़मींदारों का समर्थन काफ़ी कम हो जाता था।[139] उन्नीसवीं सदी के आरम्भ में भी सिखों के अधिकांश बड़े प्रमुख 'निम्न जातियों जैसे बढ़ई, चमार और जट्ट से थे।'[140]

IV. उत्तर भारत में अन्य विद्रोह

उत्तर भारत में इन तीन विद्रोहों के अलावा भी कई अन्य विद्रोह हुए। हमारी इतिहास की पुस्तकों में इनमें से कई का उल्लेख छिटपुट घटनाओं के रूप में है। उदाहरण के लिए 1575-76 में भक्कर के गवर्नर ने प्रति बीघा की दर पर लगान लगाया और किसानों पर भारी दमन किया गया। इसके ख़िलाफ़ मांग्चा जनजाति के लोगों ने विद्रोह कर दिया और लगान वसूलने वालों की हत्या कर दी। लेकिन वे हार गये और उन्हें उनकी ज़मीन से बेदख़ल कर दिया गया।[141] 1662 में इलाहाबाद से गुज़रते हुए मानुची ने वहाँ के शासक को अनुपस्थित पाया क्योंकि वह 'कुछ गाँव वालों के ख़िलाफ़ कार्रवाई करने गया हुआ था जो कम-से-कम एक लड़ाई किये बिना लगान देने से मना कर देते थे।'[142]

एक अलग तरह की अव्यवस्था मेवात में मेवों द्वारा फैलाई जा रही थी जो निरन्तर विद्रोह करते रहते थे और सुदूर पहाड़ियों में बसे अपने गाँवों से लूटपाट की घटनाओं को अंजाम देते रहते थे।[143] 1630 और 1649-50 में उनके ख़िलाफ़ भारी हमले किये गये।[144] लेकिन वे फिर भी बच गये और बाद में भी उपद्रव करते रहे।[145] 1703 में मेवात के ज़मींदार इकराम के ख़िलाफ़ एक ज़बर्दस्त हमला करना पड़ा। इसमें काफ़ी हत्याएँ हुईं और विद्रोहियों के घोड़े, बन्दूक़ें, तलवार, तीर और धनुष ज़ब्त कर लिए गये।[146]

इसी तरह लाखी जंगल के किसान 'विद्रोह और उपद्रव के लिए कुख्यात थे।' वे वत्तु, डोगरा, और गूजर जातियों के थे और सतलज-बियास नदी के विभिन्न नहरों और बाढ़ से सिंचित जंगलों से इतने अच्छे तरीक़े से सुरक्षित थे

कि उनके ख़िलाफ़ अधिकांश अभियान निष्प्रभावी हो जाते थे।[147] कहा जाता है कि औरंगज़ेब के शासनकाल के अन्तिम दिनों में उन्होंने एक बार पूरे दिपालपर सरकार को तबाह कर दिया।[148]

गुजरात में कोली निम्न जाति के किसान थे। वे पारम्परिक रूप से हथियार धारण करते थे और लूटमार करने के लिए तैयार रहते थे।[149] 1636 में जब चुनवाल कोलि ने मार्गों को लूटना आरम्भ किया तो वहाँ के शासक आजम ख़ान ने कोलियों के ख़िलाफ़ एक अभियान चलाया और 'उनके फ़सल लगे खेतों बर्बाद कर दिया और पेड़ों और जंगलों को काट दिया।'[150] तथापि, 1650 के आरम्भ में चुनवाल कोलि ने अहमदाबाद के पश्चिम में एक बड़े भूभाग के गाँवों को लूटा।[151] 1676 में अंग्रेज़ प्रतिनिधियों ने सूचित किया, 'कोली और राजपूत जो 2 से 3 हजार की संख्या में आते हैं और पूरे क़ाफ़िले को ले जाते हैं।'[152]

बुन्देल विद्रोह 1635 में शाहजहाँ द्वारा ओरछा को अपने क़ब्ज़े में लिए जाने के बाद आरम्भ हुआ और बाक़ी के समय में रुक-रुक कर चलता रहा। यह अनिवार्य रूप से राजवंशीय मामला यानी राजकीय घराने के अधिकारों के लिए युद्ध था। लेकिन मुग़ल सेनापति ख़ान जहाँ बारहा के दो पत्र दर्शाते हैं कि यहाँ भी विद्रोही अपने पराक्रम से रैयती और मवास दोनों क्षेत्रों के ज़मींदारों और किसानों को अपने पक्ष में लाने में सफल हो गये। इसके अलावा जब कभी विद्रोही सक्रिय हुए किसानों ने लगान नहीं देने का अवसर ढूँढ़ लिया।[153]

V. मराठा

मराठा निस्सन्देह मुग़ल साम्राज्य के पतन के लिए सबसे अधिक जिम्मेदार एकल ताक़त थे। उनके विद्रोह के इतिहास, उनकी उत्पत्ति और सफलता में योगदान देने वाले कारकों के बारे में इतना कुछ लिखा जा चुका है कि इस बारे में और लिखना धृष्टता होगी। लेकिन कृषिगत सन्दर्भों की ओर ध्यान दिलाया जा सकता है जिनमें यह महत्त्वपूर्ण घटना घटी।

1700 ई. में भीमसेन ने जब अपनी स्मृति पर आधारित वृत्तान्त लिखना आरम्भ किया तो उन्होंने इन 'अपराधियों और मराठों' की सफलता के कारणों का विश्लेषण करने का कार्य अपने ज़िम्मे लिया। स्वयं बुरहानपुर के रहने वाले और दखिन में दशकों तक मुग़ल सेवा में रहने के कारण इस विषय पर उनके विचार काफ़ी महत्त्वपूर्ण हैं। वह विशुद्ध रूप से सैनिक तर्क से आरम्भ करते हैं। मुग़ल सेनापति नियमानुसार अपेक्षित मानकों के अनुरूप अपनी सैन्य टुकड़ियाँ नहीं रख रहे थे। नतीजतन अपराधियों को 'मुग़ल फ़ौजदारों का तनिक भी डर

नहीं था' और 'जो क्षेत्र मनसबदारों को दिये गये हैं उन्हें लगान देने के लिए मजबूर नहीं किया जा सकता है। ज़मींदारों ने भी शक्ति मिलने के बाद मराठों से गठजोड़ कर लिया है।'

वह इसके दूसरे कारण की ओर रुख करते हैं और पाते हैं कि मराठा शक्ति के उदय और शाही प्रदेशों में किसानों के दमन के बीच सम्बन्ध था :

> जागीरदारों के एजेंट्स को शाही दरबार के कर्मचारियों, जो हर छोटे-मोटे बहाने पर तबादला कर देते हैं, के कृपण व्यवहार से सम्बन्धित आशंकाओं के कारण अगले वर्ष के लिए जागीर की बहाली की पुष्टि की उम्मीद नहीं होती है और इसलिए रैयत-पटवारी की सुरक्षा और इस्तिकलाल नहीं करते हैं। जागीरदार, जो राजस्व वसूली के लिए आमिल भेजता है, अपनी कठिन परिस्थितियों के कारण पहले उससे जमा के रूप में कुछ लेता है, और आमिल जागीर पहुँचने के बाद सोचता रहता है कि शायद कोई दूसरा आमिल उसके पीछे आ रहा है जिसने अधिक बड़ा जमा (क़ब्ज़ा) दिया है और इसलिए वह अपनी तहसिल निर्मम तरीक़े से करता है। कुछ किसान माले वाज़िब देने में ग़ाफ़िल नहीं हैं फिर भी ज़बर्दस्त लूटपाट की बुराई के कारण हताश हो जाते हैं। शाही दरबार में यह ख़बर पहुँची कि मराठों को शाही प्रदेशों के किसानों से सहायता मिल रही है। इस पर यह आदेश दिया गया है कि प्रत्येक गाँव में पाये जाने वाले घोड़े और हथियार छीनकर अपने क़ब्ज़े में ले लिए जाने चाहिए। जब वह अधिकांश गाँवों में किया गया तो किसान अपने घोड़े और हथियार के साथ मराठों में शामिल हो गये।

भीमसेन पुनः किसानों के दमन के विषय पर लौटते हैं और कहते हैं :

> फ़ौजदारों की पट्टियों की तानाशाही और ज़मींदार, जो हर बहाने से किसानों से धन वसूलते हैं, और इसके अलावा ज़मींदारों पर शाही कर (पेशकशे पादशाही) लगाया जाता था। इसकी वसूली के लिए लोग नियुक्त किये जाते थे और लगान प्राप्त किये जाते थे। इन लोगों के दमन की कोई सीमा नहीं है। ज़मींदार अपने बटुए से एक दाम या दिराम नहीं देते थे। वे इसे किसानों से वसूल करने के बाद अदा करते हैं। और जजिया जो लगाया गया है उसकी वसूली करने वाले (उमना) नियुक्त किये गये हैं। उनके दमन और क्रूरता के बारे में कोई क्या लिख सकता है? कोई भी विवरण पर्याप्त नहीं होगा।

इसके अलावा, मराठों के लूटपाट से किसानों की स्थिति असह्य हो गयी थी।

> जैसा कि ग्रामीण प्रदेश खालिसा और जागीरदारों की जागीरों में बाँट दिया गया है, इसलिए मराठों ने भी उन्हीं प्रदेशों को अपने 'छद्म-प्रमुखों' में बाँट दिया है।[154] एक ही ज़मीन के दो जागीरदार हो गये हैं। माप के एक ही पैमाने से दो तरह की माप करने से गाँव बर्बाद हो गया है, आदि। मराठा सरदारों के सैनिक जो गाँव को लूटने के लिए आते हैं, हर परगना और हर स्थान से अपनी मरज़ी के अनुसार जबरन धन वसूलते हैं और फ़सल लगे खेतों को अपने घोड़ों से रौंद डालते हैं।... किसी तरह की कोई व्यवस्था नहीं है...अब चीज़ें सीमा से बाहर हो गयी हैं। खेत की उपज अन्न भण्डार तक नहीं पहुँचती है। किसान बुरी तरह बर्बाद हो चुके हैं।

आभासीय रूप में किसान इससे मराठों के और भी क़रीब आ गये : इसलिए जब शिवा के कई किले'[155] शहंशाह औरंगज़ेब के क़ब्ज़े में आ गये तो मराठों को अपने और अपने आश्रितों के लिए आश्रय पाना मुश्किल हो गया। लेकिन शाही प्रदेश के किसानों के साथ उनके सम्बन्ध होने के कारण उन्होंने अपने परिवारों को उनके पास छोड़ दिया...। इस अनुच्छेद की समाप्ति इन शब्दों में होती है: 'किसानों ने खेती छोड़ दी है और जागीरदारों के पास एक भी सिक्का नहीं पहुँचता है। अपनी ताक़त की कमी के कारण प्रदेश के कई हताश और परेशान मनसबदार[156] मराठों से जा मिले हैं।[157]

मराठा की सफलता के कारणों से समकालीन मूल्यांकन के रूप में भीमसेन के वक्तव्य अमूल्य हैं। हमारे पास उपलब्ध तथ्य उनके तर्क की मुख्य बातों की पुष्टि करते हैं। शिवाजी के उत्थान के पहले दखिन के किसानों ने दखिन के राज्यों के ख़िलाफ़ मुग़लों के निरन्तर दबाव के कारण हुए युद्धों में काफ़ी कुछ सहा था। आक्रमणकरी सेनाओं द्वारा विशाल क्षेत्र तबाह कर दिये जाते थे ख़ास तौर पर जब प्रदेश पर तत्काल क़ब्ज़ा अनुमानित होता था : लोगों से उनके अनाज छीन लिए जाते थे और उनकी हत्या कर दी जाती थी या बन्दी बना लिया जाता था।[158] मुग़ल दखिन में विशाल सेनाएँ तैनात थीं और उनका रखरखाव इसके प्रान्तों की जागीरों से किया जाता था और इस तरह शान्ति के समय में भी किसानों पर भारी बोझ रहता था।[159] और इसलिए जैसा कि हमने पहले देखा, औरंगज़ेब जब दूसरी बार (1652) दखिन का वायसराय बनकर आया, गाँव वीरान थे और किसान पलायन कर रहे थे।

इस तरह आरम्भ से ही किसान शिवाजी का साथ देने लगे थे। 1658 में अपने सिंहासन पर आसीन होने के पहले ही औरंगज़ेब ने अपने अधिकारियों को 'शाही प्रदेशों के परगनाओं के उन किसानों, देशमुखों और पटेलों को मृत्युदण्ड

देने का आदेश दिया जो दुश्मन (शिवाजी) से जा मिले हैं और उन अभागों को रास्ता दिखाया और उकसाया।'[160]

साथ ही, शिवाजी और मराठा सरदारों को किसान विद्रोह का नेता मानना ग़लत होगा। शिवाजी महान निजामशाही (बाद में आदिलशाही) नवाब के पुत्र थे और उन्होंने ख़ुद अपने जीवन की शुरुआत कोंकण में सेनापति के रूप में शुरू की। मराठों की वित्तीय और राजनीतिक पद्धतियों में ज़मींदारी मूल की गहरी छाप थी। इसलिए मराठा आक्रमणकारियों की पारम्परिक माँग चौथ, मालगुजारी के एक चौथाई हिस्से पर ज़मींदार के पारम्परिक दावे से व्युत्पन्न थी, जिसके बारे में हम जानते हैं कि गुजरात में पहले से मौजूद था।[161] सम्भवतया यह उनकी पारम्परिक दृष्टि थी कि जब ताराबाई ने औरंगज़ेब के साथ शान्ति समझौता करना चाहा तो उसने दखिन के प्रदेश की 'देशमुखी' की माँग की जो कि किसी ज़मींदार की महत्त्वाकांक्षा का चरम बिन्दु थी।[162] अठारहवीं सदी के मध्य तक जब मराठों ने अपने लिए लगभग एक पूरा साम्राज्य जीत लिया था, उनके सरदार अभी भी हर जगह ज़मींदारी के अधिकारों को प्राप्त करने के लिए अपनी शक्ति का इस्तेमाल करते थे। उस समय का एक लेखक कहता है कि 'सामान्य रूप में मराठों और ख़ास तौर पर दखिन के ब्राह्मणों में सभी लोगों को अपनी आजीविका से वंचित करने और इसे ख़ुद हड़प लेने की अजीब आकांक्षा थी। वे राजाओं की ज़मींदारी यहाँ तक कि गाँव के मुनीमों और मुखियाओं जैसे छोटे लोगों की ज़मींदारी को नहीं छोड़ते हैं। प्राचीन वंशावली के उत्तराधिकारियों को क्रूरतापूर्ण ढंग से बेदख़ल करके वे अपना स्वामित्व स्थापित करना और कोंकण के ब्राह्मण पूरी दुनिया के मालिक बनना चाहते हैं।'[163]

इसके अलावा यह मानने की कोई वजह नहीं है कि मराठा राज्य में किसानों का दमन नहीं होता था। शिवाजी अपने प्रदेशों में किसानों के साथ कैसा व्यवहार करते थे, इसका उल्लेख फ्रायर द्वारा किया गया है, जिसने 1675-76 में उनके राज्य के कई भागों का दौरा किया। कहा जाता है कि वह पुराने दिनों से दो गुने दरों[164] पर मालगुजारी की माँग करते थे, जिसके बाद किसानों के पास इतना नहीं बचता था कि वह अपना गुज़ारा कर सकें।[165] और कनारा में 'तीन चौथाई ज़मीन पर शिवाजी की तानाशाही की वजह से खेती नहीं होती है।'[166] 1675 को अंग्रेज़ी रिपोर्ट के अनुसार किसानों को हुई कठिनाइयाँ इतनी अधिक थीं कि 'सभी प्रार्थना करते थे कि मुसलिम फिर से देश पर क़ब्ज़ा कर ले।'[167]

इन किसानों का शिवाजी के पास अलग-अलग क्षेत्रों में इस्तेमाल था। वे 'नंगे भूखे दुष्ट' थे जो उनकी सेना का निर्माण करते थे।[168] 'केवल भालों और

दो इंच चौड़ी तलवारों से लैस ये किसान अचानक हमला करने और छापेमारी में कुशल थे'[169] लेकिन तैयार सेना के साथ लड़ाई के लिए सही नहीं थे।[170] उन्हें लूटपाट पर ही निर्भर रहना पड़ता था क्योंकि शिवाजी का कहना था 'लूट नहीं तो भुगतान नहीं।'[171] इसी प्रकार की युक्ति थी जो शिवाजी और उनके उत्तराधिकारी दखिन के अभागे किसानों को प्रदान करते थे। जैसा कि भीमसेन के विवरण से स्पष्ट है कि मराठों की सैनिक कार्रवाई खेतिहर किसानों को कोई राहत नहीं देती थी। बल्कि उन्हें मराठा सेनाओं और उनके विरोधियों की सेनाओं दोनों के द्वारा मचाई जाने वाली तबाही को सहन करना पड़ता था। 1761 में उदगीर के कोतवाल ने ख़बर दी कि 'शाही सेनाओं और खलनायक दुश्मनों' की कार्रवाइयों के कारण परगना के सारे किसान भाग गये हैं और दो वर्षों से लगान की कोई वसूली नहीं हुई है।[172] मुग़ल भी गाँवों को जला देते थे, फ़सलों को तबाह कर देते और पुरुषों और महिलाओं को बन्दी बना लेते थे।[173] ज्यों ही लड़ाई का दायरा बढ़ा और इसके पीड़ितों की संख्या बढ़ी और उससे बड़ी संख्या में 'नंगे-भूखे दुष्टों' जो खुद लुट रहे थे, के पास मराठों के साथ जाने के अलावा कोई चारा नहीं बचा और वे ख़ुद लुटेरे बन गये।[174] और इस तरह एक अन्तहीन चक्र शुरू हो गया।

औरंगज़ेब ने अपने अन्तिम वर्षों में स्वीकार किया है, 'ऐसा कोई प्रान्त या ज़िला नहीं है जहाँ काफ़िरों ने विद्रोह नहीं खड़ा किया है और चूँकि उन्हें सज़ा नहीं दी गयी है। उन्होंने हर जगह खुद को स्थापित कर लिया है।' अधिकांश गाँव वीरान हो गये हैं और जहाँ कोई रिहाइश बची है तो वहाँ के किसानों ने 'लुटेरों' के साथ समझौता कर लिया है।[175] (अशकिया, मराठों के लिए आधिकारिक मुग़ल शब्द)।

यदि किसानों की तक़लीफें इन विद्रोहों, जिसने मुग़ल सल्तनत की बुनियाद हिला दी, के मूल में थीं तो ये विद्रोह स्वयं ही एक ऐतिहासिक विरोधाभास प्रस्तुत करते हैं क्योंकि इन कष्टों का निवारण विद्रोहियों के घोषित उद्देश्यों या उनके कार्यों और उपायों का हिस्सा कहीं नहीं था। भारत में हुए कृषि विद्रोहों और चीन और यूरोप में हुए कृषि आन्दोलनों में यही मूल अन्तर था।[176] भारतीय किसानों की वर्ग चेतना की कमी पर विचार करने की आवश्यकता है जो कि जातिगत और धार्मिक सम्प्रदायों के घालमेल में से किसान भाईचारे की पहचान कर पाने में विफल थी। ज़मींदार वर्ग का हस्तक्षेप आंशिक रूप में इसका कारण बताया जा सकता है जो कई विद्रोहों का नेतृत्व कर रहा था। लेकिन अपने आप में यह पर्याप्त कारण नहीं हो सकता है।

तब इन विद्रोहों की उत्पत्ति की जटिलताओं और इसके विभिन्न नेताओं की महत्त्वाकांक्षाओं के कारण इन विद्रोहों की सफलता के परिणामस्वरूप मुग़ल साम्राज्य के स्थान पर कोई नयी व्यवस्था कायम नहीं हो सकी जिसे नष्ट करने में उन्होंने मदद की थी।[177] इसके बाद जो समय आया उसमें अराजकता और औपनिवेशिक विजय के दरवाज़े खुल गये। लेकिन आंशिक तौर पर मुग़ल साम्राज्य ने अपनी क़ब्र ख़ुद खोद ली और सादी ने जो अन्य महान साम्राज्य के लिए कहा है इसके समाधि-लेख के रूप में उपयुक्त है :

पर्सिया के सम्राट
जो ग़रीबों का दमन करते थे
उनका गौरव और साम्राज्य ख़त्म हो गया
ख़त्म हो गयी किसानों पर उनकी तानाशाही।[178]

सन्दर्भ और टिप्पणियाँ

1. वी. बार्थोल्ड, *ईरान*, अनुवाद जी. के. नरीमन, 142-3 देखें। इस तर्क को मार्शल जी.एस. हॉजसन ने। विकसित किया है, *द वेंच्योर ऑफ़ इसलाम*, III, 17-27।
2. तीर-धनुष बनाम बन्दूक़ के विषय में जानकारी के लिए एम. अथर अली., परिचय, *द मुग़ल नोबिलिटी अंडर औरंगज़ेब* संशोधित संस्करण दिल्ली, 1997, XIX-XX देखें। इक्तिदार आलम ख़ान ने *पीआईएचसी*, 52वाँ सत्र, 1991-92, नयी दिल्ली, 378-89 और *सीटी विथिका*, I(I) (1995-96), इलाहाबाद, 64-77 में मुग़ल भारत में पिस्तौल की प्रकृति और प्रसार का अध्ययन किया है।
3. औरंगज़ेब के समय के आधिकारिक इतिहास में यह स्वीकार किया गया था कि अकबर 'सम्प्रभुता के नियमों के प्रवर्तक और इस शाश्वत राज्य के नियमों के निर्माता थे' (*आलमगीरनामा*, 387)। मुग़ल सम्राट को प्राप्त शक्तियों के कारण ही अबुल फ़ज़ल ने कहा, 'राजशाही ईश्वर से उत्पन्न हो रही रोशनी है, दुनिया को रोशन करने वाली किरण (*आईन*, I, 2)।
4. बंगाल और बिहार में विद्रोह दाग के नियम थोपने और घोड़े की गुणवत्ता में कमी के लिए वहाँ तैनात अधिकारियों को पूर्व में दी जाने वाली रियायत में कमी के कारण भड़का (*आलमगीरनामा*, III, 284-6, 291-3; तबासकते अकबरी, II, 348-50; मॉंजरेट, 68-69)।
5. कहा जाता है कि मिर्ज़ा हाकिम ने 1891 में व्यर्थ ही उम्मीद की थी कि अकबर के अधीन काम कर रहे अफ़गानों, राजपूतों और शेख़जादों (भारतीय मुसलमानों) की कायरता और ईरानी तथा तूरानी नवाबों के विश्वासघात से लाभ होगा (*आलमगीरनामा*, III, 366)। चुग़ताई (तूरानी) और राजपूतों के ख़िलाफ़ भेदभाव करने और खुरासानियों (ईरानियों) और शेख़जादों का पक्ष लेने के लिए अजीज कोका औरंगज़ेब को धिक्कारता है

(*अर्जदास्ताए मुज़फ़्फ़र*, 19 ए बी, हाकिंस, *अर्ली ट्रैवेल्स*, 106-7 से भी उद्धृत)। ऐसा प्रतीत होता है कि शाहजहाँ अफ़गानों पर सन्देह करता था (आदाब-ए-आलमगीरी 154 ए; प्रथम संस्करण, 604-5; *दिलकुशा* 84 ए), जबकि वह एक राजकुमार के रूप में औरंगज़ेब की राजपूतों के साथ शत्रुता का आलोचक था (आदाब-ए-आलमगीरी 37 बी-38 ए; प्रथम संस्करण, 146; *रूकात-ए-आलमगीर*, 114-8)।

6. एम. अतहर अली., *मुग़ल नोबिलिटी अंडर औरंगज़ेब* 99-101।
7. अकबर धार्मिक और जातिगत आधार पर सम्मिश्रित कुलीन वर्ग चाहता था; कोई एक वर्ग बहुत ज़्यादा शक्तिशाली न हो। इस तथ्य का उल्लेख *दबिस्ताने मजाहिब* (लगभग 1655), 431-2 में किया गया। फिर भी मुग़लकुलीन वर्ग के विभिन्न जातिगत और धार्मिक समूहों के बारे में सबसे विशद विवरण एम अतहर अली द्वारा *अपरेटस ऑफ़ एम्पायरः अवार्ड्स रैकस, ऑफिसेस एंड टाइटल्स टू द मुग़ल नोबिलिटी*, 1574-1658 और *मुग़ल नोबिलिटी अंडर औरंगज़ेब* में दिया गया है। 1679-80 के विद्रोह में अधिकांश राजपूत घरानों ने भाग नहीं लिया और दखिन में मुग़लों के पक्ष में राजपूत सैन्य टुकड़ियाँ लड़ रही थीं। यह भी भूल जाना उपयुक्त होगा कि औरंगज़ेब की मृत्यु और बहादुर शाह प्रथम के साथ आरम्भिक संघर्ष के बाद उनकी स्थिति फिर से सुदृढ़ हो गयी. यह सैय्यद बंधुओं की नीति में ख़ास तौर पर उल्लेखनीय है। उन्होंने भी जजिया समाप्त कर दिया था (सतीश चन्द्रा, *पार्टीज, एंड पोलिटिक्स ऐट ए मुग़ल कोर्ट*, 1707-1740, 128-9, 166)।
8. मुग़ल भारत में नक़द रूप में भुगतान की मौजदूगी के आर्थिक निहितार्थों पर शायद पहली लम्बी टिप्पणी के लिए डब्ल्यू सी. स्मिथ की *इसलामिक कल्चर* (1944), 358-9 देखें। 1957 के रूसी प्रकाशन में के एंतनोवा द्वारा इसी तरह की टिप्पणियाँ वी.आई. पावलोव की *द इंडियन कैपिटलिस्ट क्लास : अ हिस्टोरिकल स्टडी*, 10 में दिये गये हैं।
9. अध्याय सात, भाग 2
10. अध्याय सात, भाग 7
11. अध्याय सात, भाग 2
12. अध्याय सात, भाग 1
13. पेलसार्ट, 60 बर्नियर, 230 से उद्धृत। 'अनेक दरबार की भव्यता को बनाए रखने के लिए अपेक्षित भारी भरकम ख़र्च की अदायगी और लोगों को वश में रखने के लिए एक विशाल सेना के भुगतान की आवश्यकता के कारण गाँव तबाह हो गये हैं। लोगों की तक़लीफों के बारे में पर्याप्त जानकारी नहीं दी जा सकती हैं। लाठी और चाबुक ने उन्हें दूसरों के लाभ के लिए निरन्तर श्रम करने पर मजबूर कर दिया है।
14. अध्याय छह, भाग 1
15. मीर फतुल्लाह शिराजी द्वारा अकबर को की गयी अनुशंसा स्पष्ट रूप से जागीरदारों को कुछ प्रोत्साहन देने के उद्देश्य से प्रेरित थी ताकि उनके अधीन क्षेत्र की स्थिति में सुधार हो। यह प्रस्ताव किया गया कि यदि किसी जागीरदार ने अपनी इक्ता (जागीर) को आबाद किया तो उसका दर्जा बढ़ा दिया जायेगा ताकि अतिरिक्त भुगतान से वह अपने प्रयासों के फल का लाभ उठा सके (*आलमगीरनामा*, III, 459)। काफ़ी बाद

में हम पाते हैं कि औरंगज़ेब ने भी राव करण की पदोन्नति इस आधार पर की थी क्योंकि उसने अपनी जागीर को बेहतर बनाया था। (*आदाब-ए-आलमगीरी, 36 बी-37 बी* प्रथम संस्करण, 142; *रूकात-ए-आलमगीर,* 112)। यह स्पष्ट है कि यदि किसी जागीरदार की पदोन्नति नहीं हुई तो अपनी जागीर में सुधार लाने के प्रयास से भी उसे कोई लाभ नहीं होगा।

16. जाखिरातुल ख्वानिन, 1, 145-6; अलीगढ़ एमएस, 26 ए।
17. मजहरे शाहजहानी, 52
18. 1609 में जेरोम जेवियर ने लिखते हुए नोट किया कि चूँकि जागीरें राजा की मरज़ी जब तक होती थीं तभी तक किसी के पास होती थीं, 'इसलिए जितने समय तक ज़मीनें किसी के पास होती हैं, वह इसका अधिकतम दोहन करता है. और ग़रीब मज़दूर उन्हें छोड़कर भाग जाते हैं' (अनुवाद हास्टेन, जे एससबी, एन.एस. , XXIII (1927), 1211. हॉकिंस। *अर्ली ट्रैवेल्स,* 114 और मॉनरिक, II, 272 देखें।
19. बर्नियर, 227। जागीरदार के लिए 'तिमैरियट' शब्द का इस्तेमाल बर्नियर का 'तुर्कवाद' है। वह मुग़ल 'जाहाँगीर' और ऑटोमन 'तिमार' को एक ही मानता है, पृ. 224।
20. दिलकुशा, 139ए।
21. सादिक ख़ान, अपेआर 174, 10 बी, ओआर 1671, एफ 693। खफी ख़ान, I, 157-8। आमिलों का अपने समय में दमन के लिए देखें (1731)। कभी-कभी जागीरदारों के एजेंट्स सामान्य लुटेरों से बेहतर नहीं थे जो गाँवों को लूटते थे। इसलिए हम बैसवाड़े के फ़ौजदार को अजीज ख़ान की जागीर में अव्यवस्था की शिकायत करते देखते हैं जिसके एजेंट महमूद के पास लुटेरों की सेना है। इंसा-ए रोशन कलाम 24बी, एफएफ-11 बी-12 बी 40 बी-41 बी भी) *अखाम-ए-आलमागीरी,* एक 90 बी भी।
22. अध्याय सात, भाग 6
23. मिरात, I, 263
24. खफी ख़ान, II, 88-89
25. मॉनरिक, II, 272
26. वही।
27. मानुची, II, 450-5
28. बदायूँनी, II, 189; मजहर-ए-शाहजहानी, 21; मानुची, II, 451
29. पेलसार्ट 47
30. मॉनरिक, II, 272, बर्नियर, 205 से उद्धृत।
31. अध्याय II, भाग 1
32. मुण्डी, 73-4 वह कहता है, अधिकांश मामलों में चोरों को अपने बीच जगह बनाने से वे रोक नहीं पाते थे और फ़ौजदारों की दण्डात्मक कार्रवाई के शिकार 'कभी-कभी निर्दोष' भी होते थे।
33. दरूल-उलूम, 56 ए-बी। गाँव लाखी जंगल के पास के क्षेत्र में स्थित था और किसान डोगरा जाति के थे।
34. *आलमगीरनामा,* II, 159-60। *सियाकनामा* 88 में एक महिला के बिक्रीपत्र का उल्लेख है जिसे एक फ़ौजदार द्वारा एक गाँव, जो विद्रोह कर रहा था, से पकड़ा गया था।

उसे फ़ौजदार के एक नौकर या सैनिक द्वारा अपने वेतन के एवज में खरीदा गया था और फिर 40 रु. में बेच दिया गया था।

35. यह गुजरात के सम्बन्ध में 1615 में कहा गया (पत्र अनुवाद होस्टन, जेएएसबी, एन. एस. XXIII, 125)। 1597 में जब वह कश्मीर गया तो उसने नोट किया। जब से इस राजा (अकबर) ने इस पर क़ब्ज़ा किया है और अपने कप्तानों के ज़रिये शासन कर रहा है। यहाँ खेती नहीं हो रही है और गाँव ख़ाली हो गया है। वे उन्हें आतंकित करते हैं और लोग उनके शोषण से त्राहि-त्राहि कर रहे हैं.... लोग कहते हैं कि इस राजा के पहले उनके पास पर्याप्त अन्न होता था... अब हर चीज़ की कमी है क्योंकि किसान उन पर हो रहे अत्याचार और हिंसा के कारण खेती नहीं कर रहे हैं (वही, 116) 1634 में लिखते हुए *मजहरे शाहजहानी*, 52 के लेखक ने माना कि थट्टा (सिन्ध) तरखानों के अधीन ज़्यादा ख़ुश था बनिस्बत कि बाद में मुग़लों द्वारा नियुक्त जागीरदारों के अधीन।

36. बदायूँनी, II, 189

37. पेलसार्ट, 47

38. जेवियर का आगरा से भेजा पत्र, 1609, अनुवाद होस्टेन 121. *दस्तुर कैकाबाद महमार्स पीटिशन एंड लाडेडटरी पोएम*, सम्पादन, जे.जे. मोदी, 13 में जहाँगीर के शासनकाल के आरम्भिक वर्षों में नवसादी (गुजरात) में किसानों का अपनी ज़मीन छोड़कर पलायन करने के बारे में उल्लेख देखें।

39. सादिक ख़ान, 174, एफ 10 ए-बी, 1671, एफ. 6-बी।

40. जेलींसेन, अनुवाद मोरलैंड, जेआईएच, IV, 78

41. *मजहरे शाहजहानी*, 173-4

42. *आदाब-ए-आलमगीरी*, 26 बी, 30 बी-31 ए, 34 ए, *रूकात-ए-आलमगीर* 69, 70, 84, 91

43. बनिर्यर, 205; 226-27 भी।

44. खाफी ख़ान, I, 157-8, खाफी ख़ान ने सम्भवतया यह अंश 1720-21 में या इसे पहले लिखा था। यद्यपि उसने अपना लेखन 173 में पूरा किया (स्टोरी, I, 468 S, में देखें)।

45. अध्याय I, भाग I, देखें। बंगाल में भूमिसुधार शाभिस्ता ख़ान के अराकान के ख़िलाफ़ सफल अभियान के बाद शुरू हुआ। तराई में मुग़ल काल में कान्त और गोला महालों में सबसे व्यापक क्लियोरिंग हुआ प्रतीत होता है।

46. लाहौरी, II, 711-12

47. *जाखिरातुल खवानीन*, III, 75 में उद्धृत मिर्ज़ा उवैस बेग का कलाम (1650).

48. मुज़फ़्फ़र अलाम, *क्राइसिस ऑफ़ एम्पायर* 252-54, जिसमें उत्तर प्रदेश में मूल्यों में किसी सम्भावित परिवर्तन के बिना कृषि उत्पादन में वृद्धि दर्शाने के लिए विभिन्न तिथियों के आँकड़ों की तुलना आईने अकबरी के आँकड़ों से की गयी। वह दावा करते हैं कि अवध में अधिकांश महालों में भी औरंगज़ेब के शासनकाल के कई वर्षों में हासिल, जमा आँकड़ों के बराबर था जबकि कुछ परगना में हासिल, जमा से अधिक था।

49. भूज्वी, 405-6

50. अध्याय छह, भाग 1 देखें।

51. अध्याय तीन, भाग 2 देखें।

52. कबीर कहते हैं, जिस प्रकार मृत्यु होने पर व्यक्ति के भौतिक गुण समाप्त हो जाते हैं, और केवल आत्मा को उसके कर्मों का उत्तर देना होता है उसी तरह किसान गाँव छोड़कर भाग जाते हैं और मुखिया (महतो) अकेला लगान (बाक़ी) बकाये के लिए जवाब देने के लिए रह जाता है (गुरु ग्रन्थ साहिब नागरी संस्करण 1104 पंक्तियाँ 13-18)। आधिकारिक आँकड़ों से इस बात में सन्देह नहीं रह जाता है कि लगान से बचने के लिए किसान गाँव छोड़कर भाग जाते हैं (उदाहरण के लिए ब्लॉशेल सप्ल पर्स-482 153 ए, 181 ए, 182 ए, आदाब-ए-आलमगीरी एफ. 123 बी; निगारनामा-ए. मुंशी, 194 बी. 195 ए, बॉडल। 145 ए-बी. मिरात, I, 290-91)।

53. अध्याय छह, भाग 8 देखें।

54. निगारनामा-ए मुंशी, 103 बी, 104 ए, 187, ए 188 ए, सम्पादन, 81, 173-44

55. बर्नियर, 205

56. अध्याय, II, भाग, 2 देखें।

57. मानुची, III, 47, 51

58. 18वीं सदी के लेखकों में दिल्ली के शाह वलीउल्लाह (9.1762-63) दमन में वृद्धि और जन विद्रोहों के बीच सम्बन्ध से काफ़ी प्रभावित प्रतीत होते हैं। उन्होंने सोचा कि उनके युग में गाँव का विनाश का पहला कारण तो ठलुआ लोगों के एक बड़े वर्ग को रखने से ख़ज़ाने पर बोझ बढ़ा। वह कहता है, दूसरा कारण किसानों, व्यापारियों और कारीगरों पर भारी कर लगाया जाना और उन पर किये जाने वाले अत्याचार जिसके परिणामस्वरूप दब्बू क़िस्म के लोग भाग जाते हैं और नष्ट हो जाते हैं और जिनके पास ताक़त है, विद्रोह में उठ खड़े होते हैं. निश्चित ही गाँव में शान्ति कर में कमी के जरिये ही हासिल की जा सकती है। हुज्जत अल्लाह-अल बालिघा, सम्पादन अबु मुहम्मद अब्दुल हक हक्क़ानी, I, कराची क.व. 94)। उसी पुस्तक में एक अन्य स्थान पर वह प्राचीन पर्सियन और बाइजेंटाइन दरबारों में विलासिता पूर्ण जीवन का वर्णन करते हैं और कहते हैं उनके अपने समय के 'गाँवों के शासकों' में यही देखा जा सकता है। इस प्रकार की विलासिता घनघोर दमन पर ही चल सकती है : 'बहुत धन इकठ्ठा करने के लिए यह आवश्यक है कि किसानों, व्यापारियों और कारीगरों पर ज़्यादा से ज़्यादा कर लगाया जाये और कठोरता से वसूली की जाये और यदि वे भुगतान नहीं करते हैं तो उनकी हत्या कर दी जाती है और अलग-अलग तरीक़े से नुक़सान पहुँचाया जाता है और यदि वे आज्ञाकारी बने रहते हैं तो उन्हें गाय और बैलों की तरह रखा जाता है और उनका इस्तेमाल पानी ढोने, हल जोतने और फ़सलों की कटाई करने के लिए किया जाता है (वही I, 225)। लेकिन यह नहीं भूलना चाहिए कि शाह बलीउल्लाह की अपनी सहानुभूति भी काफ़ी सीमित थी। वह किसानों और मज़दूरों के साथ से रसानियों और बायजेंटाइनियों के व्यवहार का अनुकरण करने के लिए तैयार था और यदि वे ग़ैर मुसलिम हुए तो वह कहता है, एक आदर्श मुसलिम राज्य में इमाम 'फ़सल काटने, अन्न की सफ़ाई करने और खेत में जानवरों की तरह काम करने और बोझ ढोने का काम काफ़िरों को देगा' (I, 257)।

59. *आईने अकबरी*, I, 455, टी जे. 172. आईन में कारीगर के स्थान पर बक्काल (बनिया) दिया गया।

60. पेल सार्ट, 60

61. मानुची, II, 451

62. बैसवाड़े के फ़ौजदार राद-अन्दाज़ ख़ान कहता है कि एक ख़ास परगना में शान्तिपूर्ण गाँववासियों के गाँव 'विद्रोही लुटेरे' द्वारा बर्बाद किये गये जिन्होंने अपने खेत जोतने शुरू किये थे। जब कभी वह उन्हें बाहर निकाल देता था वे जागीरदारों के एजेंट की लालच के कारण लौट आते थे। जागीरदारों को उनकी उपस्थिति से फ़ायदा होता था (*इंशा-ए-रोशन कलाम* 38-ए-बी)।

63. मवास, और महवास शब्द का इस्तेमाल *विद्रोही* या *लगान नहीं देने वाले* प्रदेश के लिए किया जाता था. उदाहरण के लिए एक आमिल की ओर से जागीरदार को भेजे गये पत्र में कहा गया है, 'हम... परगना पहुँचे। रैयती गाँवों से कुछ चौधरी और क़ानूनगो और किसान आ गये हैं लेकिन जो मवास से जुड़े हैं, उन्होंने आने में कोई रुचि नहीं दिखायी है'...महोदय। यह परगना ज़ोरतलब है : एक भाग रैयती तीन भाग मवास. किसानों और विद्रोहियों को शान्त रखने और पूरी लगान वसूलने के लिए एक सैन्य टुकड़ी की आवश्यकता है (हादिक, 15 ए-बी)। *अख़ाबरात* ए, 233 भी देखें। जहाँ यह दर्ज है कि कुछ परगना 'काफ़ी मवास और ज़ोरतलब है।' *तारीख़े ताहिरी* 128 बी, सम्पादित, 272 में उभय लिंग में बहुवचन *मवास-हा* यानी *उग्रवादी* क्षेत्र आया है। इसलिए अब तुराब, 90 में *महावासियाँ* (माहवासी माहवास के निवासी, या विद्रोही). लेकिन स्वयं मवास का अर्थ भी विद्रोही लोग है। इसलिए अब्बास ख़ान, 213 संभल सरकार, (क्षेत्र) में किसानों को 'विद्रोही और मवास' बताता है। इसी तरह बदायँनी, II, 219 भी 'मवासान' (मवास का बहुवचन) का ज़िक्र करता है जो कभी भी लगान नहीं देते।' इसी प्रकार मुंडी, 90 में 'मांसे या मवासे या विद्रोहियों के एक छोटे क़स्बे का ज़िक्र है।' मवास भाषिक रूप में संस्कृत के महतआश्रय, हिन्दी महावास, संक्षिप्त रूप मवास कहते हैं जिसका अर्थ सुरक्षा वापसी, लकड़ी आदि। यह अर्थ गुजरात की संस्कृत की पुस्तक द्वैआश्रम में सही प्रतीत होता है, जो 1174 में पूरी हुई जहाँ मेवास, मेवासी का एक मात्र अर्थ जंगल, जंगल में रहने वाला होता है (इंडियन एंटिक्विटी IV, 71-2, 74,76)। अरबी शब्द 'मवासी' यानी 'पशु' जो कि जे.सी. हीस्टरमैन, *इनर कनफ्लिक्ट ट्रैडिशन* 243 या अन्य शब्द 'मासिया' यानी 'विद्रोह' जिसकी कल्पना ए. विंक द्वारा *लैंड एंड सोवरेंटी इन इंडिया*, 65 एन. में की गयी है, के बीच कोई सम्बन्ध नहीं है, यद्यपि इन दोनों लेखकों ने इस पैराग्राफ़ में पूर्व में उद्धृत दो इतिहासकारों की ओर मेरा ध्यान आकर्षित करके अपना ऋणी बना दिया है।

जंगल से लेकर विद्रोहियों के लिए शरण स्थली और उसके बाद विद्रोही प्रदेश तक मवास शब्द के अर्थ का विस्तार, 13वीं सदी तक सामान्य प्रयोग में पहले ही हो चुका था जब मिन्हाज सिराज की *तबकाते-ए नसीरी*, सम्पादन, अब्दुल हाल हबीबी, I, 491, II, 18, 19, 27, 29 आदि में यह शब्द मवास के रूप में आता है जिसका प्रादेशिक बहुवचन–मवासात है। 14वीं सदी में इसी अर्थ में इस शब्द के प्रयोग के लिए हसन सिजी,

फवाय-इदु-अल फवाद सम्पादन एम. लतीफ मलिक, 227 देखें। *तबाकत-ए नसीरी,* लन्दन, 1881, 704-5 के अनुवाद में एच.जी. रेवर्टी का नोट। महमूद शीरानी *ओरिएंटल कॉलेज मैगजीन,* XII , (2), फ़रवरी, 1936, 37-8 और एस.एच. होदीवाला *स्टडीज इन इंडो-मुसलिम हिस्टरी* 226-29 भी देखें।

आज्ञाकारी या लगान देने वाले के अर्थ में रैयती के लिए हदीकी, 15ए-बीद और *हिदायतअल-कवायद,* अलीगढ़, एम एस 36 ए-बी देखें जहाँ इसकी तुलना ज़ोरतलब से की गयी है।

64. कुछ मैदानी भागों में कँटीली झाड़ियों का जंगल होता है; इस जंगल में आश्रय लेने और विदोह करने वाले परगना के लोग राजस्व (माल) अदा नहीं करते हैं (बाबरनामा, सम्पादन मानो, 440; आई.ओ. 3714. एफ 378 बी; अनुवाद बेवरेज. II, 487)।

65. मुण्डी, 172-3

66. मानुची, II, 451। अबुल फ़ज़ल। विद्रोही किसानों, या खालिसा के आमिल या जागीरदार के ख़िलाफ़ फ़ौजदार द्वारा कार्रवाई करने की अपेक्षा का उल्लेख करते समय विद्रोहियों या उनके परिवारों की क़िस्मत का कोई ज़िक्र नहीं करते हैं। वह केवल कहते हैं कि गाँव में पायी जाने वाली हर चीज़ को लूट का माल समझा जाना चाहिए जिसका पाँचवाँ भाग खालिसा के लिए आरक्षित होना चाहिए। अगर किसी गाँव के प्रति कोई राजस्व बकाया हो तो इसे पहले लूट के माल से वसूल किया जाना चाहिए (आईने अकबरी, I, 283) 1671 जून में जारी एक आदेश में औरंगज़ेब इस प्रकार के 'विद्रोहियों के समूह को दिये जाने वाले दण्ड की कठोरता में संशोधन करना चाहता है। सभी पकड़े गये या घायल विद्रोहियों की हत्या कर दी जानी चाहिए, यदि शत्रु भाग न गये हैं। लेकिन जब विद्रोही समूह तितर-बितर हो गये हों तो क़ैदियों को छोड़ दिया जाना चाहिए और यदि वे 'पछतावा' दर्शाते हों तो लूटे माल लौटा दिये जाने चाहिए।

67. इस सीमा तक वी.आई. पावलोव, *हिस्टोरिकल प्रीमारइसेस फॉर इंडिया ट्रांजिशन टू कैपिटलिज़्म मास्को,* 1979, 40-41 के साथ सहमत हुआ जा सकता है कि ग्रामीण समुदाय के अभिजात्य वर्ग के लोग सशस्त्र विद्रोह के अग्रणी कार्य करते थे.

68. ई.एम.एस. नम्बूदिरिपाद। *द नेशनल क्वेश्चन इन केरल,* 102-3

69. गुरु अर्जन जो धन्मा जाट के नाम से रचना कर रहे थे, नामदेव, कबीर, रवरास, और साईं के (विशिष्ट) पेशे के आधार पर घोषणा करते हैं कि निम्न जाति के लोगों का भगवान तक पहुँचना सुलभ है. (*गुरु ग्रन्थ साहिब,* नागरी टेक्स्ट, 487-8)। कबीर, दाईं और हरिदास के बारे में जानने के लिए दाबिस्तान-ए मजाहिब, 246-567-8 भी देखें।

70. औरंगज़ेब के राजसिंहासन पर आसीन होने के बाद तीन राज्यों को मिला लिया गया; कूच बिहार (1661), पलामू (1661) और नवानगर (1663)।

71. आईने अकबरी, II, 63

72. वही, 156

73. कहा जाता है कि बीकानेर के राजा करण भरतिया अपने 'बुरे इरादों और ज़मींदाराना स्वार्थों के कारण' औरंगज़ेब के दरबार में उपस्थित नहीं हुए। (*आलमगीरनामा,* 57) इस शब्द के अबुल फ़ज़ल के उपयोग के लिए *आईन-ए-अकबरी,* II, 63 देखें।

74. *हिदायतुल कबायिद,* 7 ए-बी (फ़ौजदार के कर्तव्य) *बयाज-इल्जिद* बख्रा 'रस' (?) आई. ओ. 4014 2 ए-बी (भगवान को भेजे परिहास पूर्ण आवरन में जागीरदारों के पराक्रम)।

75. *अहकाम-ए-आलमगीरी* 205 ए-बी, *इंशा-ए-रोशन कलाम,* 6 बी., किलों को हिन्दी में गढ़ी कहा जाता था. अध्याय v, भाग 2 देखें।

76. हैमिल्टन, v, 8। 1695 के एक पत्र में गोवा का वायसराय बताता है कि किस प्रकार मुग़ल प्रदेशों में देसाई, जिन्होंने राजस्व देने से मना करके अपनी ज़मीन छीनवा ली, 'चोर बन गये हैं और लूटपाट करते और तबाही मचाते हैं' (*पोर्चुगीज रेकार्ड्स ऑन रुस्तम मैनॉक,* 23-24)।

77. मुंशी सलीमुल्लाह *तारीख़-ए-बांग्ला,* 5-29. सलीमुल्लाह के पुराने विवरण में अनिरुद्ध रे द्वारा फ्रांसीसी और अंग्रेज़ी रेकार्ड्स के उपयोग से संशोधन और अनुपूर्ति की गयी है। *एडवेंचर्स, लैंड ओनर्स एंड रिबेल्स,* 117-57

78. *इंशा-ए-रोशन कलाम,* 2 ए 4, ए. 6 ए-बी।

79. जाखिरातुल खवानीन, II, 358-9

80. अध्याय, V, भाग 6 देखें।

81. मानुची, II , 431-2

82. वही, 462

83. बर्नियर, 205

84. आलमगीरनामा, 781 (फातिया-ए-इब्रिया 47 बी-45 ए; सम्पादन, 90) यह कथन कूच बिहार के सम्बन्ध में दिया गया है। सच है कि हैमिल्टन द्वारा बंगाल के सन्दर्भ में प्रतिकूल विचार दिया गया है। II, 14, जेंटिल्स काफ़िर राजकुमारों की तुलना में मुग़ल क़ानून के अन्तर्गत अधिक सन्तुष्ट हैं क्योंकि मुग़ल उन पर कम कर लगाते हैं और सभी को पता होता है कि उसे क्या अदा करना है, लेकिन काफ़िर राजा या राजकुमार अपने लोभ लालच को निष्पक्षता का मानक बनाकर उन पर मनमाना कर लगाते हैं। यहाँ 'जेंटिल्स' से हैमिल्टन का तात्पर्य किसान की बजाये हिन्दू व्यापारी से है।

85. पेलसार्ट, 47; बर्नियर, 205

86. हिदायतुल कवायिद; अलीगढ़ एमएस, 56 ए.बी. इस अनुच्छेद में रैयती शब्द का अर्थ सीधे शाही प्रशासन के अन्तर्गत किसानों के अधीन गाँव या महज़ राजस्व अदा करने वाले गाँव हैं. लेकिन कृषक वर्ग का मनसबदारों द्वारा बढ़ते दमन का कारण यह बताता है कि मनसबदारों के पास बड़े मनसब नहीं थे और इसलिए वे उपद्रवी तत्त्वों से निपटने के लिए ज़्यादा बड़ी सैन्य टुकड़ियाँ नहीं रख सकते थे। इसलिए उन्हें धन की आवश्यकता थी और चूँकि वे शक्तिशाली ज़मींदारों से कुछ नहीं ले सकते थे और इसलिए वे किसानों का शोषण करते थे।

    इसी तरह का कथन *मजहर-ए-शाहजहानी* 20-21 में दिया गया है. जब अरबों (सिन्ध के चौधरियों से मिलते-जुलते अधिकारी जिनमें ज़्यादातर ज़गीरदार थे) पर राजस्व की माँग बहुत अधिक हो गयी, वे विद्रोह कर उठे। इन मामलों में किसानों ने हमेशा उनका साथ दिया और ज़मीन छोड़कर भाग गये क्योंकि यदि वे ज़मीन रखते तो उन्हें अधिकारियों के अधिक राजस्व को पूरा करना पड़ता, जबकि अरबाब आते और उन्हें

जान से मार देते। किसान अरबों का अनुसरण भी करते क्योंकि वे एक ही स्थान के होते थे।

87. मिरात, I, 216
88. लाहोरी II, 232; मिरात, I, 214
89. लाहोरी, II, 370
90. कारनामा, 243 बी-244ए।
91. आलमगीरनामा, 781-2; *फातिया-ए-इबरिया,* 47 बी-48 ए।
92. पेलसार्ट, 47।
93. औरंगज़ेब के शासनकाल के मध्य में और बाद के वर्षों में दर्ज शाही निषेधों के लिए *निगारनामा-ए-मुंशी,* सम्पादित, 135; *डाक्यूमेंट्स ऑफ़ औरंगज़ेब रेन,* 41 (दस्तावेज 1686-1707 की अवधि की है, न कि औरंगज़ेब के शासन के 8 वें वर्ष की *यडाक्यूमेंट्स फॉर्मस.* सम्पादन जे. एफ. रिचर्ड्स 218 बी, 226 बी, देखें। लेकिन 1650 के आसपास पहले ही *जाखिरात. अल ख़वानिन,* II, 358-9 ने नोट किया कि आगरा के नज़दीक कुछ इलाक़ों में किसान (रैयत) जोहल चलाते हैं गर्दन में बन्दूक़ लटकाये और कमर में (पाउडर) पांउच लेकर घूमते हैं।' 1703 में शहंशाह को यह सूचना दी गयी कि जब स्थानीय फ़ौजदार ने दिल्ली के निकट पलवल परगना में एक गाँव पर छापा मारा जिसमें 200 लोग (मेव) मारे गये, तो उसने 76 घोड़ों, 750 तलवारों और 1064 धनुषों के अलावा 194 बन्दूक़ें भी पकड़ीं (*अखबरात 47128*)। मुग़ल साम्राज्य की आन्तरिक सैन्य स्थिति में इस नये कारक की ओर मेरा ध्यान दिलाने के लिए में प्रोफेसर इक्तिदार ए. खान का आभारी हूँ।
94. इस मामले की उत्कृष्ट प्रस्तुति जदुनाथ सरकार *अ हिस्टरी ऑफ़ औरंगज़ेब,* III, 283. 364 में की गयी है।
95. *आलमगीरनामा,* III , 231
96. *जाखिरातुल खवानिन,* II, 358-9, जहाँगीर के नवाब बिक्रमजीत भदोरिया, उस क्षेत्र के ज़मींदार के एक विवरण में।
97. *आलमगीरनामा,* II, 163। यह गाँव साकेत (कन्नौज सरकार) परगना में है और आक्रमण शासनकाल के 7वें वर्ष में किया गया था। मानुची, I, 132-4 में भी उद्धृत।
98. *बदायूनी,* II, 151-2 परगना का नाम जलेसा निश्चय ही जलेसार को ग़लत ढंग से पढ़ा गया है।
99. टी.जे. 375-6
100. काजविनी, 20734, 679-80; या 173. 237 बी. 239; लाहौरी, I, II, 71-2, 76. लाहौरी कहता है कि विद्राहियों के ख़िलाफ़ 12,000 सैनिक तैनात किये गये थे, 7000 यमुना के पूरब में और 5000 पश्चिम में।
101. लाहोरी, II, 425
102. पैक्ट्रीज, 1655-60, 65
103. वही।

104. मानुची, I, 134; वह कहता है, 'गाँववालों' ने अकबर से बदला लिया जब उन्होंने 1691 में उसके मकबरे को अपवित्र कर दिया (1688)।

105. *ताशिरिहुल अकवाम,* 155 ए; क्रूक, *द ट्राइब्स एंड कास्ट्स ऑफ़ द नॉर्थ-वेस्टर्न प्रोविंसेस एंड अवध* कलकत्ता, 1896, III, 40।

106. दिल्ली और जाट जाति के हैं (शाह वलि उल्ला है सियासी मक्तुबत, 48)।

107. ईसरदास, 53 ए। जाट विद्रोह के विभिन्न चरणों का विस्तृत ब्यौरा गिरीश चन्द्र द्विवेदी द्वारा दिया गया है, *द जाट्स—देयर रॉल इन द मुग़ल एम्पायर;* नयी दिल्ली, 1989

108. *मासिर-ए-आलमगीरी,* 93-94

109. सैयद ग़ुलाम अश्नी ख़ान, इम्मादुस सादत, 54-55। चुरामन के अधीन जाट विद्रोह के ज़मींदार और कृषक आयामों का अध्ययन अंबेर के रिकार्ड्स के आधार पर किया गया है जो अब राजस्थान राज्य लेखागार, बीकानेर में है। आईईएसएचआर XVII (X-Y), 287-326 में आर.पी. राजा द्वारा।

110. *निगारनामा-ए-मुंशील,* सम्पादन, 152। यह अनुदान मथुरा के फ़ौजदार हसन अली ख़ान की सिफ़ारिशों के आधार पर किया गया था, जो गोकुल की पराजय और बन्दी बनाये जाने के लिए ज़िम्मेदार था।

111. मानुची, II, 225-4; *मासिर-ए-आलमगीरी,* 209.

112. *रियाजुल वदाद,* 16 बी। ऐसा प्रतीत होता है कि पत्र 'बीजापुर और हैदराबाद' के ख़िलाफ़ अभियान के तुरन्त बाद लिखा गया था।

113. जैसा कि ऊपर कहा गया, गोकुल ज़मींदार था और चुरामन एक ज़मींदार का बेटा। चुरामन के पोते सूरजमल (1763), जिसके अन्तर्गत जाति शक्ति उत्कर्ष पर पहुँच गयी, के बारे में कहा जाता था कि यद्यपि वे ब्रज भाषा बोलते थे और ज़मींदार की पोशाक पहनते थे, उनका विवेक उन्हें उनके लोगों के बीच महर्षि बना देता था। (*इमादुस साइदात,* 55)।

114. वही।

115. शाह वली उल्लाह, *सियासी मुक्ताबत,* 50-1

116. *मेमोयर्स* II, 205 में इलियट का मानचित्र देखें। इससे स्पष्ट हो जायेगा कि मध्य दोआब में विस्तार उल्लेखनीय है लेकिन ऊपरी दोआब में नहीं, जहाँ जाट ज़मींदारों के अन्तर्गत क्षेत्र सिकुड़ा हुआ प्रतीत होता है। इसका स्पष्ट कारण यह है कि जाट विद्रोह ब्रज प्रदेश के जाटों का विद्रोह था और इसने ऊपरी दोआब को प्रभावित नहीं किया था।

117. *मासिर-ए-आलमगीरी,* 93

118. ईसरदास, 98 बी, 131 बी

119. वही, 135 बी। बिशन सिंह के अन्तर्गत एक निरन्तर अभियान ने 1690-1 में मुग़ल सत्र कुछ हद तक बहाल किया था (वही 136 ए-137 बी)। वृंदावन में रूप गोसाईं की पंक्ति के किशन चरण गोसाईं अब लौटने और अपनी सम्पत्ति वापस लेने में सक्षम थे, जो पहले जाट लूटपाट द्वारा भागने पर मजबूर थे (फतुरे-ए जाटन) (एन ए आई 367/14, दिनांक 16 मई, 1694)। लेकिन अक्तूबर 1691 में शाही दरबार में पहले ही कुछ अशान्ति थी, जिसमें बिशन सिंह के प्रयासों को सीमित सफलता मिली और

हिंदाव, बयाना, आदि, जहाँ जाट प्रतिरोध अभी भी चल रहा था, पर फ़ौजदारी का अधिकार कमालुद्दीन ख़ान को देते हुए एक फरमान जारी किया गया (नामा-ए मुज़फ़्फ़री I, 255-7)। पहले से सुलग रहा जाट विद्रोह चुरामन के नेतृत्व में औरंगज़ेब की मृत्यु (1707) के बाद लहक उठा और अन्ततः एक जाट राज्य की स्थापना हुई जिसकी राजधानी भरतपुर थी। सूरजमल (1750-63) के अन्तर्गत यह चरम उत्कर्ष पर पहुँच गया।

120. यह पूरा अनुच्छेद *सतनाम सहाय (पोथी गियान बानी साध सतनामी)* रॉयल एशियेटिक सोसाइटी, लन्दन (हिन्द, I) पर आधारित है। इसकी भाषा ब्रज है। पाठ नागरी और अरबी लिपियों में हैं. अरबी पाठ में पद्य में परिचय जोड़ा गया है। उद्धरण 44 बी (38 ए भी) से है. कबीर का उल्लेख 49 बी पर मिलता है।
पश्चिम के आरम्भिक भाग में संस्थापक का जन्म-स्थल नारनौल (महेंद्रगढ़ जिला हरियाणा) के बिझासर में बताया गया है। धर्मग्रन्थ के पाठ के अन्त में अरबी अक्षरों में सम्प्रदाय की स्थापना की तिथि बैशाख, 1714 संवत बताई गयी है। इसे मैंने अपेक्षाकृत अधिक आसानी से स्वीकार किया है क्योंकि तम्बाकू पीने (39बी) पर निषेध से व्यावहारिक रूप में इससे पूर्व की तारीख़ की सम्भावना नहीं बनाती है।

121. *दबिस्तान-ए मजाहिब*, 25; बंरागी, मुण्डिया भी कहलाते हैं।

122. *बाक्लान-ए काम-मामा* (मा पूरी)। खफी ख़ान बाक्लान के बजाय 'व्यापारी' पढ़ता है बाक्लान बनिया के लिए पर्सियन शब्द है।

123. मामिरी, 147 ए-बी, खफी ख़ान, II, 252

124. ईसरदास, 61 बी

125. बालकृशन ब्राह्मण, 36 ए-बी

126. मामूरी, 148 बी, खफी ख़ान II, 253

127. मुद्रित पाठ में जारगार शब्द है और इसकी पुष्टि Add, 16, 495, 63 एं में की गयी है। लेकिन यहाँ। सोनार' शब्द असंगत है और जारगार शब्द ग़लती से बार्जगार 'किसान' के स्थान पर प्रयुक्त हुआ है। दोनों शब्द पर्सियन में मिलते-जुलते हैं।

128. *मासिर-ए-आलमगीरी,* 114-15

129. *नामा-ए-मुज़फ़्फ़री,* I, 252 में 18वीं सदी की पुस्तक *मखनाज-ए-अकबर* (साइदत ख़ान, मार्शल *मुग़ल इन इंडिया,* 421 सं. 1593) से उद्धृत।

130. *मासिर-ए-आलमगीरी,* 115-16।

131. एफ. लोकगार्द, *इसलामिक टैक्सेशन इन द क्लासिक पीरिएड* 32. एम. हबीब, इलियट और डॉसन की हिस्टरी ऑफ़ इंडिया II, अलीगढ़ 1952, 2-3 का परिचय।

132. *दबिस्तान-ए मजाहिब,* 285, इबेतसव, *पंजाब कास्ट्स,* 105, जाट शब्द का कृषक के रूप में इस्तेमाल के लिए देखें।

133. *दबिस्तान-ए मजाहिब,* 286, और 214। इसी तरह, खफी II , 651, : 'गुरु के अधिकांश अनुयायी पंजाब के जाट और खत्री व काफ़िरों की अन्य निम्न जातियों के लोग थे।'

134. *दबिस्तान-ए मजाहिब,* 286-7 और खफी ख़ान II, 651-2

135. *दबिस्तान-ए मजाहिब,* 288

136. खफी ख़ान, II, 672
137. मुहम्मद हादी कामबार ख़ान, *ताजकिरातुस सलातिन-ए चघताई,* 93
138. मुहम्मद शफी वारिद, *मिराए-ए वारिदात* Add 6579, 117 ए-118 बी।
139. इन कथनों से मुज़फ़्फ़र आलम के इस बात पर ज़ोर *(क्राइसिस ऑफ़)*
140. *इमादुस-साइदत,* 71
141. मासुम, *तारीख़-ए-सिन्ध,* 245-6
142. मानुची, II, 83
143. पेलसार्ट, 15 मानुची II, 458
144. जाखिरातुल *खवानिन,* III, 51-53; वारिसः ए : 433 ए-बी, 435 ए-बी 64ए-67ए; सालिब, III, 110-12
145. मानुची II, 458
146. *अख़बारात,* 47/28, 259, 299
147. सुजन राय, 63; मानुची II, 457-8, *अखबारात* 43/53। वत्तु भट्टी गोत्र के हैं (इबेतसन, पंजाब कास्ट्स, 145.6)।
148. *अख्म-ए आलमगीरी,* 215 ए।
149. बर्नियर, 88-9 *मिरात,* अनुपूरक 132, कोलिय को गुजरात की हिन्दू जातियों में 'कुम्बीज' (साधारण) किसानों के समान रखता है। लेकिन कोलिम ज़मींदार भी थे क्योंकि आईने अकबरी I, 493-95 अहमदाबाद और पाटन सरकारों के कई परगनों में कोलि को ज़मींदार के रूप में दर्ज करता है।
150. मिरात, I, 213। चुनवालिया, जिसे गुजरात कोलिज के चार प्रमुख प्रभागों में से एक के रूप में जाना जाता है, अहमदाबाद और छोटा रन्न के बीच विरामगाँव के आसपास के गाँवों के बारे में जानने के लिए *इम्पीरियल ग़जेटियर,* नया संस्करण (1908) XV, 388 देखें।
151. *मिरात,* I, 230.
152. *सलेक्शंस फ्रॉम बांबे सेक्रेटेरिएट होम,* II, 80
153. *अर्जदाश्त हाए-मुज़फ़्फ़र* 6 ए-7 ए, 115 बी पहले पत्र में चम्पत और रामसेन द्वारा धमोनी और चन्देरी के हमले के बारे में ज़िक्र किया गया है।
154. *ना-सरदारां,* यह मुग़ल दस्तावेज़ों में मराठा सेनापतियों के लिए इस्तेमाल किया जाने वाला आधिकारिक शब्द है।
155. स्वाभाविक है कि लेखक का अभिप्राय शिवाजी का उत्तराधिकारी या केवल मराठा है।
156. भीमसेन के दिमाग़ में वो दखिनी नवाब हैं जो पूर्व में बीजापुर और गोलकुण्डा सरकारों के अधीन काम कर रहे थे।
157. *दिलकुशा,* 138 बी-140 ए।
158. क्रमशः अहमदनगर और बीजापुर से सम्बन्धित प्रदेशों में ऐसे उपायों के लिए लाहोरी, I, 316-17, 416 17 देखें।
159. यह दखिन के वायसराय के रूप में औरंगज़ेब के लिखे पत्रों से सर्वाधिक स्पष्ट होता है। *जमा* काफ़ी अधिक बढ़त था, जो कि वास्तविक राजस्व से चार गुना अधिक था (आदाब-ए-आलमगीरी, 40 बी; सम्पादन, I, 157; रूकायत-ए-आलमगीरी, 121-1);

और मनसबदारों के लिए अपनी जागीर की आय से अपनी सेनाएँ रखना कठिन था (आदाब-ए-आलमगीरी, 38 ए-बी, 117 बी-118 ए, सम्पादन, I, 148-50; रूकायत-ए-आलमगीरी 116-7 और अन्य स्रोत)।

160. आदाब-ए-आलमगीरी, 175 ए-बी।

161. अध्याय V, भाग I

162. *अख़बारात* 47/73; खफी ख़ान, II, 627। ताराबाई द्वारा माँगे गये अधिकार को बाद की पुस्तकों में *सरदेशमुखी* (संग्रहित राजस्व का 9% का दावा सहित) कहा गया है। 'मुग़ल और शिवाजी के बीच 1675 में हुए शान्ति समझौते' के बारे में अंग्रेज़ी रिकाई्स में पढ़ना रोचक है जिसके तहत शिवाजी को मुग़लों से लिए गये सभी महलों और प्रदेश मुग़लों को लौटाना था और बदले में 'दकन के उसके सभी गाँवों का राजा था' (*इंगलिश रिकाई्स ऑन शिवाजी*, II, 57). *देशमुख* और *देसाई* के पद समान हैं।

163. आज़ाद बिलग्रामी, *ख़िजान-ए-अमीरा* (1762-63); दखिनी और कोंकनी ब्राह्मणों का उल्लेख सम्भवतया इस तथ्य से प्रेरित था कि ब्राह्मणों में मराठा राजनीतिक व्यवस्था में प्रभुत्वशाली स्थान प्राप्त करने की प्रवृत्ति थी। यद्यपि ए. विंक ने अपने *लैंड और सोवरेंटी इन इंडिया : एग्रेरियन सोसाइटी एंड पोलिटिक्स अंडर द एटीथ सेंचुरी स्वराज्य* में पूर्व औपनिवेशिक भारत में राजनीतिक प्रक्रियाओं का सिद्धान्त प्रस्तुत करते हैं, जिससे सहमत होना कठिन है, फिर भी जब वह यह स्थापित करने के लिए साक्ष्य (पृष्ठ-34-51) प्रस्तुत करता है तो उन्हें दोषी नहीं ठहराया जा सकता है (पृ. 43)।

164. फ्रायर, II, 4

165. वही, I, 311-12, II, 66 भी।

166. वही, II, 86

167. फैक्ट्रीज् एन-एस. I, 337

168. फ्रायर, II, 67

169. मानुची, II, 505

170. फ्रायर, II, 67, 68. मानुची।

171. फ्रायर, I, 341

172. *डॉक्यूमेंट्स ऑफ़ औरगंज़ेब रेन*, 86-87

173. वही, 27 (1662 की रिपोर्ट ये लौहगढ़ के निकट 80 या 90 गाँव तबाह कर दिये गये, 1000 या अधिक जानवर ज़ब्त किये गये और लगभग 300 पुरुष और महिलाएँ एक छोटे से अभियान में बन्दी बनाये गये) फ्रायर, I, 310 देखें।

174. मराठा सेनाओं ने इस तरह अपनी निम्नजातीय संरचना को बनाये रखा जब भारत का एक बड़ा भाग उन्होंने जीत लिया था। 1762-3 में लिखते हुए आज़ाद बिलग्रामी कहता हैं कि शत्रु (मराठा) की सेना में अधिकांशतया निम्न जाति के लोग हैं जैसे किसान, गड़रिये, बढ़ई और चमार, जबकि मुसलमानों की फ़ौज में ज़्यादातर नवाब और कुलीन वर्ग के लोग हैं। शत्रु की सफलता इस वजह से है कि शत्रु की सेना के सिपाही भारी थकान सहन करने में सक्षम हैं और गुरिल्ला युद्ध (जंग-ए-कजाकी) करते हैं और युद्ध के समय अपने विरोधियों की रसद और अन्य सामान की आपूर्ति बन्द करके उन्हें नपुंसक

बना देते हैं... (यद्यपि) निम्न-जातीय लोगों में वह साहस और सम्मान होने का प्रश्न ही नहीं है जो कुलीन वर्ग के स्वभाव में निहित होता है *(ख़िजाना-ए-अमीरा, 49)*। मराठा लूटपाट ने जिस ढंग से मराठा सेनाओं के लिए ज़्यादा-से-ज़्यादा बड़ा भर्ती का आधार बनाया, पिण्डारियों के उदाहरण से स्पष्ट है जो मराठा शासन के अन्तिम दौर में मराठा सरदारों के प्रमुख सहायक बन गये है। 'पिण्डारी उन्हीं तकलीफ़ों पर फलते-फूलते थे जो वे सृजित करते थे क्योंकि जब उनका आक्रमण बढ़ा धन-सम्पत्ति असुरक्षित हो गयी और जो उनकी लूटपाट से बर्बाद हो गये थे, बाद में हिंसा का रास्ता अख़्तियार करने पर मजबूर हो जाते थे क्योंकि यही उनके जीवन निर्वाह का साधन बच जाता था। वे उस धारा में शामिल हो गये जो वे खुद सहन नहीं कर सकते थे और दूसरों की लूट से अपनी क्षति की भरपाई करना चाहते थे' (जे मालकाम मेमोयर ऑफ़ सेंट्रल इंडिया, तीसरा संस्करण, I, 429)।

175. अहकाम-ए-आलमगीरी, 61 बी।

176. इरफ़ान हबीब, एसेज, 257-8

177. पूर्व आधुनिक विद्रोहों के इसी तरह के परिणामों के लिए यहाँ चीन के इतिहास का उल्लेख करना शिक्षाप्रद होगा। ताड़पिंग क्रान्ति (1851-64) तक चीन में हुए कई किसान विद्रोहों का उल्लेख करते हुए माओ जिंदाग (1939) ने ठीक ही कहा, 'चीन के इतिहास में जिस पैमाने पर किसान आन्दोलन और किसान विद्रोह हुआ अन्यत्र कहीं नहीं हुआ है। लेकिन उन दिनों (प्राचीन और मध्य काल में) न तो कोई नयी उत्पादक शक्तियाँ थीं न ही उत्पादन के नये सम्बन्ध, न तो नयी वर्ग-शक्तियां, न ही कोई उन्नत राजनीतिक पार्टी थी और कृषक वर्ग का इस्तेमाल प्रायः ज़मींदारों और कुलीन वर्ग द्वारा या तो क्रान्ति के दौरान या क्रान्ति के बाद वंशीय परिवर्तन लाने के एक उपकरण के रूप में किया जाता था।' *(सलेक्टेड वर्क्स ऑफ़ माओत्से तुंग,* पेकिंडा, 1967 II, 308-9)।

178. *खबरदारी अज खुशरावाँ-ए 'आजम'* आदि *बोस्तान।*